DCG

Économie

MANUEL

EXPERT SUP

L'expérience de l'expertise

DCG 5
Économie

MANUEL

6e édition

Sébastien CASTAING
Ancien élève de l'ENS Cachan
Docteur en sciences de gestion
Professeur agrégé d'économie et gestion

François COULOMB
Ancien élève de l'ENS Cachan
Agrégé d'économie et gestion
Docteur en sciences économiques
Membres des commissions d'examen
de l'expertise comptable

Pascal VANHOVE
Ancien élève de l'ENS Cachan
Professeur de chaire supérieure en classes préparatoires
Membre des commissions d'examen
de l'expertise comptable

Jean LONGATTE
Ancien élève de l'ENS Cachan
Professeur de chaire supérieure en classes préparatoires
Membre des commissions d'examen
de l'expertise comptable

EDITIONS
FRANCIS LEFEBVRE
DUNOD

Maquette de couverture :
Studio Piaude

Maquette intérieure :
Caroline Joubert
(L'Atelier du Livre)

11 rue Paul Bert, 92240 Malakoff
www.dunod.com

ISBN 978-2-10-076228-6
ISBN 1269-8792

Sommaire

Pour réussir le DCG et le DSCG

Le cursus des études conduisant à l'expertise comptable est un cursus d'excellence, pluridisciplinaire, vers lequel se dirigent, à raison, de plus en plus d'étudiants.

Dunod dispose depuis de très nombreuses années d'une expérience confirmée dans la préparation de ces études et offre aux étudiants comme aux enseignants une gamme complète d'ouvrages de cours, d'entraînement et de révision qui font référence.

Ces ouvrages sont entièrement adaptés aux épreuves, à leur esprit comme à leur programme, avec une qualité toujours constante. Ils sont tous régulièrement actualisés pour correspondre le plus exactement possible aux exigences des disciplines traitées.

La collection Expert Sup propose aujourd'hui :

- des manuels complets mais concis, strictement conformes aux programmes, comportant des exemples permettant l'acquisition immédiate des notions exposées, complétés d'un choix d'applications permettant l'entraînement et la synthèse ;
- des livres de cas originaux, avec la série « Tout l'entraînement » spécialement conçue pour le travail et l'assimilation du programme ;
- les Annales DCG, spécifiquement dédiée à l'entraînement à l'examen.

Elle est complétée d'un ensemble d'outils pratiques de révision, avec la collection Express DCG, ou de mémorisation et de synthèse avec les « Petits experts » (*Petit fiscal, Petit social, Petit Compta, Petit Droit des sociétés...*).

Ces ouvrages ont été conçus par des enseignants confirmés ayant une expérience reconnue dans la préparation des examens de l'expertise comptable.

Ils espèrent mettre ainsi à la disposition des étudiants les meilleurs outils pour aborder leurs études et leur assurer une pleine réussite.

Jacques Saraf
Directeur de collection

Préparer l'épreuve d'économie

1 Méthode de travail

■ *Contexte*

Un référentiel d'économie conséquent doublé d'une épreuve d'examen réputée difficile.

■ *Conseils*

- Priorité à un travail régulier. Cela vaut bien sûr pour une discipline comme l'économie qui comporte de nombreux concepts et lois économiques à connaître et qui suppose de composer en permanence avec des faits économiques, des chiffres et des connaissances de théorie économique.
- Nécessité aussi de bien apprendre et de maîtriser un noyau dur de connaissances fait de mots clés, de principes d'analyse économique et de grands points de repère en matière d'histoire économique et sociale.
- Nécessité de se tenir au courant de l'actualité économique et d'enregistrer les grandes tendances économiques, les débats et enjeux contemporains et les orientations prises par les Pouvoirs publics (lois, décrets, missions d'étude, etc.). Cela donne sens à l'enseignement reçu, c'est un moyen de tester sa compréhension des phénomènes économiques, de se préparer à l'examen… et aussi tout simplement de se motiver.

2 Préparation des épreuves

■ *Contexte*

- Le contenu de l'épreuve d'économie de DCG est à la fois diversifié et exigeant puisqu'elle peut consister en un commentaire de texte ou en une dissertation auxquels peuvent s'ajouter des questions de cours. Il importe donc d'être capable de traiter ces trois types de sujets.

■ *Conseils*

- Il faut prendre l'habitude et se donner les moyens de traiter une problématique économique avec puis sans texte d'appui (puisque l'épreuve peut consister en un commentaire de texte ou en une dissertation).

  Cela veut dire être capable de proposer une réflexion structurée avec un plan sur un sujet d'ordre économique (par exemple le chômage, les performances de la France à l'exportation, les conséquences de la politique monétaire de la BCE, etc.).

  Il faut donc savoir faire une introduction, savoir construire **un plan** avec deux ou trois grandes parties et deux ou trois sous-parties… et boucler le travail par une conclusion qui révèle la valeur ajoutée de la contribution effectuée. L'utilisation d'annales peut constituer une bonne base d'entraînement.
- S'entraîner à traiter (régulièrement) des **questions de cours** (le tableau entrées-sorties, TES, les instruments de la redistribution des revenus, etc.). L'ouvrage d'économie de ce point de vue permet de gagner un temps considérable… car un très grand nombre de questions de cours y sont traitées). Il faut donc apprendre et « digérer » les connaissances correspondantes et apprendre à les reformuler.

• Prendre l'habitude de **gérer son temps** : équilibrer le temps de travail entre les différentes parties d'une épreuve (par exemple entre le commentaire de texte et les éventuelles questions de cours) ; savoir lire et exploiter rapidement les documents en annexe (lire régulièrement des articles de revue économique (*Alternatives économiques, L'Expansion*, etc.) aide beaucoup de ce point de vue) ; penser à prévoir du temps pour relire sa copie...

• Donner toute sa place à la **forme** : écrire convenablement, éviter ou limiter les ratures, éviter les abréviations, les anglicismes, les mots familiers bien sûr... ; aérer la copie et faire des paragraphes (pour faciliter le travail de lecture), bien se relire pour limiter les fautes d'orthographe... Ce point est crucial car la réussite de l'épreuve repose pour une part directement ou indirectement sur le niveau de langue, la forme et l'orthographe !

3 Trucs & astuces

• Se faire un petit répertoire de définitions (liste de mots clés avec leur définition).

• Prendre l'habitude de lire régulièrement un magazine économique (*Alternatives économiques, L'Expansion*, etc.) ou les pages économiques d'un quotidien (*Le Monde, Les Échos*, etc.). Cela permet de prendre l'habitude d'exploiter rapidement un document, de se construire progressivement une culture économique... Il faut donc prendre l'habitude de fréquenter le CDI ou de s'abonner.

• Rédiger sa conclusion dès que le plan général est fait, car elle est souvent bâclée faute de temps par le candidat... alors qu'il s'agit de la dernière impression laissée au lecteur avant qu'il ne mette une note.

• Ne pas hésiter à mettre des titres et des sous-titres notamment pour le commentaire ou la dissertation. Ce n'est pas exigé mais cela améliore souvent la présentation de la copie, facilite le travail de lecture du correcteur... et peut aider le candidat à construire des parties cohérentes et homogènes.

• Repérer les fautes d'orthographe usuelles et noter la forme correcte des mots (souvent ce sont les mêmes fautes qui reviennent). Cette discipline permettra dans de nombreux cas de réduire sensiblement le nombre de fautes !

• Éviter les catalogues d'idées. Cela exige de savoir mettre en relation les idées, les hiérarchiser, développer seulement celles qui paraissent les plus importantes...

• Penser à faire référence au(x) texte(s) dans le cas d'un commentaire, ce qui signifie éventuellement reprendre une ou deux phrases entre guillemets qui paraissent particulièrement importantes et surtout reprendre des idées développées dans le texte en le reformulant et ne pas oublier d'écrire après « *cf.* annexe ».

Les auteurs

Programme de l'épreuve n° 5
Économie

DURÉE DE L'ENSEIGNEMENT	NATURE DE L'ÉPREUVE	DURÉE	COEFFICIENT
(à titre indicatif) 210 heures 18 crédits européens	Épreuve écrite portant sur une dissertation et/ou le commentaire d'un ou plusieurs documents et/ou une ou plusieurs questions	4 heures	1,5

SENS ET PORTÉE DE L'ÉTUDE	NOTIONS ET CONTENUS
1. Grands courants de pensée et principaux faits économiques et sociaux (35 heures)	
Se repérer dans les débats économiques contemporains en sachant se référer aux grands courants de pensée économique et à l'histoire économique.	
1.1 Histoire des faits marquants en matière économique et sociale	
Cette présentation est axée sur la mise en évidence des enjeux économiques, politiques et sociaux en : – rappelant les principaux faits économiques et sociaux et en expliquant leur genèse et leurs conséquences ; – étudiant le cas de quelques grands pays industrialisés (dont la France) et de quelques pays émergents ; – insistant sur les mécanismes de diffusion des phénomènes économiques et sociaux et sur les grandes ruptures.	La Révolution industrielle La crise de 1929 : émergence aux États-Unis et contagion mondiale L'entre deux guerres : montée du protectionnisme et New Deal Les 30 Glorieuses : de la reconstruction à l'essor de la société de consommation et à la CEE Les chocs pétroliers et l'entrée en crise (le cas français) L'effondrement du bloc soviétique et la généralisation du modèle de marché (fin du XXe siècle) La montée en puissance de la Chine et de l'Inde (début du XXIe siècle
1.2 Histoire de la pensée économique	
Repérer les principales écoles de pensée économique et les caractéristiques des principaux modèles économiques en insistant sur le caractère contingent de la théorie.	Le courant fondateur des classiques Les grands courants de la pensée économique contemporaine (néo-classique, keynésien et marxiste) Analyse des divergences et convergencesRepérage des orientations théoriques récentes
2. L'économie de marché : son fonctionnement et ses imperfections (70 heures)	
L'économie est faite de la rencontre d'acteurs. L'objectif de cette partie est de les identifier, d'en comprendre le comportement et d'en saisir les interactions. L'observation des marchés réels doit conduire ensuite à relever les principaux dysfonctionnements.	
2.1 Circuit économique : acteurs et opérations	
Présenter les grandes catégories d'acteurs (avec le langage économique de la comptabilité nationale).	Les agents économiques (au sens de la comptabilité nationale) : nature, fonction principale et ressources
Montrer schématiquement le fonctionnement de l'économie à partir de la représentation du circuit économique.	Le circuit économique : • les opérations des agents économiques • circuit simplifié • circuit élaboré

☞

2.2 Le comportement des acteurs	
Comprendre les fondements de la modélisation micro-économique du comportement des agents économiques (en particulier le consommateur et le producteur)	La micro-économie du consommateur : • maximisation d'utilité sous contrainte • vision dynamique (élasticité-prix et élasticité-revenu) • fonction de demande La micro-économie du producteur : • facteurs de production • fonction de production (production totale, production moyenne et productivité marginale) • fonction de coût (coût total, coût moyen et coût marginal) • fonction d'offre Le marché de concurrence
2.3 Construction des marchés et formation des prix	
Montrer le fonctionnement du marché tel qu'il a été pensé initialement par les économistes néo-classiques puis la complexité et les multiples formes possibles (sur l'exemple du marché des produits) et les imperfections.	Le marché de concurrence pure et parfaite Les marchés de concurrence imparfaite et les modes de fixation des prix spécifiques La théorie des marchés contestables La question des externalités et des biens collectifs
2.4 L'analyse de la consommation et de l'investissement	
Montrer l'importance de deux variables fondamentales en économie, la consommation et l'investissement, et rendre compte de la place du facteur temps dans l'analyse des phénomènes économiques.	Étude de la consommation : • le revenu des ménages (répartition primaire et secondaire) • les différentes formes de consommation • l'analyse des déterminants économiques (visions néo-classique, keynésienne et prolongements) • le multiplicateur et la propension marginale à consommer • l'analyse des déterminants psychologiques et sociologiques • différentes formes d'épargne et interprétation théorique Étude de l'investissement : • les différentes formes d'investissement • les déterminants de l'investissement (vision micro-économique)
2.5 Les fondamentaux de la croissance	
Définir le concept de croissance, ses principales composantes et ses fondements théoriques.	Les déterminants de la croissance Les théories de la croissance
2.6 Analyse conjoncturelle et dynamique des marchés	
Initier au suivi de l'évolution économique en se fondant sur des outils d'information économique.	Les cycles économiques : • cycles courts et cycles longs • spécificités des cycles selon les marchés • décalages et ajustements conjoncturels Le cadre d'analyse : • interactions entre les variables de l'égalité emplois-ressources • secteurs, branches, filières • le TES de la comptabilité nationale Les cycles économiques : • cycles courts et cycles longs • spécificités des cycles selon les marchés • décalages et ajustements conjoncturels • Le cadre d'analyse : • interactions entre les variables de l'égalité emplois-ressources

Initier au suivi de l'évolution économique en se fondant sur des outils d'information économique.	• secteurs, branches, filières • le TES de la comptabilité nationale Les outils de suivi : • tableaux de bord conjoncturels • études sectorielles • enquêtes de conjoncture • indicateurs avancés
3. Financement et mondialisation de l'économie (65 heures)	
Prendre la mesure du caractère mondialisé de l'économie contemporaine, notamment aux plans commerciaux et financiers. L'un des vecteurs majeurs de cette mondialisation est la monnaie.	
3.1 Économie financière et monétaire	
Appréhender les caractéristiques fondamentales de la monnaie avant de présenter les différentes modalités du financement de l'économie et le fonctionnement des marchés financiers.	Monnaie, création monétaire et politique monétaire : • les formes et fonctions de la monnaie • le processus de création monétaire • la masse monétaire et ses contreparties • les grandes théories de la monnaie (quantitative, keynésienne, monétariste) • les outils de la politique monétaire et le rôle d'une banque centrale Le financement de l'économie : • agents à besoin de financement et agents à capacité de financement • les différents circuits de financement Les marchés financiers : • définition et fonctionnement (marché primaire et marché secondaire) • les acteurs et leur comportement • les principales évolutions (décloisonnement et globalisation) • les innovations financières
3.2 Commerce international, division internationale du travail et stratégies internationales des entreprises	
Saisir le phénomène de la mondialisation suppose à la fois de connaître les fondements théoriques du commerce international, de prendre la mesure des échanges mondiaux et de leur évolution, et enfin de saisir les caractéristiques des stratégies des acteurs (entreprises et États).	La mesure des échanges internationaux : • les principaux courants d'échange • la balance commerciale • la balance des paiements Les théories des échanges internationaux : libre-échange, protectionnisme et nouvelles théories du commerce international La division internationale du travail (DIT) : définition, déterminants et effets Les traits contemporains des échanges internationaux : • la mondialisation des marchés • la constitution d'espaces économiques régionaux (UE, ALENA) • le rôle déterminant des stratégies des firmes multinationales

3.3 Le système financier international	
La mondialisation se caractérise par l'internationalisation des flux financiers et le développement systématique des stratégies financières internationales. L'étude de cette question suppose la présentation et l'analyse du système monétaire international ainsi que l'énoncé des risques afférents à la mondialisation financière.	Le change : • marché des changes et déterminants des taux de change • les différents systèmes de change • les politiques de change L'analyse des flux financiers internationaux et de leur évolution
4. Politiques publiques et régulation de l'économie (40 heures)	
4.1 Les différents niveaux institutionnels de l'intervention publique	
Présenter les grandes conceptions du rôle de l'État, puis rendre compte des différents niveaux d'intervention publique (européen, national et local).	Les mutations de la place et du rôle de l'État dans l'économie : • les différentes conceptions du rôle de l'État • la notion de politique publique L'affirmation du rôle économique de l'Union européenne : • les grandes étapes de la construction européenne • les principales politiques européennes La décentralisation et la montée en puissance des collectivités locales : évolution de leur statut et de leurs compétences
4.2 Étude de trois grands domaines d'intervention publique : l'emploi, la répartition et l'aménagement de la concurrence	
Aborder la politique économique en se focalisant sur quelques objectifs.	Déséquilibre du marché de l'emploi et politiques d'emploi : • emploi, plein emploi, chômage (définition, mesure et statistiques) • politiques d'emploi Déséquilibres de la répartition, protection sociale et politiques de redistribution : • les enjeux : inégalités de revenus et protection contre les risques sociaux • les différentes conceptions de la redistribution • la politique de redistribution en France Déséquilibres concurrentiels, politique industrielle et de réglementation concurrentielle : • les paradoxes de la concurrence • la politique industrielle et l'aide aux entreprises • la politique de réglementation : justification, exemples et limites

Indications complémentaires

1.1 Cette partie s'appuie sur les thèmes étudiés dans les programmes du lycée (en particulier en histoire-géographie).

2.2 On donnera quelques indications statistiques sur les agents économiques : nombre, statut juridique, taille.

2.7 Le TES doit être vu comme un outil de synthèse des dimensions méso et macro-économique.

3.2 Les principaux courants d'échange seront vus par catégorie et par zone. Les déterminants étudiés dans le cadre de la DIT sont : le coût du travail, la fiscalité et la croissance démographique.

4.1 Les différentes conceptions du rôle de l'État seront illustrées par quelques repères historiques et géographies.

PARTIE 1

ÉCONOMIE ET HISTOIRE

CHAPITRE

1

La pensée économique

Crise, croissance économique, politiques économiques, le vocabulaire des économistes a pénétré la société, rendant leur discipline plus proche, mieux connue, mais aussi plus critiquée lorsque les problèmes restent trop longtemps sans solution.

Même s'il est parfois difficile de dissocier les aspects économiques des aspects culturels, psychologiques et sociologiques des comportements humains, l'activité économique constitue un objet d'étude à part entière.

En outre, l'analyse économique s'efforce d'adopter une démarche scientifique. D'ailleurs, on peut se demander quels sont les grands courants qui ont marqué l'histoire de la pensée économique, et quels sont ceux qui sont dominants aujourd'hui, héritiers des fondateurs. L'économie est effectivement une science qui se nourrit de la réflexion passée et qui progresse au gré des divergences et des convergences d'analyse entre les grandes orientations théoriques.

A INTRODUCTION À LA SCIENCE ÉCONOMIQUE

L'économie, comme l'histoire et la psychologie, appartient à la grande famille des sciences humaines dont le point commun est d'avoir le même objet d'étude : l'être humain. Chaque science se définit par un domaine d'étude et des méthodes qui lui sont propres.

1 L'objet de la science économique

L'objet de la science économique a beaucoup évolué dans le temps depuis que les philosophes grecs ont fait œuvre de réflexion économique. L'économie est apparue successivement comme la science des richesses et la science de la rareté. En effet, puisque tous les biens nécessaires à la satisfaction des besoin s ne sont pas disponibles en abondance à l'état de nature, l'homme doit les produire. Les ressources (travail et terre par exemple) n'étant pas illimitées, l'homme doit opérer des choix sur les biens à produire et leurs quantités.

1.1 De la science de l'accumulation des richesses à la science de la rareté

La science économique est bien entendu une science humaine puisqu'elle a pour objet d'étude l'être humain, mais aussi une science sociale, puisqu'elle étudie les individus au sein dc la société.

Longtemps l'économie fut considérée comme la science de l'accumulation des richesses. Déjà Aristote proposait une division en trois branches de la science de l'homme : l'Éthique, l'Économique et la politique. Si l'Éthique relève de l'individu et la politique de la Cité, l'Économique caractérise l'activité familiale. En effet, le mot économie provient du grec *oîkos*, qui signifie « maison », et *nomos* qui représente les règles. L'économie serait donc l'ensemble des règles de conduite des activités domestiques. Le philosophe grec indique que la science de l'acquisition des richesses, la chrématistique, est un élément de l'Économique. Autrement dit, l'accumulation de richesses n'a pour cadre que la famille.

Il faudra attendre le développement du capitalisme commercial, après le Moyen Âge, pour considérer la production de richesses étendue à l'échelle de la nation, et non pas limitée à la famille.

Dès lors, l'accumulation de richesses sera encouragée par l'État, notamment chez les mercantilistes des XVIe et XVIIe siècles. L'économie devient politique, c'est-à-dire que son champ s'élargit, passant du cadre familial au cadre de la nation comme l'illustre l'ouvrage d'Antoine de Montchrestien, *Traité d'économie politique*, paru en 1615.

Toutefois, si l'économie est une science humaine, il convient de se demander ce qui la distingue des autres sciences humaines. Toute science se donne un objet d'étude précis qu'elle tente d'analyser. Si la science politique privilégie l'étude du pouvoir, la science économique se concentre, elle, sur la rareté.

Le constat de départ de l'analyse économique est somme toute assez simple : les hommes éprouvent des besoins illimités, mais les ressources dont ils disposent pour les satisfaire n'existent qu'en nombre limité (phénomène de rareté), en conséquence ils doivent faire des choix.

1.2 Les besoins humains sont illimités

On définira le **besoin économique** comme un manque qui peut être satisfait par l'acquisition ou la consommation de biens et services, sachant que ces mêmes biens et services sont produits en quantités limitées.

John Maynard Keynes dans *Essais sur la monnaie et l'économie* (1930) distingue deux catégories de besoins :

- ceux qui possèdent un caractère absolu, que l'on ressent quelle que soit la situation des autres individus ;
- ceux qui ont un caractère relatif, que l'on éprouve au contact des autres.

Bien entendu, les premiers peuvent atteindre un seuil (boire et manger par exemple), alors que les seconds paraissent illimités. C'est le cas par exemple dans le cadre d'une dynamique imitation/différenciation qui met en relation les comportements de consommation des individus. Certains consomment des biens particuliers en vue de se distinguer. D'autres individus cherchent à les imiter, poussant les premiers à trouver une nouvelle distinction. La dynamique apparaît illimitée.

1.3 Les biens et les ressources sont limités

L'économie ne s'intéresse qu'aux **biens rares**, que l'on appelle **biens économiques**, et écarte donc du domaine d'étude les **biens libres**.

Par opposition aux biens rares, les biens libres sont disponibles en abondance, comme l'air, l'eau, le soleil, le vent. Les biens économiques se caractérisent par le fait qu'ils nécessitent un sacrifice pour être produits. Bien entendu, certains biens considérés comme libres peuvent devenir rares si leur obtention nécessite du travail humain. On pense là aux problèmes de pollution qui obligent à engager des ressources pour rendre l'air respirable et l'eau potable.

Parmi les biens économiques on distingue les biens matériels (objets) et les biens immatériels (services), ou encore les **biens de production** (qui servent à produire d'autres biens) et les **biens de consommation finale**. Les biens de production se divisent en deux catégories, les **biens de consommation intermédiaire** (matières premières par exemple) et les biens d'équipement (machines).

1.4 La rareté impose des choix

Comme les ressources en travail et en matières premières sont rares, il est impossible de produire tous les biens nécessaires à la satisfaction des besoins illimités. Il convient donc de faire des choix pour déterminer les biens qui seront produits, parmi l'ensemble des possibilités de production. Le problème de la rareté peut s'illustrer par la « frontière des possibilités de production » d'une économie. Si l'on considère qu'il n'est possible de produire que deux biens X et Y, la « frontière » des possibilités de production prend l'allure suivante :

Les choix de production

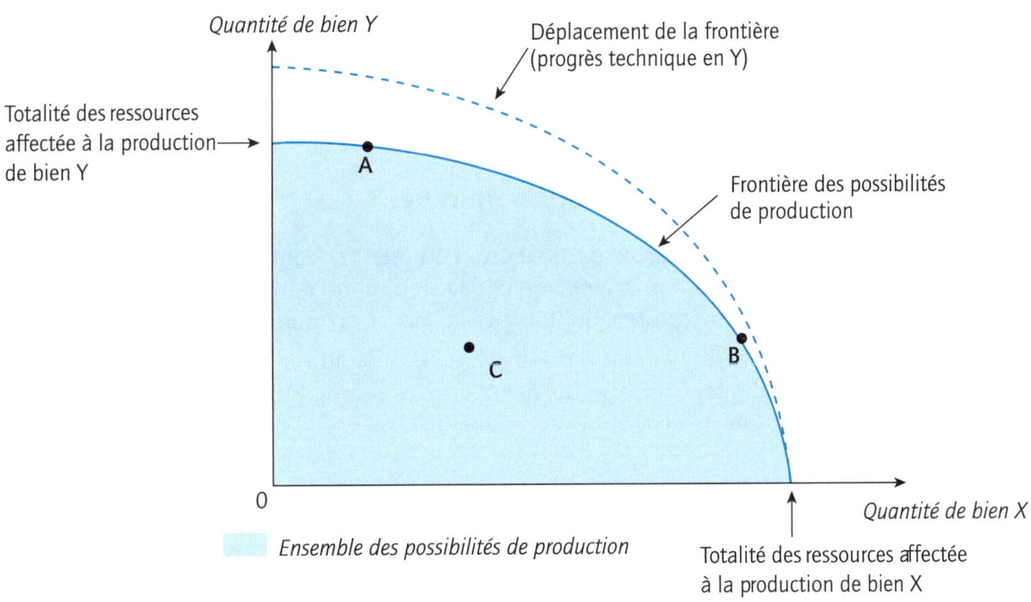

Les choix de production efficaces se situent sur la frontière (en A et B par exemple). À l'intérieur de l'espace des possibilités de production (en C), l'économie se priverait de la possibilité de produire plus de biens X et Y. Il convient donc de choisir entre produire plus de biens X et relativement moins de bien Y, ou l'inverse. La frontière dépend des ressources dont dispose l'économie (volume de travail, matières premières, biens fabriqués dans le passé), mais également de l'état d'avancement du progrès technique. Ce dernier permet d'ailleurs de déplacer la frontière vers la droite et vers le haut (le schéma indique en pointillé un déplacement de la frontière des possibilités de production grâce au progrès technique dont bénéficie la production de bien Y).

Ainsi, la science économique cherche à résoudre le problème de l'allocation des ressources, c'est-à-dire à répondre aux questions suivantes, mises en évidence par P. A. Samuelson (1950) :

- Quels biens produire ?
- En quelles quantités doivent-ils être produits ?
- Comment ces biens doivent-ils être produits ?
- Pour qui ces biens doivent-ils être produits ?

En situation d'abondance, la dernière question ne se poserait pas. Mais si la rareté domine, il faut pouvoir déterminer quels seront les bénéficiaires des richesses créées, et en quelle quantité pour chacun. En conséquence, la science économique s'intéresse aussi à la manière de répartir les richesses produites. En définitive, on peut donner de la science économique la définition célèbre de Lionel

Robbins dans son *Essai sur la nature et la signification de la science économique* en 1932 :

> « L'**économie** est la science qui étudie le comportement humain en tant que relation entre les fins et les moyens rares à usage alternatif. »

Il est tentant de définir la science économique par les sujets qu'elle traite et qui constitue son objet : la production, les échanges, la répartition des richesses, la consommation. Mais ces sujets ne sont pas purement économiques, ils comportent comme nous le savons une dimension sociologique, psychologique, politique ou sociale. L'économie ne peut être définie uniquement par son domaine d'étude, son objet, mais par la manière dont elle l'aborde.

2 La méthode de la science économique

L'économie est une façon particulière d'étudier les comportements des hommes. C'est la science des choix, ou science de la décision, dans un cadre de rareté. Quelles sont les démarches et les méthodes adoptées par la science économique ?

Elle bâtit son raisonnement à partir d'hypothèses, en s'efforçant de d'expliquer la réalité, plus que d'indiquer comment devraient être les choses. Enfin, elle se place autant au niveau de l'individu que de l'ensemble des individus.

2.1 Hypothèses, lois et modèles en science économique

L'observation des phénomènes économiques conduit à s'interroger sur les relations qui peuvent exister entre les variables économiques. On est par exemple conduit à se demander quels sont les liens entre le prix et la demande d'un bien, entre le volume d'investissement des entreprises et le niveau du taux d'intérêt.

Les économistes font alors apparaître des lois qui semblent gouverner le comportement des agents. On dépasse dans ce cas la réalité et on se situe au niveau de la théorie économique. Partant de l'observation des budgets des ménages, l'économiste autrichien Engel (1857) a ainsi pu mettre en évidence que la part du revenu consacrée à la dépense alimentaire diminuait quand le revenu augmentait. La généralisation de son étude est connue sous le nom de « loi d'Engel ».

Une **loi** est un raisonnement théorique destiné à donner une représentation des liens entre les variables économiques.

Les lois sont fondées sur des hypothèses plus ou moins contraignantes.

Une **hypothèse** est une simplification de la réalité qui rend possible la formulation de théories compréhensibles et utilisables.

Par exemple, l'analyse de la production suppose que l'entreprise recherche en toutes circonstances la maximisation de son profit, même si cela n'est pas toujours vérifié dans la réalité. En effet, l'entreprise est incarnée par des hommes qui recherchent le pouvoir, l'augmentation des parts de marché, la pérennité de l'entreprise. L'analyse du consommateur repose sur l'hypothèse de **rationalité** de son comportement, c'est-à-dire la recherche du maximum de satisfaction compte tenu de son revenu. Mais, si le consommateur est un être rationnel, il n'en demeure pas moins un être passionnel, comme le montrent ses achats à tempérament, ou achat non programmés.

Enfin, les hypothèses et les lois permettent de construire des **modèles**. Un modèle est un ensemble d'hypothèses et de lois qui donne une représentation théorique du fonctionnement de l'économie. Comme dans toute démarche scientifique, les modèles sont confrontés aux faits : la validité d'une théorie repose sur la capacité de ses conclusions à expliquer les faits. En somme, le raisonnement, en économie, est à la fois inductif et déductif.

Raisonnement inductif et déductif

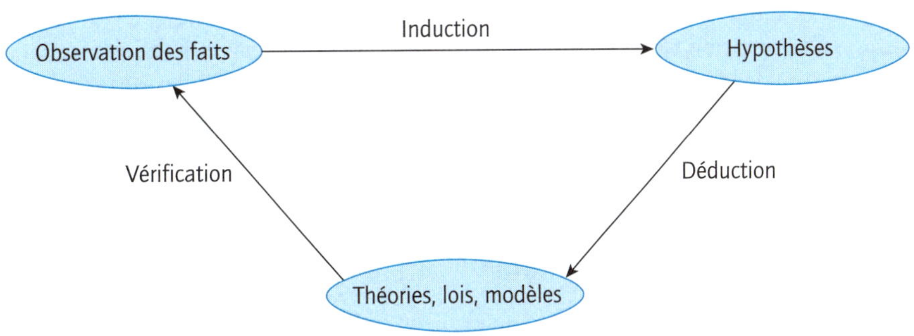

2.2 Économie positive et économie normative

En référence à Auguste Comte et son *Cours de philosophie positive* (à partir de 1826), une **analyse positive** explique pourquoi les choses et les comportements sont ce qu'ils sont. Elle vise donc à montrer le monde « tel qu'il est ».

Par contre, une **analyse normative** cherche à définir ce que doivent être les choses et les comportements, à expliquer « comment doit être » le monde. Seule la démarche positive relève de la science, l'économie normative est trop influencée par des valeurs que l'on cherche à respecter.

Curieusement, l'économie n'a pas pour vocation d'édicter des règles de bonne conduite ou de bonne gestion. Elle doit laisser le soin à d'autres de le faire, puisque les décisions en la matière appartiennent aux hommes politiques qui détiennent le pouvoir. Cependant, les économistes conçoivent comme un prolongement logique de leur travail, le fait de donner des conseils en matière de politique économique par exemple. Il apparaîtrait absurde de connaître en profondeur les mécanismes à l'origine de la pauvreté, sans s'en servir pour lutter contre. L'économie est forcément politique, comme le laissait présager l'ouvrage d'Antoine de Montchrestien (*Traité d'économie politique*, 1615).

Toutefois, si les économistes émettent des avis, c'est toujours en dernier ressort les hommes politiques qui prennent les décisions. En France, le Conseil d'analyse économique (CAE) présente des rapports au Premier Ministre sur des sujets économiques et sociaux, ce dernier demeurant maître des conclusions à en tirer et de l'action à mener. On pressent toutefois que la présentation des travaux des économistes peut influencer les jugements du pouvoir, c'est la raison pour laquelle le CAE est constitué d'économistes de divers horizons. Il est difficile de séparer pleinement le positif du normatif.

FOCUS . . . FOCUS . . . FOCUS . . . FOCUS . . . FOCUS . . . FOCUS . . .

Quel lien peut-on établir entre la pensée économique et les décisions politiques ?

Les décisions politiques peuvent s'inspirer des théories économiques. En effet, les dirigeants économiques prennent la plupart de leurs décisions en référence à des courants théoriques. Ainsi, la théorie keynésienne a conduit aux politiques de relance, le monétarisme à la rigueur monétaire. Le renouveau néoclassique a inspiré de nombreuses politiques libérales au cours des années 80. Plus particulièrement, le reaganisme (politique économique suivie par Ronald Reagan aux États-Unis d'Amérique entre 1981 et 1988) s'appuyait sur la réflexion des économistes de l'offre. Aujourd'hui, les théories de la croissance endogène réhabilitent le rôle de l'État dans l'économie.

Néanmoins, il ne faut pas exagérer le rôle de la pensée économique dans la conduite des politiques économiques. Les gouvernants doivent prendre en compte les diverses contraintes liées à une situation réelle et non théorique. En outre, la décision politique est un des champs de réflexion de la pensée économique. L'École des choix publics analyse le type de rationalité en œuvre dans la prise de décision politique : recherche de l'intérêt général ou optimisation d'une trajectoire personnelle ? La théorie des jeux étudie également les diverses stratégies possibles pour un gouvernement dans le cadre de négociations.

2.3 Microéconomie et macroéconomie

Les sciences sociales opposent presque toujours des conceptions holistes et des conceptions individualistes. En tant que science sociale, l'économie n'y échappe pas.

L'**individualisme méthodologique** est une méthode d'analyse des faits économiques et sociaux qui part du principe que les phénomènes étudiés peuvent être expliqués à partir des comportements individuels.

Le **holisme** est une méthode d'analyse qui considère que les comportements individuels s'inscrivent dans un contexte global prédéterminé (les normes et les règles d'une société, la catégorie sociale d'appartenance etc.). En conséquence, l'étude du contexte global est nécessaire pour comprendre les actes individuels.

Par exemple, un acte de consommation est un acte individuel, puisque chaque individu décide en fonction de ses goûts et de son budget, mais aussi un acte qui dépend du contexte dans lequel il s'insère, puisque les individus décident de ce qu'ils consomment sous le regard des autres individus (phénomène de mode par exemple).

En d'autres termes, l'individualisme méthodologique considère que les faits sociaux sont la résultante non voulue des comportements des individus, alors que le holisme considère que c'est l'existence préalable de l'organisation sociale qui détermine les décisions individuelles.

En science économique, ce débat renvoie à l'opposition entre microéconomie et macroéconomie.

La **microéconomie** relève de l'individualisme méthodologique et prend pour point de départ l'analyse économique à l'échelle d'un agent. Elle choisit un agent type puis, pour passer aux grandeurs globales (la consommation par exemple), elle propose d'agréger les décisions individuelles.

À l'inverse, la **macroéconomie** relève du holisme et s'intéresse aux relations entre les grandeurs globales. Donc, le point de départ se situe à l'échelle de tous les agents économiques.

Les conclusions de l'analyse microéconomique ne sont pas forcément généralisables au niveau macroéconomique. Microéconomie et macroéconomie sont à la fois opposées et complémentaires. Ainsi, une baisse des salaires à l'intérieur d'une entreprise peut accroître le profit si les salariés conservent la même productivité. Si toutes les entreprises raisonnent de la sorte, elles ont intérêt à diminuer les salaires. Cependant, les salaires des unes représentant la demande qui s'adresse aux autres, une baisse généralisée des rémunérations peut très bien diminuer les profits. Cette difficulté de passage de l'analyse microéconomique à l'analyse macroéconomique s'appelle le problème du *no bridge.* Il est souvent difficile de donner des fondements microéconomiques à l'analyse macroéconomique, ce qui justifie une approche purement macroéconomique pour rendre compte de phénomènes que ne peut expliquer la microéconomie.

3 La scientificité de l'analyse

De manière récurrente, la question de la scientificité de l'analyse économique est posée. Une science se définit comme un exercice de la pensée sur les objets. Cela signifie donc que, pour prétendre au statut de science, l'économie doit posséder un objet d'étude qui lui est propre, comme nous avons pu le voir précédemment. Mais cela suppose aussi qu'elle utilise une démarche scientifique : bâtir des modèles théoriques à partir d'hypothèses véritablement scientifiques, lesquelles pourront être testées en confrontant les modèles à la réalité.

3.1 L'analyse scientifique commence par des hypothèses…

Karl Popper (1963) indique qu'une proposition devient scientifique quand elle peut être réfutée, c'est-à-dire quand il est possible de la confronter aux faits. Une hypothèse scientifique est donc une proposition qui comporte en elle la possibilité de sa propre réfutation. La scientificité d'une hypothèse peut se comprendre à travers la célèbre parabole du cygne noir. Ce n'est pas parce que l'observation nous a conduit à ne rencontrer que des cygnes blancs, que tous les cygnes sont blancs. On peut même dire que le scientifique serait plus avancé s'il croisait un cygne noir, car il prouverait alors que tous les cygnes ne sont pas blancs. En somme, il est possible de prouver une erreur (l'existence d'un cygne noir prouverait qu'ils ne sont pas tous blancs), alors qu'on ne peut jamais établir une vérité. Une analyse scientifique n'est digne de ce nom que si elle peut être réfutée par l'observation des faits.

3.2 … et se prolonge dans l'expérimentation

Le problème, en science économique, vient du fait que l'expérimentation apparaît difficile. Il semble inconcevable de faire des expériences pour savoir si la hausse des taux d'intérêt pourrait accroître le chômage. Remarquons que ce problème se pose aussi pour d'autres sciences « dures », pour lesquelles les expériences ne sont pas toujours envisageables : que dire du clonage humain, des essais nucléaires ? Ceci revient à remettre en cause le critère de scientificité avancé par Popper : ce n'est pas parce qu'on ne peut pas faire d'expérience que la démarche en économie n'est pas scientifique. D'ailleurs, elle est en partie possible, si l'on construit des modèles qui permettent des simulations à l'aide d'outils mathématiques et statistiques. Comme l'ont montré les prix Nobel d'Économie 2002 Vernon Smith et Daniel Kahneman, on peut mener des expériences sur les comportements des individus en matière de transaction économique pour repérer leur plus ou moins grande rationalité (à partir de jeux de marché, ou de gestion de portefeuilles boursiers fictifs). Les expériences de « laboratoires » sont donc possibles ! En outre, l'économiste peut s'appuyer sur l'histoire pour valider son modèle théorique : ainsi, peut-être pourrait-on observer, au cours de l'histoire, que les périodes de hausse des taux d'intérêt se sont caractérisées par une hausse du chômage. Enfin, les hypothèses en économie doivent être entendues comme des probabilités : le consommateur est le plus souvent rationnel, et ce n'est pas parce qu'on rencontre un individu qui ne l'est pas (un « cygne noir ») que l'hypothèse de rationalité doit être rejetée.

B LES GRANDS COURANTS DE LA PENSÉE ÉCONOMIQUE

La réflexion économique apparaît chez les philosophes grecs (Aristote, Platon), qui étudient l'économie domestique et la gestion de la cité. Au Moyen Âge, c'est la morale chrétienne qui inspire la pensée économique (Saint Augustin, Saint Thomas d'Aquin). Entre le XVIe et le XVIIIe siècles, les mercantilistes, qui préconisent l'abondance de métaux précieux, l'intervention de l'État et le développement de la population, rendent la réflexion économique autonome mais ne constituent pas encore un courant économique structuré. Au milieu du XVIIIe siècle, les Physiocrates, avec François Quesnay, donnent une analyse économique globale sous forme de circuit et peuvent être considérés comme des précurseurs. À partir de la fin du XVIIIe siècle, de véritables analyses théoriques se développent, à partir d'économistes dont les idées se rapprochent suffisamment pour pouvoir être considérés comme appartenant à des « écoles de pensées ».

1 Les économistes classiques et l'émergence de la science économique

Les économistes classiques sont contemporains de la révolution industrielle et observent une économie en pleine transformation. Ils sont pour l'essentiel favorables aux conditions du développement économique. Celui-ci se caractérise par le passage de l'artisanat à l'industrie, et une transformation de l'agriculture rendue nécessaire par la transition démographique. La révolution industrielle est marquée par de multiples innovations techniques (métiers à tisser mécaniques, machine à vapeur) qui autorisent une organisation plus efficace des manufactures. L'appellation « classique » est due à Karl Marx qui constate chez les différents auteurs de cette époque une convergence de critères d'analyse : une même théorie de la valeur, une étude des rapports de classe, une défense du **libéralisme économique**.

FOCUS . . . FOCUS . . . FOCUS . . . FOCUS . . . FOCUS . . . FOCUS . . .

Les principaux auteurs du courant classique

- Adam Smith (1723-1790), *Recherche sur la nature et les causes de la richesse des nations* (1776)
- Thomas Robert Malthus (1766-1834), *Essai sur le principe de population* (1798 à 1803)
- Jean Baptiste Say (1767-1832), *Traité d'économie politique* (1803)
- David Ricardo (1772-1823), *Principes de l'économie politique et de l'impôt* (1817)
- John Stuart Mill (1806-1873), *Principes de l'économie politique* (1848)

1.1 L'adhésion à la théorie de la valeur travail

Adam Smith (1776) et David Ricardo (1817) distinguent, pour leur raisonnement, la valeur d'usage et la valeur d'échange des biens. La valeur d'usage dépend de la satisfaction que le bien procure à la société, la valeur d'échange correspond à la quantité d'autres biens que l'on peut obtenir en échange du bien produit. Ils ne s'intéressent qu'à la valeur d'échange et indiquent que la valeur d'un bien provient de la quantité de travail nécessaire à sa fabrication. Ricardo précise que le travail est à la fois direct (le travail proprement dit) et indirect par l'intermédiaire des machines utilisées en production (ces biens de production ont nécessairement été créés grâce à du travail).

Les richesses produites proviennent donc de la plus ou moins grande quantité de travail disponible dans l'économie. Pour cette raison, Smith considère qu'il est primordial de mieux produire pour produire plus, en divisant le travail en tâches élémentaires. Il cite pour cela l'exemple d'une manufacture d'épingles qu'il emprunte à l'Encyclopédie de Diderot et D'Alembert (voir Focus ci-après).

Il montre à travers cet exemple que la **division du travail** est source d'augmentation de la productivité, grâce à l'élimination des pertes de temps de passage d'une tâche à l'autre, et à l'effet d'expérience obtenue dans la répétition de la tâche.

FOCUS . . . FOCUS . . . FOCUS . . . FOCUS . . . FOCUS . . . FOCUS . . .

La division du travail chez Adam Smith

« Prenons un exemple dans une manufacture de la plus petite importance, mais ou la division du travail s'est fait souvent remarquer : une manufacture d'épingles. (…)

Mais de la manière dont cette industrie est maintenant conduite, non seulement l'ouvrage entier forme un métier particulier, mais même cet ouvrage est divisé en un grand nombre de branches, dont la plupart constituent autant de métiers particuliers. Un ouvrier tire le fil à la bobine, un autre le dresse, un quatrième empointe, un cinquième est employé à émoudre (…) enfin l'important travail de faire une épingle est divisé en dix-huit opérations distinctes ou environ. (…)

J'ai vu une petite manufacture de ce genre qui n'employait que dix ouvriers, et où par conséquent quelques-uns d'entre eux étaient chargés de deux ou trois opérations. (…) Ces dix ouvriers pouvaient faire entre eux plus de quarante-huit milliers d'épingles dans une journée ; donc chaque ouvrier, faisant une dixième partie de ce produit, peut-être considéré comme faisant dans sa journée mille huit cents épingles. Mais s'ils avaient tous travaillé à part et indépendamment les uns des autres, et s'ils n'avaient pas été façonnés à cette besogne, chacun d'eux assurément n'eût pas fait vingt épingles, peut-être pas une seule dans la journée. »

Adam Smith, *Recherche sur la nature et les causes de la richesse des nations* (1776).

1.2 Une analyse macroéconomique en termes de classes sociales

Les auteurs classiques voient l'économie comme une science de l'accumulation des richesses. Ils s'interrogent logiquement sur la manière d'augmenter les richesses produites, mais aussi sur la façon de les répartir. Ils proposent alors une division de la société en classes sociales (les travailleurs, les capitalistes et les propriétaires terriens), chacune obtenant une partie du revenu global.

Ainsi, les travailleurs sont rémunérés au **minimum de subsistance**, ou **taux de salaire naturel**. Ricardo (1817) indique que « le prix naturel du travail est celui qui fournit aux ouvriers, en général, le moyen de subsister et de perpétuer leur espèce sans accroissement ni diminution ». Les salaires gravitent nécessairement autour du salaire naturel car, si les travailleurs percevaient des salaires plus élevés ils seraient conduits à élever une famille plus nombreuse, augmentant le nombre de bras disponibles sur le marché du travail. Il en résulterait automatiquement une baisse des salaires. Cependant, Ricardo précise que le salaire naturel n'est pas absolument fixe et constant, mais qu'il varie dans le temps et selon les lieux. Le panier de biens qu'il permet d'obtenir dépend du contexte social.

Les propriétaires fonciers sont eux rémunérés grâce à la rente que leur procure la terre qu'ils louent. Or, pour accroître la production agricole, il est nécessaire de mettre en culture des terres de moins en moins fertiles (loi des rendements décroissants). Les récoltes réalisées sur ces terres sont moins importantes que sur les premières, pour un même volume de travail. Il en résulte que le loyer de la terre est moins élevé (sinon personne ne voudrait de ces terres), et les prix des produits agricoles plus élevés. Par différence avec le loyer des terres les plus fertiles, on obtient la rente des propriétaires terriens qui possèdent les meilleures terres. La **rente foncière** est une rente différentielle.

FOCUS . . . FOCUS . . . FOCUS . . . FOCUS . . . FOCUS . . . FOCUS . . .

La rente pétrolière

La rente foncière décrite par Ricardo s'apparente à la rente pétrolière d'aujourd'hui. En effet, lorsque la demande mondiale de pétrole s'accroît (en raison par exemple de la croissance chinoise) le prix du pétrole augmente. Il devient alors rentable d'exploiter des gisements qui ne l'étaient pas jusque-là (plateformes de pétrole en mer du Nord). Cette hausse des prix accroît le profit des exploitations qui extraient du pétrole plus aisément (Arabie Saoudite par exemple) : ces exploitations bénéficient donc d'une rente par différence entre le prix élevé du pétrole et le coût d'extraction plus faible sur leurs exploitations. Il s'agit d'une forme « d'enrichissement sans cause » pour les exploitations qui bénéficient de faibles coûts d'extraction. C'est bien le prix élevé du pétrole qui augmente la rente et non l'inverse : si les exploitations les plus rentables refusaient cette rente cela ne ferait pas baisser le prix du pétrole.

Pour Ricardo, la hausse du salaire naturel consécutive à la hausse des prix des denrées agricoles (puisque le salaire naturel se fixe au niveau du minimum de subsistance) grève les profits des entrepreneurs. Il faudrait pouvoir payer le blé moins cher pour faire baisser le salaire naturel. En ayant recours, par exemple, aux importations de blé en provenance de l'étranger.

1.3 Des adeptes du libéralisme économique

Pour les classiques, le libéralisme économique est l'état idéal et naturellement favorable à l'augmentation des richesses produites. Ce libéralisme économique peut s'illustrer par la phrase célèbre du physiocrate Vincent de Gournay : « laissez faire les hommes, laissez passer les marchandises ». Elle indique que l'État ne doit pas intervenir et qu'aucun obstacle à la circulation des marchandises ne doit être érigé.

On retrouve cette idée dans le principe de la « **main invisible** » d'Adam Smith. Selon ce principe, tout individu qui poursuit un intérêt purement individuel, voire égoïste, œuvre pour l'intérêt collectif, ou prospérité générale.

FOCUS . . . FOCUS . . . FOCUS . . . FOCUS . . . FOCUS . . . FOCUS . . .

La main invisible

« Ce n'est pas de la bienveillance du boucher, du marchand de bière ou du boulanger, que nous attendons notre dîner, mais bien du soin qu'ils apportent à leurs intérêts. Nous ne nous adressons pas à leur humanisme, mais à leur égoïsme (…).

(…) Chaque individu met sans cesse tous ses efforts à chercher, pour tout le capital dont il peut disposer, l'emploi le plus avantageux (…) il ne pense qu'à son propre gain : en cela, comme dans beaucoup d'autres cas, il est conduit par une main invisible à remplir une fin qui n'entre aucunement dans ses intentions (…).

Tout en ne cherchant que son intérêt personnel, il travaille souvent d'une manière bien plus efficace pour l'intérêt de la société, que s'il avait réellement pour but d'y travailler. »

Adam Smith, *Recherche sur la nature et les causes de la richesse des nations* (1776).

Pour Jean-Baptiste Say (1803), les crises générales de surproduction sont impossibles, simplement parce que « les produits s'échangent contre les produits ». Cette « **loi des débouchés** », ou loi de Say, a été reformulée par Keynes (1936) sous l'expression « l'offre crée sa propre demande ». La production crée un montant de revenus distribués nécessairement égal en valeur à cette production, puisque le prix d'un bien comprend des revenus distribués aux salariés, aux autres producteurs auprès desquels l'entreprise s'approvisionne, aux propriétaires de l'entreprise, voire à l'État sous forme d'impôts et taxes. Ces mêmes revenus donnent lieu à une consommation et à une épargne. L'épargne est intégralement investie car sinon son détenteur se priverait d'une rémunération possible. Finalement, que cela soit sous forme de biens de consommation, ou de biens de production, les revenus contribuent entièrement à une demande de biens auprès des producteurs.

La loi de Say

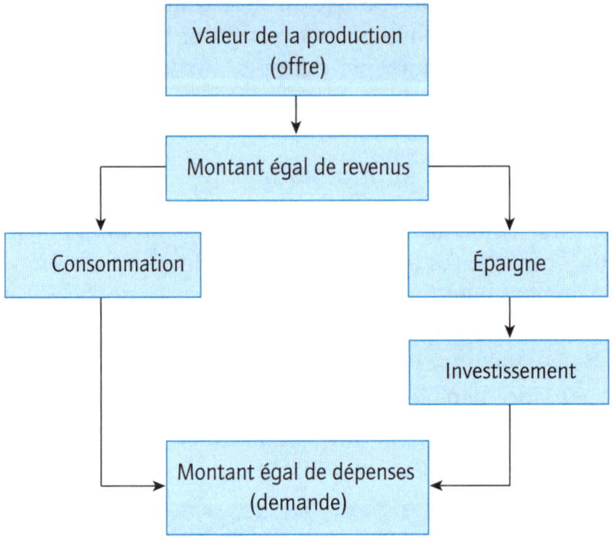

Si globalement la valeur des biens produits est égale à la valeur des biens demandés, il se peut tout de même que des déséquilibres sectoriels apparaissent. Mais, si sur un marché l'offre est supérieure à la demande, c'est qu'il existe nécessairement au moins un autre marché pour lequel la demande est supérieure à l'offre. Dans ce cas, J.-B. Say montre que les mécanismes de l'offre et de la demande conduisent à un rééquilibrage dans tous les secteurs, sans qu'une intervention de l'État soit nécessaire.

Pour les économistes classiques en général, l'État doit se contenter de remplir ses fonctions régaliennes (Police, Justice, Armée), même si l'on trouve déjà chez Adam Smith l'idée que l'État doit prendre en mains les activités utiles à la nation, mais délaissées par le marché, dans le cadre de la production de biens publics.

Enfin, Ricardo (1817) et Smith (1776), notamment, sont des partisans du libre échange. Ils montrent que chaque pays à intérêt à ouvrir ses frontières, et à se spécialiser dans les productions pour lesquelles il est avantagé, car le total des richesses produites par l'ensemble des pays en situation de libre-échange, est supérieur au total produit en autarcie. D'ailleurs, Ricardo prône le libre échange pour favoriser l'importation en Angleterre de blé français. L'abolition des *corn laws* en 1846 marquera la victoire du libre-échangisme sur le protectionnisme. Favorisant la baisse du prix du blé, et donc du salaire naturel, l'ouverture des frontières anglaises devait permettre aux capitalistes d'accroître leurs profits, donc leurs investissements pour poursuivre la révolution industrielle.

2 L'économie chez Marx

Dans ce contexte de révolution industrielle, Karl Marx (1818-1883) est indigné par le spectacle de la misère et de l'ampleur des crises capitalistes. À la fois philosophe, économiste et historien, il va proposer la première analyse d'ensemble du système capitaliste et de ses crises. Mais Marx se veut également un homme d'action, ce qui va l'amener à militer pour renverser le système capitaliste au profit du communisme, le socialisme ne constituant qu'une période transitoire.

Il s'appuie, pour sa démonstration, sur la théorie de la **valeur travail**, et procède à une analyse en termes de classes sociales (prolétaires et bourgeois capitalistes).

2.1 L'exploitation des prolétaires par les capitalistes

Marx (Le capital, 1857) reprend la théorie de la valeur travail dans sa version ricardienne. Nous savons que la valeur des biens correspond au temps de travail moyen qu'ils incorporent pour leur réalisation. Ainsi, cette valeur se décompose en travail « mort », déjà incorporé dans les moyens de production, et en travail « vivant » mis en œuvre au cours de la production. Toutefois, en économie capitaliste, la force de travail est considérée comme une marchandise qui s'échange sur un marché. Le déséquilibre offre-demande, sur le marché du travail, conduit alors à une baisse du prix de cette marchandise : le salaire. C'est parce qu'il existe une « **armée industrielle de réserve** », ou population au chômage, que l'offre de travail est toujours supérieure à la demande. En définitive, la rémunération de la force de travail est inférieure à la valeur que celle ci produit. La différence, appelée plus-value, est accaparée par les propriétaires des moyens de production, qui peuvent s'en servir pour exploiter d'autres individus ou classes.

En effet, l'exploitation est rendue possible par le fait que les **prolétaires** n'ont à vendre que leur force de travail pour subsister, force de travail qui nécessite, pour être mise en œuvre, des moyens de production détenus par d'autres, les **bourgeois capitalistes**. Ce qui distingue le capitaliste du prolétaire c'est que seul le premier détient la propriété privée des moyens de production.

La plus-value chez Marx

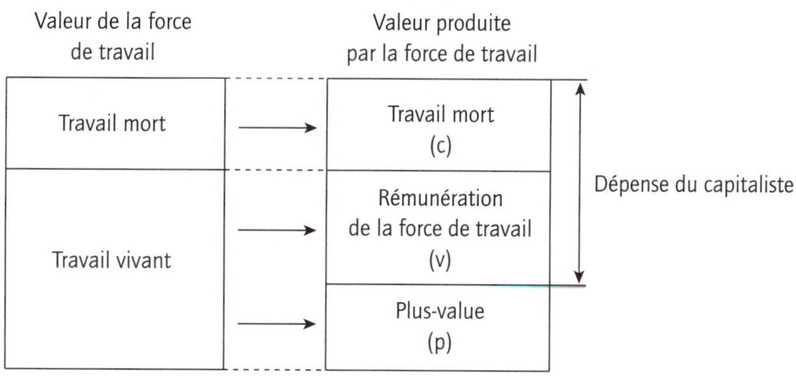

Si la journée de travail est de 8 heures et que 5 heures suffisent pour assurer l'entretien de la force de travail (salaire fixé au minimum de subsistance), la plus-value dégagée est donc de 3 heures.

L'appropriation de la plus-value constitue le fondement de l'exploitation des prolétaires par les capitalistes.

2.2 La baisse tendancielle du taux de profit

Marx note *c* la valeur du travail mort (machines et biens achetés déjà produits), qu'il appelle aussi « capital constant » car sa valeur est simplement transmise dans le produit final à l'issue du processus de production. Il note également *v*, le prix du travail vivant, ou « capital variable » au sens où son utilisation dans le processus de production conduit à une création de valeur. En somme, pour produire, le capitaliste avance une somme égale à $c + v$ et récupère une somme égale à $c + v + p$, si l'on note p la plus-value réalisée. On peut alors exprimer le **taux de profit** de ce capitaliste comme le rapport entre le bénéfice réalisé (la plus value p) et le capital investi $(c + v)$:

$$\text{taux de profit} = p/(c + v)$$

$$\text{ou encore} = \frac{p/v}{1 + c/v}$$

où $e = p/v$ désigne le taux d'exploitation de la force de travail, ou **taux de plus-value**, et $g = c/v$ la **composition organique du capital**.

e correspond au pourcentage de plus-value extorquée aux prolétaires, g renvoie à l'intensité capitalistique de la combinaison de production (plus ou moins de machines, ou plus ou moins d'hommes, pour produire).

Marx indique que la concurrence entre capitalistes conduit à l'achat de machines toujours plus récentes parce qu'elles intègrent le progrès technique et plus productives (elles permettent de produire plus de marchandises dans un même temps de travail). La loi de l'accumulation (investir toujours plus de plus-value réalisée) amène à une suraccumulation de capital. Ainsi, les capitalistes investissent toujours plus de capital constant c, pour un volume donné de capital variable v. Il en découle une hausse de c/v qui conduit à faire baisser le taux de profit.

La **loi de la baisse tendancielle du taux de profit** exprime que la hausse de la composition organique du capital c/v tend à faire baisser les profits des capitalistes.

Cette loi n'est que tendancielle, pour Marx, car d'autres effets entrent en jeu qui contrecarrent la baisse du taux de profit. Les capitalistes peuvent par exemple augmenter le taux d'exploitation p/v en allongeant la durée de travail des ouvriers pour un même salaire versé (si les ouvriers travaillent 9 heures, la plus-value dégagée est désormais de 4 heures).

En somme, seul le travail vivant est à l'origine de la plus-value, mais la concurrence entre capitalistes conduit à une hausse de la part du travail mort par rapport au travail vivant, ce qui limite les possibilités de plus-value. Pour Marx, le capitalisme porte en lui les germes de sa propre fin.

2.3 Crises du capitalisme et passage au socialisme

Les crises capitalistes résultent de la baisse tendancielle du taux de profit. Même si des effets jouent en sens inverse, le fait d'utiliser de plus en plus de machines et des hommes de moins en moins bien rémunérés réduit à la fois les possibilités de plus value et les débouchés des entreprises.

Les crises du système capitalistes sont donc à la fois des crises de surproduction et des crises de sous consommation : surproduction de capital, et sous consommation de biens. La surproduction entraîne une baisse des prix et la faillite des entreprises les moins performantes. Les crises apparaissent donc comme des mécanismes de régulation du système capitaliste. Mais, de crise en crise, le système est appelé à disparaître.

La crise en système capitaliste

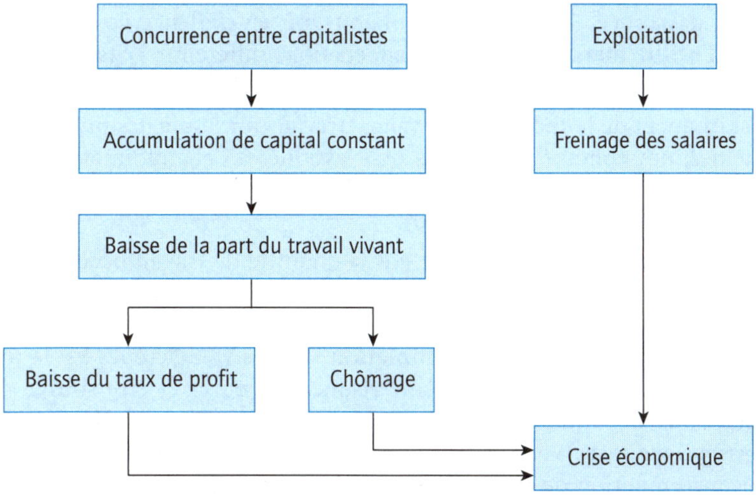

Puisque le système capitaliste repose sur l'exploitation des prolétaires, et que celle-ci n'est possible que parce qu'existe la propriété privée, Marx préconise le passage à la propriété collective des moyens de production qui permettra d'abolir l'exploitation. Ainsi disparaît la classe capitaliste et avec elle la notion de classes sociales, puisqu'il n'en reste plus qu'une, celle des prolétaires.

3 Les néoclassiques

L'**école néoclassique** marque une rupture dans l'évolution de la théorie économique, contrairement à ce que laisse entendre le préfixe « néo ». Si la science économique était jusque-là la science de l'accumulation des richesses, elle devient la science de la rareté et de l'allocation des ressources, au sens ou Lionel Robbins (1932) la définit. Elle s'appuie sur une nouvelle conception de la valeur, et une approche microéconomique en terme d'équilibre sur le marché. Comme les classiques, les néoclassiques sont dans l'ensemble des défenseurs du libéralisme économique.

FOCUS . . . FOCUS . . . FOCUS . . . FOCUS . . . FOCUS . . . FOCUS . . .

Les principaux auteurs néoclassiques

- Stanley Jevons (1835-1882), *Théorie de l'économie politique* (1871)
- Carl Menger (1840-1921), *Les fondements de l'économie politique* (1871)
- Léon Walras (1834-1910), *Éléments d'économie politique pure ou théorie de la richesse sociale* (1874)
- Vilfredo Pareto (1848-1923), *Manuel d'économie politique* (1907)
- Alfred Marshall (1842-1924), *Principes d'économie politique* (1890)
- Arthur Cécil Pigou (1877-1959), *L'économie du bien-être* (1920)

3.1 La théorie de la valeur utilité

Au début des années 1870, trois auteurs ont mis en évidence, isolés les uns des autres, le concept d'**utilité marginale** sous des appellations différentes : Stanley Jevons (1871), Carl Menger (1871) et Léon Walras (1874).

Les insuffisances de la théorie de la valeur travail, sur lesquelles butaient Ricardo et Marx eux-mêmes, ont conduit les auteurs néoclassiques à l'abandonner au profit de la **valeur utilité** que l'on retrouvait déjà dans les écrits d'Aristote, mais aussi chez Richard Cantillon (1697-1734) et Condillac (1714-1780).

Ce qui fait la valeur d'un bien n'est pas la quantité de travail nécessaire à sa fabrication, mais l'utilité qu'il procure à celui qui le consomme. Plus précisément, la valeur d'un bien résulte de la dernière unité du bien consommée. Celle-ci est décroissante à l'image de la satisfaction qu'apporte la consommation successive de crêpes : si la première satisfait la gourmandise et la faim, la dixième risque d'écœurer et être source de désutilité, ou insatisfaction. En somme, il faut distinguer l'utilité totale d'un bien (celle procurée par les 10 crêpes mangées) qui est en général croissante, et l'utilité marginale (celle apportée par la consommation de la dernière unité) qui est, elle, décroissante. Mais l'acquisition du bien est aussi source d'insatisfaction, puisque l'on doit payer un prix, c'est-à-dire se séparer d'une quantité de monnaie. Tant que l'insatisfaction liée au prix est inférieure à l'utilité de la consommation, l'individu continuera à acheter du bien, pour peu qu'avec une même dépense il ne puisse obtenir plus d'utilité en achetant un autre bien.

Avec l'utilité marginale, la valeur d'un bien devient subjective, puisqu'elle diffère d'un individu à l'autre, et s'oppose à la valeur travail qui se voulait objective. Valeur et prix de marché se distinguent à nouveau : la valeur d'un bien pour un individu se mesure au prix qu'il est disposé à payer pour obtenir ce bien (son prix de réserve), prix qui peut être différent de celui constaté sur le marché.

3.2 Une approche microéconomique

L'approche des néoclassiques relève de l'individualisme méthodologique. En choisissant un individu type pour étudier son comportement, on suppose que la somme des comportements types donnera une explication des phénomènes globaux. Les détracteurs de l'approche microéconomique des néoclassiques parlent d'*homo economicus.*

Cet individu type est supposé rationnel, qu'il ait un comportement de consommateur ou de producteur. Le premier va chercher à maximiser sa satisfaction compte tenu des prix des biens et du budget dont il dispose. Le second s'efforcera de maximiser son profit sous une contrainte technique de production.

Tous deux utilisent le raisonnement à la marge. C'est pourquoi d'ailleurs, les premiers auteurs du courant néoclassique étaient qualifiés de « marginalistes ». Par exemple, un producteur va embaucher successivement des individus tant que ce que rapporte le dernier embauché (donc à la marge) est supérieur à son coût. En somme, tant que la production marginale en valeur, supplément de production en valeur qui découle du dernier employé, est supérieure au salaire nominal versé. À l'image des terres de moins en moins fertiles, la production marginale, ou productivité marginale, est décroissante. Les néoclassiques considèrent, en effet, que la loi des rendements décroissants s'applique à l'industrie.

Il convient de préciser que cette approche exclut la notion de classes sociales que l'on trouvait chez Marx et les classiques. Sont ici niés, dans un premier temps, les rapports de force sociaux.

3.3 Une théorie de l'équilibre

Les agents économiques expriment leurs besoins sur les marchés, qui permettent de déterminer les prix. La théorie néoclassique distingue notamment : le marché des biens et services, le marché du travail et le marché des capitaux.

On peut tout d'abord raisonner en terme d'équilibre partiel, sur un seul marché, comme le fait Alfred Marshall (1890).

Sur le marché des biens et services, pour chaque consommateur par exemple, la demande de biens est une fonction décroissante du prix, alors que pour chaque producteur l'offre est une fonction croissante. L'agrégation des fonctions d'offre et de demande individuelles donne ensuite les courbes d'offre et de demande sur le marché. L'équilibre est obtenu au point de rencontre des deux courbes.

L'équilibre partiel

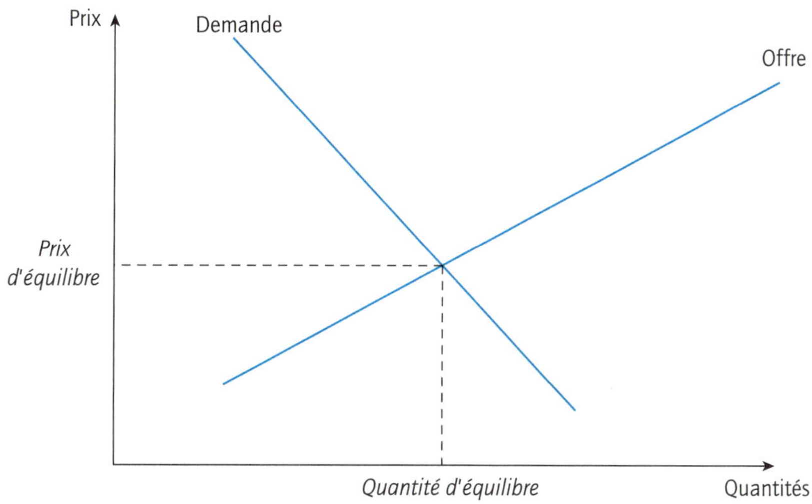

L'analyse montre que l'équilibre est efficace au sens de Pareto, ou encore est un optimum de Pareto (*Manuel d'économie politique*, 1906).

> Un **optimum de Pareto** désigne une situation dans laquelle on ne peut améliorer la satisfaction d'un individu sans être obligé de détériorer celle d'au moins un autre.

Sous certaines conditions, le premier théorème fondamental de l'économie du bien-être montre que tout équilibre de marché est une situation optimale au sens de Pareto. Ces conditions sont celles de la concurrence pure sur des marchés parfaits :

– atomicité : présence d'une multitude d'agents de telle sorte qu'aucun ne puisse à lui seul influencer le marché ;

- homogénéité : les agents et les biens ne se distinguent que par leurs caractéristiques intrinsèques ;
- transparence : tous les agents disposent de la même information ;
- libre entrée : absence de positions acquises, de barrières légales, techniques ou financières.

La flexibilité des prix fait de l'équilibre obtenu un équilibre stable, y compris sur le marché du travail. Les individus qui n'acceptent pas de travailler pour un niveau de salaire égal à celui du marché du travail sont des chômeurs « volontaires ». On envisage enfin une approche en équilibre général, présentée par Léon Walras, c'est-à-dire une analyse de l'équilibre simultané de tous les marchés de l'économie. Dans cette économie où le rôle de la monnaie est joué par un bien, la loi de Walras nous indique que si n–1 marchés sont en équilibres, le $n_{\text{ième}}$ marché l'est aussi. Il s'agit d'une conséquence de la loi de Say puisque l'offre est globalement égale à la demande.

FOCUS . . . FOCUS . . . FOCUS . . . FOCUS . . . FOCUS . . . FOCUS . . .

Loi de Walras et rôle de la monnaie

On se place dans le cadre d'une économie à n marchés, où l'offre, la demande et le prix sur le marché du bien i sont respectivement O_i, D_i, p_i. Si la valeur des biens offerts est égale à la valeur des biens demandés on peut écrire :

$\sum_{i=1}^{n} p_i O_i = \sum_{i=1}^{n} p_i D_i$ (E), en vertu de la loi de Say. Si l'on suppose que les n–1 premiers marchés sont en équilibres pour les prix p_i, pour i allant de 1 à n–1, ou peut écrire $O_i = D_i$. Ainsi, l'équation (E) devient $p_n O_n = p_n D_n$, c'est-à-dire $O_n = D_n$. D'ailleurs, en prenant le bien n comme monnaie, on aurait $p_n = 1$, puisque le prix de 1 euro est… 1 euro. Ainsi, la valeur des biens offerts serait égale à la demande de monnaie D_n (on échange des biens contre de la monnaie), et la valeur des biens demandés serait égale à l'offre de monnaie O_n (on offre de la monnaie pour obtenir des biens). Dans cette conception, la monnaie n'est qu'un voile, elle n'est demandée par les agents économiques qu'en tant qu'intermédiaire des échanges, elle scinde en deux l'opération de troc : un bien est d'abord échangé contre de la monnaie (étape 1), cette monnaie est ensuite échangée contre d'autres biens (étape 2).

Toutefois, le rôle de la monnaie qu'implique la loi de Say est limité et ne semble pas correspondre à la réalité observable. Keynes (1936) va proposer une explication différente du rôle de la monnaie, en critiquant la loi de Say.

4 L'analyse keynésienne

John Maynard Keynes (1883-1946) observe la grande crise des années trente et refuse de croire que les mécanismes autorégulateurs du marché permettent de résoudre les problèmes de chômage et de déflation (baisse cumulée des prix et de la production).

Il ne raisonne donc pas en terme de marché mais plutôt sous l'angle du circuit économique qui met en relation les grandes variables économiques, et ce à court terme. Il fait part de ses réflexions dans un ouvrage fondamental de la science économique, *La théorie générale de l'emploi, de l'intérêt et de la monnaie* en 1936.

4.1 Une analyse macroéconomique en termes de circuit

Dans ce circuit, ce n'est pas l'offre qui crée la demande, mais la demande qui constitue le point de départ. Plus exactement, en situation d'incertitude sur l'avenir, les entrepreneurs font des prévisions sur le volume de la demande qui va s'adresser à eux. Cette anticipation de la demande est appelée « demande effective » par Keynes.

La **demande effective** est une anticipation de la demande globale à venir faite par les entrepreneurs.

C'est à partir de ces prévisions que les entrepreneurs vont déterminer le volume à produire et par conséquent le niveau de l'investissement et de l'emploi, nécessaires pour réaliser cette production.

Schéma de la demande effective

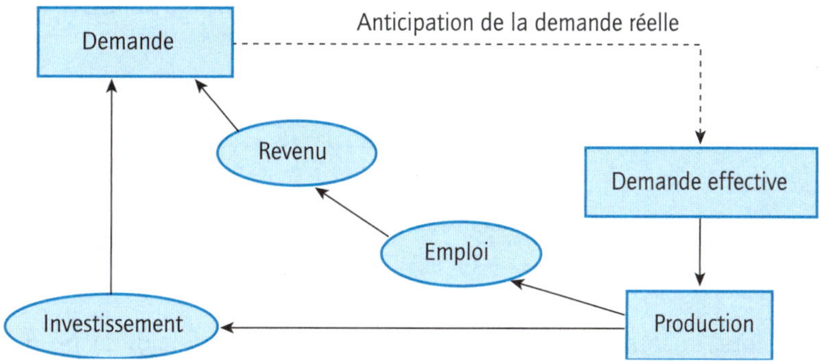

Cependant, si les prévisions des entrepreneurs sont pessimistes, le niveau de l'emploi peut très bien être inférieur à celui qui permettrait d'embaucher toute la main d'œuvre disponible. On se situe donc en équilibre de sous-emploi (des facteurs de production). Le chômage n'est pas forcément volontaire : il existe bien des individus qui désirent travailler au salaire en vigueur sur le marché du travail mais qui ne trouvent pas d'emploi.

4.2 La possibilité de crises de surproduction

Keynes montre que les déséquilibres peuvent être durables entre l'offre et la demande, simplement parce que l'épargne n'est pas nécessairement réinvestie. La loi de Say indique une parfaite identité entre épargne et investissement : toute épargne est nécessairement investie car il est rationnel pour un individu de préférer une épargne rémunérée à une épargne non rémunérée.

John Maynard Keynes ne voit pas les choses ainsi. Selon lui, la monnaie peut être demandée pour elle-même et thésaurisée par les agents économiques. En effet, elle est utile pour les transactions que l'on prévoit sur une courte période (demande de monnaie pour motif de transaction), mais elle constitue aussi une précaution en cas de dépenses exceptionnelles non prévues (demande de monnaie pour motif de précaution). En outre, placer son épargne et détenir des titres financiers n'est pas toujours rationnel. En cas de chute des cours, l'épargnant perd beaucoup plus que s'il s'était contenté de conserver son épargne sous forme liquide. En situation d'incertitude sur l'évolution des cours, les agents économiques sont parfois appelés à ne pas investir, et à conserver la monnaie en attente d'une meilleure occasion de la placer (demande de monnaie pour motif de spéculation).

La contestation de loi de Say

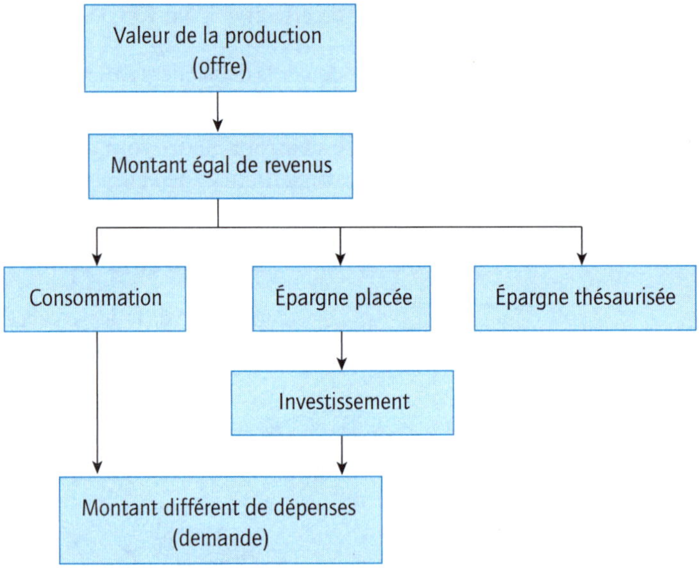

Dès lors, la somme des revenus distribués à l'occasion de la production ne revient pas intégralement sous forme de demande aux entreprises. Il peut y avoir une surproduction durable, en raison de la fuite dans le circuit que représente la thésaurisation (épargne thésaurisée). L'offre ne crée pas une demande strictement égale en valeur.

4.3 Une intervention nécessaire de l'État

Keynes a donné une explication des déséquilibres durables que connaît le système capitaliste. Il conteste en outre que la baisse des salaires sur le marché du travail, dans une logique de marché, puisse résoudre le chômage. Au contraire, elle serait néfaste à la consommation des ménages et réduirait la demande effective. Keynes n'en conclut surtout pas qu'il faudrait dans ce cas augmenter les salaires, mais plutôt éviter de baisser les salaires nominaux, quitte à ce que les entreprises relèvent leurs prix. Il se rapproche ici curieusement d'une logique néoclassique qu'il combat : la résorption du chômage par la baisse du taux de salaire réel.

Par contre, un soutien de la demande, c'est-à-dire de la consommation des ménages et de l'investissement, peut s'avérer judicieux pour modifier les anticipations des entrepreneurs. Plus optimistes quant à leurs perspectives de débouchés, ceux-ci pourraient être à même de produire plus et donc d'embaucher davantage. C'est dans le cadre de la politique budgétaire que Keynes envisage ce soutien à court terme, s'opposant au laisser faire des auteurs néoclassiques qui prônent les vertus des mécanismes automatiques de retour à l'équilibre des marchés à long terme.

FOCUS . . . FOCUS . . . FOCUS . . . FOCUS . . . FOCUS . . . FOCUS . . .

Keynes s'oppose au laisser-faire des économistes classiques

« Le long terme est un horizon peu intéressant. À long terme nous serons tous morts. Les économistes n'apportent rien si, en pleine tempête, tout ce qu'ils trouvent à dire c'est qu'une fois l'orage passé, la mer sera calme. »

John Maynard Keynes, *Essais sur la monnaie et l'économie*, 1930.

Si les idées keynésiennes ont longtemps inspiré les politiques économiques menées dans les pays développés pendant les trente glorieuses, la crise des années soixante-dix a parfois conduit à les contester.

C LA PENSÉE ÉCONOMIQUE CONTEMPORAINE

Les analyses économiques contemporaines peuvent être classées en deux grandes catégories : celles qui reprennent le champ d'analyse d'un grand courant et celles qui s'en distinguent. Les premières sont qualifiées d'orthodoxes, les secondes d'hétérodoxes.

En tenant compte des problèmes économiques nouveaux rencontrés, et de l'insuffisance des modèles de base, les idées des principaux courants sont alors renouvelées. Par contre, la pensée hétérodoxe s'efforce de bâtir des modèles originaux grâce à l'apport d'autres disciplines telles que la sociologie, l'histoire, les sciences de la décision.

1 Le prolongement de l'analyse keynésienne

Il existe plusieurs voies empruntées par ceux qui ont voulu reprendre l'esprit de Keynes : celle de la synthèse des idées keynésiennes et classiques, celle qui oppose la logique de circuit économique à celle de marchés en équilibres, et celle qui s'efforce de donner des fondements microéconomiques à la macroéconomie keynésienne.

1.1 Une synthèse des modèles néoclassiques et keynésiens

Dès 1937, John Hicks tente de montrer que l'analyse keynésienne n'est qu'un cas particulier de l'approche néoclassique, à prix fixes. C'est dans le cadre du modèle IS/LM de Hicks et Hansen (1953) que sont réunies les principales conclusions de cette étude.

Ce modèle servira de base à la définition des politiques économiques menées dans l'après guerre. Celles-ci s'illustrent par le *stop and go* qui stipule qu'une politique budgétaire expansionniste se heurte à des effets inflationnistes qu'il convient de limiter en pratiquant une politique de freinage des dépenses publiques, laquelle induit un chômage que l'on combat en relançant l'activité économique par le recours au déficit budgétaire, etc.

1.2 La pensée post keynésienne

Les principales avancées de l'analyse keynésienne résident dans le rôle attribué aux banques dans le circuit économique. La monnaie ne serait pas exogène mais endogène, c'est le processus de création monétaire qui est à l'origine de tout le circuit économique. La monnaie n'est créée qu'en réponse à une demande des agents économiques qui font des paris sur l 'avenir.

En prolongeant la tradition circuitiste qu'ils observent chez Quesnay (1758) et Marx (1857), les post keynésiens écartent la vision walrasienne d'une économie comme simple juxtaposition de marchés interdépendants. Pour eux, les flux économiques sont hiérarchisés avec, au sommet, les flux de financement de l'économie.

1.3 La nouvelle école keynésienne

La nouvelle économie keynésienne (NEK) quant à elle s'efforce de suivre l'intuition féconde de Keynes selon laquelle le fonctionnement des marchés est imparfait : les prix ne s'ajustent pas de manière automatique aux variations de l'offre et de la demande, mais plutôt de manière lente. Ces imperfections résultent pour les auteurs de la NEK de l'information insuffisante dont bénéficient les acteurs des marchés ou d'une information mal partagée (asymétrie d'information).

Par ailleurs, et contrairement à Keynes qui raisonnait essentiellement d'un point vue macroéconomique, les auteurs de la Nouvelle Économie Keynésienne s'efforcent de donner des fondements microéconomiques à leurs modèles macroéconomiques.

2 Le renouveau des idées classiques et néoclassiques

Le modèle néoclassique de base est rapidement contesté dans ces hypothèses, notamment les conditions de la **concurrence pure et parfaite**. C'est en relâchant une à une ces hypothèses que de nouveaux modèles apparaissent.

2.1 Le monétarisme

Pour les monétaristes dont le chef de file est Milton Friedman, de l'École de Chicago, l'origine de l'inflation est toujours monétaire. Par une reformulation de la théorie quantitative de la monnaie il montre qu'il faut procéder à un contrôle strict de la masse monétaire en circulation dans l'économie. Il conteste en outre l'efficacité des politiques keynésienne de soutien de la demande. Selon lui, les ménages pensent que le supplément de revenu dont ils bénéficient, à l'occasion de ces politiques, n'est que transitoire. Ne voulant pas s'habituer à un niveau de consommation trop élevé, ils préfèrent épargner ce surcroît de revenu. L'effet sur la demande est donc nul.

2.2 L'école des choix publics

Les principaux auteurs de ce courant sont James Buchanan et Gordon Tullock (1962). Ils s'efforcent d'étudier la cohérence des décisions publiques. Pour cela, ils montrent que les dirigeants politiques sont des individus comme les autres auxquels il convient d'appliquer le principe de rationalité. L'homme politique recherche son intérêt personnel au travers de l'action publique : le pouvoir. Pour se faire réélire, il peut très bien pratiquer une politique de hausse des dépenses publiques juste avant un scrutin, même si la situation économique ne l'exige pas. Il faut donc en conséquence encadrer de manière précise le champ d'action des décideurs publics, et toujours comparer les vices et vertus de l'intervention de l'État à ceux des marchés.

FOCUS . . . FOCUS . . . FOCUS . . . FOCUS . . . FOCUS . . . FOCUS . . .

Le choix entre l'État et le marché

« Il n'y a pas de raison de croire non plus que l'État parvienne à des solutions idéales. Nombreux sont les cas où les économistes ont argué de l'imperfection du marché et par suite conseillé de laisser à l'État le soin de régler les problèmes. L'économiste britannique A. C. Pigou et le professeur américain P. A. Samuelson ont tous deux commis cette erreur. Ils font l'hypothèse *a priori* que l'État obtient une solution parfaite. Personne ne le croît vraiment mais les économistes recommandent fréquemment l'intervention gouvernementale simplement parce que les agents sur le marché ont un comportement générateur d'externalités ce qui en altère le bon fonctionnement. C'est une erreur manifeste. Nous devrions comparer les aberrations possibles des deux systèmes dans le monde tel qu'il est, et recourir à l'institution qui se révélera la moins inefficace que ce soit l'État ou le marché.

Lorsqu'il y a de fortes externalités, on peut s'attendre à une piètre performance du marché. C'est ce que l'on appelle dans le jargon économique un cas de *faillite du marché.* Nous devons alors considérer l'éventualité que l'État réussisse mieux, ou moins mal. On connaît la légende de l'empereur romain qui, ayant à juger un concours opposant deux chanteurs, n'écouta que le premier et attribua le prix au second, supposant qu'il ne pouvait être pire… Cela n'est pas une méthode de décision optimale. Nous devons comparer les inconvénients pratiques d'un processus étatique avec ceux du marché. »

Gordon Tullock, *Le marché politique : analyse économique des processus politiques*, Economica, 1978.

2.3 La nouvelle économie classique (NEC)

Elle s'appuie sur la théorie des anticipations rationnelles de John Muth (1961) qui veut que chaque agent économique prenne ses décisions en tenant compte de toute l'information disponible sur le moment.

Robert Lucas (1971) et Robert Barro (1974) montrent ainsi que les politiques économiques keynésiennes sont totalement inefficaces. Par exemple, si les dépenses de l'État augmentent, chacun s'attend à une hausse future des impôts. En conséquence, le supplément de revenu perçu serait épargné en vue du prélèvement fiscal futur. L'effet sur la consommation des ménages est nul.

En outre, selon le principe d'équivalence ricardienne, remis au goût du jour par Robert Barro, il revient au même que le déficit budgétaire soit financé par l'emprunt ou par l'impôt, puisque dans les deux cas les ménages ne modifient pas leur consommation.

3 Les nouvelles voies de recherche en économie

On peut considérer qu'il existe des approches qui innovent tant au niveau macroéconomique (croissance endogène) qu'au niveau microéconomique (avec les apports de l'outil que représente la théorie des jeux).

3.1 Les nouvelles théories de la croissance

Les théories de la croissance endogène montrent que l'intervention de l'État dans l'économie se justifie pour développer la recherche et la formation.

En effet, les théories traditionnelles de la croissance expliquent que la hausse de la production résulte en grande partie d'un progrès technique exogène, résultat hasardeux des activités de recherche isolées d'individus ingénieux. Les théories de la croissance endogène montrent au contraire que le progrès technique ne peut naître qu'au sein de structures organisées (grandes entreprises, organismes publics), et qu'il est donc endogène à l'activité économique, à la production.

Parce qu'ils profitent à l'ensemble des agents économiques, et qu'ils ne peuvent être mis en œuvre par un seul, les investissements en formation et en recherche, qui permettent l'émergence du progrès technique, relèvent d'une logique publique. Ce sont eux qui sont à l'origine de la compétitivité des agents économiques nationaux, compétitivité cruciale pour accroître la production des richesses et développer les emplois dans l'avenir.

3.2 La nouvelle microéconomie

Elle s'appuie pour l'essentiel sur l'étude de la concurrence imparfaite grâce aux apports de la théorie des jeux, de l'économie des incitations et de l'information.

Elle conserve l'hypothèse de rationalité des individus, mais montre que lorsque les individus ne disposent pas de la même information, les mécanismes de marché peuvent conduire à des impasses. Georges Ackerlof (1970), du courant de la NEK, étudie le marché des voitures d'occasion et indique que les acheteurs et les vendeurs sont en situation d'asymétrie d'information. Les vendeurs connaissent mieux l'état de leur véhicule que les acheteurs, et le dissimulent s'il est mauvais. Si l'on ne peut distinguer les bons des mauvais véhicules, un prix unique s'établira sur le marché. À ce prix, les possesseurs de voitures en bon état refuseront de vendre, jugeant qu'ils pourraient obtenir un meilleur prix. Il ne reste donc plus sur le marché que les mauvaises voitures. Les acheteurs, en raisonnant comme nous venons de le faire, penseront n'avoir à faire qu'à des véhicules en mauvais état et n'achèteront pas au prix du marché. Le mécanisme de marché, en asymétrie d'information, ne permet aucun échange si le prix ne baisse pas, et en tout cas élimine les voitures de bonne qualité. L'intervention de l'État est alors nécessaire pour exiger, par exemple, un contrôle technique au moment de la transaction.

Pour sa part, la théorie des jeux permet de souligner que la poursuite d'intérêts individuels ne conduit pas toujours à l'intérêt général, ou que l'équilibre obtenu n'est pas efficace au sens de Pareto. Elle trouve une application dans la compréhension des décisions d'entreprise en situation de concurrence imparfaite, comme dans la coordination internationale des politiques économiques.

FOCUS . . . FOCUS . . . FOCUS . . . FOCUS . . . FOCUS . . . FOCUS . . .

Le dilemme du prisonnier

Présenté par Tucker (1952), ce dilemme sous forme de jeu, met en scène deux individus (A et B) arrêtés et écroués dans des cellules séparées. Ils ne peuvent donc pas communiquer. On leur propose de coopérer en dénonçant leur complice contre une remise de peine.

La matrice du jeu est faite des couples (a, b), où a (resp. b) représente la peine encourue par le prisonnier A (resp. B), en nombre d'années d'emprisonnement.

	B se tait	B se dénonce
A se tait	(1,1)	(4,0)
A dénonce B	(0,4)	(2,2)

On voit clairement que la « stratégie dominante » de chacun est de dénoncer son complice quoique ce dernier fasse. Ainsi, les rationalités individuelles amènent à la solution (2,2) dans laquelle tous deux dénoncent leur complice, alors qu'ils auraient de toute évidence préféré la solution (1,1). La solution (2,2) est appelée « équilibre de Nash ». C'est un équilibre stable puisque ni A ni B n'ont intérêt à s'en écarter individuellement. Mais ce n'est pas un optimum de Pareto, car on peut améliorer le bien-être des deux individus à la fois dans la situation (1,1).

Au total, la nouvelle microéconomie s'éloigne du modèle purement libéral, elle modifie la vision d'une économie régulée par la concurrence pure sur des marchés parfaits. Elle inspire autant le courant de la nouvelle économie keynésienne que le courant de la nouvelle économie classique.

L'essentiel

La science économique peut se définir par son objet, c'est-à-dire le domaine qu'elle étudie, et elle est apparue successivement, dans le temps, comme la science de l'accumulation des richesses et la science des choix et de la décision.

Mais la science économique se définit aussi et surtout par ses méthodes : c'est une façon particulière d'étudier les comportements humains, par l'observation, la formulation d'hypothèses, l'établissement de lois et la construction de modèles théoriques.

Elle s'efforce de proposer une approche positive des phénomènes, en privilégiant, selon les courants de pensée, l'individualisme méthodologique ou le holisme. Au total, les approches sont multiples et le progrès de la science économique n'est pas linéaire : il procède souvent par la redécouverte et le creusement d'idées formulées par des auteurs anciens parfois oubliés.

C'est ainsi que des courants de pensée économique se forment en référence à un ou plusieurs grands auteurs : le courant marxiste, le courant keynésien, le courant néoclassique, la nouvelle économie classique, la nouvelle économie keynésienne.

RÉFÉRENCES

Mots clés

- Analyse normative
- Analyse positive
- Armée industrielle de réserve
- Besoin économique
- Bien de consommation finale
- Bien de consommation intermédiaire
- Bien de production
- Bien libre
- Bien rare
- Bourgeois capitaliste
- Composition organique du capital
- Concurrence pure et parfaite
- Demande effective
- Division du travail
- École classique
- École des choix publics
- École néoclassique
- Économie
- Holisme
- Hypothèse
- Individualisme méthodologique
- Libéralisme économique
- Loi
- Loi des débouchés
- Macroéconomie
- Main invisible
- Microéconomie
- Minimum de subsistance
- Modèle
- Nouvelle École classique
- Optimum de Pareto
- Plus value marxiste
- Prolétaire
- Rationalité
- Rente foncière
- Taux de plus value
- Taux de profit
- Taux de salaire naturel
- Utilité marginale
- Valeur travail
- Valeur utilité

Dates clés

1776 Recherche sur la nature et les causes de la richesse des nations, Adam Smite

1803 Loi de Say

1817 Principes de l'économie politique et de l'impôt, Ricardo

1936 Théorie générale de l'emploi de l'intérêt et de la monnaie, Keynes

Auteur de référence

M. Friedman, J-M. Keynes, K. Marx, D. Ricardo, J-B. Say, A. Smith.

Références bibliographiques

- J. Boncœur et M. Thouément, *Histoire des idées économiques*, tomes 1 et 2, Nathan, 1998.
- « Histoire de la pensée économique », *Cahiers français*, mars-avril 1997, n° 280.
- R. L. Heilbroner, *Les Grands Économistes*, Seuil, 1977.

Sites Internet

www.econo.free.fr

APPLIQUER LE COURS

Application Quiz

		Vrai	Faux
1	L'économiste Adam Smith attribue un rôle clé à la division du travail dans le processus de croissance.	✓	
2	Les économistes néoclassiques attribuent un rôle clé à la demande.		X
3	Adam Smith a fondé l'origine de l'échange international sur les différences de productivité entre nations.	✓	
4	Keynes rejette l'idée selon laquelle l'économie capitaliste peut connaître un déséquilibre durable.		X
5	Un optimum de Pareto désigne une situation dans laquelle on peut améliorer la satisfaction d'un individu sans être obligé de détériorer celle d'au moins un autre individu.		X

6 Quel est le courant d'appartenance de chacun de ces grands économistes ? Placer les noms suivants dans les bonnes colonnes du tableau qui suit :

Malthus, Ricardo, Say, Smith, Keynes, Pareto, Walras, Marx.

Classique	Keynésiens	Néoclassiques	Marxistes
Malthus	Keynes	Pareto	Marx
Ricardo		Walras	
Smith /Say			

7 Y a-t-il une différence entre demande effective et demande réelle ? Oui

8 À quels économistes attribue-t-on ces idées :

	Walras	Schumpeter	Keynes	Marx	Quesnay
L'agriculture seule est productrice de richesses					
La demande effective commande le niveau de la production et donc le niveau de l'emploi					
Le capitalisme connaît une tendance générale à la baisse du taux de profit					
Le capitalisme consiste en un processus de destruction créatrice					
Le libre jeu de la concurrence conduit à un équilibre général					

9 Les idées suivantes sont-elles keynésiennes ?
   a) le chômage involontaire et durable est possible
   b) les mécanismes du marché sont parfaitement autorégulateurs
   c) la monnaie est un voile

10 De quel économiste provient la phrase suivante :
« D'un côté, il y a ceux qui croient qu'à long terme, le système économique s'ajuste tout seul, non sans grincements, gémissements et saccades, ni sans être interrompu par des contretemps, des interférences extérieures ou des erreurs... De l'autre, il y a ceux qui rejettent l'idée que le système économique puisse sérieusement s'ajuster tout seul. »

SE PRÉPARER À L'EXAMEN

Étude de document 1 Appréciation critique de l'hypothèse de rationalité

Le profane se méprend souvent sur le sens de l'hypothèse de rationalité économique. Ainsi reproche-t-on souvent aux économistes d'avoir une *vision trop réductionniste* de l'homme : l'homme n'est pas une machine à calculer, strictement égoïste et qui ne se trompe jamais. Ce type de critique est tout à fait déplacé. En effet, la rationalité économique ne signifie absolument pas que les individus soient égoïstes, calculateurs et infaillibles, mais simplement que, considérant les ressources disponibles (parmi lesquelles l'information), ils cherchent à en tirer le plus de satisfaction possible. Cela n'implique rien quant aux sources de satisfaction des individus ; elles peuvent très bien inclure le bien-être procuré à autrui et entraîner ainsi des comportements altruistes. Par ailleurs, la rationalité n'implique pas un comportement systématiquement calculateur. Au contraire, le calcul économique exige du temps, éventuellement des moyens techniques, et des informations. Tout cela a un coût qu'il n'est rationnel de supporter que s'il est compensé par l'avantage attendu de la décision à prendre. Pour cette raison, il est tout à fait rationnel, pour la plupart des décisions de la vie courante, de s'en remettre à l'habitude, à son expérience ou à celle des autres, et de n'exploiter ainsi qu'une partie seulement de l'information disponible, plutôt que d'engager une réflexion et un calcul élaboré. Puisque les individus rationnels n'utilisent pas toute l'information, quand celle-ci est coûteuse, il est normal qu'ils se trompent. La rationalité n'exclut pas l'erreur ; elle exclut l'erreur systématique, c'est-à-dire l'erreur répétitive qui ne serait jamais corrigée.

J. Généreux, *Économie politique*, tome 1, 4e éd., Hachette supérieur, 2006, p. 15.

TRAVAIL À FAIRE

1. L'individu rationnel est-il égoïste ? Pourquoi ?
2. Quel est le calcul économique du consommateur que suggère l'auteur ?

Étude de document 2

À partir des documents proposés en annexes, il vous est demandé de discuter du rôle que Jean-Baptiste Say attribue à la monnaie dans l'économie.

ANNEXE 1
La loi des débouchés de J.-B. Say

Il est bon de remarquer qu'un produit créé offre, *dès cet instant*, un débouché à d'autres produits pour tout le montant de sa valeur. En effet, lorsque le dernier producteur a terminé un produit, son plus grand désir est de le vendre, pour que la valeur de ce produit ne chôme pas entre ses mains. Mais il n'est pas moins empressé de se défaire de l'argent que lui procure sa vente, pour que la valeur de l'argent ne chôme pas non plus. Or, on ne peut se défaire de son argent qu'en demandant à acheter un produit quelconque. On voit donc que le seul fait de la formation d'un produit ouvre, dès l'instant même, un débouché à d'autres produits.

J-B Say, *Traité d'économie politique* (1803).

ANNEXE 2
Les motifs de détention de la monnaie

En premier lieu, les dépenses d'un agent se font rarement immédiatement après l'encaissement de son revenu. Sachant qu'il devra faire face à un certain niveau de dépenses futures (par exemple qu'il envisage de changer sa voiture ou d'acquérir une cuisine intégrée), l'agent souhaite détenir un volume correspondant de monnaie pour y faire face : c'est le motif de transaction. Il dépend du revenu et de la propension à consommer de chacun.

Malgré tout, les agents ne peuvent être certains du niveau exact des dépenses qu'ils devront assumer dans l'avenir, car ils évoluent dans un monde d'incertitude. Par exemple, ils vont donc garder un certain volume d'argent liquide pour faire face à des dépenses inopinées (changer de voiture sans l'avoir prévu, après un accident ; être en arrêt maladie de longue durée). C'est ce que Keynes appelle le motif de précaution, motif qui dépend lui aussi du revenu. Enfin, troisième motif, la spéculation. L'individu cherche alors à profiter, selon Keynes, de l'incertitude dans laquelle il évolue. (...) Si le prix des titres est très élevé, les agents économiques auront tendance à les vendre et à différer leurs achats de titres en attendant la baisse des prix. On détiendra alors une grande quantité de monnaie dans l'attente d'un moment plus favorable pour l'achat des actifs. En revanche, si le prix des actifs financiers est très faible, on aura tendance à en acheter et à retarder les ventes en attendant un prix plus favorable.

G. Le Solleu, *Pas d'économie sans monnaie*, Hatier, 1993.

Les fonctions de la monnaie

Les fonctions de la monnaie sont au nombre de trois. La monnaie est une *unité de compte* - c'est la fonction de numération, elle sert à évaluer les biens et services échangés et les revenus versés. La monnaie est un *intermédiaire dans l'échange* - fonction d'intermédiation, elle est cédée en contrepartie des biens et services dans les échanges monétaires. Elle a enfin une fonction *de réserve* parce qu'elle permet de transférer du pouvoir d'achat dans le temps et constitue à ce titre une partie des avoirs des agents économiques.

C. D. Echaudemaison, *Dictionnaire d'économie et de sciences sociales*, Nathan, 2004.

CHAPITRE
2

Histoire économique : de la révolution industrielle à la Deuxième Guerre mondiale

Le XVIIIe siècle fut celui des Révolutions : révolution des Lumières en France avec l'éveil de l'esprit philosophique qui marque le progrès de l'esprit critique à l'encontre des autorités traditionnelles, révolution politique en 1789 qui met la France sur le long chemin de la République, révolution économique qui naît en Angleterre avant de s'étendre à ses voisins européens.

Cette dernière révolution industrielle est fondée sur des bouleversements scientifiques, technologiques et institutionnels inaugurant une phase de croissance économique sans précédent dans l'histoire des pays européens à partir de la fin du XVIIIe siècle.

S'installe alors un système économique capitaliste, industriel et libéral, qui prendra tout son essor en Europe durant le XIXe siècle, se traduisant par le développement de nouveaux secteurs industriels, une concentration urbaine des populations ouvrières et les conflits de classes entre les salariés et les propriétaires des usines.

La Première Guerre mondiale met un coup d'arrêt à cette expansion et marque la fin de la domination européenne. Cependant, les nouvelles règles du capitalisme industriel et libéral perdurent après la fin du conflit annonçant une décennie prospère, celle des années 1920. Les éblouissantes performances économiques des pays industriels les plus avancés ne laissent pas présager la violente crise financière qui s'abattra sur les États-Unis en 1929 avant de se répandre en Europe et d'impacter défavorablement le commerce international et l'activité économique.

La gravité de cette crise conduira à ce que les États adoptent des mesures de politique économique visant à soutenir l'activité industrielle et à réduire le chômage. Les succès de ces interventions seront mitigés. Néanmoins, elles annoncent celles que de nombreux États mettront en place après la Deuxième Guerre mondiale de façon plus significative encore dans le domaine économique et social.

A La révolution industrielle et les mutations du capitalisme aux XVIIIe et XIXe siècles

La révolution industrielle correspond au développement de l'industrie à partir de la fin du XVIIIe siècle en Grande-Bretagne et s'est ensuite propagée vers d'autres pays (pays d'Europe continentale, États-Unis, Japon notamment) au cours du XIXe siècle jusqu'à la Première Guerre mondiale.

Diverses causes expliquent l'avènement de la production industrielle (titre 1) dont les principales sont :

– les mutations du monde agricole et le développement de nouvelles techniques de production ;

– une nouvelle conception du travail et l'essor du libéralisme politique et économique.

Les progrès des activités industrielles, notamment dans le domaine sidérurgique au XIXe siècle, s'expliquent par les gains économiques liés à la taille des unités de production. Cette « prime à la taille », qui consiste pour une entreprise à être plus efficace en adoptant une échelle de production plus importante, semble valoir aussi pour les activités de réseaux comme dans le transport ferroviaire mais aussi dans le domaine financier. Parallèlement, la puissance publique quitte définitivement les seigneuries et s'organise au niveau des États-nations pour accompagner, ou corriger, ces évolutions économiques (titre 2).

1 Le passage d'une économie rurale et de marchands vers une économie industrielle, urbaine et d'entrepreneurs

Selon Phyllis Deane (1918-2012)[1], les principales caractéristiques de la révolution industrielle du XVIIIe siècle en Grande-Bretagne sont :

– le développement de nouvelles techniques de production et l'extension des marchés : diversité des produits proposés et dynamique du commerce international ;

– la spécialisation industrielle sur le marché national et international ;

– la concentration urbaine des salariés et le travail en usines ;

– l'accumulation et la concentration du capital technique ;

– la diffusion des biens manufacturés ;

– la naissance de nouvelles classes sociales liées à la détention du capital (les « capitalistes » *versus* les salariés) plutôt qu'à celle de la terre (les propriétaires fonciers *versus* les fermiers).

1.1 Les mutations du monde agricole

La révolution industrielle s'explique notamment par une révolution agricole (fin XVIIe siècle, début XVIIIe siècle) qui présente différents aspects.

(1) Historien des faits et de la pensée économique anglais.

a) Usage de la force animale

Les travaux agricoles recourent de plus en plus à l'usage des chevaux plutôt qu'à celui des bœufs dont la vitesse de traction est plus faible. L'utilisation croissante de ce nouveau « facteur de production » améliore ainsi les gains de productivité agricoles.

b) Reprise du mouvement des enclosures initié au XIIIe siècle

Le mouvement de « clôtures des terres » avait commencé au XIIIe siècle par l'application des lois d'enclosure (*Enclosure Acts*) votées par le Parlement anglais ; il connut un sursaut au XVIe siècle afin de répondre à l'extension de l'élevage du mouton pour la production de laine.

Les seigneurs et grands propriétaires nobles ont souhaité supprimer les servitudes collectives (droit de passage, droit de vaine pâture) qui autorisaient jusqu'alors les villageois à laisser paître leurs animaux sur les terres communales.

L'objectif des grands propriétaires était alors d'accroître le rendement des terrains agricoles ainsi privatisés (représentatifs d'un « individualisme agraire » selon Marc Bloch[1]) en les exploitant plus intensivement et en abandonnant d'anciennes techniques coûteuses comme la mise en jachère.

Ainsi, entre 1730 et 1820, le Parlement anglais vote près de 5 000 actes destinés à entériner une nouvelle répartition de la propriété foncière agricole et l'implantation de clôtures.

À la suite de ce mouvement, les domaines agricoles passent d'une moyenne de 25 ha vers 1700 à 60 ha un siècle plus tard. Les grands propriétaires rachètent les petites exploitations ; la concentration du capital foncier agricole permet alors la rationalisation des méthodes de production. En effet, un grand domaine peut, plus facilement, réunir et amortir les capitaux nécessaires aux investissements.

c) L'utilisation de plantes fourragères

Les plantes fourragères (trèfle, luzerne) sont utilisées pour l'alimentation animale. Elles ont l'avantage de ne pas épuiser le sol contrairement aux céréales traditionnelles. Elles permettent alors d'éviter de mettre des terrains au repos, c'est-à-dire en jachère (non cultivés donc non productifs), comme c'était le cas jusqu'alors tous les trois ans (culture d'hiver, culture de printemps, jachère). Elles représentent alors une source d'alimentation conséquente pour le bétail et autorisent les fermiers à en élever plus. En retour, les quantités d'engrais naturels disponibles deviennent plus importantes améliorant ainsi le rendement des cultures.

Ces évolutions, ainsi que l'extension des terrains exploités, ont accru la production agricole. Entre le début et la fin du XVIIIe siècle, la production agricole serait passée :

– de 32 millions à 65 millions de boisseaux[2] pour les grains ;

– de 370 à 888 millions de livres pour la production de viande.

Cette croissance s'explique aussi par l'amélioration de la productivité agricole par travailleur qui aurait augmenté de plus de 60 % entre 1650 et 1800 en Grande-Bretagne[3].

(1) Historien français (1886-1944).

(2) Ancienne mesure de capacité pour les grains et autres solides granuleux et équivaut à 0,03 tonne.

(3) Contre moins de 20 % en France.

Ainsi, le développement d'une agriculture intensive, de plus en plus mécanisée, accroît la production agricole en même temps qu'elle entraîne une diminution relative de l'emploi dans ce secteur.

Ces changements opérés dans le monde agricole vont alors accompagner le développement de nouveaux secteurs industriels.

1.2 Naissance et croissance de nouveaux secteurs économiques : la sidérurgie et le textile

Les conséquences de la révolution agricole sont diverses mais se rejoignent pour soutenir le développement de nouvelles activités économiques.

a) Augmentation de la population

La croissance de la production agricole permet de réduire les problèmes de nutrition et augmente l'espérance de vie. Par ailleurs, les gains de productivité générés dans l'agriculture « libèrent » de la main-d'œuvre qui trouvera à s'employer dans le secteur industriel (phénomène de déversement des emplois).

Cet essor démographique contribue à fournir du personnel pour les secteurs industriels en plein essor, comme la sidérurgie, mais également à stimuler la demande en retour, deux facteurs explicatifs du décollage de l'industrie.

b) Augmentation du volume des matières premières agricoles vendues

L'agriculture a fourni massivement des matières premières, comme le coton, la laine, mais aussi le bois, à l'industrie du textile en particulier.

c) La demande en biens industriels et manufacturés par le secteur agricole

La production sidérurgique et métallurgique est dynamisée par le développement de l'outillage agricole (fabrication des charrues, des herses, des fers à chevaux). Les revenus supplémentaires générés dans le secteur agricole ont ainsi été dirigés vers des achats de biens industriels mais aussi vers les vêtements. Ainsi, la demande adressée aux producteurs du secteur textile augmente et incite ces derniers à améliorer leur rendement en mécanisant leur production.

L'incitation à moderniser la production sidérurgique ou textile du fait d'une hausse de la demande, permise grâce aux surplus agricoles, va conduire à des innovations de procédé : amélioration des procédés d'obtention de la fonte, invention du laminoir dans la métallurgie, invention de la navette volante de John Kay en 1733[1] ou celle du métier automatique de Cartwright en 1785 dans le tissage, invention de la *spinning Jenny* de James Hargreaves en 1764 et de la machine à filer hydraulique, la *waterframe* de Arkwright pour la filature.

L'utilisation de ces inventions doit faire face à des résistances de la part des artisans et des ouvriers particulièrement dans le secteur textile. Ainsi, John Kay devra fuir la Grande-Bretagne, attaqué violemment par les artisans et ouvriers et trouvera refuge en France.

Cependant, l'importance des rendements obtenus par ces inventions explique leur généralisation. Le premier grand établissement textile mécanique est créé à Manchester en 1806.

(1) C'est un métier à tisser semi-automatique qui permet à un tisserand de faire le travail de deux opérateurs grâce à un renvoi automatique de la navette.

Quatre ans plus tard, seulement 15 établissements utilisent des métiers[1] mécaniques. 10 000 métiers mécaniques sont en service en 1823, 50 000 en 1830 et, dans le tissage du coton, le métier mécanique se généralise en 1840.

Dans le domaine sidérurgique, l'ensemble de ces évolutions expliquent la croissance significative de la production de fonte brute et d'acier sur une cinquantaine d'années :

Activités sidérurgiques en Grande-Bretagne, Allemagne, États-Unis, France

	Période de 1855-1859	Période de 1910-1913
Production de fonte brute	5 millions de tonnes par an	57 millions de tonnes par an
Production de l'acier	6 millions de tonnes par an	53 millions de tonnes par an

Source : Philip et Philip (2000), p. 149.

d) Les revenus générés par les gains de productivité agricole placés et investis dans l'industrie

Les gains de productivité agricoles se traduisent par des revenus supplémentaires dont la partie épargnée a pu être placée et investie dans les secteurs industriels émergents.

En Angleterre, les propriétaires terriens déposaient leurs lettres de change et leurs revenus dans les banques locales. Celles-ci transféraient ces créances et ces liquidités à leurs correspondants à Londres qui se trouvaient ainsi à la tête d'une capacité de financement considérable disponible pour les besoins des secteurs industriels en plein essor.

1.3 Révolution des mentalités : libéralisme politique et éthique puritaine du travail

Une conception exclusivement matérialiste des phénomènes économiques pourrait faire oublier l'existence de déterminants à la fois politique et éthique dans l'accompagnement de la croissance industrielle.

a) Avènement du libéralisme politique

Le déterminant politique central réside dans l'avènement du libéralisme politique, de l'importance accordée à l'individu citoyen et de l'État de droit.

La philosophie politique de John Locke (1632-1704) est au fondement du libéralisme politique. Sa *Lettre sur la tolérance* (1689) et son *Traité sur le gouvernement civil* (1690) posent les bases d'une doctrine opposée à l'absolutisme. Celle-ci énonce que les hommes disposent de « droits naturels » comme la liberté, la propriété, la sécurité. Le contrat social a pour seule mission d'assurer l'application réelle de ses droits. Ainsi, les décisions du souverain sont légitimes si elles respectent ces droits inaliénables. Leur respect conduira les individus à agir librement au service de leur propriété, comportement favorable à l'harmonie sociale.

(1) Dans le domaine du textile, un métier est le nom donné aux machines servant à travailler les textiles.

La « glorieuse révolution » anglaise de 1688 met en place une monarchie parlementaire, bouleversement politique qui s'inscrit dans la philosophie de Locke. C'est bien dans cet esprit de « droit de propriété privée » que les parlementaires donnent le pouvoir aux grands propriétaires terriens pour faire fructifier au mieux leurs domaines (*enclosures acts*).

En France, la Révolution française adopte des lois libérales sur le plan politique (élections des représentants du peuple par tous les citoyens, disparition des droits nobiliaires) qui accordent des droits et des devoirs, non plus différenciés selon l'appartenance à certains groupes sociaux, mais identiques à tous les « individus citoyens ». De même, l'État de droit se consolide faisant reculer l'arbitraire dans les décisions de société comme économiques.

Ces évolutions politiques sont favorables au développement de l'activité économique. Ainsi, le décret d'Allarde du 2 et 17 mars 1791 stipule qu'il « [...] sera libre à toute personne de faire négoce ou d'exercer telle profession, art ou métier qu'elle trouvera bon, mais elle sera tenue de se pourvoir auparavant d'une patente [...] » et pose la liberté du commerce et de l'industrie. L'exercice du commerce ou de certains métiers n'est alors plus réservé à des corporations.

Aussi, le 14 juin 1791, dans un souci de cohérence avec ce décret, l'Assemblée constituante française interdit la reconstitution de toute association professionnelle tant de patrons que de salariés. L'article second de la loi du député Le Chapelier énonce : « Les citoyens d'un même état ou profession, les entrepreneurs, ceux qui ont boutique ouverte, ne pourront, lorsqu'ils se trouveront ensemble, se nommer ni présidents, ni secrétaires, ni syndics, tenir des registres, prendre des arrêtés ou délibération, former des règlements sur leurs prétendus intérêts communs ».

Ces mesures sont favorables à l'activité économique car elles facilitent à la fois la création d'entreprises et favorisent l'émergence d'un marché du travail où chacun est « libre » de louer sa force de travail à un employeur sans contrainte corporative (demande d'autorisation, taux de salaire fixé, etc.).

b) L'éthique puritaine du travail

> Le déterminant éthique résiderait dans la sacralisation du travail en tant qu'activité « bonne en soi ». Le travail devient une valeur en soi, une vertu et non plus un simple moyen pour obtenir des droits sur des biens.

Dans cette conception, l'occupation professionnelle éloigne les hommes et les femmes de l'oisiveté, des dérives qui lui sont liées (alcoolisme, violences, errance), impose une discipline et une rigueur morale (souci du travail bien fait) essentielle à la « bonne vie » dans son ensemble.

Cette conception du travail comme vertu imprègne la société anglaise du XVIIe et XVIIIe siècle et place l'entrepreneur innovant (plutôt que le bourgeois oisif et rentier) au centre de la dynamique économique favorable à l'ensemble de la société.

Le travail comme vertu a aussi été analysé par le sociologue Max Weber (1864-1920) comme un pilier central de l'éthique protestante, en particulier du calvinisme.

Pour Jean Calvin (1509-1564), le travail n'est pas un moyen pour une fin (obtenir un revenu pour assurer sa subsistance), mais bien le témoignage du salut, c'est-à-dire le signe d'être un élu de Dieu et non pas un pécheur.

Ce travail ne cherche pas à acquérir des richesses qui donneront du plaisir lorsqu'elles seront dilapidées. Au contraire, ces richesses accumulées par un labeur rigoureux n'appartiendront jamais à l'homme, elles lui permettront seulement d'en générer d'autres par le travail ; leur importance ne sera que le fruit d'une prédestination et élection divine, d'une vie sans péchés.

Ainsi, accumuler le capital, ne pas en jouir et le développer au service de Dieu, dont l'homme ici bas n'est que l'intendant, telles sont les vertus du puritain calviniste. Dans *L'éthique protestante et l'esprit du capitalisme* (1905), Max Weber considérera que cette éthique présente quelques « affinités électives » avec les caractéristiques du capitalisme comme l'accumulation du capital fondée sur le profit.

2 Avènement d'un capitalisme industriel des grandes unités de production, de financement et des États-nations : « *big is beautiful* »

Le capitalisme industriel qui se diffuse au XIXe siècle, notamment en Europe (Grande-Bretagne, France, Allemagne) mais aussi en Amérique du Nord, est habituellement considéré comme un capitalisme libéral car la quête du profit dans un environnement concurrentiel est un moteur central des décisions économiques (investissement, prix, volume de production, recrutement, etc.).

Il n'en demeure pas moins que ce libéralisme n'est pas celui des « petits marchands » ou d'« artisans » en concurrence sur un marché.

> Ce capitalisme met en jeu des grandes entités productrices qui tirent leur efficacité de leur taille et des économies d'échelle qu'elles génèrent, renforcées par le commerce international et l'importance des débouchés qu'il permet.

Les progrès techniques permettent l'avènement d'industries en réseaux dans le domaine du transport et de l'électricité par exemple. Or, par nature, ces industries sont plus efficaces lorsque le réseau (de transport, d'électricité) est dominé par quelques grands producteurs (marchés d'oligopoles), voire par un seul (marché de monopole).

Aussi, l'importance des besoins en capitaux pour financer ces activités nécessite des marchés financiers et réseaux bancaires étendus capables de mobiliser une épargne suffisante.

Parallèlement, l'État-nation se constitue et se modernise pour accompagner et parfois corriger ce « capitalisme des géants ».

Enfin, ce capitalisme industriel du XIXe siècle est porté par le développement de nouvelles technologies dans le domaine de l'électricité et du transport (moteur à explosion) à l'origine d'un soutien considérable à la croissance économique.

2.1 La concentration industrielle au cœur du capitalisme libéral

Plusieurs raisons convergentes expliquent la « prime à la taille » des entités de production, c'est-à-dire le fait que des entreprises qui concentrent un volume élevé de facteurs de production sont plus efficaces que des petites structures (coût moyen de production plus faible).

Cette concentration industrielle va se généraliser entre 1880 et la fin de la Première Guerre mondiale dans les pays européens et en Amérique du Nord[1] ; elle devient par exemple la norme productive dans le domaine du charbon et de l'acier.

a) La recherche d'une plus grande efficacité productive

Le développement des usines traduit le fait de concentrer sur un même site un nombre élevé de salariés et d'immobilisations corporelles. Cette concentration est la conséquence de la recherche d'une efficacité productive induite par les conditions techniques de production.

En Angleterre, les premières formes de production de biens manufacturés prenaient place dans des industries rurales, les *putting out system*. Le système correspond à la transformation de matières premières (à partir de bois, cours d'eau et vents comme sources d'énergie) en produits manufacturés dans des lieux dispersés, chez les paysans usant d'un outillage rudimentaire.

Cette proto-industrie[2] concernait alors les industries anglaises de la laine, des articles en métal comme les outils, les armes, les serrures, les horloges, les charrettes, etc., c'est-à-dire la petite métallurgie concentrée autour de Sheffield et Birmingham.

Ce système de production fonctionne grâce au marchand manufacturier. Il collecte la production auprès des petits producteurs dispersés dans la campagne pour les revendre en ville. Il est le garant de la qualité, fournit les matières premières et rémunère les producteurs. Progressivement, le fabricant tombe sous le « pouvoir directionnel » du marchand manufacturier qui avance les capitaux nécessaires à la production, les matières premières, les outils.

S'en est suivi la transition vers le *factory-system* qui fut généralisé seulement à la fin du XIXe siècle en Angleterre du fait de la mécanisation des activités de production.

b) Caractéristiques de la production en usine

Les principales caractéristiques de ce nouveau mode de production concentré en usine relativement au *putting-out system* sont les suivantes :

- concentration et contrôle des travailleurs ;
- taille et volume de production plus important ;
- division du travail ;
- mécanisation des processus de production ;
- utilisation d'une nouvelle ressource énergétique, le charbon ;
- développement du salariat, nouvelle relation entre le propriétaire des moyens de production et celui qui loue sa force de travail en conflit dans le partage de la richesse créée ;
- rémunération à l'heure ou à la journée (et non plus à la pièce comme dans la proto-industrie) car l'employeur peut plus facilement contrôler le temps de travail que la part de l'output générée par chaque salarié ;

(1) Et se prolonge jusqu'en 1929 au Japon.

(2) Franklin Mendels « Proto-industrialisation : The First Phase of the Process of the Industrialization », *Journal of Economic History*, vol.32, 1972, p. 241-261

– le recours à la machine à vapeur ; cet outil de production mobile ne nécessite pas d'utiliser les matières premières et énergies « là où elles se trouvent », souvent à la campagne (cours d'eau et forêt) et sera utilisé près des lieux de vie et de consommation où la densité de population ne cesse de croître, c'est-à-dire les villes, permettant ainsi des économies de transport, une organisation plus rationnelle de la production.

c) La structure des coûts comme facteur de concentration industrielle

Les activités industrielles (sidérurgie, métallurgie, électricité) sont souvent caractérisées par des coûts fixes (indépendants du volume produit) beaucoup plus importants que les coûts variables (proportionnels à la production).

L'importance des coûts fixes rend impossible leur financement par une « petite structure productive » qui ne générerait pas assez de revenus pour les payer.

Cette situation pousse à la concentration industrielle qui se traduit par un nombre relativement restreint de producteurs sur un marché : c'est une situation oligopolistique. Dans ce cas, une « grande structure productive » devrait disposer de revenus plus élevés (obtenus grâce à une part de marché plus élevée que dans le cas d'une petite structure) lui permettant de payer ces charges.

Surtout, ces charges fixes ne variant pas avec le niveau d'activité, le coût moyen (ou coût unitaire) de production diminue au fur et à mesure que le volume produit augmente. Ainsi, la profitabilité[(1)] d'une entreprise supportant des coûts fixes élevés s'accroît lorsque son volume de production augmente et « change d'échelle ».

Ainsi, la concentration industrielle dans le domaine de la sidérurgie et de la métallurgie s'explique, notamment, par l'existence d'**économie d'échelle**.

Les **économies d'échelle** apparaissent lorsque le coût unitaire de production diminue avec la croissance du volume des facteurs de production utilisés (capital et travail)[(2)].

Symétriquement, certaines activités sont profitables à partir d'un niveau de production donné, correspondant au « point mort », qui implique la présence sur le marché de quelques grandes entreprises (oligopoles), voire d'une seule (monopole naturel).

Ainsi, au lieu d'une multiplicité de petites entreprises en concurrence sur un marché dont les conditions, comme le prix, s'imposent à elles[(3)], apparaissent donc de grandes entités dominant leurs marchés respectifs, souvent en situation d'oligopoles voir de quasi-monopoles.

Elles disposent alors d'un pouvoir de domination que leur confère une telle situation : fixation du prix de vente[(4)] supérieur à celui qui prévaudrait en situation pleinement concurrentielle.

(1) Mesurée par le ration entre le bénéfice réalisé et le chiffre d'affaires obtenu (c'est-à-dire le montant des ventes).

(2) En effet, si le coût unitaire de production reste constant à la suite d'une hausse des facteurs de production, la taille (grande ou petite) est sans effet sur l'efficacité productive. Au contraire, si le coût moyen de production augmente à la suite d'une hausse des facteurs de production, l'entreprise est moins efficace lorsqu'elle augmente son échelle de production. Elle doit donc réduire sa surface productive car son importance est source d'inefficacités ; dans ce cas, *small is beautiful* !

(3) Hypothèse du « *price taking* » dans le marché de concurrence pure et parfaite de l'approche microéconomique.

(4) Hypothèse du « *price making* » dans le marché de monopole de l'approche microéconomique.

2.2 Renforcement des banques et des marchés financiers dans le financement des activités industrielles

Les lourds investissements industriels ou d'infrastructure (réseaux ferroviaires) nécessitent de faire appel à l'épargne collective drainée sur les marchés financiers et au crédit des banques.

• Dans les premiers temps de l'industrialisation, les fonds personnels des entrepreneurs suffisaient à financer leur activité. Par exemple, dans le domaine du textile à l'ère de la proto-industrie, la production se faisait à domicile sur des machines très rudimentaires.

• Dans un second temps, la concentration industrielle et le développement d'industries réseaux ont nécessité des capitaux financiers bien plus importants dont le montant ne pouvait plus être fourni par un seul agent économique. Si beaucoup d'entreprises, notamment en France, mettaient un point d'honneur à ne pas faire appel à l'épargne extérieure à celle de la famille détentrice du capital (comme l'entreprise Peugeot, par exemple), beaucoup d'activités industrielles avaient besoin des financements bancaires et de marché.

■ *En Angleterre*

En Angleterre, la Bank of England fondée en 1694 a le privilège de l'émission fiduciaire et devient progressivement au XVIIIe siècle une banque centrale : les autres banques y ouvrent leurs comptes, réescomptent leurs traites, font appel à son soutien en cas de difficulté comme prêteur en dernier ressort.

Un réseau de banques régionales *country banks* se développe à partir de 1750 en liaison avec les banques d'affaire de la cité de Londres *merchant banks* et la Banque d'Angleterre facilitant ainsi la circulation des capitaux et leurs placements dans les investissements industriels.

■ *En France*

En France, des banques privées, non réglementées et souvent fondées par des protestants, se développent au XVIIIe siècle, dont la plus importante, la Caisse d'Escompte, créée en 1776 par Turgot et Panchaud, un banquier de Lausanne.

Elle avance des fonds à l'État, pratique le réescompte des effets de commerce auprès d'autres banques, ouvre des comptes à vue et émet sa propre monnaie. Elle disparaîtra en 1793(1) et la France se dotera d'une véritable banque centrale sept ans plus part.

Cet établissement, la Banque de France, reçoit le privilège d'émission des billets en 1848. Apparaîtront ensuite deux catégories de banques : les banques d'affaires et les banques de dépôt. Les avantages de cette dichotomie et spécialisation du secteur bancaire seront théorisés par Henri Germain, le fondateur du Crédit Lyonnais en 1863.

(1) Elle fut supprimée par la Convention pour avoir soutenu le pouvoir monarchique ; la plupart de ses administrateurs furent guillotinés.

Banques d'affaires et banques de dépôt en France au XIXe siècle	Activités principales	Nature des ressources de la banque	Noms et dates de création des principales banques
Banques d'affaires	Prise de participation dans des industries, des entreprises familiales en France et à l'étranger. Financement de l'État par le placement des obligations publiques auprès des épargnants	Capital propre réparti entre de nombreux actionnaires et emprunts de long terme	• Crédit mobilier (1852) • Banque de Paris et des Pays-Bas (1872) • Banque d'Indochine (1875)
Banques de dépôt	Crédit à court terme par l'escompte à l'agriculture, à l'artisanat, au commerce et à l'industrie	Dépôts à vue ou placés (épargne populaire) de la clientèle	• Comptoir d'Escompte (1848) • Crédit industriel et commercial (1859) • Crédit lyonnais (1863) • Société Générale (1864)

En 1807, le Code de commerce crée le statut de sociétés anonymes[1] qui permet de mobiliser des capitaux financiers considérables nécessaires au développement industriel. L'émission des actions par les sociétés anonymes et des obligations par les entreprises industrielles, mais aussi par l'État, stimulent l'essor des marchés financiers. Les bourses de valeur se développent comme marché principal de ces titres.

La bourse de Paris date de 1724 (Édit de Fontainebleau). Jusqu'en 1835, les transactions sur les titres publics français et étrangers dominent les transactions (marchés obligataires). Ce n'est qu'à partir du milieu du XIXe siècle que la cotation et l'échange des actions prennent toute leur ampleur :

Nombre de sociétés cotées à la bourse de Paris au XIXe siècle

1830	1850	1870	1900
30	90	300	1 000

Source : Brasseuil, 2013, p. 135.

2.3 L'État-nation : à la fois protecteur, investisseur et régulateur

L'État-nation est un État dont les citoyens forment un peuple se reconnaissant comme ressortissant essentiellement d'un pouvoir souverain émanant d'eux et les exprimant. L'État-nation peut être un simple État-gendarme dont les interventions se limitent aux fonctions régaliennes (en matière de police, de justice, de défense nationale et de diplomatie) ou un État-providence dont le champ d'intervention s'étend à des activités économiques (politique économique, investissement public, services publics, protection sociale).

(1) La société anonyme est une société de capitaux dont le capital est constitué par voie de souscription d'actions et dont les associés (les actionnaires) ne sont responsables du paiement des dettes de la société qu'à concurrence de leurs apports.

• Au XVIIIe siècle, en Angleterre, le rôle de la puissance publique se limite à la mise en place d'un cadre légal et institutionnel favorable aux échanges commerciaux et à la défense des intérêts du pays face aux autres nations (défense du territoire, des colonies, etc.).

• Au XIXe siècle, notamment en France, l'État interviendra dans les décisions économiques portant sur les principaux domaines suivants :

– la mise en place de lois et politiques sociales et la participation à la formation des personnes ;

Quelques lois sociales et lois sur la formation au XIXe siècle en France

Loi du 22 février 1851	Loi rendant le contrat d'apprentissage obligatoire
Loi Waldeck-Rousseau (21 mars 1884)	Loi autorisant la création de syndicats
Loi Victor Dury (2 octobre 1863)	Loi instaurant l'enseignement secondaire spécial (technique) dans les lycées

– le financement (ou cofinancement avec des acteurs privés) d'infrastructures en réseaux via l'Émission de titres publics sur les marchés financiers ;

– soutien aux industries nationales par des aides publiques, notamment à l'exportation.

• Aux États-Unis, des lois sont prises pour lutter contre l'absence de concurrence induite par la concentration industrielle et le développement des « *trusts* ».

D'abord, le Sherman Antitrust Act du 2 juillet 1900 interdit toute forme de monopole ou d'entente ayant pour objet de restreindre la liberté du commerce entre les États ou avec l'étranger. Cette loi a abouti au démantèlement de l'une des sociétés pétrolières les plus importantes des États-Unis, la Standard Oil (fondée en 1870 par l'industriel John D. Rockefeller).

Ensuite, cette loi sera complétée par le Clayton Antitrust Act (15 octobre 1914) qui vise à contrôler la concentration des entreprises dans un secteur donné.

Ces deux lois marqueront la naissance du droit à la concurrence aux États-Unis.

Si le développement industriel depuis la fin du XVIIIe siècle jusqu'à la Première Guerre mondiale ne s'est pas fait sans douleur et souffrance (conditions de travail difficiles dans les usines, exploitation des ouvriers), il n'en demeure pas moins que la croissance économique fondée notamment sur les changements technologiques a amélioré le niveau de vie moyen des habitants :

PIB par habitant (en $ de 1990)

	États-Unis	Grande-Bretagne	France	Allemagne
1870	2 457	3 263	1 858	1 913
1913	5 307	5 032	3 452	3 833

Source : Brasseuil, 2013, p. 144

Ce progrès industriel et économique s'arrêtera brutalement avec le déclenchement de la Première guerre mondiale en 1914 qui prendra fin en 1918. L'Europe sera profondément meurtrie par cette Grande Guerre ; tous pays confondus et impliqués dans ce conflit, celui-ci aura tué dix fois plus de personnes en quatre ans que ne l'ont fait l'ensemble des guerres du XIXe siècle…

L'Europe sera aussi affaiblie sur le plan économique :

– le PNB[1] des pays en guerre était en 1918 inférieur d'un tiers en moyenne à celui de 1914 ;
– la production européenne retrouvera son niveau de 1913 seulement en 1924, soit six ans après la fin du conflit !

Néanmoins, les fondements du capitalisme libéral et industriel sont toujours en place avec ses phases de croissance mais aussi de crise et de dépression.

B Grandeurs et décadences du capitalisme libéral dans la première moitié du XXe siècle

La période d'après-guerre sera marquée par une décennie heureuse et insouciante (titre 1). S'en suivra un terrible retournement de conjoncture en 1929 (titre 2) qui annoncera une décennie de difficultés économiques, malgré des moments d'embellie économique (titre 3), et débouchera sur le deuxième conflit mondial.

1 Les années 1920 : « *Roaring twenties* » aux États-Unis, années de reconstruction en Europe

La Première Guerre mondiale a redessiné la carte de l'équilibre des puissances économiques sans remettre en cause le fonctionnement du capitalisme industriel et libéral.

1.1 Le nouveau leadership économique nord-américain

L'Angleterre cède sa place de leader économique aux **États-Unis** : le premier conflit mondial les a placés dans la situation de fournisseurs et de créanciers de l'Europe, en plus de leurs conquêtes économiques en Asie et en Amérique du Sud.

Après la guerre, les États-Unis connaissent alors une nouvelle phase de prospérité économique comme l'indiquent les chiffres ci-dessous :

Production annuelle d'automobiles au États-Unis

1900	1919	1929
5 000	1 900 000	5 500 000

Lorsque Ford interrompt la production de son mythique modèle « T » en 1927, 15 millions d'exemplaires sont en circulation dans le monde. La même année, General Motors dépasse Ford en volume de production grâce à ses différentes marques (Buick, Oldsmobile, Cadillac, Chevrolet).

À la fin des années 1920, un Américain sur six possède une voiture contre un Français sur quarante-quatre. Parmi ces possesseurs d'automobiles, 30 % sont employés, 30 % sont des ouvriers.

(1) Produit national brut.

1.2 De nouvelles méthodes d'organisation plus productives

La production de masse se met en place grâce aux considérables gains de productivité obtenus par les méthodes de l'ingénieur Taylor (1856-1915) à travers l'organisation scientifique du travail (OST) :

– la division du travail (séparation entre la conception et l'exécution des tâches) ;

– la sélection des gestes et des hommes et la recherche du choix optimal unique ;

– le paiement en fonction de l'exécution des tâches.

L'efficacité productive de l'OST sera renforcée grâce au travail à la chaîne popularisé par Henry Ford (1863-1947).

Avec l'automation industrielle, c'est désormais la matière ou l'en-cours de production qui se déplace vers l'ouvrier et non pas l'inverse. Cette économie de temps de déplacement des salariés dans l'atelier, objectif central du travail à la chaîne, sera aussi à l'origine d'une efficacité productive accrue dans l'industrie, particulièrement automobile.

Sur la décennie, un ouvrier américain est trois fois et demie plus productif qu'un de ses homologues français.

Cette forte production nord-américaine concerne l'automobile, mais aussi les appareils de radio, les produits textiles, l'équipement électroménager et s'accompagne d'une consommation de masse de 122 millions d'Américains en 1929. Celle-ci est rendue possible par une diminution du prix des biens fabriqués en série et le développement du crédit à la consommation.

Nombre de postes de radio vendus aux États-Unis

1922	1925	1929
100 000	2 000 000	4 400 000

La concentration industrielle se poursuit, de nombreux marchés sont dominés par quelques entreprises améliorant la productivité de secteurs dominés par les rendements d'échelle : General Motors et Ford sur le marché automobile, l'US Steel sur celui de l'acier, General Electric dans la construction électrique, Dupont de Nemours dans la chimie.

1.3 La situation économique en Europe dans les années 1920

L'Europe connaît également une période de prospérité économique durant ces « années folles » que sont les années 1920. La performance est d'autant plus remarquable dans le contexte d'après-guerre caractérisé par de lourdes pertes matérielles et humaines. L'immédiat après-guerre est consacré à la reconstruction et à la résolution des problèmes monétaires.

■ *En France*

L'économie française connaîtra une croissance extensive, les gains de productivité étant faibles, dans un cadre protectionniste ce qui retarde le développement et l'adaptation des entreprises françaises. À l'image de leurs homologues nord-américaines elles se concentrent sur des marchés oligopolistiques : Renault, Peugeot et Citroën dominent le marché de l'automobile français, Saint-Gobain et Kuhlmann celui de la chimie, Pechiney dans l'aluminium.

Au Royaume-Uni

Le Royaume-Uni profitera peu de cette dynamique favorable de l'économie des années 1920. En effet, la monnaie britannique, la livre, est surévaluée afin de maintenir Londres comme place financière centrale. Le renchérissement des exportations britanniques qu'induit une telle situation n'a pas pu être compensé par un effort de diminution du coût interne du travail. La perte de compétitivité liée à une « livre chère » affaiblira le niveau de production industrielle du Royaume-Uni.

En Allemagne

Quant à l'économie allemande, elle connaît une vague d'inflation particulièrement forte vers 1922-1923 et une forte dépréciation externe de la monnaie dont la raison essentielle repose sur la guerre et ses conséquences.

En effet, le financement de la guerre et les pénuries d'après-guerre ont favorisé l'inflation. Entre août 1914 (fin de la convertibilité du mark en or) et 1918, la masse monétaire aura été multipliée par sept. De l'armistice à mars 1920, les prix sont multipliés par 7, puis à nouveau par 5 jusqu'au milieu de l'année 1922.

L'inflation se mue ensuite en hyperinflation avec une hausse mensuelle des prix de plus de 50 %. Un pouvoir d'achat d'un mark en 1922 équivalait à celui de 20 millions de marks en 1923 ! En 1914, un dollar valait 4,2 marks, en novembre 1923… 4 200 milliards !

La masse monétaire bondit de 81 milliards de marks en décembre 1920 à 116 000 milliards en août 1923. Exprimée en or, cette « monnaie papier » passe de 4,8 milliards à 116 millions dans la même période (Néré, 1973).

À la fin de l'hyperinflation, c'est-à-dire à partir de 1924 et jusqu'à la crise de 1929, l'Allemagne connaît des années de prospérité favorisées par un amoindrissement des exigences alliées en termes de réparations (plan Dawes). La croissance économique est forte, le chômage recule, la concentration industrielle suit son évolution au rythme des économies d'échelles obtenues. Essor qui s'arrêtera brutalement à partir de 1929…

Ainsi, l'Europe connaît une phase de croissance économique soutenue pendant la décennie des années 1920, avec des taux de croissance plus forts que ceux d'avant-guerre (sauf pour l'Angleterre). L'augmentation annuelle du PNB par habitant européen est trois plus élevée entre 1922 et 1929 qu'au XIXe siècle, soit 2,8 % par an (Bairoch, 1997).

Ce dynamisme économique s'arrêtera brutalement avec la crise financière de 1929.

2 La crise financière de 1929 et la dépression économique des années 1930

La crise de 1929 est considérée comme la plus grande crise de l'histoire du capitalisme industriel et libéral. Le développement rapide d'un chômage de masse, le suicide des spéculateurs, la ruine des petits actionnaires expliquent, entre autres, le traumatisme qu'aura laissé cette crise dans la conscience contemporaine.

Elle nuance aussi l'embellie qui l'a précédée, celles des années folles : la crise de 1929 n'aurait-elle pas été le prix lourdement payé par les agents économiques de leur insouciance, de leur fièvre consommatrice impulsée par le recours au crédit ? Aux États-Unis, 15 % des ventes totales de biens d'équipement (électroménager) sont financées à crédit, 60 % pour l'achat d'automobile.

Cette fièvre acheteuse semble aussi avoir jeté son dévolu sur les titres financiers, notamment les actions d'entreprises industrielles. Entre 1921 et 1929, la hausse de la production industrielle atteint environ 50 % alors que, sur la même période, l'indice du cours des actions est multiplié par 4 (300 % de hausse). Cette déconnexion entre sphères réelle et financière s'amplifie à partir de 1928.

2.1 Éclatement et propagation de la crise financière de 1929

La crise éclate le fameux « jeudi noir » du 24 octobre 1929. Ce jour-là, 13 millions d'actions sont mises en vente à Wall Street, la bourse de New York, alors qu'en moyenne 2,5 millions de titres sont échangés quotidiennement. Jusqu'au « mardi noir » suivant du 29 octobre 1929, 30 millions de titres furent vendus. Leurs valeurs unitaires s'effondrent du fait d'un faible nombre d'acheteurs malgré l'intervention de grandes banques, comme la banque Morgan, pressées par les autorités monétaires d'acheter ces titres afin d'enrayer la chute des cours et rassurer les épargnants.

En trois semaines, l'indice Dow Jones mesurant le cours moyen des principaux titres cotés passe d'une valeur de 469 à 220, faisant ainsi perdre 30 milliards de dollars aux détenteurs de ces titres. Sa baisse se poursuivra jusqu'à 1931 et atteindra l'abyssale valeur de 42.

La crise se propage alors au reste de l'économie ; les pertes en revenus et en capital des actionnaires, souvent de petits porteurs de la classe moyenne, conduisent à une réduction des dépenses de consommation et à une contraction de l'activité économique. Ces pertes amputent fortement la capacité des ménages actionnaires à rembourser leurs dettes.

Les retraits massifs d'argent effectués par leurs clients plongent les banques dans la faillite. L'absence de soutien de la Banque centrale américaine provoque alors un effet de contagion au sein du système bancaire qui réduit drastiquement le volume des crédits accordés à l'économie.

Nombre de faillites bancaires aux États-Unis

1929	1930	1931
642	1 345	2 289

2.2 Impact de la crise financière sur le commerce international

La récession nord-américaine produit alors une diminution des importations. Les partenaires commerciaux des États-Unis voient alors leurs débouchés et revenus commerciaux se réduire. Ils diminueront alors leurs propres importations, enclenchant ainsi l'effet récessif cumulatif de la crise financière à l'ensemble des économies industrialisées.

Entre 1929 et 1932, la baisse des échanges mondiaux s'élève à 25 % en volume, mais 60 % en valeur du fait de la faiblesse des prix mondiaux que provoque le ralentissement économique dans les différents pays industrialisés.

Cette diminution des échanges internationaux pendant les années 1930 sera aussi la conséquence de mesures protectionnistes comme la mise en place du tarif Smoot-Hawley aux États-Unis. Celui-ci lança la spirale protectionniste en conduisant d'autres pays à adopter des droits de douane similaires. Le tarif Smoot-Hawley fut voté avant la crise de 1929 mais aggrava le déclin des échanges internationaux consécutif à celle-ci à partir de sa mise en place en 1930. Ce tarif provoqua l'augmentation de 40 % des droits de douane sur les marchandises.

Baisse du commerce mondial (en volume)

	Période 1929-1932
Produits alimentaires	10 %
Matières premières	20 %
Produits manufacturés	40 %

Source : Bezbakh, 2012.

Ce ralentissement se traduit par :

- une diminution de la production industrielle ;

Indice de la production industrielle (base 100 en 1913)

	1929	1932	1935
Monde	153	108	153
États-Unis	181	94	186

Source : Bezbakh, 2012.

- une chute des prix ;

Indice des prix de gros (base 100 en 1913)

	1929	1932
États-Unis	141	74
France	625	405
Royaume-Uni	135	92
Allemagne	129	87

Source : Bezbakh, 2012.

- une chute de l'emploi ;

Taux de chômage en 1933

États-Unis	25 %
Allemagne	15 %
Royaume-Uni	Plus de 13 %
France	Plus de 13 %

Source : Bezbakh, 2012.

- ainsi qu'une chute des revenus. Si les taux de salaires diminuèrent moins que les prix, la réduction des heures travaillées ampute le pouvoir d'achat des ménages. La crise se traduit enfin dans la chute des investissements privés. L'investissement brut total du secteur privé passe de 15,8 milliards de dollars en 1929 (15 % du PNB) à 0,9 milliard de dollars en 1932 (1,5 % du PNB).

2.3 Les explications théoriques de la crise financière de 1929

Les explications théoriques de la crise financière de 1929 sont multiples et divergentes. Elles peuvent être classées en deux catégories.

• Certaines considèrent que la crise est la conséquence d'écarts de comportements économiques par rapport au fonctionnement naturel et vertueux d'une économie monétaire concurrentielle :

Quelques explications théoriques de la crise financière de 1929

	Causes identifiées de la crise	Économistes correspondants
Approche « libérales »	Remise en cause des mécanismes autorégulateurs d'une économie de marché concurrentielle (limitation de la concurrence en prix par les oligopoles, rigidité des salaires à la baisse dans les grands groupes industriels depuis 1880). Rigidité des salaires + Compression des profits = Diminution des investissements	Lionel Robbins Jacques Rueff
Approche par les problèmes liés à la création monétaire avant le déclenchement de la crise	Essor inconsidéré du crédit durant les années folles. Trop forte baisse du taux d'intérêt aux États-Unis en 1925. ⇩ Surendettement utilisé pour l'acquisition de titres financiers. ⇩ Alimentation de la spéculation.	Irving Fisher
Approche par les problèmes liés à la création monétaire au moment du déclenchement de la crise	Insuffisance de l'offre de monnaie par la banque centrale américaine aux banques commerciales quand celles-ci commencèrent à connaître des difficultés.	Milton Friedman

• D'autres voient dans la crise la conséquence d'une insuffisance de la demande en biens de consommation et en biens d'investissements :

Quelques explications théoriques de la crise financière de 1929 (*suite*)

	Causes identifiées de la crise	Économistes correspondants
Approche par le déséquilibre du partage de revenus	Déséquilibre entre l'offre devenant plus abondante (production de masse) que la demande (pratiques restrictives en matière de rémunération) entraînant une chute des prix, profits et salaires.	École de la régulation (Michel Aglietta, Robert Boyer) Approche marxiste (Rosa Luxembourg)
Approche par la demande et le rôle dépressif de l'épargne	Insuffisance de la demande effective (volume des ventes anticipé par les entrepreneurs) imputable au fait que toute l'épargne ne finance pas l'investissement (épargne thésaurisée) ; de ce fait, une partie du revenu n'est dépensée, ni en biens de consommation, ni en biens d'investissement. Cette insuffisance anticipée conduit à réduire la demande de travail et l'investissement, et crée les conditions de la crise.	John Maynard Keynes

3 Une nouvelle légitimité pour l'intervention publique aux résultats mitigés

Des expériences politiques de grande envergure marquent les années 1930 comme le New Deal aux États-Unis ou le Front Populaire en France.

3.1 La politique économique du New Deal aux États-Unis

La « révolution pacifique[1] » du New Deal (« Nouvelle donne ») vise à donner au pouvoir exécutif fédéral des États-Unis de nouvelles compétences en matière économique. Ainsi, l'État fédéral prend de l'importance face aux États locaux. Plus précisément, il existe deux *new deal* consistant en de vastes programmes qui couvrent un champ étendu de problèmes économiques.

a) Les premières décisions économiques du New Deal

La « première Nouvelle donne » met en œuvre des mesures dans le domaine agricole pour faire remontrer les cours (les prix) agricoles afin d'accroître les revenus des agriculteurs et améliorer leur solvabilité.

Le soutien au prix prend la forme de primes versées aux agriculteurs pour les inciter à diminuer leurs productions (*Agricultural Adjustment Act*, mai 1933). Le soutien à la solvabilité consiste à négocier le rééchelonnement des crédits bancaires (baisse des taux d'intérêts, étalement de la période de remboursement).

Dans l'industrie, de nouvelles règles sont aussi mises en place pour soutenir les prix en faveur des entreprises.

Le *National Industrial Recovery Act* (NIRA) de mai 1933 suspend les lois antitrust, prévoit la fixation de prix et de salaires minima dans le secteur industriel. Le label « Aigle bleu » est attribué aux entreprises ayant accepté de suivre les recommandations publiques en matière de politique tarifaire, de durée de travail et de niveau des salaires.

L'affichage de ce label sur les produits suivi du slogan « *we do our part* » indique alors aux consommateurs que les entreprises participent à l'effort national contre la crise. On estime à 96 % les entreprises signataires de ces accords, assimilables d'ailleurs à des pratiques d'entente.

Le *Public Works Administration*, au sein du NIRA, est chargé de créer des emplois dans la construction d'infrastructures publiques (bâtiments, routes, ponts, etc.).

La mesure la plus emblématique et la plus célèbre du New Deal est le programme de la *Tennessee Valley Authority* de mai 1933.

Ce plan, représentatif d'une politique de grands travaux et de soutien à l'activité économique, consiste à aménager les vallées du Tennessee, de l'Ohio et du Mississippi afin de mettre un terme aux inondations, de rendre les fleuves navigables sur de plus grandes distances, de développer l'énergie hydraulique (constructions d'usines hydroélectriques) et le secteur de la chimie (construction d'usines d'engrais chimiques). Au total, plus de 1 000 kilomètres de fleuves deviendront navigables.

(1) Expression d'André Maurois (1885-1967), historien, essayiste et romancier français.

Enfin, des mesures seront prises à l'endroit du système bancaire et des marchés financiers :

- mesures afin de mettre un terme aux faillites bancaires : aides aux établissements, assurances pour les déposants, réglementations plus strictes de l'activité bancaire ;
- loi votée en 1933 pour permettre une plus grande transparence lors de l'émission de nouveaux titres financiers ;
- création en 1934 de la SEC (*Securities and Exchange Commission)* chargée de surveiller les activités boursières.

b) La seconde phase de la politique économique du New Deal

Ce premier New Deal est remis en cause par la Cour Suprême qui considère que plusieurs décisions sont inconstitutionnelles ; elles empiéteraient sur les droits souverains des État fédérés et certaines dispositions sociales seraient incompatibles avec la liberté du travail.

Néanmoins, un deuxième New Deal est appliqué en 1935 traduisant un virage plus social dans la politique américaine avec des mesures visant à améliorer les conditions de travail et de vie des salariés :

- le *National Labor Relations Act* (1935) conduit à la reconnaissance et au renforcement du rôle des syndicats et à la mise en place de conventions collectives ;
- la loi Wagner prévoir la désignation dans l'entreprise d'un syndicat représentatif élu par au moins 50 % des salariés, ce qui incite vivement à la concentration syndicale au sein de chaque firme ;
- la *Social Security Act* (août 1935) crée un système fédéral d'assurance-vieillesse pour les personnes de plus de soixante-cinq ans et des assurances-chômage obligatoires dans chaque État. Cette loi marque une mutation profonde dans les mentalités nord-américaines puisque, pour la première fois, le chômage est considéré comme un fléau social, indépendant du comportement et des choix des individus.

c) Les résultats économiques du New Deal

Quels sont les résultats de ces deux programmes ? Même si la situation économique est meilleure en 1939 qu'en 1933, le plein-emploi n'est pas pour autant rétabli. Les États-Unis comptent encore 9 millions de chômeurs contre 15 millions en 1933.

Malgré l'importance des investissements publics permettant d'accroître la production industrielle de 90 % entre 1933 et 1936, il faudra attendre 1940, les premières commandes militaires et l'entrée en guerre des États-Unis à la fin de 1941 pour gommer les stigmates de la dépression économique.

3.2 La politique économique du Front populaire en France

L'économie française des années 1930 voit aussi une progression de l'interventionnisme public au sein de son organisation et activité économiques à travers notamment l'installation du Front populaire en 1936 après une période de difficultés économiques.

a) Conditions historiques et avènement du Front populaire

De 1930 à 1936, la politique économique menée en France est plutôt déflationniste : elle vise à diminuer les prix des biens exportés pour retrouver une compétitivité tarifaire à l'égard des autres pays.

Aussi, des coupes budgétaires (réduction des traitements des fonctionnaires, des allocations des anciens combattants) et des hausses d'impôt sont appliquées. Dans la mémoire collective, cette politique « déflationniste » est perçue comme douloureuse bien qu'elle ne produisît ni hausse brutale du chômage, ni dégradation notable de la production industrielle. Néanmoins, l'impopularité des mesures explique l'avènement du Front populaire en 1936.

Celui-ci s'installe au pouvoir dans un climat de grèves généralisées qui aboutissent à la signature des accords de Matignon de 1936. Ces derniers octroient aux salariés de nouvelles conditions salariales et de travail :

- généralisation des conventions collectives ;
- deux semaines de congés payés accordés ;
- durée maximale du travail avec compensation salariale intégrale fixée à quarante heures ;
- conditions restrictives dans le recours aux heures supplémentaires ;
- élection des délégués du personnel dans les entreprises ;
- hausse des salaires de 20 %.

Cette période connaît alors une massification du syndicalisme ouvrier. En 1935, les syndicats comptaient 785 000 membres, ils en dénombreront 4 millions en 1937.

b) Les résultats économiques du Front populaire

Selon Villa (1993), l'augmentation des rémunérations n'a pas eu l'effet expansionniste attendu car elle contracte les profits, renchérit le niveau des prix, avec des conséquences défavorables sur l'investissement et le commerce extérieur.

Cette réduction du temps de travail fut dans un premier temps compensée par des gains de productivité équivalents et une légère augmentation des recrutements pour maintenir un niveau de production constant. Elle renforça le renchérissement des prix déséquilibrant la balance commerciale qui fut rétablie par la dévaluation de 1936.

Néanmoins, après une période de recul du chômage en 1936-1937, imputable en partie à une embellie conjoncturelle mondiale et à la dévaluation du franc favorable aux exportations, il repart à la hausse en 1938. L'inflation reprend ; la loi des quarante heures provoque des goulets d'étranglement dans l'industrie imposant ainsi à certaines entreprises une limitation de leur production.

En 1939, la production industrielle en France est inférieure aux niveaux de 1930 ; 500 000 personnes sont sans-emploi alors que la production outre-Rhin est en pleine expansion, le chômage pratiquement supprimé : l'Allemagne hitlérienne se prépare alors au prochain conflit mondial.

L'essentiel

- La révolution industrielle marque un tournant majeur dans l'histoire économique et sociale. Elle marque la transition des économies agricoles, féodales, vers des économies industrielles et libérales sur le plan politique et économique.

Pour la première fois, à partir de la fin du XVIIIe siècle au Royaume-Uni, cette transition industrielle permet aux hommes et aux femmes de faire face aux trois fléaux bibliques que sont la famine, l'épidémie et la guerre, assurant ainsi un développement démographique durable.

- Au cours du XIXe siècle, les changements technologiques, industriels et institutionnels affectent les pays d'Europe continentale, les États-Unis et le Japon. Progressivement, au cours de ce siècle, la diffusion des connaissances permettra notamment à d'autres pays européens puis aux États-Unis de prendre le leadership économique industriel.

- Malgré le déclin relatif du Royaume-Uni au profit notamment des États-Unis, le « modèle anglais » reste une référence en matière d'organisation économique dans les économies industrielles.

En effet, l'avènement du capitalisme libéral accompagne les révolutions technologiques de l'époque : l'appropriation privée des moyens de production, l'initiative individuelle et la recherche du profit sont trois piliers du capitalisme qui s'enracinent dans la plupart des économies contemporaines.

Néanmoins, l'État n'est pas absent de cette dynamique économique ; tout en participant à la diffusion du capitalisme libéral dans de nombreux pays européens, il veille également à la mise en œuvre des premières lois sociales visant à corriger les excès et dégâts du capitalisme naissant.

- La période qui suivra la Première Guerre mondiale sera prospère et dynamique pour la plupart des pays industrialisés annonçant la diffusion de la société de consommation dans les décennies à venir notamment en Europe après la Deuxième Guerre mondiale.

- Cependant, le capitalisme fonctionne à coups d'accélération et de freinage brutaux comme le montrent la violence de la crise financière de 1929 et ses conséquences désastreuses sur l'activité économique des années 1930.

- L'analyse des causes de cette crise remet en question, à des degrés divers, le fonctionnement du capitalisme libéral. L'avènement d'un chômage massif et durable fait douter de l'efficacité des mécanismes de marché dans la disparition des déséquilibres entre l'offre et la demande. L'intervention massive de l'État s'avère alors indispensable pour sortir les pays de la dépression économique. Elle prend la forme d'investissements massifs dans l'économie ou de nouvelles approches pour lesquelles les avancées sociales seraient le moteur de l'activité industrielle. Cet interventionnisme annonce l'avènement de l'État providence qui se déploiera, à des degrés divers, dans les pays industriels, principalement en France après la Deuxième Guerre mondiale.

RÉFÉRENCES

Mots clés

- Capitalisme industriel et libéral
- Crise de 1929
- New Deal (Nouvelle Donne)
- Concentration industrielle et économie d'échelles
- Révolution industrielle
- Taylorisme
- Gains de productivité

Dates clés

- XVIIIe siècle : révolution industrielle anglaise
- XIXe siècle : diffusion de la révolution industrielle à l'Europe continentale, aux États-Unis et au Japon
- 1920-1929 : « années folles » (prospérité économique)
- Octobre 1929 : crise boursière à New York, déclenchement de la crise de 1929
- 1933 : Lancement du New Deal aux États-Unis
- 1936 : arrivée du front populaire en France (signatures des accords de Matignon, réduction du temps de travail à 40 heures, deux semaines de congés payés).

Références bibliographiques

- Bairoch P., Victoires et déboires, *Histoire économique et sociale du monde du XVIe siècle à nos jours*, 3 volumes, Folio Gallimard, 1997.
- Bernstein J.R. et Milza P., *Histoire du XXe siècle*, 3 tomes, Hatier, 1993-1996.
- Bezbakh P., « Les controverses autour de la grande dépression, dans Comprendre les crises économiques », *Problèmes économiques*, Hors-série, n° 2, novembre 2012.
- Brasseuil J., *Histoire des faits économiques et sociaux*, Tome 2. « De la Révolution industrielle à la Première Guerre mondiale », 2e édition, Collection U, Armand Colin, 2009.
- Brasseuil J., *Histoire des faits économiques, de la Grande Guerre au 11 septembre*, Collection U, Armand Colin, 2003.
- Daviet J.-P., *Nouvelle histoire économique de la France contemporaine*, Tome 1. « L'économie préindustrielle », 1750-1840, Éditions la Découverte, Collection Repères, 1993.
- Leménorel A., *Nouvelle histoire économique de la France contemporaine*, Tome 3. « L'économie libérale à l'épreuve 1914-1948 », Éditions la Découverte, Collection Repères, 1997.
- Néré J., *La crise de 1929*, Armand Colin, 1973.

RÉFÉRENCES

- Philip A. et Philip L., *Histoire des faits économiques et sociaux, de 1800 à 1945*, 1re édition, Collection Précis, Dalloz, 2000.
- Teulon F., *Croissances, crise et développement*, 9e édition, Collection Major, Presses Universitaires de France (PUF), 2010.
- Verley P., *Nouvelle histoire économique de la France contemporaine*, Tome 2. « L'industrialisation, 1830-1914 », Éditions la Découverte, Collection Repères, 2002.
- Villa A., *Une analyse macroéconomique de la France au XXe siècle*, CNRS, 1993.

APPLIQUER LE COURS

Application

Quiz

		Vrai	Faux
1	On a l'habitude de parler d'une triple révolution pour expliquer la révolution industrielle : une révolution agricole, une révolution industrielle et une révolution démographique.		
2	Les enclosures constituent un phénomène marquant de la révolution agricole en France.		
3	La révolution industrielle se déploie d'abord en Angleterre puis en France.		
4	La crise de 1929 a favorisé la mondialisation.		
5	Le New Deal comporte des mesures de type keynésien.		
6	À la suite de la crise de 1929, le taux de chômage atteindra près de 25 % aux États-Unis.		
7	Une des mesures phares du Front populaire en France est la réduction du temps de travail.		

8 Citer quelques-unes des grandes inventions des XVIIIe et XIXe siècles.

9 Dans quel ordre se sont enchaînés les événements suivants durant la crise de 1929 : crise boursière, crise économique, crise bancaire et financière ?

10 Quelles sont les manifestations de la crise de 1929 ? Cochez la ou les bonnes réponses :

a) Hausse du chômage
b) Hausse des prix
c) Baisse du cours des actions
d) Baisse de la production industrielle
e) Baisse du commerce mondial

11 Quels sont les quatre courants de pensée généralement admis pour expliquer la crise de 1929 ?

SE PRÉPARER À L'EXAMEN

Question de cours

La politique économique américaine face à la crise de 1929.

Étude de document

À partir des deux annexes qui vous sont fournies, quel regard critique peut-on porter sur la politique du « pouvoir d'achat » mise en place par le Front Populaire ?

ANNEXE 1

Impact sur les coûts salariaux des différentes mesures prises par le front populaire

Réduction du temps de travail	20 %
Accords de Matignon	10 %
Congès payés	4 %
Augmentation cotisations sociales	2 %

ANNEXE 2

Durée moyenne effective du travail au premier semestre 1936 : 42 heures.

CHAPITRE
3
Histoire économique : depuis la Deuxième Guerre mondiale

Le deuxième conflit mondial du XXe siècle a complètement anéantie l'Europe. À partir de 1946, l'heure est à la reconstruction économique mais aussi politique. Les États-Unis accompagnent le « Vieux Continent » dans son rétablissement économique à travers notamment le plan Marshall. L'économie mondiale se dote aussi de nouvelles institutions et règles économiques internationales à travers les accords de Bretton Woods et du GATT.

Cependant, si l'Europe n'est plus en guerre à partir de 1945, une nouvelle ligne de fracture apparaît en son sein entre les pays de l'Ouest qui se structurent progressivement comme Communauté économique europérenne et ceux de l'Est qui fondent avec l'URSS le bloc communiste.

Cette période d'après-guerre lance une phase de croissance économique jamais atteinte au sein des pays européens occidentaux. Cette période connaît à la fois un enrichissement quantitatif des peuples d'Europe occidentale par la diffusion de biens de consommation mais aussi une amélioration qualitative permise par le progrès technique et le développement de l'État providence. Ces prospères « Trente Glorieuses » qui ont enrichi les nations d'Europe de l'Ouest et fondé une « société de consommation » butent sur un choc, pétrolier, en 1973. Il marque l'entrée des principaux pays développés à économie de marché (PDEM) dans une phase de déclin de leurs cycles économiques : inflation, hausse du chômage, récession économique. La crise est aussi doctrinale et intellectuelle car elle remet en cause la légitimité des doctrines « interventionnistes » pour, au contraire, donner du crédit aux théories libérales et monétaristes appliquées au cours des années 1980 en Angleterre et aux États-Unis principalement. Dans le même temps, les mécanismes de l'économie de marché semblent inexorablement se diffuser comme en attestent l'effondrement des économies de planification collectiviste et le basculement de la croissance économique vers la zone Asie qui s'ouvre à la mondialisation et au libre-échange.

A 1946-1973 : DE LA RECONSTRUCTION DE L'APRÈS-GUERRE À LA SOCIÉTÉ DE CONSOMMATION

À fin de la Deuxième Guerre mondiale, les pays européens meurtris et détruits doivent se reconstruire. L'importance de la tâche est telle que les États-Unis soutiendront financièrement cette mission de reconstruction grâce au plan Marshall. Le rétablissement de l'Europe s'accompagne de la construction de règles du jeu international en matière économique dans le domaine monétaire et financier avec les accords de Bretton Woods et dans le domaine du commerce international avec les accords du GATT (titre 1).

C'est aussi à l'issue de cette guerre que se constituent deux puissances idéologiques opposées : le capitalisme et l'économie de marché des États-Unis contre le communisme et la planification socialiste de l'Union des Républiques socialistes et soviétiques (URSS). Ce conflit idéologique sépare l'Europe en deux parties opposées : l'Europe de l'Ouest sous l'influence économique et culturelle des États-Unis, l'Europe de l'Est sous celle de l'URSS (titre 2).

Aussi, la reconstruction des pays d'Europe de l'Ouest, le progrès technique et la diffusion des technologies nord-américaines améliorent considérablement le niveau de vie et font rentrer les Européens de l'Ouest dans une nouvelle ère, celle de la société de consommation (titre 3).

1 La reconstruction des économies européennes : le plan Marshall, les accords de Bretton Woods, les accords du GATT

1.1 Quelques évaluations quantitatives des dégâts causés par la Deuxième Guerre mondiale

En 1945, l'Europe est en ruine. Sur le plan humain, les indicateurs sont alarmants. L'Allemagne compte 6 millions de victimes, le Japon 3 millions, la France 600 000.

De très grandes villes voient leurs populations anéanties : 135 000 personnes disparaissent sous les bombardements dans la ville allemande de Dresde en février 1945. Les bombes atomiques larguées sur les villes japonaises de Hiroshima et Nagasaki feront respectivement 100 000 et 80 000 morts en août 1945.

Les besoins alimentaires dépassent les ressources disponibles engendrant de graves problèmes de malnutrition. Ces derniers impactent défavorablement le taux de natalité (à la baisse) et le taux de mortalité (à la hausse). Ainsi, l'Allemagne de l'Ouest produit seulement 25 % des denrées alimentaires dont elle a besoin en 1947, alors qu'elle en produisait 85 % en 1936 !

Sur le plan matériel, en France par exemple, une habitation sur six est impactée par le conflit mondial, la quasi-totalité des infrastructures portuaires est détruite, presque la moitié des voies ferrées est inutilisable (37 000 km). 10 000 ponts sont détruits, 60 % du parc des machines industrielles a été transféré en Allemagne.

Les indicateurs économiques sont à la hauteur de ce drame : la production sidérurgique représente moins d'un tiers de son niveau d'avant-guerre, moins d'un quart en Allemagne de l'Ouest, le PIB total a diminué de 20 %, le chômage et l'inflation s'enflamment.

L'insondable douleur des survivants s'alourdit alors du coût de la reconstruction et des cruelles privations qu'il engendre. Ainsi, 20 % du budget de l'État français serait nécessaire à la seule remise en état du réseau routier.

1.2 La consolidation du leadership politique et économique nord-américain

Dans ce contexte, les États-Unis dominent alors l'économie mondiale. Ils produisent la moitié des biens issus du secteur industriel, détiennent 80 % des réserves d'or et assurent le quart des échanges commerciaux internationaux.

Les États-Unis prennent conscience de l'état de désolation dans lequel se trouvent les pays européens mais les premières aides s'avèrent très vite insuffisantes : un prêt de 5 milliards de dollars est accordé à la Grande-Bretagne. 3 milliards d'aide sont apportés à l'Europe entre 1945 et 1947.

La dureté de l'hiver 1946-1947 dégrade les conditions de vie déjà précaires. La Grande-Bretagne manque de charbon ; la glace et le gel bloquent les ports, les cours d'eau et les voies ferrées. Dans ce contexte, les pénuries se généralisent, les coupures d'électricité sont fréquentes, le rationnement est maintenu, les marchés clandestins pour l'alimentation se développent, l'inflation achève de ruiner les ménages. Entre 1945 et 1947, les prix en France sont multipliés par six.

1.3 L'adaptation de la politique étrangère des États-Unis face à la montée du communisme à l'Est

La politique extérieure des États-Unis change radicalement de cap du fait de la montée du communisme et des visées impérialistes de l'URSS.

Le risque d'expansion communiste vers le Moyen-Orient se précise avec les troubles en Grèce, en Iran et en Turquie, menaçant, entre autres, les approvisionnements des Américains en pétrole alors même qu'ils doivent pour la première fois en importer. En Europe occidentale, les partis communistes progressent et se consolident : leur participation aux mouvements de résistance pendant la guerre et les difficiles conditions de vie constituent une incroyable force d'attraction ; des mouvements sociaux d'envergure éclatent en France en 1947. En août de la même année, les communistes prennent le pouvoir en Hongrie pendant que des purges sanglantes éclatent en Bulgarie.

En octobre 1947, les représentants de huit partis communistes européens, dont celui de la France et de l'Italie, créent le *Kominform*, un organe de coordination et d'information interprété par les États-Unis et leurs alliés occidentaux comme une « déclaration de guerre à la civilisation occidentale » (André Fontaine[1]).

1.4 Le soutien nord-américain à la reconstruction de l'Europe : le plan Marshall

Afin de soutenir le rétablissement économique et politique des pays détruits par six années de guerre, les États-Unis vont appliquer un programme de rétablissement de l'Europe, « *European Recovery Program* » plus connu comme le plan Marshall du nom de l'ancien chef d'état-major des armées américaines au cours de la guerre. Le contenu de ce programme est annoncé le 5 juin 1947 par Georges Marshall exprimant alors une philosophie coopérative opposée à celle, punitive, du traité de Versailles à la fin du premier conflit mondial.

La conférence de Paris du 12 juillet 1947, sous l'égide de la France et de l'Angleterre, a pour objectif, à la demande des États-Unis, de déterminer le montant de l'aide, un programme et une utilisation des fonds Marshall. Ces derniers s'élèvent à 13,2 milliards de dollars sur la période 1948-1952, dont 12 de dons.

(1) Historien et journaliste français (1921-2013), *Histoire de la guerre froide*, Fayard 1967.

Répartition des fonds versés dans le cadre du plan Marshall (en milliards de dollars)

Grande-Bretagne	3,2
France	2,7
Italie	1,5
République fédérale d'Allemagne	1,4
Douze autres pays	4,4

Les « aides Marshall » sont destinées aux anciens belligérants, dont l'Allemagne et l'Italie, à condition que l'ensemble des pays bénéficiaires coopèrent pour les répartir. Ce plan sera rejeté par l'URSS et, sous sa pression, par l'ensemble des pays qui constituent déjà l'Europe de l'Est. Alors que la Pologne délibérait sur le plan américain, elle apprend sur la radio soviétique qu'elle l'a rejeté… Après acceptation, les Tchèques refusent l'aide proposée. En France, le parti communiste change de position après l'avoir bien accueilli dans un premier temps, le qualifiant de « piège occidental »…

L'OECE, Organisation européenne de coordination économique, est alors créée en 1948 à Paris ; elle réunit seize pays afin de coordonner l'aide américaine, organiser la reconstruction et favoriser l'abaissement des obstacles aux échanges commerciaux(1).

Les pays recevant l'aide américaine peuvent acheter des matières premières et du matériel industriel en provenance pour l'essentiel des États-Unis, le principal pays en mesure de fournir les biens nécessaires à la reconstruction, et pour une partie moindre de pays tiers.

1.5 Les conséquences économiques du plan Marshall et la nouvelle organisation institutionnelle des relations économiques internationales à l'Ouest

Dans l'ensemble, le plan Marshall est un succès et impulse le redressement économique de l'Europe.

Taux de croissance de la production des pays membres de l'OECE

1947-1948	1948-1949	1949-1950
12 %	8 %	9 %

Les niveaux de production de l'avant-guerre sont à nouveaux atteints en 3 ou 4 ans après la fin de la Deuxième Guerre mondiale alors que le délai avait été entre 6 et 8 ans après le premier conflit mondial. En 1950, la production des pays de l'OECE dépasse de 20 % celle de 1938. En 1952, les niveaux de production excèdent de 40 % les prévisions élaborées dans le cadre du plan Marshall. En 1950, le déficit de la balance extérieure se réduit des quatre cinquièmes. Les exportations européennes augmentent de 50 % en trois ans, les finances extérieures des pays européens sont restaurées dans le milieu des années 1950 favorisant l'accumulation de dollars dans les réserves des banques centrales.

(1) L'OECE deviendra ensuite l'OCDE en 1961, Organisation de coopération et de développement économique, avec son élargissement aux États-Unis, au Canada et plus tard au Japon.

■ *La conférence de Bretton Woods et la mise en place du SMI*

Ces dernières évolutions contribuent au bon fonctionnement du système monétaire international (SMI) mis en place lors de la conférence de Bretton Woods dans le New Hampshire aux États-Unis du 1er au 22 juillet 1944. L'objectif de cette conférence à laquelle participent 44 pays est la mise en place d'un système monétaire cohérent. Il fonctionnera jusqu'en 1971. Il vise à stabiliser les équilibres internationaux pour soutenir le libre-échange afin d'éviter les évolutions erratiques des taux de change de l'entre-deux-guerres et les tendances protectionnistes.

Le SMI mis en place est un système de taux de changes fixes[(1)] dans lequel le cours de chaque monnaie ne doit varier que de + ou – 1 % autour de la parité officielle définie en or ou en dollar, représentatif d'un nouveau *Gold Exchange Standard.*

■ *Le FMI*

La monnaie américaine va servir d'étalon en devenant le seul équivalent or avec la parité suivante : 35 dollars contre une once d'or[(2)]. Cette stabilité doit être assurée par les interventions régulatrices des banques centrales dans un contexte où les marchés de changes sont libres. Le Fonds monétaire international (FMI), créé à l'occasion de cette conférence, doit alors veiller sur la bonne application de ce système de change. Le FMI peut consentir des crédits à ses membres en octroyant les devises nécessaires à la défense de la parité de leurs monnaies.

■ *La création de la BIRD*

La Banque internationale pour la reconstruction et le développement (BIRD) est l'autre instution financière créée à l'occasion de Bretton Woods.

Le commerce international se développe également grâce à la diffusion du libre-échange. De nouvelles négociations émergent dès la fin de la Deuxième Guerre mondiale entre les grandes puissances afin d'éviter la mise en place de mesures protectionnistes comme ce fut le cas après le premier conflit mondial.

■ *Le GATT*

Ces discussions internationales aboutissent à la naissance d'un accord général sur les tarifs et le commerce, le GATT, *General Agreement on Tariffs and Trade*, le 30 octobre 1947. Afin de favoriser l'expansion du commerce international, le GATT propose quatre principes de base :

- le **principe de non-discrimination** comprenant deux clauses : la *clause de la nation la plus favorisée* selon laquelle l'accord par un pays d'avantages commerciaux à un autre pays doit être étendu à l'ensemble des autres nations ; la *clause du traitement national* selon laquelle l'égalité de traitement doit être garantie, notamment sur le plan fiscal, entre les produits nationaux et les produits importés ;
- **l'abaissement général et progressif des droits de douane** convenu lors de cycles de négociations commerciales multilatérales entre pays membres, les fameux « *rounds* ». Les deux premiers cycles de négociation (Dillon Round 1960-1962 et Kennedy Round 1964-1967) se déroulent entre les principaux pays à économie de marché. L'URSS et les pays socialistes refusent d'y participer. Ces cycles de négociation entraînent une diminution significative des tarifs douaniers mais attisent des tensions entre les États-Unis et l'Europe ;
- **l'interdiction des restrictions quantitatives**, comme les politiques de quotas, tant à l'importation qu'à l'exportation ;
- **l'interdiction du dumping et des subventions à l'exportation.**

(1) Eventuellement modifiables au moyens de dévaluations ou de réevaluations.
(2) Parité définie par Roosevelt en 1934.

2 La fracture idéologique du Vieux Continent : l'Europe de l'Est socialiste *versus* l'Europe de l'Ouest capitaliste

À l'origine, le plan de soutien américain s'adressait à tous les pays européens. Selon Marshall lui-même, « la politique américaine n'est dirigée contre aucun pays, contre aucune doctrine mais contre la faim, la pauvreté, le désespoir et le chaos ».

Cependant, l'URSS et les pays d'Europe orientale sous son influence se retirent des discussions portant sur l'obtention et la répartition du plan Marshall. En octobre 1947, les dirigeants soviétiques fondent le Kominform dont l'objectif est « d'organiser l'échange des expériences et en cas de nécessité la coordination de l'activité des partis communistes sur la base d'un libre consentement ».

2.1 La création du COMECON, nouvelle institution économique des pays à planification socialiste

En réplique à l'OECE, le COMECON[1] est constitué le 25 janvier 1949 incluant, à ses débuts la Bulgarie, la Hongrie, la Pologne, la Roumanie, la Tchécoslovaquie et l'URSS. L'Albanie et la République Démocratique Allemande (RDA) y adhèrent respectivement en 1949 (pour en partir en 1961) et 1950. La Mongolie et Cuba intègrent respectivement l'institution en 1962 et 1972. Le COMECON a trois objectifs principaux : la coopération commerciale, la « division socialiste du travail » à travers la coordination des plans et « l'intégration économique socialiste » sur la base de grands projets internationaux.

La convergence vers le modèle soviétique apparaît d'abord avec l'adoption de plans de production impératifs dont l'année terminale, 1955, doit coïncider avec le cinquième plan de l'URSS.

Ensuite, la division socialiste du travail se traduit par la mise en place d'une véritable spécialisation des productions, notamment en 1951 en vue des considérations stratégiques induites par la guerre de Corée. Se mettent alors en place des échanges bilatéraux entre l'URSS et ses partenaires satellites d'Europe de l'Est, les rapports de prix étant systématiquement favorables à la puissance dominante. Enfin, la collectivisation de l'agriculture est généralisée.

Comme en URSS, les décisions économiques accordent la priorité à l'industrie lourde. La faiblesse des prix agricoles, les prélèvements sur les coopératives et les exploitants individuels doivent alors nourrir les ressources nécessaires à son financement.

La croissance dans les nations d'Europe de l'Est est soutenue mais des disparités entre pays apparaissent. La Tchécoslovaquie connaît une forte expansion à la différence de la République Démocratique Allemande (RDA), de la Hongrie et de la Pologne qui ne réalisent pas les mêmes performances. Cependant, l'année 1961 marque un ralentissement de la croissance économique dans la zone d'influence soviétique.

Aussi, la politique de l'URSS envers les « *démocraties populaires membres* » du COMECON s'infléchit à partir de 1962, accordant plus d'importance à la souveraineté nationale. Ainsi, chaque pays membre évolue parallèlement en suivant le modèle de la planification soviétique mais en tenant aussi compte des particularités nationales.

(1) Sigle anglais très fréquemment utilisé pour désigner le CAEM : Conseil d'aide économique mutuelle.

2.2 Les échecs de la planification socialiste et les timides réformes de libéralisation

Face aux contre-performances de la planification industrielle, des réformes sont mises en place dans les années 1960 favorables à plus de liberté économique.

Ainsi, la Hongrie et la Pologne formulent des propositions visant à libéraliser le commerce extérieur, à accorder une place croissante aux mécanismes de marché dans les relations entre les pays membres du COMECON. Ces propositions annoncent les réformes à venir à partir de 1963 en RDA, de 1965-1966 en Pologne et Bulgarie, de 1968 en Hongrie et Roumanie.

Qu'elles soient mises en œuvre progressivement par étapes successives, comme en RDA, en Bulgarie ou en Pologne, ou en une seule fois, comme en Roumanie et Hongrie, les réformes affectent principalement quatre domaines :

– l'administration des entreprises avec le regroupement d'entités industrielles afin de profiter des effets de taille (économies d'échelle) ;
– une participation plus active des agents économiques dans l'élaboration du plan ;
– l'importance nouvelle accordée au critère de « maximisation du profit » dans les modes de gestion ;
– un accès direct des entreprises au commerce extérieur.

2.3 Les résultats des réformes d'assouplissement de la planification socialiste à l'Est

Il est encore difficile de poser un bilan définitif de ces réformes aujourd'hui. La mise en place en 1963 du « Nouveau système économique » en RDA semble avoir porté ses fruits. La concentration des entreprises, une réforme des prix de gros, l'utilisation d'indicateurs de rentabilité dans l'évaluation de l'efficacité des entreprises et la possibilité de financer leurs investissements sur une part de « leurs » profits enclenchent une ère de croissance économique soutenue qui fait de la RDA le pays le plus dynamique d'Europe de l'Est.

Les réformes hongroises du « Nouveau mécanisme économique » favorisant l'ajustement des prix en fonction de l'offre et de la demande et encourageant la concurrence semblent avoir aussi porté leurs fruits. Cependant, le cas de la Tchécoslovaquie montre que la volonté de réforme économique allant jusqu'à la remise en cause de l'orthodoxie politique peut déclencher une réaction contraire de l'URSS. Dans ce pays, une réforme s'amorce en 1959 relative à la concentration industrielle et à la décentralisation de l'investissement mais elle est stoppée à partir de 1961-1962.

2.4 La construction d'une union politique et économique en Europe de l'Ouest

Le plan Marshall est aussi représentatif de la volonté des États-Unis de concentrer leur politique étrangère vers l'Europe. Ce programme d'aides a fortement contribué à l'essor du « projet européen ». La création de l'OECE à la conférence de Paris peut être considérée comme la première « institution européenne » au sein de laquelle les dirigeants des pays européens sont amenés à dialoguer sur un projet commun conformément à la vision du président américain Truman.

La construction de nouvelles institutions européennes occidentales est aussi une réponse à la montée en puissance des deux géants continentaux que sont les États-Unis d'un côté et l'URSS de l'autre. Les projets de coopération au sein de l'Europe de l'Ouest se multiplient : OECE, Conseil de l'Europe, Union européenne occidentale.

FOCUS . . . FOCUS . . . FOCUS . . . FOCUS . . . FOCUS . . . FOCUS . . .

Le Conseil de l'Europe

Le Conseil de l'Europe fut créé le 5 mai 1979.

Aux termes de son acte constitutif, « il doit réaliser une union plus étroite entre ses membres afin de sauvegarder et de promouvoir les idéaux et les principes qui sont leur patrimoine commun et de favoriser leur progrès économique et social ».

Ces idéaux portent sur la liberté politique, la liberté individuelle, la prééminence du droit, le respect des droits de l'homme. Seule une démocratie peut faire partie du Conseil de l'Europe.

Cependant, deux conceptions différentes apparaissent dans l'élaboration de nouvelles relations économiques entre les pays européens :

- une **conception libre-échangiste** portée par la Grande-Bretagne prônant l'intégration des pays dans une vaste zone de libre-échange sans aucun transfert de souveraineté nationale ;
- une **conception politique d'une union économique** dont la première étape serait d'affirmer une personnalité propre par la constitution d'une union douanière.

L'attitude adoptée envers les échanges agricoles révèle les préférences nationales. L'attachement de la Grande-Bretagne au libre-échange conduit les Britanniques à être exclus de l'accord mis en place. La volonté française de les intégrer sera le moteur essentiel d'une politique véritablement communautaire.

C'est dans les limites de l'Europe des six (Allemagne, Benelux[1], Italie et France) que s'imposera la seconde conception avec :

- la Communauté européenne du charbon et de l'acier (CECA) instituée par le traité de Paris le 18 avril 1951 ;
- la naissance concomitante de la Communauté économique européenne (CEE) et de la Communauté européenne de l'énergie atomique (CEEA ou Euratom) à la suite de la signature du traité de Rome du 25 mars 1957 qui vise à la constitution d'un marché commun.

En 1965, les trois institutions (CECA, CEE, Euratom) ont été fondues autour de la Commission de Bruxelles.

La dynamique de l'Union douanière se manifeste avec sa création le 1er juillet 1968 dans l'Europe des six conduisant à l'élimination complète des obstacles tarifaires, au développement du commerce des marchandises (zone de libre-échange) au sein de l'Union et à la mise en place d'un tarif extérieur commun.

(1) Belgique, Pays-Bas, Luxembourg.

3 L'avènement de la société de consommation durant les Trente Glorieuses

L'expression « les Trente Glorieuses » a été inventée par l'économiste Jean Fourastié dans un ouvrage intitulé *Les trente glorieuses ou la révolution invisible de 1946 à 1975*[1]. Elle désigne la phase de forte croissance durable qui couvre environ 30 années entre 1945 et 1975, en France mais aussi en Europe de l'Ouest.

En effet, les taux de croissance annuels sur la période 1945-1973 sont en moyenne de 5 % en volume pour les pays de l'OCDE permettant un quasi plein-emploi des facteurs de production, dont le travail.

L'analyse des moteurs de la croissance dans cette période amène à distinguer les facteurs d'offre et les moteurs de la demande.

3.1 Les facteurs d'offre explicatifs de la dynamique économique des Trente Glorieuses

Les **facteurs d'offre** correspondent aux facteurs de production de biens et services : le facteur travail, le facteur capital et le progrès technique.

- D'une part, l'effet quantitatif du **facteur travail** dans la croissance économique provient de l'évolution de la population active. Celle-ci dépend de deux éléments : la démographie et le taux d'activité. L'évolution du taux de natalité diverge selon les pays : les États-Unis, la France ou la Grande-Bretagne connaissent un regain de natalité contrairement à l'Allemagne et au Japon.

Cependant, l'insuffisance de la croissance de la population active en Europe nécessite de recourir à l'immigration de travail en provenance notamment des « pays du Sud ». À partir des années 1960, les pays du tiers-monde et les anciennes colonies des pays européens constituent une nouvelle réserve de main-d'œuvre pour « reconstruire l'Europe ».

Néanmoins, selon l'étude de Carré, Dubois et Malinvaud[2], la quantité de travail a joué un rôle légèrement négatif sur la croissance française entre 1951 et 1969 du fait de la baisse de la durée du temps de travail alors même que la population active stagnait malgré l'immigration, le renouveau démographique d'après-guerre ayant eu un impact différé de 15 à 20 ans sur l'emploi. L'allongement de la scolarité, la massification de l'enseignement supérieur et la généralisation des systèmes de retraite expliquent aussi cet effet négatif de la population active sur la croissance à hauteur de – 0,1 %.

L'effet du facteur travail est essentiellement qualitatif. Les salariés sont mieux formés grâce à une forte progression des dépenses d'éducation, de 9,7 % en France entre 1955 et 1964.

- D'autre part, parmi les facteurs d'offre, les investissements et le progrès technique jouent un rôle déterminant. L'importance des taux d'investissements et leur maintien à des niveaux élevés au cours des Trente Glorieuses sont remarquables entraînant ainsi une hausse du stock de capital mais aussi une amélioration qualitative de celui-ci grâce à la diffusion des technologies américaines dans l'ensemble des pays industrialisés.

(1) Publié en 1979 chez Hachette.
(2) Carré J.J., Dubois P. et Malinvaud E. *La croissance française*, Seuil, 1972.

Croissance du capital dans les pays de l'OCDE (taux moyen annuel en pourcentage)

	1870-1913	1913-1950	1950-1970
Capital total	3,2 %	1,8 %	6 %
Capital par actif	2 %	1 %	5 %

Cependant, à l'image du facteur travail, le déterminant **quantitatif** du facteur capital est de faible ampleur sur la croissance économique. L'étude de Carré, Dubois et Malinvaud montre que le taux de croissance du capital explique seulement 1 % de la croissance économique française qui s'élève en moyenne à 5 % par an entre 1951 et 1969.

L'économiste américain Denison (1967) mettra en évidence l'importance des facteurs qualitatifs dans la croissance économique, principalement du progrès technique et des innovations.

Décomposition des facteurs de la croissance économique entre 1950 et 1962

	États-Unis	Royaume-Uni	France	République fédérale allemande (RFA)
Taux de croissance annuel du revenu national (en %)	3,36 %	2,32 %	4,70 %	7,26 %
Résidu inexpliqué (en %)	22 %	39 %	32 %	21 %
Sources identifiées de la croissance économique pour chaque pays (% de répartition)				
Quantité de travail utilisée	18 %	15 %	2 %	16 %
Quantité de capital utilisée	25 %	21 %	16 %	19 %
Quantité totale de facteurs	43 %	36 %	18 %	35 %
Éducation (aspect qualitatif)	15 %	10 %	8 %	3 %
Progrès technique, efficacité, flexibilité (aspect qualitatif)	42 %	54 %	74 %	62 %
Qualité d'ensemble des facteurs	57 %	64 %	82 %	65 %

Source : E. F. Denison, Why Growth Rates Differ : Postwar Experience in Nine Western Countries, Washington DC, The Brookings Institution, 1967 ; chap. 21.

Quel que soit le pays considéré :

– la part de la croissance inexpliquée est forte : elle est attribuable au progrès général des connaissances ;

– le pouvoir explicatif des facteurs qualitatifs (éducation, progrès technique, efficacité, flexibilité) est plus important que celui des facteurs quantitatifs, en particulier pour les pays européens en voie de rattrapage en termes de progrès technique par rapport aux États-Unis.

L'innovation devient alors un élément essentiel de la croissance économique de nature plus **intensive**, fondée sur les gains de productivité obtenus grâce aux changements technologiques.

La plupart des innovations majeures diffusées dans les années 1950 et 1960 datent de la guerre ou même d'avant-guerre. Pourtant, une rupture apparaît après-guerre : l'effort de recherche industriel devient une priorité.

Quelques secteurs concentrent cet effort : industries aérospatiales, l'électronique, les instruments de mesure et de précision. Les activités traditionnelles (mécanique, chimie) connaissent également un mouvement d'innovations.

Leurs effets sont difficiles à mesurer. Le besoin en qualification des salariés qu'elles induisent entraîne un effort d'éducation sans précédent. En retour, les risques d'exclusion grandissent pour les salariés les moins bien formés.

3.2 Les moteurs de la demande au cœur de la société de consommation

Les **moteurs de la demande** correspondent à la dynamique qui préside à l'utilisation des biens et services produits. Cette demande peut, en retour, favoriser les anticipations des ventes des entreprises qui peuvent alors décider d'augmenter leurs volumes de production.

Cette dynamique est caractérisée par le phénomène de consommation de masse caractéristique des Trente Glorieuses en France. Le revenu par habitant croît significativement entre 1950 et 1970 : + 217 % en France, + 215 % en Allemagne. L'augmentation quasi-générale des revenus du travail générée par les gains de productivité favorise la constitution d'une société de consommation stimulée par la publicité et le développement du crédit en dépit du maintien d'inégalités de revenu.

Évolution de la répartition des dépenses de consommation en France (en pourcentages)

	1960	1973
Alimentation et habillement	49 %	37 %
Logement	24 %	28 %
Transport	11 %	14 %
Loisirs	6 %	7 %
Divers	10 %	14 %

Cette amélioration historique du niveau de vie apparaît à travers ce constat statistique : la part des revenus utilisés dans l'alimentation est désormais inférieure à la part totale des autres dépenses. La diffusion de l'automobile, emblème symbolique de la société de consommation est aussi notable : un ménage sur deux en possède une aux États-Unis en 1948, niveau atteint en Europe occidentale à la fin des années 1960.

Selon la théorie de la Régulation[1], les performances économiques des Trente Glorieuses s'expliqueraient par un modèle de production et de consommation **fordiste**. Les économies d'échelle, les gains de productivité, le progrès technique favorisent une production de masse et un enrichissement conjoint des propriétaires (par la hausse des profits), des

(1) Développée alors par des économistes français comme Rober Boyer ou Michel Aglietta.

salariés (par la hausse des salaires) et des consommations (par la diversité des produits, leur amélioration, la diminution de leur prix réel). En retour, la baisse des coûts et la hausse des revenus, notamment salariaux, stimulent la consommation finale. Cela permet de maintenir des volumes de production élevés obtenus à faibles coûts grâce aux économies d'échelles.

Enfin, le développement de l'État providence accompagnera cet enrichissement général, assurant le financement d'une protection sociale bénéfique à tous.

B 1973-1989 : CRISE ÉCONOMIQUE ET RENOUVEAU LIBÉRAL

Les cycles économiques semblent caractériser le fonctionnement des économies industrialisées. Tout comme les sombres années 30 ont succédé aux folles années 20, les « Trente Piteuses »[1] succèdent aux Trente Glorieuses, particulièrement en France. À partir du milieu des années 70, les chocs pétroliers marquent la fin d'un cyle d'expansion économique de masse (titre 1). L'inflation est le problème économique majeur de l'époque (titre 2) contre lequel les dirigeants des pays développés lutteront dans le cadre d'un combat englobant une plus grande libéralisation des économies (titre 3).

1 Chocs pétroliers et crise du modèle fordiste

Que le choc pétrolier de 1973 soit le simple révélateur de la crise économique qui clôt cette phase de croissance des Trente Glorieuses[2] ou sa cause première[3], il n'en demeure pas moins qu'il marque une rupture dans la dynamique économique de ce dernier quart de siècle. En effet, la croissance économique d'après-guerre est fortement consommatrice de pétrole en raison de son faible coût. Celui-ci est permis grâce à la domination des grands groupes pétroliers qui imposent leurs conditions aux pays producteurs du Moyen-Orient.

1.1 Les symptômes des chocs pétroliers des années 70

Les grandes firmes pétrolières occidentales, comme par exemple British Petroleum (BP), Shell, Exxon, Standard Oil, contrôlent dans l'après-guerre les quatre cinquièmes des gisements de pétrole et des circuits de distribution et les trois quarts de l'industrie pétrolière mondiale.

La hausse de la consommation de pétrole ne se traduisant pas par une hausse des revenus des pays producteurs (les gains étaient captés par les firmes pétrolières à travers leur activité de raffinage, de transport et de distribution), ces derniers forment alors le cartel de l'OPEP[4] en 1960 regroupant essentiellement des pays du Moyen-Orient. Les pays exportateurs vont alors récupérer la maîtrise de l'extraction et de la tarification.

Le déclenchement de la crise éclate avec la guerre du Kippour entre octobre et décembre 1973. La crainte d'une pénurie de pétrole dans les pays « amis » d'Israël provoque une panique sur le marché de l'or noir. Les producteurs du Moyen-Orient augmentent le prix de l'énergie

(1) Selon l'expression de l'essayiste et économiste Nicolas Baverez.
(2) Selon J.-H. Lorenzi, O. Pastré et J. Toledano, *La crise du XXe siècle*, Paris, Économica, 1980.
(3) Selon J.-C. Asselain, *Histoire économique de la France*, Point, 2011.
(4) Organisation des Pays Producteurs de Pétrole.

en représailles du soutien américain à Israël. Le premier choc pétrolier de 1973 conduit à une multiplication par quatre du cours de l'or noir. Cette explosion tarifaire du pétrole renchérit le cours d'autres produits : triplement du prix des phosphates sur l'année 1973, quintuplement de celui du zinc. La facture pétrolière de la France passe de 1,5 % à 4,5 % du PIB en un an !

En 1979, surgit le deuxième choc pétrolier à la suite de la guerre entre l'Iran et l'Irak multipliant à nouveau par deux le prix du pétrole. Le baril coûte désormais plus de 30 $ alors qu'il s'établissait en 1971 à moins de 2 $!

1.2 Les conséquences économiques des chocs pétroliers

La « crise du pétrole » génère de lourdes conséquences dans les pays industrialisés fortement dépendants de cette ressource. Les déficits commerciaux apparaissent et se creusent, les secteurs directement liés au pétrole entrent rapidement en récession (construction automobile, transport aérien). Les tensions inflationnistes déjà présentes depuis le début des années 1970 notamment en France se libèrent réduisant le pouvoir d'achat des ménages.

Les gouvernements des pays industrialisés prennent donc des mesures d'économie d'énergie (distinction des heures d'été et heures d'hiver, par exemple en France) et de diversification énergétique. Des politiques de lutte contre l'inflation et les déséquilibres commerciaux sont mises en œuvre à travers la remontée des taux d'intérêt américains en 1979 qui se diffusera au reste des pays industrialisés aggravant la récession imputable aux chocs pétroliers.

**Taux d'inflation
(en % annuel moyen)**

	1965	1970	1975	1980
France	2,5 %	5,3 %	11,8 %	13,5 %
États-Unis	1,7 %	5,9 %	9,1 %	13,4 %
Royaume-Uni	4,8 %	6,4 %	24 %	18 %

La crise qui éclate au milieu des années 1970 marque la fin de la régulation keynésienne traditionnelle. Alors que celle-ci considère que l'inflation et le chômage sont deux phénomènes contradictoires (les tensions inflationnistes apparaîtraient dans les économies qui s'approchent du plein-emploi des facteurs de production), la nouveauté de la crise remet en cause la légitimité de l'analyse keynésienne. La concomitance à la fois de taux d'inflation et de taux de chômage élevés (situation qualifiée de *stagflation*(1)) semble rendre complètement inopérants le cadre d'analyse keynésien et les réponses traditionnelles qui en découlent.

1.3 La remise en cause des régulations publique et fordiste

Les Trente Glorieuses ont vu une progression de l'interventionnisme public dans les domaines économique et social : politique d'inspiration keynésienne, investissements publics, développement des systèmes de protection sociale. Les premiers symptômes de la crise font resurgir les analyses libérales critiques à l'égard de la « doctrine interventionniste » :

(1) Contraction du terme stagnation et inflation.

la dépense publique est analysée principalement comme un coût qui renchérit le prix des produits, nuit à l'activité des entreprises, créé du chômage et finalement dégrade le bien-être des agents économiques.

Cette crise semble sonner le glas du modèle fordiste fondé sur des gains de productivité suffisants pour enrichir conjointement les propriétaires, les salariés et les consommateurs. Le ralentissement des gains de productivité dans les secteurs industriels freine automatiquement l'expansion des revenus. Cet appauvrissement relatif se traduit par une moindre dépense, un moindre investissement ce qui nuit à l'activité économique et à l'emploi. La crise économique rompt cette coopération implicite entre salariés/consommateurs/propriétaires. La faiblesse des gains de productivité entraîne au contraire un conflit d'intérêt dans leur répartition. Elle est aussi la conséquence d'un taux d'équipement des individus qui a considérablement crû pendant trente années pour atteindre une forme de « maximum » une fois que la plupart des ménages solvables disposent d'une voiture, d'un téléviseur, des biens électroménagers de base.

Taux d'équipement des ménages ouvriers en biens durables en Europe de l'Ouest

	1954	1965	1975
Automobile	8 %	47 %	74 %
Téléviseur	1 %	46 %	87 %
Réfrigérateur	3 %	56 %	91 %
Machine à laver	8 %	44 %	77 %

Source : Beaud M., *Histoire du capitalisme, de 1500 à nos jours*, 4e édition, Le Seuil, 1990.

L'industrie subit deux reculs importants en 1974-1975 (à hauteur de 20 % en France) et, dans de moindres proportions, en 1980-1981. La croissance de la production industrielle reste soutenue bien qu'elle ait été divisée par deux par rapport aux Trente Glorieuses.

Cependant, l'industrie traverse une grave crise en cette fin des années 70. Elle se traduit par une diminution des investissements de capacité, par de nombreuses faillites de PME, une chute des taux de marge et les licenciements de salariés en sureffectifs.

La crise de 1973 entérine la fin des Trente Glorieuses et ouvre une période de *stagflation* combinant à la fois une forte inflation, une hausse des salaires nominaux et une augmentation du chômage. Dans les années 70, un chômage massif et sélectif apparaît dans la plupart des pays : les jeunes sans qualification, les travailleurs immigrés, les ouvriers des secteurs traditionnels, les femmes et les actifs de plus de cinquante ans en sont les premières et principales victimes.

2 Les tensions inflationnistes des économies d'endettement

2.1 Les chiffres de l'inflation

La hausse des prix dans les PDEM[1] reste globalement contenue jusqu'en 1968 ; elle s'élève à seulement 2,1 % par an entre 1953 et 1965 et 3,2 % par an entre 1965 et 1967. En revanche elle bondira à 4,8 % par an entre 1967 et 1971.

(1) Pays développés à économie de marché.

Cette dynamique inflationniste entraîne une hausse des taux d'intérêt parallèlement à un ralentissement de la production annonçant déjà la stagflation. Cette combinaison de stagnation économique et de hausse des prix remet en cause les conclusions établies à partir de la courbe de Phillips. Selon celle-ci, l'accélération de la hausse des prix est la conséquence d'une économie en « surchauffe », proche de la pleine utilisation des facteurs de production (capacité industrielle saturée, taux d'emploi très élevé).

Le choc pétrolier de 1973 anime des tensions inflationnistes existantes en leur donnant une redoutable ampleur, le taux d'augmentation du niveau général des prix atteignant plus de 10 % en 1974. Cette poussée inflationniste durera plus de dix ans, renforcée par le second choc pétrolier. C'est à partir de 1984 que le rythme d'augmentation des prix diminuera.

Ces niveaux élevés d'inflation (supérieure à 9 % par an entre 1972 et 1983) entraînent avec elle un accroissement sans précédent des taux d'intérêt.

Taux d'escompte aux États-Unis

Décennies antérieures aux années 1960	Fin des années 1960	Fin de l'année 1973	1980
2 %-3 %	5 %	7 %	13 %

2.2 La remise en cause d'un mode de financement inflationniste de l'économie

Ces hausses du loyer de l'argent semblent venir sanctionner les stratégies de financement adoptées par les agents économiques pendant les Trente Glorieuses.

En effet, la période de forte croissance d'après-guerre s'accompagne du développement d'une **économie d'endettement** dans laquelle le financement externe des entreprises et des administrations publiques est constitué, en grande partie, de crédits bancaires permettant de combler des capacités de financement insuffisantes face aux besoins de ressources liés aux forts investissements.

Quant à la faiblesse des capacités de financement, elles sont le reflet d'une relative faible épargne des ménages qui privilégient la consommation et contraignent ainsi les entreprises à réinvestir une part importante, mais insuffisante, de leurs profits. Dès lors, le seul moyen de financer une expansion économique durable réside dans le développement du crédit bancaire favorisé par des taux d'intérêt faibles et une inflation au plus bas.

Cependant, un poids élevé de l'endettement au passif des bilans des entreprises vient limiter leur capacité à investir à nouveau, l'importance des charges financières venant par ailleurs plomber leur capacité d'autofinancement. Ces charges financières vont à terme devenir difficilement supportables lorsque les profits vont commencer à diminuer au cours des années 70 et quand les taux d'intérêt vont grimper dans les années 80.

Le surendettement impacte aussi les marges de manœuvre des États qui enregistrent des déficits publics à partir de 1975, dont le cumul gonfle la dette publique. Les intérêts sur ces derniers alourdissent les budgets publics et creusent les déficits par un effet « boule de neige ». Avec la crise, l'effet de levier financier qu'autorise l'endettement lorsque le taux de croissance est supérieur au taux d'intérêt se transforme en « effet de massue ». Par exemple, si la dette publique en France représente moins de 30 % du PIB, elle s'élève presque à 50 % en 1985.

Si le recours à la « planche à billet »[1] a accompagné la croissance des Trente Glorieuses, elle se révèle un amplificateur de crise après 1973 par l'inflation qu'elle nourrit.

Ce constat explique l'évolution doctrinale des dirigeants politiques d'Europe de l'Ouest vers la volonté de transformer le système de financement dans deux directions :

- le développement des marchés financiers par des incitations fiscales. L'enjeu est de favoriser le développement d'un financement direct, désintermédié, jugé plus sain car non inflationniste, puisque l'épargne drainée sur les marchés financiers correspond à une « non-consommation » des agents économiques autorisant l'investissement d'autres agents économiques, au détriment d'un financement indirect, intermédié, fondé sur la création monétaire par les banques (commerciales et centrale), jugé comme inflationniste puisque les prêts accordés le sont sur la seule promesse de leurs remboursements et ne nécessitent pas d'épargne préalable ;
- la mise en œuvre d'une politique d'offre visant à restaurer les profits et l'autofinancement des entreprises.

3 Le tournant libéral et monétariste des années 1980

La crise de la fin des années 70 est aussi celle du keynésianisme : l'inflation peut s'accompagner d'un chômage de masse ; l'État providence nuit plus qu'il soutient l'activité économique contrairement aux idées économiques habituellement attribuées à l'économiste de Cambridge.

Les maux économiques contre lesquels les dirigeants doivent lutter sont clairement identifiés et sont liés : l'inflation d'un côté et le poids jugé écrasant des États, notamment de l'État providence dans les économies.

3.1 Les décisions économiques libérales : lutte contre l'inflation et l'interventionnisme étatique

Margaret Thatcher en Angleterre et Ronald Reagan aux États-Unis vont incarner politiquement le rejet de l'interventionnisme public en économie à la fin des années 70. La priorité de ces dirigeants est bien de lutter contre l'inflation en contrôlant plus strictement l'évolution de la masse monétaire d'une part et d'autre part de réduire le champ des interventions publiques à la faveur d'initiatives privées jugées plus efficaces et moins coûteuses. En cela, les théories libérales et monétaristes sont au cœur des nouvelles doctrines économiques de la plupart des dirigeants des PDEM.

Tous les pays occidentaux vont faire de la réduction de l'inflation leur objectif principal au début des années 80 afin de :

- redresser les comptes des entreprises pour que le taux de marge ne se fonde plus sur la hausse des prix mais sur l'efficacité productive ;
- améliorer les comptes extérieurs par des efforts sur la compétitivité prix.

À long terme, la réduction drastique de l'inflation apparaît comme la condition fondamentale au rétablissement d'une croissance durable et réelle.

(1) La « planche à billets » désigne à l'origine le procédé mécanique permettant l'impression de monnaie-papier sous forme de billets de banque. Par extension, cette expression, non-académique, est une métaphore de la création de monnaie fiduciaire (billets de banque mais aussi pièces de monnaies) mais aussi scripturale par une banque centrale (cf. chapitre 10 sur le financement de l'économie).

3.2 L'école monétariste de Milton Friedman au fondement de la nouvelle politique monétaire

Les travaux de l'école monétariste, dont Milton Friedman (1912-2006) est le chef de file, inspirent les politiques monétaires mises en œuvre.

Selon ce courant d'analyse, l'inflation est partout et toujours un phénomène monétaire, reformulant ainsi la théorie quantitative de la monnaie. Une politique économique favorable à l'expansion monétaire n'a d'effet significatif que sur l'inflation, les effets sur la réduction du chômage étant dérisoires, voire nuls à moyen terme. L'offre de monnaie par les banques centrales doit alors simplement s'adapter au niveau du PIB, sans chercher à le stimuler, cet objectif étant vain selon Friedman.

Par conséquent, les autorités monétaires doivent en priorité chercher à lutter contre l'inflation, la réduction du chômage étant hors de leur portée. Elles doivent alors s'assurer que l'évolution d'un agrégat monétaire choisi correspond à celle de la croissance réelle du PIB.

Les résultats aux États-Unis sont spectaculaires ; en trois ans (entre 1980 et 1983), l'inflation passe d'un taux supérieur à 10 % à moins de 4 %. Ce processus de désinflation engagé aux États-Unis se propage alors dans les autres économies industrialisées notamment européennes.

Cependant, la lutte contre l'inflation est obtenue au prix de fortes hausses des taux d'intérêt réels qui participent au déclenchement de la récession de 1982. Le PIB chutera de plus de 2 % aux États-Unis. Cette hausse du loyer de l'argent conduira à une appréciation du dollar décourageant ainsi les exportations américaines et, en conséquence, le niveau d'activité.

Évolution des taux d'intérêt à court terme aux États-Unis

	Taux d'intérêt nominaux	Taux d'intérêt réels
1977	5,3 %	1,3 %
1978	7,4 %	0,1 %
1979	10,1 %	1,1 %
1980	11,6 %	2,2 %
1981	14 %	4,2 %

Évolution des taux d'intérêt à long terme aux États-Unis

	Taux d'intérêt nominaux	Taux d'intérêt réels
1977	7,1 %	0,3 %
1978	7,9 %	0,6 %
1979	8,7 %	0,2 %
1980	10,8 %	1,5 %
1981	12,9 %	3,1 %

3.3 La politique de l'offre de l'administration Reagan aux États-Unis

La discipline monétaire n'est pas le seul objectif de la politique économique de l'administration du président américain Ronald Reagan. Le programme qu'il présente aux électeurs américains en novembre 1980 annonce en réalité trois objectifs :

– diminution des impôts en réduisant les taux d'imposition ;
– accroissement des dépenses militaires ;
– suppression du déficit de l'État fédéral à l'horizon 1984.

La politique économique annoncée est donc une **politique de l'offre**.

Deux réformes fiscales de grande ampleur sont alors mises en œuvre :

– l'*Economic Recovery Tax Act* de 1981 (loi ERTA-81) vise principalement à réduire les impôts des ménages et des entreprises ; ce sont elles qui en profiteront le plus puisqu'en 1984, la pression aura été réduite de moitié par rapport à celle de 1980 ;
– la *Tax Reform Act* de 1986 (loi TRA-86) vise surtout à simplifier la fiscalité américaine afin de freiner l'évasion fiscale.

Contrairement aux prédictions de l'économiste Arthur Laffer – selon lequel une augmentation (respectivement une diminution) du taux d'imposition décourage (respectivement encourage) les agents économiques à produire, à générer des revenus et, se faisant, réduit (respectivement augmente) la base d'imposition, donc les recettes fiscales –, la baisse du taux d'imposition sur les bénéfices des sociétés n'a pas provoqué une augmentation des rentrées fiscales. Celles-ci ont augmenté beaucoup moins que prévu alors que les dépenses (notamment militaires) ont progressé bien plus vite creusant finalement le déficit public américain.

Ces décisions monétaristes et ces politiques de l'offre s'accompagnent aussi d'un fort désengagement de l'État et par des mesures de déréglementations de secteurs d'activité afin de redonner du souffle au marché et stimuler la concurrence : démantèlement de monopoles, assouplissement du droit du travail et de la réglementation dans les entreprises, programme de privatisations. Ce dernier permettrait l'obtention d'un « double dividende » : améliorer l'efficacité productive d'entités passant sous « pavillon privé » (l'initiative privée serait la plus efficace) et générer des ressources pour l'État liées à la cession des titres de propriété.

3.4 La révolution conservatrice de Margaret Thatcher

Cette révolution conservatrice sera aussi mise en œuvre au début des années 80 sous la main de Margaret Thatcher, désignée Premier ministre du Royaume-Uni en 1979. Les privatisations sont « l'un des principaux moyens de renverser les effets corrosifs et corrupteurs du socialisme » selon la nouvelle responsable du gouvernement britannique. Il s'agit dans un premier temps de restituer au secteur privé un certain nombre d'entreprises publiques puis d'étendre la privatisation aux services publics.

La libéralisation passe aussi par la réduction du pouvoir syndical et l'assouplissement de la législation sociale :

– le monopole syndical d'embauche, le « *closed shop* », est fermement restreint dans la loi syndicale de 1982 qui autorise des actions en justice contre un syndicat coupable de manœuvres illégales en matière de recrutement ;

– la loi syndicale de 1984 prévoit la consultation à bulletins secrets des salariés avant une grève et soumet les dirigeants syndicaux au renouvellement périodique par un vote démocratique.

Ces mesures entraîneront un fort conflit social en 1984-1985 dans le monde des mineurs. Cependant, l'échec de ce mouvement marque l'affaiblissement inéluctable des syndicats au Royaume-Uni.

C 1989-2001 : DIFFUSION DU CAPITALISME ET ÉMERGENCE DE NOUVELLES PUISSANCES ÉCONOMIQUES

1 L'inéluctable déclin de la planification socialiste en URSS et en Europe de l'Est

La fin des années 80 (avec la chute du mur de Berlin) et le début des années 90 (avec la chute de l'URSS) enterrent, sur le plan économique, la planification socialiste en Russie et dans les pays d'Europe de l'Est et annoncent l'avènement du capitalisme et de la liberté économique.

Cependant, cet effondrement n'est pas soudain. En effet, dès les années 50, les difficultés économiques des pays socialistes ont conduit les dirigeants à prendre de mesures d'assouplissement de la rigueur collectiviste. La fin du collectivisme qu'annonce la chute de l'URSS en 1991 semble être l'aboutissement d'une progressive déliquescence annoncée.

1.1 Les évolutions contrastées de l'économie de l'URSS

1957 est l'année d'une première réforme en URSS liée à la décentralisation régionale du processus de planification économique. Des *sovnarkhozes* se substituent aux ministères nationaux techniques pour assurer la préparation des plans de production régionaux et en contrôler l'exécution. Cette organisation sera cependant supprimée en 1965, la même année où est mise en place une réforme de l'entreprise en réponse à l'essoufflement de la croissance économique. Elle introduit le profit comme outil de gestion des entreprises en URSS afin d'apprécier leurs performances et d'assurer une distribution objective de primes.

Cependant, cette « réforme libérale » de la planification et du management est perçue négativement par le système communiste : inégalités croissantes entre travailleurs, tensions inflationnistes, perte de contrôle des décisions managériales du point de vue des instances politiques.

En dépit de l'échec de ces réformes, elles mettent en avant les difficultés de la planification socialiste et la mise en œuvre irrémédiable d'une organisation économique orientée vers la prise en compte des contraintes et outils du marché.

Au début des années 80, les taux de croissance s'affaiblissent en URSS mettant en lumière ses problèmes de fond : manque de motivation au travail du personnel, désorganisation des transports, goulots d'étranglement dans des secteurs industriels, faiblesse des rendements agricoles.

Si des changements profonds apparaîtront en URSS au milieu des années 80 amorçant sa disparition six ans plus tard, les réformes de la planification avaient émergé dès les années 70 dans des pays d'Europe de l'Est.

1.2 L'avancée inexorable de l'économie hongroise vers l'économie de marché

À la fin des années 70, la Hongrie, confrontée au ralentissement de l'activité économique, met en place un certain nombre de nouvelles mesures :

– déconcentration de la gestion par le démantèlement des grands groupes d'État à partir de 1980 ;
– rattachement des prix intérieurs aux prix mondiaux ;
– élargissement du champ de l'économie marchande avec la reconnaissance légale de petites entreprises privées.

Dans le cadre de cette évolution de l'économie hongroise vers une « marchandisation » de l'activité économique, des politiques plus ambitieuses sont lancées au milieu des années 80 :

– concentration du budget public sur les infrastructures ;
– création de la TVA et de l'impôt sur le revenu en 1988 ;
– ouverture d'une bourse des valeurs en 1988 ;
– création du statut de sociétés anonymes pour les particuliers.

Ces mesures participent alors d'une combinaison entre le plan et l'initiative privée qui placeront la Hongrie à un point de non-retour vers l'économie de marché.

1.3 Les douloureuses réformes de l'économie polonaise

En Pologne, en 1970, les émeutes de Gdansk sont causées par l'augmentation des prix des biens alimentaires. Elles aboutissent à un changement de régime en 1971 qui n'empêche pas l'éclatement de nouvelles grèves en 1980 contre la politique d'austérité menée jusqu'alors. Le syndicat Solidarité, *Solidarność*, est créé la même année par les salariés des chantiers navals de Gdansk ; premier syndicat libre, il gagnera en 1989 les élections législatives inspirant des réformes qui s'accélèrent à partir de 1990 :

– libéralisation des prix et blocage des salaires ;
– suppression de subventions versées aux entreprises ;
– dévaluation de la monnaie polonaise, le *zloty*.

Le taux d'inflation en Pologne passe alors de 1 000 % en 1989 à 35 % en 1993 et 22 % en 1995 grâce au blocage des salaires qui fait chuter la demande et permet de vaincre l'hyperinflation. Cependant, la transition vers l'économie de marché se fait difficilement, les réformes attendues pour améliorer la compétitivité des entreprises ne sont pas mises en œuvre par leurs responsables.

1.4 La chute de l'empire soviétique

Comme indiqué plus haut, le système va également s'effondrer en URSS. Entre 1979 et 1985, la situation se détériore, marquée notamment par un ralentissement de la croissance économique et une diminution de la productivité du travail.

a) La perestroïka de Gorbatchev en URSS

C'est dans ce contexte que Mikhaïl Gorbatchev arrive au pouvoir en 1985. Son but est le rétablissement d'une croissance plus forte avec un mot d'ordre : la restructuration sociale, la *perestroïka*. Elle vise à obtenir une meilleure efficacité du système économique socialiste en considérant qu'il fonctionnera mieux si le pouvoir fait la chasse aux dysfonctionnements et aux abus. La politique de transparence, la *glasnost*, mise en œuvre par Gorbatchev en 1986 vise à montrer l'exemple en facilitant l'accès aux informations pour les citoyens. Cependant, cette restructuration conserve des objectifs classiques, sans rompre avec la planification centralisée : modernisation de l'outil de production, instauration d'une nouvelle discipline au travail.

La rigueur générée par la *perestroïka* plonge l'économie soviétique dans des déséquilibres aggravés et dans une conjoncture économique plus délabrée alourdis par le coût de la guerre en Afghanistan. Les pénuries de biens de consommation se sont aggravées et génèrent un déficit budgétaire de plus en plus important (13,5 % du PNB en 1989 contre 2,4 % en 1985).

b) À la recherche de l'équilibre marché/planification en URSS

En juin 1987, Gorbatchev annonce un programme de réformes plus ambitieux que les précédents orienté vers l'instauration d'une économie mixte ouverte sur l'extérieur :

- réduction du nombre d'objectifs définis par le plan au niveau central ;
- obtention de pouvoirs supplémentaires par les entreprises en matière d'emploi, de salaires et d'investissement ;
- extension des droits collectifs des travailleurs : la mise en œuvre du plan est soumise à leur approbation ; ils élisent aussi leurs dirigeants ;
- encouragement dans la création de coopératives et la passation de contrats directement entre firmes ;
- suppression du monopole bancaire de la Gosbank ;
- possibilité de créer des sociétés mixtes détenues en partie par des investisseurs étrangers.

En décembre 1988, le monopole d'État du commerce extérieur disparaît. Désormais, tout agent économique peut commercer librement avec des partenaires étrangers en pouvant conserver 35 % à 40 % des devises obtenues. Aussi, les entreprises sont responsables de leur activité et ne peuvent plus éviter la faillite par manque de compétitivité. En contrepartie, elles disposent d'une totale liberté pour écouler leur production.

c) Les contre-performances de la libéralisation de l'économie soviétique

La *perestroïka* conduit à l'émergence d'une économie à deux vitesses :

- l'économie planifiée centralisée qui vit des commandes de l'État ;
- une économie périphérique, plus autonome, avec des entreprises opérant dans l'industrie légère, dans l'agriculture ou le commerce. La libéralisation en matière de création de petites entreprises (sans salarié) encourage l'initiative privée.

En 1988, la croissance économique est de retour mais de nombreuses difficultés subsistent, voire s'aggravent en particulier pour les approvisionnements en biens d'équipement, en biens de consommation intermédiaire pour les entreprises et en biens de consommation finale.

La réforme de 1987 n'empêche pas un déclin de la production à court terme. Le rôle prédominant de l'économie centrale et des commandes d'État semble condamner l'URSS au marasme économique.

Début 1989, une pause dans les réformes est décidée. La priorité est accordée à l'assainissement économique pour arrêter la dérive du déficit budgétaire, la progression de l'endettement extérieur et du taux d'inflation.

En 1990, l'URSS est en récession drastique avec une chute du PIB de 3,6 %. À l'initiative de Boris Eltsine, une commission est créée pour proposer un « plan de 500 jours » de transition vers une économie de marché qui pourra être adaptée par chaque république socialiste.

d) L'estocade donnée à l'économie soviétique russe : le putsch de 1991

Le putsch de 1991 change la donne puisqu'il déstabilise définitivement le pouvoir fédéral alors que les dirigeants des républiques, dont Eltsine, s'y sont forgé une nouvelle légitimité. Le 8 décembre 1991, les républiques de Biélorussie, d'Ukraine et de Russie créent la Communauté des états indépendants (CEI) après avoir institué une union économique en octobre avec sept autres républiques. Chacun des États abordera à sa façon sa propre transition vers l'économie de marché.

1.5 Les douloureuses transitions d'une économie planifiée vers une économie de marché

Malgré la diversité des processus entre pays (transition progressive en Hongrie, conversion brutale en Pologne et tergiversations réformistes en URSS), le capitalisme et l'organisation marchande semblent être universels et marquer la « fin de l'histoire » selon l'économiste et philosophe américain Francis Fukuyama.

Cependant, la sortie d'une économie centralisée planifiée vers un système de production marchand, décentralisé, où le profit représente un critère central d'efficacité n'est pas aisée pour l'URSS.

Les premières années de transition souffrent d'une douloureuse récession économique. En 1990 et 1991, la production industrielle s'effondre de plus de 30 % en Bulgarie, de près de 20 % en Pologne et en Roumanie, de 11 % en Hongrie. En cause, la désorganisation de la production et la chute des échanges avec l'URSS. Le nombre de chômeurs augmente et passe de 3,5 millions à plus de 4 millions sur l'année 1991 en Europe de l'Est. Ces difficultés semblent indiquer que la sortie d'une économie planifiée ne se « décrète » pas. Des mesures fondamentales, mais parfois absentes, semblent nécessaires pour accompagner la transition économique des pays communistes :

- le soutien politique en faveur des réformes ;
- les prix doivent jouer leurs rôles de « signal » en permettant leur ajustement entre l'offre et la demande : suppression des prix administrés et des subventions aux entreprises, développement de la concurrence, ouverture sur l'extérieur ;
- le développement d'une classe de propriétaires en révisant le cadre juridique de la propriété privée, de la création d'entreprises, afin de stimuler l'initiative privée.

En Russie, une thérapie de « choc capitaliste » (libération des prix de gros et de détail[1], ouverture à la concurrence internationale, rigueur monétaire, convertibilité du rouble, privatisations) est mise en œuvre, mais se solde par un échec en 1992. Cette politique de « destruction compétitive » (assimilant naïvement l'économie de marché à une économie

(1) Hors énergie et produits de première nécessité.

sans règles) conduit à une explosion des prix en Russie : + 245 % en janvier 1992, + 38 % en février et + 30 % en mars de la même année. Sous l'effet de mesures préconisées par le FMI, entre autres, la croissance des prix ralentit à partir de 1993 : + 26 % en janvier 1993, + 12 % en décembre 1993.

Le changement de dirigeants russes en janvier 1994 conduit à l'adoption d'une transition marchande plus progressive, moins radicale. Cependant, la transition de la Russie vers le marché reste douloureuse. Entre 1991 et 1998, le PIB a chuté d'au moins 50 %, l'investissement de 90 %. D'anciens conglomérats publics sont détenus par des membres de groupes mafieux. La crise financière de 1998, qui voit le rouble s'effondrer, réduit le niveau de vie par tête des Russes, pourtant déjà peu élevé.

1.6 Les succès relatifs des thérapies de libéralisation : les exemples de la Tchécoslovaquie et de la Pologne

Cependant, les anciens pays communistes ne semblent pas tous condamnés à de telles difficultés. La Pologne (en 1990) ou la Tchécoslovaquie (en 1991) ont eux aussi choisi des thérapies de choc (libération des prix et des échanges extérieurs, convertibilité de la monnaie domestique pour le commerce international) avec un succès certain en comparaison au « contre-modèle » russe.

La Pologne bénéficie de la présence de 2,7 millions d'exploitations agricoles privées qui assurent déjà 80 % de la production totale du pays au moment du lancement des réformes de libéralisation. Cependant, la Pologne n'a pas été totalement épargnée par les sacrifices qu'imposent de tels changements : forte inflation, développement d'un chômage massif. En dépit des lourdes difficultés économiques pour les ménages, la Pologne est le premier pays d'Europe de l'Est à obtenir une croissance économique dans cette phase de transition capitaliste : + 3,8 % en 1993 et + 5 % en 1994 de hausse du PIB.

2 La troisième mondialisation des économies de marché

2.1 Les trois actes successifs de la mondialisation

La mondialisation contemporaine semble être le troisième acte d'une histoire initiée au XVIe siècle par la découverte de l'Amérique. Cette période voit apparaître une intensification des flux de marchandises et de capitaux ainsi que d'importants mouvements migratoires (dont la traite des esclaves).

Le deuxième acte de la mondialisation se joue au XIXe siècle caractérisé par la domination économique de la Grande-Bretagne, l'industrialisation des activités économiques, le développement du commerce international et la colonisation.

La scène contemporaine de la mondialisation a commencé au début des années 80, date à partir de la laquelle se réalise le processus d'extension des mécanismes de l'économie de marché à l'ensemble de la planète.

Plusieurs facteurs participent au dynamisme de cette troisième mondialisation :

– l'encouragement au commerce international analysé comme « un jeu à somme positive » par une réduction des droits de douane ;

- l'ouverture des frontières nationales aux flux de capitaux facilitée par la libéralisation des marchés financiers ;
- la diminution des coûts de transport (rendus possibles notamment par la généralisation de l'utilisation du container[1]) et le développement de la technologie du numérique.

2.2 Vers une mondialisation fondée sur le libre-échange

Les avantages attendus du libre-échange sont au cœur de cette mondialisation. Les institutions économiques internationales participent à la diffusion du modèle libéral. En matière de développement économique, le Fonds monétaire international (FMI) et la Banque Mondiale vont rejeter les principes des politiques interventionnistes publiques et préconisent au contraire des remèdes monétaristes et libéraux représentatifs du « consensus de Washington »[2].

L'ouverture des pays en développement aux flux commerciaux et financiers internationaux est une préconisation centrale de ces institutions. Les aides accordées par le FMI et la Banque mondiale sont d'ailleurs conditionnées à la mise en place de programmes d'ajustement structurel. Ces programmes portent souvent sur la réduction de la dépense publique et la lutte contre l'inflation.

De même, l'Organisation mondiale du commerce est une instance dont l'objectif est la promotion du libre-échange et la croissance du commerce international depuis sa création le 1er janvier 1995.

Cette organisation a remplacé le GATT et dispose de compétences élargies en matière d'échanges internationaux (services, propriété intellectuelle, investissements à l'étranger). En juillet 2016, l'OMC comptait 164 membres.

Elle participe aussi au règlement des conflits commerciaux entre pays grâce à l'Organe de règlement des différends (ORD). Celui-ci peut alors statuer sur les litiges entre pays membres et, éventuellement, autoriser des mesures de rétorsion commerciale.

2.3 Investissements directs à l'étranger (IDE) et renforcement du rôle des multinationales dans la mondialisation

Deux étapes fondent cette troisième mondialisation à partir des années 80 :

- l'internationalisation des investissements des entreprises hors de leurs frontières nationales (investissements directs à l'étranger, IDE) qui renforce le poids des multinationales dans les activités économiques productives ;
- la mise en place de réseaux mondiaux dans le domaine financier, appréhendée à travers la globalisation financière.

L'internationalisation des firmes (le fait qu'une entreprise intervienne par différentes modalités en dehors de son marché domestique) semble être une étape obligée de leur développement économique dans le contexte de la mondialisation.

(1) M. Levinson, *The Box. Comment le conteneur a changé le monde*, Éd. Max Milo, 2011.
(2) Formule que l'on doit à l'économiste Williamson, 1990.

Les firmes multinationales (FMN)

	1990	2003	2008
Nombre d'entreprises disposant d'au moins une unité de production (filiale) à l'étranger	37 000	63 000	82 000
Nombre de filiales détenues au total	70 000	630 000	810 000

Chiffres de l'ONU (CNUCED).

Les 500 plus grandes firmes multinationales (FMN) sont responsables de plus de 80 % du stock mondial d'IDE. Selon la définition du FMI, les IDE, ou investissements directs à l'étranger, sont des « engagements de capitaux effectués en vue d'acquérir un intérêt durable, voire une prise de contrôle dans une entreprise exerçant ses activités à l'étranger ».

Les IDE représentent le vecteur essentiel de l'internationalisation de la production (et pas seulement de l'échange) de biens et services.

Entre 1970 et 2007, les IDE ont progressé cinq fois plus vite que la production mondiale (les exportations deux fois plus vite et les flux internationaux de capitaux douze fois plus vite).

Les raisons explicatives des IDE sont multiples et ont évolué dans le temps long du capitalisme.

Un des premiers objectifs de ce type d'investissement consiste à sécuriser les approvisionnements en matières premières. Ce type de stratégie explique les IDE menés vers la fin XIXe siècle-début XXe siècle.

Dans les années 60, un deuxième objectif des IDE consiste à rechercher de nouveaux débouchés devenus insuffisants sur les marchés domestiques.

Dans les années 70/80, la question de la réduction des coûts prend de l'importance. La libéralisation du commerce international, la diminution des barrières protectionnistes incitent les entreprises à développer des activités dans les pays où les coûts sont faibles.

Ainsi, une étude du BCG (2004) montrait que la recherche du moindre coût salarial demeure l'aspect le plus important, mais non exclusif, pour produire ou faire produire à l'étranger. Néanmoins, d'autres facteurs interviennent comme les subventions et autres avantages fiscaux à l'installation, les capacités existantes de production et la qualité des infrastructures ainsi que les compétences de la main-d'œuvre locale.

Depuis les années 90, les stratégies de flexibilité et d'innovation expliquent une partie croissante des IDE. L'intensification de la concurrence, le rythme accru des innovations, la logique des innovations ouvertes, la recherche d'économies d'échelle poussent les entreprises à développer des partenariats internationaux en matière de R&D. Tous ne conduisent pas nécessairement à des IDE mais une part importante de ces derniers s'explique par eux.

Aussi, les IDE trouvent en grande partie leur origine dans des opérations de restructuration, de fusions ou d'acquisitions, conséquences des politiques de déréglementation et de libéralisation de nombreux secteurs d'activités comme le transport, les télécommunications ou l'énergie. La libéralisation des échanges a poussé les entreprises à atteindre une taille critique afin d'être compétitives sur leur marché régional ou mondial. Le choix de la croissance externe par les fusions-acquisitions s'est imposé afin d'atteindre cette taille critique rapidement.

2.4 La globalisation financière

Par ailleurs, sur le plan monétaire et financier, si les années 70 sont la décennie de la transformation des systèmes de change (disparition du système de changes fixes issu de Bretton Woods), les années 80 voient apparaître un véritable système financier international. La globalisation financière a réellement été possible lorsque tous les contrôles nationaux réglementant les changes, les échanges de devises et les placements de capitaux à l'étranger ont été abrogés. Cette évolution a été portée par le développement des nouvelles technologies de l'information et de la communication.

La mondialisation se caractérise donc aujourd'hui par une intégration plus étroite des économies nationales. Après avoir porté sur les biens de consommation finale, elle porte maintenant sur les biens de consommation intermédiaires, les biens d'équipement, mais aussi les idées (brevets, marques, etc.), la main-d'œuvre (migrations économiques), et les capitaux (globalisation financière).

3 La puissance économique grandissante de la zone Asie

Cette fin de XXe siècle voit le centre de gravité de la croissance économique se déplacer vers l'Asie. Cet enrichissement des nations asiatiques est le fruit d'un long processus engagé, dès les années 70 pour la Corée du Sud par exemple.

3.1 Les NPI de l'Asie du Sud-Est

Les « nouveaux pays industrialisés », les NPI, correspondent aux pays en développement ayant dépassé le seuil du démarrage économique, disposant d'une spécialisation industrialisée déjà affirmée, affichant des taux d'investissement et de croissance supérieurs à la moyenne des PDEM. Le premier groupe de NPI retenu dans les années 70 comprend des pays d'Asie du Sud-Est : la Corée du Sud, Taïwan, Hong Kong et Singapour.

Parmi ces pays, la Corée du Sud est celui dont le processus de développement est le plus ancien et le plus abouti. De même, la République Populaire de Chine se convertit aux échanges marchands à la suite de réformes engagées dès la fin des années 70 après l'ère communiste.

À partir de 1973, le développement de l'industrie lourde sud-coréenne est rapide sous l'effet de taux d'investissement particulièrement élevés. Sa production permet d'alimenter des clients coréens mais aussi des entreprises à l'étranger, vers les marchés occidentaux. Ces activités industrielles sont particulièrement productives avec des coûts salariaux inférieurs à ceux des pays riches.

Dans les années 80, les revendications salariales se font plus pressantes. L'importance de la productivité du travail permet aux dirigeants des entreprises industrielles d'accorder des augmentations de salaires tout en maintenant une solide compétitivité externe par rapport à leurs homologues occidentaux ou japonais.

Cette hausse du niveau de vie des ménages sud-coréens amène alors au développement d'une société de « consommation de masse » qui permet à l'outil de production domestique de se recentrer sur le marché intérieur. Les entreprises coréennes obtiennent ainsi des débouchés internes leur permettant d'amortir les fluctuations de leurs exportations ;

elles bénéficient aussi d'une épargne élevée (le taux d'épargne s'élève entre 15 % et 20 % du revenu disponible) assurant un investissement soutenu indépendant de tout endettement extérieur. Le modèle coréen a su à la fois tirer le meilleur parti de ses spécialisations industrielles à la fois en alimentant le marché interne et en exportant.

3.2 La fulgurance du développement économique de la Chine

a) Les premières décisions de libéralisation de l'économie chinoise à partir de 1978

La République populaire de Chine connaît aussi une ascension économique fulgurante grâce à son insertion dans la division internationale du travail. Après la période de planification économique collectiviste et socialiste sous le règne de Mao Zedong arrivé au pouvoir en 1949, la Chine s'engage dans la voie de la libéralisation économique à partir de 1978 sous l'impulsion de Deng Xiaoping :

– après la collectivisation des terres sous Mao gérée par les « communes populaires », leur démantèlement progresse et l'exploitation familiale des terres est à nouveau autorisée ;
– le profit comme critère de gestion est établi dans les secteurs industriels ;
– les salariés peuvent recevoir des primes de rendement.

Les réformes s'accélèrent à partir du milieu des années 80. En octobre 1984, le Comité central du Parti prône un système mixte où coexistent le plan et le marché. En janvier 1985, les plafonds sur les prix libres disparaissent, instaurant ainsi un système tarifaire dual :

– les prix administrés concernent les ventes et approvisionnements des grandes entreprises soumises à la planification ;
– les autres entreprises opèrent dans le circuit marchand avec des prix libres.

b) Les limites de cette première vague de libéralisation

Ce système dual évite à la Chine le choc d'une libéralisation brutale mais il s'accompagne de multiples fuites d'un circuit à l'autre et introduit des distorsions de coûts entre entreprises et parfois en leur sein. Malheureusement, ces distorsions de prix s'amplifient générant alors des marchés clandestins favorables à la corruption et aux trafics en tout genre.

Les réformes de libéralisation ont progressé sans réel contrôle, la disparition de méthodes autoritaires de planification n'a pas laissé place à des instruments de régulation des marchés.

Dès l'automne 1988, le contrôle des prix est restauré afin de lutter contre l'inflation. Les réformes de libéralisation sont gelées et s'ensuit un durcissement économique et politique.

Cependant, la chute de l'URSS en 1991 et la légitimité décroissante des tenants de l'orthodoxie communiste au sein du Parti achèvent de convaincre les dirigeants d'engager la Chine vers l'essor économique et l'amélioration du niveau de vie de la population.

c) La poursuite des réformes de libéralisation de l'économie à partir de 1992

En 1992, les réformes sont à nouveau relancées par Deng Xiaoping. La libéralisation des prix est facilitée par le ralentissement de l'inflation. Les prix administrés concernent seulement moins de 20 % du commerce de gros et de détail.

En novembre 1993, le Comité central du Parti relance la réforme des entreprises d'État, envisage la diversification des formes de propriété tout réaffirmant le rôle dominant du secteur public.

En 1994, des réformes institutionnelles mettent en place des instruments de régulation d'une économie de marché (qui ne dit pas son nom) :

– réforme du système bancaire : autorité renforcée de la Banque centrale sur la politique monétaire ; fonctionnement attendu des banques d'État sur des bases commerciales ;
– implantation d'un système fiscal et de règles de répartition entre des recettes entre le budget central et ceux des provinces ;
– réforme du système de change : mise en place d'un taux de change unique impliquant la disparition d'un cours du *yuan* administrativement fixé.

L'ouverture extérieure est aussi une stratégie de libéralisation privilégiée par les autorités chinoises avec un double objectif :

– attirer les capitaux étrangers ;
– accélérer la croissance et la modernisation de l'économie grâce aux échanges extérieurs.

d) L'arme stratégique de la Chine dans le commerce international : les ZES, zones économiques spéciales

En 1979, les IDE (investissements directs à l'étranger) entrants sont autorisés en Chine. Quatre zones économiques spéciales (ZES) sont délimitées dans différentes provinces pour attirer les investisseurs étrangers avec des conditions préférentielles : réduction de l'impôt sur les bénéfices, exemption des droits de douane. Leurs localisations près de Hong Kong et Taïwan visent à séduire les entrepreneurs « chinois d'outre-mer ». Ces conditions privilégiées sont étendues à l'ensemble de la zone côtière où s'établissent des zones de développement économique et technique pour accueillir les investissements étrangers notamment dans les industries exportatrices et dans celles dont la production est destinée à se substituer aux importations comme l'automobile par exemple.

L'ouverture du marché intérieur chinois reste toute fois contrôlée ; les barrières douanières aux importations sont fortes jusqu'au milieu des années 90. À partir de 1995, la Chine diminue ses tarifs douaniers. L'intégration de la Chine en 2002 dans l'OMC répond à un souci de reconnaissance internationale et constitue un levier de politique économique interne. Les engagements pris par la Chine permettent aux dirigeants de faire avancer les réformes face aux résistances internes. La concurrence des importations et des investisseurs étrangers va accélérer les restructurations et rationalisations tant dans l'industrie que dans les services.

De 1979 à 2006, le taux de croissance annuel du PIB chinois a été en moyenne de 8 % (jusqu'à 13,5 % en 1994). En 2016, le FMI évalue la part du PIB mondial revenant à la Chine à 17,3 % contre 15,8 % pour les États-Unis faisant désormais de la République populaire la première puissance économique mondiale.

3.3 L'Inde, un géant aux pieds d'argile dans la mondialisation

L'Inde est l'autre géant économique d'Asie qui su tirer partie de la mondialisation contemporaine. Après la mise en œuvre, dans les années 50, d'une politique de substitution aux importations comme stratégie de développement, l'Inde met en place au cours des années 80 d'ambitieuses réformes pour obtenir une croissance économique plus vigoureuse qu'elle ne l'était. Ces réformes, financées par des politiques budgétaires ambitieuses, ont généré un très fort niveau d'endettement.

Face à des difficultés financières croissantes, l'Inde se retrouve alors contrainte de faire appel au soutien du FMI et d'adopter le programme d'ajustement structurel imposé par l'institution internationale. La libéralisation et l'ouverture de l'économie indienne qui en découlent semblent être, pour partie, à l'origine de la solide croissance enregistrée au cours des années 90 jusqu'à nos jours.

Taux de croissance économique annuel de l'Inde

2012	2013	2014	2015
5,62 %	6,64 %	7,24 %	7,57 %

Chiffres de la Banque mondiale.

L'essentiel

- La fin de la Deuxième Guerre mondiale consolide la puissance économique, politique et militaire des États-Unis. L'aide avancée aux pays directement meurtris par la guerre permet aussi de promouvoir le capitalisme à l'Ouest face à la montée du communisme à l'Est. Les accords du GATT promeuvent le libre-échange ; le nouveau système monétaire international centré autour du dollar doit conforter les échanges internationaux autour du pivot américain. Le plan Marshall scelle un partenariat politique et économique entre les États-Unis et l'Europe de l'Ouest qui ont mutuellement besoin de leurs technologies et de leurs débouchés commerciaux respectifs.
- La fin de la guerre révèle une autre fracture européenne entre les pays de l'Ouest, au sein desquels émerge l'idée d'un projet collectif de communauté européenne favorable au capitalisme, et les pays de l'Est contraints d'adopter la planification collectiviste de l'URSS.

C'est dans ce contexte que les économies occidentales vont entrer dans une période de croissance exceptionnelle et de plein-emploi. Les relations économiques internationales sont teintées d'une progression du libéralisme mais, au sein des économies nationales, l'État providence se développe à la faveur de la diffusion des idées d'inspiration keynésienne.

- Dans les années 70, la hausse brutale du cours du pétrole est le coup de semonce qui annonce la fin douloureuse des Trente Glorieuses. L'ensemble des économies est confronté à la *stagflation*, phénomène correspondant à l'existence d'une inflation et d'un taux de chômage conjointement élevés. Les critiques des politiques de relance d'inspiration keynésienne ravivent les idées libérales et monétaristes qui fonderont la nouvelle doctrine économique des dirigeants occidentaux dans les années 80.
- L'intensification des échanges internationaux de biens et services, mais aussi des capitaux et la chute des économies socialistes, renforce la diffusion du modèle libéral en dépit du maintien de différentes formes de capitalisme entre les pays comme les États-Unis et le Japon. De nouvelles puissances économiques émergent en Asie et semblent prendre le relais de la croissance économique mondiale dont la tête de pont est aujourd'hui l'économie chinoise.

RÉFÉRENCES

Mots clés

- Trente glorieuses
- Libéralisation économique
- Monétarisme
- Stagflation
- Fordisme
- Planification économique
- Plan Marshall
- Institutions économiques internationales (OMC, FMI, Banque mondiale)
- État providence
- Politique de relance keynésienne

Dates clés

- 1944 : accords de Bretton Woods
- 1947 : plan Marshall
- 1949 : création du COMECON
- 1951 : création ce la CECA
- 1957 : signature du Traité de Rome
- 1973 : premier choc pétrolier
- 1991 : chute de l'URSS et création de la CEI
- 1995 : création de l'OMC

Références bibliographiques

- Bairoch P., Victoires et déboires, Histoire économique et sociale du monde du XVIe siècle à nos jours, 3 volumes, Collection Folio, Gallimard, 1997.
- Beitone A., Gilles P. et Parodi M., *Histoire des faits économiques et sociaux, de 1945 à nos jours*, Collection Précis, Dalloz, 4e édition, 2016.
- Bernstein J.R. et Milza P., *Histoire du XXe siècle*, 3 tomes, Hatier, 1993-1996.
- Brasseuil J., Histoire des faits économiques, de la Grande Guerre au 11 septembre, Collection U, Armand Colin, 2003.
- Gueslin A., *Nouvelle histoire économique de la France contemporaine. Tome 4. L'économie ouverte 1948-1990*, Collection Repères, Éditions La Découverte, 1989 (réédition numérique en 2005).
- Teulon F., *Croissances, crise et développement*, 9e édition, Collection Major, Presses Universitaires de France (PUF), 2010.
- Villa A., Une analyse macroéconomique de la France au XXe siècle, CNRS, 1993.

APPLIQUER LE COURS

Application — Quiz

		Vrai	Faux
1	La croissance des Trente Glorieuses est une croissance de type « extensif ».		✗
2	La planification française pendant les Trente Glorieuses est une planification indicative, incitative et concertée.	✓	
3	Les 30 Glorieuses constituent un âge d'or des politiques keynésiennes.	✓	
4	Le tournant keynésien des années 1980 s'opère avec l'arrivée au pouvoir de Margaret Thatcher en Grande-Bretagne (1979) et de Ronald Reagan aux États-Unis (1981).		✗
5	Les politiques néolibérales et conservatrices des années 1980 sont fondamentalement des « politiques de l'offre ».	✓	
6	Les nouveaux pays industrialisés (NPI) sont des pays ayant connu une importante industrialisation et un développement économique accéléré au cours des dernières décennies.	✓	
7	Les années 2000 sont marquées par une montée en puissance des grands pays asiatiques.	✓	

8 Les politiques du New Deal : associer le nom de la loi ou de l'organisme cité au domaine concerné...

Loi/Organisme	Domaine concerné
AAA	PA ?
Banking Act	PM ?
NIRA	PI ?
Tennessee Valley Authority	PGT ?

Domaines concernés : Politique agricole • Politique monétaire Politique industrielle • Politique de grands travaux

9 À quelle(s) cause(s) peut-on imputer les chocs pétroliers de 1973 et de 1979 ? Cocher la ou les bonnes réponses :

a) aux caractéristiques de la demande de pétrole
b) aux caractéristiques de l'offre de pétrole
c) à des questions géopolitiques
d) au phénomène de rattrapage des prix
e) à la très forte croissance de la Chine et de l'Inde

10 La crise des *subprimes* a pour origine (cochez la bonne réponse) :
   a) la montée en puissance de l'économie chinoise
   b) la baisse des prix de l'immobilier aux États-Unis
   c) le manque de croissance de l'économie mondiale
   d) la forte croissance des salaires des ménages américains
   e) la remontée des taux d'intérêts

11 Parmi ces pays, quels sont ceux rangés sous l'appellation BRIC ?
Colombie, Chine, Inde, Roumanie, Russie, Brésil, Indonésie.

SE PRÉPARER À L'EXAMEN

Question de cours

Les mécanismes de la reconstruction après 1945.

Étude de document

En vous aidant de l'annexe ci-dessous, vous expliquerez l'évolution des taux d'intérêt américains sur la période considérée.

ANNEXE
Évolution des taux d'intérêt aux États-Unis

Évolution des taux d'intérêt à court terme aux États-Unis :

	Taux d'intérêt nominaux	Taux d'intérêt réels
1977	5,3 %	1,3 %
1978	7,4 %	0,1 %
1979	10,1 %	1,1 %
1980	11,6 %	2,2 %
1981	14 %	4,2 %

Évolution des taux d'intérêt à long terme aux États-Unis :

	Taux d'intérêt nominaux	Taux d'intérêt réels
1977	7,1 %	0,3 %
1978	7,9 %	0,6 %
1979	8,7 %	0,2 %
1980	10,8 %	1,5 %
1981	12,9 %	3,1 %

PARTIE

2

L'ÉCONOMIE DE MARCHÉ : SON FONCTIONNEMENT ET SES IMPERFECTIONS

CHAPITRE 4

La représentation de l'activité économique : comptabilité nationale et circuit

Chaque **ménage** est amené, un jour ou un autre, à tenir sa propre comptabilité ou, autrement dit, à faire ses comptes en repérant ses recettes et ses dépenses. De même, l'entreprise tient une comptabilité en partie double en enregistrant en débit et crédit les opérations économiques qu'elle est amenée à réaliser. Il s'agit ici de comptabilités au niveau micro-économique, c'est-à-dire de comptabilités à l'échelle de chaque agent économique. La comptabilité nationale diffère des comptabilités privées en ce sens qu'elle se place au niveau macroéconomique. En effet, la comptabilité nationale n'est pas celle de l'État (qui est un agent économique au même titre que les ménages et les entreprises) mais celle de la Nation. C'est donc la comptabilité des opérations économiques de tous les agents économiques nationaux.

Les missions de la comptabilité nationale sont multiples. Elle permet une meilleure connaissance de la situation actuelle de la nation, ainsi qu'une compréhension du passé. En outre, elle fournit des éléments de réflexion sur le futur pour faciliter la décision (politiques conjoncturelles et structurelles). Enfin, la comptabilité nationale donne la possibilité d'opérer des comparaisons dans le temps et dans l'espace : en effet, les systèmes de comptabilité nationale des pays occidentaux sont bâtis par rapport à la référence universelle que constitue le système de comptabilité nationale de l'ONU (SCN 1993). L'Union européenne a en effet adapté le SCN 93 sous le nom de SEC 95. Un règlement communautaire le rend désormais obligatoire pour tous les pays membres.

S'intéresser à la comptabilité nationale revient donc, dans un premier temps, à présenter l'ensemble des opérations des agents économiques de la nation qui font l'activité économique. Puis, dans un deuxième temps, à montrer que la comptabilité nationale fournit un cadre d'analyse de l'activité économique nationale.

A LES OPÉRATIONS DE L'ACTIVITÉ ÉCONOMIQUE

Les agents économiques réalisent un certain nombre d'opérations qui peuvent être regroupées par nature. Toutefois, avant de décrire ces opérations, il convient de préciser ce que la comptabilité nationale entend par agent économique (les secteurs institutionnels). Puis, après les avoir décrites, il sera possible de représenter les opérations entre les agents par l'intermédiaire d'un **circuit économique** qui fera apparaître les grands équilibres qui caractérisent l'activité économique.

1 Les secteurs institutionnels

1.1 La notion d'agent économique

Un **agent économique** est un centre de décision économique indépendant.

Face au grand nombre d'agents économiques que l'on peut repérer au sein de la nation, il apparaît souhaitable de pouvoir les regrouper par catégories sensiblement homogènes. Le critère de classement des agents économiques peut varier. Il est possible, par exemple, d'opérer un regroupement des individus selon une optique sociologique, en distinguant, une Classe bourgeoise, une Classe ouvrière et une Classe moyenne. Une optique institutionnelle ferait apparaître, de manière plus classique, les Ménages au côté des Entreprises et des Administrations. Enfin, si l'on privilégie une optique fonctionnelle, les agents seront regroupés selon leur fonction principale qui peut être la production, la consommation ou l'accumulation.

Trois représentations de l'économie

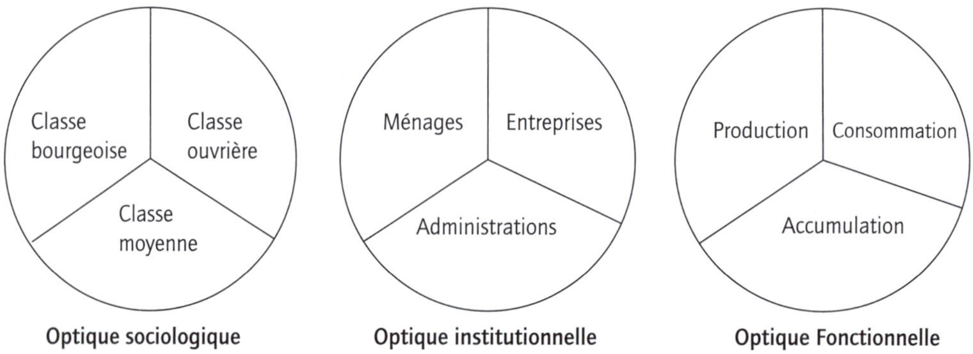

Source : E. Archambault, *Comptabilité nationale*, Economica, 1994.

1.2 Unité institutionnelle et secteur institutionnel

En comptabilité nationale, les agents économiques sont appelés **unités institutionnelles**. Ces unités institutionnelles constituent des centres de décisions indépendants dans le cadre de leur fonction principale. Les unités institutionnelles sont regroupées en secteurs institutionnels. Un secteur institutionnel est un ensemble d'unités institutionnelles qui ont un comportement économique semblable. Le comportement économique est caractérisé par la fonction économique principale de l'unité institutionnelle ainsi que par la nature et l'origine des ressources principales dont elle dispose.

La comptabilité nationale distingue cinq **secteurs institutionnels** résidents (les ménages, les **sociétés financières**, les **sociétés non financières**, les **administrations publiques**, les **institutions sans but lucratif au service des ménages**) et un secteur institutionnel non résident (le reste du monde).

Une unité institutionnelle est considérée comme résidente si elle a un centre d'intérêt sur le territoire économique (les DOM TOM ne sont pas considérés comme territoire économique et font partie du reste du monde). On considère qu'une unité institutionnelle a un centre d'intérêt sur le territoire si elle réalise des opérations économiques sur ce territoire pendant un an ou plus.

Secteur institutionnel	Fonction principale	Ressources principales
Sociétés non financières	Produire des biens et services marchands non financiers	Résultat de la vente
Sociétés financières	Financer, c'est-à-dire collecter, transformer et répartir des disponibilités financières	Fonds provenant des engagements financiers contractés
Administrations publiques	Produire des services non marchands destinés à la collectivité et effectuer des opérations de redistribution du revenu et des richesses nationales	Contributions obligatoires effectués par les autres secteurs et reçus directement ou indirectement
Institutions sans but lucratif au service des ménages	Produire des services non marchands	Contributions volontaires effectuées par les ménages
Ménages (y. c entreprise individuelles)	Consommer et, en tant qu'entrepreneurs individuels, produire des biens et services marchands non financiers	Rémunération des facteurs de production ; transferts effectués par les autres secteurs ; produits de la vente
Reste du monde	Sous l'appellation « reste du monde », on regroupe dans un même ensemble de comptes les opérations entre unités résidentes et unités non-résidentes	

2 Les opérations des agents économiques

La comptabilité nationale distingue trois catégories d'opérations entre les agents éco-no-miques : les **opérations sur biens et services**, les **opérations de répartition** et les **opérations financières**.

2.1 Les opérations sur biens et services

Elles indiquent la provenance et la destination des biens et services. dans une économie nationale, les biens et services rencontrés sur les marchés proviennent de la production nationale et des importations. Ces biens et services sont utilisés pour partie à la consommation, pour partie à l'investissement et pour partie à l'exportation. Le solde de la production et des importations (ressources) qui n'est pas utilisée (emplois) peut être stockée (variation positive des stocks). Par contre lorsque les emplois (consommation, investissement, exportations) sont supérieurs aux ressources (production et importation) c'est que les agents économiques ont puisé dans le stock disponible de biens et services (variation négative des stocks).

Les opérations sur biens et services concernent :

– la production de biens et services ;
– la consommation de biens et services, en distinguant la consommation intermédiaire (consommation de biens et services entrant dans la fabrication d'autres biens et services) et la consommation finale (biens et services utilisés pour la satisfaction des besoins humains individuels et collectifs) ;

- la formation brute de capital fixe, c'est-à-dire l'investissement au sens de la comptabilité nationale ;
- les importations ;
- les exportations ;
- les variations de stock.

2.2 Les opérations de répartition

Elles sont ainsi qualifiées car elles concernent la répartition des revenus créés entre les différents agents. Cette répartition des revenus prend différentes formes, de la rémunération du travail aux dividendes en passant par les loyers et les intérêts. Les opérations de répartition sont donc des transferts de revenus d'un agent vers un autre qui n'affecte pas le revenu national mais le revenu disponible de chaque agent ou de chaque secteur institutionnel. Parmi les différentes opérations de répartition on distingue une répartition primaire – ou **affectation des revenus primaires** – qui concerne la répartition des revenus entre les agents en fonction de leur contribution à la production, et une répartition secondaire – ou **distribution secondaire des revenus** (redistribution des revenus indépendamment de la production).

Les opérations d'affectation des revenus primaires concernent :

- la rémunération des salariés (salaires, primes, traitements, avantages en nature), y compris les cotisations sociales patronales ;
- les impôts liés à la production et à l'importation (TVA, droits de douane, taxes sur les salaires, etc.) ;
- les subventions d'exploitation et à l'importation (aides versées par les administrations publiques ou institutions communautaires) ;
- les revenus de la propriété et de l'entreprise, qui sont des revenus provenant de la possession d'un actif (terrain, immeuble, brevet, licence, droits d'auteur, actions, obligations, etc.) : intérêts, loyers, dividendes, participation des salariés aux résultats de l'entreprise, etc.). Les opérations de redistribution secondaires des revenus reposent sur :
- les opérations d'assurance-dommages : primes d'assurance et indemnités d'assurance ;
- les transferts courants sans contrepartie : il s'agit des impôts et cotisations sociales ainsi que des prestations sociales qui en résultent. La perception d'allocations familiales, par exemple, ne se fait pas en contrepartie d'une participation à l'activité productive ;
- les transferts en capital (aides à l'investissement, impôts en capital).

2.3 Les opérations financières

Elles recouvrent l'ensemble des opérations entre agents à capacité de financement et agents à besoin de financement. Elles portent sur les créances et les dettes entre agents, et montrent comment les agents à besoin de financement ont couvert ce besoin et, symétriquement, comment les agents à capacité de financement ont employé cet excédent.

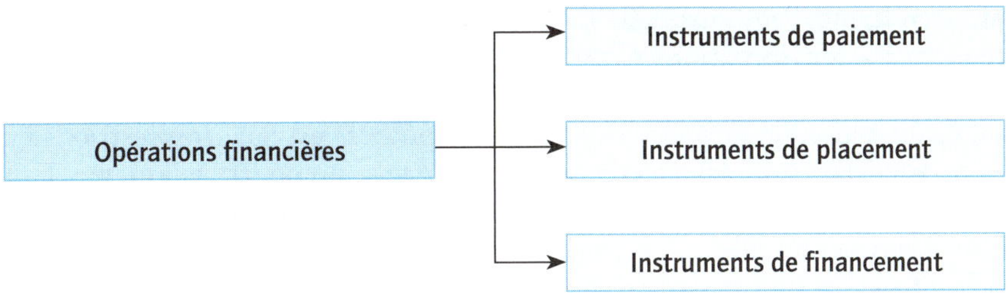

Parmi les opérations financières on distingue :

- celles qui portent sur les instruments de paiement : ces opérations concernent l'acquisition ou la cession de moyens de paiement directement utilisables et portent sur la monnaie nationale, les devises et l'or ;
- celles qui concernent les instruments de placement : ces opérations sont liées à des créances qui peuvent s'obtenir sans avoir l'accord explicite du débiteur, et qui représentent, pour leurs titulaires, une réserve de moyens de paiement (dépôt dans les caisses d'épargne, bons du trésor, actions, obligations) ;
- celles qui ont trait aux instruments de financement : ces opérations portent sur des créances et des dettes créées par un contrat spécifique entre le créancier et le débiteur (crédits à court terme, moyen terme et long terme).

FOCUS . . . FOCUS . . . FOCUS . . . FOCUS . . . FOCUS . . . FOCUS . . .

Les opérations avec l'extérieur

Les unités institutionnelles résidentes ont des relations avec les non-résidents. Ces relations sont dénommées opérations avec l'extérieur par la comptabilité nationale. Ils s'agit simplement de l'ensemble des flux économiques entre les agents résidents et les agents non-résidents. On distingue, à ce titre, des échanges de biens et services, des transferts de revenus et des mouvements de capitaux.

3 La représentation des opérations des agents économiques

On peut représenter l'activité économique par un ensemble de marchés sur lesquels les agents économiques se rencontrent pour réaliser des opérations, ou par un circuit économique qui marque le cheminement de la valeur entre ces mêmes agents. La comptabilité nationale privilégie la logique du circuit. Il apparaît alors cohérent d'enregistrer les opérations des agents économiques dans des comptes, lesquels sont reliés entre eux par le biais des transferts monétaires entre agents.

3.1 Deux types de représentation de l'activité économique s'opposent

On trouve d'abord une modélisation de l'économie qui repose sur les marchés. Selon cette présentation d'inspiration néoclassique, l'économie ne serait finalement que la juxtaposition de différents marchés que l'on pourrait regrouper en trois grandes catégories : le marché des biens et services, le marché du travail et le marché des capitaux. Dans ce cas, l'analyse de l'activité économique porte sur l'équilibre des marchés. On distingue à ce sujet une analyse en terme d'équilibre partiel que l'on doit à Alfred Marshall (1890) et une analyse en terme d'équilibre général chère à Léon Walras (1874). Le première se contente d'analyser les confrontations entre l'offre et la demande sur un même marché ainsi que les variations du prix, en faisant l'hypothèse célèbre du *ceteris paribus* ou « toutes choses étant égales par ailleurs ». On le sait, cette hypothèse est par trop restrictive car les marchés ne sont pas isolés les uns des autres. Si le prix du beurre augmente, la demande de margarine peut s'en trouver modifiée… Pour ces raisons, l'analyse de l'équilibre général est plus pertinente. Elle se propose de montrer que l'équilibre peut être atteint simultanément sur les différents marchés et que, d'ailleurs, si sur un marché la demande est supérieure à l'offre, c'est qu'il existe nécessairement un autre marché pour lequel l'offre est supérieure à la demande.

À la vision statique de l'équilibre général, on oppose habituellement une approche dynamique par le circuit : c'est celle qui a été choisie par la comptabilité nationale. Le circuit est une représentation abstraite de l'activité économique qui fait référence à un itinéraire en boucle. En économie, c'est la valeur ou la monnaie qui circule. Ainsi, une tradition circuitiste se repère chez François Quesnay dès le XVIIe siècle mais aussi chez Marx (1857) et surtout Keynes (1936). La notion de déséquilibre n'est dès lors plus essentielle pour comprendre les phénomènes économiques. À l'équilibre statique des marchés se substitue l'idée d'un équilibre dynamique du circuit, à l'image d'une bicyclette qui ne peut être en équilibre que si elle roule… Le point de départ du circuit est dans tous les cas le financement des agents économiques, à l'origine duquel on trouve principalement les banques. Ainsi, la vision circuitiste ne distingue pas les phénomènes réels et monétaires comme le suggère l'approche en terme d'équilibre des néoclassiques.

3.2 Les comptes des secteurs institutionnels

Pour chaque secteur institutionnel il est possible de présenter le compte des opérations réalisées au cours d'une année. Ce compte est décomposé en sous-comptes qui enregistrent des flux monétaires : des flux de monnaie reçue, en ressources, et des flux de monnaies versée, en emplois. L'ensemble des comptes est nécessairement équilibré car un déséquilibre signifierait que certains flux reçus n'auraient aucune provenance, ou que certains flux de monnaie versée seraient sans affectation. Pour chaque secteur institutionnel, les sous-comptes s'enchaînent et sont liés entre eux par le solde du compte précédent.

La présentation simplifiée du **compte des sociétés non financières** permet d'illustrer l'enchaînement des sous-comptes qui enregistrent leurs opérations non financières au cours d'une année civile (voir ci-contre).

Pour chacun des secteurs institutionnels on peut donc dégager un compte de production, un compte d'exploitation, un compte d'affectation des revenus primaires, un compte de distribution secondaire du revenu, un compte d'utilisation du revenu et un **compte de capital**.

COMPTE DE PRODUCTION

Emplois	*Ressources*
Consommation intermédiaire 5 430	Production 9 784
Valeur ajoutée brute 4 354	

COMPTE D'EXPLOITATION

Emplois	*Ressources*
Rémunération des salariés 2 810	*Valeur ajoutée brute 4 354*
Impôts liés à la production 176	Subventions d'exploitation 43
Excédent brut d'exploitation 1 411	

COMPTE D'AFFECTATION DES REVENUS PRIMAIRES

Emplois	*Ressources*
Intérêts et dividendes 860	*Excédent brut d'exploitation 1 411*
Transferts 13	Intérêts et dividendes 341
Solde des revenus primaires 901	Transferts 22

COMPTE DE DISTRIBUTION SECONDAIRE DU REVENU

Emplois	*Ressources*
Impôt sur le revenu 142	*Solde des revenus primaires 901*
Prestations sociales 75	Cotisations sociales 75
Primes d'assurance 70	Indemnités d'assurance 47
Revenu disponible brut 736	

COMPTE D'UTILISATION DU REVENU

Emplois	*Ressources*
Consommation finale 0	*Revenu disponible brut 736*
Épargne brute 736	

COMPTE DE CAPITAL

Variations des actifs	*Variations des passifs*
Formation brute de capital fixe 786	*Épargne brute 736*
Variations de stocks 32	Transferts en capital 48
Capacité (+) ou besoin (–) de financement – 34	

Le **compte de production** décrit la création de richesse (valeur ajoutée brute) par le secteur institutionnel. Cette richesse est ainsi répartie, comme l'indique le **compte d'exploitation**, entre ceux qui ont contribué à la créer : le facteur travail (rémunération des salariés), l'État (impôts liés à la production) et le facteur capital (excédent brut d'exploitation). De plus, le secteur institutionnel peut recevoir des revenus en provenance d'autres secteurs institutionnels (cas des ménages qui reçoivent, entre autres, des salaires versés par les Sociétés non financières par exemple, ou des Sociétés non financières qui reçoivent des subventions d'exploitation). Ensuite, on procède à l'**affectation primaire des revenus** créés qui réserve par exemple une part de l'EBE aux apporteurs de capitaux (dividendes) et aux créanciers (intérêts). Il s'opère encore une redistribution des revenus ou distribution secondaire entre les agents économiques (secteurs institutionnels). C'est ce que décrit le **compte de distribution secondaire du revenu** avec, en ressources, tout ce que le secteur institutionnel (ensemble des unités institutionnelles) reçoit et, en emplois, tout ce qu'il verse. Une fois obtenu le revenu disponible brut, le **compte d'utilisation du revenu** décrit le partage de celui-ci entre consommation finale et épargne.

Il est à noter que, puisque la consommation finale des Sociétés non financières est nulle par convention, l'épargne brute est identique au revenu disponible brut. Bien sûr, il n'en irait pas de même pour le compte des ménages. Enfin, le compte de capital montre si l'épargne brute du secteur institutionnel a été ou non suffisante pour faire face à ses investissements. Dans le cas ou l'épargne brute, augmentée des transferts en capital est supérieure (inférieure) aux divers emplois du compte de capital, on dit que le secteur a dégagé une capacité (un besoin) de financement.

Pour ce qui concerne les opérations financières, la comptabilité nationale n'enregistrent pas des emplois et des ressources mais des flux nets de créances et des flux nets de dettes. On entend par flux nets de dettes, la variation du montant de dettes (nouvelles dettes) du secteur institutionnel diminuée du remboursement d'anciennes dettes. De même, les flux nets de créances s'entendent comme la variation du montant des créances (créances nouvelles) diminuée du recouvrement d'anciennes créances.

COMPTE FINANCIER	
Flux nets de créances	**Flux nets de dettes**
Monnaie nationale et devises Titres du marché monétaire Actions et obligations Prêts Réserves techniques d'assurance	Titres du marché monétaire Actions et obligations Crédits à court terme Crédits à moyen et long terme Solde des créances et dettes

Il convient de préciser que le solde des créances et des dettes est identique au solde du compte de capital (aux ajustements statistiques près). Par exemple, un secteur institutionnel en situation de besoin de financement a été conduit a augmenter son niveau d'endettement net.

3.3 La représentation des opérations par le circuit économique

Il est possible de représenter l'activité économique de tous les agents par les grandes fonctions macroéconomiques. On distingue alors quatre fonctions qui s'enchaînent : financement, production, répartition et dépense. Ainsi, la production conduit à la réalisation de biens et services à destination des agents économiques. Cette production entraîne une création de revenus qui sont ensuite répartis entre les agents, leur permettant de consommer, d'investir ou d'épargner. C'est en outre l'épargne de certains agents économiques qui permet à d'autres agents de financer leur production.

Le circuit en économie ouverte

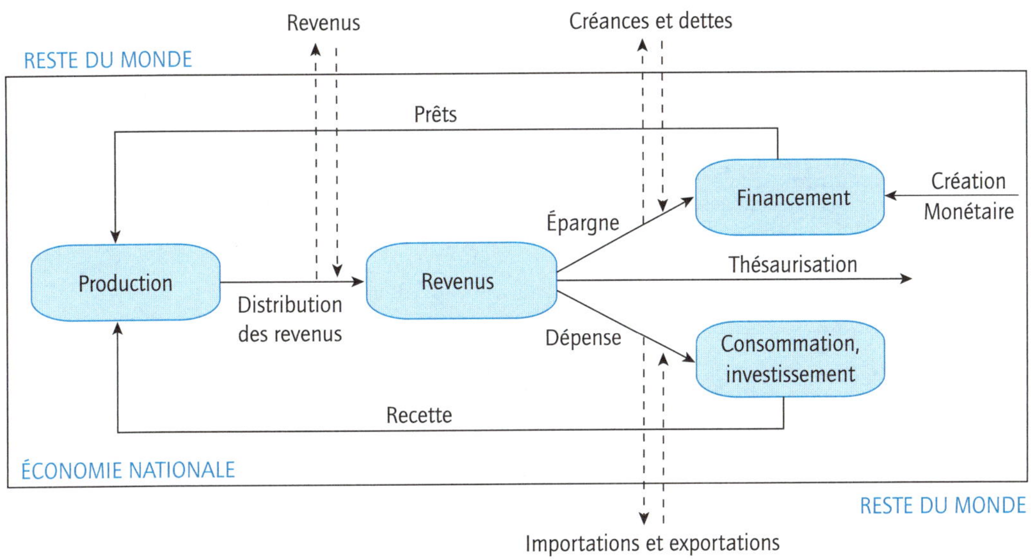

On remarque que la production est identique au revenu au niveau macroéconomique. Si l'on ajoute les importations à la production nationale, on obtient l'offre globale de biens et services sur le territoire national. La demande globale, elle, se compose de la consommation, de l'investissement et des exportations. Ainsi, l'égalité offre globale = demande globale s'écrit :

Production + Importations = Consommation + Investissement + Exportations, à la variation près des stocks. Ainsi, la comptabilité nationale fournit un cadre d'analyse de l'activité économique.

3.4 L'équilibre sur les marchés dans le circuit économique

Même si l'analyse circuitiste s'oppose généralement à une approche par les marchés, on peut emprunter aux deux approches pour donner un exemple de circuit qui intègre les marchés, à partir de deux agents économiques, les entreprises et les ménages.

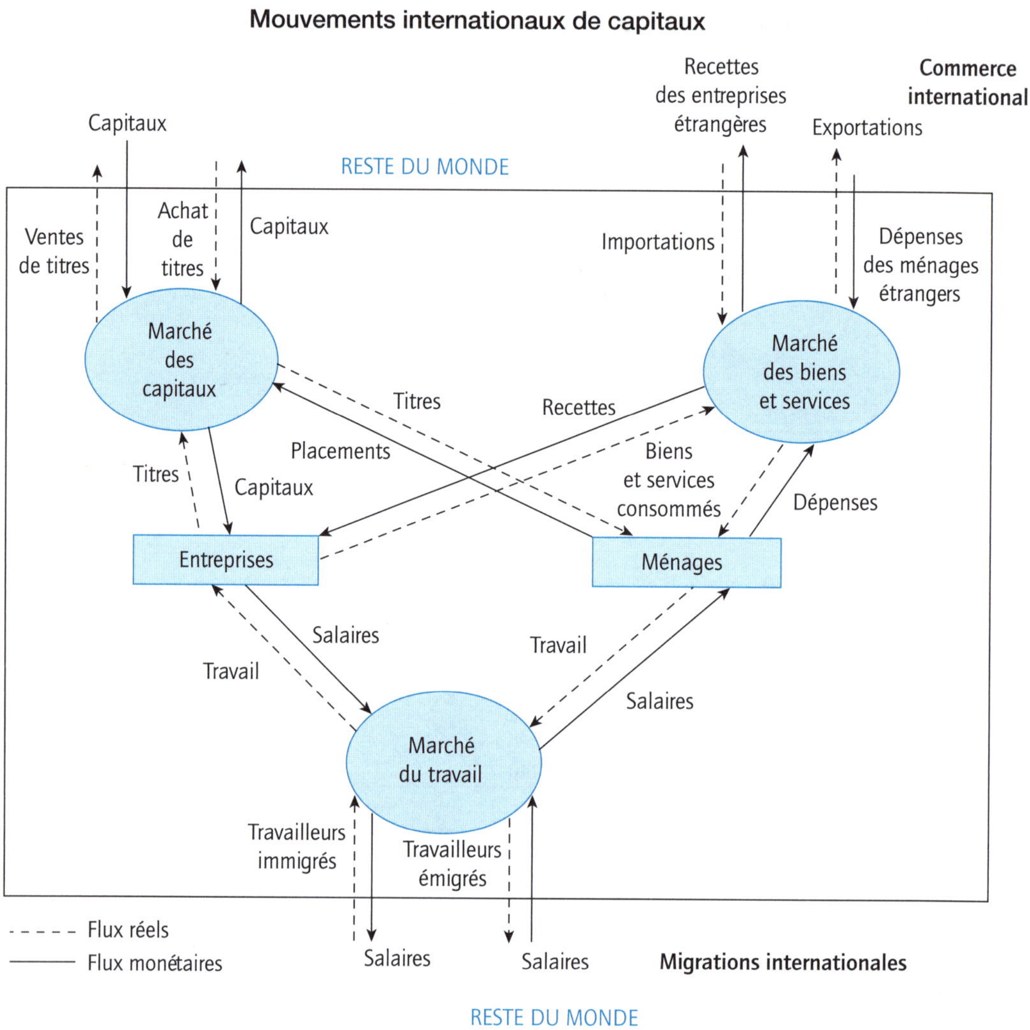

FOCUS . . . FOCUS . . . FOCUS . . . FOCUS . . . FOCUS . . . FOCUS . . .

Circuit et marché

« Les ménages offrent leur travail et leurs capitaux disponibles en vue d'obtenir un revenu. Une partie de ce revenu se transforme en demande de biens de consommation et le reste en épargne. Cette épargne alimente une offre de fonds de prêtables que les ménages mettent à la disposition des autres agents, soit directement en achetant des titres (obligations, actions, bons du Trésor), soit indirectement en les déposant dans des établissements financiers.

Tous les autres agents (entreprises financières et non financières et administrations) demandent du travail et des biens d'investissement en vue de produire des biens et des services. Ils offrent des biens de consommation et d'investissement dans les différents secteurs. En contrepartie, ils obtiennent un revenu soit par la vente de leurs produits, soit par des contributions volontaires, soit par des prélèvements obligatoires. Ces revenus tirés de la production sont répartis entre les agents sous différentes formes (rémunérations du travail, intérêts, dividendes, loyers, bénéfices non distribués, etc.). À l'issue ce dette répartition, certains agents disposent d'une capacité de financement et alimentent l'offre de fonds prêtables. D'autres agents ont, au contraire, un besoin de financement et constituent la demande de fonds prêtables.

Enfin, dans une économie ouverte, les agents résidents réalisent avec les agents étrangers de nombreux échanges de biens, de services, de revenus et de capitaux. Toutes ces opérations ne sont pas nécessairement équilibrées : le solde des versements effectués à l'étranger et des paiements reçus de l'étranger peut être excédentaire ou déficitaire.

Si, dans un premier temps on se concentre sur la seule économie nationale, celle-ci ne peut fonctionner que si, d'une manière ou d'une autre, les offres et les demandes se rencontrent et s'équilibrent sur différents marchés : la demande de travail doit rencontrer une offre équivalente ; l'offre de biens et service suppose des débouchés, c'est-à-dire une demande de biens et services équivalente ; les demandes de fonds (de capitaux) ne sont satisfaites que si elles correspondent à une offre de fonds. En termes économiques, l'ensemble des opérations des agents économiques ne sont compatibles entre elles que s'il existe des mécanismes qui assurent l'équilibre du marché du travail, du marché des biens et services, du marché des capitaux. »

Jacques Généreux, *Introduction à l'économie*, Points Seuil, 1999.

B L'ANALYSE DE L'ACTIVITÉ ÉCONOMIQUE NATIONALE

À partir des opérations des agents et de leur représentation synthétique, la comptabilité nationale donne une image de l'activité économique d'ensemble du pays. Ses résultats globaux permettent de mesurer les évolutions, de dresser des comparaisons, de réaliser des prévisions. Ainsi la comptabilité nationale fournit-elle également des instruments d'analyse économique : les agrégats, grandeurs d'ensemble des résultats de l'activité, le tableau entrées-sorties, description de l'équilibre emplois-ressources par produit pour toutes les branches de l'économie.

1 Les agrégats

Les **agrégats** sont des grandeurs synthétiques qui mesurent les résultats de l'activité économique en termes de production et de revenu

Le plus utilisé est le produit intérieur brut (**PIB**), calculé à partir des valeurs ajoutées des entreprises. Mais en se situant à d'autres stades du circuit, la comptabilité nationale calcule également le produit intérieur net (PIN) et le revenu national brut (**RNB**). Il est à noter que le fameux Produit National Brut (PNB) n'existe plus comme agrégat officiel, même s'il peut encore être calculé et utilisé pour faire des comparaisons internationales.

1.1 Le produit intérieur brut (PIB)

Le PIB est la principale mesure de la production nationale. Construit sur un critère de territorialité, son calcul consiste à additionner les productions de toutes les unités économiques résidentes, qu'elles soient françaises ou étrangères.

La comptabilité nationale française distingue la production marchande (PM), la production pour emploi final propre (PEFP) et l'autre production non marchande (APNM). La **production marchande** est la « production écoulée ou destinée à être écoulée sur un marché », elle concerne les produits vendus à un prix « économiquement significatif », c'est-à-dire à un prix supérieur à la moitié de leur coût de production.

La **production pour emploi final propre** représente une production réalisée par un agent pour son propre compte, et non destinée à être vendue. On y trouve surtout les services de logement que se rendent à eux-mêmes les ménages propriétaires de leur logement (dans le cas où ils loueraient à d'autres ce logement, le service rendu serait comptabilisé comme une production marchande), ou lorsqu'ils emploient du personnel domestique, ou encore lorsqu'ils réalisent une production agricole auto-consommée (légumes du potager par exemple).

L'**autre production non marchande** est ainsi dénommée car elle fait suite à la production pour emploi final propre qui n'est, elle non plus, pas échangée sur un marché. Elle représente la production qui est « fournie à d'autres unités soit gratuitement, soit à un prix économiquement non significatif », c'est-à-dire inférieur à la moitié du coût de production. L'autre production non marchande est ainsi constituée de services non marchands bien souvent indivisible (défense nationale, police par exemple) et dont la valeur est mesurée au coût de production (essentiellement constitué de salaires et traitements) puisqu'on ne peut établir pour eux un prix de vente.

La production marchande des entreprises est mesurée par leur valeur ajoutée, différence entre la valeur des biens et services produits et la valeur des biens et services achetés à d'autres entreprises. Comme les valeurs ajoutées sont enregistrées hors taxes, le calcul du PIB au prix du marché s'obtient de la façon suivante :

Le produit intérieur brut marchand

PIB marchand = Somme des valeurs ajoutées des entreprises résidentes
+ TVA
+ Droits de douane

En déduisant du PIB la consommation de capital fixe, c'est-à-dire l'amortissement économique des biens d'équipement, on obtient le produit intérieur net (PIN).

La définition de la production retenue par la comptabilité nationale inclut donc les activités domestiques mais aussi l'économie souterraine au sens où se sont des activités légales mais non déclarées. Bien entendu, ces productions ne peuvent être estimées que de manière indirecte et approximative. En revanche, la définition de la production nationale exclut toutes les activités illégales telles que la production de drogues interdites. En définitive :

PIB = Production marchande + Production pour compte propre + Autre production non marchande

Au cours du temps, le poids de la production non marchande a progressé dans la production totale au détriment de la production marchande. Il est à noter que la production des unités institutionnelles résidentes (le PIB) donne lieu à une distribution de revenus qui n'est pas égale aux revenus perçus par ces mêmes unités institutionnelles résidentes, en raison des flux de revenus échangés avec l'extérieur. D'où l'intérêt de calculer un Revenu National Brut.

1.2 Le Revenu National brut (RNB)

On se place ici sous l'angle des revenus primaires perçus par les unités institutionnelles résidentes.

Nous savons que le PIB retient le critère de territorialité et ne prend donc pas en compte la production des entreprises françaises à l'étranger, qui entre dans le calcul du PIB d'autres pays. À l'inverse, le revenu national brut repose sur le critère de nationalité et comptabilise la contribution des facteurs de production nationaux. Cette contribution est évaluée à hauteur des revenus perçus les facteurs de production nationaux. On obtient ainsi le RNB à partir du PIB de la manière suivante :

Revenu national brut et Produit intérieur brut

RNB = PIB
+ Revenus de facteurs en provenance du reste du monde
– Revenus de facteurs versés au reste du monde

Le RNB est bien un agrégat de revenu à la différence du PIB qui est un agrégat de production. Certes, le RNB comptabilise la production (valeur ajoutée) des entreprises résidentes. Mais cette production correspond à une somme de revenus distribués de laquelle on retire, non pas la valeur ajoutée produite par les étrangers mais les revenus qui sont versés à l'étranger. Inversement, le RNB n'additionne pas la valeur ajoutée produite par les nationaux à l'étranger, mais les revenus reçus en provenance de l'étranger.

FOCUS . . . FOCUS . . . FOCUS . . . FOCUS . . . FOCUS . . . FOCUS . . .

L'écart PIB-RNB

Des différences importantes apparaissent entre PIB et RNB. Le rapport RNB/ PIB en pourcentage est, par exemple, de 135 pour le Koweit et de 86 pour le Brésil. Les différences de rapport RNB/PIB s'expliquent par la structure des flux de revenus entre un pays et le reste du monde. Ainsi, les grands pays industrialisés reçoivent globalement autant de revenus qu'ils n'en versent au reste du monde. Par contre, un pays comme le Koweït a un RNB très supérieur à son PIB dans la mesure où une grande partie de la manne pétrolière est consacrée à des investissements et placements hors du territoire national, source de revenus en provenance de l'étranger. De son côté, un pays comme le Brésil verse plus de revenus qu'il n'en reçoit du reste du monde, en raison d'une faible implantation à l'étranger, et d'une forte présence étrangère sur le territoire national.

1.3 Les imperfections des agrégats

Comme toute mesure globale, les agrégats ne fournissent qu'une évaluation imparfaite de la production et du revenu. Ainsi, le PIB procède à une double comptabilisation d'une partie de la production marchande puisque les impôts, par exemple, sont comptabilisés à la fois dans la valeur ajoutée des entreprises (production marchande) et dans le coût des facteurs qu'ils ont servi à rémunérer (production non marchande).

De plus, la mesure de la production marchande pose le problème de la prise en compte des prix. La mesure en valeur surestime la production en cas d'inflation, mais la mesure en volume est délicate puisqu'elle conduit à l'élimination des hausses de prix alors que certaines d'entre elles peuvent avoir été justifiés par des changement réels dans les produits et les services.

FOCUS . . . FOCUS . . . FOCUS . . . FOCUS . . . FOCUS . . . FOCUS . . .

Mesure en valeur – mesure en volume

Les grandeurs économiques, et surtout leur évolution, peuvent être calculées en valeur ou en volume. La mesure en valeur, ou en « prix courants », intègre l'évolution des prix dans l'évolution de la variable, majorant donc celle-ci en cas d'inflation. La mesure en volume, ou en « prix courants », défalque l'augmentation des prix de l'augmentation de la variable. L'effet de l'inflation est donc annulé. La comptabilité nationale donne l'évolution en valeur et en volume (aux prix d'une année de base) pour la majorité des grandeurs qu'elle calcule.

Les agrégats comptabilisent des productions nuisibles : on reproche au PIB de ne pas tenir compte de la dégradation du capital écologique ou humain que la production occasionne et même de comptabiliser comme productions des dépenses liées à la lutte contre les nuisances générées par la production. À l'inverse, ils négligent les productions domestiques et les activités souterraines.

Enfin, le PIB constitue un indicateur de bien être discutable, dans la mesure où la relation entre quantité produite et qualité de vie est loin d'être établie (*cf.* chapitre 9).

FOCUS . . . FOCUS . . . FOCUS . . . FOCUS . . . FOCUS . . . FOCUS . . .

Le PIB et la mesure imparfaite de la production

Une mesure n'est jamais parfaite et la production n'échappe pas à la règle. Prenons le cas d'un bien acheté par un consommateur : un parfum. Le prix hors TVA de ce bien incorpore un ensemble de coûts, un bénéfice et un impôt direct (impôt sur les sociétés) payé par l'entreprise à l'État. Chacun sait que cet impôt constitue une recette pour les administrations qui produisent des services. Mais ces mêmes services ne sont-ils pas considérés comme une production non marchande ? Résumons-nous : les productions non marchandes seraient comptabilisées deux fois, à hauteur de leur coût de production tout d'abord, et dans le prix des biens et services vendus sur les marchés ensuite. En somme, la hausse des productions non marchandes conduit à une augmentation plus importante encore du PIB. En outre, évalués à leur coût de production, les services non marchands coûteux (en raison du gaspillage, d'une mauvaise organisation par exemple) contribuent à une croissance de la production qui est, elle, jugée positive…

Revenons à notre parfum. Si son prix augmente d'une année sur l'autre, on ne pourra guère dire que la croissance de la valeur ajoutée de l'entreprise qui le fabrique (et donc du PIB d'une manière générale) résulte d'une augmentation des quantités produites. C'est pour cela que l'on calcule une production en volume, ou à prix constants. Mais encore faut-il que les produits soient identiques d'une année sur l'autre. Et s'ils sont différents, encore faut-il pouvoir montrer que la hausse du prix est justifiée par une qualité plus grande : le nouveau parfum parfume-t-il mieux ? Un véritable casse-tête.

En définitive, il importe de considérer les agrégats comme des instruments indispensables, mais forcément imparfaits. Il est essentiel d'en bien connaître les limites afin de ne pas en exagérer la portée.

2 Le tableau entrées-sorties (TES)

La production nationale est généralement présentée par branche d'activité, ce qui autorise une répartition plus homogène par produits. Le tableau entrées-sorties décrit les opérations de biens et services pour chaque branche de l'économie nationale. Il permet de mesurer la contribution de chacune à la réalisation du PIB.

Branches et secteurs

Une branche rassemble les unités de production qui fabriquent le même produit, alors qu'un secteur réunit les entreprises ayant une même activité principale.

2.1 Les principes du TES

Le TES décrit le mécanisme de la production nationale en présentant l'équilibre emplois – ressources branche par branche et pour l'ensemble des branches.

L'**équilibre emplois-ressources :**

P + M = CI + CF + FBCF + X + VS

(ressources) (emplois)

avec :	P	la production
	M	les importations
	CI	les consommations intermédiaires
	CF	la consommation finale
	X	les exportations
	VS	la variation des stocks

Le TES met en évidence l'interdépendance entre les branches (grâce aux consommations intermédiaires) et détaille les conditions de production et les types d'emplois de chacune.

FOCUS . . . FOCUS . . . FOCUS . . . FOCUS . . . FOCUS . . . FOCUS . . .

L'interprétation de l'équilibre emplois-ressources

En fin d'exercice, lorsque tous les ajustements sont réalisés, la valeur de l'offre globale est nécessairement égale à celle de la demande globale, identité que nous pouvons exprimer sous la forme :

PIB en valeur = Consommation + Investissements + Variation des stocks
+ Dépenses publiques + Exportations – Importations

Soit encore :

PIB en valeur = Dépense interne + Solde externe

Trois situations sont dès lors envisageables :

– une économie dans laquelle la dépense interne est juste égale au PIB, durant un exercice, est nécessairement en situation d'équilibre externe ;

– une économie dans laquelle les agents intérieurs ont consommé, investi, stocké une valeur supérieure au PIB engendre nécessairement un déficit externe :

PIB < Dépense interne,

le solde externe est en effet négatif :

Exportations < Importations ;

– une économie dans laquelle le PIB est supérieur à l'absorption (terme synonyme de demande interne) apparaît, en fin d'exercice, en excédent externe :

si PIB > Dépenses interne, alors Exportations Importations.

Source : J.-P. Gourlaouen, Y. Perraudeau,
Économie : croissance et cycles économiques, Vuibert, 1990.

2.2 La construction du TES

Le TES est un ensemble de tableaux structurés :

Tableau des entrées intermédiaires

Tableau des emplois finals

Compte de production et d'exploitation des branches

Tableau des ressources en produits

Un exemple fictif de TES permet d'en comprendre le fonctionnement :

	Agriculture	Industrie	Services	Total	CI des produits	Consommation effective	Investissement (FBCF)	Exportations	Variation des stocks	Total emplois
Agricoles	49	18	11	78	78	105	0	18	– 1	200
Industriels	32	269	241	542	542	387	114	322	– 3	1 362
Services	49	461	503	1 013	1 013	784	162	90	0	2 049
Total	130	748	755	1 633	1 633	1 276	276	430	– 4	3 611

Ci des branches	130	748	755	1 633
Valeur ajoutée	52	322	1 238	1 612
Production	182	1 070	1 993	3 245

Production	182	1 070	1 993	3 245
Importations	18	292	56	366
Total Ressources	200	1 362	2 049	3 611

Le TES peut se lire en ligne et en colonne. En ligne, il indique quelle a été la destination des produits (ainsi, les produits industriels ont été utilisés par la branche agriculture à hauteur de 32 milliards d'unités monétaires, 269 milliards ont servi à l'industrie, 241 à la branche des services, 387 milliards ont fait l'objet d'une consommation finale par les ménages, 114 milliards ont concerné l'investissement, 322 ont été exporté, 3 milliards de produits industriels ont été déstockés). En colonne, le TES indique quels ont été les volumes de produits nécessaires à la production des branches (ainsi, la branche agriculture a utilisé pour 49 milliards de produits agricoles, pour 32 milliards de produits industriels et pour 49 milliards de services).

Enfin, le TES laisse apparaître le PIB, somme des valeurs ajoutées de toutes les branches, ou encore différence entre la production et les consommations intermédiaires avant TVA et droits de douane (PIB = 1 612 milliards d'unités monétaires dans notre exemple fictif).

2.3 La prévision économique grâce au TES

Le TES permet de calculer le degré d'indépendance des branches :

$$\text{Degré d'indépendance} = \frac{\text{Total des consommations intermédiares de la branche}}{\text{Production de la branche}}$$

Par exemple, on peut constater que, dans l'exemple proposé, la branche des services est la plus indépendante car son coefficient est le plus faible (0,38 contre 0,70 pour l'industrie et 0,71 pour l'agriculture).

De plus, pour chaque branche et pour chaque produit, on peut calculer un coefficient technique :

$$\textbf{Coefficient technique} = \frac{\text{Consommation intermédiaire de produit par la branche}}{\text{Production de la branche}}$$

Par exemple, les coefficients techniques de la branche « Industrie » sont :

	Consommations intermédiaires	Coefficients techniques
Agriculture	18	0,0168
Industrie	269	0,2514
Services	461	0,4308
Total	748	0,6991
Production	1 070	

FOCUS . . . FOCUS . . . FOCUS . . . FOCUS . . . FOCUS . . . FOCUS . . .

Léontief, prix Nobel 1973 pour son tableau *input-output*

« Dès ses premières recherches, Leontief combine une approche théorique puissante et de lourds travaux statistiques. D'une part, il reprend le *Tableau économique* de Quesnay et la théorie de l'équilibre général de Walras. D'autre part, il s'efforce d'étudier empiriquement les inter relations entre les différents secteurs de l'économie. De cette double approche naît en 1941 le tableau d'échanges interindustriels. Leontief y décrit l'interdépendance entre les différents secteurs de production. Le tableau relie les flux d'entrée, c'est-à-dire les facteurs de production, aux flux de sortie, c'est-à-dire ce qui est produit. Sur les lignes figurent ce que les secteurs vendent aux autres secteurs. En colonne, on peut lire ce que les différents secteurs ont acheté. Initialement, il n'y a pas d'autoconsommation et les produits sont tous des biens intermédiaires.

Leontief a donc élaboré un cadre opérationnel d'analyse de l'économie intégrant les flux réels comptabilisés. Il contribue ainsi, à l'instar de James Meade (prix Nobel 1977) ou de Stone (prix Nobel 1984) à la naissance de la comptabilité nationale.

L'utilisation du tableau d'échanges interindustriels (TEI) de Leontief inaugure l'usage des tableaux d'entrée et de sortie (imput-output). La description chiffrée des relations entre secteurs sert surtout dans la comptabilité nationale et pour la planification. Le tableau permet aussi l'élaboration d'un précieux outil de simulation et de prévision : la matrice des coefficients techniques. »

L'économie à travers les prix Nobel, *Problèmes économiques,* n° 2637.

L'ensemble des coefficients techniques donne une « matrice » sur laquelle on peut baser des prévisions relativement fiables à court terme. Il est notamment possible de prévoir :

– l'effet d'entraînement d'une branche sur les autres ;
– les conséquences sur les branches d'une augmentation globale de la production, des exportations, de la consommation des ménages… ;
– les conséquences de l'interdépendance des branches (goulots d'étranglement).

Ces données sont intégrées dans les modèles économétriques de description et de prévision de l'activité économique utilisés par l'État pour élaborer le budget, étudier les conséquences de certaines décisions, planifier.

Les données de la comptabilité nationale sont devenues indispensables dans la vie économique contemporaine. Contribuant à fournir à la fois une représentation de l'activité et un instrument d'analyse et de prévision, ses résultats sont largement publiés, interprétés, commentés, voire critiqués. Les chiffres de la comptabilité nationale intéressent à la fois les décideurs politiques, les chefs d'entreprise, les chercheurs et les simples citoyens observateurs de la vie économique.

L'essentiel

Un agent économique ou unité institutionnelle en comptabilité nationale, est un centre de décision économique indépendant (un ménage, une entreprise, une banque, une administration). En comptabilité nationale, les agents économiques qui ont un comportement économique (ou fonction économique) semblable sont regroupés en secteurs institutionnels.

Les agents économiques entretiennent entre eux des opérations économiques que l'on peut repérer par des flux économiques. On distingue des opérations sur biens et services, des opérations de répartition de revenus et des opérations financières.

Le repérage des flux économiques permet de mettre en évidence un circuit économique. Il s'agit d'une représentation simplifiée de l'activité économique faisant apparaitre la circulation des biens et de la monnaie entre les agents.

Les opérations des agents sont alors enregistrées dans des comptes. Ainsi, les opérations sur biens et services permettent de construire un Tableau Entrées Sorties (TES) qui est une bonne mesure de l'activité économique passée.

RÉFÉRENCES

Mots clés

- Administrations publiques
- Affectation primaire des revenus
- Agent économique
- Agrégat
- Autre production marchande
- Branche
- Circuit économique
- Compte d'affectation primaire des revenus
- Compte d'exploitation
- Compte de capital
- Compte de distribution secondaire
- des revenus
- Compte financier
- Compte de production
- Distribution secondaire des revenus
- Équilibre emplois-ressources
- Institutions sans but lucratif au service des ménages (ISBLSM)
- Ménages
- Opérations de répartition
- Opérations financières
- Opérations sur biens et services
- PIB
- Production marchande
- Production pour emploi final propre (PEFP)
- RNB
- Secteur
- Secteur institutionnel
- Sociétés financières
- Sociétés non financières
- TES
- Unité institutionnelle

Auteurs de référence

Vassili Léontief (1939)

Références bibliographiques

- E. Archambault, *Comptabilité nationale*, Economica, 1994.
- D. Temam, *La Nouvelle Comptabilité nationale*, Dunod, 2000.
- J.-P. Piriou, *La Comptabilité nationale*, La Découverte, 2003.
- A. Vanoli, *Une histoire de la comptabilité nationale*, La Découverte, 2002.
- « L'économie à travers les prix Nobel », *Problèmes économiques*, n° 2637.
- J. Généreux, *Introduction à l'économie*, Seuil, 2003.

Sites Internet

www.insee.fr

APPLIQUER LE COURS

Application Quiz

		Vrai	Faux
1	Un secteur institutionnel est un ensemble d'unités institutionnelles qui ont un comportement économique semblable.		
2	Une branche réunit les entreprises ayant une même activité principale.		
3	La comptabilité nationale est un cadre comptable reposant sur des comptes équilibrés.		
4	Il n'y a pas encore d'harmonisation européenne en matière de comptabilité nationale.		
5	En comptabilité nationale, on parle de consommation intermédiaire, lorsqu'il est question de la consommation des entreprises.		
6	Le critère retenu pour prendre en compte la production dans le cadre du PIB est un critère de nationalité.		

7 Comment appelle-t-on l'agrégat suivant :

PIB + Revenus des facteurs en provenance du reste du monde
– Revenus des facteurs versés au reste du monde.

8 Dans un tableau entrées-sorties (TES), qu'appelle-t-on « coefficient technique » :
- a) le rapport entre les importations et la production d'une branche
- b) le rapport des productions de deux branches
- c) le rapport entre la valeur ajoutée et la production d'une branche
- d) le rapport entre la consommation intermédiaire d'un produit donné par une branche et la production de cette branche

9 Que représente la consommation des ménages en France en pourcentage du PIB ?

10 Quel est le montant du produit intérieur brut (PIB) français ?

11 À quel(s) facteur(s) peut-on attribuer l'émergence et le développement de la comptabilité nationale :
- a) L'extension du rôle économique de l'État
- b) la macroéconomie keynésienne
- c) les travaux des économistes néoclassiques
- d) le respect de directives européennes

12 Quels agents (ou unités institutionnelles) ont une activité de consommation finale en dehors des ménages :
- a) les sociétés financières
- b) les sociétés non financières
- c) les institutions sans but lucratif au service des ménages
- d) les administrations publiques

13 Quel est le secteur le plus important en matière de production (ou encore de valeur ajoutée) en France :
- a) les services
- b) l'industrie
- c) l'agriculture

SE PRÉPARER À L'EXAMEN

Dissertation

Selon vous, le PIB est-il un bon indicateur de bien-être ?

Étude de document

À partir du circuit et de la matrice des coefficients techniques ci-dessous et page suivante, faites apparaître l'équilibre entre l'offre et la demande sur le marché des biens et services, écrivez l'équilibre emplois-ressources pour chaque agent et reconstituez le TES simplifié.

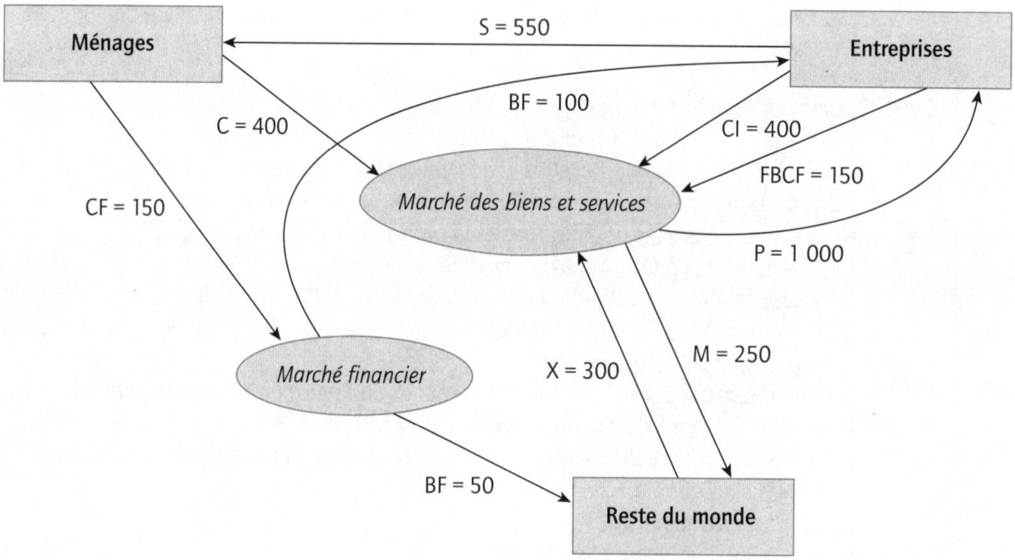

Matrice des coefficients techniques			
	Agriculture	Industrie	Services
Agriculture	0,3	0,133	0,033
Industrie	0,15	0,333	0,100
Services	0,15	0,200	0,100
Production	100	300	600

	Agriculture	Industrie	Services	Consommations intermédiaires	Consommations intermédiaires	Consommation finale	FBCF	Exportations	Total emplois
Agriculture						20	0		
Industrie						65		190	
Services								110	
Consommations intermédiaires									

Consommations intermédiaires				
Valeurs ajoutées				
Production				

Production				
Importations	20		50	
Total ressources				

CHAPITRE 5

Le comportement des acteurs

Une grande partie de l'analyse économique, « la microéconomie » repose sur la compréhension puis la modélisation du comportement des agents économiques. En d'autres termes, toute explication de phénomènes économiques ou sociaux doit pouvoir être ramenée aux comportements individuels des agents économiques.

La **microéconomie** est une branche de l'économie s'intéressant au comportement des agents économiques (entreprises et consommateurs) pris individuellement.

Cette vision, véhiculée notamment par les économistes néoclassiques, part d'un certain nombre d'hypothèses aux premiers rangs desquelles figurent la rationalité supposée des acteurs et leur soumission aux données d'environnement sur lesquels ils n'ont aucune prise notamment en matière de prix. Les unités de base de l'économie sont comme chacun le sait, les ménages et les entreprises.

Par conséquent, l'analyse microéconomique nécessite d'envisager dans un premier temps le consommateur à la recherche d'une maximisation de sa satisfaction, puis en un second temps, le producteur soucieux de maximiser son profit.

A LA MICROÉCONOMIE DU CONSOMMATEUR

L'analyse de la demande part de la compréhension du comportement du consommateur qui cherche à maximiser sa satisfaction. Ce consommateur est supposé capable d'ordonner ses préférences entre les différents produits. On est alors en mesure de formaliser la fonction de demande sous des contraintes de prix et de budget disponible et de préciser quelques concepts clés d'analyse en particulier les notions d'élasticité.

1 La fonction d'utilité du consommateur

La construction de la fonction d'utilité suppose de préciser préalablement la définition et les enjeux de la notion d'utilité pour le consommateur.

1.1 La notion d'utilité, base de l'analyse du consommateur

Suivant l'analyse microéconomique, le consommateur est à la recherche de biens et de quantité de ces biens qui lui permettent de maximiser sa satisfaction appelée utilité.

L'**utilité** désigne le degré de satisfaction lié à la consommation d'une certaine quantité d'un bien donné.

Cette utilité peut être appréhendée suivant une mesure cardinale c'est-à-dire que l'on attribue à chaque bien et à chaque quantité de n'importe quel bien un indice d'utilité particulier ou de façon plus simple encore on fournit une mesure ordinale consistant à classer les différentes situations possibles les unes par rapport aux autres.

1.2 Le principe de décroissance de l'utilité marginale

La notion d'utilité débouche sur une hypothèse essentielle en matière de comportement de consommation : celle d'**utilité décroissante**. Pour les économistes néoclassiques (S. Jevons, C. Menger, L. Walras) à qui l'on doit une grande part de la construction de la microéconomie, l'utilité est fondamentalement décroissante, car l'utilité de la quantité donnée d'un bien dépend de la quantité du même bien dont dispose déjà le consommateur. Ainsi l'utilité du troisième verre de lait ou de la troisième paire de chaussures est plus faible que celle du premier verre ou de la première paire. Par extension, on en déduit que l'utilité marginale des biens est strictement décroissante.

L'**utilité marginale** d'un bien est le supplément d'utilité retiré de la consommation d'une nouvelle unité de ce bien.

Ce constat est essentiel, car il permet de comprendre plus loin le comportement du consommateur qui accroît ou limite sa demande d'un bien en comparant, d'une part, l'utilité marginale tirée de ce bien et, d'autre part, la désutilité de ce même bien qui n'est autre que le coût supplémentaire (ou coût marginal) lié à l'acquisition d'une unité supplémentaire de ce bien.

1.3 La représentation des goûts et les courbes d'indifférence

Initialement les économistes ont considéré que le consommateur était supposé capable d'évaluer l'utilité de consommations successives d'un même bien (approche dite « **cardinale** »). Cette hypothèse est apparue cependant discutable compte tenu de la difficulté à chiffrer ces différents niveaux d'utilité.

Les économistes néoclassiques avec notamment V. Pareto ont proposé alors une approche plus simple suivant laquelle les consommateurs peuvent simplement indiquer un ordre de préférence dans la consommation de plusieurs biens (approche dite « **ordinale** »).

En partant d'un modèle économique simple comportant deux biens différents et en faisant l'hypothèse d'un budget à affecter entre ces deux biens, la théorie microéconomique du consommateur montre comment le consommateur fait ses choix entre ces différents biens.

Un résultat essentiel est que le consommateur peut obtenir la même satisfaction à partir de plusieurs combinaisons de ces deux produits que l'on représente graphiquement par une courbe dite d'« indifférence ».

Une **courbe d'indifférence** représente l'ensemble des points représentatifs des combinaisons de produits procurant le même niveau de satisfaction.

Prenons le cas d'un consommateur ayant le choix entre un bien X et un bien Y. L'étude du comportement du consommateur conduit à distinguer deux séries de combinaisons indifférentes quant à l'utilité pour le consommateur ; la seconde série correspondant à un budget disponible plus important et permettant d'obtenir une utilité plus grande.

Type de bien	Niveau de satisfaction U1					Niveau de satisfaction U2				
Bien X	1	2	4	6	80	02,5	3,5	4,5	6,0	8
Bien Y	9	5	3	2	1.5	10,5	7,5	6,0	5,5	5

L'ensemble des données correspondantes permet de dresser deux courbes d'indifférence dont la réunion sur un même schéma constitue la **carte d'indifférence** du consommateur.

La **carte d'indifférence** est formée par l'ensemble des courbes d'indifférence du consommateur. Le mode de lecture est simple : plus la courbe est éloignée de l'origine et plus la satisfaction ressentie par le consommateur est grande.

Les courbes d'indifférence présentent une pente négative ce qui est normal puisque pour obtenir un même degré d'utilité, les quantités des deux biens consommés varient en sens inverse. La renonciation à une certaine quantité du bien X doit être compensée par l'acquisition d'une certaine quantité du bien Y.

Carte d'indifférence du consommateur

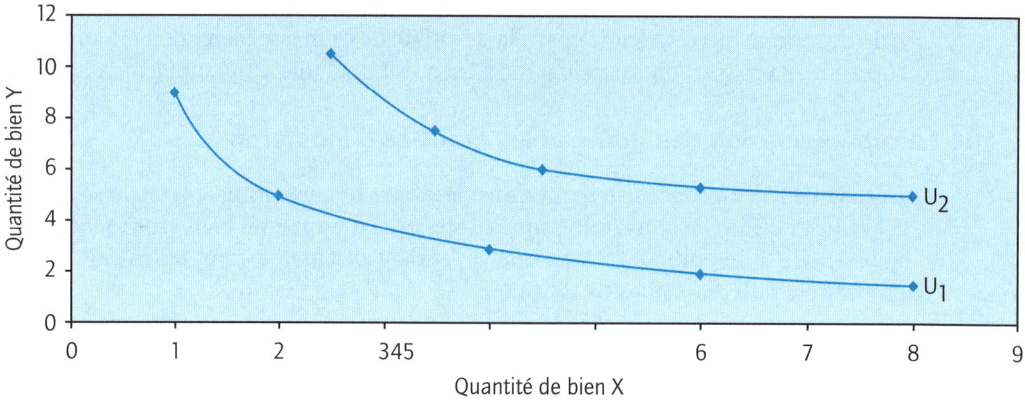

Ce faisant, on vient de présenter graphiquement l'expression de la fonction d'utilité du consommateur qui associe un indicateur de satisfaction aux diverses quantités de biens consommés par l'individu (supposé rationnel). D'un point de vue mathématique, on peut écrire cette fonction sous la forme $U = f(x, y)$ où x représente la quantité consommée du bien X et y, la quantité consommée du bien Y.

2 La maximisation de l'utilité sous contrainte budgétaire

La maximisation de l'utilité suppose de prendre en compte successivement les différentes contraintes pesant sur tout consommateur, puis son système de préférence.

2.1 La droite de budget du consommateur

Tout consommateur fonctionne avec un budget et avec un système de prix des biens. Suivant la théorie néoclassique, le comportement du consommateur consiste alors à affecter ce budget entre les différents biens de manière à maximiser sa satisfaction (appelée utilité).

En faisant l'hypothèse que le consommateur a le choix entre deux produits X et Y de prix respectivement p_x et p_y et qu'il utilise intégralement son budget B en acquisition des biens X et Y, on est alors en mesure de tracer la droite de budget qui représente toutes les combinaisons d'achat possibles.

Avec un budget B = 1 000 € et des prix $p_x = 10$ € et $p_y = 20$ €, on peut écrire l'expression de l'utilisation de ce budget : 1 000 = 10 X + 20 Y

L'équation de la droite de budget est donc Y = – 1/2 X + 50. On trace la droite sans difficulté en considérant les deux cas où l'on ne consomme que l'un des deux biens, soit respectivement 100 unités de X et 50 unités de Y.

La droite de budget

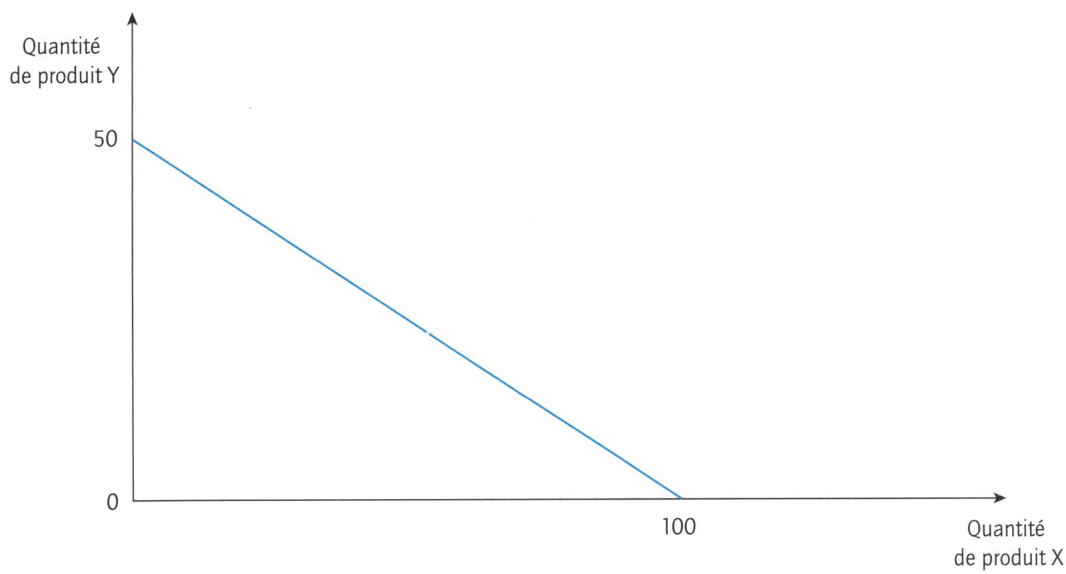

2.2 L'optimum du consommateur

Pour obtenir l'optimum du consommateur, il ne manque plus qu'à rapprocher cette droite de budget, des courbes d'indifférence correspondant à différents niveaux d'utilité croissante pour le consommateur.

L'optimum du consommateur

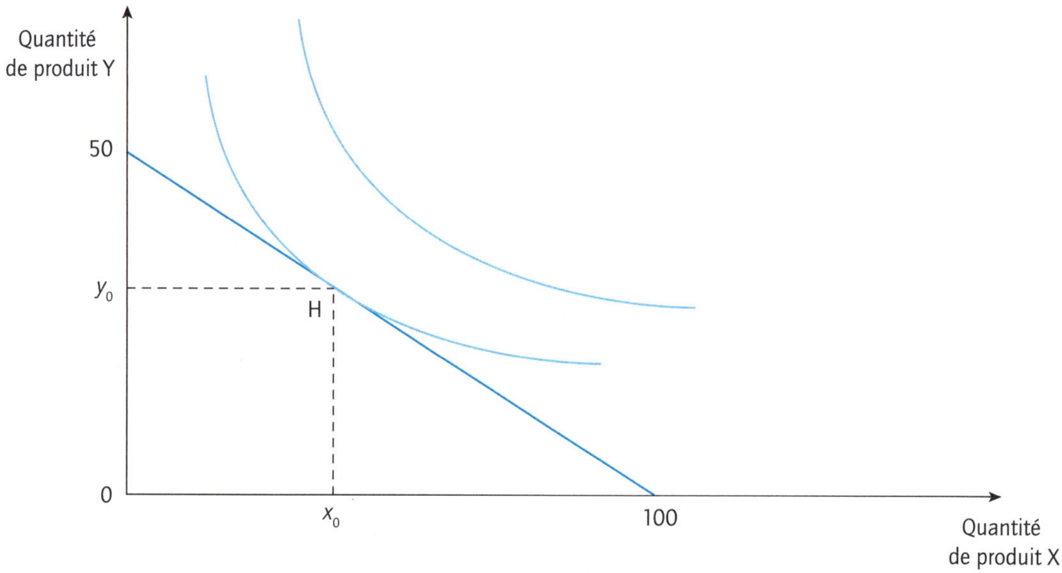

L'optimum du consommateur est obtenu au point H(x_0, y_0) de tangence entre la droite de budget et la courbe d'indifférence la plus élevée ayant au moins un point commun avec cette droite (point H sur le graphique). En effet le consommateur cherche à atteindre la satisfaction la plus grande possible compte tenu de ses disponibilités budgétaires.

3 La fonction de demande

La caractérisation du comportement du consommateur suppose de préciser la relation entre les quantités demandées et le prix, puis d'évaluer l'évolution de la demande dès lors que l'on modifie la valeur de différents paramètres (prix et budget du consommateur).

3.1 La courbe de demande

La demande du consommateur se présente comme une fonction décroissante du prix de chaque bien : plus le prix du bien considéré est élevé et plus la quantité demandée par le consommateur sera faible. Cette relation entre demande et prix s'explique par la possibilité en cas de hausse de prix de reporter ses achats sur des biens voisins (biens dits « substituables ») mais également par un effet d'appauvrissement qui conduit le consommateur, à budget constant, à restreindre ses achats.

Cette **courbe de demande** qui est fonction du système de préférences du consommateur, de son budget et des prix des biens, est bien sûr modifiée dès lors que la valeur de l'un ou l'autre de ces paramètres change.

Il est essentiel aussi d'avoir à l'esprit que dans la théorie microéconomique traditionnelle, ce système de prix s'impose au consommateur. Le consommateur ne peut agir sur lui ; il est dit ***price-taker*** (preneur de prix).

Courbe de demande du consommateur

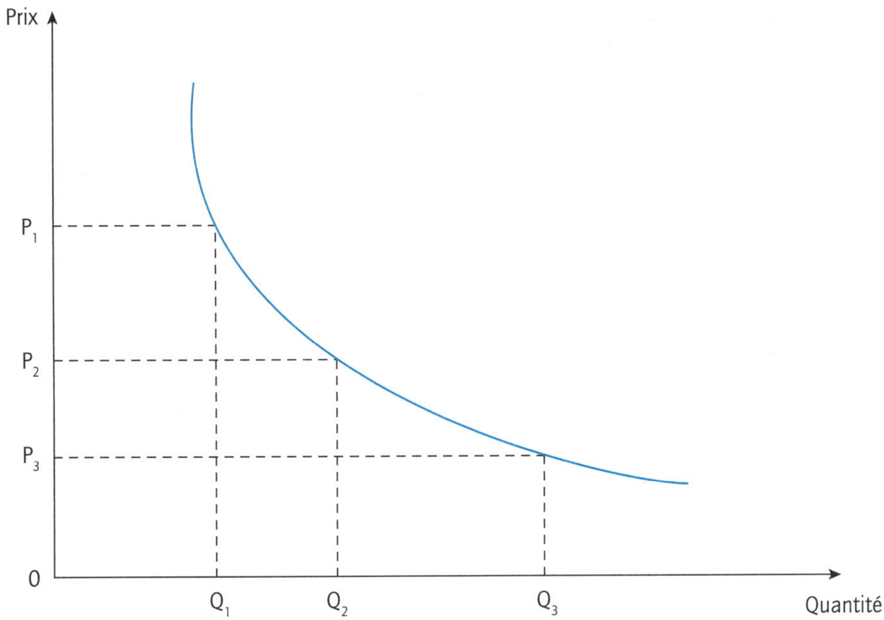

3.2 Les élasticités de la demande

La quantité demandée de tout bien varie dès lors que l'on modifie les paramètres caractérisant l'environnement du consommateur à savoir son budget et le système de prix. Les économistes font appel à la notion d'élasticité pour mesurer cette sensibilité de la demande à ces différents déterminants.

a) L'élasticité prix

L'**élasticité-prix** exprime le degré de sensibilité de la demande d'un bien donné à la variation de son prix. Le coefficient correspondant s'obtient en faisant le rapport entre la variation relative de la demande relativement à la demande initiale et la variation relative du prix relativement au prix initial.

FOCUS . . . FOCUS . . . FOCUS . . . FOCUS . . . FOCUS . . . FOCUS . . .

La mesure de l'élasticité-prix

Algébriquement, le coefficient d'élasticité prix e_p est donné par le rapport :

e_p = Variation de la demande en %/variation du prix en % = $(\Delta Q/Q) / (\Delta P/P)$ avec ΔQ : variation de la quantité demandée

Q : quantité demandée initialement

ΔP : variation du prix du bien

P : prix initial du bien

Une élasticité-prix de – 1,3 signifie qu'une hausse de prix de 1 % conduit à une baisse de la demande de 1,3 %.

L'élasticité-prix des biens varie fortement suivant la catégorie de biens (*cf.* chapitre 7). Elle peut être voisine de 0 (situation de demande inélastique) ou inférieure ou égale à – 1 (situation de demande élastique).

Il est essentiel de noter que le coefficient d'élasticité est en principe négatif puisque la demande est une fonction décroissante du prix. La valeur plus ou moins négative de l'élasticité dépend du caractère de nécessité (ou non) du bien correspondant et de l'existence (ou non) d'alternative (produits dits « substituables »).

b) L'élasticité-revenu

De même, la demande d'un bien donné est plus ou moins sensible à la variation du budget du consommateur, en clair son revenu. On calcule ainsi l'élasticité-revenu suivant les mêmes principes que précédemment.

L'**élasticité-revenu** rend compte de la variation relative de la demande consécutivement à la variation relative du revenu du consommateur.

FOCUS . . . FOCUS . . . FOCUS . . . FOCUS . . . FOCUS . . . FOCUS . . .

La mesure de l'élasticité revenu

Algébriquement, l'élasticité revenu e_r est donnée par le rapport :

E_r = Variation de la demande en %/variation du revenu en %

= $(\Delta Q/Q)/(\Delta R/R)$

avec ΔQ : variation de la quantité demandée

Q : quantité demandée initialement

ΔR : variation du revenu du consommateur

R : revenu initial du consommateur

Une élasticité-revenu de + 2 % signifie qu'une hausse du revenu de 1 % conduit à une hausse de la demande du bien considéré de 2 %.

À la différence de l'élasticité-prix, l'élasticité-revenu est généralement positive, ce qui traduit le fait qu'une hausse du revenu du consommateur est génératrice d'un accroissement de sa demande. Cette tendance n'est cependant pas systématique ; ainsi, pour certains biens notamment les biens alimentaires (pain, pâtes, etc.), la demande diminue au fur et à mesure que le revenu des consommateurs s'élève (*cf.* chapitre 7).

c) Notion d'élasticité croisée

La quantité demandée d'un bien dépend non seulement du prix de ce bien et du budget dont dispose le consommateur mais également du prix des autres biens. C'est tout l'intérêt de la notion d'élasticité croisée.

L'**élasticité croisée** est la variation de la demande d'un bien X consécutivement à la variation affectant le prix d'un bien Y, soit $E_c = (\Delta Q_x/Q_x) / (\Delta P_y/ P_y)$.

Ceci conduit à distinguer trois grands types de situations :

- Une situation à élasticité prix croisée positive ; ce qui signifie que la hausse du prix du bien Y accroît la demande du bien X. Les deux biens sont dits « **substituables** ».
- Une situation à élasticité croisée négative. La hausse du prix du bien Y conduit à une baisse de la demande en bien X. Les deux biens sont dits « **complémentaires** ». Un exemple classique en est donné par le couple de biens (automobile, essence).
- Enfin l'élasticité croisée de deux biens peut être nulle. La variation du prix du bien Y n'a aucune répercussion sur la demande de X. Les deux biens sont dits « **indépendants** ».

En définitive, la microéconomie du consommateur a doté l'économiste d'un certain nombre de concepts et d'outils susceptibles d'appréhender le comportement du consommateur. Cette théorie comporte ses propres limites bien connues au premier rang desquelles l'irréalisme de nombre de ses hypothèses à commencer par la première d'entre elles : la parfaite rationalité du consommateur. Cette théorie fait ainsi l'impasse sur un grand nombre de phénomènes psychologiques et sociologiques importants pour bien saisir les comportements de consommation et leur évolution.

B LA MICROÉCONOMIE DU PRODUCTEUR

Dans un premier temps, l'entreprise cherche à déterminer la quantité à produire qui conduit à une utilisation la plus efficace de ses facteurs de production. Dans un deuxième temps, l'entreprise s'efforce de repérer les situations de production pour lesquelles elle est la plus efficiente en étudiant ses coûts.

1 La fonction de production dans l'entreprise

La fonction de production met en jeu différents **facteurs de production**. L'analyse de cette fonction peut être envisagée de façon progressive en faisant varier d'abord un seul facteur de production, puis tous les facteurs de production.

1.1 Une combinaison des facteurs de production

La **fonction de production** de l'entreprise est une fonction qui relie les quantités utilisées de facteurs de production appelées aussi *inputs* aux quantités produites (ou *outputs*).

En notant Y le volume de la production, K le volume de capital utilisé, et L le volume de travail nécessaire, on peut construire mathématiquement la relation entre quantité produite et quantité de facteurs utilisés, soit $Y = f(K, L)$.

La fonction de production est aussi appelée combinaison productive dans le sens où elle représente toutes les combinaisons possibles de volumes de travail et de capital permettant d'obtenir un niveau de production donné. L'étude de cette fonction sera faite ici en deux temps qui permettent d'approcher de mieux en mieux le réel, en considérant pour commencer une première situation où l'un des deux facteurs est fixe, puis en un second temps un environnement productif où les deux facteurs deviennent variables.

1.2 La fonction de production avec un facteur fixe

On fait l'hypothèse pour commencer qu'à court terme, la quantité de capital est fixe, et que le producteur ne peut faire varier que la seule quantité de facteur travail.

Supposons, par exemple, que l'évolution des quantités produites en fonction du volume de facteur travail (nombre de travailleurs) soit la suivante :

Nombre de travailleurs (L)	0	1	2	3	4	5	6	7	8
Production (Y)	0	16	48	68	80	88	92	94	94

Pour caractériser cette fonction de production, les économistes distinguent trois types de grandeurs :

La **production (ou productivité) totale** représente le volume de production que l'on peut obtenir en combinant une certaine quantité de facteurs de production ; ici une quantité fixe de capital et une quantité variable de travail.

La **productivité moyenne** est donnée par le rapport entre la quantité produite et les quantités de facteur utilisées. Elle est notée usuellement PM = Y/L.

La **productivité marginale** est le supplément de production obtenu grâce à l'utilisation d'une unité supplémentaire de facteur (ici le travail). Elle est notée $Pm = \Delta Y / \Delta L$ ou encore dY/dL en considérant le cas d'une fonction de production continue (puisque la productivité marginale devient alors égale à la dérivée de la production totale).

En reprenant les données précédentes, on en tire par calcul les résultats suivants :

Nombre de travailleurs (L)	0	1	2	3	4	5	6	7	8
Productivité moyenne (PM)	0	16	24	22,7	20	17,6	15,3	13,4	11,8
Productivité marginale (P*m*)	0	16	32	20	12	8	4	2	0

Les courbes de productivité

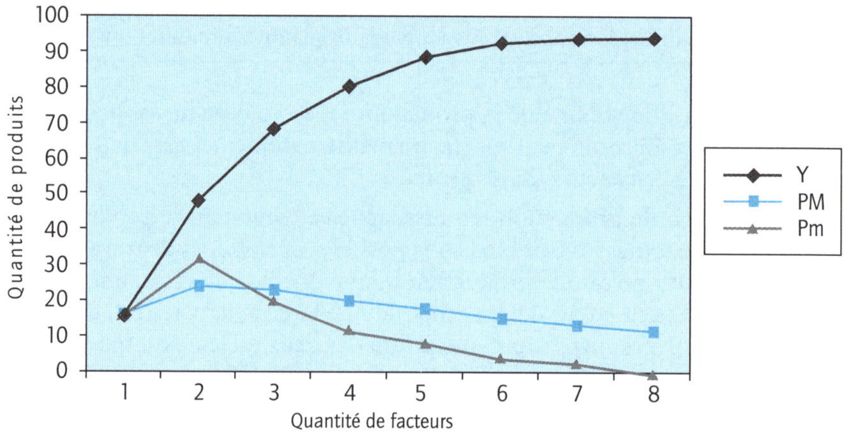

Cet exemple tient compte des hypothèses du modèle néoclassique qui vont être maintenant rappelées au fur et à mesure et illustrées en traçant les courbes des trois formes de productivité correspondantes notées respectivement **Y** (pour la productivité totale), **PM** (pour la productivité moyenne) et **P*m*** (pour la productivité marginale).

Sur l'exemple précédent, on vérifie tout d'abord que la productivité totale n'augmente pas proportionnellement à la quantité de facteur utilisée. Il y a au départ une phase de rendements croissants c'est-à-dire que la production augmente plus que proportionnellement aux adjonctions de nouvelles unités de facteurs de production ; en d'autres termes, la productivité marginale est croissante. Puis la production entre dans un régime de rendements décroissants où la productivité marginale diminue jusqu'à éventuellement devenir négative.

FOCUS . . . FOCUS . . . FOCUS . . . FOCUS . . . FOCUS . . . FOCUS . . .

Les rendements en microéconomie

Rendements factoriels et rendements d'échelle

Les rendements factoriels rendent compte de la variation de la production induite par l'augmentation de la quantité utilisée d'un facteur, l'autre étant supposé constant (en quantité fixe). Les rendements factoriels renvoient à un horizon de court terme.

Les rendements d'échelle mettent eux en rapport d'une part, l'accroissement de la production et d'autre part l'augmentation de tous les facteurs utilisés. Ils concernent eux plutôt le domaine du **long terme**.

Différentes hypothèses de rendements

Les rendements factoriels comme d'échelle peuvent être, suivant les cas, constants, croissants ou encore décroissants :

- les rendements sont **constants** lorsque la variation des quantités de facteurs utilisés conduit à une variation équivalente de la production ;
- les rendements sont **croissants** lorsque la variation des quantités de facteurs utilisés donne lieu à une variation plus que proportionnelle de la quantité produite ;
- les rendements sont dits **décroissants** dans le cas inverse.

L'hypothèse privilégiée de rendements décroissants

En microéconomie, on considère couramment que les rendements sont décroissants. Il s'agit d'un constat très ancien attribué généralement à l'homme d'État et économiste français Turgot qui au XVIIIe siècle observait déjà que la production dans l'agriculture n'était pas proportionnelle aux dépenses engagées (semences, etc.). Cette « loi » sera reprise peu après par l'économiste classique D. Ricardo.

L'optimum de production correspond à la combinaison de facteurs pour laquelle la productivité moyenne est maximale. En d'autres termes, l'entrepreneur a intérêt à engager des facteurs de production supplémentaires tant que la productivité marginale est supérieure à la productivité moyenne et donc au-dessus sur le graphique.

Sur notre exemple, l'optimum correspond à la situation comportant 2 employés fabriquant au total 48 unités de produits avec une productivité moyenne de 24 unités. En effet en passant à 3 travailleurs, la productivité moyenne n'est plus que de 22,7 unités. Si l'entrepreneur entend accroître encore la quantité de produits fabriquée, il a alors plutôt intérêt à ouvrir une nouvelle usine lui permettant de renouer avec des rendements croissants.

1.3 La fonction de production à facteurs substituables

L'économiste raisonne cette fois dans une perspective plus réaliste et dans une vision de long terme où il devient possible non seulement d'augmenter toujours la quantité produite mais également de faire varier les quantités de chaque facteur utilisé qu'il s'agisse du travail ou du capital.

Dans de telles conditions, la fabrication peut faire appel à des techniques de production différentes suivant qu'elles privilégient l'usage de l'un ou de l'autre des deux facteurs de production. Les possibilités d'arbitrage seront bien entendu d'autant plus grandes que les facteurs de production sont parfaitement substituables, ce qui est rarement le cas dans la réalité.

D'un point de vue graphique, cet arbitrage est couramment représenté par des courbes de niveaux de production appelées « isoquantes ».

Une **isoquante** (mot à mot quantité identique) correspond à l'ensemble des combinaisons productives de facteurs travail et capital permettant d'atteindre un même volume de production.

Isoquantes et combinaisons productives

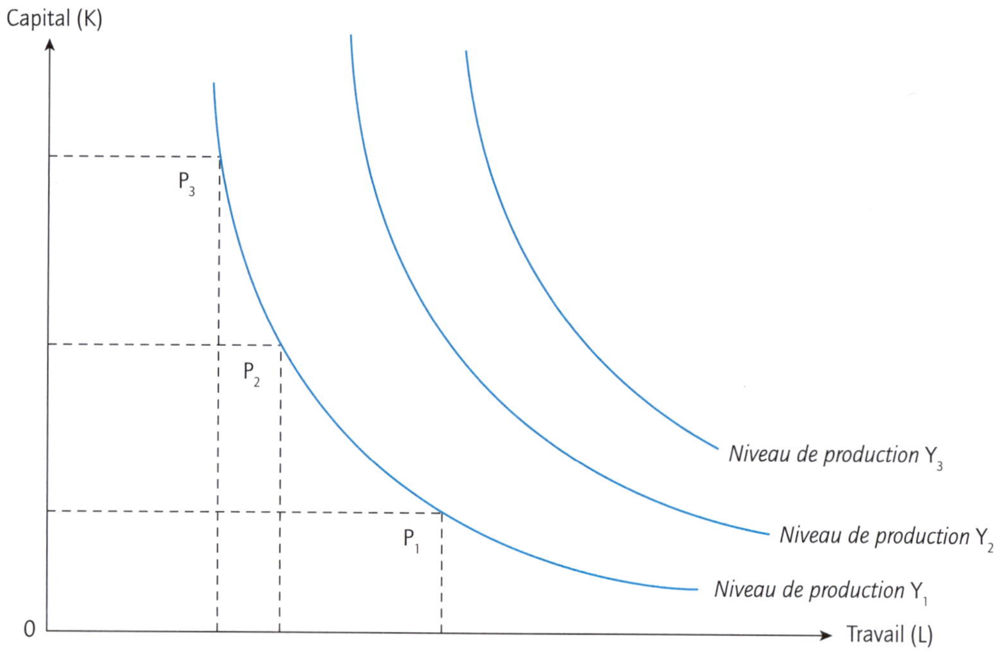

Ainsi en prenant en considération l'isoquant la plus proche de l'origine, on constate que le niveau de production Y1 peut être atteint en utilisant différentes techniques de production avec par exemple une technique fortement mécanisée (en P_3), une seconde moyennement mécanisée (en P_2) et une troisième très peu mécanisée (en P_1).

En passant d'une isoquante à l'autre, on obtient des niveaux de production différents ; les isoquants situés à un niveau supérieur correspondent bien entendu à un niveau de production (plus) élevé.

Ces isoquantes présentent certaines propriétés : elles ont une pente négative car une même production est obtenue à partir de quantité de biens évoluant en sens inverse ; de plus elles ne peuvent se couper puisqu'elles correspondent à des niveaux de production différents.

Ceci conduit à la notion d'**intensité capitalistique** d'une combinaison mesurée par le coefficient de capital (rapport entre le stock de facteur capital et la production réalisée grâce à ce capital ou encore K/Y).

On distingue alors les processus à faible intensité capitalistique dit ***labour using*** ou encore *capital saving* et vice versa (respectivement ***capital using*** et *labour saving*).

FOCUS . . . FOCUS . . . FOCUS . . . FOCUS . . . FOCUS . . . FOCUS . . .

Le choix de la combinaison productive

Les isoquantes rendent compte en définitive des différentes techniques de production possibles suivant qu'elles privilégient plutôt le facteur travail ou le facteur capital, mais aboutissent les unes et les autres à la même production finale :

- de ce point de vue, ces combinaisons de facteurs sont donc identiques ou encore « indifférentes » au plan technique ;
- dans ces conditions, on peut se demander ce qui pousse les entrepreneurs à choisir telle technique de production plutôt qu'une autre.

Une des interprétations les plus courantes consiste à faire intervenir la question du coût des facteurs. Les entreprises auront tendance à privilégier la technique de production utilisant le facteur de production le moins cher.

On retrouve à ce niveau, les débats relatifs à la substitution capital/travail et aux conséquences du poids des charges sociales. De même l'évolution importante à différentes reprises du coût de l'énergie, notamment le pétrole a conduit les entreprises à modifier leurs techniques de production en changeant le type d'énergie consommée, en concevant des produits nécessitant moins d'énergie au niveau de la fabrication, etc.

2 La fonction de coût de l'entreprise

La théorie économique est fondamentalement monétaire ; il convient donc d'introduire les coûts dans l'analyse.

2.1 Les différents types de coûts

On distingue traditionnellement deux types de coûts : les **coûts fixes** qui sont indépendants des quantités produites (amortissements des locaux, des machines, etc.) et les **coûts variables** qui eux évoluent proportionnellement (ou non) avec le volume de production (consommation de matières premières etc.). La somme de ces deux types de coûts donne le coût total.

2.2 Le calcul des coûts

On suppose qu'une entreprise doit supporter les coûts suivants pour une production Y :

Production (Y)	1	2	3	4	5	6
Coûts fixes *(CF)*	200	200	200	200	200	200
Coûts variables *(CV)*	80	140	180	250	400	600

À l'instar des indicateurs de production, l'appréciation monétaire des conditions de fabrication passe par le calcul de différents indicateurs, mais cette fois de coût :
Tout d'abord :

Le **coût total de production** (CT) est égal à la somme des coûts fixes et des coûts variables de production soit $CT = CF + CV$.

Puis :

Le **coût moyen** (CM) ou coût par unité produite, est donc égal au rapport du coût total et des quantités produites, soit $CM = CT / Y$.

Et :

Le **coût marginal** (C*m*) ou coût de la dernière unité produite est égal à fiCT/ fiY. Dans le cas d'une fonction continue, le coût marginal est égal à la dérivée du coût total $Cm = dCT / dY$.

Les calculs sur les données précédentes donnent les résultats suivants :

Production (Y)	1	2	3	4	5	6
Coût total *(CT)*	280	340	380	460	600	800
Coût moyen *(CM)*	280	170	127	115	120	134
Coût marginal *(Cm)*	80	60	40	80	140	200

On peut illustrer ces données de coût par le graphique suivant :

Coût moyen et coût marginal

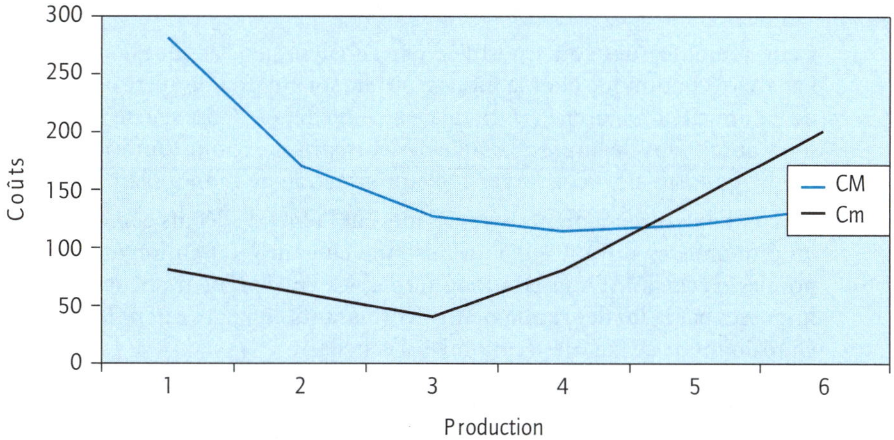

L'observation du tableau et du graphique donne lieu aux deux constats suivants : tout d'abord le mouvement de hausse ininterrompu du coût total et en second lieu l'accroissement du coût moyen et du coût marginal après un premier mouvement de baisse.

2.3 Les coûts entre rendements décroissants et économies d'échelle

a) Deux phases opposées en termes de coûts

En d'autres termes, on peut observer une première phase de baisse des coûts moyen et marginal qui traduit un phénomène de rendements croissants, puis une seconde phase marquée par la remontée des coûts, phénomène caractéristique de rendements décroissants.

De façon plus précise au cours de la première phase, la productivité marginale augmente (les rendements sont croissants) et le coût marginal diminue. Ceci signifie qu'une unité supplémentaire coûte moins cher à l'entreprise que les unités précédemment fabriquées.

Mais, au-delà d'un certain volume d'activité, la productivité marginale diminue et le coût marginal augmente jusqu'à atteindre et dépasser le niveau du coût moyen. Dans ce deuxième cas, une unité supplémentaire coûte plus cher que les unités précédemment produites.

En reprenant la distinction coûts fixes/coûts variables, on peut considérer que le coût moyen diminue grâce à l'étalement des coûts fixes sur une plus grande quantité produite ; puis qu'il se met à croître sous l'effet de la progression des coûts variables plus que proportionnels.

b) La relation coût moyen – coût marginal

La prise en compte des courbes de coût moyen et de coût marginal conduit à un autre résultat important : le fait que la courbe de coût marginal coupe la courbe de coût moyen dans le voisinage de son minimum, un résultat qui ne doit pas surprendre dans la mesure où, dès que le coût marginal est supérieur au coût moyen, le coût moyen est mécaniquement appelé à s'accroître. Remarquons au passage que l'on comprend dès lors mieux les politiques tarifaires de certaines entreprises poussant à la consommation par des tarifs promotionnels en phase de sous-activité (et de coût marginal inférieur au coût moyen)… et mettant en œuvre des pratiques de prix dissuasives dans le cas inverse.

Dans ces conditions, le coût marginal est parfois utilisé comme une base de tarification notamment dans les secteurs des industries de réseau (énergie, transport, télécommunications).

c) L'intervention des économies d'échelle

Cette remontée des coûts postulée par l'analyse néoclassique joue un rôle essentiel dans l'analyse économique dans la mesure où elle sous-tend une autre hypothèse essentielle, celle de l'atomicité du marché (*cf.* chapitre 6). En effet en l'absence de rendements décroissants, il n'y aurait plus de limite à la taille des entreprises et pour toute activité, le système économique pourrait alors converger vers une situation de monopole.

L'hypothèse de rendements décroissants fait l'objet de débats et d'approfondissements chez les économistes suivant que l'on raisonne en courte ou en longue période (notion d'économies d'échelle). En effet à long terme, les entrepreneurs peuvent repousser les limites imposées par la **loi des rendements décroissants** en augmentant la taille des installations et en réalisant de ce fait, des économies d'échelle.

Les **économies d'échelle** correspondent à une baisse du coût unitaire de production (ou coût moyen) lorsque les quantités produites augmentent.

FOCUS . . . FOCUS . . . FOCUS . . . FOCUS . . . FOCUS . . . FOCUS . . .

Les coûts en courte et en longue période

En courte période, les dimensions de toute entreprise sont supposées fixes et seul le volume d'activité peut varier. Les coûts sont alors considérés comme rapidement affectés par la loi des rendements décroissants qui rend la production de nouvelles unités plus onéreuses.

En longue période au contraire, les coûts peuvent être notablement abaissés grâce aux économies d'échelle directement liées à l'augmentation de la taille des entreprises et des séries produites.

Ces économies d'échelle résultent d'une multitude d'avantages liés à la grande taille (meilleure répartition des coûts fixes, rationalisation de la production, rabais sur des achats importants en volume, etc.). D'un point de vue graphique, la courbe de coût moyen à long terme se trouve déplacée vers la droite avec un minimum tiré vers le bas.

Ces économies d'échelle sont cependant elles-mêmes bornées en raison des effets négatifs de la très grande taille (avec notamment l'augmentation des coûts d'organisation).

3 La fonction d'offre de l'entreprise

La forme de la **fonction d'offre** se construit de façon symétrique au cas de la demande. Sa construction suppose toutefois de faire intervenir le concept de coût marginal.

3.1 La forme de la courbe d'offre

Intuitivement on imagine aisément que la prise en considération des coûts joue un rôle déterminant dans la fonction d'offre du producteur. Il ne choisira de produire que si le prix de vente couvre au minimum ses coûts.

La fonction d'offre qui formalise la relation entre prix et quantités offertes est une courbe croissante ce qui signifie que les quantités offertes seront d'autant plus importantes que le prix du marché est élevé.

Courbe d'offre d'une entreprise

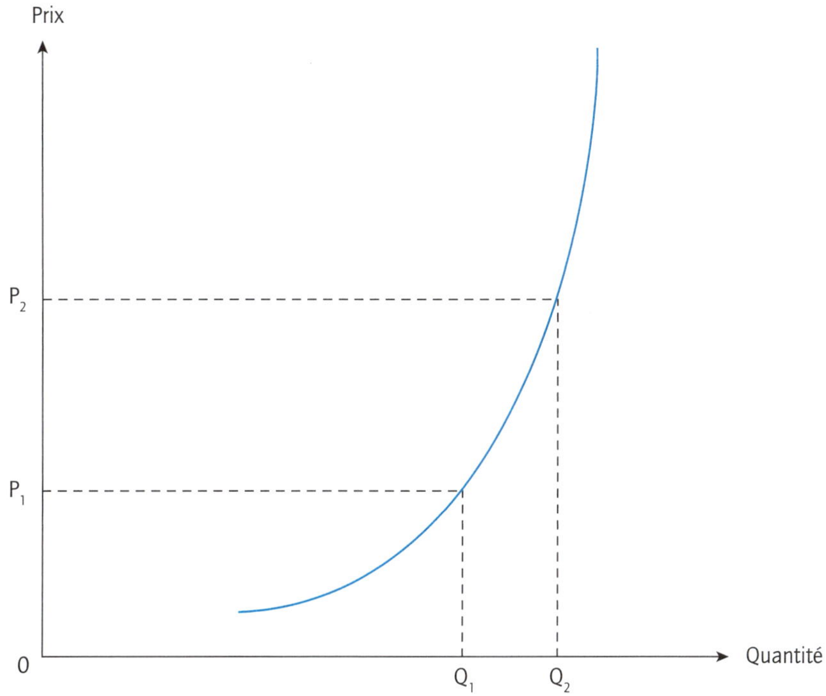

3.2 Fonction d'offre et coût marginal

On peut remarquer enfin que les fondements de la courbe d'offre reposent sur la notion précédente de coût marginal. En effet, une entreprise a intérêt à produire une unité supplémentaire jusqu'à ce que le coût de cette unité (coût marginal) soit égal au prix du marché. On peut alors en déduire que la courbe de la fonction d'offre se confond avec celle du coût marginal. On retrouve ici une fois encore l'importance du **raisonnement à la marge** qui est une constante des économistes néoclassiques.

En fait la fonction d'offre de la firme correspond seulement à une fraction de la courbe de coût marginal, celle qui se trouve précisément au-dessus du coût moyen. En effet l'entreprise ne peut valablement offrir sa production en dessous du coût moyen (coût par unité produite) sous peine de faire des pertes sur chaque unité produite.

Au terme de cette seconde section, on peut noter que la microéconomie du producteur a contribué elle aussi à doter l'économiste, de concepts et d'outils importants pour la compréhension de l'économie. Elle a du reste également fortement influencé le domaine de la gestion et ce malgré le caractère discutable de ses hypothèses.

L'essentiel

La microéconomie est une discipline constitutive des Sciences économiques, développée par les économistes néoclassiques dont l'axe directeur est l'explication du fonctionnement des économies par la modélisation du comportement individuel des agents économiques : entreprises et consommateurs.

Dans une première section consacrée à la microéconomie du consommateur, sont présentés les grandes bases et concepts en la matière (utilité, courbe d'indifférence, raisonnement à « la marge », définition des différents types d'élasticités). Ceci permet d'une part de comprendre le mode de raisonnement microéconomique et d'autre part d'aboutir à quelques résultats importants notamment celui relatif à l'optimum du consommateur.

La microéconomie du producteur en est l'exact symétrique versant producteur. Après une définition des principaux concepts et mots clés (fonction de production, productivité marginale, etc.), on approche quelques grandes questions et enjeux caractéristiques : utilisation du coût marginal comme base de tarification, distinction entre rendement factoriel et rendements d'échelle, explication possible des choix en matière de technique de production ou encore situation des coûts respectivement en courte et longue période.

À partir de cette connaissance du comportement des agents, la microéconomie va permettre d'apprécier ensuite les conditions de rencontre des agents sur le marché (*cf.* chapitre 6).

RÉFÉRENCES

Mots clés

- Carte d'indifférence
- Courbe d'indifférence
- Coût marginal
- Coût moyen
- Économies d'échelle
- Élasticité croisée
- Elasticité-prix
- Elasticité-revenu
- Facteur de production
- Fonction de demande
- Fonction de production
- Fonction d'offre
- Intensité capitalistique
- Isoquante
- Loi des rendements décroissants
- Microéconomie
- Productivité marginale
- Productivité moyenne
- Raisonnement à la marge
- Rendements décroissants
- Rendements d'échelle
- Rendement factoriel
- Technique de production
- Utilité
- Utilité marginale

Auteurs de référence

- S. Jevons (1871)
- C. Menger (1871)
- V. Pareto (1906)
- L. Walras (1874)

Références bibliographiques

Les références sont très nombreuses. Citons par exemple :

- B. Gendron, *L'Essentiel de la micro-économie*, Gualino, 4e édition, 2014.
- B. Guerrien et E. Bénicourt, *La Théorie économique néoclassique*, La Découverte, 3e édition, 2008.
- M. Montoussé et I. Waquet, *Microéconomie*, Bréal, 2e édition 2008.
- F. Teulon, *Initiation à la microéconomie*, PUF, 2013.
- H.-L. Védie, *Microéconomie en 24 fiches*, Dunod, 3e édition 2011.

APPLIQUER LE COURS

Application Quiz

		Vrai	Faux
1	En microéconomie, les marchés sont supposés toujours parfaits.		
2	En microéconomie, on fait toujours l'hypothèse de l'absence de liberté dans le fonctionnement des marchés.		
3	La microéconomie du consommateur repose sur l'hypothèse de rationalité du consommateur.		
4	L'analyse microéconomique est la perspective économique privilégiée par les économistes keynésiens.		
5	La fonction de la demande d'un bien quelconque se présente généralement comme une fonction décroissante du prix de ce bien.		

6 L'objet d'étude de la microéconomie est :
- a) les relations entre les agrégats
- b) le comportement des agents économiques pris individuellement
- c) la façon dont les marchés s'équilibrent
- d) le comportement des agents pris collectivement

7 En microéconomie, quelles sont les différentes méthodes d'évaluation de l'utilité d'un bien :
- a) la méthode de l'utilité cardinale
- b) la méthode de l'utilité indifférente
- c) la méthode de l'utilité complexe
- d) la méthode de l'utilité ordinale

8 Savez-vous ce que mesure l'élasticité croisée de la demande d'un bien :
- a) la variation relative de la demande de ce bien suite à l'augmentation relative du revenu de l'agent économique susceptible de l'acheter
- b) la variation relative de la demande d'un bien suite à la variation relative du prix d'un autre bien
- c) la variation relative de la demande d'un bien suite à la variation relative du prix de ce bien

9 Qu'est-ce qu'une fonction de production :
- a) c'est une fonction qui relie les quantités utilisées de facteurs de production aux quantités produites
- b) c'est une fonction qui relie les quantités produites aux coûts de production des facteurs utilisés
- c) c'est une fonction qui relie les quantités produites aux quantités demandées par les consommateurs

10 Jusqu'où un entrepreneur a-t-il intérêt à engager des facteurs de production supplémentaires ?
- a) tant que la productivité marginale est supérieure à la productivité moyenne
- b) tant que la productivité marginale est supérieure au coût marginal
- c) tant que la productivité marginale est supérieure à la productivité totale
- d) tant que la productivité marginale est inférieure à la productivité moyenne

SE PRÉPARER À L'EXAMEN

Étude de document 1

L'étude du consommateur d'un pays donné fait ressortir qu'il dispose d'un budget de 360 euros en moyenne pour satisfaire ses deux loisirs préférés notés L1 et L2.
On précise par ailleurs que les prix unitaires des loisirs respectivement L1 et de L2 sont de 30 euros et 60 euros. Les choix de ce consommateur peuvent s'exprimer de la façon suivante en fonction du niveau d'utilité :

Niveau d'utilité	Combinaison de loisirs possibles				
1	Loisir L1 Loisir L_2	1 5	3 3	6 1	
2	Loisir L1 Loisir L_2	2 7	4 5	8 2	10 01
3	Loisir L1 Loisir L_2	20 10	6 6	12 02	14 01

1. Représentez les courbes d'indifférence correspondant à chacun de ces choix.
2. Tracez la droite du budget et déterminez le choix du consommateur.
3. Comment ce choix se modifierait-il dans l'hypothèse où le budget du consommateur passerait à 480 euros ?
4. Comment ce choix se modifierait-il dans l'hypothèse où le prix du loisir L_2 baisserait de moitié ?

Étude de document 2

L'entreprise Batimat Frères a chiffré l'ensemble de ses coûts respectivement fixes et variables en fonction des quantités produites.

Quantités	Coûts variables en euros	Coûts fixes en euros
1	409	100
2	816	100
3	1 220	100
4	1 623	100
5	2 025	100
6	2 428	100
7	2 832	100
8	3 248	100
9	3 672	100
10	4 120	100
11	4 590	100
12	5 090	100

1. Calculez le coût total, le coût moyen et le coût marginal en fonction des quantités produites.
2. Tracez sur un même graphique les courbes de coût marginal et de coût moyen.
3. Si le prix sur le marché se situe à 450 euros, déterminez graphiquement les quantités à produire, ainsi que le profit réalisé dans ce cas.

CHAPITRE 6

Marché et formation des prix

Après avoir procédé à la formalisation des comportements individuels des consommateurs et des producteurs, il devient possible d'agréger ces comportements individuels et ce faisant de construire une représentation macroéconomique à la fois de la production et de la consommation sur les marchés. Mais ceci constitue une simple étape car ce qui intéresse fondamentalement les économistes, c'est la rencontre même entre cette offre et cette demande qui débouche sur l'enjeu essentiel de la formation des prix.

Les économistes néoclassiques ont proposé une première formalisation sur la base d'hypothèses drastiques, système dit de la « concurrence pure et parfaite ». Les marchés réels s'écartent cependant pour l'essentiel de ce cadre d'analyse idéal, d'où l'importance d'identifier les autres configurations de marché et d'en apprécier les conditions spécifiques de formation des prix.

Les imperfections et défaillances du marché sont nombreuses et interpellent de ce fait les pouvoirs publics. Il convient de présenter en particulier deux cas d'école : ceux respectivement des biens collectifs et des externalités.

A LA FORMATION DES PRIX EN CONCURRENCE PURE ET PARFAITE

Après avoir précisé la notion de marché de concurrence pure et parfaite, en abrégé (CPP), on présente la fameuse la loi de l'offre et de la demande et les conséquences de la formation du prix d'équilibre.

1 Les caractéristiques des marchés de concurrence pure et parfaite

1.1 Définition et typologie générale des marchés

Le marché est une notion commune mais dont on peut rappeler précisément la signification en matière économique.

> Le **marché** est le lieu de rencontre réel ou fictif entre l'offre et la demande. Il se caractérise par la manière dont s'opère cette rencontre entre l'offre et la demande, pour aboutir à une quantité échangée et à un prix.

Au-delà de **la structure même du marché** (c'est-à-dire du nombre d'agents qui interviennent sur ce marché), il existe différentes typologies :

Il y a tout d'abord la classification des marchés suivant **l'espace géographique** concerné avec la distinction usuelle entre marché local, national, européen et international. L'économiste peut s'intéresser tour à tour à ces différents types de marchés, mais leur distinction sur un plan théorique présente un intérêt de plus en plus restreint, compte tenu de la mondialisation même des marchés et de la diffusion planétaire de plus en plus rapide des technologies.

On peut aussi distinguer les marchés suivant **l'objet d'échange** ; ainsi les économistes traitent-ils successivement du marché des biens et services, du travail ou encore des capitaux. Mais comme le montrent différents chapitres de cet ouvrage, on retrouve dans chacun des cas, des concepts d'analyse et des processus souvent voisins, d'autant que les hypothèses de base retenues par les économistes néoclassiques pour analyser chacun de ces marchés sont rigoureusement les mêmes. Notons enfin que l'étude de la loi du marché fait implicitement référence aux échanges de biens

1.2 Les caractéristiques des marchés de concurrence pure et parfaite

Les économistes néoclassiques ont construit un marché idéal appelé « marché de concurrence pure et parfaite ».

La **concurrence pure et parfaite** est une situation de marché devant satisfaire aux cinq conditions suivantes : l'atomicité de l'offre et de la demande, la libre entrée sur le marché, la transparence sur le marché, l'homogénéité du produit et la mobilité des facteurs de production.

Les hypothèses de la CPP

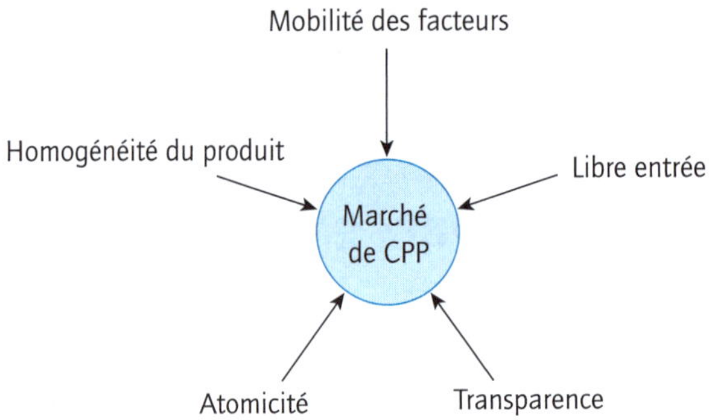

Reprenons une à une ces différentes hypothèses en les explicitant :

- L'**atomicité** de l'offre et de la demande : il existe une multitude d'offreurs et de demandeurs, de telle sorte qu'aucun d'entre eux (situation comparable à un atome face à l'ensemble) ne puisse influencer le marché.
- La **libre entrée** sur le marché : il n'existe pas de restrictions à l'entrée, ainsi la concurrence n'est pas figée.
- La **transparence** sur le marché : tous les acteurs du marché bénéficient d'une information parfaite sur les conditions du marché (en particulier les prix).
- L'**homogénéité** du produit : les produits échangés sur le marché sont identiques de telle sorte que la concurrence ne peut porter que sur les prix.

• La **mobilité** des facteurs de production : les facteurs de production peuvent se déplacer, de manière à ce que chaque entreprise puisse profiter des mêmes conditions de production.

Ce modèle se présente, on le voit, comme un mécanisme de marché pur, « sans frottements » comme dans le cas des physiciens étudiant le déplacement d'un objet dans le vide. De fait, ce modèle reste très largement théorique dans la mesure où tout ou partie de ces conditions sont rarement réunies.

2 La loi de l'offre et de la demande et ses implications

2.1 La loi de l'offre et de la demande

Le fonctionnement de ce marché de concurrence pure et parfaite résulte de la libre confrontation de l'offre et de la demande pour chaque produit qui détermine un prix d'équilibre.

La **loi de l'offre et de la demande** est un mécanisme de marché selon lequel toutes les variations relatives de l'offre et de la demande entraînent des variations relatives de prix qui permettent d'établir un nouvel équilibre entre offre et demande.

De façon plus précise, la loi de l'offre et de la demande met en présence :

• Une demande (somme des demandes individuelles) qui est la quantité de produits que les acheteurs sont prêts à acquérir pour un certain prix. Cette **demande** est **décroissante** avec le prix, c'est-à-dire que le consommateur aura tendance à acheter de plus petites quantités de biens au fur et à mesure que le prix augmente.

• Et une offre (somme des offres individuelles) qui est la quantité de produits que les producteurs souhaitent vendre à un prix donné. Comme le prix associé à une quantité offerte dépend du coût de production et que les producteurs cherchent à maximiser leur profit, la **quantité offerte** est, elle, une fonction **croissante** du prix.

Cette confrontation de l'offre et de la demande débouche sur un prix d'équilibre qui est le prix qui égalise cette demande et cette offre collectives.

Le **prix d'équilibre** est le prix auquel la demande est égale à l'offre.

Il convient de noter que ce prix est unique, qu'il s'impose au marché et que par suite, le seul choix qui s'offre aux vendeurs et aux acheteurs réside dans celui de la quantité à acheter ou à proposer de façon à maximiser leur objectif (l'utilité pour le consommateur et le profit pour le producteur).

Voyons cela sur un exemple : soit un produit X avec les quantités demandées et offertes à différents prix :

Prix (P)	10	13	15	17	20	25
Quantité offerte (Q_o)	100	200	300	500	800	1 000
Quantité demandée (Q_d)	800	500	200	150	100	50

En dressant les courbes d'offre et de demande correspondantes, on en déduit donc sans difficulté la quantité et le prix d'équilibre ; respectivement 275 et 14,5.

Le prix d'équilibre en CPP

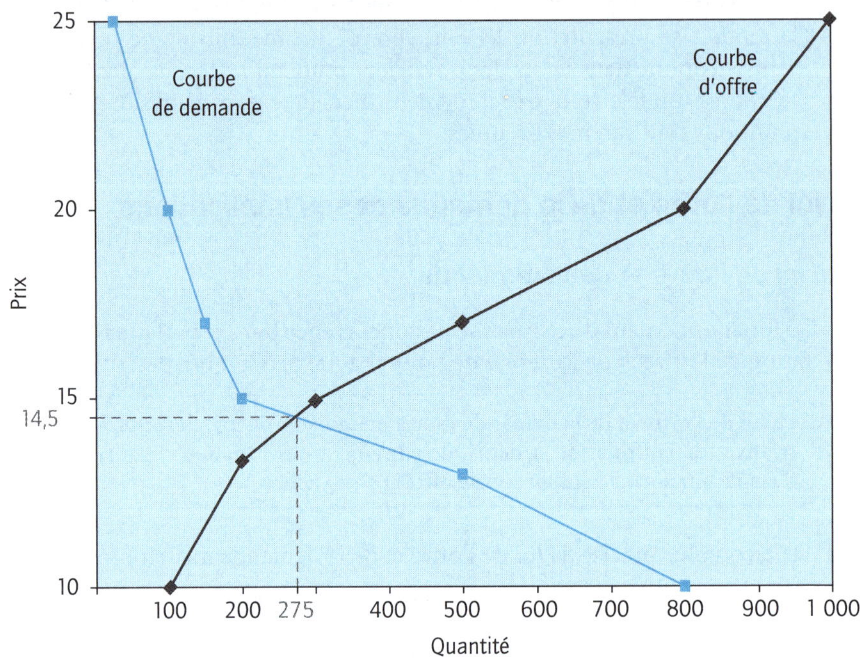

2.2 La flexibilité des prix, pivot de la loi de l'offre et de la demande

Le point de concours des deux courbes donne le prix (14,5) et la quantité (275) d'équilibre qui permettent de satisfaire simultanément acheteurs et vendeurs. Ce prix d'équilibre s'impose aux opérateurs comme sous l'effet d'un ordre naturel (« la main invisible » de l'économiste classique Adam Smith ou, plus tard, le commissaire-priseur du néoclassique Léon Walras).

Ce qui est essentiel à comprendre, c'est que, dans un tel environnement, tout changement affectant l'offre ou la demande conduit nécessairement et rapidement à un nouvel équilibre, caractérisé par un nouveau prix d'équilibre. On peut schématiser sans difficulté le processus correspondant sous forme de graphique (voir ci-contre).

Partons d'une situation initialement équilibrée (P_1, Q_1) et faisons l'hypothèse par exemple d'une **modification de la demande**. Sous l'effet de l'accroissement de la population, ou encore de changements de goûts, la demande a tendance à s'accroître (on passe de la courbe de demande D1 à la courbe D2) et le prix demandé augmente par voie de conséquence. Dans ce contexte, les producteurs répondent à ce signal favorable du marché en mettant sur le marché une production plus importante et le marché s'achemine vers un nouvel équilibre (P_2, Q_2).

Un raisonnement similaire peut être développé dans le cas symétrique d'une modification de l'offre.

Changement des prix et des quantités

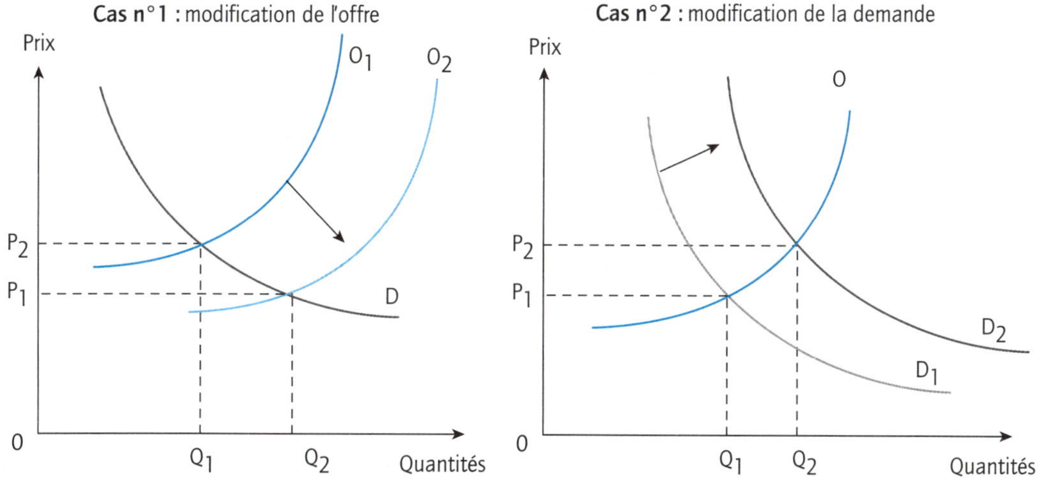

2.3 L'équilibre du marché et les gains des opérateurs

a) Les gains des opérateurs

L'équilibre du marché présente aussi l'avantage de fournir un gain aux différents opérateurs qu'il s'agisse des consommateurs ou des producteurs : les uns parce qu'ils acquièrent une partie des biens à un prix inférieur à celui qu'ils étaient prêts à payer et les seconds car ils vendent une partie des biens à un prix supérieur à celui qu'ils escomptaient. Ici encore la représentation graphique permet de visualiser le processus.

Les surplus du consommateur et du producteur

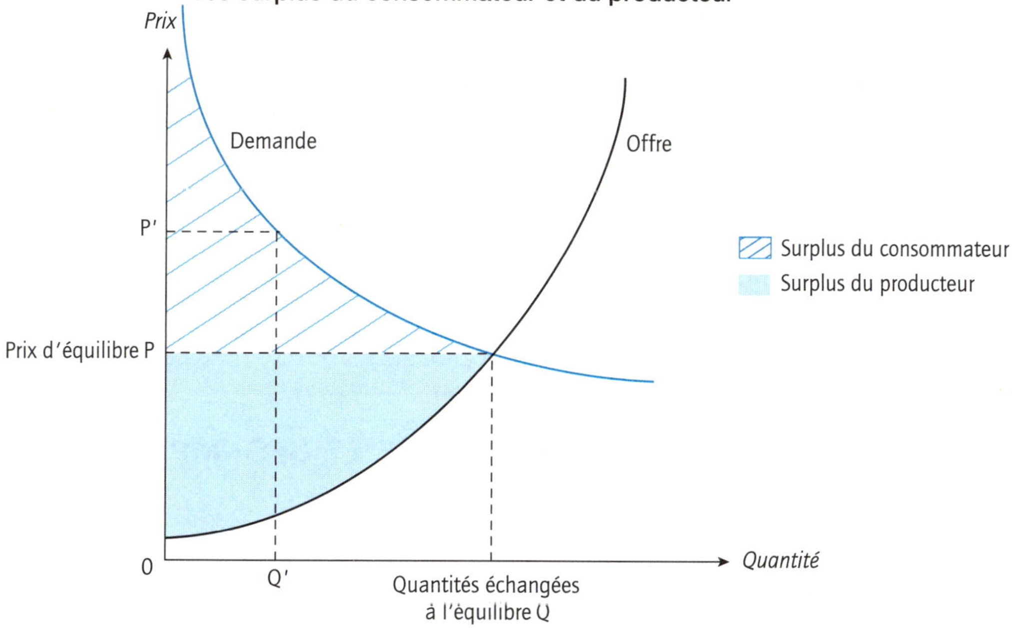

En effet les consommateurs étaient prêts initialement à payer beaucoup plus cher, par exemple la quantité Q' au prix P'. En réalité, ils ne paieront les unités de biens qu'au prix P et seule la dernière unité sera facturée au prix demandé (toutes les autres le seront à un prix plus faible). Ainsi les consommateurs réalisent un surplus, gain psychologique en quelque sorte (visualisé sur le schéma avec la surface hachurée).

> Le **surplus du consommateur** résulte de la différence entre le prix qu'il était prêt à payer et le prix d'équilibre sur le marché.

De la même façon, on peut définir un surplus du producteur (visualisé sur le schéma avec la surface pleine).

> Le **surplus du producteur** résulte de la différence entre le prix de marché et le prix auquel il aurait accepté de vendre.

Cette notion de surplus est d'une grande utilité en économie car elle permet de comparer les effets de situations de marché différentes ; par exemple, on verra plus loin que le monopole conduit à un transfert de surplus du consommateur vers le producteur.

b) Le calcul du profit des producteurs

En allant plus loin dans l'analyse, on peut calculer le profit (c'est-à-dire le gain réel et non psychologique cette fois) réalisé par tout producteur.

> Le **profit du producteur** est la différence entre la recette totale, soit le produit du nombre d'unités fabriquées et vendues et du prix unitaire de vente, et le coût total, soit le produit du nombre d'unités fabriquées et du coût moyen de production ; la traduction algébrique en est la suivante :
> Profit = recette totale – coût total = (P × Q) – (CM × Q)

Enfin observons pour terminer que suivant la théorie microéconomique le prix de vente s'impose au producteur et que ce prix d'équilibre, pour la firme est atteint quand la recette marginale est égale au coût marginal. En d'autres termes on aboutit au résultat suivant : en concurrence pure et parfaite, la recherche de la maximisation du profit par les firmes d'une part et l'existence d'un prix dicté par le marché d'autre part font qu'il y a identité entre le prix de marché, la recette marginale et le coût marginal. Le prix d'équilibre est atteint lorsque le profit qui résulte de la dernière unité vendue est nul.

> Recette marginale (R_m) = Coût marginal (C_m) = Prix de vente (P)

B LA CONCURRENCE IMPARFAITE ET SES IMPLICATIONS ÉCONOMIQUES

Pour l'essentiel, les marchés ne respectent pas les conditions de la concurrence pure et parfaite. Aussi convient-il d'examiner de façon schématique les modes de fixation des prix sur les autres grandes familles de marchés (monopoles, oligopoles et configurations dites de concurrence monopolistique).

1 Nature et caractéristiques des marchés de concurrence imparfaite

Après avoir rappelé que la concurrence imparfaite est la règle et la concurrence pure et parfaite l'exception, on fait apparaître les différents cas de concurrence imparfaite en présentant la typologie des marchés suivant leur structure.

1.1 Le non-respect des conditions de concurrence pure et parfaite

La concurrence imparfaite se rencontre à chaque fois qu'une condition de la concurrence pure et parfaite n'est pas vérifiée ; ce qui conduit à faire l'inventaire des entraves à la réunion des cinq conditions d'existence de la CPP que l'on peut résumer dans le tableau suivant :

Les entraves à la réalisation des hypothèses de la CPP

Type d'hypothèse de la CPP	Entraves aux hypothèses (situations « non concurrentielles »)
Atomicité des offres et des demandes	Concentration des opérateurs
Transparence du marché	Information partielle, confidentielle, fallacieuse
Homogénéité des produits	Stratégie de différenciation des produits par les producteurs
Liberté d'entrée sur le marché	Existence de barrières à l'entrée
Mobilité parfaite des facteurs de production	Barrières protectionnistes de tous ordres

Le tableau ci-dessus montre que chacune de ces conditions peut être infirmée par l'observation des marchés réels à commencer par l'hypothèse d'atomicité des marchés : ainsi en France par exemple, la part des dix premiers groupes dans la valeur ajoutée du secteur « énergie » dépasse les 90 %. Dans le secteur « automobile », cette part est proche de 80 %. En d'autres termes, la concurrence imparfaite s'illustre d'abord par le phénomène quasi généralisé de concentration économique.

Ce constat permet de préciser la **signification réelle de la CPP** pour les économistes néo-classiques : c'est dans tous les cas, un **étalon** qui permet d'évaluer le degré d'imperfection des marchés (concurrence imparfaite), mais également une norme dont il convient de se rapprocher (les pouvoirs publics ayant alors pour rôle de créer les conditions d'une telle concurrence).

1.2 Le critère d'atomicité des marchés et la typologie de Stackelberg

L'hypothèse d'atomicité des marchés est souvent non vérifiée dans l'économie réelle ; on relève toutefois plusieurs cas intermédiaires entre la concurrence parfaite et son opposé, la situation de monopole. De plus cette atomicité est remise en cause non seulement au niveau de l'offre mais également au niveau de la demande. L'économiste allemand H. von Stackelberg a résumé dans un tableau célèbre les différentes configurations de marché envisageables.

Les marchés suivant le nombre d'offreurs et de demandeurs

Offreurs / Demandeurs	Un seul	Quelques-uns	Multitude
Un seul	Monopole bilatéral	Monopsone contrarié	Monopsone
Quelques-uns	Monopole contrarié	Oligopole bilatéral	Oligopsone
Multitude	Monopole	Oligopole	Concurrence pure et parfaite (CPP)

La fixation des prix en situation de concurrence imparfaite s'opère de façon sensiblement différente suivant la configuration de marché envisagée ; aussi convient-il de préciser ce que recouvrent ces différentes situations ou plus opportunément les principales (marchés monopolistiques et oligopolistiques). Le dénominateur commun des différentes configurations hormis la CPP est la possibilité d'action et d'influence des agents et entre autres des producteurs. Ces producteurs ne sont plus des agents soumis passivement aux marchés ; ils mettent en œuvre des stratégies et interviennent incidemment dans la fixation des prix. En concurrence imparfaite, les entreprises ne se bornent plus à « prendre » le prix que leur assigne le marché. Elles sont « faiseurs de prix » (***price-makers***).

2 La fixation des prix en concurrence imparfaite

On présente ici les cas les plus importants car les plus fréquents : ceux du monopole et de l'oligopole et une variante, la concurrence dite monopolistique. On doit ces analyses aux travaux de différents économistes tels J. Robinson et sa théorie de la concurrence imparfaite (en 1932) ou encore E.H. Chamberlin et sa théorie de la concurrence monopolistique (en 1933).

2.1 La fixation des prix en situation de monopole

Le **monopole** est une configuration de marché dans laquelle un seul producteur fait face à une multitude d'acheteurs.

a) L'origine des situations de monopole

Il y a plusieurs origines possibles : avec d'abord le cas des **monopoles légaux**, dont le marché est conféré à un opérateur et un seul par décision des Pouvoirs publics pour des raisons d'origines elles-mêmes diverses : raisons stratégiques, historiques, de défense de l'intérêt général etc. ; mais il y a également des **monopoles naturels** qui tiennent aux caractéristiques techniques d'un secteur, par exemple dans le cas de coûts fixes importants et de coûts marginaux faibles ; enfin, le monopole peut être la contrepartie temporaire **d'un processus d'innovation** lorsqu'une entreprise se retrouve seule sur le marché par suite du lancement d'un nouveau produit ou d'une nouvelle technologie.

Les différentes formes et origines d'un monopole

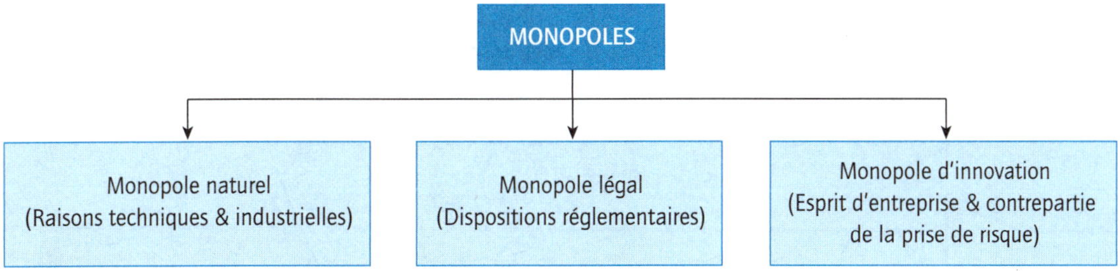

b) La détermination de l'équilibre de monopole

Dans le cas du monopole, l'entreprise fixe elle-même le prix du marché qui n'est donc plus une donnée pour elle, mais une variable. Au lieu de choisir la quantité à produire, le prix étant donné, le monopole doit choisir un couple (prix, quantité).

La grande différence séparant le monopole de la situation de concurrence pure et parfaite vient donc de cette possibilité d'agir sur le prix ; ce qui conduit à une deuxième particularité qui est la forme de la demande adressée au monopole. Le schéma suivant représente la forme de la courbe de demande à l'entreprise dans les deux cas : avec dans la situation caractéristique du monopole une courbe décroissante avec le prix et dans la configuration de la CPP une droite parallèle à l'axe des quantités (puisque l'entreprise peut ici écouler n'importe quelle quantité au prix du marché P*). La vente se réalise à un prix qui du point de vue du monopoleur est indépendant des quantités produites.

Fonction de demande en régime de concurrence et de monopole

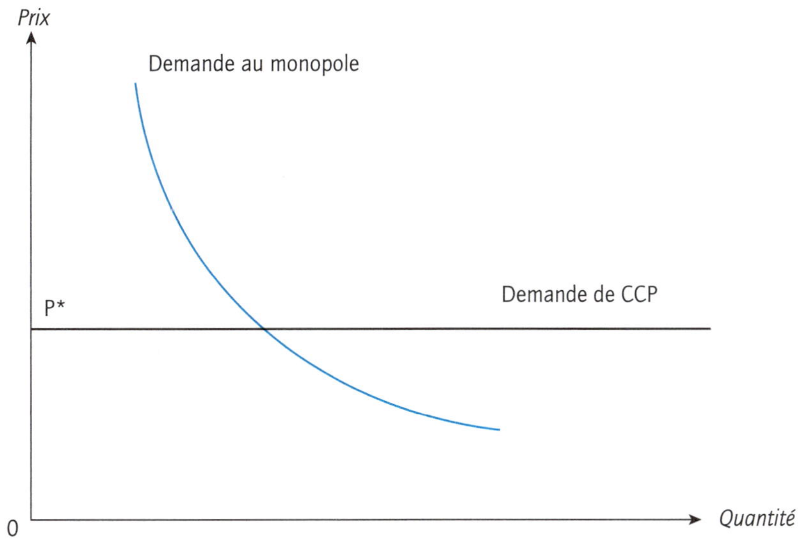

D'une façon générale, le monopole va fixer son prix de manière à maximiser son profit. Compte tenu des caractéristiques de la situation, le monopoleur est soumis à deux effets contraires : un **effet prix** (la hausse du prix permet de d'augmenter les recettes), et un **effet**

quantité (la hausse du prix va diminuer comme on vient de le voir, les quantités demandées selon la courbe de demande du marché).

Le prix de monopole

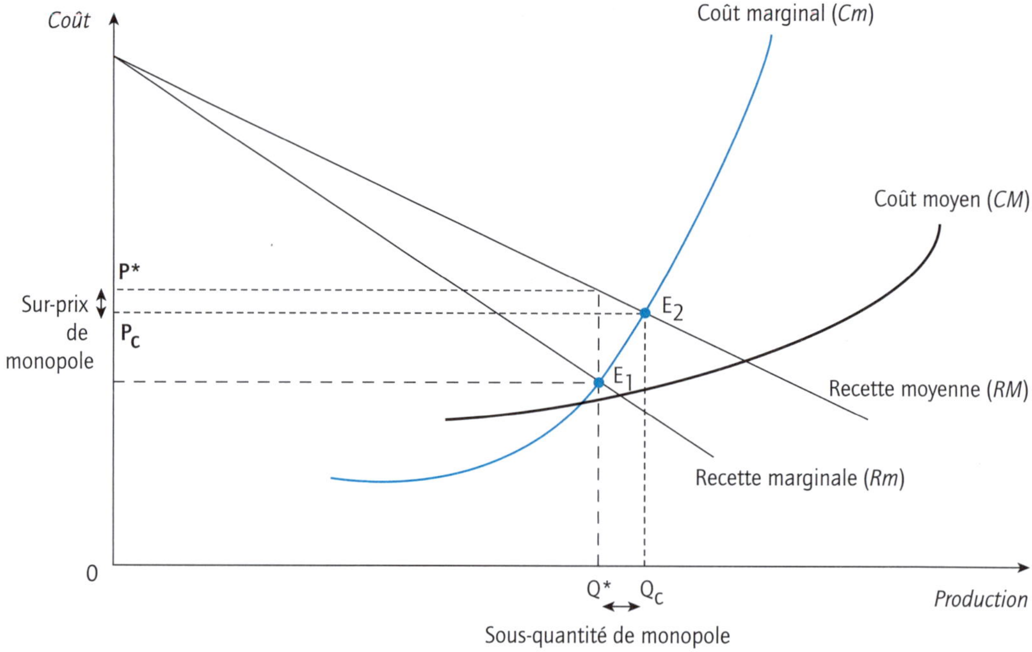

La recette totale de l'entreprise est RT = $P \times Q$.

Sa recette moyenne est : $RM = RT/Q = (P \times Q)/Q = P$. Sa recette marginale ($Rm$) étant la recette obtenue grâce à la dernière quantité vendue : $Rm = \Delta RT/\Delta Q$.

- En situation de **concurrence pure et parfaite**, puisque le prix s'impose à l'entreprise, on a $RM = Rm = P$. Dans le cas d'une fonction de recette continue, la recette marginale est égale à la dérivée de la recette totale : $Rm = \mathrm{d}RT/\mathrm{d}Q$.

- En situation de **monopole**, la recette moyenne est décroissante, puisque comme on l'a vu plus haut, la demande qui s'adresse à l'entreprise est constituée par la demande totale du marché : plus l'entreprise souhaite vendre, plus elle doit donc baisser ses prix. Si la recette moyenne est décroissante, c'est que la recette marginale l'est aussi : c'est parce que la recette obtenue sur la dernière unité vendue diminue que la recette moyenne diminue. La recette marginale est donc toujours inférieure à la recette moyenne, comme l'indique le tracé des droites de recettes sur le schéma.

L'entreprise fixe son prix pour maximiser son profit, c'est-à-dire au point E1 où le profit retiré de la dernière unité vendue est nul : $Rm = Cm$. Rappelons que comme toute firme, le monopole doit égaliser sa recette marginale et son coût marginal. Ce faisant, l'entreprise monopoleur détermine alors la quantité Q^* à produire, ainsi que le prix P* qui correspond à sa recette moyenne.

Par rapport à la situation de concurrence parfaite qui se situerait en E2, point de rencontre entre la recette moyenne et le coût marginal (en supposant que la courbe de coût marginal du monopole puisse être identique à la somme de toutes les courbes de coût des entreprises du marché), on constatera que **la situation de monopole conduit à un prix supérieur (P*) à celui de concurrence pure et parfaite** (P_c) pour des quantités échangées moindres (Q* au clieu de Q_c).

c) Les implications économiques et les limites à la liberté d'action du monopole

On vérifie ainsi un résultat attendu, celui du caractère a priori défavorable aux consommateurs et à la société de ce type de configuration de marché : le monopole encaisse en effet un superprofit appelé « rente de monopole ».

> La **rente de monopole** est égale à la différence entre le profit de monopole et le profit concurrentiel. Il s'explique par une restriction volontaire de la production par le monopoleur par rapport à la situation de concurrence pure et parfaite.

Cela étant, le monopole n'a pas nécessairement intérêt à augmenter fortement ses prix et ce, toute question de réglementation mise à part. En effet, un monopole est souvent temporaire et limité : des prix trop élevés, et des profits en conséquence, vont susciter l'intérêt de nouveaux concurrents qui souhaiteront entrer sur le marché.

En produisant en grande quantité, le monopoleur pourra alors réduire ses coûts unitaires et rendre de ce fait, l'accès au marché plus difficile tant les investissements devront être importants pour rivaliser avec le monopoleur sur les coûts. C'est la raison pour laquelle certains monopoles peuvent faire le choix d'une politique de prix « modérée » de manière à décourager les éventuels nouveaux arrivants.

Ajoutons pour terminer que certains monopoles, qualifiés de « **monopoles discriminants** » peuvent choisir de proposer des prix différents suivant le type de client ou le type d'unité consommée ; c'est le cas souvent retenu par les monopoles des secteurs de l'énergie ou du transport qui ont à supporter d'importants coûts fixes.

> Un **monopole discriminant** est une firme qui pratique des prix différents pour le même bien ou service suivant le type de clientèle.

d) Avantages et inconvénients de la politique de prix en cas de monopole

Si les avantages du producteur en situation de monopole sont évidents, il n'en va pas de même pour la collectivité. En effet il faut compter avec d'une part des inconvénients fréquents dans le court terme (le monopole est considéré comme « **sous-optimal** ») et d'autre part d'éventuels avantages dans le long terme.

Avantages et inconvénients pour la collectivité

Inconvénients	Avantages
Prix de monopole supérieur à prix de CPP Volume de production inférieur (à celui de CPP) Moindre disposition à l'innovation	Possibilité à long terme de baisse des coûts en dessous de ceux de CPP en raison d'économies d'échelle dues à la grande taille avec des conséquences bénéfiques pour la collectivité en termes de prix et de quantité

2.2 La fixation des prix dans le cas de l'oligopole

Cette configuration de marché constitue sans doute la forme de marché la plus répandue dans la mesure où les marchés sont généralement concentrés et les entorses à la CPP, nombreuses, les monopoles restant toujours une exception.

Un **marché d'oligopole** est un marché comportant un petit nombre d'offreurs face à une multitude d'acheteurs. Le nombre restreint d'offreurs fait que les décisions des uns ne sont pas sans conséquence sur les décisions des autres.

a) Les caractéristiques générales de ce type de marché

Ce type de configuration de marché est caractéristique des marchés imparfaits en raison des entorses non seulement à l'hypothèse d'atomicité mais également à d'autres hypothèses notamment celle de transparence de l'information.

L'oligopole caractérise d'une certaine façon une situation à mi-chemin entre la concurrence pure et parfaite d'une part et la configuration du monopole d'autre part. Les oligopoleurs peuvent influencer les prix (contrairement au cas de la CPP) et les orienter de façon à maximiser leurs profits, mais leur action est toujours incertaine dans ses effets et fortement contrainte par les autres offreurs (contrairement au cas du monopole).

D'une façon générale, l'oligopole présente fréquemment la caractéristique de comporter une courbe de demande coudée. Sur ce type de marché, Il existe toujours un certain prix d'équilibre (P*), même si chaque oligopoleur conserve la possibilité de vendre sa production à un prix inférieur (ou supérieur). Mais il est bien difficile et risqué pour un oligopoleur de s'écarter significativement de ce prix, car en proposant ses produits à un prix supérieur à P*, il verra la demande se porter vers les autres offreurs (qui n'auront pas relevé leurs propres prix) et perdra des ventes ; tandis qu'en baissant ses prix au-dessous de P*, il encourt le risque d'un alignement immédiat de ses concurrents et ne parviendra pas (ou peu) à gagner de nouveaux clients.

La courbe de demande coudée de l'oligopole

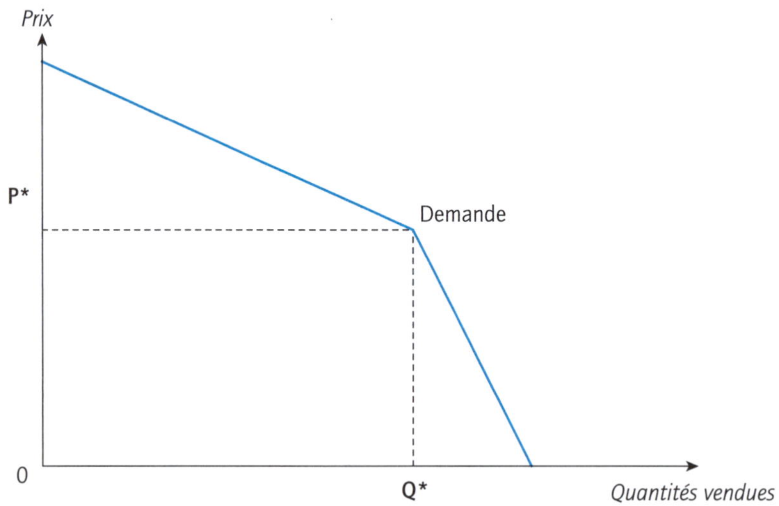

Cette forme coudée de la demande (avec une demande très élastique au-dessus de P* et au contraire presque inélastique en dessous de P*) permet de comprendre l'inertie des prix qui caractérise de nombreux marchés oligopolistiques.

b) Les différents types d'oligopoles

Il vaut mieux parler des oligopoles plutôt que de l'oligopole ; car il existe en réalité une grande variété de situations avec deux situations extrêmes : celle des oligopoles avec coordination (ou oligopoles de paix) où les entreprises peuvent s'entendre sur les prix et sur les quantités à produire et celle des oligopoles sans coordination (ou de guerre) qui peuvent basculer dans les guerres de prix. Dans le premier cas théoriquement interdit par la réglementation française et européenne, la fixation des prix tend à se rapprocher de la situation prévalant dans le cas du monopole sans être exempte d'instabilité (*cf.* le cas du cartel de l'OPEP) ; dans le second, on bascule dans une situation inverse avec un autre butoir, la vente à perte, également proscrite par la réglementation. D'une façon générale, les cas de figure sont multiples, incertains dans leurs effets en termes de prix et instables dans le temps, comme le montre la **théorie des jeux**.

FOCUS . . . FOCUS . . . FOCUS . . . FOCUS . . . FOCUS . . . FOCUS . . .

Instabilité des marchés oligopolistiques et stratégie des firmes (l'apport de la théorie des jeux)

La **théorie des jeux** fondée par des mathématiciens dans les années 1920 et qui a fait ensuite l'objet d'importantes applications économiques notamment à partir des années 1980, aide à comprendre et à visualiser les comportements des firmes en situation de concurrence imparfaite.

La **théorie des jeux** propose différents scénarios possibles (jeux) faisant intervenir les décisions de plusieurs agents en concurrence et dont la position et le résultat obtenu par chacun dépendent de l'attitude des autres.

Cette analyse introduit l'hypothèse d'**information imparfaite** et prête aux agents **des comportements stratégiques**. En ce sens, elle constitue une rupture avec la microéconomie traditionnelle et fait partie de tout un ensemble de travaux constitutifs de « **la nouvelle microéconomie** ».

Hypothèse : le marché comporte deux opérateurs : les oligopoleurs A et B et leurs décisions en matière de quantité à produire conduisent mécaniquement à une modification du prix de marché.

On dresse ensuite **la matrice des gains et des pertes** de chacun d'entre eux en fonction de différentes hypothèses de production de l'un et de l'autre.

		Production de l'oligopoleur A			
		élevée		faible	
Production de l'oligopoleur B	élevée	**10**	10	**3**	23
	faible	**30**	5	**20**	20

En gras : le profit réalisé par l'oligopoleur A

En maigre : le profit réalisé par l'oligopoleur B

On peut mettre en évidence 4 situations possibles :

Attaque réciproque : les 2 oligopoleurs décident d'une forte production l'un et l'autre ; ce qui fait baisser les prix sur le marché ; ils obtiennent alors un même profit de 10.

Alliance réciproque (ou cartel) : les entreprises coopèrent en décidant l'un et l'autre d'une production faible, tirant le prix vers le haut. Ceci conduit à un profit de 20 pour l'un et l'autre

Attaque de A : L'oligopoleur A décide d'une forte production et B ne peut pas suivre. A réalise un profit maximum (30) alors que celui de B tombe à 5

Attaque de B : c'est la situation inverse et cette fois c'est B qui réalise un profit élevé (22) tandis que A fait un profit très faible (3).

On voit sur cet exemple que les deux oligopoleurs n'ont pas intérêt à s'entendre. En effet, quelle que soit l'attitude de B, A obtient plus en produisant beaucoup (profit possible : respectivement 10 ou 30) qu'en produisant peu (profit possible : respectivement 3 ou 20). Un constat équivalent peut être fait aussi pour l'oligopoleur B.

Ainsi, la difficulté de la coordination des politiques des firmes avec en particulier la méconnaissance de la réaction choisie par le concurrent conduit facilement au conflit et à une situation globalement sous-optimale. En effet le profit maximum cumulé des deux firmes s'obtient dans le cas d'une politique d'entente (avec un profit de 20 + 20 = 40). Les firmes auraient intérêt à s'entendre pour réduire les effets de la concurrence et les risques attenants... mais la difficulté et les incertitudes même des ententes les conduisent fréquemment à renoncer à une formule coopérative. **La rationalité individuelle l'emporte sur la rationalité collective.**

c) L'exemple du cartel pétrolier

Le **cartel** est un accord généralement temporaire entre les producteurs d'un bien consistant à réglementer sa vente afin de stabiliser voire d'accroître les profits.

Cette situation existe depuis longue date dans le cas pétrolier puisque dès la fin des années 1920 les présidents des trois plus grandes sociétés pétrolières internationales avaient organisé secrètement le marché du pétrole ; dans les années 1960, les pays de l'OPEP ont formé à nouveau un cartel consistant à soutenir les prix du pétrole moyennant la définition de quotas de production à respecter par chaque pays membre. Ces quotas rationnent les ventes en volume d'où la tentation de certains pays de s'affranchir périodiquement de ces règles et l'effondrement à différentes reprises du cours du baril (situations dites de « contre-chocs pétroliers »). La théorie des jeux permet d'ailleurs d'éclairer au plan théorique les raisons pour lesquelles, les cartels ont tant de mal à maintenir leur collusion faute d'une connaissance sûre de la réaction des concurrents.

2.3 Le cas singulier de la concurrence monopolistique

La concurrence monopolistique est, elle aussi, une forme de concurrence imparfaite qui se rapproche de la situation du monopole sans l'atteindre exactement. Contrairement au marché de monopole, il existe toujours un grand nombre d'offreurs et l'hypothèse d'atomicité n'est donc pas remise en cause. Toutefois la concurrence est restreinte du fait du non-respect de l'hypothèse d'homogénéité du produit.

La **concurrence monopolistique** est une situation de marché dans laquelle une entreprise par la différenciation de son produit, obtient une situation de quasi-monopole.

Cette différenciation peut s'obtenir de multiples façons en s'appuyant sur les différentes techniques du marketing (intégration de caractéristiques spécifiques du produit, image de marque, utilisation de canaux de distribution particuliers, etc.).

Un offreur en situation de concurrence monopolistique se trouve par voie de conséquence dans une situation de quasi-monopole dans la mesure où les spécifications uniques de son produit peuvent conduire à une demande rigide, inélastique à l'instar de la situation de monopole.

Cependant, cette situation n'est pas nécessairement acquise dans la durée, d'autant que des prix élevés encourageront d'autres offreurs à proposer des offres similaires. Ce parcours des différentes configurations de marché témoigne de l'extrême diversité des cas et en particulier de la multiplicité des situations intermédiaires et surtout de leur caractère souvent temporaire et révocable. Ajoutons que dans toutes ces situations de concurrence plus ou moins imparfaite, affleure l'action des producteurs, en d'autres termes la possibilité de mise en œuvre de stratégies par les firmes contrairement au postulat de base des économistes néoclassiques. La nouvelle microéconomie en général et les applications de théorie des jeux ont encore renforcé cette nouvelle perception du fonctionnement des marchés en relâchant encore un peu plus les hypothèses traditionnelles néoclassiques.

C LES POUVOIRS PUBLICS ET LES LIMITES DE LA RÉGULATION PAR LE MARCHÉ

L'analyse des marchés imparfaits connaît un renouveau théorique également avec l'avènement de la théorie des marchés contestables. Toutefois, le marché supporte non seulement des **imperfections**, mais également des **défaillances** dans le cas de « marchés sans prix » ou de biens « sans marché ». Aussi convient-il d'apprécier de plus près, deux questions particulières qui justifient l'intervention des pouvoirs publics : celles que posent respectivement les biens collectifs et les phénomènes d'externalités.

1 La théorie des marchés contestables

Après l'exposé de la théorie des marchés contestables, on propose un bilan sur l'état des marchés en confrontant la réalité et les avancées théoriques.

1.1 La vision théorique contemporaine des marchés selon les néoclassiques

a) Le renouveau théorique de l'analyse des marchés

Les économistes néoclassiques ont dû admettre un à un l'existence de marchés imparfaits jusqu'à admettre la légitimité et l'utilité de certaines de ces formes : ainsi en va-t-il de l'économiste J. Schumpeter qui justifie l'existence de certains monopoles comme la contrepartie légitime de la prise de risque initiale par un entrepreneur.

Les économistes néoclassiques avec entre autres la contribution majeure de l'économiste canadien W.J. Baumol, ont su en même temps renouveler dans les années 1980 l'analyse théorique des marchés pour actualiser leur définition de la concurrence : l'objectif était de montrer que la concurrence n'est pas seulement une affaire de nombre d'opérateurs sur un marché et que des offreurs en petit nombre peuvent très bien se comporter comme s'ils étaient en situation de concurrence, évitant par exemple des hausses démesurées de prix.

Selon **la théorie des marchés contestables**, la concurrence n'est pas liée au nombre d'offreurs ou de demandeurs sur un marché ; elle se définit par l'existence de la liberté d'entrée et de sortie d'un marché et donc la possibilité plus ou moins grande qu'ont des firmes extérieures de contester la position des firmes en place.

Un marché est dit **contestable** (et donc la concurrence sauvegardée) à deux conditions :
- si l'entrée y est absolument libre c'est-à-dire qu'il n'y a aucun obstacle pour entrer sur le marché ;
- si la sortie est peu coûteuse, c'est-à-dire dans le cas de coûts irrécupérables (*sunk costs*) faibles.

b) Les implications pour les pouvoirs publics

D'une façon générale, les économistes néoclassiques sont globalement défavorables à l'intervention des pouvoirs publics dans la vie économique. L'analyse des marchés contestables leur fournit l'occasion de redéfinir les conditions et les objectifs d'intervention des pouvoirs publics autour de l'idée de préserver la contestabilité des marchés. Ils préconisent en particulier l'ouverture des marchés réputés peu ou pas contestables, en l'occurrence les secteurs comportant de « mauvais monopoles » à savoir, pour l'essentiel des monopoles publics (cas par exemple des secteurs du transport, des télécommunications et de l'énergie). Cette vision des choses a inspiré l'action des pouvoirs publics aux États-Unis et au Royaume-Uni dans les années 1980, puis dans la plupart des pays européens à partir des années 1990.

FOCUS . . . FOCUS . . . FOCUS . . . FOCUS . . . FOCUS . . . FOCUS . . .

L'exemple de l'ouverture du marché du gaz naturel en france

Depuis 1998, des États européens se sont engagés dans la libéralisation de leurs marchés énergétiques. La France a choisi, elle, une ouverture graduelle et maîtrisée alors que la fourniture de gaz était assurée pour l'essentiel depuis 1945 par l'entreprise Gaz de France, en situation de monopole.

Les clients éligibles, c'est-à-dire pouvant librement changer de fournisseur et choisir des offres à un prix libre, se sont élargis par étapes :
- août 2000 : ouverture du marché à la concurrence pour les sites consommant plus de 237 Wh/an, soit 600 sites. Cela représente 20 % du marché ouvert ;
- août 2003 : 37 % du marché est ouvert avec la possibilité pour 1 200 sites dont la consommation est supérieure à 83 Wh/an de choisir leur fournisseur ;
- juillet 2004 : la totalité des professionnels peuvent opter librement pour leur fournisseur, soit 640 000 sites professionnels (70 % du marché ouvert) ;
- juillet 2007 : l'ouverture du marché devient totale avec plus de 11 millions de clients domestiques pouvant choisir leur fournisseur de gaz naturel.

Désormais, tous les consommateurs peuvent choisir librement leur fournisseur de gaz naturel et il existe plusieurs fournisseurs de gaz tels que EDF, Eni ou encore Direct-Energie, outre Engie (groupe issu de la fusion de Suez et de Gaz de France).

1.2 Les pouvoirs publics et les marchés contemporains

En définitive, la théorie des marchés contestables permet de rendre compte de façon plus subtile du fonctionnement effectif des marchés contemporains et d'éclairer les situations fréquentes de forte concurrence, malgré le nombre restreint d'opérateurs sur le marché. Les marchés peuvent fort bien être très concurrentiels malgré les attributs de la concurrence imparfaite.

Cette analyse est là aussi pour nous rappeler que les marchés peuvent fort bien passer d'une configuration à une autre suivant en quelque sorte des cycles.

Cycles d'évolution de nombreux marchés

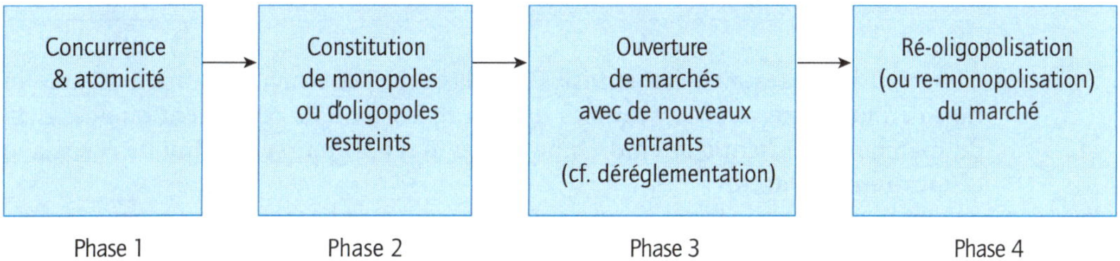

En effet, les phénomènes de déréglementation favorisés par les économistes néoclassiques n'ont pas empêché dans un certain nombre de cas, la disparition de certains concurrents et finalement le remplacement d'un monopole initialement public par un monopole privé quelques années plus tard. Si bien que l'ouverture de certains secteurs primitivement « fermés » a rendu ensuite nécessaires de nouvelles interventions des pouvoirs publics pour faire prévaloir la concurrence en interdisant par exemple certaines fusions (*cf.* chapitre 19).

En définitive la concurrence constitue toujours un mécanisme de sélection avec à la clé, le maintien des entreprises les plus performantes (notion d'efficacité économique). Les Pouvoirs publics n'ont pas pour mission d'empêcher toute forme de sélection mais plutôt d'analyser les conditions de ce processus de sélection et d'intervenir en cas de pratiques abusives (utilisation de moyens anticoncurrentiels).

2 Les défaillances de marché : biens collectifs et externalités

En économie de marché, les prix jouent un rôle central comme moyen à la fois d'information, d'incitation et d'allocation. Or il existe, si l'on peut dire, « des marchés sans prix » et l'on parle dans ce cas de défaillances des marchés. Deux cas sont particulièrement connus : les externalités et les biens collectifs.

2.1 Prix et défaillances du marché

Les prix interviennent de multiples façons :

- Ils constituent d'abord un moyen d'information pour les agents qui sont informés de la rareté (ou non) des différents biens et qui les font également bénéficier des anticipations des autres agents. Rappelons à ce propos que la transparence est une des cinq conditions de la CPP.

- Les prix ont un rôle également important d'incitation : toute variation de prix va en effet conduire les consommateurs comme les producteurs à modifier leur offre ou leur demande.

- Enfin les prix assurent l'équilibrage des marchés et le bon déroulement des transactions. En allant plus loin, les prix sont même supposés assurer la meilleure allocation possible des ressources.

Mais toutes les activités ne bénéficient pas de la même façon de l'existence d'un système de prix.

> Il y a **défaillance du marché** (*market failure*) dans les cas (externalités et biens collectifs) où le marché s'avère incapable de fixer des prix et d'assurer une affectation optimale des ressources.

C'est pourquoi, certains économistes néoclassiques eux-mêmes admettent une intervention de l'État dans ces cas extrêmes dans la mesure où ils constatent que ces défaillances du marché empêchent d'atteindre une situation d'optimum économique et social qualifiée **d'optimum de Pareto**.

> Un **optimum de Pareto** désigne un état de l'économie pour lequel aucune amélioration de la situation d'un agent ne peut être obtenue sans que celle d'au moins un autre ne soit détériorée.

2.2 Le cas des externalités

> Les **externalités** existent dès lors qu'interviennent des interactions entre agents économiques induisant des avantages ou des inconvénients non pris en compte par le marché et donc par le système de prix.

a) Les différents types d'externalités

Ces externalités peuvent être positives ou négatives suivant qu'elles se traduisent par une amélioration ou une dégradation de la situation des agents économiques concernés.

- Parmi les cas fréquents d'externalités **positives**, on peut citer l'amélioration du système routier, l'amélioration de la formation des individus et ses retombées pour les entreprises qui n'ont pas pour autant financé ces activités de façon spécifique.

- Les situations d'externalités **négatives** sont encore bien plus connues ; on pense en particulier aux phénomènes de pollution qui ne donnent pas lieu pour autant à une indemnisation des riverains et que les mécanismes du marché sont impuissants à faire cesser.

b) Le rôle des pouvoirs publics

Dans les différents cas de figure précédents, l'État est amené à intervenir pour pallier précisément ces défaillances du marché en favorisant une **internalisation de ces externalités**.

Son action revient ainsi à amener les agents économiques, qu'il s'agisse des ménages ou des entreprises, à intégrer ces externalités positives ou négatives dans leurs calculs et donc finalement à **donner un prix à ce qui avant n'en avait pas**.

Il peut le faire de différentes façons, sous forme de taxations du genre imposition d'une taxe au pollueur pour inciter les agents concernés à réduire les externalités négatives dans le premier cas, et par le biais de subventions pour favoriser les externalités positives dans le deuxième cas.

Notons cependant que les économistes néoclassiques se partagent sur le rôle dévolu à l'État en la matière : certains défendent l'idée d'un système de taxations/subventions piloté par l'État ; d'autres, plus hostiles à l'intervention des Pouvoirs publics, défendent l'idée d'une simple distribution de droits de propriété.

Le **droit de propriété** (notion juridique largement utilisée par les économistes) est le droit de jouir et de disposer des choses. Il inclut les droits de disposition, d'usage et de perception.

Ces derniers considèrent qu'il suffit d'organiser les droits de propriété des différents agents et de laisser le marché gérer les échanges de ces droits. Par exemple, l'État attribuera des droits de propriété sur une rivière à l'entreprise qui la pollue, considérant qu'elle a désormais intérêt à être plus vigilante en la matière ou qu'elle pourra négocier des arrangements financiers avec les victimes éventuelles de cette pollution (pêcheurs).
Il va sans dire que ce système proposé par l'économiste R. Coase (prix Nobel en 1991) reste bien difficile d'application.

2.3 Le cas des biens collectifs

Le deuxième cas de figure d'activités sans prix est celui des biens collectifs.

Un bien (ou service) collectif est un bien (ou service) non divisible dont il est impossible d'exclure un consommateur.

Parmi ces biens et services collectifs, certains appelés **biens collectifs purs** présentent des caractéristiques encore plus éloignées des propriétés des biens de marchés de concurrence pure et parfaite.

Un **bien (ou service) collectif pur** est, d'une part, **non excluable** (c'est-à-dire qu'il est impossible d'écarter un individu de sa consommation) et, d'autre part, **non rival** (c'est-à-dire qu'il peut être consommé par plusieurs agents sans que la quantité consommée par un individu diminue les quantités disponibles pour les autres).

La prise en compte de ces deux propriétés définissant les biens collectifs purs conduit en réalité à distinguer plusieurs types de biens et services.

Quatre grands types de biens et services

	Non excluable	Excluable
Non rival	Bien collectif pur (ex. : défense nationale)	Bien de club (ex. : télévision payante)
Rival	Bien commun (ex. : stock de poissons, forêts)	Biens privés (ex. : habits, produits alimentaires)

Les biens collectifs purs, donc non excluables et non rivaux, sont pris en charge systématiquement par les pouvoirs publics, car il est impossible de demander un prix à un consommateur donné pour en bénéficier, ce qui par conséquent dissuade les entreprises privées d'en assurer la production. En d'autres termes, sans intervention publique, ces biens collectifs seraient produits en quantité insuffisante et le bien-être des individus ne serait pas optimal.

Mais la production de biens et de services par l'État (défense, infrastructures routières sans droits de péage, éducation, émissions de radio et de télévision…) va bien au-delà des seuls biens collectifs purs, d'autant que l'État est appelé à intervenir pour préserver des biens communs, notamment des ressources naturelles, comme les ressources halieutiques.

Il n'y a donc pas identité entre biens publics et biens collectifs purs ; les situations en la matière variant d'un pays à l'autre ou encore d'une période à une autre. Les biens publics peuvent ainsi inclure des biens communs et des biens clubs.

Ainsi l'éducation est parfaitement divisible, d'où le fait que sa production puisse être assurée dans certains cas par des entreprises privées et, dans d'autres, par l'État.

L'arbitrage entre le choix d'une gestion publique ou privée s'explique alors par des considérations historiques, idéologiques, et par des exigences de justice sociale et de développement durable.

Ici encore les économistes néoclassiques se divisent sur le bien-fondé de l'intervention de l'État dans ce domaine, les plus radicaux, avec J. Buchanan, considérant que le financement par l'État d'un bien public lèse tous les citoyens qui ne souhaitent pas contribuer au financement de ce même bien.

L'essentiel

Le marché, notion centrale en économie, a fait l'objet de nombreux travaux de la part des économistes dits « néoclassiques ». Le point de départ de l'étude de marchés est constitué par l'analyse de la fixation des prix en situation de concurrence pure et parfaite (CPP) soit un marché répondant à cinq grandes hypothèses fondamentales (atomicité, libre-entrée, etc.). La fixation des prix sur un tel marché obéit à la loi bien connue « de l'offre et de la demande ».

Cependant les marchés réels s'éloignent le plus souvent de ce jeu d'hypothèses ; c'est pourquoi les économistes ont proposé une étude détaillée d'autres configurations de marché dites de « concurrence imparfaite ». La section 2 présente quelques cas d'école respectivement ceux du monopole, de l'oligopole et de la concurrence monopolistique et s'attache à préciser les caractéristiques de la fixation des prix dans chacun de ces cas. L'accent est mis également sur la variété des situations possibles et sur l'instabilité et les incertitudes attachées à certaines situations, en s'appuyant entre autres sur les apports de la théorie des jeux, constitutive de la nouvelle microéconomie.

L'omniprésence de ces marchés de concurrence imparfaite dans la réalité et les limites de l'analyse économique traditionnelle des marchés ont conduit à un renouvellement significatif de l'analyse économique dans ce domaine à partir des années 1980 avec notamment la théorie des marchés contestables de l'économiste Baumol. Dans ces conditions, la troisième section présente cette nouvelle approche théorique des marchés et propose un éclairage des grands motifs d'intervention possibles des pouvoirs publics en matière de régulation des marchés toujours dans un cadre néoclassique (phénomènes d'externalités ou présence de biens collectifs).

RÉFÉRENCES

Mots clés

- Bien collectif
- Cartel
- Concurrence monopolistique
- Concurrence pure et parfaite (CPP)
- Concurrence imparfaite
- Défaillance de marché
- Droit de propriété
- Externalité
- Loi de l'offre et de la demande
- Marché
- Marché contestable
- Monopole
- Monopole discriminant
- Monopole légal
- Monopole naturel
- Oligopole
- Optimum de Pareto
- Prix d'équilibre
- Rente de monopole
- Surplus du consommateur
- Surplus du producteur
- Théorie des jeux

Auteurs de référence

- W.J. Baumol (1982)
- E.H. Chamberlin (1933)
- R. Coase (1960)
- J. Robinson (1933)
- J. Schumpeter (1942)
- A. Smith (1776)
- L. Walras (1874)

Références bibliographiques

- E. Buisson-Fenet et M. Navarro, *La microéconomie en pratique*, Armand Colin, 2012.
- B. Gendron, *L'Essentiel de la Micro-économie*, Gualino, 4e édition, 2014.
- B. Guerrien, *La Théorie économique néoclassique*, Microéconomie, La Découverte, 3e édition, 2008.
- J. Généreux, Économie politique, T. II, Microéconomie, Hachette Supérieur, 7e édition, 2014.
- « La microéconomie en pratique », *Cahiers français*, n° 327, La Documentation française, août 2005.
- F. Teulon, *Initiation à la microéconomie*, PUF, 2013.
- H.-L. Védie, *Microéconomie en 24 fiches*, Dunod, 3e édition 2011.

APPLIQUER LE COURS

Application Quiz

		Vrai	Faux
1	La concurrence pure et parfaite est la situation de marché la plus courante dans la réalité.		
2	Un duopole est une situation de marché de type « concurrence imparfaite ».		
3	Un monopole peut découler de l'action des pouvoirs publics.		
4	Un monopole peut s'expliquer par certaines caractéristiques techniques d'un secteur.		
5	On peut parler sans problème « d'un équilibre » en situation de monopole.		
6	Un oligopole conduit nécessairement à un phénomène de collusion.		
7	Un marché contestable n'est pas nécessairement atomistique.		
8	Dans un marché contestable, il n'y a pas de collusion possible entre firmes.		

9 Un marché qui comporte un seul acheteur et plusieurs offreurs est :

a) un marché de concurrence monopolistique
b) un monopsone
c) un monopole

10 Qu'appelle-t-on « surplus du consommateur » ? Cochez la bonne réponse :

a) la différence entre le prix qu'il était prêt à payer et le prix d'équilibre du marché
b) la différence entre le prix payé et le prix de revente du produit
c) la différence entre le prix de monopole et le prix de concurrence pure et parfaite
d) la différence entre le prix d'équilibre et le prix négocié avec l'offreur
e) l'ensemble des produits que le consommateur est prêt à revendre

SE PRÉPARER À L'EXAMEN

Étude de document

On se propose d'étudier le marché d'une variété de fruit supposé fonctionner suivant les règles de la concurrence pure et parfaite (CPP). On vous communique l'état prévisible de la demande et de l'offre de ce fruit pour différents niveaux de prix.

Niveau de prix	Demande supplémentaire en kg	Offre supplémentaire en kg
25	500	1 500
20	1 000	500
17	1 000	1 000
15	1 250	500
13	750	1 000
10	1 000	1 500
4	2 000	2 000

1. Tracez les courbes d'offre et de demande dans un repère orthonormé et déterminez le prix et la quantité d'équilibre permettant de concilier la satisfaction des vendeurs et des acheteurs.
2. Établissez par calcul le surplus respectivement du producteur puis du consommateur à l'équilibre du marché, puis représentez les deux surplus sur le graphique.
3. Faisons l'hypothèse maintenant que de nouveaux producteurs de fruits entrent sur le marché (la demande, elle ne connaissant pas de modification). On vous informe dans ces conditions que l'offre augmente de 2 000 kg pour chaque niveau de prix.
4. Établissez la nouvelle courbe d'offre ainsi que le nouvel équilibre du marché. Expliquez les résultats.

Question de cours

Dans un plan détaillé, vous préciserez le rôle des prix en économie de marché et les limites de la régulation par le marché.

PARTIE 3

L'ANALYSE DES DÉTERMINANTS FONDAMENTAUX DE L'ACTIVITÉ ÉCONOMIQUE

CHAPITRE 7

La consommation et l'épargne

L'épargne et la consommation sont toujours au centre des débats économiques. Elles sont les deux formes d'utilisation du revenu et à ce titre déterminent ce que seront l'investissement et la croissance.

Au-delà des différentes formes que revêtent l'une et l'autre, l'un des enjeux centraux reste celui du partage du revenu entre ces deux grandes variables macroéconomiques et des déterminants de ce partage.

L'appréhension des rôles respectifs de la consommation et de l'épargne dans les mécanismes économiques suppose d'analyser de façon précise chacune de ces variables au travers de son évolution et de ses déterminants spécifiques.

A LE PARTAGE DU REVENU ENTRE L'ÉPARGNE ET LA CONSOMMATION

La consommation et l'épargne revêtent l'une comme l'autre, différentes formes. Au-delà de leur spécificité, il convient de clarifier le débat sur le partage du revenu entre les deux variables. La confrontation des différents points de vue théoriques nécessite enfin d'aller à la rencontre des faits et de faire le point sur les évolutions de ce partage dans l'économie contemporaine.

1 Les multiples formes d'épargne et de consommation

On aborde ici successivement le cas de la consommation, puis celui de l'épargne.

1.1 Les différentes formes de consommation

La **consommation** est l'opération économique consistant à acquérir des biens destinés à être détruits immédiatement ou progressivement à travers leur utilisation.

a) Consommation finale et consommation intermédiaire

La consommation peut être le fait non seulement des ménages comme on l'entend dans le sens courant du terme, mais également d'autres agents en particulier les entreprises.

La **consommation finale** désigne les acquisitions visant à satisfaire directement les besoins d'un ménage. Du reste le terme de consommation utilisé seul désigne généralement la consommation finale des ménages.

On parle de **consommation intermédiaire** lorsque le bien considéré disparaît dans le processus de production. Cette situation concerne bien évidemment les entreprises.

L'acte de consommer est un acte individuel dont on cherchera à comprendre les mécanismes et ce, d'autant plus, qu'au niveau agrégé, il constitue, en tant que composante principale de la demande, une variable macroéconomique prépondérante.

b) Consommation marchande et non marchande

La consommation finale comporte deux formes bien distinctes, aux règles d'évaluation et aux déterminants bien différents.

Ainsi la consommation finale se compose de :
- la **consommation marchande,** qui se traduit par des achats de biens et de services sur le marché ;
- la **consommation non marchande** qui correspond à l'autoconsommation et à la consommation de services publics.

Les différentes formes de consommation

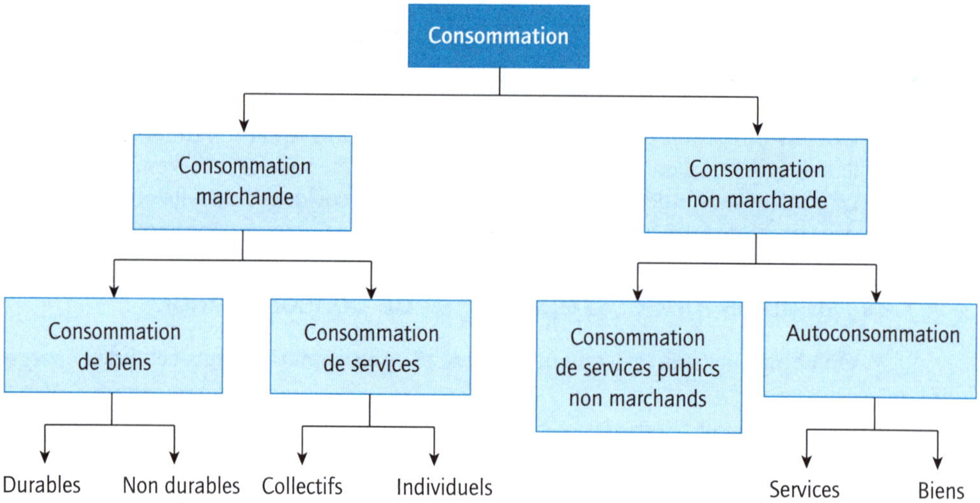

Commentons brièvement ces différentes formes de consommations de biens et services :

La **consommation marchande** concerne les biens que l'on peut classer en fonction de leur durabilité, mais également des services.

En ce qui concerne les biens, on notera qu'ils peuvent avoir un caractère durable ; ainsi même si leur consommation n'entraîne pas leur destruction, ils sont considérés comme apportant une satisfaction immédiate aux ménages.

L'**autoconsommation** exclut par définition le recours à l'échange, elle comporte toutefois une opération de création et de destruction de richesses, mais par un seul et même individu (ou ménage). Elle se compose en particulier de la production des jardins familiaux et du service fictif que se rendent à eux-mêmes les ménages propriétaires de leur logement.

La **consommation de services** rassemble deux familles de services aux logiques économiques bien distinctes avec d'une part les **services marchands** (prestations de services fournies par les entreprises et faisant l'objet de transactions sur le marché) et d'autre part les **services non marchands** dans le cas de services fournis gratuitement ou à un prix inférieur au coût de production. Pour en revenir aux services marchands, ils sont généralement individuels, mais ils peuvent revêtir une forme collective dans certains cas (transports, autoroutes à péage, etc.).

1.2 Les différentes formes d'épargne

L'épargne constitue l'autre forme d'utilisation du revenu.

L'**épargne** peut être définie comme la part du revenu qui reste disponible pour accumuler des actifs physiques et des actifs financiers.

Elle émane aussi bien des ménages que des entreprises. À l'instar de la consommation, l'épargne comporte différentes formes. En prenant le cas des ménages, on est amené à distinguer :

L'**épargne financière** qui est, suivant les cas, placée ou thésaurisée.

L'**épargne non financière** qui correspond aux investissements des ménages notamment en logements.

Chacune de ces formes correspond elle-même à différents types de situation.

Ainsi l'**épargne financière** peut être **thésaurisée** c'est-à-dire conservée sous forme fiduciaire ou d'or ou encore de biens précieux. Ceci correspond d'ailleurs au sens originel du terme anglais : *saving* (qui vient de sauver, c'est-à-dire mettre en sécurité). Elle peut être aussi **placée** et donc injectée dans les circuits de financement de l'économie soit sous forme monétaire (dépôts à vue et placements à court terme), soit sous forme financière (actions, obligations, etc.). Dans ces conditions, l'épargne peut être, suivant les cas, à court ou à long terme.

Quant à l'**épargne non financière**, elle correspond, d'une façon générale, au remboursement des prêts souscrits pour les investissements des entreprises individuelles et pour les investissements immobiliers des ménages.

Les différentes formes d'épargne des ménages

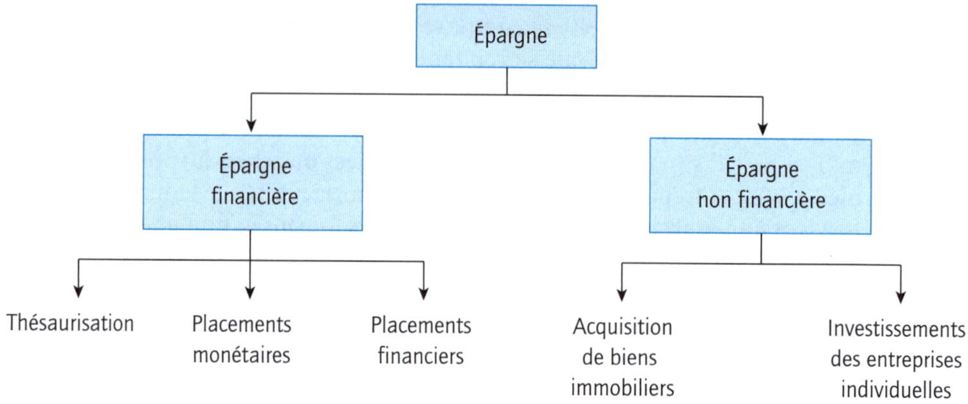

2 Les déterminants du partage

Le partage du revenu entre consommation et épargne est une question centrale pour la politique économique ; il importe en particulier d'en connaître les ressorts. Les économistes keynésiens et les néoclassiques proposent comme souvent des interprétations différentes de cette question. On présente ici les **trois orientations** essentielles qui marquent la pensée économique dans ce domaine.

2.1 La vision néoclassique

Le taux d'intérêt déterminant de l'épargne chez les néoclassiques

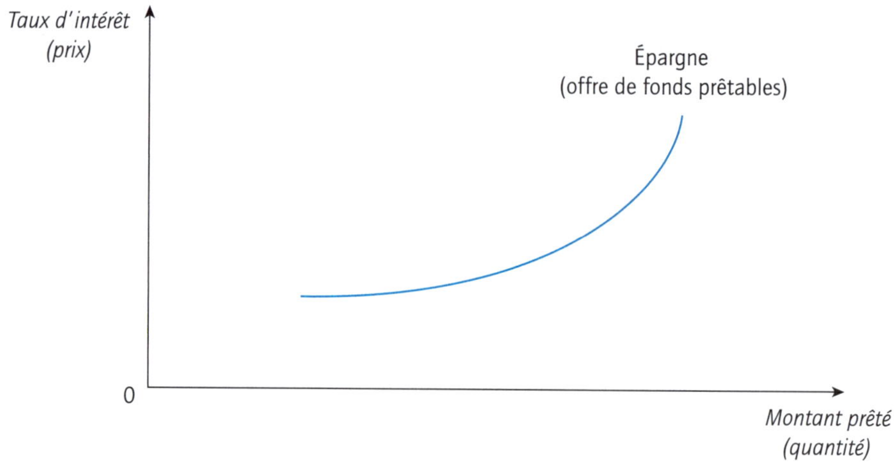

Pour les **théoriciens néoclassiques**, les ménages arbitrent entre l'épargne et la consommation en fonction du taux d'intérêt proposé pour rémunérer l'épargne. Comme les agents économiques donnent la préférence à une consommation immédiate par rapport à une consommation future (incertaine par définition) ; ils n'accepteront donc d'épargner que si la consommation à laquelle ils renoncent, permet une consommation future plus élevée et ce, grâce à un intérêt positif. En d'autres termes, le taux d'intérêt est le prix de la renonciation à la consommation.

Suivant l'analyse **néoclassique**, l'épargne dépend du taux d'intérêt. Plus il est élevé, moins grande est la consommation. La consommation est donc considérée comme la part du revenu non épargnée, c'est un résidu.

2.2 L'interprétation keynésienne

L'analyse keynésienne adopte une position radicalement opposée. Pour Keynes, c'est l'épargne qui est un résidu. Les ménages effectuent leurs choix de consommation en fonction du revenu disponible et l'épargne est alors simplement la partie non consommée du revenu. Le taux d'intérêt détermine uniquement la forme monétaire ou non de l'épargne. Il rémunère la renonciation à la liquidité.

Ainsi Keynes explique l'évolution de la consommation globale par les variations du revenu global. Selon lui, la consommation est avant tout fonction du revenu et la consommation est une fonction croissante de ce même revenu.

Toutefois la fraction consommée du revenu, qu'il appelle propension à consommer, diminue avec l'augmentation du revenu. Ainsi la part consacrée à la consommation est de moins en moins grande en vertu d'une loi psychosociologique fondamentale suivant laquelle avec l'accroissement du revenu, les besoins sont progressivement satisfaits et les possibilités d'épargne de plus en plus importantes.

Suivant l'analyse **keynésienne**, la consommation (C) est une fonction du revenu courant (R) des ménages. L'épargne est simplement un résidu. Cette analyse s'appuie entre autres sur les concepts suivants :

La **propension moyenne à consommer** (C/R) qui diminue quand le revenu augmente ; ce qui signifie qu'à long terme, la part du revenu consacrée à la consommation est supposée diminuer au profit de celle consacrée à l'épargne.
La **propension marginale à consommer** ($\Delta C/\Delta R$), qui est toujours inférieure à la propension moyenne. Cette propension marginale à consommer est supposée stable sur le court terme.

Les keynésiens ont l'habitude d'écrire la fonction de consommation comme une fonction à une seule variable (le revenu) sous la forme suivante : $\boxed{C = c.\,R + C_0}$ avec $c < 1$.

L'expression graphique de cette fonction est donc une droite.

Dans cette formulation :

- ***c*** est la propension marginale à consommer (fraction consommée de l'augmentation du revenu) ;
- C_0 est la consommation autonome et donc indépendante du revenu ; elle pourrait correspondre à la consommation minimale nécessaire pour satisfaire les besoins les plus vitaux.
- et ***R***, le revenu global.

L'essentiel est de retenir l'importance fondamentale donnée par Keynes au revenu global comme déterminant de la consommation. C'est important non seulement au plan théorique mais peut-être plus encore, du point de vue des conséquences qu'on peut en tirer en matière de politique économique.

Fonction de consommation keynésienne

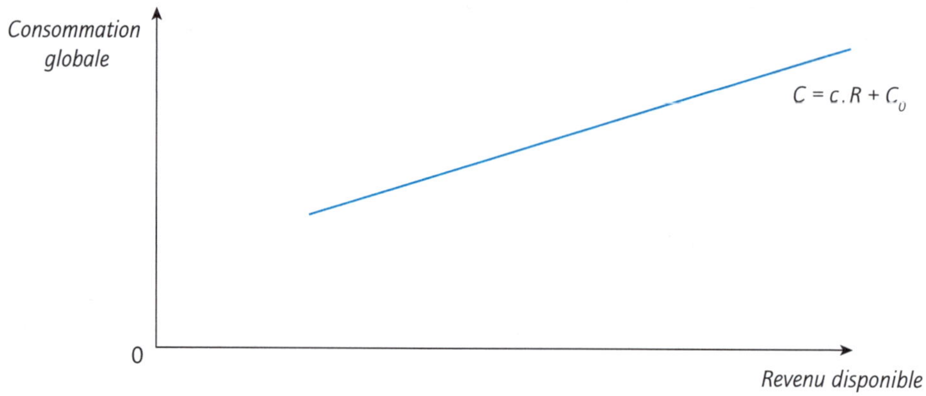

Ainsi des politiques économiques notamment pendant les Trente Glorieuses (période des années 1950 aux années 1970) s'inspireront de cette représentation de l'économie et des mécanismes sous-jacents pour relancer la consommation en agissant sur le revenu, particulièrement sur ceux des ménages les plus modestes dont la propension marginale à consommer est la plus élevée (voir chapitres 15 et 17).

2.3 La théorie du revenu permanent de Friedman

L'observation que la théorie n'est pas toujours conforme aux faits amènera certains théoriciens, souvent de sensibilité néoclassique aux premiers rangs desquels Milton Friedman, à critiquer les hypothèses à la base du modèle keynésien et à proposer de nouvelles formulations de la relation entre consommation et revenu. Il s'agit là, de tentatives pour améliorer le modèle explicatif du partage entre consommation et épargne.

On présente ici les travaux sans doute les plus connus en la matière : ceux relatifs à la théorie du **revenu permanent** de M. Friedman.

a) Les limites empiriques au raisonnement keynésien

Sur le court terme, le lien entre le revenu d'une part, et la consommation et l'épargne d'autre part, semble se vérifier, au moins partiellement. En revanche, dès la fin du XIXe et le début du XXe siècles, les travaux menés par l'économiste américain Simon Kuznets ont montré sur une longue période une grande stabilité de la propension moyenne à consommer aux États-Unis alors que, dans le même temps, les revenus connaissaient une progression importante.

C'est à partir d'un constat équivalent que M. Friedman va développer plus tard sa théorie du revenu permanent (1957).

b) L'interprétation de Friedman et ses incidences

> Selon la **théorie du revenu permanent** de Friedman, la consommation s'établit non plus en fonction du seul revenu courant des ménages, mais en fonction d'un revenu annuel moyen estimé par l'individu en fonction de ses anticipations (études, revenus futurs, etc.).

La consommation **C** est dès lors proportionnelle au revenu permanent $\mathbf{Y}_p$. Soit $\boxed{C = aY_p}$.

Dans cette optique, la consommation s'adapterait progressivement aux variations du revenu, sans en subir les à-coups. Ainsi en période de récession, la consommation se maintiendrait et l'épargne diminuerait alors que les périodes d'expansion seraient marquées par une augmentation du taux d'épargne. Cette analyse limite alors singulièrement les possibilités d'action en matière de politique économique puisque agir sur le revenu courant pour relancer la consommation devient sans objet !

3 Le partage consommation/épargne à l'épreuve des faits

La validation (ou non) de l'analyse keynésienne de la consommation et de l'épargne suppose de vérifier non seulement l'existence d'une relation étroite entre consommation et revenu, mais également d'une tendance au recul de la propension moyenne à consommer sur le long terme.

3.1 Une corrélation étroite entre revenu et consommation

D'une façon générale, les statistiques font apparaître des liens significatifs entre consommation et activité ; et conformément aux thèses keynésiennes, les phases de regain d'activité sont généralement bien corrélées avec celles de reprise de la consommation. On peut ainsi observer un parallélisme assez net entre les évolutions respectives du revenu des ménages et de leur consommation.

Évolution de la dépense et du pouvoir d'achat des ménages
Variation par rapport à l'année précédente (%)

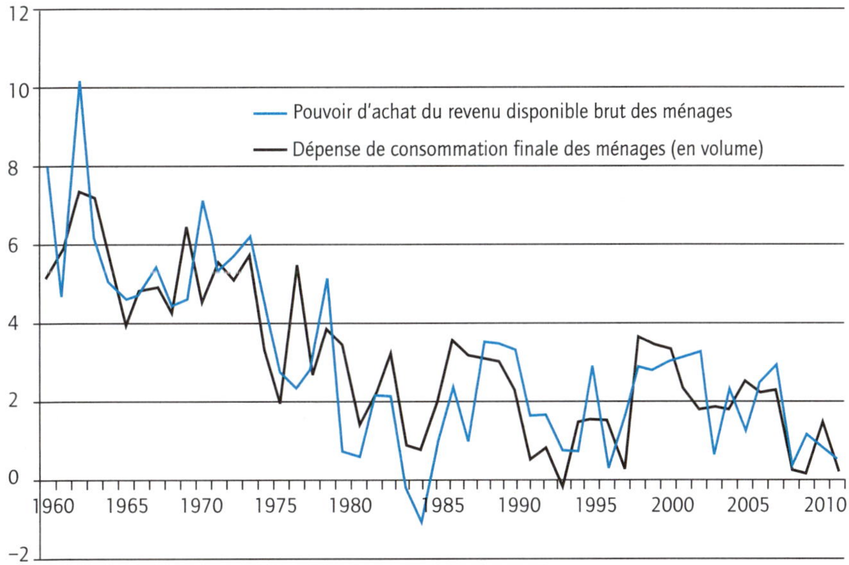

Source : Insee, 2012.

Si l'évolution du pouvoir d'achat a des effets évidents et massifs sur l'importance de la consommation des ménages, cette relation n'est toutefois ni toujours immédiate, ni systématique. Le graphique juxtaposant pouvoir d'achat et dépenses de consommation sur la dernière décennie fait ainsi clairement apparaître des **retards** ou des **délais** séparant les deux variables ainsi que des **écarts** manifestant des différences d'intensité entre les deux phénomènes. Ces décalages traduisent non seulement des délais courants de perception et de réaction des ménages, mais aussi l'existence de déterminants complexes et multiples agissant sur les comportements d'achat et d'épargne allant bien au-delà de la seule évolution du revenu courant.

3.2 La grande stabilité de la propension moyenne à consommer dans le long terme

La validation totale de l'analyse keynésienne suppose également de vérifier la baisse tendancielle de la propension moyenne à consommer (ou si l'on préfère l'accroissement du taux d'épargne) dans le long terme.

Les statistiques des pays industrialisés en général et de la France en particulier ne permettent pas de conclure en ce sens.

Évolution de la propension moyenne à consommer (cas de la France)

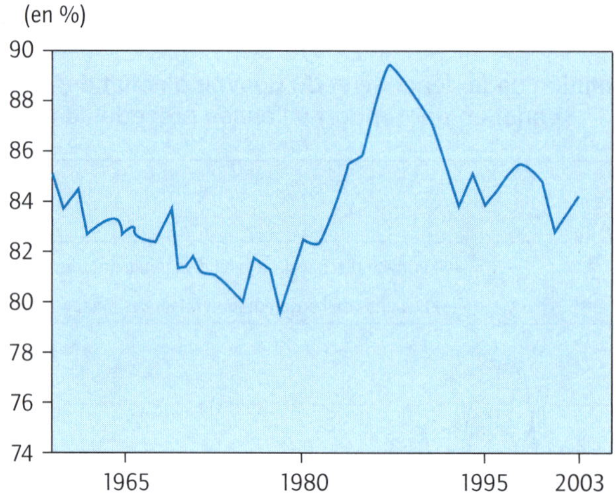

Source : Insee, comptes nationaux.

Si, à court terme, la propension moyenne connaît des variations sensibles à la hausse ou à la baisse reflétant l'état de la conjoncture, on ne peut pas pour autant déceler de tendance évidente dans le long terme. Les propensions moyennes à consommer et à épargner semblent en effet relativement stables dans le temps.

Finalement on a fait le constat de mouvements significatifs de court terme affectant le partage épargne – consommation ; mouvements qui ne peuvent être convenablement expliqués par les seules variations du revenu des ménages. En outre, la boîte à outils keynésienne ne permet pas d'expliquer convenablement la stabilité à long terme du partage du revenu entre la consommation et l'épargne. Ceci justifie d'autant une présentation fine de ces deux grandes variables économiques que sont la consommation et l'épargne.

B LA CONSOMMATION, SON ÉVOLUTION ET SES DÉTERMINANTS

L'importance de la consommation des ménages se mesure par exemple à son poids dans le PIB : elle en est la composante principale avec un pourcentage de l'ordre de 55 %. La consommation et sa ventilation par type de dépenses ont fait l'objet de travaux importants et toujours d'actualité dès le milieu du XIXe avec les lois d'Engel. L'évolution significative de la consommation des ménages et ses conséquences ont amené les économistes à en rechercher les explications non seulement dans le champ de l'économie mais également dans ceux de la psychologie et de la sociologie.

1 Les lois d'Engel et la typologie des dépenses de consommation

Les économistes attachent une grande importance au contenu même de la consommation c'est-à-dire à sa ventilation par poste budgétaire (alimentaire, habillement, loisirs…). Les premiers travaux sont dus au statisticien économiste allemand Ernst Engel (1857) prolongés par ceux de l'économiste américain Caroll Wright. Ces travaux ont débouché sur la définition d'un certain nombre de concepts statistiques qui sont utilisés couramment et qui permettent de distinguer différentes familles de produits.

1.1 Les travaux statistiques fondateurs sur la consommation

FOCUS . . . FOCUS . . . FOCUS . . . FOCUS . . . FOCUS . . . FOCUS . . .

La loi ou les lois d'Engel

La première analyse statistique des budgets des ménages est publiée par E. Engel en 1857 (« les conditions de la production et de la consommation du royaume de Saxe »). Engel cherche alors, une loi générale qui puisse caractériser le comportement des consommateurs une fois éliminées les préférences individuelles. À partir de statistiques, il va montrer que, plus une famille est pauvre, plus grande est la part des dépenses totales qu'elle est amenée à utiliser pour se procurer de la nourriture. Engel formule ce constat dans les termes suivants « la proportion des dépenses de nourriture diminue quand le revenu augmente ».

Cette découverte va connaître un succès qui ne se démentira pas. Elle est d'ailleurs reprise et vérifiée sur d'autres données. L'américain Caroll Wright en 1875 va étendre ainsi l'analyse d'Engel aux autres postes budgétaires, aboutissant à l'énoncé de trois autres lois désignées communément comme « les lois d'Engel » :

– la part des dépenses consacrées aux vêtements est approximativement la même quel que soit le revenu ;
– le pourcentage des dépenses relatives à l'habitation, au chauffage et à l'éclairage est invariable, quel que soit le revenu ;
– le pourcentage des dépenses diverses s'accroît lorsque le revenu augmente.

1.2 Les outils de base de l'étude de la consommation des ménages

La formulation et la vérification de ces lois relatives à la consommation des ménages supposent l'utilisation de quelques outils et concepts statistiques simples.

FOCUS . . . FOCUS . . . FOCUS . . . FOCUS . . . FOCUS . . . FOCUS . . .

Quelques outils simples pour analyser la consommation

- Le coefficient budgétaire est le rapport entre le montant d'un poste budgétaire (par exemple l'alimentation) et les dépenses de consommation totales.
- L'élasticité prix est la variation de la demande d'un bien consécutive à la variation du prix de ce bien.
- L'élasticité revenu est la variation de la demande d'un bien consécutive à la variation du revenu du consommateur.

À titre d'illustration, observons que la première loi d'Engel établissant une relation décroissante entre l'accroissement du revenu et la part de l'alimentation dans les dépenses totales de consommation peut être formulée des deux façons suivantes :

– le coefficient budgétaire de l'alimentation diminue quand le revenu augmente ;
– l'élasticité de la consommation alimentaire par rapport au revenu est faible.

1.3 L'interprétation des changements affectant les coefficients budgétaires

En appliquant ces outils notamment les élasticités revenu aux différents types de biens et services, on aboutit à une typologie de ces différents biens et services suivant leur caractère plus ou moins expansionniste ou récessif avec la distinction de « biens inférieurs » (tel le pain) à élasticité revenu négative, de « biens normaux » avec une élasticité comprise entre 0 et 1 et enfin de « biens supérieurs » lorsque l'élasticité revenu tend à dépasser 1.

Les lois d'Engel

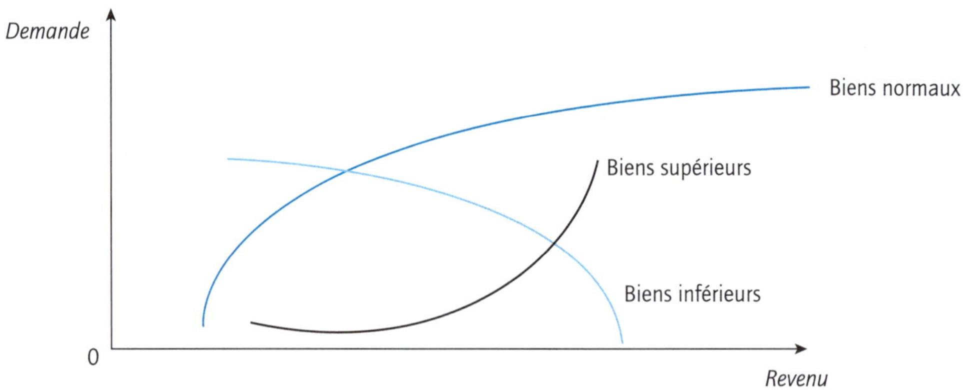

Notons toutefois que le niveau de l'élasticité revenu n'est pas toujours une explication suffisante pour interpréter le recul ou la hausse d'un coefficient budgétaire ; en effet il faut également tenir compte des mouvements de prix relatifs des biens et services qui peuvent quelquefois modifier considérablement la tendance d'un poste (l'évolution du prix de l'énergie notamment pétrolière est là pour nous le rappeler régulièrement).

2 L'évolution contemporaine de la consommation des ménages

L'Insee publie chaque année les coefficients budgétaires par grande fonction ; le rapprochement des données dans le temps permet de saisir alors quelques mutations fondamentales de la consommation des ménages.

2.1 L'évolution de la structure de consommation des ménages

Le tableau suivant est représentatif des grandes évolutions sur la période contemporaine.

Évolution des coefficients budgétaires

Poste	1960	1970	1980	1990	2000	2010	2015
Alimentation	32,6	25,7	21,2	19,3	17,9	16,6	13,3
Habillement, chaussures	11,1	9,6	7,5	6,7	5,1	4,4	3,9
Logement, chauffage, éclairage	12,2	18,6	20,6	21,7	24,0	25,6	26,4
Équipement du logement	9,6	8,6	8,3	7,0	6,5	5,8	4,9
Santé	1,7	2,5	2,4	3,4	3,6	3,9	4,2
Transport et communications	11,2	13,0	16,4	17,6	17,8	16,8	13,1
Loisirs, culture et éducation	7,3	8,6	9,2	9,3	9,6	9,5	9,3
Autres biens et services	13,9	13,4	14,4	15,0	15,6	17,4	24,9
Total	100,0	100,0	100,0	100,0	100,0	100,0	100,0

Source : d'après les données de l'Insee.

L'observation des statistiques fait apparaître un recul persistant de trois postes : « alimentation », « habillement, chaussures » et « équipement du logement ».

À l'inverse, le logement (loyer ou intérêts d'emprunt pour acquisition) ou encore la santé absorbent une fraction croissante du revenu des ménages. D'ailleurs, le logement a pris symboliquement la première place dans les dépenses des ménages devant l'alimentation au cours des années 1990.

2.2 Quelques changements remarquables

a) Les lois d'Engel à l'épreuve des faits

Globalement on vérifie dans une large mesure le caractère opérationnel d'un certain nombre de lois d'Engel manifestant l'existence de tendances de (très) long terme, mais il y a cependant de notables exceptions ainsi les dépenses d'habillement baissent significativement tandis que le poste chauffage et éclairage progresse fortement.

b) La montée en puissance de la consommation de services

Plusieurs changements importants peuvent être repérés ; citons notamment :

- La tendance à la **dématérialisation** de la consommation soit l'augmentation de la part des services dans la consommation totale. Ils représentent aujourd'hui plus de 60 % de la consommation des ménages. Différents facteurs socio-économiques tels la réduction du temps de travail, la recherche de satisfaction de besoins « supérieurs » (éducation, loisirs, culture etc.) ou encore la marchandisation de nombreuses activités domestiques, expliquent le phénomène. Ils rendent compte du phénomène bien connu de « tertiarisation des économies ».
- Une autre évolution marquante est la montée des **consommations collectives**. Dans la société contemporaine, la collectivité prend en charge un certain nombre de besoins collectifs : éducation, logements sociaux, routes etc. Lorsque les ménages profitent de ces biens (il s'agit essentiellement de services), on parle de consommation collective. Il s'agit bien d'une consommation non marchande puisque les ménages après avoir payé leurs impôts, les utilisent gratuitement ou moyennant une participation qui ne correspond pas au coût de production. Cette évolution marque en définitive la tendance à l'essor « d'une consommation socialisée » ; elle représente aujourd'hui un quart de la consommation effective des ménages ; elle est particulièrement perceptible dans les domaines de l'éducation et de la santé.

Les variations du niveau général de la consommation comme les évolutions affectant le contenu même des ces dépenses ne peuvent vraiment se comprendre sans faire appel aux différents déterminants qu'ils soient à caractère économique ou social.

c) Le poids croissant des dépenses contraintes

L'Insee fait intervenir également la notion de « **dépenses contraintes** » (ou encore « **dépenses pré-engagées** »), soit les dépenses incontournables faites automatiquement en début de mois. Il s'agit notamment des dépenses de loyer, de téléphone, d'assurance ou encore de services financiers. Ces dépenses, qui représentent près de 35 % des dépenses de consommation totales, ont tendance à fortement augmenter.

La prise en compte de ces dépenses permet de mesurer l'évolution du **revenu dit « arbitrable »**, soit le revenu disponible après déduction de ces dépenses pré-engagées, et ainsi de se rapprocher de la perception de l'évolution du pouvoir d'achat par les ménages.

3 La consommation et ses déterminants économiques et sociaux

La consommation, son évolution globale et les changements structurels dans sa composition interne ont fait l'objet de nombreuses analyses économiques avec comme point de départ l'hypothèse d'un consommateur **pleinement rationnel**, hypothèse qui est ensuite progressivement relativisée et amendée par les apports d'économistes et de sociologues intégrant suivant les cas : la psychologie des consommateurs, les implications sociologiques ou encore l'impact des stratégies des firmes.

3.1 L'hypothèse de la rationalité du consommateur

À la base de l'analyse économique du consommateur et par extension de la consommation, il y a une hypothèse fondamentale, celle de la **rationalité** des agents économiques. Pour les économistes néoclassiques, le consommateur est ainsi un agent rationnel qui possède en outre, deux qualités supplémentaires :

– en premier lieu, il est **souverain :** il dispose d'une connaissance parfaite de ses intérêts ; ses besoins restent indépendants des produits offerts et ses choix ne dépendent finalement que de ses préférences ;
– en second lieu, il est **indépendant** puisque son comportement n'est en rien affecté par les autres agents économiques.

Cette hypothèse de rationalité est d'autant plus importante qu'elle conduit au final à une situation d'optimum pour le consommateur, qualifiée d'« **équilibre du consommateur** ».

FOCUS . . . FOCUS . . . FOCUS . . . FOCUS . . . FOCUS . . . FOCUS . . .

L'univers du calcul économique et ses incidences

Le consommateur est supposé rechercher la maximisation de sa satisfaction appelée « utilité ». Celle-ci dépend de l'utilité marginale, c'est-à-dire de l'augmentation de satisfaction que lui apporte la consommation d'une unité supplémentaire d'un bien. Cependant il existe de nombreux produits et le consommateur va construire l'ensemble des combinaisons de biens qui lui apporte la plus grande satisfaction (*cf.* les **courbes d'indifférence**) ; l'arbitrage et le choix de la solution retenue se feront en fonction de la contrainte de budget et des prix des différents produits, la combinaison optimale épuisant le revenu destiné à la consommation.

Pour mémoire, cette situation d'**équilibre du consommateur** peut être modifiée par les variations éventuelles du prix des biens, mais également du niveau de revenu. Ainsi par exemple dans le cas de la hausse du prix d'un bien, le consommateur tendra à réduire la consommation de ce bien au profit d'un autre par un effet dit de « substitution ». L'essentiel à retenir reste le fait que l'hypothèse de rationalité conduit toujours au final à un nouvel équilibre (*cf.* chapitre 5).

La consommation dans l'univers des néoclassiques est donc étroitement marquée par des déterminants économiques élémentaires (prix et revenu) avec des règles comportementales immuables (celles de la rationalité utilitaire de ces choix).

Il semble qu'avec les années de crise, le consommateur manifeste une rationalité toujours plus aiguë : comparaison systématique des prix, recherche des bonnes affaires, achat de produits d'occasion, troc… Les consommateurs utilisent tous les outils pour acheter moins cher !

3.2 La consommation dépasse le simple calcul économique des néoclassiques

Le postulat systématique d'une conduite rationnelle par l'analyse néoclassique a cependant été largement relativisé par de nombreux travaux d'origine économique et surtout sociologique. Les choix de consommation (comme d'épargne du reste) ne sont pas toujours libres et rationnels. L'individu tel que le décrivent les néoclassiques n'existe pas. Le comportement économique ne peut être entièrement dicté par des calculs.

Les déterminants de type « prix » ou « revenu » ne suffisent pas à expliquer les comportements ; il convient également avec les sociologues d'intégrer les enjeux en termes de goûts, de statut social, de phénomènes de groupes et de classes sociales etc.

Dans cette perspective, on présente différents travaux qui en intégrant ces nouvelles dimensions, ont contribué à relativiser la vision néoclassique traditionnelle.

FOCUS . . . FOCUS . . . FOCUS . . . FOCUS . . . FOCUS . . . FOCUS . . .

L'importance des déterminants psychologiques et sociaux dans les comportements d'achat

L'effet Veblen et la consommation ostentatoire

L'institutionnaliste américain Thorstein Veblen s'est attaqué ainsi à l'un des principes du jeu de l'offre et de la demande qui veut que, lorsque le prix d'un bien augmente, sa consommation se réduit. En effet, certains biens (les biens de luxe pour l'essentiel) ont une élasticité prix positive en raison de l'image sociale qu'ils véhiculent. Dans ce cas, le prix élevé du produit joue un rôle de signal vis-à-vis des autres, la consommation ayant ici un caractère ostentatoire. On parle alors de biens de Veblen.

L'effet d'imitation de Duesenberry

Sur le même registre, l'économiste américain James S. Duesenberry montre que le comportement de consommation d'un individu est fonction du groupe social auquel il s'identifie. Chaque catégorie socioprofessionnelle tendrait à imiter le modèle de consommation de la classe sociale située au-dessus d'elle (qualifiée de « groupe de référence »).

La filière inversée de Galbraigth

John K. Galbraigth (1967) s'attaque en ce qui le concerne à une autre hypothèse néoclassique, celle de l'autonomie du consommateur. Le consommateur est en réalité « sous influence ». En effet, dans sa théorie dite de « la filière inversée », il met en avant le fait que le jugement des consommateurs est déformé par les stratégies publicitaires des entreprises qui stimulent artificiellement le désir d'achat.

Il faut souligner la contribution majeure de grands sociologues français à l'interprétation des comportements de consommation ; on citera, entre autres, les travaux de Pierre Bourdieu et de Jean Baudrillard.

L'univers des goûts de Bourdieu

Ainsi, Pierre Bourdieu insiste-t-il sur l'influence du capital culturel des individus (et non plus seulement de leur capital économique) et propose une typologie sociale des goûts avec, aux extrêmes, des goûts de luxe pour les professions libérales et des goûts de nécessité pour les classes populaires. Cet univers des goûts débouche ensuite sur des comportements d'achat nettement différenciés.

Le monde des signes de Baudrillard

Jean Baudrillard met l'accent sur la valeur de signe de la consommation si bien que la logique des signes en vient à se substituer à la logique des besoins dans les comportements d'achat. Et, si le consommateur reste rationnel, sa rationalité n'est en tout état de cause pas utilitaire !

3.3 Les implications micro et macroéconomiques au plan théorique

Les travaux précédents et bien d'autres encore ont amené les économistes à reconsidérer les analyses de la consommation aussi bien au plan **micro** que **macroéconomique**.

a) De nouvelles pistes pour la microéconomie

L'analyse néoclassique a ainsi échoué un temps à expliquer les changements affectant la consommation par les seuls effets des variations de prix des biens et de revenu ; d'où l'émergence « d'une nouvelle théorie du consommateur » et même « d'une nouvelle micro économie de la consommation ».

■ *La « nouvelle théorie du consommateur » et sa portée pratique*

Dans ces conditions, des économistes néoclassiques ont cherché à intégrer d'autres variables dans le calcul économique tel le coût du temps avec l'économiste américain Gary S. Becker. Cet économiste explique par exemple l'essor de certains types de consommation (biens durables, plats préparés…) par une volonté d'économiser le temps d'autant que le prix de nombreux biens diminue en raison des gains de productivité.

■ *La « nouvelle microéconomie » de la consommation et ses incidences*

D'autres économistes ont cherché moins à intégrer de nouvelles variables dans le calcul économique, qu'à affaiblir les hypothèses par trop irréalistes de l'analyse néoclassique (information parfaite, absence d'incertitude, etc.). Herbert Simon, pour citer le plus connu d'entre eux, introduira ainsi la notion de **rationalité limitée** pour expliquer une décision satisfaisante et non plus optimale.

Les études conjoncturelles menées régulièrement sur la consommation des ménages accordent du reste une place significative à cette question de la rationalité (ou non) des comportements d'achat évoquant suivant le contexte économique et social, la poursuite, l'abandon ou le retour à la rationalité en matière d'achats.

b) La remise en cause de la fonction de consommation keynésienne

En parallèle et en relation avec l'intégration de nouvelles hypothèses comportementales du consommateur, différents économistes ont proposé des interprétations de l'absence de baisse de la propension à consommer dans le long terme et ont ainsi contribué à renouveler l'analyse macroéconomique de la consommation.

FOCUS . . . FOCUS . . . FOCUS . . . FOCUS . . . FOCUS . . . FOCUS . . .

Exemples de modifications apportées à la fonction de consommation keynésienne

Outre la théorie du revenu permanent de Milton Friedman exposée précédemment, on peut citer :

Les implications de l'effet d'imitation de James Duesenberry

On a indiqué précédemment comment les individus étaient amenés à consommer des biens moins pour leur valeur objective que pour leur pouvoir d'image et par souci d'imitation des catégories sociales plus aisées. Cette attitude des ménages conditionnée par leur appartenance à différents groupes sociaux contribue à tirer sans cesse vers le haut la consommation globale et à contrecarrer la tendance à la baisse de la propension à épargner. Cette analyse est également connue sous le nom de théorie du revenu relatif.

L'effet de cliquet de Thomas Brown

T.M. Brown explique l'inertie de la consommation par un effet de cliquet lié aux habitudes de consommation. Les agents ont ainsi tendance à fixer leur niveau de consommation actuelle sur le revenu antérieur le plus élevé qu'ils aient pu percevoir. Il apparaît dans ces conditions un effet de cliquet puisque face à une chute de revenu, les agents ne vont pas, en tout cas sur le court terme, ajuster leur consommation à la baisse.

Ces différentes analyses conduisent alors à des reformulations significatives de la fonction de consommation keynésienne (C_t) passant par l'intégration d'autres variables que le seul revenu courant ; les fonctions de consommation vont intégrer par exemple non seulement le revenu courant (Y_t) mais également le revenu le plus important atteint dans la période précédente (Y_p). Soit algébriquement $C_t = C\ (Y_t ; Y_p)$.

C L'ÉPARGNE, SON ÉVOLUTION ET SES DÉTERMINANTS

L'étude de l'évolution quantitative et des formes prises par l'épargne renvoie nécessairement à quelques transformations fondamentales du système économique. Mais au-delà de la simple observation, il est utile de saisir toute la variété des déterminants de l'épargne ainsi que les efforts conduits par les économistes pour proposer des formalisations théoriques plus satisfaisantes du comportement de l'épargnant.

1 L'évolution de l'épargne

On peut commencer par rappeler que l'épargne a plusieurs origines puisqu'elle peut provenir non seulement des ménages, mais également des administrations et des entreprises (autofinancement) ; l'importance même des ménages dans le processus d'épargne suppose d'en faire une étude plus approfondie.

1.1 L'évolution quantitative de l'épargne

Le **taux d'épargne** des ménages est égal au rapport entre l'épargne et le revenu disponible brut. Il a connu des évolutions significatives dans son évolution globale au plan quantitatif aussi bien que dans sa composition interne.

Évolution du taux d'épargne des ménages (en % du revenu disponible brut)

Poste	1970	1980	1990	2000	2005	2010	2014	2015
Taux d'épargne financière	6,5	4,8	2,4	6,0	4,1	6,5	5,2	5,5
Taux d'épargne non financière	13,8	13,5	10,3	8,8	10,4	9,3	9,2	9,0
Taux d'épargne	20,3	18,3	12,7	14,8	14,5	15,8	14,4	14,5

Source : Insee.

Globalement le taux d'épargne évolue dans une fourchette comprise entre 10 et 20 % et se situe fréquemment autour de 15 %. Historiquement le taux d'épargne n'a cessé de progresser tendanciellement tout au long des Trente glorieuses, accompagnant en quelque sorte l'accroissement régulier du pouvoir d'achat des ménages. Il dépasse même les 20 % en 1974 et 1975. Il baisse ensuite dans les années 1980 avant de remonter au début des années 1990. Depuis 1995, le taux d'épargne s'est plus ou moins stabilisé à un niveau élevé autour de 15 %, ce qui signifie d'ailleurs que l'épargne des ménages a pris un rôle progressivement déterminant dans le financement de l'économie, qu'il s'agisse de satisfaire aux besoins de financement des entreprises ou à ceux de l'État.

Globalement, la France reste l'un des pays d'Europe où l'on épargne le plus.

1.2 L'évolution de la structure de l'épargne

La composition de l'épargne connaît elle aussi des mouvements importants. Traditionnellement, on distingue dans l'épargne une partie proprement **financière** constituée d'avoirs liquides et de placements et une partie **non financière** liée à l'acquisition d'actifs immobiliers (logements). La forte remontée du taux de la composante financière entre 1989 et 1993 liée notamment à la montée en puissance des marchés financiers et à la création de nouveaux produits financiers a conduit à un partage presque équilibré entre les deux composantes. L'effondrement des marchés financiers en 2001, les problèmes de pouvoir d'achat et l'accroissement rapide de la valeur des actifs immobiliers ont cependant amené depuis, les ménages à privilégier à nouveau l'épargne non financière. À un niveau encore plus fin, on peut également relever d'amples variations au sein même de l'épargne financière suivant qu'elle se porte vers des actifs plus ou moins risqués.

2 Les déterminants de l'épargne

Tout un ensemble de facteurs interviennent dans la détermination du niveau et de l'évolution de l'épargne.

Facteurs agissant sur le taux d'épargne

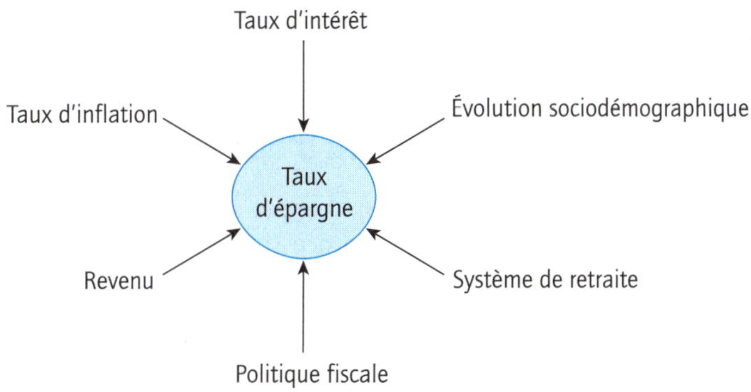

FOCUS . . . FOCUS . . . FOCUS . . . FOCUS . . . FOCUS . . . FOCUS . . .

Les principaux déterminants de l'épargne et leurs effets

Parmi les déterminants usuels de l'épargne, on peut citer :

Le revenu

Le revenu est le premier déterminant, mais les théoriciens ne lui confèrent ni la même importance, ni le même type de relation avec l'épargne. En particulier, les keynésiens défendent l'idée d'un accroissement rapide de l'épargne avec le revenu (propension à épargner croissante), tandis que le sens des évolutions est plus incertain dans la théorie dite du « revenu permanent » compte tenu du rôle contra-cyclique joué par l'épargne.

Le taux d'intérêt

Le taux d'intérêt est également un déterminant économique essentiel. L'épargne sera d'autant plus importante que les taux d'intérêt seront élevés. Ici encore cependant les théoriciens s'opposent nettement quant à son rôle et à son impact. Alors que, pour les économistes classiques, le niveau du taux d'intérêt détermine le partage du revenu entre consommation et épargne, les keynésiens y voient seulement le prix de la renonciation à la liquidité. En d'autres termes, les keynésiens considèrent que le taux d'intérêt n'agit que sur la forme prise par l'épargne (arbitrage entre liquidité et placement).

La fiscalité

Elle joue un double rôle puisque non seulement elle peut (ou non) encourager l'épargne par le jeu des exonérations et des crédits d'impôts ; mais de plus elle est utilisée régulièrement pour orienter l'épargne sélectivement en fonction de la fiscalité propre à chaque type de placement.

L'inflation

Elle peut exercer différents effets contradictoires : d'abord un phénomène de fuite devant la monnaie et donc une tendance à réduire l'épargne ou à l'inverse une volonté d'épargner plus importante pour compenser la baisse de la valeur réelle des encaisses. Ce dernier effet appelé « effet d'encaisses réelles » (ou effet Pigou) repose sur l'hypothèse que l'encaisse désirée par les agents est toujours estimée en valeur réelle.

D'autres facteurs encore agissent et conduisent en particulier à la montée d'une épargne de précaution particulièrement observable ces dernières années : on pense en particulier à la crainte du chômage et à la nécessité de préparer financièrement sa retraite. Derrière ces déterminants, interviennent bien évidemment des facteurs socio-démographiques et institutionnels (réformes du système des retraites).

3 La théorisation du comportement d'épargne

Différents travaux économiques ont cherché au-delà de la seule identification des déterminants de l'épargne à formaliser le processus par lequel l'épargne se forme et se déforme. Le plus connu sans doute reste le modèle du cycle de vie proposé en 1954 par l'économiste Franco Modigliani, qui a fait par la suite l'objet de perfectionnements.

3.1 La théorie du cycle de vie de Modigliani

Selon le **modèle du cycle de vie** de Modigliani, l'âge joue un rôle déterminant dans le comportement d'épargne de tout individu ; d'où l'intérêt de distinguer plusieurs phases dans le cycle de vie de l'individu (jeunesse, vie active, retraite) caractérisées chacune par un partage épargne/consommation différent.

On peut schématiser le processus de la façon suivante en distinguant différentes phases de la vie d'un individu : entrée dans la vie active, retraite et fin de vie.

Ainsi, en phase de démarrage d'activité, l'individu bien souvent épargne peu et même doit s'endetter pour faire face à ses dépenses (zone A) ; puis, peu à peu, son taux d'épargne s'élève (la nature de son épargne changeant d'ailleurs progressivement de forme : les produits d'assurance-vie ou d'épargne-retraite prenant le relais des investissements immobiliers) ; enfin, à partir de la retraite, l'individu, supposé ne plus percevoir de revenus, se met à désépargner pour maintenir son niveau de consommation (zone C).

3.2 L'intérêt et les perfectionnements apportés au modèle du cycle de vie

On peut noter en premier que ce modèle a fait l'objet de multiples validations et les travaux de l'Insee ont de ce point de vue confirmé nombre d'hypothèses : accroissement de l'épargne avec l'âge et l'accroissement du revenu ou encore baisse des montants épargnés aux âges élevés.

Épargne et cycle de vie

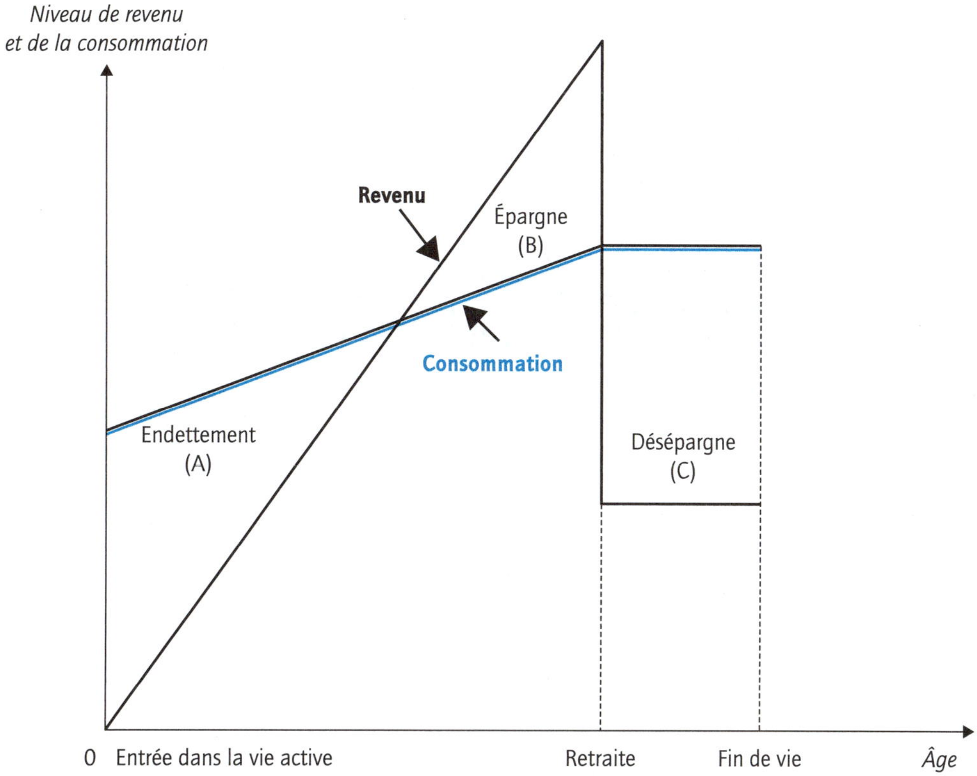

En revenant au plan théorique, on peut parler d'une convergence forte avec la théorie du revenu permanent de Friedman.

En effet la théorie du revenu permanent repose sur l'idée d'une planification possible de la consommation (et donc de l'épargne) par l'individu et Modigliani propose en quelque sorte un **calendrier** pour cette planification faisant intervenir la durée de vie de l'individu. L'un comme l'autre font de l'épargne non plus un résidu comme dans l'analyse keynésienne, mais tout simplement une consommation différée.

Il faut souligner que ces travaux ont été développés de façon indépendante au départ si bien que la convergence de leurs résultats ne donne que plus de force et de cohérence à ces constructions alternatives à la vision keynésienne.

Enfin, dans les années 1990, d'autres économistes notamment A. Deaton (1992) ont repris ce modèle mais en l'infléchissant pour tenir compte de l'accroissement massif de l'endettement des jeunes ménages et surtout de l'observation de la montée en puissance de l'épargne de précaution. La constitution d'**un patrimoine** devient un objectif en soi pour se prémunir contre les risques et aléas entourant les revenus futurs (chômage, retraite etc.) concernant les individus eux-mêmes mais également leurs descendants. D'où d'ailleurs le constat d'un accroissement des taux d'épargne y compris pour des ménages âgés.

L'ensemble de ces travaux comporte ainsi ses propres limites : la thèse du revenu permanent colle assez bien avec les évolutions du revenu et de l'épargne dans les années 1970 et 1980 mais ceci est déjà moins vrai dans les années 1990 ; quant à la théorie du cycle de vie, elle repose sur des hypothèses contraignantes (sous-estimation de l'objectif de transmission d'un patrimoine, connaissance *a priori* par les individus de leurs revenus futurs et de leur durée de vie, absence de prise en compte de l'importance des revenus de transfert limitant l'incitation à épargner etc.) ; de plus cette théorie fait référence par définition à l'âge qui est une variable structurelle de long terme et donc la rend inopérante pour conduire une analyse conjoncturelle.

L'essentiel

La consommation et l'épargne, « débouchés alternatifs » du revenu disponible des ménages recouvrent l'un et l'autre différentes formes spécifiques : consommation marchande (ou non), épargne financière (ou non) *etc.* Un premier débat économique essentiel est celui du partage du revenu entre ces deux composantes avec les analyses profondément différentes proposées respectivement par les économistes néoclassiques et keynésiens. Ce débat est d'autant plus important qu'il conditionne directement celui de l'utilité (ou non) de la politique économique et des formes qu'elle peut prendre.

L'étude de la consommation qui fait référence à des travaux déjà anciens (avec notamment les lois d'Engel) permet de faire apparaître quelques grandes évolutions : évolution des grands postes de dépense, dématérialisation de la consommation, enfin montée des consommations collectives. L'interprétation précise des évolutions révèle toute la complexité du phénomène avec l'articulation de dynamiques micro et macroéconomiques et la nécessité de faire intervenir des déterminants non seulement économiques mais également psychosociologiques.

De la même façon, l'analyse de l'épargne révèle une multiplicité de déterminants y compris institutionnels (choix en matière fiscale, de protection sociale, de système de retraite, de politique du crédit, etc.). Au-delà de la variété des facteurs actifs, la théorie du cycle de vie avancée par F. Modigliani fournit une grille d'analyse permettant d'éclairer la dynamique des taux d'épargne. La montée des incertitudes caractérisant le fonctionnement actuel des économies fait toutefois émerger une problématique de constitution de patrimoine allant au-delà de la seule période d'activité des individus.

RÉFÉRENCES

Mots clés

- Coefficient budgétaire
- Consommation
- Consommation finale
- Consommation intermédiaire
- Consommation marchande
- Consommation non marchande
- Dépenses contraintes
- Effet d'imitation
- Effet de cliquet
- Effet d'encaisses réelles
- Effet Veblen
- Élasticité prix
- Élasticité revenu
- Épargne financière
- Épargne non financière
- Équilibre du consommateur
- Lois d'Engel
- Modèle du cycle de vie
- Propension moyennee à consommer
- Propension marginale à consommer
- Rationalité
- Revenu permanent
- Taux d'épargne
- Théorie du revenu permanent
- Utilité

Auteurs de référence

- G. S. Becker (1964)
- P. Bourdieu (1979)
- J. S. Duesenberry (1949)
- E. Engel
- M. Friedman (1957)
- J. M. Keynes (1936)
- F. Modigliani (1963)
- T. Veblen (1899)

Références bibliographiques

- « Découverte de l'économie 1. Concepts, mécanismes et théories économiques », *Cahiers français*, n° 345, La Documentation française, 2008 (voir les articles sur la consommation et l'épargne).
- *Tableaux de l'économie française*, Insee, 2016 (voir les rubriques « Consommation » et « Épargne – Patrimoine »).
- « Quarante ans de consommation des ménages » de 1960 à 2000, Comptes nationaux, Insee, (cédérom), avril 2002.
- « Placements financiers des ménages français : comparaisons européennes (1995-2004) », *Bulletin de la Banque de France*, n° 143, novembre 2005.
- S. Langlois, *Consommer en France*, Éditions de l'Aube, 2005.
- A. Beitone, E. Buisson & C. Dollo, *Économie*, coll. Aide-mémoire, Sirey, 5e édition, 2012.

Sites Internet

Site du Credoc : *credoc. fr*

Site de l'Insee : *insee. fr*

Site de la Banque de France : *banque-france. fr*

Site de l'Observatoire de l'épargne européenne : *oee.fr*

APPLIQUER LE COURS

Application Quiz

		Vrai	Faux
1	La consommation marchande correspond à l'achat de biens et services sur un marché et donc à un prix supérieur au coût de production.	✓	
2	Le coefficient budgétaire de la consommation se situe aux alentours de 2.		✗
3	Selon la théorie keynésienne de la consommation, les ménages ajustent leur consommation principalement sur leur revenu permanent.		✗
4	Selon la loi psychologique mise en avant par Keynes, la part consacrée à la consommation dans le revenu a tendance à s'élever au fur et à mesure que le revenu s'élève.		✗
5	Un coefficient budgétaire est le rapport de la dépense consacrée à un bien ou service particulier (ou à une catégorie de biens ou services, par exemple l'alimentation) à la dépense totale.	✓	
6	L'épargne est par définition nécessairement financière.		✗
7	Selon le modèle du cycle de vie de Modigliani, l'âge joue un rôle déterminant dans le comportement d'épargne de tout individu.	✓	

8 Comment s'appelle l'économiste qui a défendu la thèse de la « filière inversée » selon laquelle les organisations et notamment les entreprises influencent les choix des consommateurs ?

9 Quel est le niveau moyen du taux d'épargne en France depuis une quinzaine d'années (soit depuis 1995) ? 15 %

10 Quelle est la position des économistes néoclassiques à l'égard de l'épargne ?
- a) l'épargne est une offre de fonds prêtables sur les marchés financiers ✓
- b) l'épargne n'est qu'un résidu (du revenu)
- c) l'épargne est égale à l'investissement

11 Connaissez-vous la (les) relation(s) possible(s) entre le taux d'intérêt et l'épargne ? Cochez la ou les bonnes réponses :
- a) un taux d'intérêt élevé encourage la tendance des ménages à épargner ✓
- b) un taux d'intérêt élevé décourage la tendance des ménages à épargner ✗
- c) un taux d'intérêt élevé n'a pas d'effet important sur la tendance à épargner ✓

12 Quel(s) type(s) de dépenses font partie des « dépenses contraintes » ? Cochez la ou les bonnes réponses :
- a) les dépenses de loyer ✓
- b) les dépenses de téléphonie ✓
- c) les dépenses de restauration
- d) les dépenses d'assurance ✓
- e) les dépenses de loisir

SE PRÉPARER À L'EXAMEN

Étude de document

À partir du document en annexe et de vos connaissances, répondre aux questions suivantes :

1. Quels commentaires peut-on faire à propos des taux d'équipement des ménages :
   - en biens durables d'une part ?
   - en matière de biens d'audiovisuel et de vidéo-téléphonie d'autre part ?
2. Quelles observations en tirer plus généralement en matière de déterminants économiques et sociaux de la consommation ?

ANNEXE

Taux d'équipement des ménages français en biens durables en 2009 et 2014

Type d'équipement	En %	
	2009	**2014**
Congélateur	87,6	91,4
Connexion Internet	60,4	76,5
Four micro-ondes	85,0	88,6
Lave-linge	95,1	96,0
Lave-vaisselle	51,0	58,4
Magnétoscope ou lecteur DVD	84,1	74,6
Micro-ordinateur	66,6	78,8
Téléphone fixe	89,5	90,2
Téléphone portable	80,0	90,5
Télévision couleurs	97,4	96,9
Voiture	81,7	84,1

Source : Insee.

Dissertation

Traiter le sujet suivant : La croissance économique nécessite-t-elle plus d'épargne ou plus de consommation ?

CHAPITRE

8

L'investissement

L'évolution à court terme du volume de travail, et donc de la production, est limitée : on ne peut multiplier la population active du jour au lendemain et la durée du travail est forcément limitée… une journée ne peut excéder 24 heures ! Produire plus à long terme repose donc sur une plus grande efficacité du facteur travail, laquelle est tributaire du facteur capital. Mais le capital peut lui même être plus ou moins productif. Ainsi, l'efficacité du capital s'accroît au fur et à mesure qu'il incorpore des générations nouvelles de progrès technique, grâce à l'investissement qui renouvelle et transforme le stock de capital. L'investissement devient le facteur essentiel de la croissance de la production. Il apparaît alors nécessaire de présenter le capital avant de parler d'investissement. L'investissement est en effet un flux qui vient accroître le stock de capital productif dans l'économie.

On reconnaît beaucoup de vertus à l'investissement : il permet tout d'abord de moderniser l'offre des entreprises en intégrant le changement technique, il représente ensuite un élément constitutif de la demande globale qui s'adresse aux entreprises et agit sur la croissance économique. En connaître les déterminants apparaît alors crucial pour quiconque souhaite orienter le flux d'investissement dans l'économie.

A L'INVESTISSEMENT, SOURCE D'ACCUMULATION DE CAPITAL

Le capital est un stock alimenté par les flux d'investissement.

1 Le capital, support du progrès technique

1.1 La notion de capital

Le mot capital est couramment utilisé dans de multiples sens.

La première référence concerne le capital technique, ou le capital fixe au sens de la comptabilité nationale. Il faut entendre par là les installations techniques et machines, les bâtiments et logements dont l'utilisation par les agents économiques dépasse l'année, c'est-à-dire l'ensemble des moyens de production de biens et services qui participent à plusieurs cycles de production.

> Le **capital fixe** est l'ensemble des moyens de production durables (matériels et constructions) qui participent à plusieurs cycles de production.

Le **capital technique** est l'ensemble des moyens de production utilisés pour produire des biens et services. Il est constitué de la somme du capital fixe et du capital circulant (stock de matières etc.)

Cependant, d'autres éléments peuvent constituer des moyens d'accroître la production de manière directe ou indirecte. Il en va ainsi de l'ensemble des équipements collectifs, comme du capital humain et culturel. On parle, au total, de capital d'une Nation.

FOCUS . . . FOCUS . . . FOCUS . . . FOCUS . . . FOCUS . . . FOCUS . . .

Le capital technique : un détour de production

« Produire plus et mieux vaut bien un « détour de production ». C'est l'économiste Eugène Böhm-Bawerk (1851-1914) qui introduisit le mieux cette notion. Imaginons en effet un paysan qui, pour irriguer sa terre, soit obligé d'aller chercher l'eau assez loin, ce qui l'occupe plusieurs heures par jour. En décidant de construire une conduite reliant la source au terrain, il va utiliser son temps non pas en production directe, mais en amélioration des conditions de la production. Pour ce faire, des outils et du matériel lui seront indispensables. il peut les fabriquer lui même ou les acheter : dans les deux cas il renonce à une consommation immédiate ; le temps épargné est utilisé pour obtenir un « capital technique » – outils, matériel et enfin, conduite d'eau, gage d'une production et d'un revenu supérieur dans le futur. »

J.-M. Albertini, *L'économie basique*, Nathan, 1988.

L'augmentation du stock de capital fixe, malgré les difficultés de sa mesure (coût historique et coût de renouvellement), est largement supérieure à celle de la population active sur la même période. On peut en déduire, prudemment, que la croissance de la production sur longue période résulte en grande partie d'un recours accru au facteur capital.

Évolution du PIB, de la population active et du stock de capital fixe

	1979	2016
Indice PIB aux prix courants	100	556,3
Stock de capital fixe aux prix courants	100	741,1
Emploi intérieur total	100	117,9

Source : Les comptes de la nation, Insee.

1.2 L'efficacité du capital

La qualité du facteur capital peut se repérer tout d'abord à sa productivité. Cette dernière se calcule par le rapport entre la valeur ajoutée produite et le stock de capital fixe nécessaire à cette production. Pour ce calcul on exclut généralement les bâtiments du capital fixe, pour ne considérer que les équipements en matériel, supposés seuls productifs.

La **productivité apparente du capital** est le rapport entre un volume de production réalisé et le volume de capital nécessaire à cette production.

Mesure de la productivité apparente du capital :

$$\text{Productivité du capital} = \frac{\text{Valeur ajoutée}}{\text{Capital fixe}}$$

$$\text{Productivité horaire du capital} = \frac{\text{Valeur ajoutée}}{\text{Capital fixe} \times \text{Durée d'utilisation des équipements}}$$

Ainsi, l'évolution de la productivité du capital montre que, depuis la deuxième guerre mondiale, l'efficacité des équipements productifs n'a cessé de croître même si la croissance de la productivité du capital se ralentit. Le taux de croissance annuel de la productivité du capital est en effet passé de 4,5 % en 1946 à 3,2 % en 1970, 2,5 % en moyenne dans les années mille neuf cent quatre-vingt-dix et 1,8 % depuis les années 2000.

Mais l'efficacité peut également s'observer à travers l'âge des équipements productifs. En effet, plus le capital est jeune, plus il a de chance d'incorporer les progrès techniques récents source de gains de productivité. Ainsi, l'âge moyen du capital en France diminue régulièrement de 1945 à 1973, passant de 12 ans à 7,2 ans, pour augmenter depuis et se stabiliser depuis les années quatre-vingt-dix autours de 8,8 ans.

2 L'investissement alimente le stock de capital

2.1 La notion d'investissement

L'**investissement** est une dépense immédiate en vue de recettes futures ou d'économie de coûts.

Cette définition, permet d'abord de cerner l'objectif de rentabilité de tout investissement au sens large, qu'il soit financier (achats de titres en bourse par exemple, et l'on parle dans ce cas plus volontiers de placement) ou productif. En outre, la définition montre que l'acte d'investir est forcément empreint d'incertitude et de risque. L'incertitude pèse sur les recettes futures et le risque est que ces recettes futures ne permettent pas de couvrir la dépense immédiate. Mais on aurait tort de croire que la dépense immédiate est, elle, certaine. En effet, il arrive fréquemment que le coût d'un projet d'investissement évolue avec le déroulement du projet (le creusement du tunnel sous la manche par exemple) fragilisant alors la rentabilité de l'opération.

La comptabilité nationale définit l'investissement comme la formation brute de capital fixe (FBCF). Il s'agit dans ce cas de la valeur des biens durables acquis au cours d'une période (le mois, l'année) par les entreprises, les ménages et les administrations, et qui sont destinés à être utilisés pendant au moins un an pour produire des biens et services. Si on retire de la FBCF, les achats de logements des ménages ainsi que les grosses réparations (qui correspondent à leurs investissements en comptabilité nationale), on obtient la formation brute de capital fixe productif. Celle-ci comprend, outre les dépenses relatives aux installations techniques, machines et bâtiments, les achats de logiciels par les entreprises, les achats d'œuvres artistiques et littéraires et la constitution d'équipements collectifs qui, eux, ne sont pas destinés à produire d'autres biens de manière directe.

La **formation brute de capital fixe**, investissement au sens de la comptabilité nationale, comprend la valeur des biens durables acquis au cours d'une période (le mois, l'année) par les entreprises, les ménages et les administrations, et qui sont destinés à être utilisés pendant au moins un an pour produire des biens et services.

Enfin, en retranchant les amortissements de la FBCF on obtient la Formation nette de capital fixe. Ainsi, la définition de l'investissement renvoie clairement à celle du capital : l'investissement renouvelle le stock de capital.

On mesure l'effort d'investissement d'un pays à partir de son taux d'investissement.

Le **taux d'investissement** d'un pays correspond au rapport entre la Formation Brute de capital Fixe et le PIB pour une période donnée (en général l'année).

2.2 Les différents types d'investissement

Lorsqu'on se réfère à la définition au sens large de l'investissement, on entrevoit l'idée que l'investissement n'est pas seulement matériel mais aussi immatériel.

a) Les investissements matériels

Ils correspondent globalement à la formation brute de capital fixe, FBCF.

On distingue tout d'abord les investissements de remplacement qui renouvellent à l'identique le capital. En période de ralentissement de la demande qui s'adresse à l'entreprise, l'investissement total diminue. Ainsi, l'investissement de renouvellement/remplacement représente une part importante de l'investissement total.

On trouve ensuite les investissements d'expansion qui augmentent la capacité de production de l'entreprise. Bien entendu, les entreprises n'ont recours à ce type d'investissement que si elles anticipent une forte hausse de la demande sur longue période. En effet, dans le cas contraire, elles ont d'abord recours aux heures supplémentaires, à l'intérim, aux contrats à durée déterminée et à la sous-traitance de capacité. Elles ne vont pas prendre le risque de se retrouver en surcapacités difficiles à rentabiliser si la hausse de la demande qui s'adresse à elles n'est que passagère.

On repère enfin des investissements de modernisation qui visent à accroître la productivité. Bien souvent, ces investissements conduisent à introduire du progrès technique qui permet d'économiser du facteur travail (substitution capital/travail).

En réalité, cette distinction est difficile à observer, un même investissement pouvant à la fois renouveler, moderniser et étendre le capital productif de l'entreprise. D'ailleurs, en dehors de cette typologie (renouvellement/capacité/productivité), les entreprises réalisent des investissements lorsqu'elles lancent un nouveau produit, lequel nécessite parfois un processus nouveau de production.

Répartition des motivations économiques des investissements

	Moyenne 1991-2016	2017 (prévision)
Renouvellement	27 %	29 %
Modernisation, rationalisation	24 %	24 %
dont automatisation	*11 %*	*8 %*
dont nouvelles techniques	*7 %*	*8 %*
dont économie d'énergie	*6 %*	*8 %*
Extension de la capacité de production	16 %	14 %
Introduction de nouveaux produits	14 %	13 %
Autres (sécurité, conditions de travail, environnement...)	20 %	21 %

La part des investissements de capacité et d'introduction de produits nouveaux diminue dans le total de l'investissement matériel en période de ralentissement de l'activité économique (stagnation de la demande). À l'inverse, et de manière logique, celle des investissements de renouvellement s'accroît. Parallèlement, la part des investissements de modernisation se réduit.

Aujourd'hui, la part des investissements de capacité et d'introduction de produits nouveaux dans le total de l'investissement matériel est de l'ordre de 30 %. La part des seuls investissements de capacité oscille entre 14 % et 18 % depuis le début des années 2000.

En général, un investissement matériel s'accompagne de dépenses complémentaires qui relèvent de l'investissement immatériel.

b) Les investissements immatériels

Ils concernent tous les types d'investissement qui ne prennent pas la forme d'achats de biens matériels (on se réfère à la définition de l'investissement au sens large). En effet, selon Jean-Marie Albertini (1998), il faut, pour produire :

- de plus en plus de savoir, que l'on obtient par des dépenses en recherche et développement en finançant une équipe de chercheurs, en déposant des brevets auprès de l'INPI (Institut National de la propriété Industrielle), voire en achetant des brevets ou des licences de fabrication ;
- de savoir-faire que l'on acquiert grâce à des actions de formation, lesquelles permettent d'ajuster la qualité du capital humain à celle du capital technique ; en outre, ces dépenses de formation sont source d'une plus grande motivation (et donc d'une meilleure productivité) des salariés qui en bénéficient car ils voient en elles un signe positif de la stabilité de leur emploi ;
- de savoir organiser qui passe par une réflexion sur les méthodes de travail et/ou la création de logiciels maison (gestion de production assistée par ordinateur, de bases de données) ;
- et de faire savoir qui repose sur des dépenses de publicité et de mercatique en général (études de marché, mécénat, parrainage).

Il s'agit bien ici, dans tous les cas, de dépenses qui sont source de productivité pour l'entreprise et dont les effets, dans la durée, dépassent le cycle de production : recherche et développement, mercatique, logiciels, formation. Toutefois, la plupart des investissements immatériels (à l'exception donc des logiciels) sont considérés comme des consommations intermédiaires en comptabilité générale, ils ne peuvent donner lieu à un amortissement comptable.

L'investissement immatériel est donc constitué de l'ensemble des dépenses de recherche et développement, de formation, de logiciels et de mercatique, qui ont pour effet de générer des économies de coûts et des recettes futures.

La part de l'investissement immatériel est en augmentation constante dans le total des investissements (matériels + immatériels), pour se fixer aujourd'hui à environ 30 %.

B LES DÉTERMINANTS DE L'INVESTISSEMENT

L'investissement est le résultat des décisions prises par l'ensemble des entreprises. Ces décisions comportent un risque qui est celui de ne pouvoir amortir les sommes engagées. Ce risque est bien entendu lié à l'incertitude sur l'évolution de l'activité économique. On peut ainsi repérer un ensemble de déterminants qui éclairent le risque et l'incertitude que supportent les entreprises au moment de la décision d'investir. Dans tous les cas, il convient de se souvenir que l'investissement repose sur une décision prise au niveau microéconomique, au niveau de l'entreprise pour l'investissement productif.

1 La demande

Les entreprises décident d'investir, en grande partie pour satisfaire une demande qui s'adresse à elles.

1.1 La demande effective

Les entreprises sont confrontées à l'incertitude sur l'avenir, notamment pour ce qui concerne l'évolution de la demande qui va leur être adressée. Pour y faire face, dans un temps raisonnable et en quantité nécessaire, elles s'efforcent d'anticiper cette demande. Elles en déduisent alors le stock de capital nécessaire pour y répondre, ainsi que le volume d'investissement à réaliser par différence entre le stock de capital courant et le stock de capital désiré.

On rappelle à cet égard que la demande pour chaque entrepreneur dépend des revenus versés par les autres entrepreneurs (l'État peut dans ce cas être considéré comme un entrepreneur). Ainsi, la demande qui s'adresse à chacun dépend des décisions prises par tous les autres entrepreneurs. La demande effective (Keynes, 1936) n'est autre que la demande globale anticipée par l'ensemble des entreprises : elle est le résultat des décisions de toutes les entreprises, sachant que chacune prend la sienne en anticipant celle des autres.

Dès lors, si tous les entrepreneurs sont optimistes, ils anticipent une hausse de la demande à venir et accroissent leurs investissements et leurs embauches en conséquence. La production augmente et, bien entendu, les revenus versés sont alors plus élevés, confirmant et renforçant alors les anticipations des agents économiques. Les anticipations peuvent s'avérer autovalidantes. Bien entendu, si tous sont pessimistes, les anticipations s'inversent. Cependant, on le voit dans les deux cas, l'incertitude en matière d'investissement demeure la règle : les anticipations peuvent s'avérer sous optimales générant selon le cas un excès d'investissement difficile à rentabiliser, ou une insuffisance qui peut conduire à des tensions inflationnistes ou une augmentation des importations (les agents économiques s'approvisionnent à l'extérieur pour les biens que l'industrie nationale ne parvient pas à produire en nombre suffisant).

En somme, l'investissement est largement tributaire du niveau anticipé de la demande qui s'adressera à l'entreprise.

1.2 Le taux d'utilisation des capacités de production

Il n'est pas nécessaire d'accroître ses capacités de production quand la demande anticipée augmente. Tout dépend du taux d'utilisation de celles-ci.

Taux d'investissement et d'utilisation des capacités de production

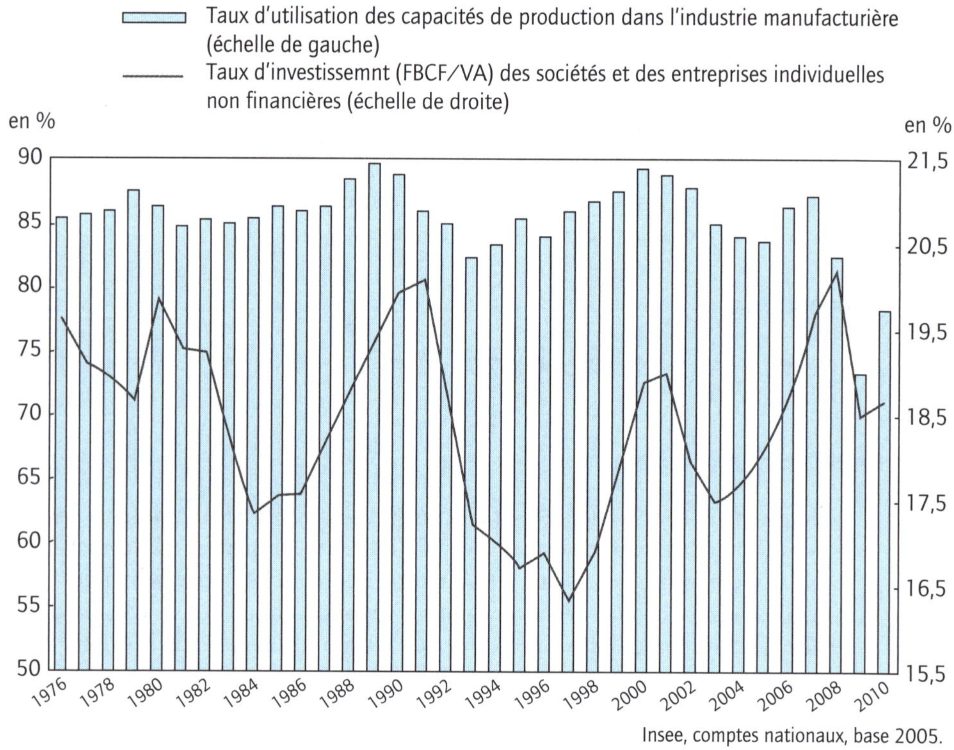

Insee, comptes nationaux, base 2005.

On définit le taux d'utilisation des capacités de production comme le rapport entre la production actuelle de l'entreprise et sa production potentielle (ou capacités de production). Il va de soit que les entreprises n'investissent que si la capacité de production actuelle ne leur permet pas de répondre à la demande. D'une manière générale, on observe une assez bonne corrélation entre le taux d'utilisation des capacités de production et le niveau d'investissement des entreprises. Plus ce taux est proche de 100 % plus l'investissement des entreprises augmente. On pressent alors que toute relance de la demande ne débouche pas nécessairement sur une reprise de l'investissement.

Cependant, quand bien même la demande anticipée stagnerait, l'entreprise peut souhaiter réaliser des investissements de modernisation – rationalisation, moins sensibles à l'évolution quantitative de la demande.

2 Les profits

2.1 Profits passés et profits futurs

Les profits constituent un déterminant essentiel dans la mesure où les entreprises ne se risquent à investir que si elles escomptent des profits futurs intéressants ou, autrement dit, lorsque la rentabilité espérée de l'investissement est suffisante.

Cette rentabilité dépend aussi du prix du capital, ou plus exactement du prix relatif du capital et du travail : plus le prix du travail augmente, relativement à celui du capital, plus les entreprises sont susceptibles d'avoir recours au facteur capital (substitution capital-travail).

Taux de marge et taux d'investissement des sociétés non financières en 2015

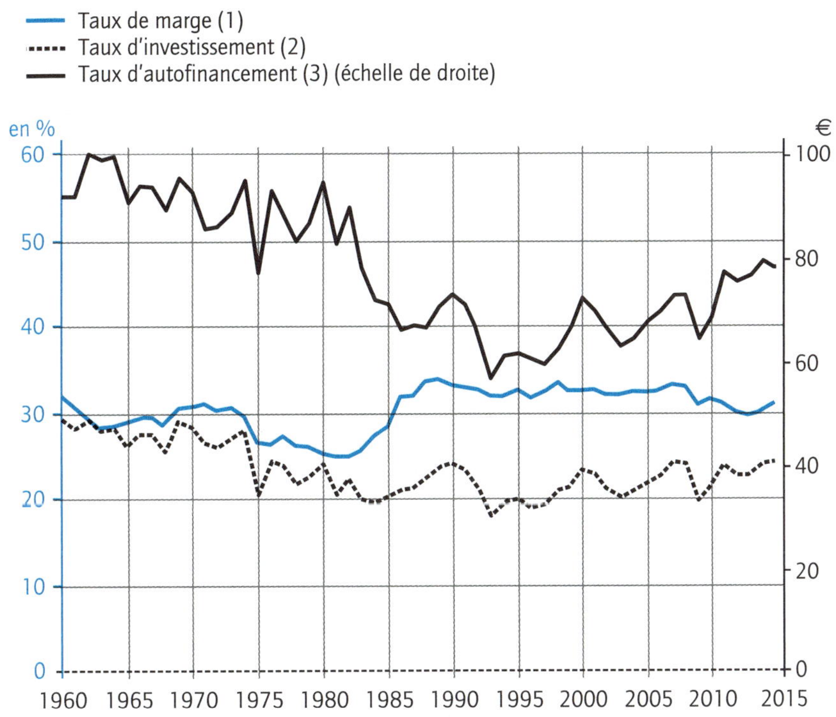

(1) : excédent brut d'exploitation (EBE)/valeur ajoutée brute (VA).
(2) : formation brute de capital fixe (FBCF)/valeur ajoutée brute (VA).
(3) : formation brute de capital fixe (FBCF)/excédent brut d'exploitation (EBE).
Champ : France, sociétés non financières, hors entreprise individuelles.

Insee, Comptes nationaux, base 2010.

En outre, les profits réalisés par le passé constituent souvent une ressource financière nécessaire pour financer (autofinancement) tout ou partie des investissements nouveaux.

2.2 Le calcul de la rentabilité escomptée de l'investissement

On peut dire qu'un investissement d'un montant I ne sera rentable que si la somme des revenus futurs actualisés, que génère l'investissement, est au moins égale au montant de l'investissement. Appelons *r* le taux d'actualisation, et *n* le nombre de périodes sur lesquelles court l'investissement, on a alors :

$$I = \frac{R_1}{(1+r)^1} + \frac{R_2}{(1+r)^2} + \text{-------} + \frac{R_n}{(1+r)^n} \quad (1)$$

I constitue une donnée du problème, puisqu'il s'agit du coût du projet d'investissement, dont on peut dire que, dans la plupart des cas, il est certain. Les flux de revenus R*i* sont anticipés par l'entreprise, en fonction notamment de la demande à laquelle elle s'attend sur l'ensemble des périodes. Il en résulte que l'inconnue est la valeur de *r* pour laquelle l'équation (1) est vérifiée. Cette valeur, qui n'est autre qu'un taux interne de rendement (TIR), est appelée « efficacité marginale du capital », notée *emc*, par Keynes (1936). Elle représente en quelque sorte le taux de rentabilité espérée du projet d'investissement. Il s'agit bien du taux pour lequel la valeur actuelle nette (VAN) de l'investissement est nulle :

$$I = \frac{R_1}{(1+r)^1} + \frac{R_2}{(1+r)^2} + \text{-------} + \frac{R_n}{(1+r)^n} = 0$$

Pour Keynes, l'investissement est une opération risquée et il existe d'autres façons de faire fructifier son argent : l'achat d'obligations au taux d'intérêt *i* par exemple. *i* représente le coût d'opportunité de l'investissement, au sens où il s'agit de ce à quoi elle renonce lorsqu'une entreprise investit. Ainsi, deux cas peuvent se présenter :

- si $emc < i$: les entrepreneurs sont peu enclins à investir ; dans le cas où ils disposent d'une épargne brute ils préféreront réaliser un placement financier et, dans le cas où ils ne disposent pas des fonds ils préféreront renoncer à emprunter pour investir ;
- si $emc > i$; l'investissement devient plus rentable qu'un placement financier ; plus l'écart est grand entre l'emc et le taux d'intérêt, plus l'incitation à investir est forte.

FOCUS . . . FOCUS . . . FOCUS . . . FOCUS . . . FOCUS . . . FOCUS . . .

La décroissance de l'efficacité marginale du capital

Au niveau global, dans l'économie, on peut admettre que les projets d'investissement les plus rentables sont ceux qui seront d'abord réalisés. Ce sont les investissements qui donnent des flux de revenus futurs (R*i*) plus élevés, donc une efficacité marginale du capital élevée. Par la suite, l'investissement global, qui représente au niveau macroéconomique la somme de tous les investissements réalisés par les agents économiques, ne peut augmenter que par le biais de projets d'investissements de moins en moins rentables. Un peu comme si l'investissement agricole augmentait en cultivant des terres de moins en moins fertiles (théorie de la rente foncière).

Ainsi, plus le volume d'investissement s'accroît dans l'économie plus l'efficacité marginale du capital diminue (rentabilité de la dernière unité de capital investie). On peut alors représenter graphiquement la relation entre l'emc et le volume I de l'investissement global.

On voit alors que le niveau du taux d'intérêt à long terme (i^*), fixé sur le marché des capitaux, détermine le volume global d'investissement qui sera réalisé dans l'économie (I^*). En effet, pour tous les projets d'investissement qui composent I^*, l'*emc* est supérieure au taux d'intérêt.

La courbe de l'efficacité marginale du capital

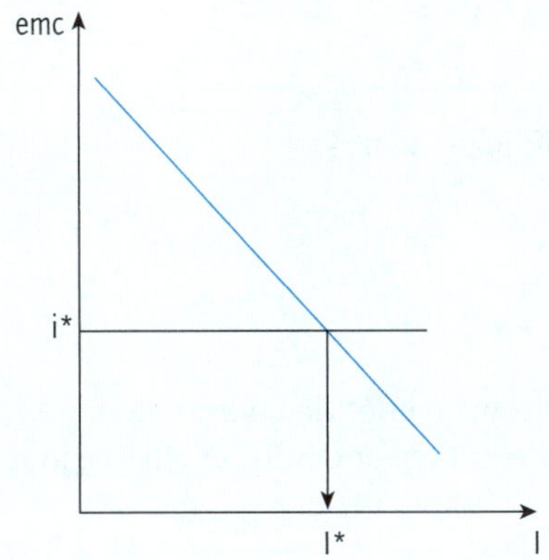

De plus, la différence entre la rentabilité constatée (ou anticipée selon les cas) d'un investissement et le taux d'intérêt fait apparaître la profitabilité de l'investissement :

Profitabilité d'un investissement = Taux interne de rentabilité de l'investissement – Taux d'intérêt réel.

En conséquence, une baisse du taux d'intérêt contribue à rendre profitable des investissements qui ne l'étaient pas jusque-là : une baisse du taux d'intérêt conduit à une hausse du volume global d'investissement dans l'économie.

Au total, on peut dire que l'investissement dépend du taux d'intérêt et du niveau de l'*emc*. Mais l'*emc* dépend elle-même des anticipations plus ou moins optimistes des entrepreneurs, ou de leur flair comme l'évoquait Keynes par l'expression « animal spirit ».

3 L'influence du financement sur l'investissement

3.1 L'effet de levier dû à l'endettement

L'entreprise est donc fortement influencée par le niveau du taux d'intérêt en matière d'investissement. On peut également s'en rendre compte à partir de l'effet de levier financier mis en évidence par Knut Wicksell (1920).

On peut prendre l'exemple suivant d'un projet d'investissement qui peut être financé intégralement par des capitaux propres, ou en partie par l'emprunt.

	Hypothèse 1	Hypothèse 2
Investissement	1 000	1 000
Capitaux propres (1)	1 000	500
Capitaux empruntés	0	500
Profit (2)	150	150
Intérêts à 10 % (3)	0	50
Rentabilité des capitaux propres*	15 %	20 %

$* (4) = \frac{(2) - (3)}{(1)}$

On voit apparaître un « effet de levier » de la rentabilité financière des capitaux propres grâce à l'endettement. Bien entendu cet effet ne joue que tant que la rentabilité économique

$$\left(\frac{\text{Profit}}{\text{Investissement}} \times 100 = 15\ \%\right)$$

est supérieure au coût de l'emprunt (10 %).

Dans le cas contraire, l'entreprise doit faire face à un « effet de massue ». On le voit, là encore, si la rentabilité économique attendue est bien un déterminant de l'investissement, elle doit nécessairement être comparée au taux d'intérêt réel.

3.2 L'incitation à investir par le recours aux marchés financiers

Les entreprises peuvent avoir recours à l'émission d'actions et d'obligations pour financer leurs projets d'investissement. Bien sûr, cela ne peut concerner que des entreprises moyennes et grandes qui disposent d'une taille suffisante pour supporter les frais fixes de l'introduction en bourse et de l'augmentation de capital.

James Tobin (1969) a montré que la situation sur les marchés financiers exerçait une influence sur l'investissement des entreprises. Il prend pour référence un ratio qu'il note « q », le « q » de Tobin :

$$q = \text{Valeur de marché de l'entreprise/Coût de remplacement du capital}$$

ou encore

$$q = \text{Valeur boursière de l'entreprise/Coût de renouvellement du capital}$$

Ainsi quand q augmente, les entreprises peuvent obtenir des prix élevés pour les actions nouvellement émises, relativement au coût du capital, ce qui est un facteur incitatif de l'investissement (pour un coût du capital qui augmente moins que le cours de l'action). Pour simplifier, on dira que le q de Tobin, lorsqu'il augmente, signifie que les entreprises peuvent obtenir plus de capital technique pour un même nombre d'actions émises, c'est-à-dire pour une même promesse de dividendes futurs à verser.

C LE RÔLE DE L'INVESTISSEMENT DANS LA CROISSANCE ÉCONOMIQUE

D'une manière générale tous les économistes, quel que soit le courant de pensée, reconnaissent beaucoup de vertus à l'investissement :

- en matière de croissance des richesses et d'emploi ;
- en matière de modernisation des structures puisque l'investissement est source d'accumulation de capital et le capital nouveau apporte du progrès technique. Ainsi, il convient ici de rappeler trois effets qui concernent l'investissement :
- un effet multiplicateur qui agit sur la croissance économique ;
- un effet accélérateur qui résulte des variations de la demande globale ;
- un effet régénérateur qui est source de modernisation de l'offre.

D'une manière générale, on retiendra que, aussi bien à court terme qu'à long terme, on observe une corrélation entre investissement et croissance économique.

1 L'effet multiplicateur de l'investissement

Les effets de l'investissement public sur la croissance économique ont souvent été contestés : des aspects quantitatifs indéniables butent sur un certain nombre de contraintes.

1.1 La logique du multiplicateur d'investissement keynésien

Rappelons ici l'égalité fondamentale entre l'offre et la demande globales dans le cadre d'une économie fermée (en l'absence d'importations et d'exportations) :

$$\text{Production (Y)} = \text{Consommation (C)} + \text{Investissement (I)}$$

On peut même distinguer, parmi l'investissement I, un investissement privé I' et un investissement public G (I = I'+G). Nous conserverons ici l'idée d'un investissement global, à la fois privé et public (I).

En outre, nous savons que la production n'est autre que la somme des valeurs ajoutées produites par les agents économiques résidents, valeurs ajoutées qui sont ensuite réparties sous forme de revenus entre les ménages. En somme :

$$\text{Production} = \text{Revenu} = \text{Y}$$

Ainsi, une augmentation de l'investissement public (dI) va se traduire par une distribution supplémentaire de revenus (dY = dI) vers ceux qui fabriquent les équipements productifs achetés. Il va en résulter un supplément de consommation (dC) de la part de ces agents économiques.

La variation de la consommation des ménages (dC) est, de plus, liée à la variation du revenu par la propension marginale à consommer (c). On peut alors écrire : $dC = c dY$ ou, puisque $dY = dI$, $dC = c dI$. Mais ces dépenses de consommation vont alors procurer des revenus supplémentaires à ceux auprès de qui elles ont été réalisées, pour un montant, donc, de $c dI$. Ceux-ci vont à leur tour en consacrer une partie à la consommation pour un montant de $c^2 dI$, et ainsi de suite…

Au total, la somme des revenus générés par l'investissement initial est :

$$dY = dI + c dI + c^2 dI + c^3 dI + c^4 dI + c^5 dI + c^6 dI + \ldots 1$$

$$= (1 + c + c^2 + c^3 + c^4 + c^5 + c^6 + \ldots)\, dI = \left(\frac{1}{1-c}\right) dI$$

Au total, $dY = \left(\frac{1}{1-c}\right) dI$

On appelle $k = \left(\frac{1}{1-c}\right)$, le multiplicateur keynésien d'investissement. Si $c = 0{,}8$, on trouve $k = 5$. Cela signifie que toute augmentation de l'investissement conduit à une croissance de la production 5 fois supérieure.

> Selon **l'effet multiplicateur de l'investissement,** toute variation de l'investissement (dI) conduit à une variation plus que proportionnelle du revenu national (dY) telle que $dY = \frac{1}{1-c} dI$, c étant la propension marginale à consommer des ménages.

L'effet multiplicateur n'est pas immédiat, il s'échelonne sur plusieurs périodes. On constate que l'État peut être à l'origine d'un investissement autonome qui, par le jeu du multiplicateur d'investissement va relancer la croissance de la production. Par exemple, si les dépenses publiques d'investissement augmentent de 5 milliards d'euros (dI = 5), le PIB s'accroît de 25 milliards d'euros (dY = 25), ce qui représente, pour un PIB français d'environ 1 800 milliards un surcroît de croissance économique de 1,38 % :

$$\left(\frac{1\,825 - 1\,800}{1\,800} \times 100 = 1{,}38\ \%\right)$$

1.2 Les limites à la logique du multiplicateur keynésien d'investissement

L'effet multiplicateur est souvent contesté car il peut être source d'inflation. Il repose sur l'idée qu'un investissement initial (ou une dépense publique) provoque des vagues successives de consommation et donc de production de la part des agents économiques résidents. Cependant, pour que la consommation supplémentaire des ménages soit satisfaite, des capacités de production inutilisées doivent exister pour répondre au surcroît de demande. Dans le cas contraire, l'économie se trouverait dans une situation dans laquelle la demande s'accroît sans que l'offre censée y répondre ne varie. En vertu de la loi de l'offre et de la demande sur le marché des biens et services, ce choc de demande provoque une hausse du niveau général des prix. En somme, le multiplicateur d'investissement se transforme en multiplicateur des prix en situation de pleine utilisation des facteurs de production.

Mais nous avons raisonné jusque-là en économie fermée. En économie ouverte, qui suppose des échanges de biens et services avec l'extérieur, si l'offre nationale ne peut répondre à la hausse de la demande qu'implique le multiplicateur, la demande peut se porter sur des biens et services d'importation, en provenance de l'extérieur. On sait par exemple que la propension marginale à importer (pmi) est en France d'environ 25 %. Cela signifie que toute hausse des revenus dY conduit à une hausse des importations dM = 0,25dY. Il existe donc des fuites vers l'extérieur qui limitent l'effet multiplicateur : la relance de l'investissement public profite à l'extérieur et peut détériorer le solde de la balance des transactions courantes. L'ampleur de cette détérioration dépend de la compétitivité prix et hors prix de l'économie nationale.

FOCUS . . . FOCUS . . . FOCUS . . . FOCUS . . . FOCUS . . . FOCUS . . .

Le multiplicateur en économie ouverte

En économie ouverte, l'égalité entre la demande et l'offre globales donne l'équation suivante :

$$Y + M = C + I + G + X$$

avec Y = production ou revenu domestique

M = importations

C = consommation

I = Investissement

G = Dépenses publiques

X = Exportations

On sait par ailleurs que la consommation dépend du revenu disponible Yd = Y – T, où T correspond au montant de l'impôt sur le revenu, à travers la fonction de consommation suivante :

$$C = c\,(Y - T) + C_0$$

avec C_0 = consommation incompressible

L'égalité entre l'offre et la demande globales devient alors :

$$Y + mY = c\,(Y - T) + C0 + I + G + X$$

ou encore

$$Y = \frac{1}{1 + m - C}(C_0 - cT + I + G + X)$$

On en déduit l'expression du multiplicateur en économie ouverte :

$$dY = \frac{1}{1 + m - C}\,dI$$

On voit bien que le multiplicateur en économie ouverte est inférieur à celui en économie fermée. Avec $m = 0{,}25$ et $c = 0{,}8$, le calcul donne un multiplicateur d'investissement $k_o = 2{,}22$ en économie ouverte contre $k_f = 5$ en économie fermée.

En somme, l'effet multiplicateur est plus faible en économie ouverte qu'en économie fermée.

En 2012, l'économiste en chef du Fonds monétaire international (FMI), Olivier Blanchard, a calculé que le multiplicateur pouvait se situer entre 1 et 1,7 selon les pays. Ainsi, supérieur à 1, l'effet multiplicateur indique que tout investissement public peut avoir un réel effet sur la croissance économique.

2 L'effet d'accélération de l'investissement

2.1 Un effet symétrique du multiplicateur

Nous avons vu que l'effet multiplicateur exprime l'idée que la hausse de l'investissement conduit à une hausse plus que proportionnelle du revenu national (dI entraîne dY). L'effet d'accélération est parfaitement symétrique (dY entraîne dI).

Selon **l'effet d'accélération de l'investissement**, en situation de pleine utilisation des capacités de production, une variation de la demande entraîne une variation encore plus que proportionnelle de l'investissement.

L'effet d'accélération peut très bien être négatif : si la demande diminue, l'investissement diminue plus fortement encore.

2.2 Un exemple d'effet d'accélération

On suppose tout d'abord qu'il existe un rapport constant entre le stock de capital de l'entreprise à l'instant *t*, K_t, et la production Y_t appelé coefficient de capital $\frac{K_t}{Y_t}$. Autrement dit, à Yt chaque évolution de la demande, il sera nécessaire d'ajuster le volume de production et le stock de capital nécessaire pour produire, en tenant compte du coefficient de capital. On suppose également que le capital installé correspond à des machines qui sont amorties de manière linéaire sur 10 ans. Ainsi, chaque année, des investissements de remplacements seront réalisés, sauf si la capacité de production installée est trop importante par rapport à la demande. Enfin, on considère qu'une machine peut produire 100 unités de biens. Les effets de la variation de la demande sur l'investissement peuvent être représentés dans le tableau suivant :

périodes	demande	Stock de capital actuel	Stock de capital désiré	Investissement de remplacement	Investissement nouveau	Investissement total	Variation de la demande	Variation de l'investissement
1	1 000	10	10	1	0	1		
2	1 020	10	11	1	1	2	2,00 %	100,00 %
3	1 090	11	11	1	0	1	6,86 %	– 50,00 %
4	1 100	11	11	1	0	1	0,92 %	0,00 %

Les conclusions que l'on peut tirer de cet exemple sont les suivantes :

– une augmentation de la demande peut très bien ne pas conduire à une hausse de l'investissement ;
– la variation de l'investissement résulte de ce que le stock de capital augmente par palier (une machine produit 100 unités de bien).

3 L'effet régénérateur de l'investissement

L'investissement introduit le progrès technique dans la production.

Le **progrès technique** est l'ensemble des innovations qui conduisent à augmenter les quantités produites avec des quantités inchangées de facteur travail et capital.

La mesure du progrès technique est donc l'évolution de la productivité, c'est-à-dire les gains de productivité.

FOCUS . . . FOCUS . . . FOCUS . . . FOCUS . . . FOCUS . . . FOCUS . . .

Les chemins du changement technique

« Un progrès technique c'est une nouvelle organisation de la production qui permet :

1) soit de produire plus avec les mêmes quantités de facteurs ; 2) soit de produire autant en économisant l'un des facteurs : moins d'heures, moins de barils de pétrole, moins de minerais ou moins d'usure des machines.

Le progrès technique se manifeste généralement à l'occasion du changement ou de l'amélioration de l'outillage ; par exemple lorsqu'un imprimeur remplace une rotative par une autre plus rapide. Certains progrès de la technique ont des effets très largement diffusés dans l'ensemble de l'économie. Ainsi, toutes les entreprises bénéficient des progrès de l'informatique. (...) de même, les entreprises de transport ont largement bénéficié d'économies d'énergie lorsque les fabricants de camions ont livré des moteurs plus sobres en carburant. (...)

Le progrès peut résulter de petites améliorations de la vie de travail : meilleure circulation des pièces sur les chaînes de fabrication, approvisionnement plus rapide, suppression de déplacements inutiles. (...)

Le progrès peut aussi venir de ces créations de l'esprit humain que l'on appelle des innovations. Certes, tout existe dans la nature. L'homme a toujours les mêmes besoins fondamentaux, et son génie ne peut que recomposer la matière. Cependant, certains assemblages ne peuvent relever que de l'invention humaine, que celle-ci porte sur un produit totalement nouveau n'existant pas dans la nature, ou qu'elle bouleverse un procédé de fabrication, de conservation ou de distribution ou encore les deux à la fois. »

M. Didier, *Économie : les règles du jeu*, Economica, 1992.

Pour ce qui concerne l'innovation, elle se caractérise par l'application industrielle et commerciale d'une invention. En ce sens J.-A. Schumpeter (*Théorie de l'évolution économique*, 1912) dénombre cinq types d'innovations :

– les nouveaux produits ;

– les nouvelles méthodes de production ;
– les nouveaux marchés ;
– les nouveaux types d'organisation de la production ;
– les nouvelles sources de matières premières.

L'innovation est alors, selon J.-A. Schumpeter, à l'origine d'un processus de « destruction créatrice » : des entreprises et des emplois disparaissent dans les secteurs qui subissent le progrès technique, d'autres apparaissent dans les secteurs où émerge ce progrès technique.

3.1 Le progrès technique est à l'origine des gains de productivité

Les gains de productivité sont partagés entre les consommateurs, les travailleurs et les producteurs.

Répartition des gains de productivité

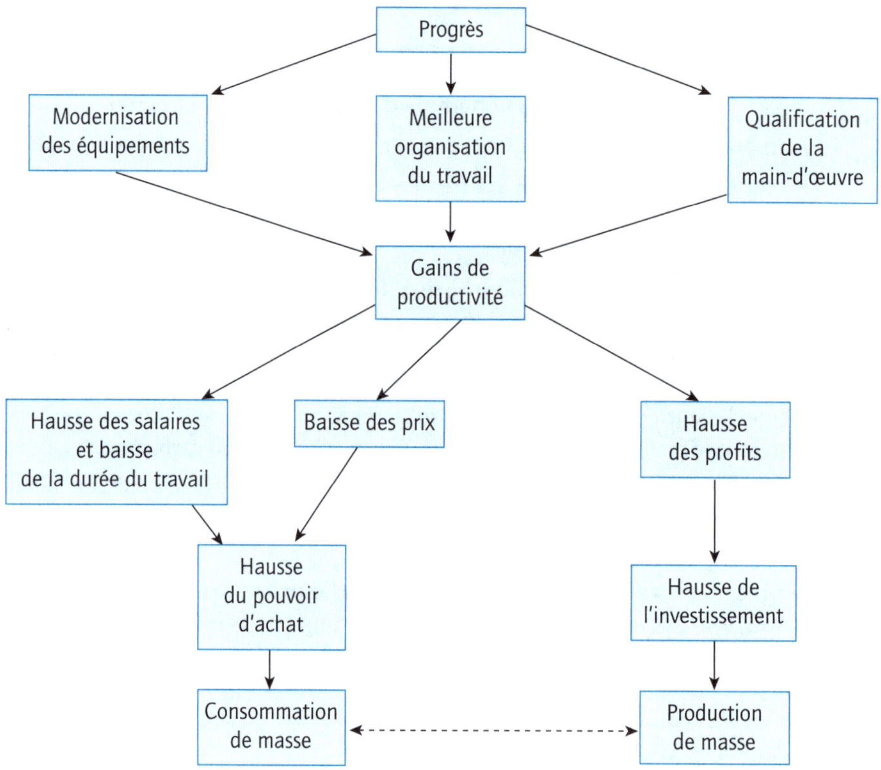

On peut considérer qu'une judicieuse répartition des gains de productivité conduit à une croissance harmonieuse car à la hausse de la production correspond une hausse équivalente de la demande solvable. Tel était, en quelque sorte, le compromis fordiste des Trente Glorieuses.

3.2 L'origine du progrès technique et l'origine de la croissance économique

Dans le domaine des théories de la croissance économique, la place du progrès technique a donné naissance à deux générations de modèles censés expliquer les origines de la croissance :

– selon que le progrès technique est exogène à l'activité économique ;

– selon que le progrès technique est endogène à l'activité économique.

a) Croissance économique et progrès technique exogène

Carré, Dubois et Malinvaud ont proposé une évaluation des facteurs de la croissance française, pour la période 1951-1969, que l'on peut présenter dans le tableau suivant :

Les facteurs de la croissance française (1951-1969, en % par an)

Croissance du PIB	5,0
Emplois dans les branches	0,0
Durée du travail	– 0,1
Qualité du travail (âge, instruction, intensité du travail)	0,4
Migrations professionnelles (effet de structure)	0,6
Volume net de capital	1,1
Rajeunissement du capital	0,4
Intensité de la demande	0,1
RÉSIDU	2,5

On constate que la croissance française ne résulte ni d'une augmentation de la population active (emplois dans les branches), ni d'une variation de la durée du travail (effet négatif). Seuls le volume de capital, son rajeunissement ainsi que la qualité du travail sont des facteurs positifs de croissance. En outre, il reste une part (2,5 points de pourcentage) de la croissance qui n'est pas expliquée.

Comment expliquer ce résidu de la croissance ? Il dépend en réalité du modèle économétrique choisi par les auteurs : une fonction de production macroéconomique à rendement d'échelle constant (les quantités produites augmentent dans les mêmes proportions que les quantités utilisées de facteurs). Ce faisant, ce modèle ne permet pas de rendre compte des effets d'expérience et des économies d'échelles réalisées.

En somme, le résidu s'explique par le progrès technique général : de nouveaux produits, de nouvelles méthodes d'organisation du travail, de nouveaux marchés, de nouveaux types d'organisation du travail, de nouvelles sources de matières premières. La croissance de la production s'expliquerait donc par des facteurs exogènes.

b) Croissance économique et progrès technique endogène

À la suite des travaux de Romer en 1986, nombreux sont les auteurs qui se sont attachés à montrer que la croissance reposait sur des rendements d'échelles croissants (les quantités produites augmentent plus que les quantités utilisées de facteurs de production) qui donnaient lieu à des économies d'échelle. Ils ont pu ainsi rendre endogènes des facteurs qui étaient jusque-là considérés comme exogènes dans les modèles d'inspiration néoclassique :

- l'investissement en capital physique ;
- l'investissement en capital public ;
- l'investissement en capital humain ;
- l'effet d'expérience ;
- l'organisation du travail.

En effet, les progrès de productivité reposent sur le *learning by doing* ou effet d'expérience, sur la diffusion du progrès technique entre les firmes (l'investissement de l'une accroît sa productivité mais aussi la productivité des autres firmes).

Les **économies d'échelle** représentent une baisse du coût unitaire de production avec l'augmentation des quantités produites (les coûts fixes sont répartis sur un plus grand nombre d'unités produites).

L'**effet d'expérience** exprime la baisse du coût unitaire au fur et à mesure de l'augmentation de la production cumulée depuis la première unité produite (l'apprentissage ou expérience augmente avec la production cumulée et permet d'économiser du temps de travail).

L'innovation technique a pour origine des idées qui sont rarement le fait d'individus « Géo Trouvetou » isolés. Elle suppose de gros investissements en recherche et développement que seules de grandes entreprises peuvent entreprendre. Ces dépenses représentent des coûts fixes qui pourront être mieux amortis si les quantités produites sont importantes. Ainsi, un logiciel informatique réclame des heures de travail considérables pour sa conception et sa mise au point. Cependant, une fois achevé le travail de réalisation, la reproduction à l'identique du logiciel ne coûte pratiquement rien : le coût unitaire de production baisse avec la hausse des quantités produites (les rendements d'échelles sont croissants).

Mais d'où viennent les idées nouvelles ? Contrairement aux théories de la croissance exogène, pour lesquelles « les idées tombent du ciel », les théories de la croissance endogène considèrent que les idées nouvelles ne voient le jour que si la recherche fondamentale est soutenue par l'État. En effet, comme les idées revêtent les caractéristiques d'un bien public (elles profitent à tous, y compris à ceux qui n'en sont pas à l'origine), la prise en charge par l'État des dépenses de recherche fondamentale s'avère nécessaire. Sans cela, chaque agent attendrait que les autres agents trouvent des idées nouvelles pour ensuite les copier sans bourse délier (comportement de « passager clandestin »). S'il est rationnel pour un agent de procéder ainsi, on ne peut douter que tous les autres agents adoptent le même compor-tement : personne ne se risque dans un programme de recherche fondamentale alors qu'il y va de l'intérêt de tous (en matière d'innovation par exemple) que ces programmes soient menés. Ainsi, l'émergence des idées nouvelles se trouve bloquée. L'autre solution, complémentaire, consiste à mieux rémunérer les idées nouvelles en accordant un monopole temporaire aux entrepreneurs innovateurs : les bénéfices privés des idées nouvelles sont bien souvent inférieurs aux bénéfices sociaux qu'en retire la population dans son ensemble.

On peut raisonner de manière identique pour ce qui concerne la formation initiale des salariés, et conclure à la nécessité de la prise en charge par l'État de cette formation (quelle entreprise prendrait le risque de former des individus dès l'âge de cinq ans ?).

En somme, en développant les infrastructures de transports et de communication ainsi que les programmes de sécurité et d'éducation, l'État va accroître l'efficacité du capital privé : l'investissement en recherche va permettre la diffusion du progrès technique (accroissement de la productivité du capital technique) et les dépenses de formation vont augmenter le capital humain (progression de la productivité du travail).

L'essentiel

L'investissement relève d'une décision de l'entrepreneur. C'est donc au niveau microéconomique qu'il faut tenter de cerner ce qui pousse un entrepreneur à investir : la demande qu'il anticipe, la rentabilité attendue de l'investissement comparée à un placement financier.

Mais la demande qu'un entrepreneur anticipe dépend des décisions prises par tous les autres agents : les décisions de production, d'investissement et d'embauches des autres entrepreneurs, les décisions de consommation des ménages, ainsi que les décisions de dépenses publiques de l'État.

En conséquence, l'investissement au niveau global est une variable déterminante de l'activité économique et donc de la croissance de la production : il agit à court terme sur la demande (effet quantitatif), il agit à long terme sur les structures de l'économie (effet qualitatif) par un processus de « destruction créatrice ».

La croissance de la production est plus la conséquence d'une meilleure utilisation des facteurs de production, et notamment du facteur capital grâce à l'investissement, que d'une plus grande utilisation de ceux-ci : on a ainsi pu mettre en évidence le rôle du progrès technique et de sa diffusion, ainsi que l'importance du capital humain.

Enfin, cn raison d'cxtcrnalités positives, l'investissement public, lorsqu'il est consacré à la recherche, la formation et le développement des infrastructures de communications, s'avère être un soutien essentiel de la croissance économique. Il permet en effet de moderniser les structures économiques et plus particulièrement le système productif.

RÉFÉRENCES

Mots clés

- Accélérateur d'investissement
- Capital
- Capital technique
- Coefficient de capital
- Croissance endogène
- Croissance exogène
- Demande effective
- « Destruction créatrice »
- Économie d'échelle
- Effet d'expérience
- Effet de levier de l'investissement
- Efficacité marginale du capital
- FBCF
- Gains de productivité
- Innovation
- Investissement
- Investissement de capacité
- Investissement de productivité
- Investissement de remplacement
- Investissement immatériel
- Multiplicateur d'investissement
- Productivité apparente du capital
- Profitabilité
- Progrès technique
- Propension marginale à importer
- Ratio « q » de Tobin
- Taux de marge
- Taux d'investissement
- Taux d'utilisation des capacités de production

Auteurs de référence

- Böhm-Bawerk (1907)
- Carré, Dubois, Malinvaud (1975)
- Keynes (1923 et 1936)
- Romer (1986)
- Schumpeter (1912, 1939)
- Tobin (1969)

Références bibliographiques

- A. Mayeur, *Choix collectifs et raison d'État : Traité de macroéconomie*, PUF, 2005.
- M. Burda et C. Wyplosz, *Macroéconomie : une perspective européenne*, De Boeck, 2003.
- C. Descamps, *L'analyse économique en question*, Vuibert, 2005.

Sites Internet

www.insee.fr : site de référence pour l'actualisation, ici, des données relatives à l'investissement.

APPLIQUER LE COURS

Application Quiz

		Vrai	Faux
1	L'effet de levier dû à l'endettement élève la rentabilité financière des capitaux propres.		
2	Le fait d'anticiper un accroissement de la demande est une condition nécessaire et suffisante pour déclencher une opération d'investissement.		
3	Un entrepreneur a intérêt à investir dans la mesure où l'efficacité marginale du capital (*emc*) est inférieure au taux d'intérêt (*i*).		
4	Le prix relatif des facteurs de production peut être un motif d'investissement.		
5	La formation brute de capital fixe (FBCF) ne prend pas en compte les investissements immatériels.		
6	Les deux seules solutions possibles en matière de financement des investissements sont l'autofinancement, d'une part, et le recours au financement obligataire, d'autre part.		
7	La formation brute de capital fixe (FBCF) comporte les investissements des seules entreprises.		

8 L'univers de l'investissement. Trouvez l'intrus parmi les mots suivants : la FBCF, la CPP, le multiplicateur, l'accélérateur.

9 Classez chaque proposition parmi les investissements matériels ou immatériels : logements, machines et équipements, moyens de transport, brevets, logiciels, publicité, recherche et développement.

Investissements matériels	Investissements immatériels

SE PRÉPARER À L'EXAMEN

Dissertation

Les effets de l'investissement sur l'emploi.

Étude de document

À partir des documents ci-après vous répondrez à la question suivante :
Comment expliquer la relation entre le taux d'utilisation des capacités de production et l'investissement des entreprises ?

Tensions sur les capacités de production de l'industrie manufacturière

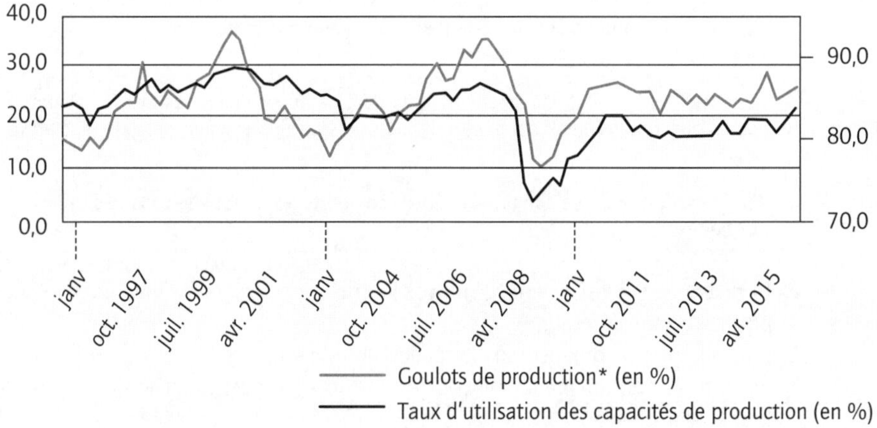

Opinion sur l'évolution passée de la demande

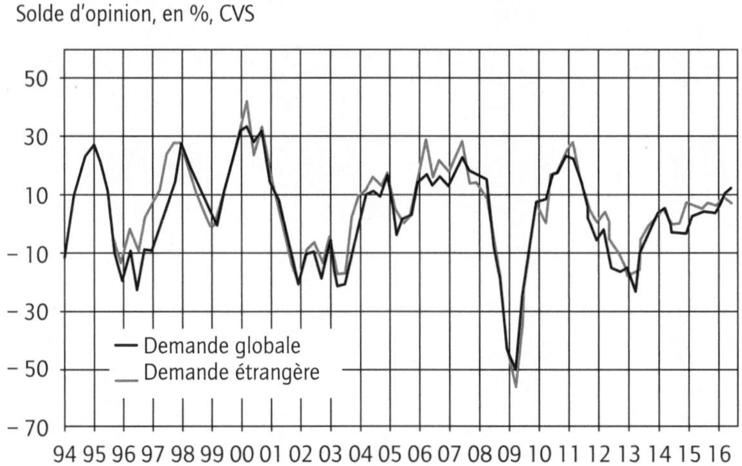

Évolution annuelle de l'investissement en valeur dans l'industrie manufacturière

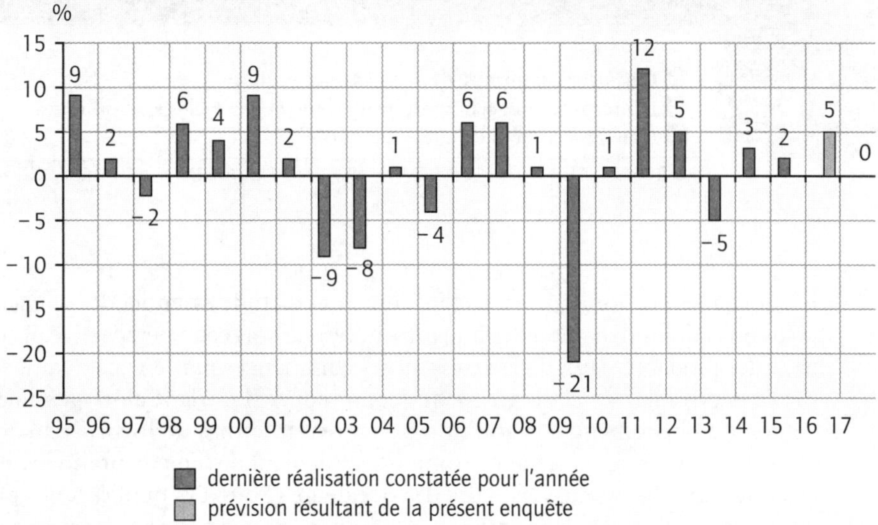

Source : Insee, enquête sur les investissements dans l'industrie.

CHAPITRE 9

Croissance et analyse conjoncturelle

La croissance économique est à la fois un objet d'étude essentiel des sciences économiques et un objectif fondamental des pouvoirs publics. Dans cette perspective, il convient de maîtriser les fondamentaux de la croissance à commencer par le vocabulaire et les différentes mesures possibles de cette grandeur économique. Il devient alors possible de procéder à l'étude du phénomène et à son interprétation en termes de théorie de la croissance et de théorie des cycles. La croissance comporte également des enjeux pratiques et institutionnels essentiels car elle est aussi l'affaire des décideurs (Pouvoirs publics, entreprises, etc.) et de leurs services d'études économiques ; il convient alors d'aborder l'analyse conjoncturelle de la croissance ; c'est-à-dire sa démarche, ses outils et ses résultats.

A DÉFINITION ET MESURE DE LA CROISSANCE ÉCONOMIQUE

La croissance économique pose d'abord des questions de terminologie et de mesure. L'évaluation de la croissance permet ensuite d'envisager son évolution dans le temps et de faire le lien avec l'histoire économique contemporaine.

1 La terminologie de la croissance

Il existe plusieurs mots pour évoquer la croissance qui en réalité recouvrent des réalités ou des sens différents pour les économistes. On oppose en particulier deux visions : l'une quantitative et l'autre plus qualitative.

1.1 La croissance et l'expansion

La croissance économique est une notion purement quantitative qui reflète l'augmentation de la production à long terme dans une économie. L'indicateur de référence est le produit intérieur brut (PIB), mais il existe d'autres indicateurs voisins tel le RNB.

> La **croissance économique** est l'augmentation soutenue de la production d'un pays sur une longue période.

La notion d'expansion se distingue de celle de croissance, car elle correspond à la seule phase ascendante du cycle économique et est de durée courte ou moyenne.

> L'**expansion économique** est une augmentation conjoncturelle de la production d'un pays.

1.2 Les différentes conceptions du développement

D'autres qualificatifs de la croissance renvoient aux conditions permissives et aux effets mêmes de la croissance. En ce sens ils intègrent des dimensions **diversifiées** et **qualitatives** du phénomène (même si elles font l'objet d'opérations de quantification et de comptabilisation). Le qualificatif par excellence dans ce domaine est celui déjà ancien de **développement économique**.

Le **développement économique** est un phénomène qualitatif irréversible et observable sur une longue période, caractérisé par la transformation des structures économiques et sociales liée à la croissance économique.

Ces changements de structure, suivant les cas, accompagnent ou précédent la croissance économique. Ils renvoient à différentes manifestations du développement : niveau de vie, industrialisation, indicateurs démographiques, urbanisation, niveau d'éducation et de qualification.

La notion de développement peut également être entendue comme un accent mis sur l'augmentation du bien-être qui ne résulte pas seulement et pas en totalité de la croissance. On raisonne alors en termes de **développement humain** intégrant ainsi la notion d'équilibre à celle même de croissance.

Le **développement humain** caractérise la capacité d'un pays à satisfaire les besoins d'une population non seulement en termes monétaires mais également en termes d'éducation, de santé, d'hygiène etc.

Dans cette perspective, les économistes des Nations-Unies calculent un « **indicateur de développement humain** » **(IDH)** en combinant plusieurs indicateurs élémentaires.

FOCUS . . . FOCUS . . . FOCUS . . . FOCUS . . . FOCUS . . . FOCUS . . .

La formule de l'IDH

L'IDH est obtenu en faisant la moyenne géométrique de 3 indices : un indice de niveau de vie (*Inv*) basé sur le PIB par habitant, un indice santé (*Is*) basé sur l'espérance de vie à la naissance et un indice d'éducation (*Ie*) reposant à la fois sur le taux d'alphabétisation des adultes et le taux de scolarisation de jeunes :

$$\text{IDH} = \sqrt[3]{Inv + Is + Ie}$$

L'importance croissante prise par les enjeux écologiques dans l'appréhension des phénomènes de croissance explique enfin le recours de plus en plus fréquent à un autre concept encore, celui de **développement durable** qui rend compte de l'impératif d'équilibre de la croissance au plan écologique.

Le **développement durable** est un développement qui répond aux besoins présents sans compromettre la capacité des générations futures à satisfaire les leurs.

2 La mesure de la croissance

Ceci étant, la mesure de la croissance repose en règle générale sur le calcul du taux de croissance du PIB, qui suppose lui-même le recours à l'une ou l'autre des trois méthodes usuelles.

2.1 Trois méthodes de calcul du PIB

La croissance étant appréhendée comme un phénomène purement quantitatif, on utilise des indicateurs de dimension pour sa mesure ; principalement le produit intérieur brut (PIB). Le PIB est calculé selon trois méthodes différentes utilisées en parallèle par l'Insee :

- la première méthode consiste à **mesurer la richesse produite**, en d'autres termes la valeur ajoutée ou encore la différence entre la production totale des entreprises d'une part et leurs consommations intermédiaires d'autre part. On parle à ce propos de « mesure directe de la valeur ajoutée » ;
- une seconde méthode dite « **approche par la demande** » passe par le calcul des emplois de cette production soit les différentes composantes de la demande : consommation finale, investissement (comptablement la FBCF) et la différence entre les exportations et les impor-tations ;
- la dernière approche repose sur les **revenus distribués** aux différents agents : revenus du travail (salaires), revenus du capital et prélèvements enfin de la collectivité.

2.2 Taux de croissance en valeur et en volume

Pour établir la mesure de la croissance, on calcule le taux de variation du PIB sur une période donnée, tout d'abord en valeur (ou à encore à prix courants) puis en volume (soit à prix constants).

Le calcul de l'**évolution du PIB** en volume repose sur le calcul de l'évolution du PIB en valeur déflaté de l'évolution de l'indice des prix (afin de « neutraliser » l'effet de l'évolution des prix).

PIB réel = PIB nominal / niveau des prix

On donne ici un exemple fictif des calculs nécessaires :

Pib en euros courants et en euros constants

	Année 1	Année 2	Année 3	Année 4	Année 5
PIB en milliards d'euros courants	1 800	2 000	2 150	2 300	2 450
Indice des prix (base 100 de l'année 1)	100,0	107,2	113,5	119,5	123,5
PIB en milliards d'euros constants (1)	1 800	1 866	1 894	1 925	1 984
Indice PIB (en euros courants) (2)	100	111,1	119,4	127,8	136,1
Indice PIB (en euros constants) (2)	100	103,7	105,2	106,9	110,2

(1) (PIB en euros courants/indice des prix de l'année en base 100 de l'année 1) × 100
(2) (PIB de l'année N / PIB année 1) × 100 (en euros courants ou en euros constants selon le cas)

À partir de ces chiffres, les économistes vont chercher ensuite l'origine des mouvements observés en attribuant la croissance à telle ou telle composante de la croissance (consommation, investissement ou échanges extérieurs) et en privilégiant les interprétations **quantitatives** (augmentation quantitative des facteurs de production utilisés) ou **qualitatives** (meilleure utilisation des facteurs de production).

3 Les chiffres de la croissance française

La deuxième moitié du XXe siècle a vu se succéder deux périodes fortement contrastées mais qui ont sans doute fait oublier un temps la tendance de long terme.

3.1 La croissance économique française au XXe siècle

La France a connu une période une période de forte croissance entre 1945 et 1975 qualifiée de **Trente Glorieuses** d'après le titre de l'ouvrage de Jean Fourastié. Le taux de croissance annuel moyen est alors d'environ 5 % par an sur toute cette période. Après le premier choc pétrolier, la croissance ralentit considérablement et évolue dans un couloir oscillant entre 1 et 3,5 % par an.

La croissance de la France de 1985 à 2015
(Variation annuelle en % du PIB en volume)

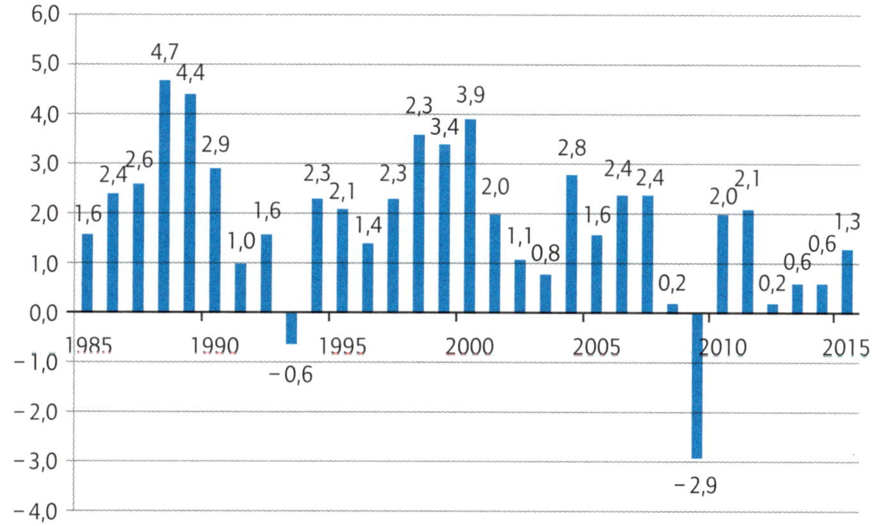

Source : d'après données de l'Insee.

La chronique des taux de croissance successifs porte la marque des grands événements politico-économiques : chocs et contre-chocs pétroliers, essor de la nouvelle économie à la fin des années 1990, krach boursier de 2001-2002, crise bancaire et financière en 2008 dans le prolongement de la crise des *subprimes*, répercussions de la crise de la dette souveraine (2010).

3.2 Vers un retour aux tendances de long terme

L'observation des taux de croissance de la dernière décennie semblerait indiquer un retour aux tendances de très long terme de la croissance française (de l'ordre de 2 % par an) suivant une évolution similaire à celle de la croissance mondiale.

La croissance mondiale dans le long terme

	1820-1870	1870-1913	1913-1950	1950-1973	1973-1998	(1820-1998)
Taux de croissance annuel du PIB	1,0	2,1	1,9	4,9	3,0	(2,2)
Taux de croissance annuel du PIB/habitant	0,6	1,3	0,9	2,9	1,2	(1,2)

Source : A. Maddison (2001) cité par M. Montoussé, Cahiers français, n° 315, 2003.

Dans cette perspective, les 30 Glorieuses seraient une simple parenthèse de l'histoire (thèse de l'économiste américain Robert Gordon).

3.3 De la croissance à la crise

La France a connu dans les années 2000 une croissance positive même si elle est restée modeste comparée aux performances américaines ou anglaises. La fin de l'année 2008 et l'année 2009 dessinent une rupture avec l'entrée en crise de l'économie française à l'instar de l'ensemble de l'économie mondiale. La croissance des années 2000 cède la place à une croissance négative, en d'autres termes à la récession.

Les différents moteurs de la croissance (la consommation, l'investissement et l'exportation) se grippent en raison des difficultés affectant l'économie mondiale. L'éclatement de **la bulle immobilière** en 2007 et 2008 aux États-Unis révèle alors à la fois les conditions laxistes et dangereuses dans lesquelles étaient accordés les prêts immobiliers aux États-Unis (les fameux *subprimes*) ainsi que l'opacité et les dangers de la titrisation des créances immobilières. La crise au départ sectorielle (secteur de l'immobilier) devient **une crise bancaire** grave (avec de nombreuses faillites retentissantes), **financière** (avec l'effondrement de la valeur des actifs financiers) et **systémique** (elle touche l'Europe). Par voie de conséquence, la crise de liquidité interbancaire, le durcissement des conditions de crédit aux entreprises et aux ménages et les pertes patrimoniales de nombreux agents économiques débouchent à la fin de l'année 2008 sur la **crise économique** (restriction des débouchés, fermetures d'entreprises et pertes d'emploi, réapparition de mesures protectionnistes, etc.).

Les années 2010 et 2011 renouent avec la croissance dans un contexte international plus favorable (effets des politiques de relance lancées par les grands pays industrialisés, interventions massives des banques centrales, croissance élevée des pays émergents, etc.).

Le taux de croissance reste cependant insuffisant pour contenir l'accroissement du chômage. La situation se dégrade à nouveau profondément à partir de 2012 dans le contexte des difficultés importantes de la zone euro et de l'engagement des pays européens dont la France dans des politiques de restauration des finances publiques (volonté de limiter le déficit et l'endettement public). Les années 2015 et 2016 restent des années de croissance modeste malgré une conjonction inédite de facteurs favorables (euro faible, abaissement du principal taux directeur de la BCE à zéro en 2016 et faible prix du baril de pétrole).

B L'INTERPRÉTATION ÉCONOMIQUE DU TREND ET DES CYCLES ÉCONOMIQUES

Le calcul et la représentation des taux de croissance successifs ont fait apparaître d'amples variations aussi bien à la hausse qu'à la baisse, mais suivant une tendance générale à l'accroissement de la richesse produite par les hommes : La tendance de long terme, le trend peut être interprétée de différentes façons en faisant référence à la contribution des facteurs de production mais également aux théories de la croissance ; les cycles relèvent en ce qui les concernent, de la théorie des cycles.

1 Trend, facteurs de production et progrès technique

La croissance est faite d'abord d'un trend auquel font écho différentes théories de la croissance.

1.1 Croissance et trend

Les données de croissance sont sans ambiguïté : la croissance n'a cessé de se manifester depuis la révolution industrielle même si l'intensité du phénomène est variable suivant la période ou l'année considérée. On parle alors de trend pour désigner cette tendance séculaire à l'accroissement de l'activité et de la richesse produite par les hommes.

> Le **trend** (de la croissance) désigne le mouvement séculaire d'accroissement de la richesse produite par l'homme.

Ce phénomène de croissance de longue période fait l'objet de multiples interprétations dont on donne ici les grandes lignes.

1.2 Trend et contribution des facteurs de production

Les économistes ont d'abord cherché à expliquer simplement la croissance en prenant en compte la contribution des deux grands **facteurs de production** que sont le travail et le capital.

FOCUS . . . FOCUS . . . FOCUS . . . FOCUS . . . FOCUS . . . FOCUS . . .

Les travaux de Carré, Dubois et Malinvaud

Les travaux très connus des statisticiens Carré, Dubois et Malinvaud (1972) fournissent un premier cadre d'analyse de la croissance en évaluant le pouvoir explicatif des deux grands facteurs de production, respectivement le travail (L) et le capital (K) pour la période 1951-1969. L'économie est assimilée en quelque sorte à une « macro-entreprise » combinant facteurs capital ct travail.

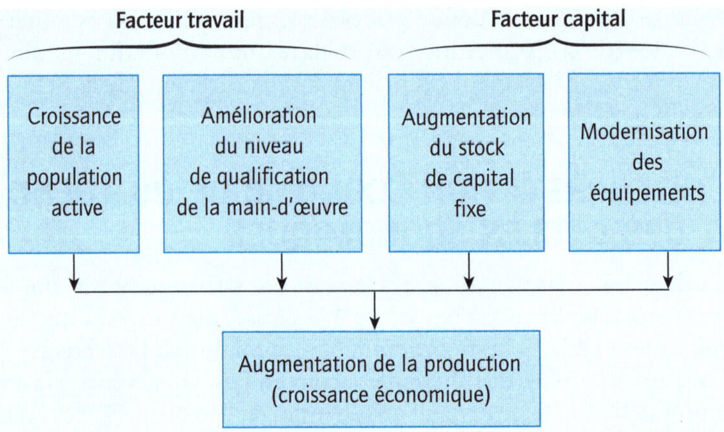

Leurs résultats construits à partir d'une fonction de production « macroéconomique » du type $Y = f(K, L)$ où les quantités produites (Y) résultent de la combinaison des quantités de facteurs travail (L) et capital (K), aboutissent aux résultats suivants :

– impact négligeable du facteur travail ;
– contribution significative du facteur capital notamment au plan quantitatif ;
– part très importante de la croissance non expliquée (le résidu).

La croissance des Trente Glorieuses (pour la partie expliquée par l'action des facteurs de production) apparaît ainsi fondamentalement de type « **intensif** », c'est-à-dire comme reposant d'abord sur une meilleure utilisation des deux facteurs générateurs de gains de productivité (et non de type **extensif ;** comme c'est le cas lorsque la croissance résulte de la seule augmentation des quantités de facteurs de production utilisés).

On parle de **croissance extensive** lorsque l'augmentation de la production résulte de l'accroissement des quantités de facteurs de production utilisés.
Et de **croissance intensive** lorsque la croissance provient surtout d'une meilleure utilisation des facteurs de production, génératrice de gains de productivité.

1.3 De la croissance exogène à la théorie de la croissance « endogène »

a) Plusieurs explications complémentaires

La contribution des facteurs de production à la croissance étant d'un pouvoir explicatif insuffisant, les économistes ont été contraints de rechercher ailleurs l'origine d'une grande partie de la croissance observée, en faisant intervenir en premier lieu le **progrès technique** au sens large, soit les progrès technologiques proprement dits (procédés et équipements nouveaux) mais aussi les progrès en matière d'organisation (spécialisation, organisation et gestion des entreprises) ; en second lieu des **transformations du système économique en général** (ouverture des frontières, etc.) ou encore en troisième lieu, l'**intervention de l'État** notamment au plan des dépenses publiques (dépenses d'éducation, création d'infrastructures etc.)

b) La théorie de la croissance endogène

Parmi les théories les plus novatrices et qui marquent un souci de réalisme des économistes sans pour autant rompre totalement avec le cadre global d'explication néoclassique du système économique, on peut citer les travaux des théoriciens de « la croissance endogène » (Paul Romer, Robert Lucas et Robert Barro). Ces économistes néolibéraux mais aussi pour certains néokeynésiens ont cherché à interpréter dans les années 1980, l'important résidu non expliqué de la croissance des Trente Glorieuses en allant au-delà des théories traditionnelles expliquant la croissance par les seuls déterminants extérieurs à l'économie (l'accroissement de la population et la volonté des entrepreneurs).

Leur analyse a consisté à prendre en compte des facteurs considérés jusqu'ici comme **exogènes** à la croissance, c'est-à-dire des paramètres extérieurs et sur lesquels on ne peut pas agir *a priori*, et à les « endogènéiser ». Il s'agit en particulier de l'accumulation de connaissances et de capital technologique (chez Romer), de l'accumulation de capital humain (chez Lucas) et du développement des infrastructures publiques (chez Barro).

Dans ces conditions le progrès technique et les transformations économiques qui l'accompagnent redeviennent de véritables variables d'action économiques reposant sur le système institutionnel et le volontarisme de chaque État.

> Selon la théorie de la **croissance endogène**, la croissance économique résulte en grande partie du progrès technique qui dépend lui-même de différents facteurs internes à la croissance, notamment l'accumulation des connaissances et la qualité des grandes infrastructures, derrière lesquels on retrouve souvent l'action de l'État.

On assiste par voie de conséquence au constat paradoxal de travaux d'obédience néoclassique réhabilitant le rôle interventionniste de l'État au moins en termes de développement de la formation et des grandes infrastructures.

2 Typologie des cycles

Les crises fréquentes observées au XIXe et au XXe siècles ont été oubliées un temps avec la croissance longue et régulière observée pendant les Trente Glorieuses ; la crise économique entamée en 1973-1974 et la réduction durable du taux de croissance ont par conséquent remis au premier plan, la question des cycles économiques. L'analyse des cycles distingue différents types de cycles selon leur amplitude.

2.1 La croissance entre cycle et trend

La croissance est faite non seulement d'une tendance générale et durable à l'accroissement des grandeurs économiques (le trend) et en premier lieu du PIB dans le long terme, mais également de variations significatives au cours du temps. On parle à ce propos suivant les cas de **fluctuations** ou de **cycles** (quand les variations présentent une certaine régularité).

Cycles et trend

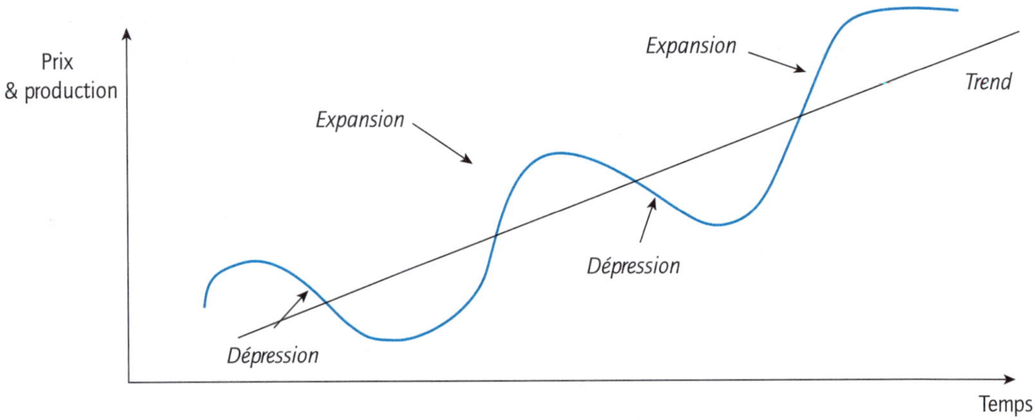

D'une façon générale, un cycle se caractérise par une première phase de croissance forte, ou phase d'expansion durant laquelle on peut observer un mouvement d'augmentation de la production et des prix, suivie d'une deuxième phase qualifiée de dépression ou récession où l'on enregistre une phase de croissance ralentie (voire de baisse absolue) de la production et des prix.

> Un **cycle** est un phénomène de fluctuation économique ayant un caractère régulier et se traduisant par l'alternance de phases d'expansion et de dépression affectant les grandeurs économiques fondamentales (production, prix, emploi).

D'un point de vue historique, le XIXe siècle a vu couramment des phénomènes de hausse et de baisse absolue de la production alors que le XXe se caractérise plutôt par l'alternance de phases de fortes et faibles croissances.

2.2 Trois grands types de cycles

Historiens et économistes distinguent plusieurs types de cycles à l'amplitude plus ou moins importante, affectant d'une façon générale l'ensemble des branches de l'économie.

FOCUS . . . FOCUS . . . FOCUS . . . FOCUS . . . FOCUS . . . FOCUS . . .

Les grandes familles de cycles

Elles doivent leur nom aux économistes qui les ont découvertes : le Soviétique Kondratieff, le Français Juglar et l'Américain Kitchin. Il y a d'abord les cycles longs dits « cycles de Kondratieff » qui présentent une forte amplitude (durée totale de 50 ans environ) avec deux phases d'environ 25 ans, l'une d'expansion et l'autre de dépression.

Ces cycles quelquefois difficiles à saisir dans les statistiques renvoient à des changements importants du système de production. Il y a ensuite des cycles plus courts appelés respectivement « cycles de Juglar » (d'une périodicité comprise entre 5 et 10 ans) et « cycles de Kitchin » ou cycles ultracourts (d'une amplitude totale de 3 à 4 ans).

Les cycles de Juglar et de Kitchin affectent eux aussi en principe l'ensemble de l'économie ; les premiers ont une amplitude forte et sont qualifiés souvent de « cycles des affaires » (*business cycles*) ; les seconds ont un impact considéré comme mineur : on parle à leur propos d'accélération et de décélération plutôt que de phases de croissance et de crise, ils rendent compte en définitive de l'évolution de l'activité à très court terme.

Enfin il ne faut pas oublier l'existence de cycles spécifiques affectant seulement certaines branches, pour des raisons de saisonnalité notamment des ventes (habillement par exemple) ou de contraintes tenant à la nature (agriculture). Certains sont bien connus, tel le cycle du porc.

Ces cycles s'imbriquent bien entendu les uns dans les autres : d'un point de vue statistique, il y aurait six Juglar dans un Kondratieff et Trois Kitchin dans un Juglar.

Les historiens dénombrent ainsi trois cycles Kondratieff et treize Juglar entre 1789 et 1939 ; la périodicité de ces cycles n'a cependant pas toujours été d'une parfaite régularité si bien que leur validité n'est pas admise par tous et qu'ils font en tout état de cause l'objet d'interprétations multiples.

3 L'interprétation théorique des cycles

L'interprétation économique des cycles fait l'objet d'une abondante littérature mêlant considérations historiques, technologiques et économiques. Il convient en premier lieu de distinguer le cas des cycles courts de celui des cycles longs ; les premiers faisant intervenir notamment des dimensions conjoncturelles alors que les seconds relèvent plus nettement de considérations d'ordre structurel et restent en fait souvent difficilement expliqués.

3.1 L'interprétation des cycles courts

Ici encore, il faut distinguer le cas des cycles de Kitchin de celui des cycles de Juglar. Au-delà de cette distinction, on retrouve plusieurs grandes catégories d'interprétation.

a) Les cycles de Kitchin et les mouvements de stocks

Les cycles de Kitchin compte tenu de leur périodicité très rapprochée constituent le domaine par excellence de l'analyse et de la politique conjoncturelle. Ces cycles bien observables par exemple aux États-Unis traduisent des mouvements de stockage et de déstockage liés à l'appréciation de la conjoncture par les entrepreneurs et à l'évolution même de la demande.

Cycles de Kitchin et mouvement des stocks

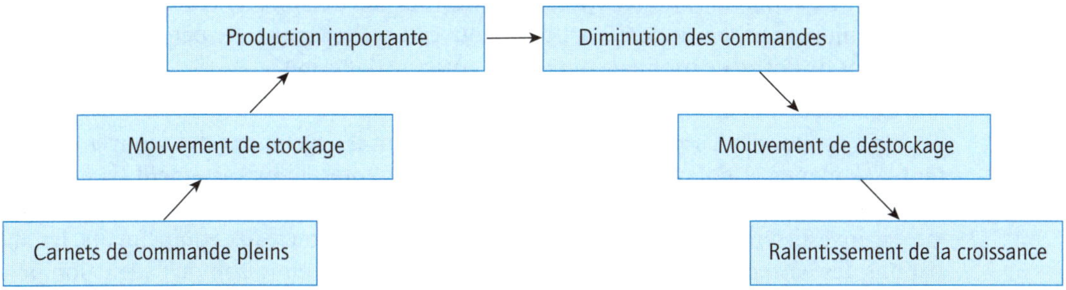

L'horizon très court caractérisant ce type de cycle s'apprécie pour l'essentiel en termes d'accélération ou de décélération de la croissance,

b) Les cycles de Juglar et le redimensionnement de l'appareil de production

Ces cycles de périodicité plus grande et d'amplitude plus importante traduisent eux l'existence et l'alternance de véritables phases d'expansion et de dépression séparées par des points de retournement (crise et reprise).

Les phases des cycles de Juglar

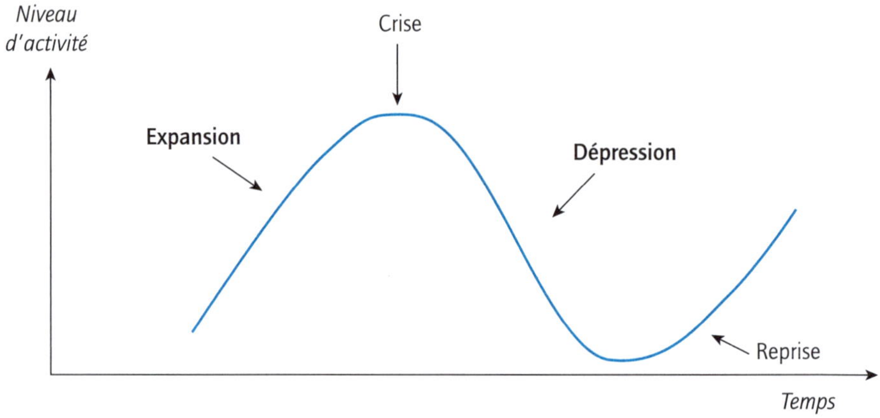

Derrière les cycles de Juglar, on retrouve les mouvements affectant les grandes variables économiques : production, investissements et emploi, mais également salaires et profits. Les cycles de Juglar se traduisent en définitive par des ruptures importantes de l'appareil de production appréciables concrètement par des variations fortes du niveau et de la nature des investissements.

c) Les différentes théories explicatives des cycles courts

Les économistes proposent plusieurs types d'explications faisant intervenir suivant les cas des facteurs d'offre ou de demande, des déterminants (ou non) monétaires, des lectures endogènes ou exogènes des cycles.

■ *L'explication par la monnaie et la politique monétaire*

Un premier type d'explication fait intervenir la monnaie et la création monétaire : ce sont les mouvements du crédit et des taux d'intérêt qui sont responsables de l'inflation et de déséquilibres entre l'offre et la demande. L'intervention « brutale » des banques centrales pour freiner l'inflation monétaire (en relevant les taux d'intérêt) conduit à un retournement conjoncturel, point de départ d'un nouveau cycle. Dans cette perspective, ce sont les variations de l'offre de monnaie qui sont à l'origine des crises.

■ *L'explication par la demande*

D'autres économistes souvent keynésiens expliquent les cycles par des mouvements affectant la demande et notamment l'une de ses composantes, l'investissement (la consommation est en général plus stable). Plusieurs facteurs élémentaires respectivement la durée de vie des investissements, les délais de mise en œuvre des nouveaux équipements, les anticipations des entrepreneurs, les investissements trop élevés en raison de l'attraction de taux d'intérêt faibles ou encore les variations de l'efficacité marginale du capital sont à l'origine des retournements de cycles.

■ *Les explications par l'offre*

Les économistes libéraux font de l'offre, le point de départ des mouvements de croissance et de dépression : ainsi ce sont les coûts trop élevés (en raison par exemple d'une hausse des coûts salariaux) qui conduisent à une baisse des profits… et donc de l'investissement, débouchant au final sur la crise. Plus généralement de nombreux économistes libéraux imputent l'existence de cycles et de déséquilibres offre-demande aux interventions de l'État (qui contrecarrent les mécanismes autorégulateurs du marché) et à l'existence de chocs exogènes (raréfaction de matières premières, etc.).

3.2 L'interprétation des cycles longs

L'économiste russe Kondratieff a mis en évidence l'existence de cycles longs dans les années 1920. Ce constat qui fait l'objet de multiples débats relativement à la question de l'existence (ou non) de tels cycles, a reçu différents types d'explications :

a) L'explication « monétaire »

La première interprétation est d'ordre monétaire et repose sur la datation des grands mouvements de découverte, puis d'extraction des métaux précieux. Cette analyse est cependant dépassée en raison de la suppression du lien entre création monétaire et découvertes de métaux précieux.

b) L'analyse schumpétérienne et le rôle de l'innovation

Le deuxième type d'explications concerne les travaux du grand économiste autrichien Joseph Schumpeter qui fait de l'intensité des innovations clés (machine à vapeur, chemin de fer, etc.), le ressort fondamental des cycles longs. Il distingue ainsi une phase ascendante – qui correspond à une vague d'**innovations majeures** (innovations dites « en grappe ») et à l'essor de branches motrices – suivie ensuite d'une phase de déclin symétrique qui traduit à la fois l'arrivée à maturité de ces innovations, le tassement des profits et la disparition des occasions d'investissement.

Les historiens repèrent ainsi différents cycles longs attribuables à ces innovations majeures et ce aussi bien au XIXe qu'au XXe siècle.

Cycles longs, innovations et branches motrices

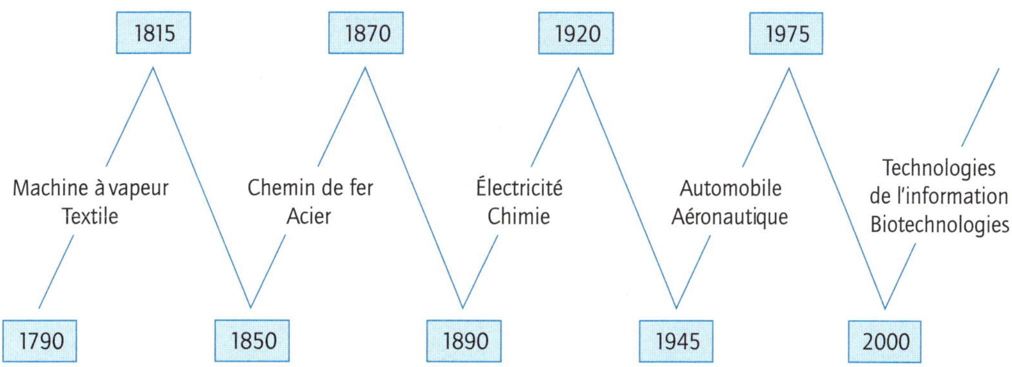

Suivant cette grille de lecture, on pourrait considérer que les pays développés, à commencer par les États-Unis, sont engagés depuis la fin des années 1990 dans la phase A du cinquième cycle de Kondratiev ; une phase qui s'appuierait sur la diffusion planétaire des nouvelles technologies de l'information et de la communication (Internet, micro-ordinateurs, téléphones mobiles, GPS, numérique), ainsi que sur l'irruption des nouveaux pays émergents dans la mondialisation.

c) c) La théorie « régulationniste » et le mode d'accumulation

À côté de l'analyse schumpétérienne, est apparu au milieu des années 1970 un autre type d'interprétation renvoyant au **mode de régulation** de l'économie. Cette analyse influencée par l'analyse économique marxiste (mais aussi par le keynésianisme) interprète les longues phases de croissance et de crise par les grandes transformations structurelles économiques et sociales affectant les économies : ainsi la croissance des Trente Glorieuses s'interprète comme la conjonction de la production en grande série (le fordisme), d'un rôle régulateur important de l'État (l'État providence) et de compromis sociaux caractérisés par l'acceptation de conditions de travail contraignantes en échange de salaires élevés et tendanciellement en augmentation. *A contrario*, pour l'école de la régulation, la crise ultérieure traduit l'épuisement des ressorts du modèle précédent avec la remise en cause de ce compromis social, les limites d'un système de production qui ne parvient plus à dégager de gains de productivité suffisants, les nouvelles contraintes d'une concurrence mondialisée, etc.

En tout état de cause, l'appréhension du fonctionnement de l'économie au travers d'une succession de cycles ne fait pas l'unanimité chez les économistes ; cette lecture de l'histoire est même tombée en désuétude au cours des Trente Glorieuses (en raison d'une périodicité des cycles plus courte, de leur amplitude plus limitée et de l'efficacité relative de politiques économiques contracycliques) avant de réapparaître opportunément à la suite des crises pétrolières et de l'essor de la **nouvelle économie**.

> La « **nouvelle économie** » désigne une nouvelle période de croissance entamée dans les années 1990 aux États-Unis dans le sillage de l'essor des technologies de l'information et de la communication (TIC) et de la multiplication de nouvelles entreprises prometteuses (les *start up*).

La nouvelle économie serait, dans cette perspective, l'amorce d'un nouveau cycle ascendant, un cycle remis en cause par l'éclatement de la « bulle internet » (en 2000-2001). Cette problématique connaît cependant un nouveau souffle 10 ans plus tard avec l'affirmation de la révolution numérique (ou digitale).

C L'ANALYSE CONJONCTURELLE ET SES OUTILS

La croissance n'est pas un phénomène linéaire comme on vient de le voir avec le constat de cycles et de fluctuations, d'où l'importance de l'appréhension et de l'analyse des tendances de court terme, en d'autres termes de la conjoncture. L'analyse conjoncturelle constitue en effet un enjeu économique majeur dont il convient de connaître les grandes familles d'outils. On peut alors aborder ce qui est sans doute l'essentiel : la démarche conjoncturelle proprement dite et la mise en évidence des différents mécanismes économiques de courte période.

1 Nature et enjeux de l'analyse conjoncturelle

La conjoncture et l'analyse conjoncturelle méritent d'être définies ; on peut ensuite en rappeler les multiples enjeux.

1.1 Conjoncture et analyse conjoncturelle

Les termes de conjoncture et d'analyse conjoncturelle désignent à la fois la connaissance du passé proche, l'anticipation du futur proche et la démarche même d'analyse qui conduisent à cette connaissance de l'économie.

De façon plus précise on distinguera les deux termes comme suit :

La **conjoncture** désigne l'ensemble des variations à court terme (dans le présent, le passé et le futur proche) affectant l'activité économique.
L'**analyse conjoncturelle** désigne la démarche et les différents outils d'analyse de la conjoncture.

1.2 Sources et enjeux de l'analyse conjoncturelle

Il suffit de consulter revues, périodiques et sites Internet pour mesurer la place prise par l'information conjoncturelle et donc l'importance des enjeux auxquels elle répond.

a) Les sources

Cette information émane de multiples sources :

Sources d'information conjoncturelle

Organismes nationaux et internationaux publics	Organismes spécialisés dans l'information conjoncturelle	Autres organismes et structures
• Organismes nationaux INSEE Banque de France Conseil économique et social Etc. • Organismes internationaux Commission européenne OCDE FMI Etc.	BIPE OFCE (Observatoire français des conjonctures économiques) Etc.	Organisations socioprofessionnelles (syndicats d'employeurs, de salariés) Fédérations de branches Grandes banques Grandes entreprises Etc.

b) Les enjeux

Cette collecte et ce traitement d'informations répondent en effet à toutes sortes de demandes :

- celle des entreprises, pour faire les choix nécessaires en matière d'investissements, d'embauches, d'emprunt ou de prêts etc. ;
- celle des syndicats d'employeurs et de salariés pour fonder les bases de toute négociation entre partenaires sociaux ;

- celle des pouvoirs publics à l'échelle locale, nationale ou internationale (pour arrêter les choix indispensables en matière économique, pensons au budget, à la politique monétaire et à la fixation des taux d'intérêt, etc.).

Ajoutons enfin que l'analyse conjoncturelle permet également de valider l'état de la connaissance en matière économique et de confirmer (ou non) la pertinence des théories, analyses et lois économiques correspondantes.

2 Les moyens et outils de l'analyse conjoncturelle

L'information et l'analyse de la conjoncture s'appuient sur une multitude d'outils dont l'utilisation combinée aboutit à l'établissement de **tableaux de bord**, base d'information nécessaire avant toute prise de décision économique.

2.1 Une vision synoptique des données conjoncturelles

On propose ici une synthèse des données conjoncturelles accessibles sur le premier site français de conjoncture, celui de l'Insee.

FOCUS . . . FOCUS . . . FOCUS . . . FOCUS . . . FOCUS . . . FOCUS . . .

Les données conjoncturelles accessibles sur le site de l'Insee

• Au niveau de la rubrique « **Conjoncture** » :

- les « Indicateurs de conjoncture » : résultats des enquêtes de conjoncture (série « Informations rapides ») sur tous les grands thèmes de l'économie française : activité dans l'industrie, le commerce, PIB, emploi et marché du travail, prix, revenu et consommation des ménages, etc. ;
- le « Tableau de bord de la conjoncture en France » : depuis le 2 octobre 2014, cette page rassemble une sélection des principaux indicateurs conjoncturels de l'Insee, avec des graphiques animés, mis à jour en temps réel, ainsi qu'une version PDF hebdomadaire ;
- les « Analyses de la conjoncture », comprenant les notes de conjoncture (3 par an) et les points de conjoncture annuels ;
- les « Données économiques et financières », présentées sous forme de tableau d'affichage conforme à la Norme spéciale de diffusion de données (SDDS) préconisée par le FMI ; elles concernent les secteurs suivants : réel, fiscal, financier, extérieur, population.

• Au niveau de la rubrique « **Comptes nationaux – Finances publiques** », consultez « Les principaux résultats des comptes de la Nation » les plus récents, présentant les résultats annuels des principaux agrégats.

Pour accéder aux principaux indices et séries statistiques sur longue période, documentés mais non commentés :

- consultez le « Bulletin statistique » ;
- consultez la « Base de données macroéconomiques », qui propose plus de 130 000 séries et indices sur l'ensemble des domaines économiques et sociaux ;
- consultez le « PIB de votre région de 1990 à 2013 », au sein de la rubrique « Économie générale » (PIB régionaux et valeurs ajoutées régionales.

Source : Centre de documentation économie-finances, 2016.

Chacune de ces rubriques proposées ouvre elle-même sur toutes sortes d'informations statistiques, d'indicateurs d'opinion, d'estimations et de prévisions économiques portant suivant les cas sur le passé récent, le présent ou le futur proche ; informations quantitatives ou qualitatives doublées au besoin des commentaires appropriés.

2.2 Les familles d'outils au service de l'analyse conjoncturelle

L'analyse conjoncturelle repose sur plusieurs grandes catégories d'outils constitués eux-mêmes de toutes sortes d'indicateurs de base dont l'agencement et la confrontation globale permettent de fonder le diagnostic conjoncturel et de prendre le cas échéant les mesures qui s'imposent.

Typologie des outils d'analyse et de prévision de la conjoncture

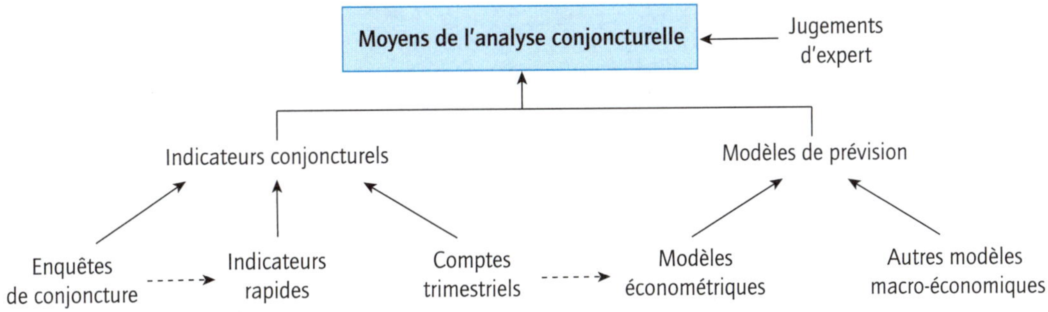

Avec le temps, la panoplie du conjoncturiste s'est ainsi entourée d'un grand nombre d'outils permettant d'affiner le diagnostic passé, présent et futur :

a) Les enquêtes de conjoncture

Les **enquêtes de conjoncture** sont de vastes enquêtes d'opinion menées notamment en France par l'Insee sur la situation présente et future de grandes catégories d'agents économiques : entreprises industrielles, ménages, commerces de gros ou de détail, etc.
Ces enquêtes sont menées suivant différentes périodicités : mensuelle, bimestrielle, trimestrielle ou encore semestrielle.

Elles portent sur toutes les grandes variables et grandeurs économiques de l'économie : elles donnent lieu par exemple à différentes enquêtes concernant l'activité des entreprises, l'investissement, la situation de trésorerie ou encore la concurrence étrangère pour ce qui relève de l'industrie ; elles fournissent des indications qualitatives sur les perceptions qu'ont les agents de l'évolution de l'activité économique (amélioration, stabilité ou dégradation) et synthétisées par le calcul de « soldes d'opinion », différences entre les opinions positives et négatives.

b) Les indicateurs dits avancés (*leading*), coïncidents ou tardifs (*lagging*)

Un **indicateur conjoncturel** est un instrument de mesure d'une activité économique permettant de suivre de manière périodique, l'évolution de la conjoncture, en général avec une périodicité infra annuelle.

Ces indicateurs construits notamment grâce aux informations données par les enquêtes de conjoncture consistent à sélectionner des soldes d'opinion relatifs à des variables particulièrement représentatives des fluctuations et notamment des retournements conjoncturels. L'Insee calcule dans cette perspective des indicateurs synthétiques qui permettent de construire diagnostic et pronostic conjoncturels.

c) Les comptes trimestriels

La publication de **comptes trimestriels** par l'Insee à côté des comptes annuels fournit des informations quantitatives (comptables) suivant une périodicité rapprochée dans le cadre cohérent qu'offre la Comptabilité nationale. Ces comptes unifient et synthétisent les informations en provenance des différents indicateurs conjoncturels et offrent en définitive une description macroéconomique du passé récent. Ils permettent enfin d'alimenter les modèles de prévision, à la base de l'anticipation du futur proche.

d) Les modèles

Les organismes de prévision utilisent couramment des modèles de prévision qui comportent du reste plusieurs générations depuis les modèles dits « macroéconométriques » jusqu'aux modèles VAR (pour vectoriel autorégressif).

Un **modèle économétrique** est un ensemble d'équations représentatives du fonctionnement supposé de l'économie et permettant de calculer la valeur d'un certain nombre de variables dites « endogènes » à partir de la valeur donnée à un certain nombre de variables entrantes (ou « exogènes »).

Avec le temps, ces modèles constitués de très nombreuses équations et variables et généralement axés sur une vision keynésienne (prédominance donnée à la demande) ont été affinés en donnant une place aux phénomènes d'anticipation des agents, aux contraintes de compétitivité, aux déterminants financiers et plus généralement aux variables d'offre.

Ces modèles fournissent des **prévisions** permettant de constater a posteriori des écarts avec les données réelles en raison de différentes sources d'erreurs (mauvaises anticipations des variables exogènes, apparition de comportements nouveaux, erreurs dans les spécifications définissant les liens entre les différentes variables). Ils permettent aussi de faire des **simulations** pour évaluer les effets d'une mesure de politique économique.

Les conjoncturistes disposent dès lors d'une information abondante, mais pas nécessairement convergente avec en particulier les enquêtes de conjoncture et les prévisions économiques qui donnent lieu ensuite à différents arbitrages dans lesquels les jugements d'experts jouent un rôle très important.

3 L'analyse conjoncturelle en pratique

L'analyse conjoncturelle répond à des enjeux majeurs ; elle dispose de nombreux outils ; mais c'est aussi et surtout une démarche d'analyse permettant d'analyser et d'interpréter la croissance. Elle est le lieu de mise en jeu de multiples mécanismes affectant les différentes composantes fondamentales de l'économie.

3.1 Analyse conjoncturelle et équilibre Ressources-Emplois

Au cœur de l'analyse conjoncturelle figure l'équilibre Ressources-Emplois disponible à la fois en données annuelles (comptes annuels) et en données trimestrielles (comptes trimestriels). On se propose ici de présenter de façon ramassée à titre d'exemple, la note de conjoncture de l'Insee (en date de décembre 2012), après l'indication de quelques termes techniques inhérents à toute analyse conjoncturelle.

a) L'alphabet du conjoncturiste

Le conjoncturiste doit impérativement procéder à différents traitements sur les données brutes afin de dégager des grandeurs et des évolutions caractéristiques de la croissance, pertinentes et comparables d'une période à une autre.

Définition de quelques termes techniques

Termes	Définition
Croissance en moyenne annuelle	Variation du PIB mesuré en milliards d'euros constants (ou en volume) entre les années N–1 et N
Croissance en glissement annuel	Variation du PIB entre deux dates précises ou rapport des valeurs moyennes enregistrées à chacune de ces deux dates
Acquis de croissance	L'acquis au trimestre T est la croissance en moyenne annuelle que peut atteindre le PIB en supposant qu'il reste stable au niveau atteint au trimestre T
Correction des variations saisonnières (CVS)	Correction visant à ôter la saisonnalité d'une série temporelle (fluctuations de sens identique et d'amplitude stable)
Correction des jours ouvrables (CJO)	Correction visant à reproduire le niveau du PIB pour une durée d'activité donnée, non influencée par le calendrier des jours ouvrés.

Source : D'après La conjoncture, M. Vasquez, 2002.

b) L'exemple de la note de conjoncture de l'Insee de décembre 2012

Équilibre ressources-emplois aux prix de l'année précédente chaînés (variations T/T–1 en %)

Postes	2011				2012				2013		2011	2012	2013 acquis
	T1	T2	T3	T4	T1	T2	T3	T4	T1	T2			
PIB	0,9	0,1	0,2	0,0	0,0	– 0,1	0,2	– 0,2	0,1	0,1	1,7	0,1	0,1
Importations	3,5	– 0,9	– 0,1	– 1,2	0,5	1,6	– 0,6	0,3	0,6	0,7	5,2	0,2	1,4
Dépenses de consommation des ménages	0,0	– 0,8	0,3	– 0,1	0,1	– 0,2	0,3	– 0,1	0,0	0,0	0,2	0,0	0,1

☞

☞

Postes	2011				2012				2013		2011	2012	2013 acquis
	T1	T2	T3	T4	T1	T2	T3	T4	T1	T2			
Dépenses de consommation des administrations	0,0	0,0	0,2	0,2	0,5	0,4	0,4	0,4	0,4	0,3	0,3	1,3	1,2
FBCF	1,5	0,4	0,3	1,3	- 0,9	0,5	- 0,2	- 0,3	- 0,4	- 0,3	3,5	0,5	- 0,9
Exportations	1,4	0,8	0,8	1,9	0,0	0,3	0,5	0,4	0,7	0,8	5,5	2,6	1,9
Contributions (en point)													
Demande intérieure hors stocks	0,3	- 0,4	0,2	0,2	0,0	0,1	0,2	0,0	0,0	0,1	0,9	0,4	0,2
Variations de stocks	1,2	0,0	- 0,3	- 1,1	0,1	0,2	- 0,3	- 0,2	0,0	0,0	0,8	- 0,9	- 0,2
Commerce extérieur	- 0,6	0,5	0,3	0,8	- 0,1	- 0,4	0,3	0,0	0,0	0,0	0,0	0,6	0,1

Source : Insee-décembre 2012

Pour mémoire, cet équilibre Ressources-Emplois fait apparaître **la croissance** (le PIB) et ses **différentes composantes** : la demande interne (consommation notamment des ménages et investissements), la demande extérieure (exportations/importations) et les variations de stocks (*cf.* chapitre 4).

À la date où ce tableau a été constitué et commenté, l'Insee disposait de **données trimestrielles** estimées pour les 3 premiers trimestres de l'année 2012 ; les données correspondant au quatrième trimestre 2012 et aux deux premiers trimestres 2013, n'étaient, elles, que **des prévisions**.

Sur un plan annuel, l'année 2012 se présente comme une année marquant un recul très net de la croissance (seulement 0,1 %) après deux années de reprise de la croissance (2010 et 2011) faisant suite elles-mêmes à la plus forte récession depuis la seconde guerre mondiale. Le premier semestre de l'année 2013 ne devrait pas marquer d'amélioration sensible puisqu'il est prévu une amélioration de l'activité de seulement 0,1 % par trimestre, d'où l'intitulé de la note de conjoncture « Toujours pas d'élan ».

Ces prévisions s'appuient sur une situation économique internationale toujours défavorable (très faible croissance des grands pays industrialisés, croissance négative dans la zone euro et maintien du prix du baril de pétrole à un haut niveau).

Si l'on détaille la prévision pour le cas français, on peut noter que de 2011 à la mi-2013, la demande intérieure s'essouffle de façon très significative (atonie de la consommation des ménages, contribution faible puis négative de la FBCF) sans être compensée par une contribution positive du commerce extérieur. L'atonie de la conjoncture conduit par voie de conséquence à des prévisions pessimistes en matière de chômage (10,9 % prévu à la fin du premier semestre 2013 contre 10,3 % au troisième trimestre 2012).

Cette note de conjoncture n'est, rappelons-le, qu'une prévision à laquelle sont associés **des aléas** (du type : ajustement possible à la baisse du taux d'investissement des entreprises ou encore amélioration éventuelle de la conjoncture en cas d'apaisement des tensions sur les marchés financiers de la zone euro).

Cette projection économique défavorable a été en pratique confirmée par les faits, l'activité économique ayant été étale depuis le printemps 2011.

3.2 Indicateurs et mécanismes conjoncturels

Les notes de conjoncture comportent toutes plus ou moins les mêmes items : analyse de la croissance (*cf. supra*), étude de l'environnement international, estimations et commentaire des trois grandes composantes de la demande (exportations, consommation des ménages et investissements des entreprises), puis étude des liens entre les évolutions précédentes et celles affectant l'emploi et les salaires et prix, enfin souvent analyse d'impact des politiques économiques.

On se propose ici de présenter les principaux indicateurs utilisés et les mécanismes économiques en cause pour quelques unes de ces rubriques.

a) L'étude des échanges extérieurs

La France dispose de statistiques relatives aux échanges de biens et de services. Dans le cas des biens, la source d'information première est la douane dont les données sont communiquées mensuellement avec un décalage de 1,5 mois, elles-mêmes retraitées par l'Insee une dizaine de jours plus tard.

■ *Suivi et analyse à court terme*

- L'interprétation de l'évolution des échanges à très court terme repose à la fois sur les enquêtes de conjoncture et sur les comptes trimestriels. En ce qui concerne les enquêtes en milieu industriel, les conjoncturistes disposent notamment d'indications sur les carnets de commande étrangers et nationaux, sur les perspectives de production et sur la confiance des ménages français et européens.
- La prévision des échanges mensuels à venir repose elle aussi sur les enquêtes de conjoncture grâce à la technique de l'étalonnage.

Un **étalon** est un indicateur partiel susceptible de retracer l'évolution d'un agrégat plus large.

■ *Les déterminants à court-moyen terme*

Ici les principaux déterminants sont les évolutions de la demande intérieure, de la demande mondiale et de la compétitivité des entreprises françaises et le degré d'utilisation des capacités de production.

Principaux déterminants du solde extérieur

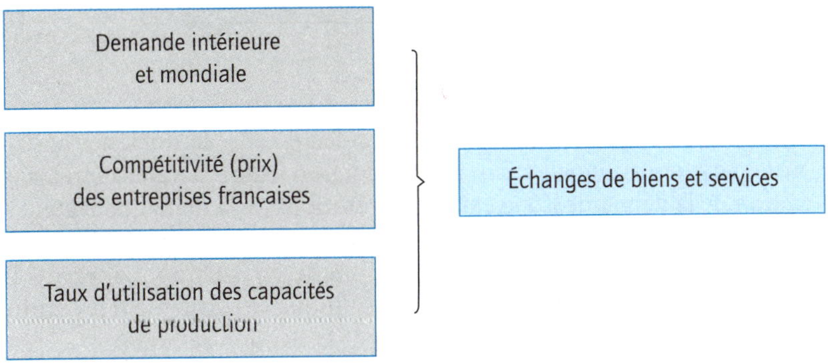

b) L'analyse du comportement des entreprises

L'investissement (comptablement la FBCF) et les variations de stocks sont pour mémoire deux composantes de la croissance ; dans cette perspective le suivi des choix d'investissement et de stockage des entreprises intéresse largement le conjoncturiste.

Indicateurs de comportement des entreprises

Les indicateurs essentiels relèvent de deux catégories : la production proprement dite d'une part, les facteurs de production et l'investissement d'autre part.

• Les indicateurs relatifs à la production s'appuient sur des statistiques quantitatives (indices mensuels et trimestriels de production industrielle) d'une part et sur des enquêtes d'opinion (et donc à caractère qualitatif) menées auprès des entrepreneurs de l'industrie et du BTP d'autre part. Le calcul de l'évolution des soldes d'opinion permet ainsi d'anticiper les évolutions à venir.

• Les indicateurs relatifs aux facteurs de production (capital et main d'œuvre) requièrent également des indicateurs. Concernant les investissements en capital, les conjoncturistes peuvent s'appuyer sur quelques très rares indicateurs quantitatifs (telles les acquisitions de véhicules de transport) et sur les informations qualitatives apportées par l'enquête semestrielle sur les plans d'investissement.

L'analyse des comportements de stockage s'appuie elle, sur les enquêtes qualitatives menées auprès des industriels en matière de stocks. L'exploitation des données correspondantes est essentielle particulièrement dans une période où les taux de croissance sont en moyenne plus faibles. La **constitution de stocks** est annonciatrice voire incarne **un certain tassement de la demande**, mais elle peut tenir à de tous autres facteurs (constitution de stocks spéculatifs pour les matières premières, croissance des stocks plus ou moins proportionnelle à la production, etc.).

Les déterminants de l'investissement des entreprises

Ces déterminants sont nombreux : perspectives de la demande, état des profits, coût relatif du capital par rapport au travail, enfin contraintes d'endettement.

Principaux déterminants de l'investissement

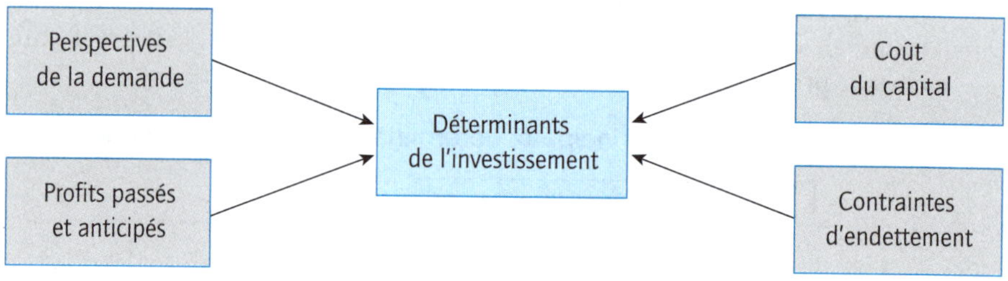

Le principal déterminant reste la demande : en effet le stock de capital évolue en première instance proportionnellement à la production (rôle d'**accélérateur**) et plus encore à l'anticipation de la demande. Cela étant les évolutions de la demande restent souvent incertaines ; l'ajustement du coût du capital est coûteux ; et les décisions d'investissement font intervenir bien sûr le taux d'utilisation des capacités de production. Différents indicateurs existent : notamment l'enquête trimestrielle dans l'industrie, également les informations sur la durée d'utilisation des équipements établies par la Banque de France.

Les déterminants financiers (niveau des profits source d'autofinancement, niveau et évolution des taux d'intérêt) jouent également un rôle majeur, longtemps sous-estimé au point que de nombreuses erreurs de prévision des années 1980 sont aujourd'hui imputées à la sous-estimation de l'impact de l'endettement sur les comportements d'investissement.

c) L'analyse du comportement des ménages

La consommation des ménages occupe une place majeure sinon essentielle dans l'analyse conjoncturelle compte tenu de son importance (près de 60 % du PIB). Dans ces conditions la qualité de la collecte d'information et la pertinence des déterminants retenus prennent un relief particulier.

■ *Les indicateurs conjoncturels*

Les conjoncturistes ont besoin dans ce domaine d'informations sur quatre types de grandeurs : les revenus des ménages, la consommation, l'épargne et la confiance des ménages.

• Concernant les revenus, l'Insee utilise des indicateurs permettant de cerner les salaires bruts (environ 60 % du revenu des ménages) et reposant d'une part sur des informations conjoncturelles relatives à l'emploi et d'autre part sur des données d'indices de salaires.

• L'appréhension de la consommation des ménages fait intervenir les données mensuelles relatives à la dépense des ménages en produits manufacturés d'une part et des informations plus exhaustives en provenance des comptes trimestriels d'autre part.

• Enfin en ce qui concerne l'épargne, l'information disponible a pour origine les indicateurs trimestriels de la Banque de France (le tableau des financements de l'économie et des placements financiers).

• Le diagnostic et la prévision conjoncturelle sont enfin enrichis par le calcul mensuel d'indices de confiance des ménages donnant lieu à l'établissement de soldes d'opinion.

■ *Les déterminants de la consommation*

Usuellement l'arbitrage entre consommation et épargne fait intervenir deux déterminants principaux : les évolutions respectives du revenu et des prix des biens et services.

Les principaux déterminants de la consommation

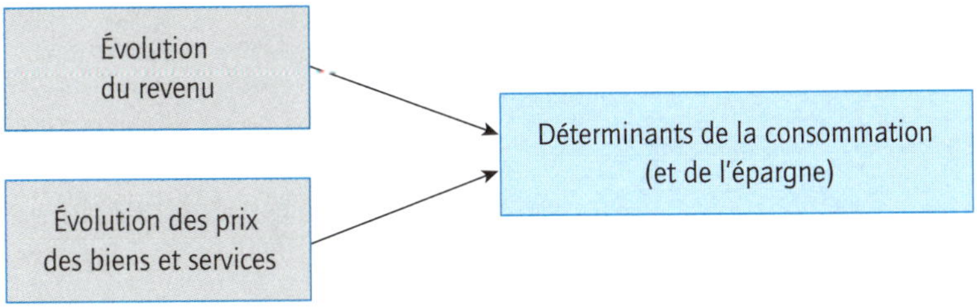

Ceci étant, les débats théoriques intenses portant sur la nature des déterminants du partage entre consommation et épargne et sur l'existence ou non de liens de causalité (*cf.* le chapitre 7) donnent lieu à de nombreux travaux de **modélisation** différents.

L'essentiel

La croissance constitue un enjeu essentiel pour les économistes, d'où sans doute une terminologie riche et complexe. En se référant à l'indicateur le plus courant, l'évolution du PIB, on relève d'une part la tendance séculaire à l'accroissement de la production en France et plus généralement dans le monde, d'autre part l'existence de mouvements irréguliers (fluctuations et cycles).

Les économistes fournissent des explications nombreuses, variées et quelquefois contradictoires de ces phénomènes. La croissance tendancielle est ainsi expliquée par la contribution des facteurs de production, le progrès, les transformations du système productif ou encore l'intervention de l'État. Les différents cycles (de Kondratieff, Kitchin et Juglar) font eux aussi l'objet d'une abondante littérature où sont pris en compte la politique monétaire, les facteurs alimentant la demande ou l'offre, l'innovation (Schumpeter) ou encore le mode de régulation.

La croissance n'est pas seulement une question théorique ; c'est aussi un enjeu de politique économique majeur ; en particulier dans sa dimension conjoncturelle. Dans cette perspective, les pouvoirs publics disposent de toutes sortes d'outils bien rodés (enquêtes de conjoncture, comptes trimestriels, jugements d'expert, *etc.*), même s'ils ne débouchent pas toujours sur de bonnes prévisions.

RÉFÉRENCES

Mots clés

- Analyse conjoncturelle
- Comptes trimestriels
- Conjoncture
- Croissance
- Croissance endogène
- Croissance extensive
- Croissance intensive
- Cycle de Kondratieff (de Juglar, de Kitchin)
- Développement durable
- Développement économique
- Développement humain
- Enquête conjoncturelle
- Étalon
- Expansion économique
- Indicateur conjoncturel
- Indicateur de développement humain (IDH)
- Modèle économétrique
- Modélisation
- Prévision
- Produit intérieur brut (PIB)
- Simulation
- Tableau de bord
- Trend
- Trente Glorieuses

Auteurs de référence

- R. Barro (1990)
- J. J. Carré, P. Dubois et E. Malinvaud (1972)
- R. Lucas (1988)
- P. Romer (1986)
- J. Schumpeter (1911)

Références bibliographiques

Il y a de très nombreux documents sur le thème général de la croissance ; par contre les références concernant le domaine strict de l'analyse conjoncturelle sont peu nombreuses.

- T. Jobert et X. Timbeau, *L'analyse de la conjoncture*, Collection Repères, Éditions La Découverte, 2011.
- T. Fabre, « PIB et croissance économique », *Problèmes économiques*, hors-série n° 7, février 2015.
- « La croissance », *Alternatives économiques*, n° 53, 3e trimestre 2002.
- « Rigueur ou croissance », *Problèmes économiques* n° 3 034, La Documentation française, 2012.
- « Faut-il dire adieu à la croissance ? », *Alternatives économiques*, n° 97, 3e trimestre 2013.
- « PIB : le début de la fin », *Alternatives économiques*, n° 350, octobre 2015.

Sites Internet

Site de l'Insee (donnant les grandes tendances de la conjoncture, aussi bien générales que sectorielles) : *www.insee.fr*

Site de la Banque de France (enquête mensuelle de conjoncture) : *www.banque-france.fr*

Site du BIPE (organisme spécialisé dans la prévision économique) : *www.bipe.fr*

Site de l'OFCE (organisme spécialisé dans la prévision économique) : *www.ofce.sciences-po.fr*

Site de Eurostat (accès à la statistique européenne) : *ec.europa.eu/eurostat/fr/data/database*

APPLIQUER LE COURS

Application Quiz

		Vrai	Faux
1	La croissance démographique peut être plus rapide que la croissance de la production.		
2	Le PIB est un indicateur de bien-être et de bonheur.		
3	Les économistes Paul Romer et Robert Lucas ont développé la théorie de la croissance endogène.		
4	La conjoncture désigne l'ensemble des variations affectant l'activité économique à court terme (dans le présent, le passé et le futur proches).		
5	On parle de fluctuations quand les variations de la croissance présentent une certaine régularité.		
6	Un taux de croissance de 3 % par an conduit à un doublement du PIB au bout de 40 ans.		

7 Quel est l'indicateur de référence en matière de croissance économique ? Cochez la bonne réponse :
- a) l'indice de bien-être durable (IBED)
- b) le PIB
- c) l'indicateur de développement humain (IDH)
- d) l'empreinte écologique

8 L'IDH est calculé à partir de différents paramètres. Parmi ces paramètres, il y a (cochez la bonne réponse) :
- a) le PIB réel par habitant
- b) le PIB
- c) le PIB vert

9 Quel(s) économiste(s) classique(s) a (ont) développé une vision pessimiste de la croissance à long terme ? Cochez la ou les bonnes réponses :
- a) Thomas Robert Malthus
- b) David Ricardo
- c) Adam Smith

10 Quel célèbre économiste accorde une place essentielle à l'innovation dans l'explication des cycles longs ?

SE PRÉPARER À L'EXAMEN

Étude de document

À partir du tableau en annexe :

1. Vous dégagerez les caractéristiques de la croissance des grands pays industrialisés de 1965 à aujourd'hui.
2. Vous analyserez et interpréterez précisément le cas français.

	1965-1975	1975-1985	1985-1995	1995-2005	2005-2010	2009	2010	2011	2012	2013	2014	2015
France	4,8	2,5	2,2	2,2	0,9	– 2,9	2,0	2,1	0,2	0,6	0,6	1,3
Allemagne	3,1	2,2	2,7	1,3	1,3	– 5,6	4,1	3,7	0,5	0,5	1,6	1,7
Royaume-Uni	2,4	1,9	2,5	2,9	1,0	– 4,3	1,9	1,5	1,3	1,9	3,1	2,2
Italie	4,6	3,0	2,2	1,4	– 0,1	– 5,5	1,7	0,6	– 2,8	– 1,7	0,1	0,7
Zone euro à 19						– 4,5	2,1	1,5	– 0,9	– 0,3	1,2	2,0
États-Unis	3,1	3,5	2,9	3,2	1,3	– 2,8	2,5	1,6	2,3	1,7	2,4	2,6
Japon	8,0	3,7	3,1	1,1	0,6	– 5,5	4,7	– 0,5	2	1,4	0	0,5
Chine					9,5	9,2	10,4	9,3	7,8	7,8	7,3	6,9

Source : Eurostat et Alternatives économiques.

Question de cours

L'analyse conjoncturelle et ses outils.

PARTIE

4

FINANCEMENT ET MONDIALISATION DE L'ÉCONOMIE

CHAPITRE

10 La monnaie

Pour beaucoup de personnes, l'économie est immédiatement assimilée à l'argent considéré alors comme l'objet d'études principal des économistes. Chaque agent (ménage, entreprise, voire État) ressent bien la contrainte économique qu'il subit lorsqu'il ne dispose plus d'assez d'argent pour assurer des dépenses envisagées autrement dit lorsque les « caisses sont vides »…

Pourtant, la monnaie n'est pas au centre des préoccupations premières de la science économique dont le principal objet scientifique est la **rareté**. Certes, l'argent est rare mais comme peuvent l'être certaines compétences, certaines matières premières, ou le temps… Aussi, la rareté de la monnaie est le reflet de la rareté de ressources en biens et services. Pour un agent économique, la monnaie n'a *a priori* « d'intérêt » que dans sa capacité à acheter, aujourd'hui ou plus tard, des biens et services réels. Alors, l'objet d'études serait moins la rareté de la monnaie que celle, plus fondamentale, des biens et services.

Ainsi, la monnaie serait un simple, mais indispensable, outil au service de la production et de l'échange des richesses.

Pourtant, considérer la monnaie comme simple instrument d'échange semble réducteur au regard de son pouvoir déstabilisateur sur l'économie réelle. En effet, si la monnaie n'est que le reflet d'une richesse en biens et services, la confiance des agents économiques dans son utilisation est fondamentale : accepter de vendre un bien donné contre de la monnaie revient à croire que celle-ci pourra permettre d'acheter d'autres biens ou actifs. Sans cette croyance collective, la méfiance dans une monnaie donnée peut donc perturber, ralentir les échanges. Par ailleurs, l'histoire montre que les crises économiques peuvent avoir pour origine un problème lié à l'injection de monnaie dans l'économie.

Ainsi, les fonctions et formes de monnaie sont multiples rendant son analyse et sa mesure complexe. L'importance relative accordée à la monnaie dans le fonctionnement de l'économie représente une ligne de fracture entre des courants économiques : certains considèrent que la monnaie n'est qu'un « voile sur les échanges » et n'a pas d'effet sur les mécanismes réels de production et d'échange ; pour d'autres au contraire, la monnaie propulse la production et l'échange dans les économies contemporaines et peut modifier, favorablement ou pas, les activités sur les biens et services réels.

A LES FONCTIONS, LES FORMES ET LA MESURE DE LA MONNAIE

La compréhension des phénomènes monétaires conduit à distinguer trois fonctions de la monnaie : intermédiaire des échanges, unité de compte et réserve de valeur (titre 1). Les formes de monnaie ont aussi été très diverses dans l'histoire pour tendre vers une dématérialisation grandissante (titre 2). La compréhension des phénomènes monétaires repose sur la capacité à mesurer les différentes formes de monnaie à travers différents agrégats monétaires (titre 3).

1 Les fonctions de la monnaie

Il est habituel d'attribuer trois fonctions à la monnaie :

1) sa fonction principale est celle **d'intermédiaire des échanges** : la monnaie est le moyen de paiement le plus répandu pour acquérir des biens, des services ou des actifs ;

2) fonction de **mesure des valeurs** : la monnaie est une unité de compte ;

3) fonction de **réserve et transfert de valeur :** la monnaie peut conserver, pour la transférer, de la valeur dans le temps.

1.1 La monnaie comme intermédiaire des échanges universel et instantané

a) Les limites du troc dans une société de plus en plus complexe

D'abord, la monnaie sert d'intermédiaire dans les échanges économiques en dissociant le troc en deux opérations distinctes : échange de biens contre de la monnaie et échange de la monnaie contre des biens. Avec l'argent, les échanges économiques sont facilités : tous les biens, services et actifs s'échangent contre de la monnaie et la monnaie s'échange contre tous les biens, services et actifs.

La division du travail telle que l'a analysée Adam Smith[(1)] accroît les échanges dans une économie et le nombre de transactions réalisées. Le troc qui consiste à échanger un bien contre un autre montre rapidement son insuffisance. En effet, l'échange ne peut se réaliser que si les besoins des différents agents coïncident. Ainsi, un agent ayant produit un bien X et désirant obtenir le bien Y doit trouver un tiers disposant de ce bien Y et intéressé par le bien X. Ainsi, la « double coïncidence des besoins », caractéristique du troc, est extrêmement difficile à obtenir dans une économie spécialisée.

Aussi, certains biens étant périssables, comme les produits alimentaires, cette correspondance des besoins doit être réalisée immédiatement.

b) La monnaie, moyen de paiement universel et instantané

La monnaie est un moyen de paiement universel et instantané dont disposent les agents économiques pour régler leurs transactions.

L'universalité de la monnaie signifie qu'elle est acceptée dans toutes les transactions économiques au sein d'une zone géographique déterminée, appelée « zone monétaire ». La

(1) *Recherches sur la nature et les causes de la richesse des nations*, 1776.

monnaie a alors **cours légal** dans sa zone, ce qui signifie obligation pour les résidents de l'accepter en paiement. Si la zone monétaire est un territoire soumis à une même autorité, la monnaie est dite « nationale »[(1)]. Si la zone monétaire dépasse le cadre du territoire soumis à une même autorité, la monnaie est dite « internationale »[(2)].

La monnaie est un moyen de paiement **instantané** puisqu'elle permet d'obtenir immédiatement un bien ou service ; la monnaie est donc la liquidité par excellence. Par extension, la liquidité d'un actif est son aptitude à se transformer en moyen de paiement aisément, rapidement, et sans coût. En d'autres termes, la liquidité est la faculté qu'a un actif d'être rapidement transformé en un moyen de paiement **immédiatement utilisable** pour effectuer des règlements.

1.2 La monnaie comme instrument de mesure de la valeur

Ensuite, la monnaie est un moyen de comptage. Elle permet de compter le nombre d'unités monétaires que vaut n'importe quel bien, service ou actif. Cette fonction de la monnaie fait donc de celle-ci une unité de compte, c'est-à-dire une unité de mesure de la valeur.

Dans une économie sans monnaie, la valeur d'un bien doit s'exprimer en fonction de la valeur de tous les autres biens pouvant faire l'objet d'un échange. En exprimant la valeur absolue de chaque bien en une seule unité, la monnaie simplifie grandement ces problèmes de mesure puisqu'elle permet de chiffrer directement la valeur d'un bien sans référence à celle des autres.

Ainsi, en l'absence de monnaie dans une économie, le nombre de prix relatifs de N biens est donné par la formule :

$$\mathbf{N \times (N-1)/2}$$

Par exemple, pour seulement 100 biens, il faudrait alors connaître..., 4 950 prix !

En présence de monnaie, le nombre de prix relatifs de N biens (dont la monnaie) est $N-1$[(3)]. Ainsi, seuls 99 prix doivent être connus pour 100 biens dans une économie monétaire.

1.3 La monnaie comme instrument de réserve et de transfert de valeur dans le temps

Enfin, la monnaie est un moyen de placement car elle transfère de la valeur dans le temps. La monnaie peut ainsi être conservée et échangée contre un autre actif après un certain temps.

Un actif est considéré comme une réserve de valeur d'autant plus grande que sa dépréciation est plus faible au cours du temps. Un actif dont la valeur finale est égale à la valeur initiale est à pouvoir d'achat constant.

Aussi, lorsque l'inflation est importante, la monnaie est un mauvais instrument de réserve de valeur : en effet, la hausse du niveau général des prix érode son pouvoir d'achat.

(1) L'euro est bien une monnaie nationale selon cette définition.

(2) Comme il n'y a pas d'autorité unique sur toute la zone géographique en question, la monnaie internationale ne saurait avoir cours légal. Son existence est en général une existence de fait, liée à un usage qui s'est imposé au cours du temps.

(3) Le prix de la monnaie par rapport à elle-même est de 1.

Par ailleurs, la détention de monnaie « pour elle-même » ne rapporte aucun revenu. Pour que ce soit le cas, il faudrait qu'elle soit placée dans des actifs financiers (obligations ou actions par exemple) ou réels (immobiliers ou droits de propriété intellectuelle par exemple). Or, dans ce cas-là, la monnaie est dépensée et ce n'est pas elle qui transfère la valeur mais l'actif qu'elle a permis d'acheter.

C'est pour cela que des économistes considèrent que la monnaie est un mauvais placement en soi, qui ne rapporte aucun revenu, dont la valeur diminue avec l'inflation. La fonction de réserve/transfert de valeur serait donc illusoire ; la monnaie ne peut donc pas être « demandée pour elle-même ».

D'autres, au contraire, estiment que la monnaie « en soi »(1) dispose de ce pouvoir de conservation et de transfert de valeur dans le temps. Elle apparaît alors comme un actif particulier du patrimoine des agents. Et ce pouvoir peut participer à modifier la sphère réelle de l'économie…

2 Les formes de la monnaie : vers une dématérialisation croissante de l'argent

L'histoire économique des sociétés montre que la monnaie a pris différentes formes :

– la monnaie marchandise, comme dans l'Antiquité méditerranéenne avec le bétail ;

– la monnaie métallique avec l'apparition de pièces d'or et d'argent dans la Grèce antique ;

Aujourd'hui, deux formes principales de monnaie peuvent être distinguées : la monnaie manuelle et la monnaie scripturale dont l'évolution traduit une dématérialisation croissante.

2.1 La monnaie marchandise et la monnaie métallique

Historiquement, la monnaie marchandise (bétail, etc.) a très vite laissé place à la monnaie métallique dans les transactions commerciales. En tant qu'instrument d'échange, les métaux présentent l'avantage d'être peu encombrants, peu, voire pas, altérables (pour l'or) et facilement divisibles en petites quantités sans perte de valeur (sous forme de pièces). À ce titre, ils constituent une bonne unité de mesure. Leur inaltérabilité permet aux métaux de résister à l'usure du temps et autorise ainsi la monnaie à jouer son rôle de réserve de valeur.

Plusieurs types de métaux ont été utilisés à travers le temps comme monnaie : le cuivre, le bronze, l'argent et l'or. Cependant, ces deux derniers métaux ont progressivement été retenus, cohabitant quelquefois dans des systèmes dits de « bimétallisme ».

Ainsi, en France, la loi du « 7 germinal an XI »(2) institutionnalise un système monétaire bimétalliste fondé sur la définition d'un rapport d'échange légal entre l'or et l'argent : 15,5 kg d'argent équivalent à 1 kg d'or.

Dans ces systèmes bimétallistes, le rapport légal entre l'or et l'argent était calculé en fonction des quantités respectives d'or et d'argent en circulation. Cependant, les découvertes de gisements d'un des deux métaux modifiaient les volumes respectifs de l'or ou de l'argent. Les

(1) C'est-à-dire sans qu'elle soit placée dans des actifs puisque, dans ce cas-là, la monnaie est remplacée par ces actifs.

(2) Du 28 mars 1803. Cette loi consacre l'existence du franc. L'habitude sera prise alors de parler de « franc germinal » dont la pièce de un franc contient « cinq grammes d'argent au titre de 9/10e de fin ».

agents préféraient alors conserver le métal devenu relativement plus rare et utiliser l'autre métal pour leurs transactions. Ce comportement est une illustration de la loi de Gresham(1) selon laquelle la « mauvaise monnaie chasse la bonne ».

En France, les difficultés du bimétallisme conduisent à son remplacement en 1876 par un système monométallisme-or qui fonctionnera jusque dans l'entre-deux-guerres.

2.2 La monnaie manuelle fiduciaire et la monnaie scripturale

a) La monnaie fiduciaire

La monnaie manuelle correspond à celle qui peut être manipulée. Elle inclut la monnaie papier, c'est-à-dire les billets de banque, et la monnaie divisionnaire, à savoir les pièces métalliques.

L'arrivée du « papier-monnaie » représente une nouvelle étape dans l'évolution des formes de monnaie. Son invention est due à Palmstruch, fondateur de la banque de Stockholm qui devient ensuite la Banque de Suède. La diffusion de billets de banque facilite grandement les échanges. Toutefois, se pose le problème de la garantie de sa valeur. Dans un premier temps, le papier-monnaie est convertible en or ce qui constitue une sécurité absolue pour son possesseur.

L'utilisation de billets nécessite la confiance(2) des agents économiques. En effet, la valeur nominale ou faciale d'un billet (le montant qu'il affiche) est supérieure à la valeur du support (le coût de production du billet). Cette confiance peut être fondée sur deux éléments :

- dans un système monétaire assurant la convertibilité des billets en métaux précieux, la circulation des billets de banque est fondée sur la confiance qu'a son détenteur en la capacité de la banque à les lui rembourser en métal ;
- dans un système où le billet de banque reçoit un cours forcé(3) et un pouvoir libératoire illimité(4) la confiance réside dans le maintien, voire l'amélioration du pouvoir d'achat de la monnaie. Autrement dit, la capacité d'une monnaie à acquérir des biens ou actifs fonde la confiance de ses détenteurs. Dans cette perspective-là, la hausse du niveau général des prix qui vient déprécier une monnaie peut éroder la confiance des agents économiques à son égard. Le cours forcé est instauré en France en 1936. Il supprime la possibilité pour les résidents français porteurs de billets de la Banque de France de demander à celle-ci le remboursement de leurs billets en or.

La Banque de France obtient le monopole d'émission des billets en 1848. Depuis le 1er janvier 2002, le franc est remplacé par l'euro. La Banque de France émet un certain quota des billets en euros, comme chacune des banques centrales des autres pays de la zone euro, sous le contrôle de la Banque centrale européenne (BCE).

La monnaie divisionnaire correspond aux pièces métalliques rattachées à une monnaie. Ces pièces de monnaie sont émises par le Trésor public en France. Dans l'ensemble de la zone euro, les billets représentent 95 % de la monnaie manuelle.

(1) Chancelier britannique (1519-1579).
(2) En latin, confiance se dit « fiducia ».
(3) Une monnaie a cours forcé lorsque la banque émettrice n'assure pas sa convertibilité en métal précieux.
(4) Le billet de banque doit être accepté comme moyen de paiement.

La monnaie apparaît ainsi comme un phénomène social. Son utilisation repose sur une convention implicite entre les agents qui acceptent de faire usage de telle ou telle forme de monnaie selon la confiance qu'ils ont dans sa capacité à assurer durablement ses différentes fonctions.

Ceci n'est possible que si cette confiance repose sur une autorité représentant la collectivité et plus précisément la communauté de paiement. Cette autorité doit alors s'assurer du maintien de la valeur de la monnaie dans le temps en luttant notamment contre l'inflation et en assurant sa convertibilité dans d'autres monnaies. Ce rôle, longtemps assuré par le pouvoir royal[1] et les gouvernements, est de plus en plus pris en charge par les banques centrales.

b) La monnaie scripturale

Le lien ténu entre la valeur nominale et la valeur du support va complètement disparaître avec l'avènement de la monnaie scripturale dont l'usage va être généralisé au milieu du XIXe siècle en Angleterre.

> La **monnaie scripturale**[2] représente la monnaie inscrite sur les comptes bancaires.

Elle est immatérielle, intangible et n'existe qu'en vertu d'écritures passées dans les comptes des banques au nom des titulaires de cette monnaie. Par exemple, le dépôt d'un client auprès de sa banque est enregistré dans son compte comme une dette de celle-ci à son égard.

Les principaux instruments de circulation de la monnaie scripturale par leurs titulaires sont le chèque, le virement et la carte bancaire. Cette monnaie totalement dématérialisée représente plus de 80 % de la circulation monétaire.

Dès l'émission des premiers billets au XVIIe et XVIIIe siècle, les banques avaient un rôle important dans la circulation monétaire et la confiance qui doit l'entretenir. Avec l'avènement de la monnaie scripturale, ce rôle devient fondamental. En effet, la tenue des comptes et l'existence de la monnaie scripturale ne peuvent être envisagées sans système bancaire notamment dans le cadre où les métaux précieux ne représentent plus la contrepartie de la monnaie. Cette confiance se construit sur l'élaboration de règles de fonctionnement, d'organisation et de contrôle des établissements bancaires par une autorité supérieure, la banque centrale.

Ainsi, le rôle d'une banque centrale, appelée banque de premier rang, s'explique notamment par :

- le monopole d'émission de la principale monnaie fiduciaire à savoir les billets ;
- le contrôle des activités des banques commerciales, appelées banques de second rang, relatives à la monnaie scripturale : gestion des dépôts et accords des crédits.

3 Les différents agrégats monétaires

> Les **agrégats monétaires** sont une mesure statistique de la quantité de monnaie existant dans l'économie à une date donnée.

(1) Qui frappait du sceau royal les pièces métalliques.
(2) En latin, écriture se dit *scriptura*.

Ils regroupent donc des actifs monétaires, c'est-à-dire parfaitement liquides ou susceptibles d'être convertis rapidement et à faible coût en moyens de paiement.

Deux catégories d'agrégats monétaires peuvent être distinguées : les agrégats de masse monétaire et les agrégats de monnaie centrale.

3.1 Les agrégats de masse monétaire

La masse monétaire correspond de façon générale à la quantité de monnaie en circulation, à l'intérieur d'une zone déterminée, détenue par les agents économiques à l'exclusion des institutions financières monétaires[1] et des organismes d'administrations centrales des États.

Les agents détenteurs de la masse monétaire sont donc : les ménages, les institutions sans but lucratif, les sociétés non financières, les administrations publiques (hors administrations centrales d'États), les sociétés d'assurance, les sociétés de caution mutuelle[2].

a) Les trois agrégats de masse monétaire distingués par la Banque centrale européenne

L'existence de plusieurs agrégats de masse monétaire souligne le fait que certains actifs sont incontestablement de la monnaie (comme les billets) mais d'autres ne le sont pas tout à fait (par exemple les placements sur les livrets A). Pourtant, cette quasi-monnaie peut être incluse dans des agrégats monétaires si elle est liquidable rapidement et sans coût, c'est-à-dire transformable en monnaie.

La Banque centrale européenne distingue ainsi trois agrégats monétaires :

- l'**agrégat M1** constitue la monnaie au sens strict :

M1 = Monnaie fiduciaire (billets) + Monnaie divisionnaire (pièces) + Dépôts à vue auprès d'institutions financières monétaires immédiatement disponibles

- l'**agrégat M2** :

M2 = M1 + Comptes sur livret[3] + Dépôts à terme de moins deux ans + Dépôts en compte bloqués mais disponibles sous préavis inférieur à trois mois

Ainsi, M2 = M1 + Quasi-monnaie.

- l'**agrégat M3**

M3 = M2 + Actifs financiers avec faible risque en capital et aisément transformables en monnaie

Ces actifs peu risqués et rapidement liquidables qui se rajoutent à M2 pour obtenir M3 contiennent :

– titres d'OPCVM[4] monétaires ;

– les instruments du marché monétaire[5].

(1) C'est-à-dire les institutions ayant vocation à émettre de la monnaie. On y trouve les établissements de crédit (sauf cas particulier), la Banque de France ou la Caisse des dépôts et consignations.

(2) Ce sont bien des sociétés financières mais, comme elles ne reçoivent pas de dépôt, elles ne peuvent pas en créer.

(3) Comme les livrets A et B des caisses d'épargne, les livrets bleus du Crédit Mutuel, les livrets développement durable (LDD).

(4) Organismes de placement collectif en valeurs mobilières.

(5) Marché des capitaux à court terme (de 24 heures à un an).

Ainsi, les trois agrégats sont emboîtés puisque M2 contient M1 et M3 contient M2, et classés par ordre de liquidité décroissante. La monnaie au sens strict correspond donc à l'agrégat M1 parfaitement liquide. Dans le cadre de sa politique monétaire, la Banque centrale européenne surveille l'évolution de M3.

Les agrégats de masse monétaire dans la zone euro en 2015

Agrégats et composants	Encours bruts en milliards d'euros
Billets et pièces en circulation	1 034
Dépôts à vue	5 570
M1	6 604
Quasi-monnaie	3 608
M2	10 212
Instruments négociables	627
M3	10 839

Source : Banque de France, Bulletin n° 207, septembre-octobre 2016.

b) Les contreparties de la masse monétaire

Les agrégats de masse monétaire sont associés à des contreparties. Lorsqu'une banque crée de la monnaie, elle acquiert en contrepartie une créance. Les contreparties de la masse monétaire correspondent donc aux créances acquises du fait de la création monétaire. On en distingue trois.

Les contreparties de la masse monétaire

Les créances sur l'extérieur liées aux paiements en devises	L'entrée nette de devises (liée à un excédent commercial par exemple) sur le territoire national conduit à leur conversion en monnaie nationale gonflant ainsi la masse monétaire. Inversement, la sortie nette de devise (liée à un déficit commercial par exemple) du territoire national conduit à la conversion de la monnaie domestique en devises réduisant ainsi la masse monétaire.
Les créances sur l'économie	L'injection de monnaie dans l'économie peut avoir pour origine une créance sur les agents économiques non financiers privés (ménages, entreprises, institutions sans but lucratif). Ces créances peuvent prendre la forme de **l'escompte commercial** qui consiste à refinancer une créance accordée par une entreprise à un client, ou la forme de **prêts** à un agent en contrepartie de l'engagement à rembourser. Ce prêt peut consister en une avance de trésorerie, en une autorisation de découvert, ou en un crédit bancaire.
Les créances sur les « administrations publiques »	Les banques peuvent souscrire des bons du Trésor. Ce sont des titres de créances à court et moyen terme émis par le Trésor public en France pour le compte de l'État afin de répondre à ses besoins de financement. Les banques peuvent alors créer de la monnaie en créditant le compte du Trésor Public en contrepartie des bons qu'elles souscrivent. Le Trésor public, comme trésorier de l'État, joue lui-même un rôle dans le processus de création monétaire à travers deux canaux distincts : – d'une part, il dispose du monopole de l'émission des pièces de monnaie (monnaie divisionnaire) ; – d'autre part, le Trésor public peut régler une dette de l'État à l'égard de ses fournisseurs qui détiennent un compte-courant postal (CCP) en créditant ce compte.

Les contreparties des institutions financières monétaires de la zone euro au 31 mars 2016

ACTIF			PASSIF		
Postes	Encours bruts en milliards d'euros	En %	Postes	Encours bruts en milliards d'euros	En %
Créances sur le secteur privé	12 709	69 %	Masse monétaire M3	10 967	60 %
Créances sur les administrations publiques	4 058	22 %	Dépôts des administrations centrales	333	2 %
Créances sur les agents non résidents de la zone euro	1 278	7 %	Ressources de long terme (hors capital et réserves)	4 438	24 %
Solde	287	2 %	Capital et réserves	2 594	14 %
Total Actif	18 332	100 %	Total Passif	18 332	100 %

Source : Banque de France, Bulletin n° 207, septembre-octobre 2016.

Au 31 mars 2016, l'agrégat monétaire M3 représente environ 60 % du passif des institutions financières monétaires (IFM) de la zone euro. Les autres ressources correspondent :

– aux **ressources de long terme** : il s'agit de ressources non monétaires inscrites au passif du bilan des IFM : obligations, dépôts à terme et titres de créances d'une durée supérieure à deux ans, dépôts avec préavis supérieur à trois mois, capital et réserves. Ces ressources ne sont pas considérées comme de la monnaie, parce qu'elles sont moins liquides que les instruments monétaires inclus dans M3 ;

– aux **dépôts des administrations centrales auprès des IFM** : les dépôts des administrations centrales ne sont pas comptabilisés dans la monnaie. En effet, les administrations centrales sont conventionnellement considérées comme un secteur neutre, ni émetteur ni détenteur de monnaie ;

– aux **capitaux et réserves** : ils composent les ressources propres des IFM.

3.2 Les agrégats de monnaie centrale

Ces agrégats mesurent la monnaie centrale existant dans l'économie à une date donnée. La monnaie centrale correspond à la monnaie émise par la banque centrale.

La monnaie centrale comprend :

– les billets qu'émet la banque centrale et qui sont détenus par les agents non financiers (billets en circulation) ;

– les billets en caisse dans les banques ;

– les dépôts à vue[(1)] des institutions financières monétaires auprès de la banque centrale[(2)].

(1) C'est-à-dire de la monnaie scripturale.

(2) Comptes courants des banques et du Trésor à la banque centrale.

Les deux derniers éléments correspondent à la monnaie centrale, fiduciaire et scripturale, que détiennent les établissements de crédit. Leur somme correspond à l'agrégat de **liquidité bancaire**.

La base monétaire correspond à la liquidité bancaire à laquelle se rajoutent les billets détenus par les agents non financiers. La base monétaire équivaut donc à la **monnaie centrale** qui apparaît au passif du bilan de la banque centrale.

Au 31 décembre 2015, les billets en circulation dans l'économie (détenus par les agents non financiers) s'élèvent à 1 056,5 milliards d'euros. Quant à la liquidité bancaire, elle s'élève en moyenne en 2015 à 493,8 milliards d'euros auxquels il convient de rajouter 173,1 milliards d'euros correspondant aux facilités de dépôt. Ainsi, la base monétaire s'élève à 1 750,33 milliards d'euros à la fin de l'année 2015.

La monnaie, comme bien économique quantifiable, peut faire l'objet d'un marché dans lequel se confrontent une demande et une offre de monnaie.

La monnaie étant un moyen pour payer des acquisitions, elle ne peut alors être demandée pour « elle-même » selon plusieurs courants théoriques en économie. Cependant, pour d'autres, elle peut faire l'objet d'un placement alternatif à d'autres supports, notamment les titres financiers. Dans ce cas, la monnaie peut donc être demandée pour elle-même. Ce débat est au cœur de controverses théoriques sur la demande de monnaie.

L'offre de monnaie est opérée par les institutions financières monétaires et la banque centrale qui, respectivement, émettent de la masse monétaire (sauf billets et pièces) et la monnaie centrale.

B LA DEMANDE DE MONNAIE : CONTROVERSES THÉORIQUES SUR LES MOTIFS DE DÉTENTION D'ENCAISSES MONÉTAIRES

La demande de monnaie correspond aux avoirs monétaires, liquides détenus par les agents économiques non bancaires (principalement les ménages et les entreprises) sous formes scripturale et fiduciaire.

Les motifs de la détention de monnaie peuvent *a priori* sembler intuitifs. Un agent économique détiendrait une encaisse car il en aura besoin lors d'une acquisition ultérieure : achat d'un bien ou service lié à sa consommation, achat d'un bien d'investissement (un bien immobilier par exemple) ou acquisition d'un titre financier (placement financier).

Cependant, cette « intuition » doit être contrebalancée par un autre constat : les agents économiques thésaurisent une partie de leurs revenus, c'est-à-dire conservent leur épargne sous forme monétaire, souvent pendant de longues périodes. Ainsi, le comportement de thésaurisation rappelle que la monnaie n'est pas qu'un simple intermédiaire des échanges mais assure aussi un transfert de valeur dans le temps. À ce titre, elle peut donc être demandée pour elle-même ce qui peut, en retour, perturber les marchés de biens et services en remettant en cause la séparation des sphères réelle et monétaire.

Deux approches peuvent alors être distinguées :

– celle des classiques et néoclassiques qui considèrent la monnaie comme un simple outil permettant l'échange et qui, en soi, n'a aucun « intérêt » ;
– celle de Keynes d'une part et de Friedman d'autre part qui considèrent que la monnaie peut être un actif patrimonial détenu pour ses « avantages ». Leurs analyses divergeront quant à la stabilité de cette détention monétaire.

1 La neutralité de la monnaie dans l'approche (néo) classique

Pour les auteurs classiques[1], la monnaie est un simple intermédiaire dans les échanges de biens et services réels. Elle est un outil qui permet de résoudre le problème de la double coïncidence des besoins caractéristique d'un échange en nature plutôt que monétaire. Mais, fondamentalement, si l'utilisation de la monnaie facilite l'échange, elle ne l'impulse, ni ne le modifie chez les économistes classiques.

1.1 La monnaie, un simple voile posé sur les échanges

La monnaie n'est qu'un voile permettant simplement d'exprimer les prix absolus et de faciliter les échanges. Mais elle n'intervient pas dans les mécanismes de fixation du prix et, à ce titre, est neutre. Pour les classiques, les prix relatifs des biens proviennent uniquement des quantités de travail relatives qu'ils incluent. Chez les néoclassiques, les prix des biens découlent de leur rareté relative.

Cette analyse conduit alors à adopter une conception dichotomique des sphères économiques :

– la sphère réelle qui porte sur la production, l'échange et l'utilisation de biens et services réels ;
– la sphère monétaire traite de la circulation monétaire et du niveau général des prix.

La monnaie, simple voile sur les échanges

	Économie de troc	Économie monétaire
Prix relatifs	Une table de bois vaut deux chaises de bois. Prix relatif de la table par rapport à la chaise : 2 (2 chaises valent 1 table). Ou, prix relatif de la chaise par rapport à la table : 0,5 (1 chaise vaut 1/2 table).	Si le prix d'une chaise est de 100 €, celle d'une table est de 200 €. Les prix relatifs sont alors identiques à ceux de l'économie de troc.
Échange	L'échange a lieu lorsque les deux agents suivants se rencontrent : le propriétaire d'une table souhaite la céder contre deux chaises ; le propriétaire de deux chaises souhaite les céder contre une table.	Le propriétaire d'une table peut donc la vendre au prix de 200 € qui lui permettront d'acheter deux chaises au prix unitaire de 100 €.
Implication de l'échange	L'ancien propriétaire de la table dispose de deux chaises	L'ancien propriétaire de la table dispose de deux chaises.

(1) Adam Smith, Jean-Baptiste Say, David Ricardo notamment.

La neutralité de la monnaie sur la sphère réelle des échanges et de la production est à l'origine de la loi des débouchés de Jean-Baptiste Say (1767-1832) selon laquelle « l'offre crée sa propre demande » ou encore les « produits s'échangent contre des produits ». Selon l'économiste classique français, la monnaie obtenue à la suite de la vente d'un bien par un agent économique sera ensuite dépensée :

– soit en biens de consommation ;
– soit en bien d'investissement ;
– soit épargnée pour financer une dépense d'investissement.

Dans les trois cas, cette monnaie issue d'une offre en biens (production vendue) fera l'objet d'une demande puisqu'elle financera l'acquisition d'un bien de consommation ou d'investissement. Elle va donc ouvrir de nouveaux débouchés pour les producteurs de ces biens. Cependant, cette loi fonctionne si la monnaie n'est pas demandée pour elle-même et n'est pas durablement conservée. Autrement dit, l'offre crée sa demande s'il n'y a pas de thésaurisation.

1.2 Formule et reformulation de la théorie quantitative de la monnaie (TQM)

a) La première formulation de la TQM chez Bodin, Ricardo et Stuart Mill

Partant de l'idée que la monnaie influence seulement le prix des biens produits (et non pas leurs quantités), les économistes classiques comme David Ricardo (1772-1823) et John Stuart Mill (1806-1873) vont s'en remettre à la théorique quantitative de la monnaie dont la première formulation est due à Jean Bodin (1530-1596) pour s'assurer de sa neutralité.

Le philosophe et magistrat français est un des premiers à formuler très précisément l'idée selon laquelle une hausse des flux de monnaie (à son époque il s'agissait de métaux précieux) en circulation dans l'économie entraîne une hausse du niveau général des prix. John Stuart Mill distingue pour sa part la monnaie en circulation de la monnaie dépensée.

En effet, la quantité de monnaie en circulation peut être dépensée à plusieurs reprises. Est alors introduite la notion de vitesse de circulation de la monnaie à savoir le nombre de paiements qu'effectue, en moyenne, une unité monétaire pendant une période donnée. Elle correspond au rapport entre la valeur des biens et la quantité d'argent disponible pour les acquérir :

$$\mathbf{V = (PT) / M}$$

avec :

- V = Vitesse de circulation de la monnaie ;
- P = Niveau général des prix ;
- T = Volume des transactions ;
- M = Masse monétaire.

Si la vitesse de circulation de la monnaie et le volume de transactions sont perçus comme constants (la première dépendrait d'habitudes de paiements peu sujettes à variation le second dépendrait des facteurs de productions non pris en compte dans cette équation), une hausse de la monnaie en circulation M ne peut entraîner que celle du niveau général des prix P.

La monnaie chez les économistes classiques

Analyses	Implications
La monnaie est neutre et n'a aucun effet sur les volumes de biens produits et échangés ; il y a une dichotomie entre la sphère réelle et la sphère monétaire.	La monnaie obtenue à la suite d'une vente (offre) est dépensée en bien de consommation ou d'investissement (éventuellement après avoir été épargnée). L'offre crée sa propre demande, les produits s'échangent contre des produits, le principe de tout échange est celui du troc, la monnaie n'est qu'un voile sur les échanges selon la loi des débouchés.
Les échanges et les prix relatifs sont déterminés à partir de la valeur travail. La monnaie est un voile qui ne sert que d'intermédiaire des échanges et d'unité de mesure.	
La vitesse de circulation de la monnaie est constante ; le volume de production et des transactions dépend de facteurs de production.	Une hausse de la masse monétaire en circulation génère une augmentation du niveau général des prix selon la théorie quantitative de la monnaie.

Les critiques adressées à l'analyse classique reposent sur la fragilité d'un certain nombre d'hypothèses :

– la constance de la vitesse de circulation de la monnaie sur laquelle s'appuie la théorie quantitative n'est pas assurée et difficilement vérifiable ;
– poser comme hypothèse que les transactions dépendent seulement des facteurs réels de production et non pas d'éléments monétaires conduit automatiquement… à considérer que la monnaie n'a d'effet que sur le niveau général des prix, pas sur les transactions ! L'approche révèle donc une certaine tautologie puisque l'hypothèse et sa conséquence se confondent.

b) L'indépendance des sphères monétaire et réelle chez Léon Walras au cœur de la TQM

Pourtant, l'approche néoclassique s'inscrira aussi dans cette analyse dichotomique entre les sphères réelle et monétaire. Dans le cadre de la théorie de l'équilibre général, Léon Walras (1834-1910) formalise, dans un premier temps, l'équilibre pour la sphère réelle : sur l'ensemble des marchés des biens et services économiques réels, la somme des demandes est égale à celle des offres. L'équilibre général est donc caractérisé par des **prix relatifs** d'équilibre. La monnaie permet ensuite de convertir ces prix relatifs en prix monétaires.

Sur le marché de la monnaie, si l'offre de monnaie[(1)] augmente, l'équilibre entre l'offre et la demande de monnaie aboutit à une dépréciation de sa valeur. Par conséquent, les prix monétaires vont être modifiés à la hausse puisqu'il faut plus de monnaie pour exprimer les prix relatifs des biens qui restent inchangés. La dichotomie entre la sphère réelle et monétaire apparaît à nouveau, comme chez les économistes classiques, une injection monétaire dans l'économie conduisant seulement à une hausse des prix, sans aucun effet sur les volumes réels de biens échangés.

c) La deuxième reformulation de la théorie quantitative de la monnaie d'Irving Fisher

L'économiste Irving Fisher (1867-1947) reformulera la théorie quantitative de la monnaie de la façon suivante :

$$MV + M'V' = PT$$

(1) Considérée comme exogène car provenant de la banque d'émission.

avec :

- M = Quantité de monnaie fiduciaire
- M′ = Quantité de monnaie scripturale
- V = Vitesse de circulation de la monnaie fiduciaire
- V′ = Vitesse de circulation de la monnaie scripturale
- P = Niveau général des prix
- T = Volume des transactions.

Selon cette équation, les flux monétaires (MV + M'V') sont égaux aux flux réels (PT). Fischer introduit un certain nombre d'hypothèses notamment sur le rapport M/M' et sur V et V' jugées comme des variables stables puisque déterminées par des causes structurelles. En conséquence et ne pouvant trouver de lien de causalité entre la monnaie et le volume de transactions, Fischer conclut à une variation proportionnelle du prix consécutivement à la hausse de la masse monétaire. Son analyse est alors conforme aux conclusions de la théorie quantitative de la monnaie.

d) Equation de Cambridge et demande d'encaisses monétaires

L'économiste Arthur Pigou (1877-1959) de l'Université de Cambridge tirera de cette équation une fonction de demande de monnaie dite « équation de Cambridge » :

$$\mathbf{Md} = \boldsymbol{k} \times \mathbf{PY}$$

avec :

- Md = la quantité de monnaie demandée
- P = le niveau général des prix
- Y = la production
- k = 1/V avec V la vitesse de circulation de la monnaie.

Ainsi, la demande de monnaie pourrait dépendre de trois variables :

- la vitesse de circulation de la monnaie : une hausse (respectivement une diminution) de V entraîne une diminution (respectivement une hausse) de la demande de monnaie Md ;
- le niveau général des prix : une hausse (respectivement une diminution) de P entraîne une hausse (respectivement une diminution) de la demande de monnaie Md ;
- le niveau de production : une hausse (respectivement une diminution) de Y entraîne une hausse (respectivement une diminution) de la demande de monnaie Md.

e) Effet d'encaisse réelles dit « effet Pigou »

À partir de cette équation, Pigou met en valeur l'effet d'encaisses réelles dit « effet Pigou ».

La demande d'encaisses réelles se présente ainsi à partir de l'équation de Cambridge :

$$\mathbf{Md/P} = \boldsymbol{k} \times \mathbf{Y}$$

L'effet d'encaisses réelles correspond à la variation de la demande de monnaie consécutive à une modification du niveau général des prix afin de maintenir constant le pouvoir d'achat de la monnaie détenue, autrement dit le niveau d'encaisses réelles.

Par exemple, par une diminution du niveau général des prix, la valeur réelle de la monnaie détenue, c'est-à-dire son pouvoir d'achat (soit Md/P) augmente. La consommation des ménages détenteurs de monnaie va alors augmenter ce qui provoque une hausse du niveau général des prix, ramenant le niveau d'encaisses réel à celui d'origine.

Symétriquement, une hausse des prix réduit la valeur des encaisses réelles. Les ménages vont alors réduire leurs dépenses pour reconstituer le montant de leurs encaisses réelles. La réduction des dépenses entraîne celle des prix jusqu'au niveau où les ménages peuvent financer un même volume d'échanges avec moins de monnaie en circulation et où les encaisses réelles ont retrouvé leur niveau initial.

La monnaie chez les économistes néoclassiques

<table>
<tr><th>Analyses</th><th>Implications</th></tr>
<tr><td>Dichotomie entre les sphères réelle et monétaire : équilibre réel d'un côté, équilibre monétaire de l'autre.</td><td rowspan="3">La quantité de monnaie en circulation dans une économie évolue parallèlement au niveau général des prix, de sorte que leur rapport est stable.
La variation à la hausse ou à la baisse de la quantité de monnaie entraîne celle à la hausse des prix (inflation) ou à leur baisse (déflation) sans effet sur la production réelle de biens et services.</td></tr>
<tr><td>Théorie quantitative de la monnaie : évolution conjointe de la monnaie en circulation et du niveau général des prix.</td></tr>
<tr><td>Effet d'encaisses réelles : le pouvoir d'achat de la monnaie détenue reste constant ; les prix et la demande de monnaie évoluent dans le même sens de sorte que leur rapport est constant.</td></tr>
</table>

2 La monnaie détenue pour elle-même dans l'analyse keynésienne

2.1 Les motifs de détention de la monnaie chez Keynes

Selon Keynes (1883-1946), la monnaie peut être détenue pour elle-même. Sa conception de la demande de monnaie le conduit alors à remettre en cause la dichotomie classique entre la sphère réelle des échanges de biens et services et la sphère monétaire.

L'analyse keynésienne recense trois motifs de demande d'encaisses monétaires :

a) Le motif de transaction

Selon celui-ci, les agents économiques détiennent de la monnaie afin de pouvoir réaliser leurs transactions. Cette composante de la détention de monnaie est fonction du revenu mais également de la fréquence dans le temps de la perception du revenu : plus la période est longue entre les moments où l'agent reçoit ses revenus, plus il aura besoin d'encaisses pour réaliser ses transactions. Dans la terminologie keynésienne, cette demande de monnaie correspond au **motif de revenu** pour les ménages et au **motif professionnel** ou d'**entreprise** pour les producteurs.

Cette conception instrumentale de la monnaie est commune à l'analyse (néo) classique et repose sur le fait que la monnaie est le moyen de paiement universel dans une zone monétaire donnée.

b) Le motif de précaution

Les agents désirent conserver de la monnaie pour faire face à des dépenses imprévues. Ce motif dépend aussi positivement du niveau d'activité, et donc de revenus, de l'économie.

c) Le motif de spéculation

Ce motif est caractéristique de l'analyse keynésienne et diverge de l'approche classique. Selon Keynes, les agents économiques désirent conserver des encaisses monétaires pour pouvoir éventuellement les placer dans des titres financiers à revenus fixes comme les obligations. Le volume de monnaie détenu dans cet objectif dépend alors **négativement** du taux d'intérêt des titres financiers considérés du fait de l'existence d'une relation inverse entre le taux d'intérêt et la valeur des titres financiers.

d) La relation inverse entre la variation des taux d'intérêt et la valeur des titres financiers

La valeur des obligations financières à revenu fixe et sans risque évolue en sens inverse du taux d'intérêt. Chaque obligation est émise à une date donnée avec un taux d'intérêt fixe. Si d'autres obligations sont émises à une date ultérieure à des taux d'intérêt plus faibles (respectivement plus élevés), la rémunération proposée par euro placée sur les anciennes obligations devient alors relativement plus élevée (respectivement plus faible). La demande sur ces anciens titres financiers va donc augmenter (respectivement diminuer) favorisant ainsi la hausse (respectivement la diminution) de leurs cours. Ce mouvement de prix haussier (respectivement baissier) va alors participer à la baisse (respectivement à la hausse) de leur rendement jusqu'à ce qu'il s'égalise à celui des nouvelles obligations émises.

Par conséquent, si les taux d'intérêt sur les nouvelles obligations émises augmentent, les cours des anciennes obligations diminuent. C'est donc le moment pour les agents économiques d'acheter d'anciennes obligations à bas prix dans l'espoir de réaliser un gain en capital en les revendant plus tard à un cours plus élevé. En effet, lorsque les cours des obligations sont bas, les agents économiques **anticipent** leurs remontées dans le futur. L'acquisition de ces anciens titres conduit donc une diminution de la demande spéculative de monnaie.

Symétriquement, si les taux d'intérêt diminuent, les cours des anciens titres obligataires émis augmentent. Les agents économiques anticipent alors une diminution de leurs prix dans le futur et vont alors les céder pour ne pas subir une moins-value dans le futur. La vente de ces anciens titres conduit alors à une hausse des encaisses spéculatives.

Aussi, la relation inverse entre le taux d'intérêt et la demande spéculative de monnaie peut être comprise en considérant le taux d'intérêt comme le coût d'opportunité de la détention de monnaie spéculative.

Lorsque le taux d'intérêt augmente, le coût d'opportunité de la détention de monnaie augmente ce qui incite à substituer des titres financiers rémunérés (à ces taux) à la monnaie. Symétriquement, lorsque le taux d'intérêt diminue, le coût d'opportunité de la détention de monnaie diminue ce qui incite à substituer des encaisses monétaires (spéculatives) aux titres financiers.

En résumé :

- Hausse du taux d'intérêt $\Rightarrow$ Achats de titres financiers $\Rightarrow$ Diminution des encaisses monétaires
- Diminution du taux d'intérêt $\Rightarrow$ Vente de titres financiers $\Rightarrow$ Hausse des encaisses monétaires

e) La « préférence pour la liquidité » : divergence notable entre l'analyse keynésienne et l'approche classique

Le motif spéculatif[1] de la détention de monnaie représente une rupture notable entre l'analyse keynésienne et l'approche classique (ou néoclassique).

• En premier lieu, la demande d'encaisses spéculatives fait apparaître la notion de **monnaie oisive** : la thésaurisation monétaire est donc rationnelle chez Keynes.

• En second lieu, la monnaie représente bien un actif patrimonial permettant le transfert de valeur du présent vers l'avenir. Dans ces conditions, la loi des débouchés, qui est au fondement même de l'équilibre en biens et services dans l'économie, ne s'applique plus : la monnaie peut être désirée pour elle-même, sans qu'elle soit placée, conduisant ainsi à un déséquilibre entre l'offre et la demande en biens et services réels.

Cette « préférence pour la liquidité » représente alors un lien entre les sphères réelle et monétaire remettant ainsi en cause la dichotomie classique en la matière. Selon Keynes, il y a bien interaction entre les marchés réels des biens et services et le marché de la monnaie. Ainsi, une variation des taux d'intérêt peut avoir des effets directs sur les marchés réels à travers l'investissement mais aussi à travers le marché de la monnaie *via* la modification de la demande de monnaie spéculative.

Quant à l'offre de monnaie, elle est déterminée par la banque centrale indépendamment du taux d'intérêt : elle est donc exogène. La demande de monnaie dépend, de par sa composante spéculative, négativement du taux d'intérêt. Deux situations extrêmes peuvent donc être distinguées :

– lorsque le taux d'intérêt est très élevé, les agents économiques anticipent sa diminution et par conséquent la hausse des cours. La demande de monnaie spéculative sera alors au plus bas, les agents économiques préférant détenir des titres financiers ;
– lorsque le taux d'intérêt est très faible, les agents économiques anticipent son augmentation et par conséquent une diminution des cours. La demande de monnaie spéculative sera alors au plus haut. Dans ce cas de forte **préférence pour la liquidité**, une hausse de l'offre de monnaie en circulation décidée par les autorités monétaires sera absorbée par les encaisses spéculatives sans aucun effet sur le niveau réel d'activités. En effet, les agents économiques n'ont pas la « folie » de placer cet argent alors qu'il est « quasiment certain » que les cours ne peuvent plus que baisser. Cette situation est qualifiée de **trappe à liquidité** par Keynes.

f) Les compléments apportés à l'approche keynésienne de la demande de monnaie.

L'analyse keynésienne peut être complétée par différents aspects.

• D'abord, d'autres motifs de détention de monnaie peuvent être envisagés sans qu'il soit possible pour autant d'en dresser une liste exhaustive. Par exemple, le niveau des encaisses monétaires s'explique également par une certaine forme d'inertie des agents qui les amène à repousser leur demande d'encaisses de transaction ou de précaution.

• Ensuite, en période de pénurie, les encaisses de transaction ne peuvent pas être entièrement dépensées et peuvent se situer à un niveau anormalement élevé. Enfin, certaines encaisses peuvent éventuellement s'expliquer par des réglementations bancaires qui imposent des dépôts minimums.

(1) Ainsi que dans une certaine, mais moindre, mesure le motif de précaution.

• Enfin, le taux d'intérêt ne semble pas être la seule variable explicative de la thésaurisation monétaire. Les anticipations peuvent porter sur d'autres valeurs que les seuls titres financiers pouvant modifier la détention de monnaie. Par exemple, le théorème d'équivalence de Ricardo-Barro enseigne qu'une politique de relance favorisant le déficit budgétaire conduit les ménages à « mettre de l'argent de côté » car ils anticiperont des hausses futures d'impôts nécessaires au remboursement de l'endettement public. Cet argent mis de côté peut éventuellement être placé mais sa thésaurisation est envisageable, au moins théoriquement, car elle permet aux ménages une plus grande souplesse dans le financement de cet impôt. Ainsi, les motifs de précaution et de spéculation semblent aussi se rejoindre dans le fait qu'ils reposent sur des anticipations.

3 L'analyse de Friedman ou le renouveau de la théorie quantitative

Milton Friedman (1912-2006), chef de file du courant monétariste de l'école de Chicago, propose en 1956 une nouvelle analyse théorique de la demande de monnaie en lien avec la théorie quantitative de la monnaie.

3.1 Le concept de « revenu permanent » chez Friedman

Pour étudier la demande d'encaisses monétaires et ses déterminants, Friedman introduit le concept de revenu permanent.

> Le **revenu permanent** constitue la composante stable du revenu dont le montant correspond à la valeur actualisée des flux de revenus passés et des flux de revenus futurs anticipés. L'autre composante du revenu est qualifiée de « transitoire » et correspond aux variations non anticipées du revenu (accidents, fluctuations économiques etc.).

Le revenu permanent provient du rendement que génère le patrimoine détenu par l'agent économique. Celui-ci se répartit entre :

- les monnaie et quasi-monnaie ;
- les actions : titres financiers générant des revenus variables ;
- les obligations : titres financiers générant des revenus fixes.
- les actifs réels : actifs corporels (bâtiments, terrains, constructions, œuvres d'art) et incorporels (droits de propriété intellectuelle).
- le capital humain : capacités professionnelles et intellectuelles d'un individu lui assurant un revenu futur.

Le revenu permanent (noté Y) correspond ainsi au revenu constant qui découlerait, d'année en année de la valeur actualisée de l'ensemble du patrimoine (noté Pat.) placé à un taux de rendement (noté *r*) équivalent à la moyenne de tous les taux de rendements des composantes patrimoniales. Ainsi :

$$\mathbf{Y = \mathit{r} \times Pat.}$$

$$\text{donc } \mathbf{Y/\mathit{r} = Pat}$$

3.2 La demande de monnaie chez Friedman, une nouvelle reformulation de la TQM

Pour Friedman, la demande de monnaie dépend principalement du revenu permanent (et par conséquent du patrimoine des agents et du taux de rendement « permanent ») et du niveau général des prix :

$$\mathbf{M = (1/\mathit{v}) \times P \times (Y/P)}$$

avec :

- M = demande de monnaie
- v = vitesse de circulation de la monnaie (chez Friedman, elle correspond à une fonction)
- P = niveau général des prix
- Y/P = revenu permanent réel.

La fonction de demande de monnaie de Friedman est analogue, à quelques ajustements près, à l'équation de Fisher :

$$\mathbf{M \times \mathit{v} = P \times (Y/P)}$$

– le revenu réel Y/P correspond au volume des transactions dans l'équation de la théorie quantitative de la monnaie ;
– la vitesse de circulation de la monnaie est une fonction chez Friedman alors qu'elle est un paramètre (une constante) chez Fisher.

L'analyse monétariste friedmanienne et celle fondée sur la théorie quantitative de la monnaie par l'équation de Fisher se rejoignent fondamentalement sur :

– **la stabilité à court terme de la vitesse de circulation de la monnaie** : selon Friedman, la stabilité de la vitesse de circulation de la monnaie est justifiée, d'abord, par les observations empiriques tirées d'études réalisées sur le cas des États-Unis, ensuite par la prise en compte dans la fonction « v » du revenu permanent beaucoup plus stable que le revenu courant.
– **une hausse de la quantité de monnaie induit celle des prix**. Friedman s'éloigne quelque peu de cette conclusion fondamentale de la théorique quantitative de la monnaie en considérant qu'une hausse de la quantité de monnaie peut impliquer une augmentation moins que proportionnelle du niveau général des prix dans le cas où le revenu permanent réel correspond à un sous-emploi des facteurs de production.

Dans ce cas, une augmentation de la quantité de monnaie dans l'économie pourrait entraîner celle du revenu permanent mais dans une faible proportion (le niveau des prix augmenterait aussi).

Friedman admet alors qu'à court terme l'augmentation de la monnaie puisse avoir un effet réel sur l'activité économique mais dans des proportions bien moindres que dans l'analyse keynésienne. À plus long terme, l'analyse monétariste rejoint les conclusions établies dans le cadre de la théorie quantitative de la monnaie par Fisher : une variation de la masse monétaire induit celle des prix.

Une autre différence avec l'analyse keynésienne est que la demande de monnaie est peu sensible aux fluctuations conjoncturelles puisqu'elle dépend du revenu permanent.

Celui-ci étant beaucoup plus stable que le revenu courant de l'analyse keynésienne, la demande de monnaie qu'il induit le sera donc également. La stabilité de la demande de monnaie devrait donc impliquer alors une stabilité de l'offre de monnaie par les autorités monétaires.

La monnaie chez Friedman (école monétariste)

Analyses	Implications
La demande de monnaie est fondée en partie sur la théorie quantitative de la monnaie et sur le concept de revenu permanent.	Une modification de l'offre de monnaie ne peut pas être absorbée par une variation de la demande de monnaie. Elle ne peut donc entraîner qu'une variation des prix.
La demande de monnaie est stable car elle dépend du revenu permanent peu sensible aux variations conjoncturelles.	
La vitesse de circulation de la monnaie est stable sur une longue période.	

C L'OFFRE DE MONNAIE : LE RÔLE DES INSTITUTIONS FINANCIÈRES ET MONÉTAIRES, ET POLITIQUE D'ÉMISSION

Les différents courants d'analyse économique cherchent à analyser le rôle de la monnaie dans l'économie. Ils traitent plus particulièrement de la demande de monnaie, jugée instable par Keynes et pouvant donc interférer sur les mécanismes de l'économie réelle ou au contraire stable pour les tenants de la théorie quantitative de la monnaie et de l'approche dichotomique entre les sphères réelle et monétaire.

Néanmoins, la réflexion sur la masse monétaire, son évolution et son influence sur le reste de l'économie ne dépendent pas uniquement de la demande de monnaie mais également de son offre.

Il convient donc dans un premier temps de s'intéresser aux mécanismes de création monétaire qui correspondent à l'augmentation de la quantité de monnaie en circulation et aux banques qui en sont à l'origine (titre 1). Les caractéristiques de ces mécanismes et les risques qu'ils peuvent faire encourir à l'ensemble de l'économie légitiment le rôle d'une banque centrale en matière de régulation et de contrôle de la création monétaire (titre 2). Au-delà de décisions techniques, les enjeux des interventions d'une banque centrale dans l'économie sont fondés sur des approches théoriques différentes qui justifient ou au contraire condamnent un tel interventionnisme (titre 3).

1 Le processus de création monétaire

1.1 Les banques créent ce qu'elles prêtent

Dans une économie monétaire, les banques ont un rôle bien spécifique, celui de créer de la monnaie en accordant des crédits. Les banques créent, ou émettent de la monnaie, lorsqu'elles mettent à disposition d'agents économiques non financiers (ménages, entreprises etc.) de la monnaie qui n'a encore jamais circulé.

Par conséquent, une banque qui se contente de prêter à une entreprise les fonds qu'elle vient de recevoir en dépôt d'un agent économique (un ménage par exemple) ne crée pas de la monnaie. En effet, elle recycle seulement de la monnaie déjà existante. La particularité bancaire se trouve alors dans la logique de la création monétaire : les crédits font les dépôts, et non pas l'inverse.

La création monétaire correspond en la transformation de créances sur des agents non financiers[(1)] en moyens de paiement c'est-à-dire en monnaie. Ainsi, l'apparition d'une créance d'une banque sur un tiers commande celle de la monnaie et non pas l'inverse. C'est en ce sens que les crédits font les dépôts.

À la faveur de la dématérialisation de la monnaie (de la monnaie marchandises vers la monnaie scripturale), le rôle des banques a évolué dans l'histoire d'une fonction de « coffre-fort »[(2)] à une fonction de « créancier ».

1.2 L'évolution du rôle des banques dans l'activité de crédit

a) La mission « coffre-fort » des banques, lieu de conservation des avoirs monétaires des clients

À l'origine, les banques avaient vocation à faciliter les paiements de comptes à comptes et à garder en lieu sûr l'argent des épargnants. Lorsqu'un ménage venait déposer mille unités monétaires dans la banque, le passif de son bilan augmentait de mille (les dépôts, c'est-à-dire les comptes créditeurs à vue) ainsi que son actif (les encaisses, c'est-à-dire les espèces immédiatement disponibles).

Bilan bancaire après un dépôt par un ménage de 1 000 unités monétaires

Actif	Passif
Encaisses 1 000 (espèces immédiatement disponibles)	**Dépôts à vue 1 000** (comptes créditeurs à vue)

b) Le crédit bancaire financé grâce aux disponibilités : les « dépôts font les crédits »

Au fil du temps, les banques se sont rapidement aperçues que leurs encaisses à l'actif, en temps normal, ne descendaient jamais en dessous d'un certain montant.

Au milieu du XVIIe siècle, elles ont alors commencé à prêter une partie des encaisses de leurs clients qui ne faisaient pas l'objet de retrait externe : soit l'argent restait sur le compte d'un client de la banque, soit il servait à payer un autre client de la banque.

Supposons, par exemple, que seules 10 % des encaisses soient utilisées par les déposants pour payer des agents d'une autre banque. La banque peut alors prêter jusqu'à 90 % de ses dépôts sans courir le risque qu'un déposant lui réclame l'argent qu'elle a prêté et dont elle ne dispose plus momentanément. La banque doit donc conserver 10 % des dépôts restants sous forme liquide (d'encaisses) pour faire face aux retraits prévisibles des déposants.

(1) Essentiellement les ménages, les entreprises, les administrations publiques.
(2) Qui consiste à conserver l'argent en lieu sûr ; c'est une métaphore ici.

Bilan bancaire après opérations de crédit sur la base d'un dépôt de 1 000 unités monétaires : les dépôts font les crédits

Actif de la banque	Passif de la banque
Encaisses 100 (espèces immédiatement disponibles) **Créances = prêts accordés par la banque 900** (remboursables à terme)	**Dépôts à vue 1 000** (comptes créditeurs à vue)

Dans ce nouveau cas de figure, les déposants, qui sont les créanciers de la banque, pensent pouvoir disposer de 1 000 unités monétaires mais en fait la banque en a prêté 900.

Si l'ensemble des déposants demande le remboursement de ses dépôts, la banque peut disparaître car elle ne dispose pas assez de liquidités au moment voulu pour les leur rendre. Sous l'hypothèse où les prêts de 900 unités monétaires seront bien remboursés dans l'avenir, la banque ne souffre donc pas d'insolvabilité mais elle a un grave problème de liquidité en cas de retrait massif de monnaie par les déposants.

c) Les disponibilités apparaissent grâce au crédit bancaire : « les crédits font les dépôts »

À la fin du XIXe siècle, l'activité a encore évolué et s'est dirigée vers le mécanisme de la création monétaire. Lorsqu'une banque accorde un crédit, elle ne prête pas un dépôt, une épargne, préexistant. Elle crée en réalité un dépôt nouveau au bénéfice de l'emprunteur. La quantité de monnaie augmente donc. La contrepartie de ce dépôt est la promesse de remboursement ; c'est donc une créance sur l'économie.

Supposons qu'il n'existe qu'une seule banque dans l'économie et qu'elle accorde un crédit de milles unités monétaires à une entreprise.

Au bilan de la banque, son actif va augmenter de 1 000 à hauteur du montant de sa créance sur l'entreprise ; celle-ci va recevoir ces 1 000 unités monétaires dans son compte à la banque, faisant augmenter le passif de son bilan.

Bilan bancaire après opérations de crédit sur la base de la promesse d'un remboursement ultérieur : les crédits font les dépôts

Actif de la banque	Passif de la banque
Créances 1 000 (remboursables à terme)	**Dépôts à vue 1 000** (comptes créditeurs à vue)

La banque inscrit donc simultanément la même somme à l'actif (crédit à l'entreprise) et au passif (dépôt à vue de l'entreprise) de son bilan. Cela constitue l'acte par lequel elle crée de la monnaie. Lorsque le crédit est remboursé, il y aura alors un mécanisme de destruction monétaire.

Il existe trois types de créances sur l'économie, c'est-à-dire trois sources de création monétaire : les créances sur les opérateurs économiques étrangers, les crédits à l'économie et les créances sur le Trésor Public[1].

(1) Elles correspondent aux contreparties de la masse monétaire déjà présentées plus haut dans ce chapitre.

Les activités de création monétaire conduisent à distinguer deux rangs de banque :

– la banque de premier rang à savoir la banque centrale qui crée de la monnaie fiduciaire et de la monnaie scripturale ;
– les banques de second rang, à savoir les banques commerciales qui reçoivent des dépôts des agents économiques privés (ménages, entreprises) et créent de la monnaie scripturale ;

Par conséquent, la banque centrale et les banques commerciales d'une zone monétaire sont conjointement au cœur du processus de création monétaire. Cette situation permet alors à la banque centrale de contrôler et réguler les activités de crédit des banques commerciales.

2 Le rôle de la banque centrale : réguler et contrôler

Les banques commerciales, dites « de second rang », sont au cœur du processus de création monétaire en émettant de la monnaie scripturale c'est-à-dire en créditant les comptes d'agents économiques dont elles détiennent des créances (ménages, entreprises, administrations publiques).

2.1 Les limites de la création monétaire par les banques de second rang

Ce processus de création monétaire n'est pas limité par l'existence d'une épargne préalable (dont il n'a pas besoin), mais par le « crédit », c'est-à-dire la confiance, que les banques accordent aux capacités de remboursements futurs des emprunteurs. C'est bien la solvabilité de l'emprunteur anticipée par la banque qui commande son opération de prêt. Autrement dit, les besoins de financement des agents économiques et leur solvabilité viennent limiter l'offre de crédit et donc la création monétaire.

Cependant, d'autres éléments que la seule demande des emprunteurs viennent contraindre ce processus de création monétaire à travers lesquels la banque centrale agit. Pour les analyser, il convient de percevoir que la banque centrale est la « banque des banques ». En effet, dans une zone monétaire donnée, chaque institution financière monétaire (IFM) dispose d'un compte à la banque centrale pour assurer des paiements en **monnaie centrale**. Les motifs qui obligent une banque commerciale à détenir un compte à la banque centrale permettent à celle-ci de contrôler le processus de création monétaire.

a) Les motifs de détention de la liquidité bancaire par les banques de second rang

Quels sont les principaux motifs de détention de monnaie centrale par les banques commerciales appelée « liquidité bancaire » ?

• D'une part, si une banque de second rang peut créer de la monnaie scripturale elle ne peut pas créer de monnaie fiduciaire. Or, les agents économiques peuvent décider d'opérer des retraits en billets pour leurs dépenses dont le monopole d'émission est assuré par la banque centrale.

La banque de second rang doit alors disposer de monnaie centrale en quantité suffisante soit sous forme de billets dans ses caisses soit sous forme scripturale sur son compte à la banque centrale afin de faire face aux demandes de retrait de ses clients. Par conséquent, pour se procurer des billets, les banques de second rang doivent effectuer des retraits sur leurs comptes à la banque centrale.

• D'autre part, une banque a besoin de disposer de monnaie centrale dans son compte à la banque centrale pour assurer des paiements interbancaires. Ces derniers se font par virement de compte à compte à la banque centrale.

FOCUS . . . FOCUS . . . FOCUS . . . FOCUS . . . FOCUS . . . FOCUS . . .

Les paiements interbancaires

Soient deux banques, A et B.

Si, à la fin d'une période donnée (la journée) :

- les titulaires d'un compte-courant chez A doivent 1 000 000 € à ceux de B
- les titulaires d'un compte-courant chez B doivent 750 000 € à ceux de A

⇒ la banque centrale prélèvera 250 000 € sur le compte de A au profit du compte de B.

Enfin, la banque centrale peut imposer aux IFM de laisser en permanence un minimum de monnaie sur leur compte à la banque centrale. C'est ce qu'on appelle les réserves obligatoires.

Ces trois motifs (retrait en billets des clients, paiements interbancaires, réserves obligatoires) sont à l'origine du besoin en monnaie centrale des banques commerciales.

D'où provient la monnaie centrale détenue par une banque de second rang sur son compte à la banque centrale ? D'une part, une banque commerciale peut virer sur ce compte une partie des dépôts effectués par ses clients ; d'autre part, la banque peut recevoir sur ce compte des virements d'autres banques qui lui doivent de l'argent en règlement des chèques émis au profit de ses clients.

b) Le marché interbancaire, lieu de prêt de la liquidité bancaire

En cas d'insuffisance de liquidités bancaires (monnaie centrale scripturale et monnaie fiduciaire détenues par les agents bancaires), les banques peuvent en emprunter sur le marché interbancaire :

– **à d'autres banques** qui disposent de liquidités abondantes et souhaitent les prêter ;
– **à la banque centrale** qui, à son tour, fera crédit à la banque emprunteuse en contrepartie de la création de monnaie centrale.

FOCUS . . . FOCUS . . . FOCUS . . . FOCUS . . . FOCUS . . . FOCUS . . .

Marché interbancaire

Le marché interbancaire est l'un des deux compartiments du marché monétaire dont l'accès est réservé aux institutions financières monétaires. Il leur permet d'emprunter des liquidités.

Le second est le marché des titres courts. Y interviennent les IFM mais aussi les entreprises et l'État. Les titres négociables (de 24 heures à un an) qui y sont échangés prennent la forme de certificats de dépôt (pour les banques), de billets de trésorerie (pour les entreprises) et de bons du Trésor (pour l'État).

Ainsi, toute comme les banques de second rang financent les agents économiques non-financiers par création monétaire, la banque centrale **refinance** les banques commerciales par un processus analogue de création monétaire.

Au niveau d'une banque, les besoins en monnaie centrale viennent limiter la capacité à accorder des crédits : besoins en billets, paiements interbancaires, réserves. Au niveau de l'ensemble des banques de second rang, les paiements interbancaires se compensent, seuls les besoins en billets et les réserves viennent limiter la création monétaire des banques commerciales. À cela se rajoute le coût d'emprunt de la monnaie centrale sur le marché interbancaire qui peut réduire la capacité de prêt d'une banque.

2.2 L'intervention de la banque centrale pour maîtriser la création monétaire des banques commerciales

La banque centrale peut donc décider d'influencer la variation de la masse monétaire générée par les crédits accordés par les banques commerciales avec différents moyens.

a) Le rôle des réserves obligatoires

La banque centrale peut imposer un montant minimum de monnaie centrale scripturale que les banques doivent détenir dans leurs comptes respectifs. C'est ce qu'on appelle les **réserves obligatoires**. Leur augmentation (respectivement diminution) réduit (respectivement favorise) la capacité des banques à accorder des crédits.

Exemple : Supposons que 10 % des crédits accordés par une banque sont retirés sous forme de billets. Par conséquent, si une banque accorde 1 000 € de crédits, alors elle doit disposer (dans ses caisses ou sur son compte à la banque centrale) de 100 € de monnaie centrale. Autrement dit, si la banque dispose de 100 € de monnaie centrale, elle peut accorder 1 000 € de crédit. Supposons que, parmi ces 100 € de monnaie centrale, la banque centrale impose une réserve obligatoire de 10 €. Cela signifie que la banque commerciale dispose de 90 € de billets pour ses clients et non plus de 100 €. Elle peut seulement accorder 900 € de crédits et non plus 1 000 € comme auparavant.

Les réserves obligatoires limitent donc l'octroi de crédits dans l'économie. Le lien entre la base monétaire et la masse monétaire représente ce qu'on appelle le **multiplicateur de crédit**. Dans la pratique, sauf cas exceptionnel, les banques centrales imposent un niveau relativement faible de réserves obligatoires indépendamment de la politique monétaire suivie : ce n'est donc pas un outil privilégié par les autorités monétaires, notamment la BCE, pour contrôler les crédits accordés par les banques.

b) Opérations de refinancement de la banque centrale sur le marché interbancaire

La banque centrale peut influencer les conditions du refinancement des banques commerciales qui interviennent sur le marché interbancaire.

Le refinancement est une opération de crédit par laquelle, une banque commerciale va emprunter des liquidités sur le marché interbancaire. En effet, en cas d'insuffisance en monnaie centrale pour faire face à ses besoins (mise à disposition de billets auprès de ses clients ou paiements interbancaires), une banque peut emprunter des liquidités bancaires sur le marché interbancaire. Cet emprunt est soumis à intérêt que facturent les banques « créancières » aux établissements débiteurs.

Une banque centrale peut alors intervenir sur le marché interbancaire de différentes façons pour contrôler *in fine* l'évolution de la masse monétaire.

D'abord, elle peut modifier la liste des « papiers mobilisables ». Ils correspondent aux garanties que la banque centrale exige des banques en cas de refinancement. Pour influencer la création monétaire, la banque centrale peut modifier la liste des créances qu'elle accepte de prendre en garantie contre une opération de refinancement.

Si la banque centrale veut faciliter la création monétaire par les IFM, elle va donc étendre la liste des créances qu'elle va refinancer ; elle la restreindra si elle souhaite limiter l'accord de crédits accordés.

Par ailleurs, la banque centrale détermine aussi le taux d'intérêt auquel elle prête de la monnaie centrale aux banques commerciales. La banque centrale fixe alors indirectement le taux d'intérêt du marché interbancaire, c'est-à-dire le taux auquel s'emprunte la monnaie centrale. Le taux d'intérêt fixé par la banque centrale est qualifié de **taux directeur** puisqu'en le fixant, elle joue un rôle **directeur** pour les taux d'intérêts pratiqués par les banques.

En effet, la banque centrale peut prêter de la monnaie centrale à un taux d'intérêt nul ; dans ce cas, aucune banque, qui dispose d'excédents de liquidités, ne trouve d'emprunteur pour un taux d'intérêt positif. Le taux d'intérêt du marché monétaire devient donc nul. La banque centrale peut suivre cette stratégie lorsqu'elle mène une **politique monétaire expansionniste** visant à augmenter la masse monétaire dans l'économie.

À l'opposé, la banque centrale peut emprunter la monnaie offerte par les banques, qui disposent d'excédents en monnaie centrale, à un taux d'intérêt toujours supérieur à celui offert par les banques emprunteuses.

Dans ce cas, la banque centrale fixe le taux d'intérêt du marché puisque les banques prêtent seulement à la banque centrale. Celle-ci peut suivre cette stratégie lorsqu'elle mène une **politique monétaire restrictive** visant à diminuer la masse monétaire dans l'économie.

Entre ces deux extrêmes, la banque centrale peut faciliter le refinancement des banques en diminuant ses taux d'intérêt ou compliquer le refinancement des banques, et donc la création monétaire, en augmentant ses taux d'intérêt.

Par la fixation de ses taux directeurs, la banque centrale rend plus ou moins coûteux le refinancement des banques. Elle contrôle ainsi leurs liquidités et donc leurs possibilités de création monétaire.

Les principaux taux directeurs au sein de la zone euro

Le taux des opérations principales de refinancement	Les opérations principales de refinancement correspondent aux opérations d'*open market* par lesquelles la banque centrale européenne accorde des prêts de monnaie centrale aux banques commerciales. C'est le principal taux directeur.
Le taux de facilité de dépôt	Taux rémunérant la facilité de dépôt, c'est-à-dire le dépôt monétaire que les banques de second rang peuvent effectuer sur un compte à la banque centrale nationale. Il constitue le **taux plancher** (inférieur au principal taux directeur) du marché interbancaire.
Le taux de facilité de prêt marginal	Taux payé par les banques de second rang pouvant obtenir un crédit de la banque centrale nationale en offrant en garantie des actifs financiers (accords de pension). Il constitue le **taux plafond** (supérieur au principal taux directeur) du marché interbancaire.

3 Interventions des banques centrales : justifications et critiques théoriques

Au cœur des opérations de refinancement, la banque centrale contrôle et régule l'émission de monnaie. Cependant, des débats théoriques, déjà anciens, apparaissent quant aux effets des interventions de la banque centrale sur l'évolution de la masse monétaire.

3.1 « *Banking principle* » *versus* « *Currency principle* » : la création monétaire peut-elle stimuler l'activité économique réelle ?

Ces controverses théoriques reposent sur le questionnement suivant : l'offre de monnaie peut-elle déterminer la demande de monnaie et, à ce titre, modifier les activités économiques réelles ? Au contraire, l'offre de monnaie doit-elle seulement s'adapter à l'évolution de la demande de monnaie et, dans ce cadre, suivre simplement le cours des activités économiques ?

Dès la première moitié du XIXe siècle, deux courants de pensée se sont opposés sur ce questionnement. Selon la thèse du *banking principle* défendue par Thomas Tooke (1774-1858) et John Fullarton (1790-1849), l'émission de billets de banque doit être libre de toute contrainte métallique. L'émission de monnaie à l'occasion d'un prêt bancaire doit tenir compte, non pas des métaux disponibles, mais de la solvabilité de l'emprunteur. Dans cette approche, la création monétaire apparaît comme une avance à l'économie favorable à la croissance économique et à l'investissement. La monnaie est active, sa quantité offerte par les banques doit alors s'adapter aux besoins de financement des agents. Ainsi, l'offre de monnaie est endogène car elle est déterminée par les besoins de financement de l'économie réelle.

À l'inverse, selon la thèse du *currency principle* défendue par David Ricardo (1772-1823), l'émission de monnaie par les banques doit être strictement déterminée par la quantité de métaux précieux (or, argent) détenue par la banque centrale. Dans ce cadre, la sphère monétaire est indépendante de la sphère réelle, la monnaie disponible dans l'économie doit dépendre seulement du stock d'encaisses métalliques.

Banking principle	*Currency principle*
L'offre de monnaie endogène est déterminée par les besoins de financement de l'économie réelle : la demande de monnaie est la seule limite à l'offre de monnaie.	L'offre de monnaie exogène est déterminée par les encaisses métalliques détenues par la Banque centrale : le stock de métaux précieux est la seule limite à l'offre de monnaie.

3.2 Politique monétaire discrétionnaire des banques centrales et inflation

Ce débat connut une nouvelle actualité à travers les effets de la politique monétaire sur le niveau général des prix. Une politique monétaire favorable à la création monétaire (diminution des taux directeurs par exemple) aura-t-elle un effet sur l'activité réelle (effet-quantité) à travers le financement des investissements par exemple ? Ou, au contraire, une injection monétaire dans l'économie est-elle sans effet sur l'utilisation optimale des facteurs de production et n'entraînera-t-elle qu'une hausse des prix ?

Dans le sillage du *banking principle*, la politique monétaire expansionniste est un moyen pour relancer l'activité économique lorsque les facteurs de production sont sous-utilisés. Au contraire, en écho au « currency principle », en injectant de la monnaie au-delà de sa demande, la politique monétaire expansionniste aboutira à une hausse du niveau général des prix conformément à la théorique quantitative de la monnaie.

Selon le courant monétariste de Milton Friedman, les autorités monétaires doivent renoncer à toute politique monétaire discrétionnaire. Leur seul objectif devrait être le suivant : assurer une croissance à taux constant de la masse monétaire correspondant aux taux de croissance du PIB à long terme sans se préoccuper des fluctuations conjoncturelles de l'activité économique.

3.3 Aléa moral et fonction de prêteur en dernier ressort des banques centrales

Une autre controverse quant à l'intervention de la banque centrale dans l'économie renvoie à sa fonction de **prêteur en dernier ressort** (PDR). Si une ou plusieurs banques ne parviennent pas à trouver de liquidités sur le marché interbancaire, elles « savent » qu'elles pourront compter sur le refinancement de la banque centrale.

L'objectif de celle-ci est d'assurer la liquidité d'un établissement bancaire ou d'alimenter l'ensemble du système bancaire dans le cas d'un assèchement du marché interbancaire. Le but est bien d'éviter une faillite bancaire pouvant en entraîner d'autres en accordant les liquidités demandées par la banque. Telle est la légitimité de cette fonction.

Cependant, elle pose un problème d'**aléa moral**. Celui-ci apparaît lorsqu'un agent économique assuré contre un risque adopte des comportements très risqués du fait même d'être assuré ! Si les banques sont assurées de trouver des liquidités auprès d'une banque centrale, elles peuvent être incitées à moins contrôler l'évolution de leurs avoirs en monnaie centrale.

Cependant, la légitimité de la fonction de PDR réside dans l'argument suivant. Une banque qui ne trouverait aucune liquidité sur le marché interbancaire peut faire faillite alors que sa solvabilité n'est pas nécessairement en cause et entraîner d'autres faillites bancaires du fait de l'enchevêtrement des prêts interbancaires : la faillite d'un débiteur entraîne celle de son créancier et ainsi de suite... Pour éviter une crise du système bancaire, une banque centrale devrait alors pourvoir en liquidités les banques débitrices.

FOCUS . . . FOCUS . . . FOCUS . . . FOCUS . . . FOCUS . . . FOCUS . . .

Crise financière de 2008, faillite de Lehman Brothers et tragédie de l'aléa moral

Le 15 septembre 2008, la Réserve fédérale (la banque centrale nord-américaine, dit la Fed) ne joua pas son rôle de prêteur en dernier ressort (PDR) auprès de la banque d'affaires américaine Lehman Brothers ; celle-ci fit donc faillite.

Néanmoins, la Fed intervint et sauva la compagnie d'assurance AIG (American International Group).

Les autorités monétaires américaines ont donc voulu faire de la faillite de Lehman Brothers un exemple en sanctionnant cette banque qui a dû assumer les conséquences de ses positions.

Cette faillite aggrava la crise débutée en 2007. En effet, le naufrage de Lehman Brothers a conduit les intervenants bancaires et financiers à considérer que d'autres établissements que Lehman Brothers étaient contaminés par des « créances pourries ». Les prêts interbancaires se sont encore plus raréfiés, poussant à la faillite d'autres établissements comme la banque anglaise Northern Rock qui, pourtant, ne détenait pas d'actifs « pourris ».

Ben Bernanke, président de la Fed, décida de ne pas sauver Lehman Brothers afin de lutter contre l'aléa moral. En effet, lorsque des agents économiques savent pertinemment qu'ils seront sauvés dans tous les cas, ils prennent davantage de risques et augmentent ainsi la probabilité de survenance des crises financières… ; toutefois, leur « non-sauvetage » peut également aggraver des crises financières existantes !

L'essentiel

- La diversité des fonctions, des formes et des controverses fait de la monnaie un objet d'analyse très particulier dans les sciences économiques.
- Définir la monnaie comme un instrument de paiement et un moyen de mesurer la valeur ne fait plus débat. L'idée que la monnaie puisse transférer de la valeur prête à discussion dans le sens où il existe, *a priori*, bien d'autres actifs pouvant transférer cette valeur.
- La diversité des formes de la monnaie, dans l'histoire et aussi à notre époque, rend sa mesure et son contrôle délicat.
- La dématérialisation croissante de la monnaie est allée de pair avec le processus de création monétaire permettant de se libérer de la contrainte d'une épargne préalable pour accorder des crédits. Ce processus nécessite alors qu'une banque centrale intervienne pour contrôler et réguler le système bancaire à l'origine des variations de la masse monétaire avec un objectif, celui de maintenir la confiance de tous les agents dans la monnaie.

RÉFÉRENCES

Mots-clés

- Banque centrale
- Institutions financières monétaires
- Banque de premier rang et de second rang
- Théorie quantitative de la monnaie
- Monnaie fiduciaire, monnaie scripturale
- Base monétaire, liquidités bancaires et masse monétaire
- Marché interbancaire
- Refinancement
- Revenu permanent
- Création monétaire
- Trappe à liquidités

Dates clés

- 1800 : création de la Banque de France
- 1848 : monopole d'émission des billets accordé à la Banque de France
- 1993 : indépendance de la Banque de France
- 1999 : instauration de l'euro

Références bibliographiques

- Brana S. et Cazals M., *La monnaie,* 3e édition, Collection Les Topos, Dunod, 2014.
- Couppey-Soubirant J., *Monnaie, banques, finance,* Collection Quadrige manuel, PUF, 2015.
- Couppey-Soubirant J. et Nijdam C., *Parlons banque en 30 questions*, Collection Doc en poche, La Documentation française, 2014.
- Lamarque E. et Maymo V., *Économie et gestion de la banque*, Collection Les Topos, Dunod, 2015.
- Ruffini P.-B., *Les théories monétaires,* Collection Points Économie, Seuil, 1996.
- Zerah D., *La monnaie*, Collection Livre de Poche, LGF, 1996.

APPLIQUER LE COURS

Application — Quiz

		Vrai	Faux
1	Les banques créent de la monnaie à partir du moment où elles reçoivent de la monnaie.		
2	L'essentiel de la monnaie est constitué aujourd'hui par de la monnaie scripturale.		
3	Tous les crédits donnent lieu à création monétaire.		
4	Une partie des actifs financiers fait partie de la masse monétaire.		
5	Les économistes partisans de la théorie quantitative de la monnaie défendent la thèse de la « neutralité de la monnaie ».		
6	La déflation conduit les ménages à différer leurs achats et elle aggrave le problème de l'endettement et des États		

7 Comment s'appelle la banque centrale américaine ?

8 Combien de fonctions essentielles confère-t-on usuellement à la monnaie ?

9 Quelles sont les formes actuelles de la monnaie ? Cochez la ou les bonnes réponses :
a) la monnaie fiduciaire
b) la monnaie divisionnaire
c) la monnaie scripturale
d) les cartes de paiement bancaire
e) les chèques

10 Quels agents ont le pouvoir de création monétaire ? Cochez la ou les bonnes réponses :
a) les entreprises
b) le Trésor public
c) les établissements de crédit
d) la banque centrale
e) les ménages

11 Quel est l'agrégat de référence pour la conduite de la politique monétaire de la BCE ?

12 Quels sont les trois taux directeurs de la BCE ?
a) taux de facilité de dépôt
b) taux des réserves obligatoires
c) taux de refinancement (ou refi)
e) taux de facilité de prêt marginal

SE PRÉPARER À L'EXAMEN

Dissertation

La monnaie est-elle utile ?

Étude de document

En vous aidant du texte qui vous est fourni ci-dessous, répondez aux deux questions suivantes :

1. La baisse de la valeur de l'étalon monétaire entraîne-t-elle une chute du pouvoir d'achat ?
2. Pourquoi Keynes considère-t-il que « l'incidence d'un changement du niveau des prix se manifeste de manière inégale ? »

Les effets sociaux des fluctuations de la valeur de la monnaie

La monnaie n'a d'importance que par ce qu'elle permet d'acquérir. Ainsi une modification de l'unité monétaire qui est appliquée uniformément et affecte toutes les transactions de la même manière restera sans conséquences. Si, à la suite d'une modification de l'étalon de valeur, un homme recevait et possédait deux fois plus d'argent qu'auparavant et s'il en déboursait également deux fois plus pour tous ses achats et pour la satisfaction de tous ses besoins, il ne sentirait aucune différence par rapport à la situation antérieure.

Il suit de là qu'une modification de la valeur de la monnaie, c'est-à-dire un changement du niveau des prix, n'importe à la Société que pour autant que son incidence se manifeste de manière inégale. Des modifications de cet ordre ont produit dans le passé et sont en train de produire actuellement des effets sociaux d'une extrême ampleur parce que, nous le savons tous, quand la valeur de la monnaie change, elle ne change uniformément ni pour tous les individus ni pour tous les usages.

J.M. Keynes, *Essais sur la monnaie et l'économie*, Petite bibliothèque Payot, 1972.

CHAPITRE 11

Le financement de l'économie

L'étude de la monnaie amène tout naturellement à s'intéresser au financement de l'économie. La monnaie en circulation doit, en effet, permettre aux agents de réaliser leurs opérations d'échange et de production. Toutefois, ces ressources monétaires sont bien souvent insuffisantes et le passage par le crédit bancaire s'avère indispensable. Ainsi, deux formes de financement de l'économie se sont succédées au cours de l'histoire économique récente. Si pendant longtemps, le crédit bancaire a été privilégié, les effets pervers de ce mode de financement ont entraîné depuis les années 80 le développement des marchés de capitaux où se rencontrent directement les besoins et les capacités de financement.

Ce développement a été spectaculaire et s'est accompagné de nombreuses innovations en matière à la fois de marchés et de placements. Il semble, cependant, que les marchés de capitaux ont fonctionné progressivement sur une logique qui leur était propre, déconnectée des évolutions constatées dans la sphère réelle.

L'amplification des mouvements de capitaux et leur internationalisation ont débouché sur des crises dont la gravité est proportionnelle au développement considérable des marchés financiers.

Enfin, ce phénomène ne peut être analysé sans tenir compte de ses interactions avec d'autres paramètres comme les taux de change et les taux d'intérêt rendant plus complexe encore l'analyse des mécanismes monétaires et financiers.

A DE L'ÉCONOMIE D'ENDETTEMENT AU SURENDETTEMENT ET À L'INFLATION

L'analyse du financement de l'économie nécessite, dans un premier temps, de s'intéresser aux besoins et aux capacités de financement des différents agents. Mais les ressources disponibles sont très souvent insuffisantes pour satisfaire l'ensemble des besoins. Le financement de l'économie passe alors par le crédit bancaire, donnant naissance à ce que l'on appelle l'économie d'endettement que nous étudierons dans un second temps. Toutefois, une économie dont le financement est assuré majoritairement par l'endettement ne va pas sans entraîner des effets pervers comme nous le verrons dans un troisième développement.

1 Les besoins et les capacités de financement des agents

Le besoin de financement se définit comme une insuffisance d'épargne, son montant correspondant à la somme des ressources qu'un agent doit se procurer auprès des autres agents.

Ainsi, les entreprises ont des besoins de financement liés bien évidemment à leur activité de production. On distinguera les besoins à court terme et les besoins à long terme. Les besoins à court terme naissent des décalages existant entre les recettes et les dépenses. Les entreprises achètent et produisent avant de vendre, en conséquence de nombreux décaissements surviennent avant que ne se réalisent les encaissements. Les différences entre les délais de paiement accordés par les fournisseurs et ceux accordés par les clients peuvent venir accroître ou diminuer ce besoin de financement. Ce dernier est un besoin durable puisqu'il apparaît à chaque cycle d'exploitation mais, de façon ponctuelle, il peut s'accroître et détériorer la trésorerie de l'entreprise faisant naître un besoin sur le court terme.

Sur le long terme, les besoins de financement des entreprises découlent de leurs investissements, en d'autres termes lors de la formation du capital fixe. La notion d'investissement fait référence au long terme puisqu'il s'agit d'accroître, de remplacer ou de moderniser tout ou partie de l'appareil productif ce qui s'inscrit, bien évidemment, dans une perspective de longue période.

Les besoins de financement sont liés également à l'activité financière de l'entreprise. En effet, qu'il s'agisse de placement de court ou long termes, des ressources peuvent être nécessaires pour tirer profit de cette activité.

Les ménages ont également des besoins que l'on peut classifier en court terme et en long terme. Sur le court terme, les opérations de consommation (achat à tempérament par exemple) nécessitent parfois des ressources dont ne disposent pas les agents. Sur le long terme et comme pour les entreprises, les ménages investissent notamment dans l'immobilier. Ici aussi, l'épargne disponible est en règle générale insuffisante pour faire face à ces dépenses.

Les différents besoins de financement selon les catégories d'agent

Besoins de financement des entreprises	Besoins de financement des ménages	Besoins de financement de l'État
Besoins liés au cycle d'exploitation Financement des investissements	Besoins liés à la consommation Financement des investissements (immobilier)	Besoins des infrastrutures Financement des déficits

Les investissements réalisés par les États comme la construction d'infrastructures engendrent des besoins de financement sur le long terme. De plus, dans le cas de déficit budgétaire, l'État éprouve des besoins de financement à la fois sur le court terme et le long terme.

Les besoins des agents en matière de financement résultent d'un certain nombre de paramètres. En période de forte croissance, la consommation et l'investissement sont élevés et donnent naissance à de forts besoins de financement même si les revenus issus de la forte activité économique contribuent à les limiter. Si ces besoins liés à la croissance concernent, en premier lieu, les entreprises et les ménages, l'État voit également ses recettes et donc ses besoins varier en fonction de la croissance économique. Signalons que les besoins de financement des États dépendent, également, du degré d'intervention des pouvoirs publics dans l'économie.

Les agents assurent le financement de leurs besoins grâce à leurs ressources. Les ménages disposent de leur revenu, les entreprises dégagent des ressources de leur activité à travers leur capacité d'autofinancement, les États financent leurs interventions grâce aux rentrées fiscales.

Pour chaque catégorie d'agents, la comparaison entre les ressources et les besoins, amène à déterminer les agents qui sont structurellement (durablement) en situation de besoin net ou en situation de capacité de financement.

Les deux catégories d'agent

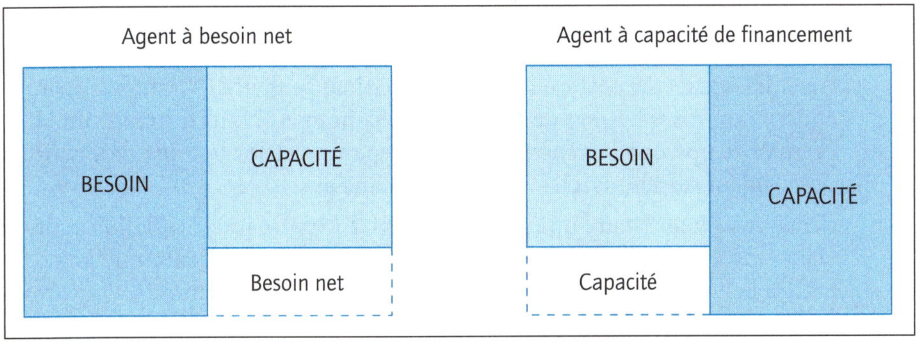

En règle générale, les ménages parviennent à épargner une partie de leur revenu sous-différentes formes : thésaurisation monétaire, dépôts à vue ou bien encore placements. On considère donc qu'ils dégagent structurellement une capacité de financement.

La situation des entreprises a évolué au cours du temps. L'analyse des besoins et des capacités de financement des entreprises s'effectue à partir du taux d'autofinancement que l'on détermine de la façon suivante : capacité d'autofinancement / investissement. Si au début des années 1980, ce taux était inférieur à 100 %, il est passé, depuis, au-dessus de cette barre des 100 %. En conséquence, les entreprises disposent, elles aussi, de capacité de financement.

En revanche, si jusqu'aux années 1970 l'État parvenait à maintenir l'équilibre budgétaire, la situation s'est depuis lors fortement dégradée. L'État est donc devenu un agent structurellement en situation de besoin net de financement.

Le raisonnement par catégorie d'agents reste global, il va sans dire que certaines entreprises ou certains ménages se trouvent en situation de besoin net de financement. De même, certains États peuvent parvenir à des soldes budgétaires positifs leur permettant de disposer d'une capacité de financement.

Le financement de l'économie doit être analysé, dans un premier temps comme une rencontre entre les capacités de financement et les besoins nets des agents. Toutefois, les ressources disponibles dans l'économie s'avèrent insuffisantes pour satisfaire l'ensemble des besoins de financement de l'économie. En conséquence, des capacités supplémentaires sont nécessaires et vont être obtenues par création monétaire à partir de crédits bancaires.

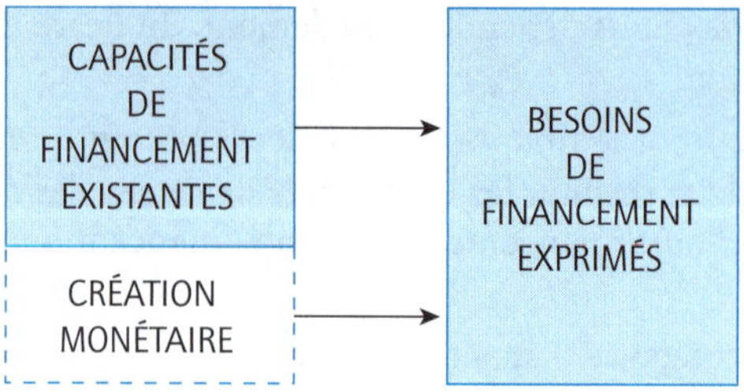

On voit, ainsi, apparaître deux formes de financement donnant naissance à deux types d'économies que Hicks définit comme l'économie d'endettement et l'économie de marchés financiers (on pourra préférer la formule « économie de marchés de capitaux »). Dans une économie d'endettement, il est fait appel largement au crédit bancaire pour faire face à l'insuffisance des capacités de financement des agents. Dans une économie de marchés financiers, les agents dégagent des capacités de financement suffisantes, l'épargne des ménages et des entreprises permet de financer les économies. Nous dirons, pour simplifier dans un premier temps que la rencontre entre l'épargne et les besoins de financement s'effectue directement sur un marché : le marché financier.

Ceci nous amène à faire une seconde distinction entre intermédiation et désintermédiation. Dans une économie d'endettement, le financement de l'économie passe obligatoirement par les banques qui servent d'intermédiaires entre les agents d'où l'expression d'intermédiation bancaire. En revanche, dans une économie de marchés financiers nous l'avons vu les capacités et les besoins de financement se rencontrent « directement » sur un marché, il y a donc désintermédiation.

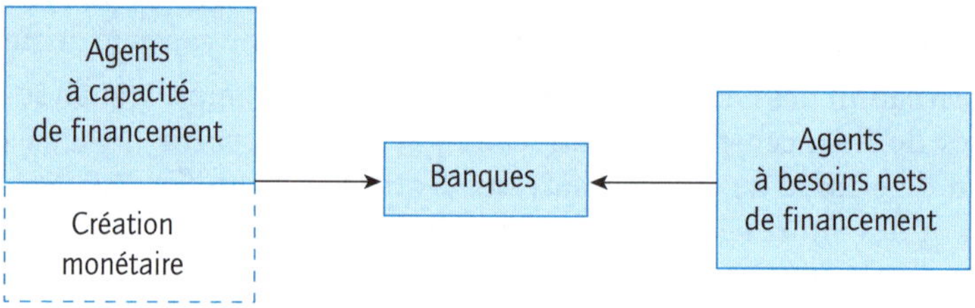

Financement intermédié

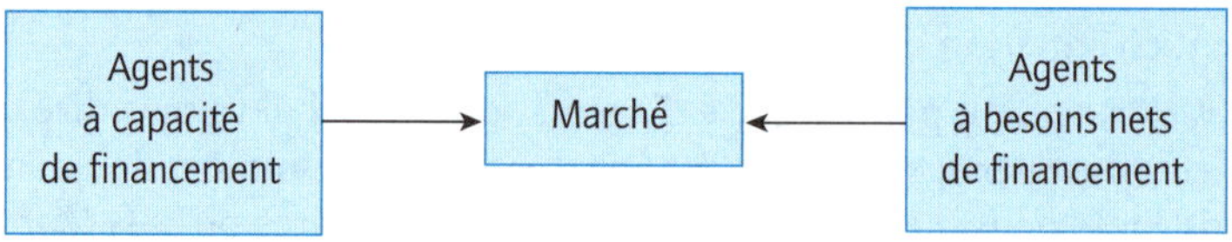

Financement désintermédié

Le financement d'une économie n'est pas, bien sûr, réalisé exclusivement par l'un ou l'autre système. Cependant, pour certains pays, on constatera une prépondérance du financement par l'endettement, alors que pour d'autres le passage par les marchés sera privilégié. De plus, le mode de financement d'une économie évolue à travers les époques comme le montre l'exemple de la France.

2 Le développement de l'économie d'endettement au cours des « Trente Glorieuses »

L'économie française, après la deuxième guerre mondiale, est en phase de reconstruction et les investissements à réaliser sont considérables. L'épargne disponible est nettement insuffisante pour faire face à l'ensemble des besoins. En conséquence, le financement par le crédit constitue la seule solution envisageable.

C'est l'État qui va se charger d'organiser de façon harmonieuse le financement de l'économie. Ainsi, afin de mener une politique de crédit bon marché capable de stimuler l'investissement et la consommation, c'est l'ensemble du système bancaire qui va être réorganisé. L'intermédiation bancaire va être prise en charge directement par l'État puisque la Banque de France et l'ensemble des banques de dépôts vont être nationalisées. Mais, dans un premier temps, c'est l'État qui va assurer le financement de l'économie, directement en accordant des crédits aux entreprises publiques et indirectement en avançant des fonds aux banques pour leur permettre d'accorder des prêts à taux réduits. Il s'agit d'un financement monétaire dans lequel la Banque de France joue un rôle essentiel de soutien au Trésor public.

Progressivement, le financement va se construire autour du modèle de l'économie d'endettement avec un rôle prépondérant joué par les banques. En effet, les capacités d'autofinancement des entreprises demeurent faibles et l'épargne longue des ménages est insuffisante, ces derniers préférant une épargne de court terme sous forme liquide. Enfin, l'État est omniprésent sur le marché financier ne laissant pas de place aux autres acteurs.

La part des investissements financés par les banques ne va cesser de croître pour atteindre 60 % en 1974. De même, les banques vont jouer un rôle de plus en plus important dans le processus de création monétaire. On estime, en 1974, qu'elles participent à hauteur de 60 % à la création monétaire.

Le système bancaire français est hiérarchisé puisqu'il est composé de banques commerciales ou secondaires et d'une banque centrale qui contrôle l'ensemble. Ce système va être organisé par la loi de 1945 qui débouche sur une spécialisation des activités bancaires. Les banques sont classées en trois catégories, en fonction des échéances des dépôts et des crédits qu'elles gèrent. On distingue ainsi : les banques de dépôts (collecte de dépôts à vue et octroi de crédit à court terme), les banques d'affaires (prise de participation dans le capital des entreprises, octroi de crédits à long terme), les banques de crédit à moyen et long terme (crédit à plus de deux ans à partir de dépôts à plus de deux ans).

Au-delà de l'organisation législative du système bancaire, les pouvoirs publics contrôlent directement les banques dites à statut légal spécial dont l'activité repose sur le financement de certains secteurs économiques : le Crédit Agricole (agriculture), le Crédit Mutuel (immobilier), les Banques Populaires (commerçants, artisans, petites entreprises) et la Banque Française du Commerce Extérieur (exportations). Ces banques mutualistes gèrent les dépôts et les crédits à des conditions particulières (« épargne administrée »).

Toutefois la logique de très forte spécialisation des banques et notamment des banques de dépôts va être quelque peu modifiée en 1966. Il apparaissait, en effet, que le financement de l'économie connaissait des entraves dans le sens ou les banques ne remplissaient pas parfaitement leur rôle de « transformation », en d'autres termes l'utilisation de ressources de court terme pour financer les crédits à moyen et long terme.

Les pouvoirs publics interviennent de plus en réglementant les mouvements de capitaux vers l'extérieur à travers ce que l'on appelait le contrôle des changes. Au fur et à mesure que la croissance va s'accélérer, la taille des entreprises va s'accroître et les projets d'investissement à financer de plus en plus conséquents. Les banques vont suivre ce mouvement et on va assister à des phénomènes de concentration dans le secteur bancaire. Ainsi, entre 1945 et 1983, le nombre de banques va être divisé par deux. Au milieu des années 80, six grands groupes dominent le secteur bancaire.

Le Conseil national du crédit calcule un indicateur permettant d'apprécier l'importance de l'intermédiation bancaire. Cet indicateur, le taux d'intermédiation, est égal aux crédits auprès des établissements de crédit sur l'ensemble des financements au bénéfice des agents non financiers.

Outre le fait que le financement de l'économie ne pouvait être assuré que par le crédit bancaire pour les raisons que nous avons déjà évoquées, l'intermédiation bancaire présente un avantage supplémentaire qu'il nous faut mentionner. Accorder un crédit à un agent nécessite d'avoir des garanties quant à sa capacité de remboursement. Or de nombreux épargnants ne disposent pas d'informations suffisantes pour disposer de cette garantie. On parlera alors d'asymétrie d'informations dans le sens où l'information n'est pas équitablement partagée. Ce problème d'asymétrie d'information va être résolu, dans une économie d'endettement, grâce à l'intermédiaire des banques qui peuvent exiger des emprunteurs de fournir toutes les données sur les projets à financer et sur leur capacité à rembourser.

3 Les effets pervers de l'économie d'endettement

L'économie d'endettement ne peut être un système viable que si la croissance économique est suffisamment soutenue. En effet, les taux d'intérêt peu élevés incitent les agents à s'endetter et les crédits obtenus qui servent à financer la consommation et les investissements, génèrent des revenus qui vont permettre le remboursement des emprunts.

Le financement monétaire de l'économie par l'État, dans un premier temps, puis le développement du crédit bancaire par la suite sont toutefois à l'origine d'une forte création monétaire qui tend à provoquer des hausses de prix. Ceci n'est pas sans conséquence sur le niveau des taux d'intérêt et plus précisément sur ce que l'on appelle les taux d'intérêt réels, valeur nominale des taux à laquelle on retire le taux d'inflation. En effet, si un agent emprunte 100 € pendant un an au taux de 3 %, le montant des intérêts qu'il aura à verser sera donc de 3 €. Toutefois, si le taux d'inflation est de 4 %, la valeur nominale d'un revenu de 100 € sera, au bout d'un an de 104 €. En final, le revenu s'accroît de 4 €, alors que le coût de l'emprunt n'est que de 3 €, le taux d'intérêt réel est donc négatif (– 1 %). On le voit, en période d'inflation, lorsque les taux d'intérêt ne suivent pas le rythme de la hausse des prix, les agents ont fortement intérêt à s'endetter.

L'ensemble des financements des agents non financiers résidents provenant de l'endettement auprès des banques ou par l'intermédiaire des marchés des capitaux est mesuré par l'agrégat EIT : endettement intérieur total.

Les effets pervers générés par une économie d'endettement vont apparaître lorsque la conjoncture va se retourner ce qui fût le cas, au début des années 1970 avec le premier choc pétrolier. L'accélération très forte de l'inflation qui ne va pas être intégrée dans l'évolution des taux d'intérêt va inciter les agents à s'endetter plus encore. Mais le rythme de croissance qui se ralentit, dans le même temps, génère des revenus moindres, les ressources destinées au remboursement des emprunts diminuent donc fortement.

Lorsque les taux d'intérêt réels, intégrant l'inflation, vont devenir positifs, les charges financières vont devenir très lourdes mettant un terme à cette course vers le surendettement. Si l'on peut considérer que tous les agents vont être concernés par ce phénomène la situation est encore plus problématique pour les États.

Au cours des Trente Glorieuses, on constate une force tendance à l'intervention de l'État dans l'économie sous la forme de politiques d'inspiration keynésienne. La croissance et son impact positif sur les rentrées fiscales contribue toutefois à maintenir les équilibres budgétaires. La poursuite de ces politiques après 1973, notamment en France, aboutit à une détérioration très rapide et dans des proportions importantes des soldes budgétaires (dès l'année 1975, le déficit budgétaire est proche de 40 milliards de francs, alors qu'en 1974, le budget enregistrait encore un excédent).

On assiste alors à un phénomène cumulatif. Les déficits doivent être financés et l'État n'a d'autres solutions que de s'endetter. Cet endettement engendre des charges financières qui elles-mêmes vont contribuer à accroître le déficit. En final, c'est à un gonflement spectaculaire de la dette publique auquel on assiste, la dette publique passe ainsi de 25 % du PIB en 1974 à plus de 30 % en 1980.

La volonté des pouvoirs publics de lutter contre l'inflation au début des années 1980 est à l'origine de la croissance des taux d'intérêt réels et remet en cause le financement des déficits publics par création monétaire. Charges financières élevées et obligation de trouver de nouvelles sources de financement ne vont pas sans poser problème. L'État n'a d'autre alternative au financement monétaire que de se procurer des ressources sur les marchés des capitaux.

L'effet d'éviction

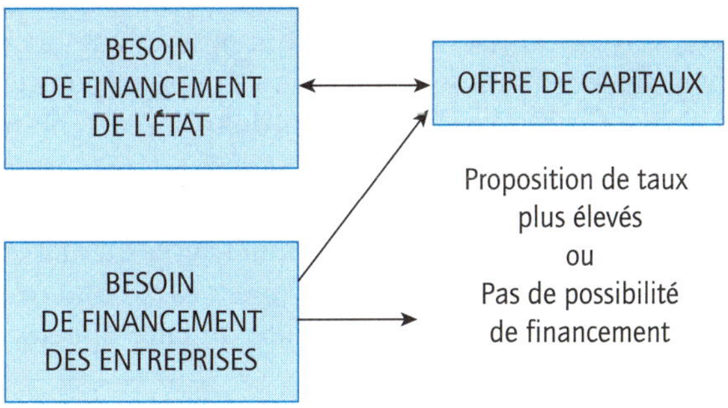

Cependant, les entreprises se trouvent dans une situation similaire puisque le renchérissement du crédit bancaire les contraint à trouver d'autres formes de financement. Mais la faiblesse de l'épargne longue, à la fin des années 1970, ne fait pas des marchés de capitaux une source de financement suffisante. Dans un tel contexte, les interventions de l'État sur ces marchés débouchent sur ce que l'on appelle un effet d'éviction. En effet, soit l'ensemble de l'épargne disponible finance l'État (placements jugés les plus sûrs), soit les entreprises sont contraintes de proposer des rémunérations élevées (donc à un coût plus important) pour attirer les ressources qui leur sont nécessaires. Deux cas de figure apparaissent alors, soit le financement des entreprises n'est pas possible, soit il s'effectue à un coût très important.

En conséquence, la nécessité de financement des agents, en limitant le passage par le crédit et donc par la création monétaire, rend indispensable le développement des marchés de capitaux et la refonte du système bancaire.

B DÉVELOPPEMENT ET TRANSFORMATIONS DES MARCHÉS FINANCIERS

Le passage d'une économie d'endettement à une économie de marchés de capitaux s'est fait progressivement. Si dans une première approche, la notion de marchés renvoie ici à l'idée de rencontre entre l'offre et la demande de capitaux, les choses demeurent, dans la réalité, plus complexes. C'est pour cette raison que nous verrons, dans un premier temps, comment fonctionnent ces marchés.

Ceci nous permettra, alors, de mieux comprendre de quelle manière, au cours des années 1980, l'économie française a vu son mode de financement évoluer et le rôle des banques se modifier.

1 Les mécanismes de financement par les marchés

Sur le marché des capitaux s'organise la rencontre de l'offre et de la demande de capitaux.

On distingue, dans un premier temps, le marché monétaire et le marché financier. Le marché monétaire dont nous avons déjà parlé est le marché où s'échangent des capitaux à court terme. On distingue le marché interbancaire et le marché des titres de créances négociables. Sur le marché interbancaire n'interviennent que les établissements de crédit, le Trésor et la Banque de France pour s'échanger, sur des durées très courtes, de la monnaie centrale.

Le marché des titres de créances négociables est ouvert, pour sa part, aux banques, au Trésor et également aux entreprises. Les titres qui permettent aux différents agents présents sur le marché de se financer sont les certificats de dépôts (pour les banques), les bons du Trésor négociables (pour le Trésor) et les billets de trésorerie (pour les entreprises). Ainsi, dans ce dernier cas, les entreprises peuvent se financer à court terme par l'intermédiaire du marché sans passer par le crédit bancaire. Toutefois, le montant minimum de ces billets de trésorerie est de un million de francs, ce qui limite l'accès du marché monétaire aux entreprises de grande taille. De plus, les institutions financières et l'État restent les acteurs les plus présents sur ce marché qui leur offre la possibilité de faire appel à de nouveaux prêteurs pour se financer ou se refinancer.

Il n'en reste pas moins vrai que l'existence du marché monétaire permet un décloisonnement entre l'offre et la demande de capitaux à court et long terme, ce qui facilite l'arbitrage des agents entre titres de court terme et titres de long terme échangés sur le marché financier.

Le marché financier se définit, en effet, comme le marché sur lequel se rencontrent l'offre et la demande de capitaux sur le long terme. Sur ce marché interviennent des agents à besoin de financement (l'État, les entreprises) et les agents à capacité de financement (les entreprises et les ménages). Pour simplifier, dans un premier temps, on peut distinguer deux catégories de titres échangés qui correspondent respectivement à deux types de droits, un droit de propriété et un droit de créance. Dans le premier cas, le droit de propriété, les entreprises, pour se financer, émettent des actions que les autres agents peuvent acheter à un certain prix (le cours), mais l'acquisition de ce titre les rend, pour partie, propriétaire de l'entreprise, l'action s'accompagnant d'un droit de vote lors des assemblées générales. Dans le second cas qui correspond à des droits de créance, les entreprises ou l'État émettent des titres, les obligations, qui sont assimilables à des emprunts sur le long terme.

Les deux marchés des capitaux

Offre de capitaux sur le long terme	→	MARCHÉ FINANCIER	←	Demande de capitaux sur le long terme
Offre de capitaux sur le court terme	→	MARCHÉ MONÉTAIRE	←	Demande de capitaux sur le court terme

Le marché financier n'a plus aujourd'hui d'existence physique, les cotations se font dorénavant sur des plateformes électroniques. Ce nouveau mode de fonctionnement permet des rapprochements entre différentes bourses internationales. Ainsi, en septembre 2000, les bourses de Paris, de Bruxelles et d'Amsterdam ont fusionné pour donner naissance à un nouveau groupe Euronext auquel se sont jointes les bourses de Porto et de Lisbonne. De cette manière, un émetteur de titres peut choisir de s'introduire sur l'une des places financières mais en sachant que ses titres seront négociables par n'importe quel intermédiaire sur l'une des bourses appartenant au groupe.

Ces mouvements ne se limitent pas à l'espace européen. En 2007, un accord entre Euronext et le NYSE (*New York Stock Exchange*) est finalisé, le nouveau groupe se portant acquéreur du LIFFE (*London International Financial Futures and options Exchange*) en 2002. Toutefois, en 2013, NYSE Euronext est à son tour absorbé par ICE (*International Exchange*). La globalisation financière passe donc par une concentration des places boursières.

Sur l'ensemble des compartiments, on distinguera le marché primaire et le marché secondaire. Sur le marché primaire sont émis les nouveaux titres (obligations et actions) qui sont véritablement à l'origine du financement des agents. Lorsque ces titres ont été souscrits leur détenteur ont alors la possibilité de les céder sur le marché secondaire. Dans une formule imagée et souvent employée, on compare le marché primaire au « marché du neuf », le marché secondaire étant assimilé au « marché de l'occasion ».

Pour l'État, nous rappellerons que le passage par les marchés de capitaux constitue une source de financement alternative et surtout non inflationniste des déficits publics. Pour les entreprises, les marchés sont également une solution alternative qui se substitue au crédit bancaire à la fois pour le financement de court terme ou de long terme. De ce fait, les coûts d'intermédiation disparaissent. Pour les ménages, enfin, les marchés financiers offrent de nouvelles opportunités de placements sous différentes formes.

Pour les entreprises, les enjeux vont au-delà des problèmes de financement. En effet, les marchés financiers sont également le moyen d'assurer leur stratégie de croissance externe, c'est-à-dire l'acquisition, de tout ou partie, d'une autre entreprise. L'ouverture au public du capital des entreprises et les échanges de titres qui se déroulent sur le marché secondaire représentent autant de possibilités pour les politiques de croissance externe. Deux modalités sont alors envisageables, les OPA (offre publique d'achat) et les OPE (offre publique d'échange). Les OPA permettent de faire l'acquisition d'une entreprise sur le marché financier en proposant publiquement aux actionnaires de cette entreprise d'acheter leurs actions à un cours plus élevé que le prix auquel ce titre s'échange sur le marché. Dans ce cadre, les titres sont échangés contre du numéraire. En revanche, pour une OPE, l'entreprise proposera ses propres titres en échange des actions de la société qu'elle veut acquérir.

À une époque, le développement du marché financier facilitait grandement les privatisations des entreprises publiques réalisées par l'État.

Les avantages des marchés de capitaux

Agents	Avantages
État	Financement non inflationniste Facilite les opérations de privatisation
Entreprise	Réduction des coûts d'intermédiation Facilite les opérations de croissance externe

Les marchés de capitaux, pour être attractifs, se doivent d'être sécurisés. Cette sécurité est assurée par l'Autorité des marchés financiers (AMF). Au-delà de la réglementation et des organismes de contrôle, les acteurs vont chercher à se protéger contre les risques inhérents au fonctionnement normal des marchés. Ainsi, les variations des taux d'intérêt et les variations des cours des titres peuvent générer des pertes importantes pour les agents. En conséquence, deux marchés ont été créés pour permettre de réaliser à terme (à une échéance donnée) des opérations à un taux ou à un cours prédéterminés. Ces deux marchés sont le MATIF (Marché à terme international de France) sur lequel les agents se couvrent contre les risques liés aux variations des taux d'intérêt et le MONEP (Marché des options négociables de Paris) qui permet de se protéger contre les variations du cours des actions.

En définitive, si le développement des marchés de capitaux présente de nombreuses opportunités pour les agents et notamment les entreprises, il n'en reste pas moins vrai que pour ces dernières et plus précisément pour leurs dirigeants, la perte de contrôle de la société reste un danger inhérent à l'ouverture du capital au public. En effet, les entreprises sont parfois la cible d'OPA dites hostiles (car non désirées par les dirigeants en place) qui modifient les structures de l'actionnariat et donc le pouvoir au sein des firmes. Les nouveaux actionnaires arrivent alors souvent avec leur propre équipe de dirigeants qui prennent la place des anciens.

Sur les marchés de capitaux, l'offre de capitaux provient d'une épargne disponible. Sur un plan théorique, nous nous situons donc dans les courants classique et néoclassique qui considèrent que l'épargne est un préalable à l'investissement.

Les différentes formes de financement

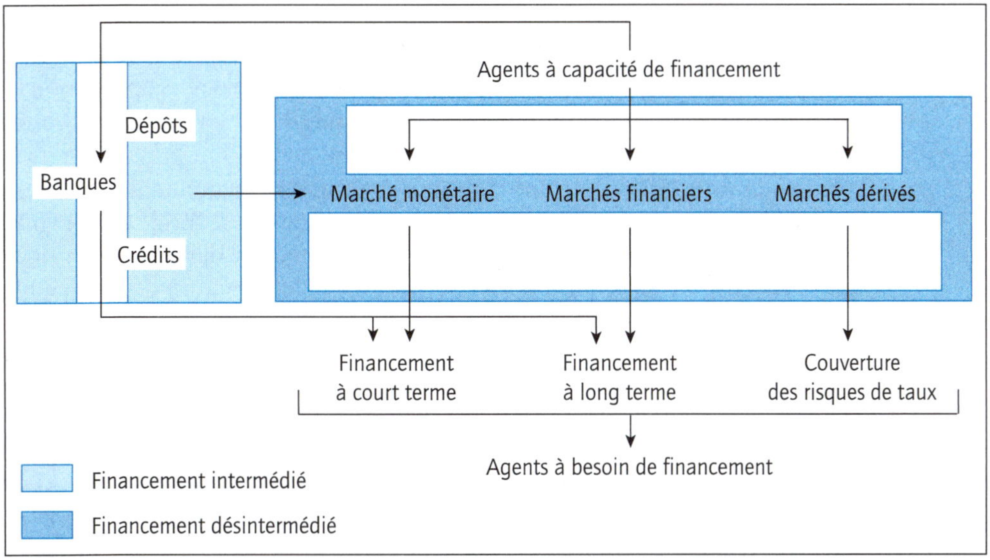

Mais pour que les marchés de capitaux constituent une source de financement intéressante pour les agents et notamment les entreprises, encore faut-il que cette épargne soit abondante. Une offre de capitaux importante signifie que de nombreux agents désirent placer leur épargne dans des titres sur les marchés financiers. En conséquence, la valeur des titres s'accroît.

Le rôle de l'épargne

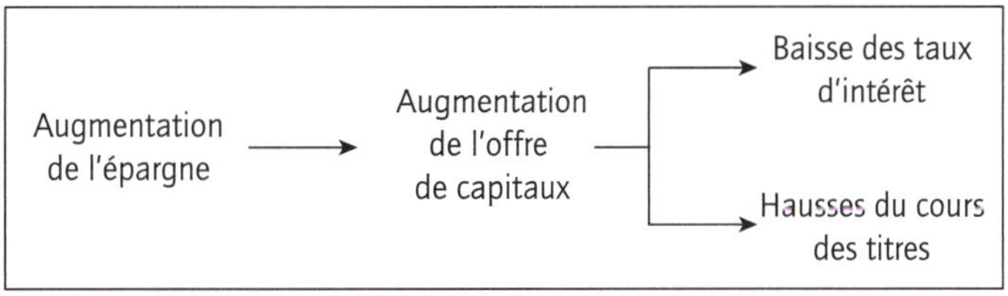

La demande de capitaux s'exprime, pour sa part, uniquement sur le marché primaire où sont émis de nouveaux titres. Une entreprise peut ainsi se financer par une augmentation de capital en émettant de nouvelles actions. Les conditions dans lesquelles s'effectuera cette opération dépendent du cours actuel des actions de l'entreprise sur le marché secondaire. Si on prend l'exemple d'une société ayant besoin de 1 000 000 €, si le cours de son action est à 100 €, elle devra donc émettre au même cours (pour simplifier) les nouveaux titres qu'elle veut émettre. Dans ce cas, 10 000 actions seront proposées au marché. En revanche, si le cours actuel s'élève à 200, ce sont 5 000 titres qui seront émis. Au-delà du nombre d'actions, c'est le droit de vote qui leur demeure attaché qui importe, dans un cas 5 000 droits de vote seront distribués, dans l'autre 10 000 avec un risque plus grand de perte de pouvoir. Au travers de cet exemple, on met en évidence la relation entre quantité d'épargne disponible, marché secondaire et marché primaire. Pour l'émission d'obligations, le raisonnement est pratiquement semblable, le taux d'intérêt proposé sera pour partie déterminé par la confrontation de l'offre et de la demande de capitaux, si la demande est supérieure, l'entreprise ou l'État à l'origine de l'émission pourront proposer des taux plus faibles que dans le cas inverse. Notons, toutefois, qu'une entreprise devra proposer un taux supérieur au taux pratiqué par le Trésor puisque les emprunts d'État restent des placements plus sûrs (aucun risque de faillite).

Nous venons de le voir le cours des titres dépend de l'épargne disponible mais il reste à expliquer comment se fixe le niveau de cette épargne qui se dirige vers les marchés financiers. Les agents décident bien sûr de placer leur épargne dans des titres financiers parce que ces derniers vont leur rapporter, à leurs yeux, des revenus plus conséquents. Pour les actions, le revenu dépend du profit réalisé par l'entreprise qui en reversera une partie, sous forme de dividendes, à ses actionnaires. Une action attirera donc des épargnants à partir du moment où ces derniers jugeront que l'entreprise a de bonnes perspectives en matière de bénéfices. Dans ce cas, les acheteurs potentiels étant nombreux, le cours de l'action va donc monter.

Le revenu des obligations est fonction du taux d'intérêt proposé. Plus ce taux sera élevé par rapport aux autres obligations et plus ces titres seront demandés, leur cours dépassant alors leur valeur d'émission. Dans le même esprit, en période de hausse de taux d'intérêt, les obligations plus attractives feront concurrence aux actions.

Le développement des marchés financiers passe par l'existence d'une épargne abondante, mais cette épargne se dirigera vers ces marchés à partir du moment ou les revenus qui pourront en être retirés sont intéressants. Or, il semble, dans une première approche, que les revenus distribués dépendent des perspectives de profit des entreprises (notamment pour les actions) et des hausses de taux d'intérêt. C'est donc à la lecture de ces deux conditions que le développement des marchés financiers doit être analysé.

2 Le spectaculaire développement des marchés financiers

Même si l'économie française ne sait pas transformer brutalement d'une économie d'endettement à une économie de marchés de capitaux, il n'en reste pas moins vrai que les années 1980 ont marqué, dans ce domaine, un tournant très important. En dix ans, de 1980 à 1990, les transactions sur les obligations ont été multipliées par 30 et ont été dix fois plus nombreuses sur les actions. Différentes raisons expliquent cette mutation. En premier lieu comme nous l'avons vu, une épargne longue est nécessaire. Les ménages vont désirer maintenir leur niveau de consommation et mécaniquement réduire leur épargne mais en souhaitant mieux la valoriser en évitant de la garder sous forme liquide. Les entreprises, à la suite de politiques fiscales favorisant l'offre mais également en raison de l'insuffisance de leurs investissements, vont voir leur taux d'autofinancement dépasser les 100 % dès 1982, les transformant ainsi en agents à capacité de financement. L'État va contribuer à orienter cette épargne par des mesures fiscales appropriées à l'image de la loi Monory en 1978 qui accorde des réductions d'impôts pour les achats d'actions. Les nombreuses réformes des marchés, aboutissant à l'apparition d'un vaste marché unifié des capitaux et offrant des possibilités de placement à la fois sur le court comme sur le long terme, contribuent également à cette nouvelle orientation de l'épargne vers les marchés.

L'épargne disponible va contribuer à assurer le financement de la dette publique. L'État va contribuer à la mutation des marchés financiers en modifiant la gestion de la dette publique à travers de nouveaux titres (OAT : obligations assimilables du Trésor) et l'apparition d'institutions spécialisées sur le marché des titres publics. En conséquence, l'État occupe progressivement une part prépondérante sur le marché obligataire, les émissions de titres publics représentant environ 70 % des titres émis sur ce marché.

Parallèlement au développement des marchés de capitaux, on assiste à une refonte du système bancaire. La loi de 1984 met fin à la spécialisation instaurée en 1945. À partir de cette date, les établissements de crédit sont soumis aux mêmes règles. Les avantages accordés à certaines banques en matière de collecte de l'épargne ou de taux d'intérêt proposés disparaissent afin de ne plus fausser la concurrence.

Le passage à une économie de marchés de capitaux a bien sûr un impact sur le système bancaire, le financement de l'économie assuré encore à 80 % par les banques en 1980, ne l'est plus qu'à hauteur de 40 % aujourd'hui. Les établissements de crédit doivent faire face à de profondes mutations. En premier lieu, les dépôts des ménages et des entreprises diminuent, les agents désirant valoriser au mieux leur épargne. D'autre part, l'autofinancement des entreprises s'étant nettement amélioré, ces dernières n'ont plus besoin de faire appel, de façon importante, au crédit bancaire, voire, pour les plus grandes d'entre elles, jusqu'à s'en passer en s'adressant directement aux marchés. En conséquence, les ressources bancaires traditionnelles, constituées des intérêts sur les crédits, diminuent.

Au-delà de la baisse des ressources, les banques doivent assumer des risques plus importants. En effet, les meilleures entreprises substituant le financement par les marchés au financement par le crédit, les banques voient leur activité de crédit se diriger vers des entreprises pour lesquelles les garanties sont plus faibles. Le risque d'insolvabilité des emprunteurs, en d'autres termes le risque de ne pas être remboursé, s'accroît considérablement.

Il faut également constater que les crédits bancaires sont accordés à taux fixes. Or les taux d'intérêt peuvent s'élever et rendre plus coûteux le refinancement des banques. Il y a donc un risque de taux d'intérêt qui exprime la différence entre le produit généré par les crédits et le coût enregistré pour obtenir des ressources.

L'abandon de la spécialisation, tout en maintenant des avantages spécifiques à certains réseaux, accroît la concurrence interbancaire ou la rend déloyale. Cette concurrence accrue pousse à une guerre des prix, c'est-à-dire à une baisse des taux pratiqués par les banques. Les modifications observées dans le métier bancaire avec notamment l'automatisation de certaines tâches (développement des cartes bancaires par exemple) aboutissent à ce que l'on appelle la « surbancarisation » synonyme de sureffectif et de charges.

FOCUS . . . FOCUS . . . FOCUS . . . FOCUS . . . FOCUS . . . FOCUS . . .

Mécanisme de surveillance unique (MSU)

En novembre 2014 est entré officiellement en fonction le mécanisme de surveillance unique (MSU) comprenant la Banque centrale européenne (BCE) et les autorités compétentes nationales (ACN, incluant essentiellement les banques centrales nationales, BCN) des pays de la zone euro.

« Le MSU est chargé de la surveillance prudentielle de tous les établissements de crédit dans les États membres participants. Il veille à ce que la politique de l'Union européenne en matière de surveillance prudentielle des établissements de crédit soit mise en œuvre de manière cohérente et efficace et à ce que les établissements de crédit soient soumis à une surveillance de la plus haute qualité. Les trois principaux objectifs du MSU sont les suivants : garantir la sauvegarde et la solidité du système bancaire européen ; accroître l'intégration et la stabilité financières ; assurer une surveillance cohérente. »

Source : BCE.

Toutes ces raisons expliquent que l'on assiste progressivement à une chute de la rentabilité des banques, rentabilité calculée à partir du produit net bancaire (PNB) qui est la différence entre les recettes et les charges bancaires. Cette baisse de la rentabilité va inciter, dans un premier temps, les banques à réorienter leurs activités vers l'immobilier, mais la crise enregistrée dans ce domaine, dans les années 1990, ne fera qu'aggraver les choses. Les banques vont également s'internationaliser mais les risques liés aux variations de taux de change ne vont pas non plus sans poser quelques problèmes.

Le développement de nouveaux circuits de financement, par les biais des marchés de capitaux, ne permet pas de minimiser les conséquences de la fragilisation du système bancaire. Celui-ci joue, en effet, un rôle encore important puisqu'il représente une des principales sources d'alimentation en liquidité de l'économie d'une part et, d'autre part, il assure un rôle d'intermédiation incontournable pour certains agents (et on pensera surtout aux PME) qui n'ont pas accès aux marchés financiers.

Nous avons, jusqu'à présent, présenté le fonctionnement des marchés financiers comme la rencontre directe entre l'offre et la demande de capitaux. Cette présentation doit être nuancée. En effet, il semble difficile d'imaginer l'épargne populaire se diriger directement sur les marchés de capitaux. Nous nous retrouvons, ici à nouveau, face à un problème d'asymétrie d'informations. Les individus ne disposent pas de toutes les informations sur les emprunteurs à qui ils pourraient éventuellement confier leur épargne. De plus, la complexité des techniques d'intervention sur les marchés constitue un frein à une rencontre directe entre l'offre et la demande de capitaux.

La nécessité de nouveaux intervenants est donc apparue très vite et a donné naissance à ce que l'on appelle les OPCVM : organismes de placements collectifs de valeurs mobilières. On distingue généralement dans les OPCVM, les SICAV (société d'investissement à capital variable) et les FCP (fonds de commun de placement), même si les grands principes de gestion restent les mêmes. Dans tous les cas de figure, en effet, il s'agit de la gestion par des spécialistes d'institutions financières d'un portefeuille de titres constitué à partie des fonds provenant de nombreux épargnants. La notion de portefeuille permet une diversification des placements (facilitée par l'apparition de nouveaux titres) ce qui entraîne une répartition des risques. La sécurité des placements, ainsi obtenue, a grandement contribué à l'orientation de l'épargne populaire vers les marchés de capitaux.

Une nouvelle forme d'intermédiation

Épargne ⟶ OPCVM ⟶ Offre de capitaux ⟶ **Marchés financiers** ⟶ Demande de capitaux

On voit donc apparaître une nouvelle forme d'intermédiation. Mais celle ci reste particulière car, s'il y a bien un financement intermédié du point de vue de l'offre (les OPCVM servent d'intermédiaire ente l'épargne populaire et les marchés), la demande reste, quant à elle, grandement désintermédiée (les grandes entreprises et l'État s'adressent en effet directement aux marchés pour obtenir des capitaux). Quoi qu'il en soit, les banques sont loin d'être absentes de cette nouvelle intermédiation puisqu'elles possèdent plus de 80 % des OPCVM. De plus, les banques émettent des titres, notamment sur le marché monétaire (mobiliérisation des crédits, en d'autres termes transformation des créances en titres, les certificats de dépôts) et prennent de plus en plus fréquemment des participations dans le capital des entreprises. En final, la distinction entre financement direct de l'économie et financement intermédié devient de plus en plus délicate à établir.

C GLOBALISATION DES MARCHÉS, GLOBALISATION DES RISQUES

Le développement des marchés de capitaux a provoqué une transformation des circuits de financement de l'économie. Mais les marchés sont devenus globalement le lieu de rencontre entre des capacités de financement provenant des ménages et des entreprises et des besoins nets émanant essentiellement de l'État. Dans ces conditions, on peut s'interroger sur la fonction de « financement de l'économie » des marchés de capitaux, ce qui nous amènera à expliquer, dans un premier temps, le développement de la spéculation sur ces marchés, spéculation souvent présentée comme étant à l'origine des crises.

Mais, les économies ne sont plus fermées sur elles-mêmes d'un point de vue financier. En conséquence, comme nous le verrons dans une deuxième partie, les mouvements de capitaux diffusent les fluctuations des cours voire les crises d'une place financière vers une autre. Il en découle des interactions très complexes entre les taux d'intérêt, les taux de change et les mouvements de capitaux.

1 De la spéculation aux crises

Les marchés de capitaux devaient, dans une première approche, se substituer au crédit bancaire comme source de financement. Ceci s'est avéré pour l'État qui grâce à la modernisation de la gestion de la dette publique a trouvé un moyen alternatif de financement.

Pour les entreprises, la mutation des marchés de capitaux leur ouvrait également une large palette de possibilités en matière de financement que ce soit à court terme (marché monétaire) ou à long terme (marché financier). Les innovations financières devaient accroître ces possibilités en offrant une large gamme de nouveaux instruments.

Pour rendre leurs opérations de financement plus attractives aux yeux des épargnants, les entreprises pouvaient, ainsi, émettre des obligations convertibles en actions, combinant de cette manière les avantages d'un revenu sûr et régulier (l'intérêt de l'obligation) et la possibilité de transformer éventuellement, à l'échéance, ce droit de créance en droit de propriété. Toutefois, nous l'avons déjà souligné, l'augmentation de capital par appel public à l'épargne comporte le risque majeur de distribuer avec les nouvelles actions le droit de vote qui leur est associé et par conséquent le risque de perdre une partie du pouvoir. Pour pallier cet inconvénient majeur, les entreprises peuvent émettre des titres sans droit de vote mais comportant une clause de distribution de dividendes prioritaires. Autres formes de titres, les certificats d'investissements présentent l'avantage d'être assimilables à des fonds propres sans risque de perte d'autonomie pour la société et ses dirigeants.

Malgré l'apparition de ces nouveaux marchés et de ces nouveaux instruments, il apparaît que les marchés financiers, notamment au cours des années 1980 et le début des années 1990, n'ont pas véritablement contribué au financement des investissements et de la croissance. En revanche, les mouvements spéculatifs semblent s'être fortement développés.

La **spéculation** peut être définie comme l'activité consistant à acheter un titre en anticipant une hausse de celui-ci afin de le revendre, dans un futur relativement proche, pour réaliser une plus-value.

Cette spéculation s'explique par un mouvement cumulatif. L'épargne, provenant à la fois des ménages et des entreprises, a eu pour conséquence de gonfler l'offre de capitaux et par là même d'accroître la valeur des titres. Un mouvement à la hausse des titres s'amorce qui nécessite de la part des épargnants des fonds supplémentaires pour acheter de nouveaux titres cotés à un cours toujours plus élevé. Arrivé à un certain stade, la capitalisation boursière (multiplication du nombre d'actions par leurs cours boursiers) atteint un tel niveau que le revenu dégagé par chaque action (les dividendes) devient presque négligeable. Exprimé autrement, le PER, *price earning ratio*, qui rapporte le cours de l'action au bénéfice par action, augmente constamment. En conséquence, l'achat d'un titre ne repose plus sur le revenu qu'il est censé rapporter mais sur la possibilité de réaliser une plus value par une revente. On entre, alors, dans une spirale spéculative.

La spéculation est entretenue par les mécanismes même des marchés financiers. La possibilité d'acheter des titres à un cours fixé aujourd'hui pour une échéance donnée à laquelle sera véritablement réalisé le règlement contribue, en effet, à accroître la spéculation puisque l'on peut acheter des titres à une certaine date sans disposer, pour autant à cette date, des fonds nécessaires.

Nous l'avons dit précédemment le développement des marchés financiers devait être en étroite relation avec l'évolution de l'économie réelle. Dans un premier temps, l'épargne disponible avait pour finalité de financer les investissements. D'autre part, l'évolution des cours boursiers devait s'expliquer par les perspectives de profit des entreprises. Or, le rythme de croissance des économies et l'évolution des cours boursiers ont été grandement déconnectés au cours des années 80. Ainsi, de 1985 à 1995, les marchés financiers ont gagné en moyenne 150 %, alors que les principales économies développées connaissaient, dans le même temps, des taux de croissance faibles.

La déconnection entre économie réelle et marchés financiers

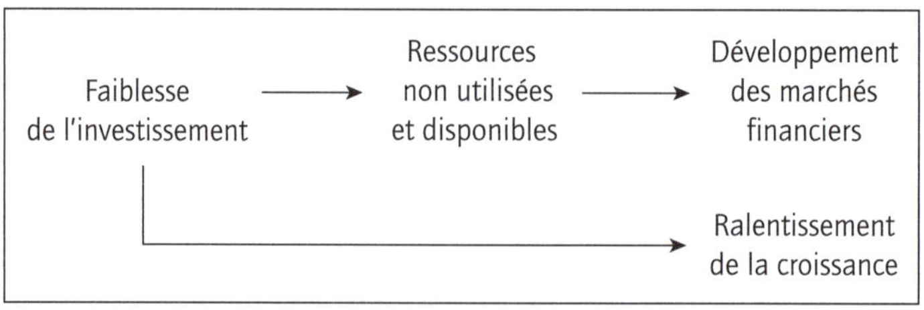

L'amélioration du taux d'autofinancement des entreprises au cours des années 80 est un élément déterminant dans l'explication de cette déconnexion entre sphère réelle et sphère financière. En effet, cette hausse du taux d'autofinancement s'explique beaucoup plus par la faiblesse de l'investissement que par l'amélioration des profits des entreprises. Les faibles perspectives de profit ont poussé les entreprises à limiter leurs investissements ce qui, dans le même temps, leur a permis de dégager des ressources financières. Ces ressources financières se sont alors dirigées naturellement vers les marchés financiers sur lesquels les possibilités de profit sur le court terme étaient beaucoup plus intéressantes. Ce phénomène est très net, en France, où entre 1980 et 1987, l'investissement productif n'a pratiquement pas augmenté, alors que le cours des actions françaises a triplé.

Cette prédominance de la logique financière sur la logique industrielle est également illustrée, toujours au cours des années 80, par la multiplication d'OPA hostiles. De nombreuses OPA au cours de cette période étaient financées par des emprunts souvent risqués (*junk bonds* ou obligations de pacotille à très fort taux d'intérêt) qui étaient remboursés par la suite par la plus value réalisée grâce à la revente par démantèlement (le groupe acquis était ensuite revendu par bloc).

Il ne faut toutefois pas exagérer l'absence de lien entre le monde financier et le monde réel. Les performances de la bourse américaine au cours de ces dernières années, par exemple, s'expliquent également par les performances de l'économie des États Unis.

Le développement des marchés de capitaux, qualifié d'irrationnel pour certains, se traduit par une hausse des cours. Cette hausse s'explique par le comportement mimétique des agents. Keynes avait déjà mentionné l'idée de « convention » qui veut que les anticipations d'un agent se fondent sur ce qu'il lui semble être une opinion partagée par l'ensemble des autres agents. Le comportement mimétique, mis en évidence notamment par Orléan, reprend en quelque sorte cette idée. Chaque agent va ainsi calquer son comportement sur celui des autres pensant qu'ils sont mieux informés que lui. De plus, aligner son comportement sur celui des autres semble être une attitude moins risquée. Ainsi, si quelques agents, notamment les mieux informés, anticipent une hausse des cours alors l'ensemble du marché va suivre provoquant par là même la hausse qui n'était jusque-là qu' « anticipée ». On constate alors la formation d'une bulle financière, phénomène de hausse des titres résultant de l'agrégation des comportements de mimétisme des agents sur le marché financier. En conséquence, la valeur des titres s'éloigne de plus en plus de leur valeur fondamentale (valeur estimée en fonction de paramètres réels : rythme de croissance, profit des entreprises…). Cette course à la hausse s'avère toutefois dangereuse car elle s'appuie sur des achats de titres à des cours de plus en plus élevés et financés bien souvent par endettement en jouant sur les règlements à terme.

FOCUS . . . FOCUS . . . FOCUS . . . FOCUS . . . FOCUS . . . FOCUS . . .

De nouveaux instruments favorables au développement de la spéculation

Les marchés non régulés

Les marchés non régulés sont également appelés marchés de gré à gré (*over the counter*, OTC) sur lesquels des produits dérivés très sophistiqués sont échangés directement entre la banque et ses clients. Ces dernières années, se sont développés les contrats d'échange de risque de défaut (*credit default swaps*, CDS). Le principe repose sur la logique d'assurance, à la différence que l'on peut parier sur le risque couru par un autre et spéculer sur la capacité d'une entreprise à rembourser ses dettes. En conséquence, sur ces marchés circulent des milliards de dollars qui permettent de miser sur les prix du pétrole, des matières premières, des actions…

La titrisation des créances

La titrisation des crédits concerne les prêts accordés par les banques qui sont vendus, regroupés et transformés en titres.

Si le développement des bulles financières s'explique par le comportement mimétique des agents, il en va de même de leur éclatement (mouvement brutal à la baisse) à l'origine des crises financières. Ainsi, une information quelconque peut amener certains agents à anticiper une baisse des cours et à vendre leurs titres. Les autres agents vont, alors, aligner leur comportement et céder très rapidement les actions qu'ils détiennent pour éviter d'enregistrer des pertes trop lourdes et ce d'autant plus que leur endettement les place dans une situation très fragile. Ainsi, ce mouvement de vente va entraîner une chute rapide et brutale du cours des titres.

Nous l'avons vu le développement des marchés financiers semble s'être déconnecté de la sphère réelle, toutefois ses évolutions ne sont pas neutres en revanche sur l'activité économique. Selon les travaux de Modigliani (1954), la consommation des agents dépend du niveau de leur patrimoine. De ce fait, l'élévation des cours boursiers provoque un effet de richesse puisque le patrimoine des agents détenus sous forme de titres prend de la valeur ce qui les pousse à consommer. Inversement, une chute des valeurs boursières entraîne une baisse de la richesse patrimoniale et incite les agents à reconstituer leur épargne et à réduire leur consommation.

FOCUS . . . FOCUS . . . FOCUS . . . FOCUS . . . FOCUS . . . FOCUS . . .

La crise boursière de 1987

On assiste, dès le début des années 1980, à la formation d'une bulle financière sur les principales places boursières de la planète. De 1982 à 1987, la place de Paris avait gagné 215 %. En octobre 1987 cependant, deux informations vont provoquer l'éclatement de la bulle financière. D'une part, la Bundesbank (banque centrale d'Allemagne) annonce un relèvement de ses taux d'intérêt et d'autre part, le déficit commercial américain s'avère beaucoup plus important que prévu. Ces deux informations suffisent à provoquer une crise boursière puisque les cours chutent à New York de plus de 22 %, c'est-à-dire le double du jeudi noir de 1929. Les procédures informatisées de ventes de titres (un ordre automatique de vente est lancé si le cours atteint une certaine valeur) ne font qu'amplifier le phénomène de baisse. En final, le montant des pertes boursières est estimé à 1 000 milliards de dollars et la crise se développe sur les autres places internationales.

2 La complexité croissante de la sphère financière

Le développement des marchés financiers doit être appréhendé à l'échelle internationale. Ainsi, en France en 1989 (mais bien souvent avant dans de nombreux pays), les mouvements de capitaux sont déréglementés puisque le contrôle des changes est aboli à cette date. La désintermédiation accroît considérablement le nombre d'agents qui interviennent sur les marchés de capitaux et ces agents ne vont plus se limiter aux seuls marchés nationaux. De cette manière, le terme de décloisonnement qui exprimait, jusque-là, le fait qu'il n'y avait plus de séparation entre les marchés de capitaux à court et à long terme voit son sens s'élargir puisqu'il indique également que toutes les formes d'épargne et tous les besoins de financement se rencontrent dorénavant à l'échelle de la planète. Les 3 D (déréglementation, désintermédiation, décloisonnement) aboutissent à ce que l'on appelle la globalisation financière, exprimant ainsi l'idée d'un marché mondial des capitaux qui de plus (en raison des décalages horaires) fonctionnent en continu, 24 heures sur 24.

Cette mondialisation financière complexifie encore plus la rencontre entre les capacités et les besoins de financement puisque certains pays enregistrent une épargne nationale excédentaire qui contribue à financer les pays structurellement en situation de besoins. Dans ce cadre, les titres publics attirent fortement les investisseurs financiers étrangers et contribuent grandement à accentuer la globalisation des marchés.

L'État n'est pas bien sûr le seul agent concerné, les entreprises profitent et utilisent le marché mondial. Les nombreuses opérations de fusion entre sociétés de nationalité différente, en sont une preuve indéniable. Cette internationalisation ne va pas toutefois sans risque.

L'arrivée massive de fonds de commun de placements étrangers et notamment des fonds de pensions américains (qui gèrent l'épargne retraite de nombreux salariés américains) dans le capital des entreprises françaises transforme la relation actionnaire-dirigeant. En effet, ces nouveaux actionnaires ont des exigences en matière de transparence dans la gestion des sociétés dans lesquelles ils ont investi (information périodique sur les résultats, utilisation de normes comptables internationales et plus précisément américaines). Ces nouvelles contraintes doivent donc être intégrées par les dirigeants français qui, par tradition, n'étaient pas habitués à une telle pression de la part de leurs actionnaires. De plus, ces nouveaux intervenants sur le marché sont souvent accusés d'exiger des taux de profit à court terme excessivement élevés, exigences auxquelles le dirigeant ne peut répondre qu'en réduisant les charges, au premier rang desquelles les charges salariales (plan de licenciement). Ainsi, l'emploi est-il présenté souvent comme étant victime du développement des marchés financiers.

La notion de marché mondial des capitaux contribue à ce que les marchés financiers suivent une évolution parallèle. Par une sorte de mimétisme à l'échelle de la planète, les places boursières ont tendance à suivre les fluctuations enregistrées sur celle de l'économie dominante, c'est-à-dire la bourse américaine. Ici, aussi également, il ne faut pas exagérer le comportement quelque peu irrationnel des agents. Lors d'une crise survenue sur une place financière d'un pays donné, les agents ayant des placements sur ce marché vont enregistrer des pertes. Ces pertes correspondent à une diminution de leur épargne qu'ils doivent en conséquent reconstituer. Cette reconstitution de l'épargne passe par des cessions d'actifs détenus sur d'autres places ce qui provoque une généralisation de la chute du cours des titres. De ce fait, on trouve ici une des explications à la diffusion des crises à l'échelle internationale. D'autres mécanismes contribuent au déclenchement et à la diffusion des crises internationales.

Sans être exhaustif, la notion de taux doit être ici précisée. Nous distinguerons, tout d'abord, le taux d'intérêt à court terme (déterminé sur le marché monétaire) et le taux d'intérêt à long terme (fixé sur le marché financier). D'autre part, lorsque nous raisonnons à l'international, il faut bien sûr intégrer les taux de change. De nombreuses interactions existent entre ces différents taux, interactions qui sont à l'origine de divers mouvements de capitaux.

Une explication simple de la liaison entre les taux d'intérêt à court terme et les taux d'intérêt à long terme peut être présentée. Il semble évident qu'un agent qui prête ses ressources sur le long terme va demander une rémunération plus élevée que si son placement s'effectue à court terme. Sur le long terme, les risques sont plus importants (incertitude sur la solvabilité du créancier sur une longue période) et les anticipations sont, d'une manière générale, plus difficiles à établir (sur le long terme, d'autres placements plus attractifs peuvent apparaître). En conséquence, si une hausse des taux d'intérêt à court terme est constatée, les agents désirant obtenir des ressources sur le long terme devront réajuster à la hausse les rémunérations qu'ils proposent. De ce fait, une élévation des taux d'intérêt à court terme doit entraîner tout naturellement une augmentation des taux sur le long terme.

Mais cette hausse n'est pas sans conséquence sur les valeurs boursières, elle rend, bien évidemment, plus attractifs les titres nouvellement émis à un taux plus élevé et inversement provoque un déplacement de capitaux du marché secondaire vers le marché primaire. On enregistre, alors, une chute des cours des titres du marché secondaire.

Relation des taux d'intérêt à court terme et cours boursiers

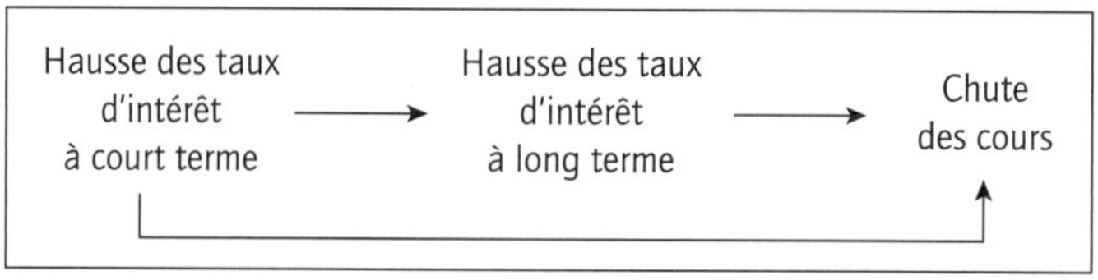

D'autres explications existent pour apprécier le lien entre variations des taux d'intérêt et chute des cours. En premier lieu, une élévation des taux va rendre plus difficile le financement des investissements et de la croissance et, par là même, risque de réduire le profit des entreprises. Dans un tel contexte, les actions n'offrent plus aux agents des perspectives de rémunérations intéressantes et une vente importante de ces titres provoque une chute de leur cours. D'autre part et dans une optique plus financière, un certain nombre d'agents et notamment ceux qui ont un comportement très spéculatif, réalisent leurs opérations en s'endettant. La hausse des taux rend cet endettement plus coûteux et va freiner leur activité financière. Ce ralentissement, voire la vente de certains titres pour faire face aux remboursements des emprunts, comprime l'offre de capitaux et entraîne une chute des cours. On peut noter, au passage, le rôle positif que joue la spéculation qui, même si elle peut avoir un effet déstabilisant, présente, cependant, l'avantage d'apporter des liquidités aux marchés des capitaux.

En final, on s'aperçoit qu'une hausse des taux d'intérêt entraîne généralement une chute des cours, cette chute se transforme en véritable crise financière et à l'éclatement des bulles spéculatives si un phénomène de mimétisme, cette fois à la baisse des cours, se déclenche.

Mais l'origine et la diffusion des crises se doivent d'être étudiées en intégrant dans l'analyse les taux de change. Aujourd'hui, la variation du cours des devises est essentiellement déterminée par les mouvements de capitaux, en effet, 5 % seulement des transactions sur le marché des changes (achat et vente de devises) correspondent à des besoins liés aux transactions commerciales (achat et vente de biens et services). Mais, les mouvements de capitaux dépendent eux mêmes, pour une grande partie, des rémunérations offertes sur les différentes places financières, en d'autres termes par les taux d'intérêt. Si des taux d'intérêt plus attractifs sont proposés sur une place financière, cette dernière verra alors affluer vers elle des capitaux. Les taux de change sont en conséquence déterminés par les variations des taux d'intérêt.

Si les mouvements de capitaux déterminent les taux de change, la relation inverse est également vérifiée. La théorie de la gestion du portefeuille de Tobin et Markowitz montre que les opérateurs dans un souci d'obtenir le meilleur rendement tout en minimisant les risques vont chercher à se construire un portefeuille diversifié. Si cette diversification porte sur la nature des titres (action et obligation) et sur les échéances (court et long terme), elle se construit également en fonction de la devise dans laquelle les titres sont libellés. Toute baisse de la devise dans laquelle ont été émis les titres fait donc perdre de la valeur à ces derniers et pousse les agents à les vendre. La plus grande partie des valeurs boursières sur une place financière étant généralement libellée dans la devise nationale une chute de cette dernière entraîne une fuite des capitaux.

Les variations des taux de change comportent des risques de pertes probables pour les opérateurs. De nombreuses possibilités de couverture contre ce risque de change existent, on peut citer le marché des futures (échange d'un montant de devises à une date future) et le marché des options (l'option qu'achète l'opérateur lui donne le droit, mais pas l'obligation, d'acheter ou de vendre un montant de devises à un certain taux à une échéance donnée). La faiblesse des montants engagés au départ pour souscrire un contrat de future ou pour acheter une option fait que ces marchés sont hautement spéculatifs et favorisent la formation des bulles financières.

L'essentiel

Le financement d'une économie revêt plusieurs formes selon les circuits privilégiés. Pendant longtemps, en France notamment, l'économie d'endettement, en d'autres termes le recours massif au crédit bancaire, a été privilégié.

Toutefois, source de création monétaire excessive et poussant à la spirale du surendettement, cette forme de financement a laissé place progressivement au cours des années 1980 à une économie de marchés de capitaux.

Cette forme de financement désintermédiée rendue possible par l'existence d'une épargne longue a permis de résoudre, pour partie, le problème du financement des déficits publics. Mais le décloisonnement des marchés et les nombreuses innovations financières (portant sur la nature des titres mais également sur les marchés) semblent, cependant, avoir été détournés de leur fonction première qui était d'optimiser le financement de l'économie.

La dérive spéculative, jugée souvent comme étant à l'origine du développement des bulles financières voire du déclenchement des crises, s'est amplifiée avec le phénomène dit de globalisation financière qui se traduit par l'émergence d'un marché mondial de capitaux.

Il apparaît, dans ce contexte, que les frontières entre les trois sphères, monétaire, financière et réelle, sont de plus en plus complexes à tracer, tant les phénomènes d'interactions sont nombreux. De plus, le décloisonnement des marchés, du point de vue des échéances mais également sur un plan mondial, rend difficile, aujourd'hui, la distinction entre les mécanismes strictement nationaux et ceux relevant d'une dimension internationale en termes financiers et monétaires.

RÉFÉRENCES

Mots clés

- Conseil National du crédit
- Économie d'endettement
- Effet
- Financement désintermédié
- Financement intermédié d'éviction
- Hicks
- Marché financier
- Marché monétaire
- Modigliani
- OPA
- OPE
- Théorie gestion de portefeuille Tobin et Markowitz

Dates clés

Loi 1945	sur la spécialisation bancaire
Trente Glorieuses	Économie d'endettement
Années 1980	Économie de marchés financiers
Loi 1984	Fin de la spécialisation bancaire
1987	Crise boursière

Références bibliographiques

- « Bourse et marchés financiers », *Cahiers Français,* 14 juin 2006.
- « Le financement de l'économie », *Cahiers Français* n° 331, avril 2006.

Sites Internet

Site de la Bourse de Paris : *euronext.com*

Site de la Banque de France : *banque-France.fr*

APPLIQUER LE COURS

Application

Quiz

		Vrai	Faux
1	La situation d'un agent économique qui dispose d'un montant épargné supérieur au montant investi présente un besoin de financement.		
2	Une économie où le taux d'inflation est régulièrement supérieur au taux d'intérêt n'encourage pas les agents économiques à s'endetter.		
3	Depuis la réforme de la cote de 2005, la bourse Euronext est constituée d'un marché réglementé unique (l'Eurolist), d'un marché structuré mais non réglementé (Alternext) et d'un marché libre et non réglementé.		
4	La baisse des taux d'intérêt fait baisser le cours des obligations.		
5	Le marché financier secondaire est utile au bon fonctionnement du marché primaire.		

6 Quels agents économiques présentent habituellement un besoin de financement ? Cochez la ou les bonnes réponses :
a) les entreprises non financières
b) l'État
c) les ménages

7 Identifiez les produits qualifiés de « produits dérivés » ; cochez la ou les bonnes réponses :
a) les contrats d'échange
b) les options
c) les contrats à terme
d) les devises
e) les actions
f) les obligations

8 Identifiez les crises rangées habituellement sous le vocable de « crises financières » ; cochez la ou les bonnes réponses :
a) les crises de change
b) les crises bancaires
c) les crises économiques
d) les crises boursières (ou krachs financiers)

SE PRÉPARER À L'EXAMEN

Dissertation 1

Le développement de la sphère financière se fait-elle au détriment de la sphère réelle ?

Dissertation 2

Existe-t-il un modèle optimal de financement de l'économie ?

CHAPITRE 12

Les échanges internationaux

Les relations économiques internationales recouvrent à la fois des échanges de marchandises, de services, de capitaux et de monnaies entre les différents pays de la planète. Les échanges internationaux sont traditionnellement considérés comme étant limités aux seuls échanges de biens et services, les échanges de capitaux et de monnaies constituant, pour leur part, des flux financiers. Ainsi, on a pu observer une forte croissance des échanges internationaux de biens et services depuis la fin de la seconde guerre mondiale. Il faut dire que l'échange international est présenté comme un facteur d'accroissement des richesses produites et une source de bien-être pour le consommateur. Cependant, avec la mondialisation de l'activité économique, des craintes surgissent çà et là, relatives aux effets néfastes des échanges internationaux sur l'emploi national. Faut-il alors encadrer les échanges internationaux ? Les règles de l'Organisation mondiale du commerce suffisent-elles pour cela ?

A LES FONDEMENTS DES ÉCHANGES INTERNATIONAUX

Les échanges internationaux s'expliquent-ils seulement par le fait qu'ils sont bénéfiques aux pays qui commercent entre eux ? N'existe-t-il pas des situations dans lesquelles l'échange international n'est pas profitable à tous ? Le commerce international creuse-t-il les écarts entre les économies ou au contraire favorise-t-il la convergence des situations ?

Les économistes libéraux, partisans du libre échange, considèrent que l'échange international existe partout où on peut y trouver un avantage : en terme de coût, de qualité des produits, de richesses créées. D'autres économistes, au contraire, avancent l'idée selon laquelle l'échange international n'est pas toujours source d'avantages pour ceux qui le pratiquent.

Aujourd'hui, la vision normative de l'échange international laisse de plus en plus la place à une approche positive qui tente d'expliquer la réalité des échanges, à travers le rôle des entreprises mondiales.

1 Les explications libérales de l'échange international

Pour les auteurs classiques, partisans du libre échange, l'échange international s'explique par la nécessaire division du travail, entre les nations, qui conduit à une production au moindre coût.

> Le **libre échange** est une doctrine économique qui vise à limiter les obstacles à la circulation des biens, des services et des capitaux entre les économies nationales.

1.1 Les avantages de l'échange international

La première explication résulte de l'inégale dotation en ressources naturelles que l'on observe entre les nations. Ainsi, si les nations échangent entre elles, c'est avant tout pour se procurer les biens que l'on ne trouve pas sur le territoire national (pour des raisons climatiques il ne pousse pas de caféiers en France, par exemple).

a) La théorie des avantages absolus

Selon la « théorie des avantages absolus » d'Adam Smith (1776), chaque pays à intérêt à se spécialiser dans les productions pour lesquelles il possède un avantage absolu par rapport aux autres nations, et s'approvisionner à l'extérieur à moindre coût pour les productions dans lesquelles il ne détient aucun avantage.

Un **avantage absolu** est donc un avantage obtenu, dans l'échange international, par une nation lorsqu'elle produit et vend un bien à un prix inférieur à celui des nations concurrentes.

FOCUS . . . FOCUS . . . FOCUS . . . FOCUS . . . FOCUS . . . FOCUS . . .

« La maxime de tout chef de famille prudent est de ne jamais essayer de faire chez soi la chose qui lui coûtera moins à acheter qu'à faire. Le tailleur ne cherche pas à faire ses souliers, mais il les achète au cordonnier ; le cordonnier ne tâche pas de faire ses habits, mais il a recours au tailleur ; le fermier ne s'essaye point à faire les uns et les autres, mais il s'adresse à ces deux artisans et les fait travailler. Il n'y en a pas un de tous qui ne voie qu'il y va de son intérêt d'employer son industrie toute entière dans le genre de travail dans lequel il a quelque avantage sur ses voisins, et d'acheter toutes les autres choses dont il peut avoir besoin, avec une partie du produit de cette industrie ou, ce qui est la même chose, avec le prix d'une partie de ce produit. Ce qui est prudence dans la conduite d'une famille en particulier ne peut guère être folie dans celle d'un grand empire. Si un pays étranger peut nous fournir une même marchandise à meilleur marché que nous ne sommes en état de l'établir nous-même, il vaut bien mieux que nous la lui achetions avec quelque partie du produit de notre propre industrie, employée dans le genre dans lequel nous avons quelque avantage. »

Adam Smith, *Recherche sur la nature et les causes de la richesse des nations*, 1776.

Cependant, Adam Smith ne précise pas ce qu'il advient d'une nation qui ne bénéficie d'aucun avantage absolu. Celle-ci devrait, en théorie, importer la totalité des biens nécessaires à la satisfaction de ses besoins, sans pour autant pouvoir exporter. Doit-elle vivre en autarcie ?

b) La théorie des avantages comparatifs

David Ricardo (1817), dans la « théorie des avantages comparatifs », répond à cette question en précisant que la spécialisation internationale est bénéfique pour tous. Les nations sans avantage doivent se spécialiser dans les productions pour lesquelles elles connaissent le moindre désavantage. Ce faisant, les richesses totales produites s'accroissent.

Un **avantage comparatif** est un avantage obtenu, dans l'échange international, par une nation lorsque, comparativement aux autres biens, son désavantage sur un bien, en terme de coût et de prix de vente, est moindre.

On peut illustrer la théorie des avantages comparatifs de Ricardo par un exemple dans lequel le monde ne serait constitué que de deux pays : l'Angleterre et le Portugal.

Pour fabriquer une même quantité de drap, le travail de 100 hommes est nécessaire en Angleterre alors que 90 hommes suffisent au Portugal. Pour fabriquer une même quantité de vin, le travail de 120 hommes est nécessaire en Angleterre, alors que seulement 80 suffisent au Portugal.

On constate que l'Angleterre ne dispose d'aucun avantage absolu. Par contre, elle possède un moindre désavantage (donc un avantage comparatif) dans la production de drap. En effet, le rapport des productivités des deux pays est plus proche de 1 pour ce qui concerne la production de drap (90/100) que pour ce qui a trait à la production de vin (80/120). Ainsi, selon Ricardo, l'Angleterre doit se spécialiser dans la production de drap, et le Portugal dans celle de vin. Chaque pays s'approvisionne dès lors auprès de l'autre pour le bien qu'il ne produit plus.

On peut représenter les résultats sous forme de tableau :

Productions réalisées	Angleterre	Portugal	Monde
Sans spécialisation	1 unité de vin + 1 unité de drap	1 unité de vin + 1 unité de drap	2 unités de vin + 2 unités de drap
Avec spécialisation	1 unité de drap + (120/100) unités de drap = 2,2 unités de drap	1 unité de vin + (90/80) unités de vin = 2,125 unités de vin	2,2 unités de drap + 2,125 unités de vin

On constate que la production de richesses augmente grâce à la spécialisation internationale à laquelle conduit l'échange.

Cependant, cette théorie repose sur l'hypothèse d'une mobilité interne des facteurs de production travail et capital. Or, cette mobilité ne semble pas parfaite dans la réalité : la main d'œuvre qui fabrique du vin en Angleterre est-elle capable de fabriquer du drap (et inversement au Portugal) ? Le capital technique nécessaire à la production de drap peut-il servir à la production de vin ?

FOCUS . . . FOCUS . . . FOCUS . . . FOCUS . . . FOCUS . . . FOCUS . . .

La question du partage du gain collectif dans l'analyse ricardienne de l'échange international

Si l'on s'en réfère à la théorie ricardienne de la valeur, le prix relatif des produits devrait s'établir en fonction des quantités de travail. On peut alors prolonger la théorie des avantages comparatifs et montrer que l'échange international n'est pas profitable à tous.

En effet, le drap est entièrement fabriqué en Angleterre, sur la base de 100 hommes pour une unité. Symétriquement, le vin est intégralement produit au Portugal avec un coût de 80 hommes par unité produite. En conséquence, le prix relatif du vin et du drap, dans le cadre de la théorie de la valeur travail à laquelle adhère Ricardo, est de 100/80, soit une unité de drap contre 1,25 unité de vin. Dès lors, si le Portugal désire obtenir une unité de drap, quantité qu'il produisait avant la spécialisation, il lui faudra exporter en échange 1,25 unité de vin. Comme il n'en produit cependant que 2,125 unités, il ne lui resterait alors plus que 0,875 unité de vin… Le Portugal se trouverait donc moins riche qu'avant la spécialisation. Pour conserver son niveau de vie il lui faudrait travailler davantage. Certains économistes (Samir Amin, Arghiri Emmanuel) ont pu déceler ici une illustration de l'exploitation des pays du tiers-monde. Pour rendre compte de l'échange international, d'autres auteurs (Hecksher et Ohlin) ont été conduits à abandonner la théorie de la valeur travail.

c) La théorie des dotations en facteur de production

Les travaux de Elie Hecksher (1919) et Bertil Ohlin (1933), complétés par ceux de Paul Samuelson (1954), ont montré l'importance des « dotations en facteur de production » dans l'obtention des avantages comparatifs. Ainsi, selon le théorème H.O.S (initiales des noms de ces trois auteurs), ou *loi des dotations en facteurs de production*, les nations se spécialisent dans les fabrications qui incorporent le facteur de production le plus abondant (capital, travail, terre).

La **loi des dotations en facteurs de production** explique qu'un pays exporte les produits dont la fabrication nécessite une grande quantité du facteur qu'il possède en abondance.

Ainsi, les pays en développement exporteraient des produits incorporant beaucoup de main d'œuvre, alors que les pays développés exporteraient des biens nécessitant un capital important pour leur fabrication.

FOCUS . . . FOCUS . . . FOCUS . . . FOCUS . . . FOCUS . . . FOCUS . . .

Le paradoxe de Leontief

En 1953, l'économiste Wassili Leontief a voulu vérifier la loi des dotations en facteurs de production de Hecksher, Ohlin et Samuelson, en étudiant le commerce extérieur des États-Unis. *A priori*, le résultat devait montrer que les États-Unis exportaient des biens riches en capital et importaient des biens riches en main d'œuvre.

Pour cela, il a calculé les coefficients capital/main d'œuvre pour les secteurs exportateurs et pour les secteurs soumis à la concurrence des importations, aux États-Unis. Or, les résultats ont montré que ce coefficient était plus élevé dans les secteurs soumis à la concurrence des importations que dans les secteurs exportateurs. Les États-Unis exportaient donc des biens à forte intensité de main d'œuvre et importaient des biens à forte intensité de capital !

Le paradoxe s'explique en grande partie par le fait que les États-Unis exportaient des biens qui incorporaient beaucoup de main d'œuvre très qualifiée, en abondance aux États-Unis (recherche, étude, ingénierie).

La théorie des dotations en facteurs de production conduit à une division internationale du travail en terme de complémentarité, conforme à la théorie des avantages comparatifs de Ricardo. Si tel est le cas, la demande de travail augmente dans les pays qui ont plus recours au facteur travail (les pays du Sud) et diminue dans les autres (les pays du Nord). Au final, sur le marché du travail des premiers on observe une tendance à la hausse du prix du travail, et une baisse sur les marchés du travail des seconds. Il y a donc un processus de convergence de la rémunération des facteurs de production (théorème de Stolper-Samuelson).

C'est donc que les revenus du travail et les revenus du capital tendent à s'égaliser à l'échelle mondiale, grâce à l'échange international. Doit-on en conclure pour autant que la mondialisation conduit à un rapprochement des niveaux de vie, c'est-à-dire à une réduction des inégalités économiques entre pays ? Rien n'est moins sûr. Les pays à niveau de développement économique voisin ont plus tendance à commercer entre eux qu'avec les autres.

1.2 Les échanges de similitude

Les échanges de similitude constituent l'essentiel de l'échange international. Il s'agit d'échanges de biens similaires, dans le cadre de ce que l'on nomme le commerce intrabranche, entre pays à niveau de développement voisin, c'est-à-dire pour lesquels on n'observe pas de différences significatives dans les dotations en facteurs de production.

Ainsi, la France exporte des automobiles vers l'Italie, alors qu'elle en importe également en provenance de ce pays. Cette approche est en opposition avec la théorie des avantages comparatifs de Ricardo selon laquelle chaque pays est spécialisé dans une production différente. Elle s'oppose également au théorème HOS qui indique que les échanges s'observent entre pays à dotations complémentaires en facteurs de production.

Le **commerce intrabranche** concerne les échanges internationaux qui portent sur des biens de même nature (appartenant à la même branche de production) entre les économies nationales.

• **Selon la théorie de la « demande représentative » de Linder (1961)**, un produit est d'abord conçu pour satisfaire une clientèle nationale. Ainsi, l'avantage comparatif se trouve lié à l'ampleur de cette demande intérieure représentative. Plus le marché intérieur est vaste, plus la possibilité de réaliser des économies d'échelle sur la production est grande. Ensuite, lorsqu'il est exporté, le produit n'est susceptible de concerner que des nations dont les consommateurs ont un niveau de vie semblable qui leur permet de se l'offrir. Ce sont donc des nations dont la dotation en facteurs de production est comparable car, en effet, la rémunération du facteur travail est fonction de sa rareté ou de son abondance.

• **Selon Bernard Lassudrie-Duchêne (1971), le commerce intrabranche s'explique par une « demande de différence »** de la part des consommateurs. En fait, les produits qui font l'objet d'échanges croisés ne sont pas totalement identiques (une automobile de la marque Citroën n'est pas identique à une automobile de la marque Alfa-Roméo). Il n'y a pas d'homogénéité parfaite des produits telle que le suppose la théorie de la concurrence pure et parfaite, implicite dans les approches libérales. Les consommateurs cherchent à se distinguer de leurs semblables, ce qui explique cette demande de variété.

• **Paul Krugman** (1979) montre également que les consommateurs révèlent une préférence pour la diversité. Cette préférence, comme pour Bernard Lassudrie-Duchêne, explique que les échanges internationaux se font entre pays à niveaux de développement voisins (la Suède exporte des Volvo vers l'Allemagne, laquelle exporte des BMW vers la Suède), et que les spécialisations ne sont pas aussi tranchées que le modèle de Ricardo le laisse supposer. La spécialisation s'opère par marques et non par produits. Ainsi, les produits échangés dans le cadre du commerce intrabranche ne sont donc pas totalement homogènes.

Le principal apport novateur de Krugman est toutefois ailleurs. La plupart des modèles théoriques explicatifs de l'échange international reposent sur l'hypothèse de rendements décroissants. Or, force est de constater qu'un grand nombre de productions suivent des rendements croissants. En conséquence, pour Krugman, si deux pays connaissent des coûts de production identiques (aucun avantage, ni absolu, ni relatif, n'apparaît entre ces pays), ils ont tout de même intérêt à se spécialiser. En effet, la spécialisation conduit à accroître la production d'un bien par un pays et donc à diminuer les coûts unitaires de fabrication de tous les biens.

De plus, la spécialisation des pays peut se bâtir selon une logique de différenciation : si deux pays produisent à la fois du jus de pomme et du jus de raisin, pour des coûts unitaires identiques décroissants avec les quantités produites, la spécialisation de l'un dans la production de jus de pomme, et de l'autre dans la production de jus de raisin, est bénéfique pour les deux pays car le coût unitaire de chacune des deux productions diminue.

2 Les effets pervers du libre échange et la tentation protectionniste

Le protectionnisme repose sur l'idée que le libre échange n'est pas toujours source d'accroissement des richesses, dans le temps et dans l'espace.

> Le **protectionnisme** est une doctrine économique qui a pour but de limiter l'accès aux marchés nationaux pour les étrangers.

2.1 L'échange international, un obstacle au développement

Certains auteurs défendent l'idée d'une protection des économies nationales face à la concurrence étrangère par des pratiques protectionnistes.

a) Les pratiques protectionnistes

Celles-ci se divisent en mesures tarifaires et mesures non tarifaires. Les barrières non tarifaires et les subventions sont aujourd'hui plus importantes que les barrières tarifaires.

Une barrière tarifaire est une barrière douanière dont l'objectif est de limiter l'entrée des produits étrangers sur le territoire national en augmentant les droits de douanes sur les produits arrivant à la frontière nationale.

Une barrière non tarifaire est une barrière douanière, autre que les droits de douane, visant à limiter l'entrée des produits étrangers sur le territoire national (normes techniques, règles de sécurité, règles d'hygiène et normes sanitaires, exclusion des entreprises étrangères des marchés publics, tracasseries administratives, quota, contingentement…).

FOCUS . . . FOCUS . . . FOCUS . . . FOCUS . . . FOCUS . . . FOCUS . . .

Tracasserie administrative

« Le "coup de Poitiers" en est un exemple type. Le gouvernement français a décrété en octobre 1982 que toutes les importations devaient transiter par le petit bureau des douanes de Poitiers pour qu'y soient réalisées, avec minutie, les formalités de dédouanement, créant ainsi une "file d'attente" qui permit de rationner de façon drastique le nombre des magnétoscopes commercialisé dans le pays. »

Y. Crozet *et alii*, *Les grandes questions de l'économie internationale*, Nathan, 1997.

Il ne faut toutefois pas oublier le protectionnisme financier et monétaire qui s'ajoute aux mesures tarifaires et non tarifaires.

Le protectionnisme financier comprend : les subventions à l'exportation, les crédits à l'exportation à taux réduits ou bonifiés, les avances plus ou moins remboursables (*cf.* la « politique commerciale stratégique »), ou encore les distorsions liées aux différences des régimes fiscaux.

Le protectionnisme monétaire désigne les manipulations des instruments monétaires ayant pour effet de permettre au taux de change de se déprécier plus qu'il ne le ferait autrement, ou de prévenir une appréciation qui prendrait place en leur absence. Les dévaluations « compétitives » largement utilisées pendant les années 30 en sont un exemple. Toutefois, avec la généralisation de la flexibilité des changes, suite aux accords de la Jamaïque en 1976, le protectionnisme monétaire revêt des formes plus occultes et dispose de moyens plus variés (exemple : l'action sur les taux d'intérêt).

Le protectionnisme conduit à faire payer un surcoût au consommateur national dans la mesure où les produits nationaux sont plus chers, et parfois de moins bonne qualité, que les produits importés.

b) La perte sèche liée au tarif douanier

Prenons le cas d'un « petit pays » qui impose un droit de douane unitaire t sur le prix des produits importés. L'hypothèse du « petit pays » permet de dire que la consommation du bien par celui-ci est négligeable par rapport à la consommation mondiale, de telle sorte que sa variation n'exerce aucun effet sur le prix des importations. Si le prix sur le marché mondial est de p_m, le prix payé par le consommateur est donc $p_m + t$. Il faut comprendre tout d'abord que, puisque des biens sont importés au prix p, le marché national n'est pas m en équilibre : une partie de l'offre, pour approvisionner la demande, provient des importations. Les courbes d'offre et de demande se coupent à un prix supérieur à p_m (en autarcie, le mprix d'équilibre s'établirait à ce niveau).

L'effet d'un droit de douane

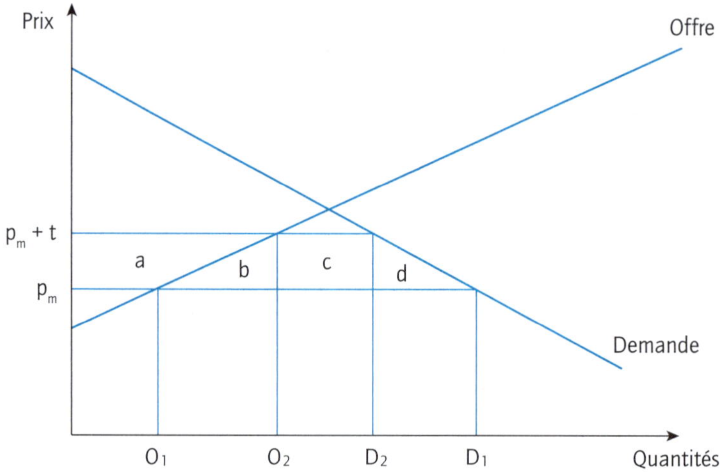

On constate que, lorsque l'économie est ouverte et que le prix mondial p_m s'impose, les producteurs nationaux ne peuvent offrir qu'une quantité O_1, alors que la demande à ce prix est D_1. Le volume des importations s'établit donc à $D_1 - O_1$. Avec l'instauration de la taxe douanière, les producteurs nationaux peuvent proposer un prix $p_m + t$ qui leur permet d'offrir O_2. À ce prix, les importations diminuent pour atteindre le volume $D_2 - O_2$.

En somme, le protectionnisme a engendré une augmentation de la production nationale (de O_1 à O_2) et une diminution des importations (de $O_1 - D_1$ à $O_2 - D_2$). Mais qu'en est-il du bien-être, ou surplus collectif ? On repère la perte de surplus des consommateurs suite à la hausse du prix ($a + b + c + d$), ainsi que le gain de surplus des producteurs (a). Toutefois, on peut imaginer que les recettes fiscales, en raison du tarif douanier, profiteront aux agents nationaux si elles sont reversées à ceux-ci dans le cadre des dépenses budgétaires. Le gain de surplus de l'État (ou recettes douanières) représente la surface c, produit du volume des importations par la taxe t, c'est-à-dire $(O_2 - D_2)\ t$.

Au total, le surplus collectif a baissé de $(a + b + c + d) - a - c = b + d$: l'instauration d'un droit de douane conduit à une « perte sèche » pour la collectivité nationale.

Un « petit pays » n'a aucun intérêt à pratiquer des mesures protectionnistes.

Toutefois, ce modèle simple repose sur l'hypothèse de concurrence pure et parfaite. Lorsqu'elle est levée, l'analyse théorique peut justifier certaines pratiques protectionnistes.

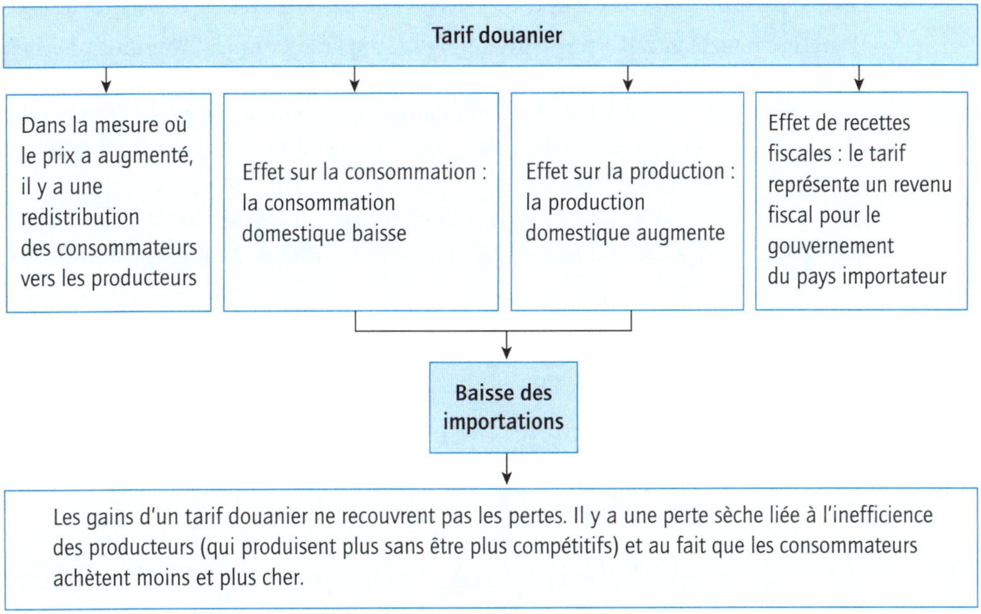

c) La protection des industries naissantes

Le surcoût lié au protectionnisme est légitime, pour Friederich List (système d'économie nationale, 1841), dans la mesure où il va permettre l'émergence d'une industrie nationale. Selon cet auteur, les industries naissantes sont pénalisées, face à la concurrence internationale, par le fait qu'elles ne bénéficient pas encore d'économies d'échelles suffisantes.

L'ensemble des théories dites libérales sont en effet bâties autour de l'hypothèse de rendements d'échelles non croissants, c'est-à-dire que l'augmentation de la production ne conduit pas à une diminution des coûts unitaires.

En réalité, les rendements d'échelle peuvent être croissants. Ainsi, l'antériorité d'une nation dans la fabrication d'un bien (effet d'expérience), ainsi que la taille de son marché intérieur, jouent un aspect non négligeable dans l'obtention d'un avantage comparatif.

Les nations « en avance » auraient donc creusé un avantage perpétuel et les nations « en retard » ne pourraient jamais combler cet écart…

FOCUS . . . FOCUS . . . FOCUS . . . FOCUS . . . FOCUS . . . FOCUS . . .

Les économies d'échelle externes

« Selon Marshall (1920), les économies d'échelle externes à la firme mais internes au secteur sont dépendantes du développement général du secteur auquel appartient la firme. Lorsque les économies externes existent, toutes les firmes du secteur voient leurs coûts de production diminuer alors que les quantités globales produites augmentent. Le coût unitaire de production dépend alors de la taille du secteur, mais pas de celle d'une firme spécifique. C'est le cas lorsque des industries sont concentrées dans un lieu donné, ce qui permet le développement d'une offre de services utilisés par tous les producteurs et d'une offre de travail spécialisée. La référence classique est la Silicon Valley, aux États-Unis, pour les semi-conducteurs (Krugman et Obstfeld, 1995). Les économies d'échelle externes sont compatibles avec la persistance de la concurrence.

Dans le contexte international, une ambiguïté apparaît pour les économies d'échelle externes : doivent-elles être comprises en référence à l'expansion de la production nationale du secteur ou de la production mondiale ? Si leurs sources sont spécifiques aux nations et non mondiales, la taille du secteur, et donc de la nation, joue un rôle important dans la détermination des flux commerciaux internationaux. »

Michel Rainelli, *La nouvelle théorie du commerce international*, La Découverte, 1997.

Commerce international et économies d'échelle externes

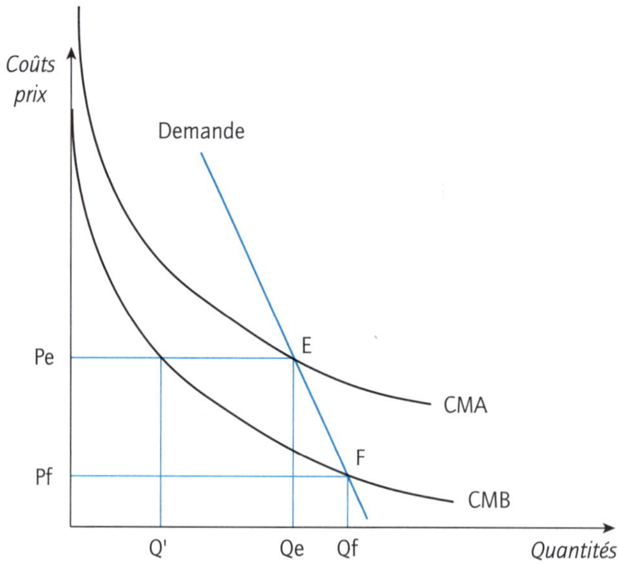

Imaginons le cas d'un bien produit par deux pays, A et B, tels que les coûts de production en A sont supérieurs à ceux en B. Dans le cas d'économies d'échelles externes, un grand nombre de petites firmes sont en concurrence parfaite sur chaque marché national. Le prix s'établit au point de rencontre entre la courbe de demande et la courbe de coût moyen. Et non la courbe de coût marginal qui, puisque le coût moyen est décroissant, est en tous points inférieure à celle du coût moyen : en égalisant demande et coût marginal les entreprises réaliseraient des pertes.

Si le pays A est entré le premier dans la production, sa courbe de coût moyen coupe la courbe de demande mondiale au point E, Qe unités du bien étant vendues au prix Pe. Le pays B pourrait approvisionner le marché mondial de manière plus efficace (au point F, avec des quantités Qf plus importantes et un prix Pf plus faible). Mais son entrée sur le marché est impossible car une production dans le pays B d'une quantité inférieure à Qf se fait toujours à un coût supérieur à celui atteint par le pays A. En somme, les avantages d'une nation dans l'échange international peuvent être liés à la taille de son marché intérieur, à des « accidents historiques » qui lui confèrent une antériorité dans la production (révolution industrielle, révolution internet). De plus, les spécialisations internationales liées aux économies d'échelle externes demeurent, même si les avantages comparatifs se modifient (B peut produire aujourd'hui à moindre coût que A).

En conséquence, la théorie de la protection des industries naissantes considère qu'il est nécessaire de protéger de manière transitoire les industries dans l'enfance, grâce à l'instauration d'un droit de douane. Elles pourront alors bénéficier d'économies d'échelle et d'effets d'expérience.

d) La politique commerciale stratégique

Plus récemment, les travaux de Paul Krugman (1987), comme ceux de James Brander et Barbara Spencer (1983), mettent en avant l'idée d'une intervention de l'État pour soutenir les entreprises nationales. Pour Brander et Spencer, l'État peut avoir intérêt à soutenir la recherche-développement des entreprises nationales, pour favoriser l'innovation, dans le cadre d'une « politique commerciale stratégique ». En effet, l'avantage comparatif provient souvent des connaissances accumulées par les entreprises à travers la recherche-développement et l'expérience. Cependant, la recherche-développement possède les caractéristiques d'un bien public, générateur d'effets externes. Les résultats de la recherche développement profitent à d'autres agents économiques que celui qui en est à l'origine, dans le cadre de la diffusion du progrès technique. Aussi, les entreprises seront-elles réticentes à investir dans ce domaine, préférant attendre que d'autres entreprises le fassent et bénéficier du progrès technique à moindre frais. Elles adoptent alors un comportement de « passager clandestin ». Toutes les entreprises raisonnant de la sorte, le processus d'émergence des innovations, et donc des avantages comparatifs pour la nation, se trouve bloqué. L'intervention de l'État semble nécessaire, sous forme de subvention, pour que la rentabilité de l'investissement en recherche-développement de l'entreprise soit assurée.

e) Politique commerciale stratégique : l'exemple de Paul Krugman (1987)

Il s'agit d'un exemple célèbre de politique commerciale stratégique qui a été popularisé par Paul Krugman (1987) à la suite des travaux de Barbara Spencer et James Brander (1983).

L'analyse de Paul Krugman part de l'idée que Boeing et Airbus se font concurrence pour la conquête du marché des avions de capacité moyenne (150 sièges). Cependant, le marché ne serait rentable que pour une seule entreprise.

Chaque firme a le choix entre deux stratégies : produire et ne pas produire. On peut alors représenter les gains de chaque constructeur par une matrice stratégique :

Matrice 1

		Airbus	
		Produire	Ne pas produire
Boeing	Produire	(– 5, – 5)	(100,0)
	Ne pas produire	(0,100)	(0,0)

Chaque couple de la matrice correspond à un couple (profit pour Boeing, profit pour Airbus). On voit alors que lorsqu'une entreprise est seule à entrer sur le marché elle réalise un gain de 100, mais que son gain est négatif (– 5) si toutes deux entrent sur le marché. Bien entendu, si aucune n'entre, leurs profits sur ce marché sont nuls. Aucune stratégie dominante (stratégie choisie quelle que soit celle adoptée par le concurrent) n'apparaît pour les deux firmes.

L'idéal, on le devine, serait que l'une des deux entreprises parvienne à convaincre l'autre qu'elle entrera sur le marché quoiqu'il advienne, la seconde étant certaine de réaliser une perte si elle décidait d'entrer sur le marché et produire. C'est le cas si l'une d'entre elle possédait une avance technologique incontestable, conduisant la seconde à renoncer à produire : Boeing a longtemps pu être considérée comme en avance sur Airbus.

Cependant, les choses changent du tout au tout si les gouvernements européens s'accordent pour subventionner la production d'Airbus : ils versent une subvention de 10, conditionnée à l'entrée sur le marché de l'entreprise Airbus. La matrice stratégique prend alors la forme suivante :

Matrice 2

		Airbus	
		Produire	Ne pas produire
Boeing	Produire	(– 5, 5)	(100,0)
	Ne pas produire	(0, 110)	(0,0)

On voit clairement que Airbus dispose d'une stratégie dominante : en effet, quel que soit le choix de Boeing, Airbus a intérêt à produire car il réalise toujours un profit positif (de 5 ou de 110).

Airbus a donc bénéficié d'une politique commerciale stratégique européenne. Stratégique en ce sens où elle lui a permis de parvenir à convaincre son concurrent qu'elle produirait quoiqu'il arrive, condamnant l'entreprise Boeing à ne pas entrer sur le marché, car certaine de réaliser une perte dans ce cas.

En outre, la politique commerciale stratégique n'est point trop coûteuse en terme de deniers publics : la subvention perçue par Airbus peut très bien être une avance… aisément remboursable grâce au profit de 110 réalisé.

En somme, la politique commerciale stratégique justifie un protectionnisme prédateur : les profits réalisés par une firme nationale le sont au détriment de ceux réalisés par les firmes concurrentes étrangères. Cependant, on peut imaginer que sans avance des gouvernements européens et sans avance technologique de Boeing, aucune des deux firmes ne prenne le risque d'entrer sur le marché. Dans ce cas, la production d'avions de capacité moyenne serait nulle, alors même que le marché existe et qu'il pourrait être rentable. En quelque sorte, si la politique commerciale stratégique est incontestablement protectionniste, elle n'en reste pas moins un moyen d'encourager une production nécessaire au bien être de tous, mais qui risquerait de ne pas être réalisée si le marché était livré à lui-même.

2.2 L'échange international, un échange inégal

On conçoit aisément que la spécialisation d'un pays dans les secteurs à haute technologie permet une diffusion des connaissances et de l'expérience, à l'ensemble de l'économie nationale. En effet, il n'est pas identique de se spécialiser dans la construction aéronautique ou dans la production de bananes.

a) Une répartition différente des gains de productivité selon les pays

> L'**échange inégal** est une situation de l'échange international dans laquelle certains pays s'enrichissent grâce à l'échange, au détriment d'autres qui s'appauvrissent.

Selon Emmanuel (1972), l'échange est inégal car il consiste à obtenir, par l'intermédiaire des biens importés, une plus grande quantité de travail humain que n'en incorporent les biens exportés.

Inspirés de la théorie marxiste, et en prolongement de la théorie ricardienne de l'échange international, des auteurs tels que Arghiri Emmanuel (1972) et Samir Amin (1986) ont montré que le libre échange conduisait à une exploitation internationale des pays en développement par les pays développés. Selon eux, La spécialisation s'opère bien souvent par l'intermédiaire d'entreprises multinationales qui s'implantent dans les pays du tiers-monde. Celles-ci obtiennent sur place des gains de productivité qu'elles consacrent, en grande partie, à la baisse des prix des produits qu'elles réexportent vers leurs pays d'origine. À l'inverse, les gains de productivité réalisés dans les pays d'origine sont en général répartis sous forme de hausse des salaires, et des profits, au détriment des baisses de prix à l'exportation vers les pays du tiers-monde.

b) La dégradation des termes de l'échange des pays en développement

Les pays développés s'accaparent donc les gains de productivité des pays en développement et conservent les leurs. Il en résulte une dégradation des termes de l'échange qui conduit les pays en développement à exporter (et donc à travailler) davantage pour pouvoir importer une même quantité de biens. Il s'agit, selon Arghiri Emmanuel, d'un échange inégal de facteur travail.

Les **termes de l'échange** (TE) représentent le rapport entre l'indice des prix des biens exportés et l'indice des prix des biens importés.

$$TE = \frac{\text{Indice des prix des biens exportés}}{\text{Indice des prix des biens exportés}} \times 100$$

La détérioration des termes de l'échange s'explique en outre par la loi d'Engel (1857). La demande de biens primaires est moins forte à long terme, en proportion du revenu, que la demande de biens industriels. Ainsi, les prix des biens primaires ont-ils tendance à baisser.

2.3 Le rôle des entreprises et l'économie mondialisée

Les théories traditionnelles, qu'elles soient favorables au libre échange ou au protectionnisme, expliquent insuffisamment la réalité du commerce mondial. En effet, elles reposent souvent sur l'hypothèse de parfaite mobilité interne des facteurs de production, et non sur l'hypothèse d'une mobilité internationale des facteurs. Or, le commerce mondial a pour principaux acteurs l'ensemble des firmes multinationales, lesquelles organisent justement leurs activités de production à l'échelle de la planète, et non au seul niveau national.

2.4 L'organisation des entreprises au niveau mondial

Le concept de commerce international laisse de plus en plus la place à celui de commerce mondial. En effet, si l'on en reste au cadre de la nation, on en vient à occulter la mobilité internationale des facteurs de production, et notamment celle du capital. Or, les investissements des entreprises mondiales à l'étranger prouvent, à l'évidence, qu'une part importante des échanges de biens et services trouvent leur origine dans les stratégies de ces entreprises, sans référence précise à un quelconque avantage comparatif.

Une **entreprise mondiale** est une entreprise qui organise et structure ses activités au niveau mondial. Elle ne considère pas son marché comme une juxtaposition de marchés nationaux cloisonnés, mais comme un marché mondial unique.

Désormais, les entreprises structurent et organisent leurs activités d'emblée au niveau mondial. Bernard Lassudrie Duchêne (1971) parle de décomposition internationale des processus productifs (DIPP). Pour illustrer cette DIPP, on peut prendre l'exemple d'un processus de production d'un bien qui réclame la réalisation d'un grand nombre de sous-ensembles (l'automobile). Produire dans chaque pays supposerait des investissements identiques dans chacun d'eux pour fabriquer la totalité des sous-ensembles. Cette approche, on le pressent, n'est guère rationnelle. Il est préférable d'éclater le processus de production en plusieurs pays, pour tenir compte des avantages qu'offre chacun d'eux. Chaque sous-ensemble est alors réalisé en un endroit unique, ce qui permet de bénéficier d'économies d'échelle et d'effets d'expérience.

Tout se passe donc comme si la totalité des opérations à effectuer, dans le cadre du processus de production, était disséminée de part la planète en fonction des avantages respectifs des pays d'accueil. La DIPP n'apparaît intéressante que si les économies de coût (économies d'échelles et effet d'expérience) l'emportent sur les frais d'acheminement des sous-ensembles d'un point à l'autre de la planète (aux flux internes à une unité de production se substituent des flux internationaux entre unités de production).

À l'origine, ce sont les pratiques protectionnistes qui ont amené les entreprises à substituer des investissements internationaux aux échanges, la mobilité des facteurs de production (le capital) suppléant la mobilité contrariée des biens. En outre, la tendance à l'homogénéisation des modes de vie à travers la planète a fait ressortir une demande mondiale elle aussi homogénéisée.

2.5 Les conséquences de l'organisation des entreprises sur le commerce mondial

La DIPP a engendré des flux de biens et services entre les filiales des groupes mondiaux. Il s'agit donc d'exportations et d'importations, puisque ces flux traversent les frontières, entre les unités de production d'un même groupe. Se développe alors un commerce fermé, ou commerce intrafirme, qui échappe à la logique du marché et aux explications des théories traditionnelles sur la spécialisation internationale. Près du tiers du commerce international s'explique aujourd'hui par ces flux internes de biens et services.

> Le **commerce intrafirme**, ou commerce fermé, correspond aux échanges commerciaux internationaux entre les filiales d'un même groupe.

En conséquence, les prix de ces exportations et importations ne sont plus des prix de marché, relatifs à une offre et une demande mondiales. Ils ne relèvent plus d'une logique de concurrence qui repose sur les avantages comparatifs des nations, mais d'une logique stratégique des entreprises mondiales. Ces prix de marché laissent la place à des prix de cession interne, lesquels sont judicieusement fixés entre filiales pour faire apparaître les bénéfices du groupe dans les pays où la fiscalité est la plus avantageuse.

B LE COMMERCE MONDIAL

Le commerce international désigne l'ensemble des échanges de biens et de services entre les différents pays de la planète. Les volumes échangés ont évolué au cours du temps, ainsi que la structure des produits qui font le commerce international. Ce dernier est, en outre, considéré comme un lieu d'affrontement des suprématies économiques nationales que les nations de la planète ont souhaité encadrer.

Le commerce international conduit à une interdépendance croissante des économies nationales, avec son corollaire qui est la perte d'autonomie en matière de politique économique.

1 L'évolution des échanges internationaux

L'évolution du commerce mondial peut s'analyser du point de vue de son volume et de sa structure.

1.1 Le volume des échanges de biens et services

a) Les échanges tirent la croissance

Commerce mondial de marchandise et production mondiale : taux de croissance annuel moyen en pourcentage

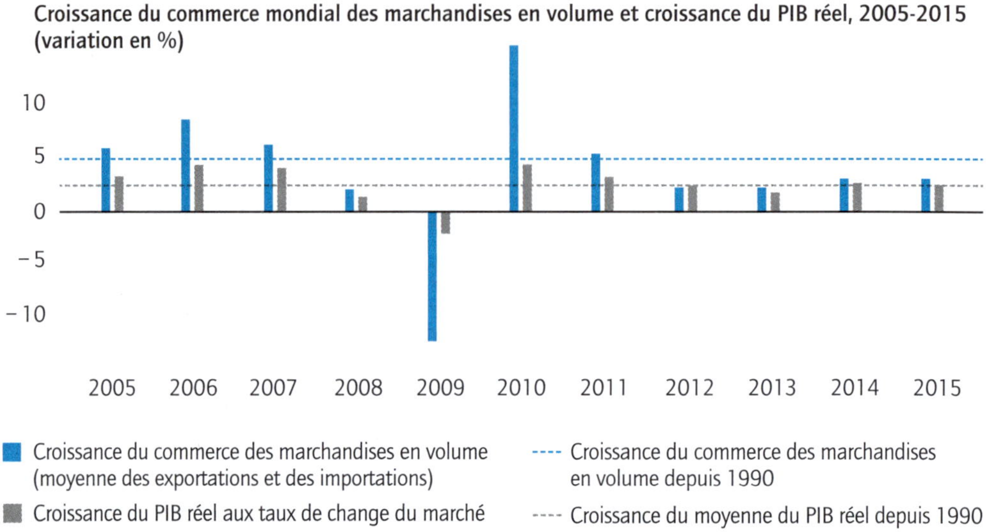

Source : OMC, Examen statistique du commerce mondial 2016.

Les échanges internationaux ont connu une très forte croissance en volume depuis le début du siècle et, plus encore, après la seconde guerre mondiale. Malgré une décélération entre 1973 et 1985, les exportations mondiales ont toujours crû à un rythme supérieur à celui de la production mondiale.

b) Échanges de services et échanges de marchandises

On observe une part croissante des services dans le total des échanges, même si cette part est loin de la part des services dans les productions nationales.

La croissance des échanges à l'échelle mondiale (en milliards de dollars courants)

	1967	1984	1992	2005	2013	2014	2015
Échanges de marchandises	216	1 923	3 700	10 120	18 816	19 002	16 204
Échanges de services	44	390	960	2 415	4 645	4 872	4 678
Total commerce mondial	260	2 313	4 660	112 353	23 461	23 874	20 882
Part des services	16,9 %	16,8 %	20,6 %	19,5 %	19,8 %	20,4 %	22,4 %

Source : Rapports annuels, www.wto.org.

Si le commerce mondial a bien augmenté en volume en 2015, par contre la baisse des prix mondiaux des produits de base a conduit à une baisse significative de la valeur du commerce mondial des marchandises. Les prix mondiaux de l'énergie ont en effet chuté de 45 % sur l'ensemble de l'année 2015.

Les services échangés au niveau international sont essentiellement des services commerciaux. Les services non marchands, qui constituent une part non négligeable des services nationaux, sont rarement susceptibles d'être échangés, ainsi que les services dits de proximité. Enfin, une grande partie des services marchands fait plus souvent l'objet d'investissements internationaux que d'échanges.

1.2 La structure des échanges par produits

a) L'importance des échanges de produits manufacturés

La part des échanges de produits manufacturés est croissante, à long terme, dans le total des échanges de biens. À l'inverse, le poids des produits agricoles est en baisse régulière, malgré une tendance récente à la hausse. En revanche, la part des produits combustibles (incluant le pétrole) fluctue selon l'évolution des cours. Au total, le poids des différents produits échangés dépend à la fois des volumes et des prix relatifs de ces produits.

Composition des exportations mondiales (statistiques en pourcentage du total*)

	1963	1978	1980	1992	2005	2013	2014
Produits agricoles	29	16	15	12,2	8,4	9,3	9,5
Combustibles et produits des industries extractives	16	21	29	12,2	17,2	22,5	20,5
Produits manufacturés	52	60	55	72,8	71,9	64,6	66,2

** Les totaux ne sont pas égaux à 100, car des produits n'ont pas pu être classés dans les trois catégories.*

b) Les pays développés sont les principaux exportateurs de matières premières

Contrairement à une idée reçue, les pays en développement ne sont pas les principaux exportateurs de matières premières. En effet, les pays du « nord » tels que les États-Unis, le Canada et la Russie se placent bien souvent en tête des productions minières (combustibles inclus) et agricoles. Toutefois, la production et l'exportation de ressources naturelles ne représentent qu'une faible part des activités des pays développés, contrairement aux pays en développement (PED) pour lesquels elle constitue une fraction importante.

1.3 L'interdépendance croissante des économies

L'interdépendance des économies est liée à l'ouverture des frontières et à la transmission des fluctuations de l'activité économique.

a) Une ouverture croissante des économies sur l'extérieur

L'ouverture des économies sur l'extérieur s'est accrue avec l'accélération des échanges. Désormais, la production en France résulte pour le quart d'importations et est consacrée, pour le quart là aussi, à l'exportation.

Le **taux d'ouverture** d'une économie nationale se définit comme le rapport entre la moyenne des importations et des exportations et le produit intérieur brut :

$$\frac{(\text{Exportation} + \text{Importations})/2}{\text{PIB}} \times 100$$

Il semble, toutefois, que l'ouverture des économies soit largement tributaire de la dimension du territoire ainsi que de sa diversité. Les États-Unis ont, par exemple, un taux d'ouverture (15,9 %) bien moins élevé que le Luxembourg (85 %).

Enfin, le calcul du taux d'ouverture est très discutable, puisqu'il rapporte un CA (les exportations) à une valeur ajoutée (le PIB). Les calculs montrent que la valeur ajoutée représente en moyenne 25 % du chiffre d'affaires. Il faudrait donc diviser le taux d'ouverture par 4 pour obtenir une mesure plus juste.

Taux d'ouverture (en %)

	1960	1990	2007	2011
RFA puis Allemagne	17,8	24,9	43,4	47,7
Chine		13,4	34	24,6
États-Unis	4,8	10,3	14,4	15,9
France	13,3	22	27,7	28,7
Japon	10,6	9,9	16,7	15,15
Royaume-Uni	22,3	25	28,2	32,8
Zone euro à 17				43,1
Zone euro hors échanges intra zone				16,8
UE à 27				43,0

b) Les fluctuations économiques se transmettent par le commerce international

L'interdépendance des économies suppose une diminution de l'indépendance en matière de politique économique, puisque des contraintes extérieures viennent limiter son efficacité. Ainsi, les politiques économiques de relance de la demande, par exemple, aboutissent à une hausse des importations préjudiciable à l'équilibre extérieur. Par contre, la croissance économique d'un pays se répercute sur d'autres qui pourront répondre, par des exportations, à une demande plus importante.

2 La géographie des échanges

L'échange international est le théâtre de la compétitivité des nations. On y retrouve les grandes puissances parmi les principaux importateurs et exportateurs de biens et services.

2.1 Les principales puissances commerciales

a) La concurrence entre les nations

Les nations sont concurrentes entre elles. Pour approvisionner les pays qui ne disposent pas de certains biens, mais également pour des biens que toutes produisent, dans le cadre des échanges intra-branche.

Ce qui est donc en jeu, au travers du commerce international, c'est la position de chaque nation dans les échanges, ou plus exactement sa part du marché mondial.

Le concept de concurrence entre nations a-t-il (encore) un sens ?

Selon Paul Krugman (1994), seules les entreprises de nations différentes sont en concurrence et non les nations (on peut d'ailleurs se demander ce que signifie la nationalité d'une entreprise). Par contre, selon Anton Brender (1996), la compétitivité des entreprises est dépendante du contexte socio-économique dans lequel elles interviennent. Aussi, la concurrence internationale se traduit par une concurrence entre espaces nationaux et entre politiques nationales.

Au total, la concurrence internationale s'avère être une concurrence entre des entreprises de nations différentes, entre des salariés travaillant dans des nations différentes, entre les territoires de nations différentes. Elle renvoie à la compétitivité des nations qui se définit comme la capacité à affronter la concurrence sans subir de handicap. Cette compétitivité entre nations ne repose pas uniquement sur des éléments de politique conjoncturelle (taux d'intérêt, salaires, taux de change, taux d'inflation) mais aussi sur des aspects structurels, car les entreprises peuvent délocaliser leurs productions. En réalité, la concurrence internationale repose sur la plus ou moins grande compétitivité des nations. Celle-ci n'est pas la somme des compétitivités des agents privés (entreprises, salariés) mais suppose une dimension d'emblée collective. Aucun agent privé ne peut la garantir (caractère de bien public), ce qui devient une nouvelle mission pour l'État (il faudrait, selon A. Brender, ressusciter l'État providence).

Pour affronter la concurrence internationale les nations peuvent s'appuyer sur plusieurs éléments de compétitivité collective : le système de santé, l'enseignement et la formation, la protection sociale en général, le capital social (la paix sociale et l'expérience de sa préservation), les infrastructures de transport et de communication, la fiscalité, le droit et les structures juridiques (le droit du travail doit-il être peu contraignant ou le niveau de protection des salariés plus élevés ?)

b) L'importance des pays développés dans les échanges

Le commerce mondial est principalement le fait des pays développés, à hauteur de 70 %. La part des pays en développement est fluctuante, largement en raison des évolutions des cours des matières premières qui constituent une part encore importante de leurs exportations. Cependant, les exportations de produits manufacturés se développent dans ces pays et conduisent à une stabilisation de leur part dans le total des échanges, à l'inverse des pays de l'Est.

Exportations mondiales de marchandises, par région et par certaines économies, 1948, 1953, 1963, 1973, 1983, 1993, 2003 et 2015 (en milliards de dollars et en pourcentage)

	1948	1953	1963	1973	1983	1993	2003	2015
				Valeur				
Monde	59	84	157	579	1 838	3 684	7 380	15 985
				Part				
Monde	**100,0**	**100,0**	**100,0**	**100,0**	**100,0**	**100,0**	**100,0**	**100,0**
Amérique du Nord	**28,1**	**24,8**	**19,9**	**17,3**	**16,8**	**18,0**	**15,8**	**14,4**
États-Unis	21,7	18,8	14,9	12,3	11,2	12,6	9,8	9,4
Canada	5,5	5,2	4,3	4,6	4,2	3,9	3,7	2,6
Mexique	0,9	0,7	0,6	0,4	1,4	1,4	2,2	2,4
Amérique du Sud et centrale	**11,3**	**9,7**	**6,4**	**4,3**	**4,5**	**3,0**	**3,0**	**3,4**
Brésil	2,0	1,8	0,9	1,1	1,2	1,0	1,0	1,2
Venezuela	0,6	0,5	0,3	0,2	0,2	0,2	0,3	0,4
Europe	**35,1**	**39,4**	**47,8**	**50,9**	**43,5**	**45,4**	**45,9**	**37,3**
Allemagne (a)	1,4	5,3	9,3	11,7	9,2	10,3	10,2	8,3
France	3,4	4,8	5,2	6,3	5,2	6,0	5,3	3,2
Italie	1,8	1,8	3,2	3,8	4,0	4,6	4,1	2,9
Pays-Bas	2,0	3,0	3,6	4,7	3,5	3,8	4,0	3,5
Communauté d'États indépendants (CEI) (b)	-	-	-	-	-	**1,5**	**2,6**	**3,1**
Afrique	**7,3**	**6,5**	**5,7**	**4,8**	**4,5**	**2,5**	**2,4**	**2,4**
Afrique du Sud (c)	2,0	1,6	1,5	1,0	1,0	0,7	0,5	0,5
Moyen-Orient	**2,0**	**2,7**	**3,2**	**4,1**	**6,7**	**3,5**	**4,1**	**5,3**
Asie	**14,0**	**13,4**	**12,5**	**14,9**	**19,1**	**26,0**	**26,1**	**34,2**
Chine	0,9	1,2	1,3	1,0	1,2	2,5	5,9	14,2
Japon	0,4	1,5	3,5	6,4	8,0	9,9	6,4	3,9
Inde	2,2	1,3	1,0	0,5	0,5	0,6	0,8	1,7
Australie et Nouvelle-Zélande	3,7	3,2	2,4	2,1	1,4	1,4	1,2	1,4
Six pays commerçants de l'Asie de l'Est	3,4	3,0	2,5	3,6	5,8	9,6	9,6	9,9
Pour mémoire								
UE (d)	–	–	24,5	37,0	31,3	37,3	42,4	33,7
URSS, ex	2,2	3,5	4,6	3,7	5,0	–	–	-
Membres du GATT/OMC (e)	63,4	69,6	75,0	84,1	77,0	89,0	94,3	98,3

(a) Les chiffres concernent la République Fédérale d'Allemagne de 1948 à 1983.
(b) Les chiffres sont sensiblement affectés par l'inclusion des échanges mutuels des États baltes et de la CEI entre 1993 et 2003.
(c) À partir de 1998, les chiffres concernent l'Afrique du Sud et non plus l'Union douanière de l'Afrique australe
(d) Les chiffres concernent la CEE(6) en 1963, la CE(9) en 1973, la CE(10) en 1983, l'UE(12) en 1993, l'UE(25) en 2003 et l'UE(28) en 2013.
(e) Membres l'année indiquée
Note : Entre 1973 et 1983 et entre 1993 et 2003, les parts des exportations ont été sensiblement influencées par l'évolution du prix du pétrole.

Source : OMC, Statistiques du commerce international, 2016.

On assiste, en partie, à une redistribution des cartes au sein du commerce international. Le déclin des États-Unis a suivi celui de la Grande-Bretagne et a profité au Japon et à l'Allemagne. Les États-Unis sont devancés par la Chine qui devient le premier exportateur mondial de marchandises (la France est en sixième position), mais ils restent le premier exportateur mondial de services (la France est en cinquième position).

Principaux exportateurs et importateurs mondiaux de marchandises, 2015
(en milliards de dollars et en pourcentage)

Rang	Exportateurs	Valeur	Part	Variation annuelle en %	Rang	Importateurs	Valeur	Part	Variation annuelle en %
1	Chine	2 275	13,8	- 3	1	États-Unis	2 308	13,8	- 4
2	États-Unis	1 505	9,1	- 7	2	Chine	1 682	10,1	- 14
3	Allemagne	1 329	8,1	- 11	3	Allemagne	1 050	6,3	- 13
4	Japon	625	3,8	- 9	4	Japon	648	3,9	- 20
5	Pays-Bas	567	3,4	- 16	5	Royaume-Uni	626	3,7	- 9
6	Corée, République de	527	3,2	- 8	6	France	573	3,4	- 15
7	Hong Kong, Chine	511	3,1	- 3	7	Hong Kong Chine	559	3,3	- 7
	exportations d'origine locale	*13*	0,1	- 16		*importations définitives*	*134*	*0,8*	*- 11*
	réexportations	*498*	3,0	- 2	8	Pays-Bas	506	3,0	- 14
8	France	506	3,1	- 13	9	Corée, République de	436	2,6	- 17
9	Royaume-Uni	460	2,8	- 9					
10	Italie	459	2,8	- 13	10	Canada (a)	436	2,6	- 9
11	Canada	408	2,5	- 14	11	Italie	409	2,4	- 14
12	Belgique	398	2,4	- 16	12	Mexique	405	2,4	- 2
13	Mexique	381	2,3	- 4	13	Inde	392	2,3	- 15
14	Singapour	351	2,1	- 14	14	Belgique	375	2,2	- 17
	exportations d'origine locale	*174*	*1,1*	*- 20*	15	Espagne	309	1,8	- 14
	réexportations	*177*	*1,1*	*- 9*	16	Singapour	297	1,8	- 19
15	Russie, Fédération de	340	2,1	- 32		*importations définitives*	*120*	*0,7*	- 30
16	Suisse	290	1,7	- 11	17	Suisse	252	1,5	- 9
17	Taipei chinois	285	1,6	1	18	Taipei chinois	238	1,4	- 16
18	Espagne	282	1,7	- 13	19	Émirats arabes unis (b)	230	1,4	- 8
19	Inde	267	1,6	- 17	20	Australie	208	1,2	- 12
20	Émirats arabes unis (b)	265	1,6	- 29					

(a) Importations f.a.b.
(b) Estimations du Secrétariat.

Source : OMC, Statistiques du commerce international, 2016.

Par ailleurs, les États-Unis demeurent le premier exportateur de services commerciaux dans le monde, la France se classe en quatrième position, désormais dépassée à la fois par le Royaume-Uni et l'Allemagne alors qu'elle fut longtemps classée deuxième.

Principaux exportateurs et importateurs mondiaux de services commerciaux, 2015 (en milliards de dollars et en pourcentage)

Rang	Exportateurs	Valeur	Part	Variation annuelle en %	Rang	Importateurs	Valeur	Part	Variation annuelle en %
1	États-Unis	690	14,5	0	1	États-Unis	469	10,2	3
2	Royaume-Uni	345	7,3	– 5	2	Chine	466	10,1	3
3	Chine	285	6,0	2	3	Allemagne	289	6,3	– 12
4	Allemagne	247	5,2	– 9	4	France	228	4,9	– 9
5	France	240	5,0	– 13	5	Royaume-Uni	208	4,5	1
6	Pays-Bas	178	3,7	– 9	6	Japon	174	3,8	– 9
7	Japon	158	3,3	0	7	Pays-Bas	157	3,4	– 9
8	Inde	155	3,3	0	8	Irlande	152	3,3	4
9	Singapour (a)	139	139	– 7	9	Singapour	143	3,1	– 8
10	Irlande	128	128	– 5	10	Inde	122	2,7	– 4
11	Espagne	117	117	– 11	11	Corée, République de	112	2,4	– 2
12	Belgique	109	109	– 10	12	Belgique	106	2,3	– 10
13	Suisse	108	108	– 7	13	Italie	99	2,2	– 13
14	Hong Kong, Chine	104	104	– 2	14	Canada	95	2,1	– 11
15	Italie	99	99	– 14	15	Suisse	92	2,0	– 6
16	Corée, République de	97	97	– 13	16	Russie, Fédération	87	1,9	– 27
17	Luxembourg	95	95	– 4	17	Hong Kong, Chine	74	1,6	0
18	Canada	76	76	–	18	Luxembourg	72	1,6	– 7
19	Suède	71	71	– 6	19	Brésil	69	1,5	– 20
20	Danemark	61	61	– 16	20	Émirats arabes unis	66	1,4	3

(a) Négoce international non inclus.
(b) Estimation du Secrétariat.

Source : OMC, Statistiques du commerce international, 2016.

c) Le passage de l'ancienne à la nouvelle DIT

La redistribution des rôles, au sein du commerce mondial, qui profite aussi aux pays en développement, marque le passage d'une ancienne à une nouvelle division internationale du travail (DIT).

La **division internationale du travail (DIT)** est un processus de répartition de la production, et des étapes de la production, des biens et des services à l'échelle internationale. Elle est le résultat de la spécialisation des économies nationales.

On distingue l'ancienne DIT, selon laquelle les pays en développement exportaient des matières premières vers les pays développés en échange de produits manufacturés, et la nouvelle DIT selon laquelle certains pays en développement exportent également des produits manufacturés. On trouve surtout, parmi ces derniers, les nouveaux pays industrialisés ou (NPI), ou encore pays émergents, notamment d'Asie (Corée du Sud, Taiwan, Singapour, Malaisie, Chine-Hong-Kong).

2.2 Les principaux courants d'échange

a) La tripolarisation du commerce international

Le commerce international, qui s'inscrit dans la nouvelle division internationale du travail, s'éloigne de plus en plus d'un commerce de type Nord/Sud, au profit d'un commerce tripolaire. Ainsi, la part de l'Asie et du Pacifique grandit dans les échanges, au détriment de l'Amérique, alors que la part de l'Europe reste relativement stable. On parle même de triade pour caractériser le monde commercial aujourd'hui : chaque pôle est organisé de manière hiérarchique autour d'un leader et de sa monnaie (États-Unis et dollar, Allemagne et euro, Japon et yen).

Part des courants d'échanges régionaux dans le commerce mondial de marchandises, 2015 (en pourcentage)

Destination / Origine	Amérique du Nord	Amérique du Sud et centrale	Europe	CEI	Afrique	Moyen-Orient	Asie	Monde
Monde	16,8	4,3	36,4	3,1	3,4	4,2	29,6	100,0
Amérique du Nord	6,5	1,2	2,0	0,1	0,2	0,4	2,7	13,2
Amérique du Sud et centrale	1,0	1,1	0,7	0,0	0,1	0,1	1,0	4,0
Europe	2,8	0,7	24,9	1,3	1,2	1,2	3,6	36,3
Communauté d'États indépendants (CEI)	0,2	0,1	2,2	0,8	0,1	0,1	0,8	4,3
Afrique	0,3	0,2	1,2	0,0	0,5	0,1	0,9	3,3
Moyen-Orient	0,6	0,1	0,8	0,0	0,2	0,7	3,8	7,4
Asie	5,5	1,0	4,7	0,7	1,0	1,5	16,8	31,5

Source : OMC Statistiques du commerce international, 2014.

b) L'émergence des blocs commerciaux

Le commerce international s'inscrit dans une logique de constitution de blocs commerciaux, ou zone d'intégration régionale.

Une **zone d'intégration régionale**, ou bloc commercial, est une zone constituée entre pays généralement voisins, qui consiste à créer un espace de libre-échange, une union douanière ou une entente politique.

FOCUS . . . FOCUS . . . FOCUS . . . FOCUS . . . FOCUS . . . FOCUS . . .

Les principaux auteurs du courant classique

« 1. La **zone de libre échange** suppose l'abolition des droits de douane et des barrières non tarifaires entre pays signataires, mais une indépendance des politiques douanières extérieures. Exemple : le MERCOSUR.

2. L'**union douanière** est une zone de libre échange accompagnée d'un tarif extérieur commun.

3. Le **marché commun** est une union douanière complétée d'une libre circulation des facteurs de production (main d'œuvre et capitaux) à l'intérieur de la zone. Il suppose l'absence totale d'obstacles non douaniers et des moyens permettant d'imposer les règles de la concurrence.

4. L'**union économique** est un marché commun accompagné d'une harmonisation ou d'une coordination des politiques économiques, financières, sociales et monétaires des nations.

5. L'**intégration économique** suppose un marché commun plus une unification des politiques économiques. L'intégration économique suppose la même anticipation, les mêmes taux de substitution de marché à marché, la comparabilité des coûts et une possibilité de localisation optimale. Exemple : les États-Unis ou la Suisse. »

J. Coussy et P. Hugon, *Intégration régionale et ajustement structurel en Afrique subsaharienne*, Éditions du ministère de la Coopération, 1991

Selon une étude désormais célèbre de Jacob Viner (1950), la constitution de blocs commerciaux entraîne deux effets sur le volume du commerce international.

Le premier s'explique comme un « détournement de trafic ». Les nations qui décident d'ériger un tarif extérieur commun, tout en abolissant les droits de douanes entre elles, favorisent le commerce à l'intérieur de la zone. Le tarif extérieur commun choisi peut s'avérer, pour certains pays, supérieur à celui qu'ils pratiquaient avec les pays tiers avant l'accord commercial. Mais surtout, à l'intérieur du bloc commercial, les entreprises les moins performantes sont évincées, et les regroupements de firmes permettent de réaliser des économies d'échelle. Ainsi, les coûts et les prix de vente des marchandises baissent dans la zone commerciale. En conséquence, les pays de la zone ont intérêt à acheter des marchandises à l'intérieur du bloc commercial car les produits extérieurs à la zone deviennent plus chers. Ainsi, le trafic commercial avec l'extérieur est « détourné » au profit d'un commerce intérieur à la zone commerciale.

Cependant, les consommateurs bénéficient d'une hausse de pouvoir d'achat (du fait de la baisse des prix à l'intérieur de la zone) qu'ils peuvent consacrer à l'achat de biens en provenance de l'extérieur de la zone. Il y a bien un deuxième effet qui s'apparente à une « création de trafic » avec l'extérieur de la zone.

En quelque sorte, à la baisse du prix des biens correspond un effet de substitution, qui conduit les consommateurs à privilégier les produits de la zone, mais aussi un effet de revenu qui les amène à consommer d'autres produits en provenance de l'extérieur de la zone. Cette même baisse des coûts autorise, en outre, les entreprises à exporter davantage vers l'extérieur. Il y a donc création de trafic d'échange entre la zone et sa périphérie.

À l'exclusion des pratiques protectionnistes, qui ne sont pas spécifiques aux blocs commerciaux, il semblerait que la constitution de ces zones, comme le montrent de multiples études sur l'Union Européenne, n'entrave pas la libéralisation des échanges à l'échelle de la planète.

3 L'organisation des échanges

Les grandes puissances commerciales de la planète ont souhaité organiser le commerce international par un code de bonne conduite, qu'elles ont aménagé pour tenir compte des modifications dans la nature des échanges.

3.1 Les principes de l'organisation des échanges

a) La mise en place de règles du jeu de l'échange international

Dans le cadre du GATT (AGETAC en français, accord général sur les tarifs douaniers et le commerce), les pays échangistes ont souhaité mettre en place un code de bonne conduite, dès 1947. Il repose sur deux grands principes que sont le libéralisme (libre échange) et le multilatéralisme.

Le libre échange, sans obstacles, est le but à atteindre grâce au démantèlement des différentes barrières douanières.

En vertu de la « clause de la nation la plus favorisée » tout avantage tarifaire accordé à un membre doit être étendu à l'ensemble des membres. De plus, la réciprocité s'impose, en matière d'avantage tarifaire, pour éviter qu'un pays membre ne profite des concessions de ses partenaires sans en accorder lui même.

b) Les négociations commerciales multilatérales.

Les discussions sur l'organisation des règles du jeu du commerce international se sont déroulées dans le cadre des cycles de négociations commerciales multilatérales (NCM ou Rounds). Les NCM ont ainsi conduit à une baisse considérable des droits de douanes entre pays membres.

Évolution du niveau moyen des droits de douanes (tarifs moyens en % *ad valorem*)

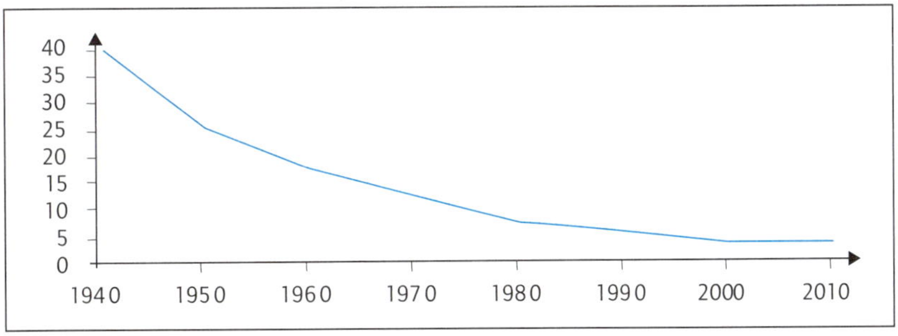

Enfin, les négociations de l'Uruguay Round ont abouti à la création de l'OMC, qui transforme le simple accord du GATT en véritable organisation. Cette dernière peut désormais autoriser la prise de sanction contre des membres qui ne respecteraient pas les règles édictées à l'occasion des négociations.

L'**Organisation mondiale du commerce** (**OMC**) est un organisme, issu des accords de l'Uruguay Round, chargé d'établir et de faire respecter, par la concertation entre les pays membres, les règles du commerce international.

Cycles de négociation	Nombre de participants	Principaux résultats
Genève, 1947	23	45000 réductions tarifaires sur les produits manufacturés, baisse moyenne de 15 % sur 50 % du commerce mondial
Annecy, 1949	13	Baisse moyenne de 25 % des tarifs douaniers
Torquay, 1950/51	38	Réductions tarifaires sur 8 700 nouveaux produits
Genève, 1955/56	26	Peu de réductions tarifaires
Dillon Round 1961/62	26	Réduction tarifaires de 10 % environ
Kennedy Round 1964/1967	62	Réductions tarifaires de 35 % sur produits manufacturés et 20 % sur produits agricoles. Code anti-dumping.
Tokyo Round 1973/1979	99	Réductions tarifaires de 34 % sur les produits manufacturés. Accords sur les barrières non tarifaires
Uruguay Round 1986/1994	115	Création de l'OMC. Accords sur l'agriculture, le textile, les droits de la propriété intellectuelle.
Millenium Round Seattle 1999	135	Échec des négociations d'ouverture du cycle
Doha 2001	142	Démarrage d'un cycle de négociation après l'échec de Seattle en 1999. Propriété industrielle restreinte sur les médicaments. Entrée de la Chine et de Taiwan.
Cancun 2003	148	Échec de la reprise des négociations initiées à Doha.
Honk-Kong 2005	149	Accord sur le commerce du coton au bénéfice des PMA.
Genève 2011	153	Nouvel échec du cycle de Doha. Accord pour l'entrée de la Russie en 2012, après 19 ans de négociations.
2012	156	Entrée de la Russie

3.2 Les enjeux et les perspectives de l'OMC

« Les participants à un entretien téléphonique récent sur l'OMC étaient débordants d'idées : l'OMC devrait faire ceci, l'OMC devrait faire cela, disaient-ils. En fin de compte, l'un d'eux s'est exclamé : "Attendez une minute. L'OMC est une table. Les gens s'assoient autour de la table pour négocier. Que voudriez-vous que fasse la table ?" » (www.wto.org.)

a) La prise en compte par l'OMC des échanges de services

L'OMC doit aujourd'hui affronter un certain nombre de problèmes qui caractérisent l'évolution du commerce mondial. Pour ce qui concerne la structure des échanges, l'OMC entérine le poids des services commerciaux en créant un Accord sur le commerce de services (GATS) qui reprend les grands principes du GATT. En effet, les services étaient jusque-là exclus des accords du GATT et faisaient l'objet d'une protection importante dans l'ensemble des pays membres.

b) La reconnaissance des droits de propriété

La libéralisation des échanges, en raison des vertus qu'on lui accorde habituellement, doit conduire à une compétition plus saine entre les entreprises, éliminant les situations de monopoles. Ainsi, le consommateur est le principal bénéficiaire de cette libéralisation, tant les entreprises rivalisent d'ingéniosité pour capter son attention à l'aide de prix attractifs.

Cependant, le domaine des droits de la propriété intellectuelle, et plus particulièrement celui des droits de la propriété industrielle, n'obéit pas tout à fait à ce principe. Les accords de l'Uruguay Round constituent, en effet, plus une réglementation des droits de la propriété intellectuelle qu'une libéralisation. Sont alors reconnus, et autorisés, les monopoles temporaires que confèrent les brevets, les compétences distinctives liées à la marque. Cette pratique n'est pas nouvelle et correspond à une logique établie depuis longtemps : la possibilité, pour l'entreprise, de rentabiliser d'importants investissements en recherche et développement, ou de protéger son image.

c) L'OMC, arbitre du commerce mondial ?

Pour ce qui concerne les pratiques protectionnistes, dans la continuité des accords de l'Uruguay Round, l'OMC cherche à lutter contre les barrières non tarifaires, les politiques de soutien des produits agricoles, les subventions à l'exportation.

L'OMC s'est doté, depuis les accords de Marrakech, d'un organe de règlement des différends. Celui-ci est saisi par les États qui considèrent que les règles du commerce international ne sont pas observées. Les conflits opposent en particulier les États-Unis et l'Europe, notamment pour ce qui concerne le commerce des produits agricoles. L'Union Européenne a ainsi été désavouée par l'OMC dans le conflit de la banane qui l'opposait aux États-Unis. Le système de quota mis en place par l'UE pour protéger la production de bananes antillaises et celles des pays dits ACP (Afrique, Caraïbes, Pacifique) est contraire aux principes de l'OMC.

FOCUS . . . FOCUS . . . FOCUS . . . FOCUS . . . FOCUS . . . FOCUS . . .

Comment fonctionne l'organe de règlement des différends ?

« L'organe de règlement des différends (ORD) de l'OMC permet d'arbitrer un conflit commercial afin d'éviter le recours à des sanctions unilatérales. Des consultations ont lieu entre les deux parties. Si elles échouent, le directeur général de l'OMC peut servir de médiateur. Soixante jours après, le plaignant peut demander à l'ORD d'établir une commission d'arbitrage, dite groupe spécial (ou panel), pour examiner l'affaire. Le groupe spécial est composé de trois personnes, proposées par le secrétariat de l'OMC. Il doit remettre son rapport final dans un délai de six mois (trois mois en cas d'urgence). Ce rapport est distribué à tous les membres de l'OMC. La décision du panel doit être adoptée par l'ORD dans les soixante jours, à moins qu'une des parties ne fasse appel ou que l'ORD ne décide par consensus de ne pas adopter le rapport.

L'organe permanent est composé de sept personnes nommées pour quatre ans par l'OMC. trois d'entre elles siègent pour une affaire. Le rapport de l'organe d'appel est adopté dans les trente jours par l'ORD et accepté sans conditions par les parties en litige, à moins que l'ORD ne décide par consensus de ne pas l'adopter. La jurisprudence a établi un délai de quinze mois pour la mise en œuvre des décisions. Au-delà de ce délai, l'ORD peut autoriser des mesures de rétorsion à moins que les parties négocient une compensation en attendant la mise en œuvre intégrale de la décision. »

OMC, Questions-réponses, *Le Monde*, 30 septembre 1997.

L'essentiel

Le commerce international peut faire l'objet d'une vision normative et d'une vision positive. D'un point de vue normatif, le libre échange apparaît comme la situation idéale qu'il convient de rechercher à tout prix. Cependant, cette approche semble ne pas correspondre totalement à la réalité des échanges internationaux. La vision positive tente, elle, d'expliquer cette réalité en faisant ressortir la nécessité, pour certaines nations et dans certains cas, de se protéger de l'échange inter-national. En outre, le rôle des entreprises mondiales remet en cause l'approche en terme d'avantage compétitif des nations. D'ailleurs, la lecture d'une balance des paiements doit être prudente, tant les flux monétaires et réels internes aux groupes de sociétés viennent brouiller les pistes d'interprétation.

Avec la mise en place de l'OMC les pays de la planète ont fait un pas décisif vers le règlement des différends commerciaux entre eux, et le démantèlement des barrières douanières. On peut toutefois faire observer que ces efforts pour limiter les obstacles aux échanges se heurtent à la possibilité pour un pays de pratiquer une politique de change agressive. Les relations commerciales doivent donc s'accompagner de relations monétaires internationales.

RÉFÉRENCES

Mots clés

- Avantage absolu
- Avantage comparatif
- Barrières douanières tarifaires et non tarifaires
- Commerce intrabranche
- Commerce intrafirme
- Création/détournement de trafic
- Demande de différence
- Demande représentative
- DIPP
- DIT
- Échange inégal
- Économie d'échelles externes
- Entreprise mondiale
- GATT
- Industries naissantes (ou dans l'enfance)
- Libre échange
- Loi des dotations en facteurs de production
- Mobilité des facteurs de production
- OMC
- ORD
- Perte sèche d'un tarif douanier
- Politique commerciale stratégique
- Protectionnisme
- Taux d'ouverture sur l'extérieur
- Termes de l'échange
- Théorème de Stolper-Samuelson
- Théorème HOS
- Zone d'intégration régionale

Dates clés

1947	Charte de La Havane, signature du GATT
1995	Accords de Marrakech instituant l'OMC
2001	La Chine devient membre de l'OMC

Auteurs de référence

Amin (1986), Brander et Spencer (1983), Brender (1996), Emmanuel (1972), Hecksher (1919), Krugman (1986, 1994), Lassudrie-Duchêne (1971), Linder (1961), Ohlin (1933), Ricardo (1817), Samuelson (1941,1948,1949), Smith (1776), Viner (1950).

Références bibliographiques

- Arnaud Mayeur, *Choix collectifs et raison d'État : Traité de macroéconomie*, PUF, 2005.
- Michel Burda et Charles Wyplosz, *Macroéconomie : une perspective européenne*, DeBoeck, 2003.
- Michel Rainelli, *Le commerce international*, La Découverte, 1994.
- Michel Rainelli, *La nouvelle théorie du commerce international*, La Découverte, 1997.

Sites Internet

www.wto.org le site de référence de l'OMC pour tout ce qui concerne les statistiques du commerce mondial et les avancées de l'OMC.

APPLIQUER LE COURS

Application — Quiz

		Vrai	Faux
1	L'Organisation mondiale du commerce (OMC) a été créée en 1947.		
2	Le GATT est une institution.		
3	La période de l'entre-deux-guerres est une période de forte expansion des échanges internationaux.		
4	Selon l'économiste David Ricardo, chaque pays a intérêt à se spécialiser dans les productions dans lesquelles il possède un avantage absolu par rapport aux autres nations.		
5	Les théories traditionnelles des échanges internationaux conduisent à l'idée que « plus les pays sont différents et plus ils échangent entre eux ».		
6	Dans la période contemporaine, les échanges s'organisent de plus en plus dans un cadre régional (notion de commerce intra-zone).		

7 Quel est le nom de l'économiste allemand du XIXe siècle auteur de la thèse du « protectionnisme éducateur » ?

8 Quel est le poids des échanges de services dans les échanges totaux de biens et services ?

9 Qu'est que le CETA ? Cochez la bonne réponse :
a) un accord commercial
b) un accord fiscal
c) un accord monétaire

10 Classez ces différents pays par ordre de taux d'ouverture décroissant : Chine, États-Unis, Luxembourg, France.

11 Que représentent (en pourcentage de la valeur des marchandises) les droits de douane appliqués aux échanges de produits manufacturés dans le monde ?

SE PRÉPARER À L'EXAMEN

Étude de document

Le débat sur la clause sociale

L'idée de l'introduction d'une clause sociale dans l'accord de Marrakech a été notamment défendue par le Parlement européen, qui a approuvé le 9 février 1994 le rapport présenté en ce sens par André Sainjon. Le fondement de cette démarche est que certains pays en développement procéderaient à un « dumping social », à l'origine d'avantages artificiels dans les échanges avec les pays industrialisés. Le terme de « dumping social » est particulièrement inopportun : pour que le dumping existe il faut que les exportateurs pratiquent une discrimination de prix entre les ventes sur leur territoire national et les ventes à l'étranger. Or, les constats mis en avant sont simplement d'un traitement différent de la main d'œuvre dans nombre de pays d'Asie, d'Afrique et d'Amérique latine où ne sont pas respectées les conventions de l'Organisation Internationale du travail (travail forcé, travail des enfants, absence des droits à la liberté syndicale et à la négociation collective, notamment). Ces caractéristiques s'appliquent à toute la main d'œuvre et pas seulement aux individus travaillant pour l'exportation ; il ne s'agit donc pas, rigoureusement, d'un dumping.

L'introduction d'une clause sociale dans le système commercial mondial, défendue par les États-Unis et la France, conduirait à imposer un minimum de règles sociales et donc à niveler les conditions de la concurrence. Cette position, au-delà de son apparence humanitaire, pose la question du protectionnisme à l'égard de pays en développement. Considérer que le commerce entre les pays du Sud et du Nord est affecté par les différences sociales et donc qu'il relève d'une forme de concurrence déloyale est difficile à soutenir.

Comme le rappelle une étude de la Direction des relations extérieures (DREE), les niveaux de revenu par tête en Chine, en Inde, en Indonésie et aux Philippines sont inférieurs à celui de la France au début du XIXe siècle. Imposer à ces nations le respect de règles qui, pour l'essentiel, n'ont émergé dans les pays développés qu'au XXe siècle reviendrait donc à les pénaliser en exigeant d'elles qu'elles soient plus « vertueuses » que ne l'ont été les pays industrialisés au cours de leur développement. De plus, l'expérience des pays d'Asie qui se sont rapidement développés montre que le rattrapage par rapport aux normes occidentales est très rapide. ainsi, en Corée, e 1994, 95 % de la population est couverte par l'assurance maladie et l'assurance vieillesse, la durée hebdomadaire du travail est 44 heures, l'âge minimal légal du travail est de dix-huit ans. Cet exemple, qui n'est pas isolé, montre que le progrès social est étroitement associé au développement économique.

L'introduction d'une clause sociale ne pourrait que retarder, voire empêcher, le développement économique. De manière consciente ou inconsciente, cette revendication n'est qu'un habillage nouveau des tentations protectionnistes toujours présentes.

Michel Rainelli, *L'Organisation Mondiale du Commerce*, La Découverte, 1996.

1. Qu'est-ce que le dumping ? Le dumping social ?
2. Peut-on dire que les pays en développement pratiquent un « dumping social » ? Pourquoi ?
3. Faut-il introduire une « clause sociale » dans les règles du commerce international ? Pourquoi ?

Dissertation

La concurrence des pays en développement constitue-t-elle une menace pour l'emploi dans les pays développés ?

CHAPITRE

13 Le change

Les échanges de biens, de services et de capitaux conduisent à des paiements internationaux, c'est-à-dire à des règlements de dettes contractées en devises et en monnaie nationale. Il est alors nécessaire de pouvoir échanger des devises entre elles dans la mesure où il n'existe pas de monnaie unique à l'échelle internationale. Il en résulte inévitablement un problème de change : comment, et à quel prix s'échangent entre elles les devises ? On pressent ici l'enjeu tant la détermination des taux de change a un impact sur l'économie réelle et la compétitivité économique des nations. Cette influence peut se repérer à la lecture de la balance des paiements.

Aussi, il apparaît nécessaire de délimiter tout d'abord les notions de change et de taux de change. Ensuite, il convient de montrer comment se forment les taux de change, en d'autres termes ce qui explique l'appréciation ou la dépréciation d'une devise. Enfin, nous verrons que les pays peuvent avoir intérêt à mener une politique de change pour influer sur le niveau de la parité de leurs monnaies, en vue d'agir sur l'activité économique intérieure.

A TAUX DE CHANGE ET MARCHÉ DES CHANGES

Le passage d'une monnaie à l'autre se fait par l'intermédiaire du taux de change. Celui-ci est obtenu par confrontation de l'offre et de la demande d'une monnaie sur le marché des changes.

Le change est l'opération qui permet d'obtenir une monnaie étrangère à partir d'une monnaie nationale, ou inversement. Ainsi, le taux de change n'est qu'un prix de marché. Il convient donc d'étudier dans un premier temps le prix particulier que représente le taux de change, avant d'analyser dans un deuxième temps, le marché des changes.

1 La notion de taux de change

1.1 Le taux de change nominal

Le **taux de change** est le prix d'une monnaie exprimé en une autre monnaie. C'est le nombre d'unités monétaires que l'on peut obtenir en échange d'une unité d'une autre monnaie.

1.2 Le taux de change réel

La définition qui précède ne reflète pas les différences de pouvoir d'achat qui existent entre les monnaies. Pour cela, il faut calculer un taux de change réel qui permet de comparer les prix des biens entre deux pays. Si l'on suppose qu'un bien unique se vend 1 000 $ aux États-Unis et 1 200 € en Europe, et que le taux de change nominal *e*, observé sur le marché des changes est 1 $ = 0,90 €, le calcul du taux de change réel e_r s'obtient de la manière suivante :

e_r = ($e \times$ Prix du bien aux États-Unis/Prix du bien en Europe)

= Prix du bien américain en euros/Prix du bien européen en euros

ce qui donne : $e_r = 0{,}9.$ (1 000/1 200) d'où $e_r = 0{,}75$, c'est-à-dire que 1 dollar ne permettrait d'obtenir que 0,75 euro de ce bien en Europe. Le taux de change réel correspond à un indice de compétitivité-prix de l'économie domestique par rapport à l'économie de la devise concernée. Un taux de change réel inférieur à 1 illustre une sous-compétitivité prix de l'économie domestique, ou encore une surévaluation de la monnaie domestique par rapport à la devise étrangère.

En passant d'un bien unique à un panier de bien, le prix est remplacé par l'indice des prix respectif de chaque pays P, pour la zone euro et P* pour l'étranger. Le taux de change réel est alors :

$$e_r = e.\ P^*/P$$

Une hausse de e_r traduit une amélioration de la compétitivité-prix des produits nationaux, une baisse de e_r indique une détérioration de la compétitivité-prix des produits nationaux (la compétitivité dépend à la fois des évolutions de *e*, P* et P).

Cotation au certain, cotation à l'incertain.

- Dans le cadre d'une cotation au certain le taux de change s'exprime comme le nombre d'unités de la devise étrangère que l'on peut obtenir avec une unité de monnaie domestique (par exemple, 1 €= 1,25 $).
- Dans le cadre d'une cotation à l'incertain, le taux de change s'exprime comme le nombre d'unités de monnaie domestique qu'il faut dépenser pour obtenir une unité de devise étrangère (1 $ = 0,80 €).

1.3 Le taux de change effectif

Au cours d'une même période, une monnaie peut s'apprécier par rapport à certaines devises et se déprécier par rapport à d'autres. Il convient donc de calculer le taux de change moyen d'une monnaie avec un ensemble de devises, en tenant compte du fait que, pour un pays, les différentes devises n'ont pas la même importance. Ainsi, le taux de change effectif est une moyenne pondérée (par le poids de chaque pays dans le commerce extérieur du pays concerné) des taux de change bilatéraux. On peut bien entendu calculer un taux de change effectif réel, moyenne pondérée des taux de change réels bilatéraux.

Enfin, on distingue habituellement les taux de change fixes et les taux de change flexibles.

Un **taux de change fixe** est un taux de change (ou une parité) fixé à l'avance dans le cadre d'accords internationaux, par référence à un étalon (l'or, une autre devise, un panier de devises).

Un **taux de change flexible**, ou flottant, est un taux de change qui varie librement sur le marché des changes en fonction des offres et des demandes pour cette monnaie.

Ainsi, depuis les accords de la Jamaïque (1976), la couronne danoise flotte par rapport au dollar mais est fixe (ou quasiment fixe) par rapport à l'euro (en raison de la coopération monétaire européenne dans le cadre du mécanisme de change européen et de l'euro). La généralisation des changes flexibles nous conduit naturellement à nous intéresser au marché des changes.

2 Le marché des changes

2.1 Le marché des changes ne connaît pas de frontières

Le **marché des changes** est le lieu de rencontre entre les offreurs et les demandeurs en vue d'un échange de devises, et qui aboutit à la fixation des prix des devises exprimés entre elles, le taux de change.

Il n'y a qu'un seul marché des changes dans le monde dans la mesure où les transactions, qui se font en même temps en plusieurs points de la planète, s'opèrent par téléphone, télex et informatique. C'est également un marché en continu puisque les cours de change sont cotés 24 heures/24 : en raison des décalages horaires il y a toujours une place financière ouverte.

2.2 Les intervenants sur le marché des changes

Parmi les principaux intervenants sur le marché des changes on trouve tout d'abord les entreprises et les particuliers qui transmettent aux courtiers et aux banques des ordres d'achat et de vente de devises. Les banques et les courtiers jouent alors un rôle d'intermédiaire. Enfin, les banques centrales interviennent sur le marché des changes pour réguler les fluctuations de cours et contrôler les changes. Il est à noter que de grandes entreprises ont développé une activité bancaire dans le cadre de ce que l'on appelle communément des salles de marché. Cependant, le marché des changes est surtout un marché interbancaire, dans le sens où ce sont surtout les banques qui y interviennent.

Les individus qui négocient sur le marché des changes sont appelés cambistes. Ils réalisent au mieux les ordres de leur clientèle et s'efforcent d'obtenir des gains de change pour le compte de leur banque.

2.3 Marché au comptant, marché à terme

On distingue un marché au comptant et un marché à terme de devises. Sur le marché au comptant, la livraison des devises, par transfert de compte à compte se fait dans les deux jours ouvrables qui suivent la négociation. Sur le marché à terme, la livraison est reportée à une échéance et à un cours convenu à l'avance, appelé cours à terme.

2.4 La couverture contre le risque de change

Le marché des changes permet aux agents économiques de se couvrir contre le risque de change et de spéculer.

On peut imaginer le cas d'un importateur français qui doit régler 1 000 000 de dollars à un fournisseur américain dans 3 mois. Comme 1 dollar = 1,10 euro, le montant de la facture est donc de 1 100 000 euros. Si à l'échéance le dollar vaut 1 euro, l'entreprise française enregistre un gain de change de 100 000 euros, et une perte de change du même montant si le cours du dollar s'élève à 1,20 euro dans trois mois. Pour se couvrir contre ce risque de change l'entreprise dispose de deux possibilités. La première consiste à acheter des devises sur le marché des changes au comptant (ici 1 000 000 de dollars) et à les placer sur le marché monétaire pendant trois mois. La seconde est d'acheter des devises à terme (ici 1 000 000 de dollars) à un cours fixé à l'avance. Dans le premier cas l'entreprise se prive, en quelque sorte, du délai de paiement qui lui avait été accordé par son fournisseur américain. Dans le second cas l'entreprise peut accepter de payer plus cher ses devises contre la certitude de ne pas avoir à les payer encore plus cher (l'entreprise présente une aversion pour le risque de variation excessive du taux de change)…

Les étapes du règlement des échanges

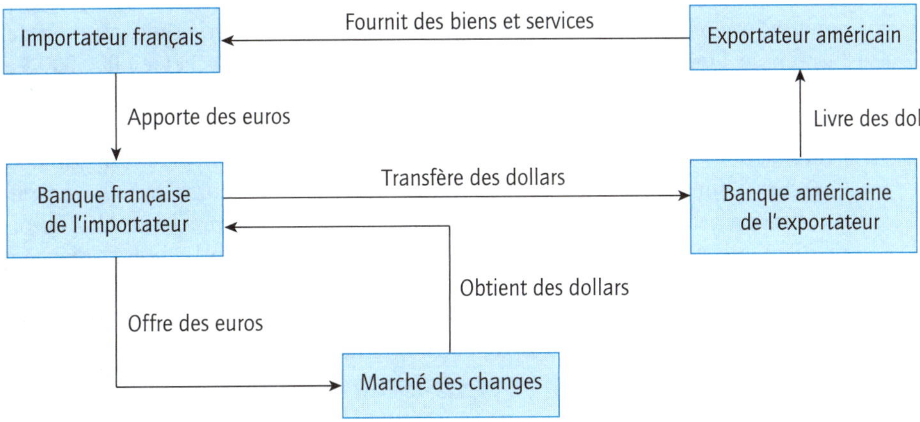

Cependant, pour se couvrir contre le risque de change, l'entreprise doit trouver des agents économiques prêts à prendre le risque qu'elle-même refuse. Ce sont essentiellement des spéculateurs qui acceptent de jouer ce rôle. Pour eux, le commerce des devises constitue une fin en soi. Ils cherchent à profiter des écarts de cours dans le temps (spéculateurs au sens propre) et dans l'espace (l'arbitragiste tire profit des écarts de cours entre devises sur plusieurs places financières en même temps).

De nombreuses innovations ont vu le jour en matière de couverture contre le risque de change. Le marché des « futures » et le marché des options en sont une illustration.

FOCUS . . . FOCUS . . . FOCUS . . . FOCUS . . . FOCUS . . . FOCUS . . .

Couverture contre le risque de change

Marché des « futures »

Un contrat « future » est un contrat qui porte sur l'échange d'un montant de devises à une date future. Les contrats « future » sont des contrats standardisés, par opposition au gré à gré des opérations à terme traditionnelles. La standardisation concerne les quantités échangées de devises et les échéances (une échéance par trimestre à une date précise). En outre, les opérateurs ne règlent que partiellement ces contrats par un « deposit » qui représente, selon les cas, de 2 à 5 %

de la transaction. En réalité, peu de contrats « future » font l'objet d'une livraison effective de devises. Ils sont en général soldés avant l'échéance par une opération sur future de sens inverse. Compte tenu de la faiblesse du deposit, le marché des futures est très spéculatif. C'est un marché de titres (ou marché de papier, ou encore « marché dérivé ») en ce sens où ce sont des contrats qui sont achetés et vendus et non réellement des devises.

Marché des options

Le marché des options permet aux agents économiques de se couvrir contre le risque de change et de spéculer.

L'option est un outil de gestion du risque de change qui donne à l'opérateur le droit, mais pas l'obligation, d'acheter ou de vendre un certain montant de devises. L'option d'achat s'appelle « call », l'option de vente « pull ». Le détenteur de l'option la réalisera si l'évolution des cours de la devise lui est favorable. Prenons le cas d'un importateur français qui doit régler dans 3 mois un fournisseur américain pour un montant de 1 000 000$. Le jour de la transaction le cours du dollar est de 1 euro, ce qui représente une facture de 1 000 000 d'euros. Pour se couvrir l'importateur achète un « call » (option d'achat). Le prix du contrat est de 3 000 euros. En somme, l'importateur français paye 3 000 euros le droit d'acheter 1 000 000 $ à 1 euro dans trois mois. Si, à l'échéance, le dollar s'élève à 1,10 euro, l'importateur français lève l'option et obtient 1 000 000 $ au prix de 1 euro, au lieu de 1,10 euro sur le marché au comptant. Son gain s'élève donc à 97 000 euros (100 000 euros – 3 000 euros). Si le cours du dollar s'établit à 0,90 euro, l'importateur ne lève pas l'option et perd les 3 000 euros, prix du contrat. Cependant, il réalise un gain sur le montant de la facture du fait de l'appréciation de l'euro. De la même manière que sur le marché des futures, les options sont standardisées pour ce qui concerne le montant et l'échéance. On voit donc que l'importateur peut profiter du probable gain de change sans subir l'éventuelle perte de change. Cependant, le risque de change ne s'élimine pas il se transmet simplement d'un agent économique à l'autre.

Au total, il apparaît que le marché des changes est un marché spéculatif. La spéculation constitue, au départ, une contrepartie à la volonté de se protéger contre le risque de change. Cependant, elle est aussi un élément essentiel de la variation des cours de change.

B LA DÉTERMINATION DES TAUX DE CHANGE

Sur le marché des changes, le prix d'une devise évolue en fonction des variations de l'offre et de la demande qui portent sur cette devise. Les déterminants des taux de change sont donc les facteurs qui agissent sur l'offre et la demande de devises.

1 Taux de change et échanges de biens et services

1.1 Le taux de change dépend du solde des transactions courantes

Le taux de change d'une monnaie nationale varie tout d'abord en fonction de l'évolution du solde de la balance des transactions courantes (ensemble des échanges de biens et services). C'est la simple loi de l'offre et de la demande qui s'applique ici : lorsque l'offre est supérieure à la demande, le prix sur le marché a tendance à baisser.

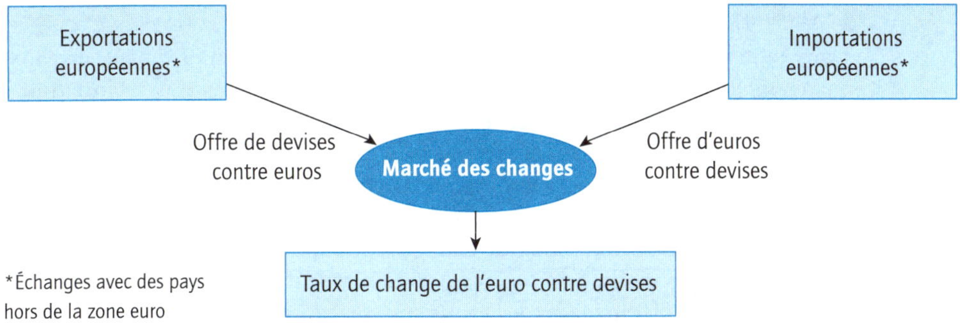

En conséquence, un excédent (déficit) des transactions courantes conduit à une hausse de la demande (offre) de la monnaie nationale et amène à une appréciation (dépréciation) du taux de change. On peut illustrer ce mécanisme avec la hausse du yen qui a longtemps accompagné l'excédent extérieur structurel japonais. Cependant, malgré la persistance d'un excédent extérieur au japon, le yen s'est déprécié par rapport au dollar ces dernières années. On peut mettre en avant une autre situation paradoxale : la hausse du dollar de 1979 à 1985 alors que le déficit extérieur des États-Unis ne cessait de se creuser. D'autres explications des variations de change semblent nécessaires.

1.2 Le taux de change dépend des différences d'inflation entre pays

Selon la théorie de la parité des pouvoirs d'achat (PPA) de l'économiste suédois Cassel (1916), le taux de change bilatéral est déterminé par le rapport des pouvoirs d'achat interne des deux monnaies considérées. Le taux de change assure, en quelque sorte, l'égalité des pouvoirs d'achat entre les deux monnaies. Avec 100 euros par exemple, un agent économique doit pouvoir se procurer un même panier de biens dans la zone euro et hors de la zone, une fois les euros convertis. On distingue deux versions de cette théorie : une version absolue et une version relative.

FOCUS . . . FOCUS . . . FOCUS . . . FOCUS . . . FOCUS . . . FOCUS . . .

La théorie de la parité des pouvoirs d'achat

La version absolue de la parité des pouvoirs d'achat

Prenons l'exemple d'une parité 1 £ = 2 euros sur le marché des changes. En outre, on observe qu'un même panier de biens coûte 100 euros en France et 40 £ en Angleterre. Dans le cadre d'économies ouvertes, un agent économique français a tout intérêt à changer 100 euros contre des livres au taux de change en vigueur. Il obtient en effet 50 £ qu'il consacre à l'achat d'un panier de biens, identique à celui qu'il trouve en France, pour un montant de 40 £. Il lui reste 10 £ et il pourra donc consommer davantage. D'autres consommateurs ne tarderont pas à l'imiter. Ce faisant, la demande de livres va augmenter sur le marché des changes, faisant monter la valeur de la livre jusqu'à ce que l'opération ne soit plus rentable, c'est-à-dire jusqu'à ce que 1 £ = 2,5 euros. Ainsi, le taux de change s'ajuste en fonction de la parité de pouvoir d'achat des monnaies (pour être plus réaliste le calcul doit tenir compte des coûts de transports des personnes et/ou d'acheminement des biens).

La version relative de la parité des pouvoirs d'achat

Dans cette version, on s'intéresse beaucoup plus aux variations qu'aux niveaux des taux de change. On sait que le pouvoir d'achat d'une monnaie se dégrade avec l'inflation. Par exemple, si ce pouvoir d'achat se dégrade plus dans la zone euro qu'en Angleterre (c'est-à-dire si l'inflation est supérieure dans la zone euro qu'elle ne l'est en Angleterre), l'euro se déprécie par rapport à la livre pour que se maintienne la parité des pouvoirs d'achat entre les deux zones monétaires. Si 1 £ = 2 euros et que le prix du panier de bien est de 100 euros dans la zone euro et de 50 £ en Angleterre, le taux de change est celui de la Parité des Pouvoirs d'Achat (PPA). Mais, si l'inflation monte à 10 % dans la zone euro le panier de bien s'élève à 110 euros dans la zone euro incitant les ménages de la zone euro à s'approvisionner en biens anglais. Il en résulte une hausse de la demande de £ contre une hausse de l'offre d'euros et donc une dépréciation de l'euro. En résumé, le taux de change évolue en fonction du différentiel d'inflation avec les pays partenaires commerciaux.

Sur longue période, on constate que la PPA est une explication satisfaisante des différentiels de change. Par exemple, le montant cumulé des dévaluations du franc et des réévaluations du mark sur trente ans correspond globalement au montant cumulé des différentiels d'inflation entre les deux pays. Cependant, sur les évolutions de court terme, l'apport de la PPA est moins significatif. En effet, lors des crises monétaires de 1992, 1993 et 1995 on a observé une dépréciation du franc par rapport au mark alors que l'inflation en France était plus faible qu'en Allemagne. D'autres facteurs agissent sur les taux de change.

2 Taux de change et mouvement de capitaux

2.1 Les taux de change sont sensibles au taux d'intérêt

Les offres et les demandes de devises sur le marché des changes proviennent également des mouvements de capitaux sensibles aux taux d'intérêt. Lorsque les taux d'intérêt dans la zone euro sont supérieurs à ceux proposés à l'étranger, les capitaux affluent en provenance de l'étranger pour se placer dans la zone euro. Pour cela, ils sont d'abord échangés sur le marché des changes. Il en résulte une hausse de la demande d'euros et donc une appréciation de l'euro. Cependant, il convient de remarquer que des taux d'intérêt supérieurs en Europe n'ont pas toujours contribué à l'appréciation de l'euro par rapport au dollar. Par exemple, en novembre 2006, le taux d'intérêt des emprunts d'État à 10 ans est de 3,77 % en France et en Allemagne contre 4,77 % aux États-Unis, et pourtant le dollar ne cesse de se déprécier sur la fin de l'année 2006. Il semble alors que la relation de causalité entre le taux d'intérêt et le taux de change puisse être inversée : une dépréciation de l'euro conduit souvent à une hausse des taux d'intérêt en Europe alors qu'une appréciation de l'euro permet de baisser les taux d'intérêt. En effet, si une monnaie est fragile, les agents économiques anticipent sa dépréciation (le taux de change sur le marché à terme est inférieur au taux de change sur le marché au comptant). C'est ce manque de confiance dans une monnaie qui oblige à augmenter les taux d'intérêt si l'on veut stabiliser le taux de change.

On sait que les mouvements de capitaux sont sensibles au différentiel de taux d'intérêt entre l'économie nationale et l'étranger. Si le taux d'intérêt étranger i^* est supérieur au taux d'intérêt national i, les agents économiques nationaux préfèrent acheter des titres étrangers.

On peut alors exprimer le solde des flux de capitaux en fonction de i et i^*. Cependant, il faut remarquer que les flux de capitaux sont sensibles aux anticipations de change des agents économiques.

Prenons le cas d'un américain qui a le choix entre : placer 1 000 $ aux États-Unis au taux de 5 %, et convertir ces dollars en euros au taux de 1 $ = 1 euro, pour les placer dans la zone euro au taux de 10 %. A priori, le placement est plus rentable dans la zone euro… sauf si l'euro se déprécie. Imaginons que, au bout d'un an, notre investisseur américain veuille rapatrier les fonds investis. Il obtient, à 10 %, au bout d'un an, 1 100 euros. Cependant, le taux de change est désormais de 1 $ = 1,20 euro (dépréciation de l'euro). Les 1 100 euros, convertis en dollars ne donnent plus que 916,66$. Il aurait été plus intéressant de placer ces fonds aux EU à 5 %… En somme, si les agents s'attendent à une dépréciation du taux de change, les capitaux étrangers n'entrent pas sur le territoire, et les capitaux en place sortent. Il y a donc une liaison inverse entre le solde de la balance des capitaux et l'anticipation de la variation du taux de change.

Ainsi, en vertu de la **parité des taux d'intérêts ou PTI** (Keynes, 1923), si les mouvements internationaux de capitaux sont parfaitement libres, un placement financier doit avoir la même rentabilité, quelle que soit la devise dans laquelle il est réalisé. Le taux d'intérêt de l'économie domestique (i) est alors lié à celui en vigueur à l'étranger (i^*) ainsi qu'à l'anticipation qui est faite du taux de change ($\hat{e}$) : $i = i^* + \hat{e}$.

FOCUS . . . FOCUS . . . FOCUS . . . FOCUS . . . FOCUS . . . FOCUS . . .

La surréaction des taux de change

Le modèle du surajustement des taux de change de Dornbush (1976) s'efforce de répondre à la question « pourquoi les taux de change sont-ils si volatils ? ». *A priori*, les taux de change sont fixés à long terme par la parité des pouvoirs d'achat (PPA), mais le mécanisme de la PPA est long car les prix ne s'ajustent que très lentement.

Or, les taux de change sont aussi déterminés par les mouvements de capitaux en fonction de la parité des taux d'intérêt (PTI), et donc de l'évolution anticipée des taux de change ($i = i^* + \hat{e}$)… ; le mécanisme de la PTI est rapide car les mouvements de capitaux sont très volatils (mobilité parfaite et instantanée des capitaux).

Donc : en cas de choc monétaire, il y a surréaction des taux de change.

Rudiger Dornbush est partie de l'idée qu'une augmentation de la masse monétaire de 1 % (hausse exogène) devait conduire à une hausse des prix de 1 %, en vertu de la théorie quantitative de la monnaie, et donc que la monnaie domestique devait se déprécier de 1 % elle aussi pour atteindre son niveau de PPA.

Toutefois, cette augmentation soudaine de la masse monétaire engendre une baisse du taux d'intérêt qui fait fuir les capitaux vers l'étranger. Il en résulte une dépréciation immédiate de la monnaie domestique, mais qui, selon Dornbush, est supérieure à 1 %, dépréciation attendue à long terme. Comment l'expli-quer ? Puisque les intervenants sur les marchés financiers s'attendent à une hausse des prix à long terme, ils anticipent une baisse du rendement réel (i/P) des placements dans le pays de la monnaie concernée. Cela renforce leur volonté de placer leurs capitaux à l'étranger et contribue à la dépréciation de la monnaie nationale au-delà de son niveau de long terme. Bien entendu, la fuite de capitaux s'interrompra à partir du moment où la dépréciation sera telle que les spéculateurs anticiperont une appréciation de la monnaie domestique. En somme, la dépréciation initiale doit être plus forte que la dépréciation finale, c'est ce que Dornbush nomme « sur-réaction ».

Les taux de change réagissent donc beaucoup plus que ne le laisserait penser la lecture des fondamentaux de l'économie, notamment parce que les marchés financiers s'ajustent bien plus vite que le marché des biens et services à un choc monétaire.

2.2 La spéculation déstabilise les taux de change

Toutefois, le taux de change peut s'écarter durablement de la valeur que l'on serait en droit d'attendre à la lecture des données fondamentales de l'économie (ensemble des déterminants qui précèdent : solde des transactions courantes, taux d'inflation, taux d'intérêt) en raison de la spéculation sur le marché des changes.

Lorsque les agents économiques anticipent la dépréciation d'une monnaie ils se débarrassent de celle-ci en la vendant sur le marché des changes. Ce faisant, ils contribuent à sa dépréciation effective puisque l'offre de cette monnaie augmente sur le marché des changes. En somme, le cours d'une monnaie peut baisser simplement parce que les spéculateurs pensent qu'il va baisser. Bien entendu, chaque spéculateur connaît les déterminants fondamentaux des taux de change. Mais il sait, également, que les anticipations des autres spéculateurs peuvent modifier les taux de change. Ainsi, les offres et les demandes de devises sur le marché des changes ne reflètent pas nécessairement les idées que se font les spéculateurs sur les paramètres fondamentaux de l'économie, mais plutôt les idées qu'ils se font des opinions des autres spéculateurs. Par exemple, dans le cas de l'anticipation d'une appréciation du taux de change, il peut se créer une bulle spéculative du fait que la hausse appelle la hausse. La bulle va continuer à gonfler tant que chacun est persuadé que les autres vont continuer à spéculer dans le même sens. Bien entendu, la bulle éclate quand chacun est convaincu que les autres spéculateurs anticipent un retournement de tendance. On peut donc dire que la spéculation repose sur un comportement de mimétisme des spéculateurs. Ces comportements renforcent d'ailleurs les anticipations : lorsque l'euro se déprécie, nombreux sont les spéculateurs qui interprètent la baisse comme une information détenue par d'autres, ils vendent alors leurs euros sur le marché des changes, contribuant à la dépréciation de l'euro qu'ils avaient anticipé. On sait, en outre, que les spéculateurs utilisent, à quelques variantes près, les mêmes logiciels d'aide à la décision pour passer leurs ordres d'achat et de vente de devises, ce qui renforce les comportements de mimétisme.

Une **bulle spéculative** est un phénomène de hausse ou de baisse de la valeur d'un titre ou d'une devise, qui résulte de l'agrégation des comportements de mimétisme des acteurs sur un marché (marché des changes, marché financier) : la hausse appelle la hausse, la baisse appelle la baisse.

Selon J.-M. Keynes, le mimétisme est un comportement rationnel en période d'incertitude car il permet de profiter de l'information des opérateurs mieux informés. Chaque opérateur copie l'autre en croyant qu'il est informé alors qu'aucun agent ne détient d'information. Le comportement des spéculateurs permet de comprendre pourquoi les taux de change observés s'éloignent de ceux auxquels les fondamentaux de l'économie devraient conduire. On parle également de déconnexion entre la sphère réelle et la sphère financière de l'activité économique. Alors qu'il s'échangeait 20 milliards de dollars par jour sur le marché des devises en 1973, les transactions portaient sur 5 700 milliards en 2013 selon la Banque des Règlements internationaux (en comparaison, le commerce mondial de biens et services s'élève à 25 000 milliards de dollars pour la même année, soit moins de 5 jours d'échanges sur le marché des changes).

FOCUS . . . FOCUS . . . FOCUS . . . FOCUS . . . FOCUS . . . FOCUS . . .

La métaphore du concours de beauté

« La technique du placement peut-être comparée à ces concours organisés par les journaux où les participants ont à choisir les six plus jolis visages parmi une centaine de photographies, le prix étant attribué à celui dont les préférences s'approchent le plus de la sélection moyenne opérée par l'ensemble des concurrents. Chaque concurrent doit donc choisir non les visages qu'il juge lui même les plus jolis, mais ceux qu'il estime les plus propres à obtenir le suffrage des autres concurrents, lesquels examinent tous le problème sous le même angle. Il ne s'agit pas pour chacun de choisir les visages qui, autant qu'il peut en juger, sont réellement les plus jolis ni ceux que l'opinion moyenne jugera comme tels. Au troisième degré où nous sommes déjà rendus, on emploie ses facultés à découvrir l'idée que l'opinion moyenne se fera à l'avance de son propre jugement. Et il y a des personnes, croyons-nous, qui vont jusqu'au quatrième ou cinquième degré ou encore plus loin. »

J. M Keynes, *Théorie générale de l'emploi, de l'intérêt et de la monnaie* (1936),
Bibliothèque scientifique Payot, 1998, p. 171.

C BALANCE DES PAIEMENTS ET POLITIQUES DE CHANGE

Si les déterminants des taux de change sont essentiellement les échanges de biens et services et les mouvements de capitaux, ces mêmes flux réels peuvent être influencés par la variation de la parité d'une monnaie. On peut repérer cette influence à travers la balance des paiements d'une économie.

La politique économique aura alors pour objectif d'agir sur la structure des échanges extérieurs de biens et de capitaux par la manipulation du taux de change.

1 La balance des paiements

Les échanges nous procurent-ils autant de devises que nécessaires ? Ne doit-on pas s'endetter pour se procurer ces devises ?

La balance des paiements s'intéresse à l'ensemble des échanges de biens, services et capitaux. Pour sa part, la balance des transactions courantes, sous-ensemble de la balance des paiements, n'enregistre que des échanges de biens et services. Le compte financier comptabilise les seuls mouvements de capitaux.

1.1 L'enregistrement des échanges avec l'extérieur

Les nations comptabilisent les échanges avec l'extérieur pour comparer l'ampleur des flux d'entrée à celle des flux de sortie. Pour cela, elles établissent un document comptable conforme aux recommandations de l'ONU, la balance des paiements, qui enregistre les échanges de biens, de services et de capitaux, entre résidents et non-résidents au cours d'une période donnée. La balance des paiements reflète systématiquement les changements de propriété économique entre résidents et non-résidents, ce qui ne correspond pas nécessairement au passage de flux de marchandises ou de services de part et d'autre des frontières, ni même à des paiements (flux intragroupe). En France, ce document est établi par la Banque de France.

Une balance des paiements suit le principe de la comptabilité en partie double. Ainsi, une même opération est comptabilisée deux fois : en tant que flux réel et en tant que flux monétaire, contrepartie exacte de ce flux réel. Par exemple, une vente de marchandises à l'étranger pour une somme de 1 000 euros est enregistrée d'un côté de la balance en tant qu'exportation (sortie de marchandises = flux réel), et de l'autre côté de la balance en tant qu'augmentation des réserves monétaires (entrée de monnaie = flux monétaire). Il en résulte un nécessaire équilibre de la balance des paiements. C'est donc par abus de langage que l'on évoque le « déficit » ou « l'excédent » de la balance des paiements. Il s'agit bien souvent de la somme du solde des transactions courantes et du solde des flux financiers.

La **balance des paiements** est un document établi par la Banque de France qui enregistre l'ensemble des échanges de biens, de services et de capitaux entre l'économie nationale et l'extérieur au cours d'une période de référence (trimestre, année).

1.2 Les comptes de la balance des paiements

Selon la présentation en vigueur depuis le 1er janvier 2014, la balance des paiements se divise en comptes : compte des transactions courantes, compte de capital, compte financier.

Balance des paiements (en milliards d'euros)	Année 2014	Année 2015
1. Compte des transactions courantes	**- 22,8**	**- 4,4**
1.1 Biens	- 40,5	- 24,0
1.2 Services	16,9	8,8
1.3 Revenus primaires	47,8	52,0
1.4 Revenus secondaires	- 47,0	- 41,1
2. Compte de capital	**2,2**	**2,1**
3. **Compte financier**	**- 7,5**	**- 7,0**
3.1 Flux financiers	- 8,2	- 14,2
3.2 Avoirs de réserve	0,7	7,2
4. **Erreurs et omissions nettes**	**13,1**	**- 4,7**

Le **compte des transactions courantes** enregistre l'ensemble des échanges de biens et services, ainsi que les flux de revenus primaires et secondaires perçus et versé entre résidents et non-résidents.

La part des flux de transactions courantes dans le total des flux de la balance des paiements a considérablement diminué au cours des quinze dernières années (de 70 % à 30 %), comme l'illustre, à l'inverse, le poids très important acquis par les flux de capitaux (de 30 % à 70 %). Cependant, les transactions courantes constituent un indicateur de performance de l'économie. Un pays dont le solde est excédentaire produit plus qu'il ne consomme et n'investit. La raison peut en être une forte demande en provenance de l'extérieur du fait d'une forte compétitivité prix et ou qualité. En outre, les devises dégagées grâce à l'excédent peuvent être investies à l'étranger et fournir, ainsi, des sources de revenus complémentaires. Toutefois, un solde extérieur positif peut également avoir pour origine un ralentissement de la demande intérieure et donc des importations.

• Le **compte de capital** enregistre essentiellement des transferts en capital. Ces transferts résultent de la crise de la dette des pays du tiers-monde qui ne peuvent honorer leurs engagements. Il s'agit de remises de dettes et de pertes sur créances accordées à ces pays. Ces transferts s'apparentent à des transferts unilatéraux dans le sens où ils n'ont aucune contrepartie.

• Le **compte financier** enregistre différents types de flux financiers. On distingue des flux d'investissements directs, des flux d'investissements de portefeuille, et des flux de prêts et d'emprunts entre agents économiques résidents et non résidents.

Un **investissement direct** correspond à la création ou la reprise partielle ou totale d'entreprises à l'étranger, ou par des étrangers en France. Les augmentations de capital sont considérées comme des investissements directs.

Un **investissement de portefeuille** correspond à un achat ou à une vente de titres (actions et obligations) entre agents résidents et non résidents dans le but de réaliser une plus-value ou de récupérer des dividendes.

Enfin, les agents économiques empruntent et prêtent à l'étranger à long terme (plus d'un an) ou à court terme à l'occasion d'exportations et d'importations (crédits commerciaux) (aucune distinction n'apparaît entre le long et le court terme). Les mouvements de capitaux sont appelés « flux financiers » et, avec les transactions courantes, représentent l'ensemble des flux réels.

Présentation simplifiée de la balance des paiements

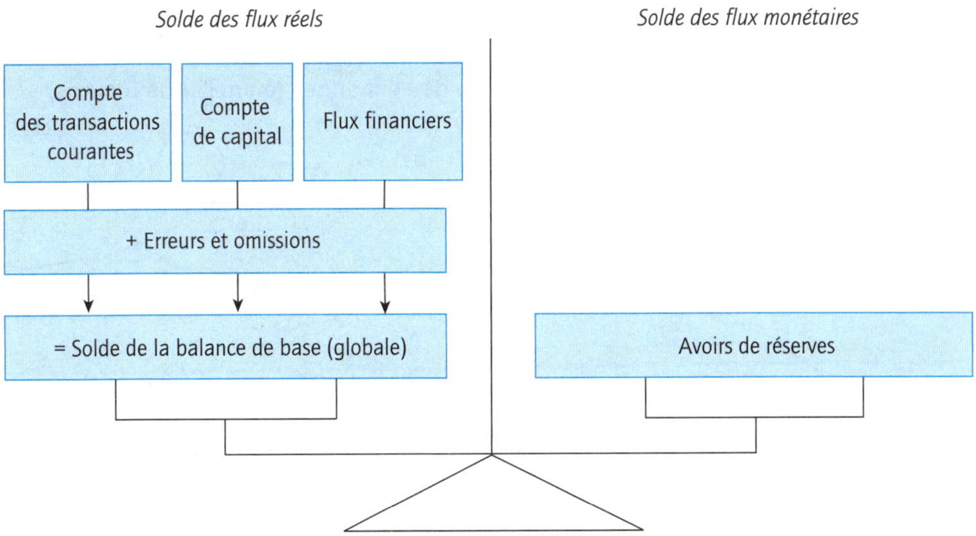

Les flux monétaires, contrepartie exacte des flux réels, sont enregistrés dans un poste intitulé « Avoirs de réserves ». L'équilibre de la balance des paiements est ainsi obtenu, aux

« Erreurs et omissions » près. Le solde des flux financiers peut être lié au solde des transactions courantes (financement d'un déficit) mais est aussi souvent autonome (financement d'une jeune économie, attractivité des placements nationaux).

1.3 L'enregistrement des échanges de biens et services

L'importance des échanges de biens et services se repère au taux d'ouverture des économies nationales. Les échanges de biens et de services sont enregistrés dans le compte des transactions courantes de la balance des paiements.

a) Les échanges de biens

Le **compte des biens** enregistre l'ensemble des exportations et importations de marchandises, l'avitaillement, le soutage et le négoce international, qui ont été enregistrés au cours d'une période de référence (mois, trimestre, année), entre l'économie nationale et l'extérieur.

Le négoce international correspond à l'achat de marchandises à des non-résidents, sans que cela donne lieu à importation sur le territoire national, pour revente à d'autres non-résidents.

Par contre, le travail à façon et les réparations donnent lieu à un passage à la frontière du bien qui en est l'objet, sans qu'il y ait pour autant un transfert de la propriété de ce bien ; il donne donc lieu à un enregistrement dans le compte des services. La différence entre les seules exportations et importations de marchandises permet d'obtenir le solde du **commerce extérieur**.

Les exportations sont souvent comptabilisées, par les douanes, à une valeur FAB (Franco A Bord), c'est-à-dire à la valeur du produit à sa sortie de l'usine majorée des coûts de transport jusqu'à la frontière du pays exportateur, alors que les importations sont en général comptabilisées CAF (Coût Assurance Fret compris) par les mêmes douanes, c'est-à-dire à la valeur FAB majorée des frais de transport et d'assurance à la frontière du pays importateur. Pour éviter de comptabiliser des services (transports, assurances) avec les marchandises, on préfère procéder à un « découpage » de la transaction : des enregistrements de type FAB/FAB sont opérés pour les marchandises, les frais de transports et d'assurance sont comptabilisés avec les services.

Évolution trimestrielle des échanges (en milliards d'euros)

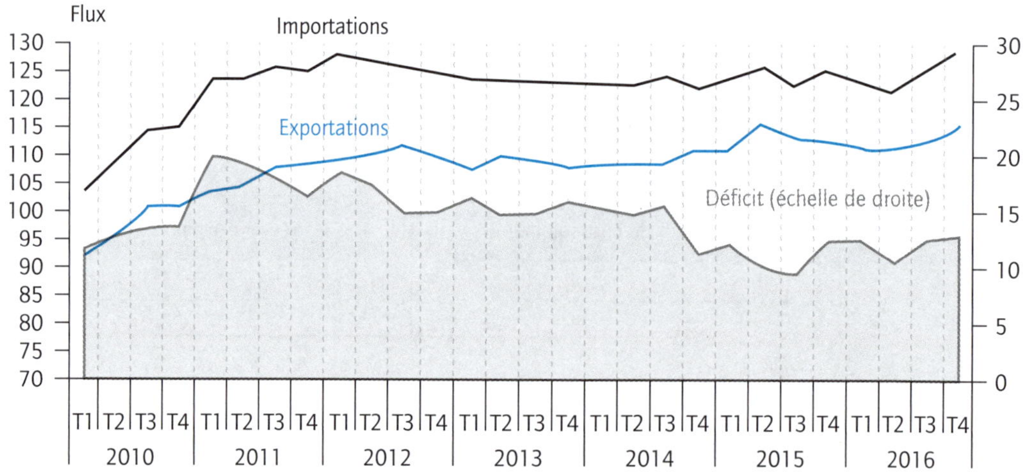

Source : Douanes – Données estimées FAB/FAB, CVS-CJO

b) Les échanges de services

Ils concernent les flux d'échanges avec l'extérieur dont, à l'inverse des marchandises, on ne perçoit pas le passage à la frontière. Ils sont qualifiés d'échanges « d'invisibles ».

Le **compte des services** est composé des exportations et des importations de services.

Les chiffres du compte des services

(Soldes en milliards d'euros)	Année 2012	Année 2013
Services	24,7	18,3
Dont :		
• Transports	– 0,3	– 1,7
• Voyages	10,7	10,4
• Services d'entretien et de réparation	2,7	1,9
• Services financiers	4,3	4,6
• Commission pour usage de la propriété intellectuelle	3,1	1,1

Banque de France, 2014.

1.4 L'enregistrement des flux de revenus

Les **revenus** versés et reçus de non-résidents concernent essentiellement les revenus du travail (les rémunérations des salariés frontaliers qui résident en France mais exercent leur activité à l'étranger et, symétriquement, des non-résidents frontaliers qui travaillent en France) et les revenus du capital (revenus des investissements directs et de portefeuille à l'étranger tels que les dividendes et intérêts). Ils sont classés en :

– « Revenus primaires », lesquels regroupent les revenus des salariés, les revenus des investissements (directs et de portefeuille), ainsi que les revenus des autres investissements (prêts et emprunts) ;

– « Revenus secondaires », en distinguant ceux des « administrations publiques » (prestations sociales, transferts courants, transferts vers les institutions de l'UE, frais de fonctionnement des institutions européennes) et ceux des « autres secteurs » (envois de fonds des travailleurs au profit de résidents d'autres pays). Ces revenus secondaires sont des transferts unilatéraux qui n'ont aucune contrepartie, comme les dons au profit de résidents d'autres pays. Dans ce cas, un flux monétaire est enregistré. Pour respecter le principe de la partie double, un enregistrement en contrepartie se fait à l'aide du poste « Revenus secondaires ».

1.5 L'enregistrement des flux financiers

Les flux financiers, ou mouvements de capitaux, se distinguent des échanges de biens et services, car ils représentent des déplacements de ressources financières entre les pays. Cependant, en tant qu'échanges avec l'extérieur ils sont comptabilisés dans un compte financier, sous-ensemble de la balance des paiements. Leur évolution reflète la mondialisation des stratégies des agents économiques.

• Les différents types de flux financiers sont enregistrés en balance des paiements dans un compte financier.

Balance des paiements (en milliards d'euros)	Année 2013	Année 2015
1. Comptes des transactions courantes	– 22,8	– 4,4
2. Compte de capital	2,2	2,1
3. Compte financier	– 7,5	– 7,0
3.1 Investissements directs	36	– 1,9
3.1.1 Français à l'étranger	*35,1*	*30,0*
3.1.2 Étrangers en France	*– 0,9*	*31,9*
3.2 Investissements de portefeuille	– 17,9	54,1
3.3 Autres investissements	– 2,7	– 77,2
3.4 Produits financiers dérivés	– 23,7	10,8
3.2 Avoirs de réserve	0,7	7,2
4. Erreurs et omissions nettes	13,1	– 4,8

Source : Banque de France, novembre 2016.

• **L'évolution récente des flux financiers.** La destination des flux financiers a longtemps concerné, en majorité, les pays développés, dans la mesure où ils représentent des marchés solvables, garantie d'une bonne rentabilité des investissements effectués. Cela s'expliquait par le fort mouvement de concentration et de restructuration des entreprises qui a accompagné de nombreuses fusions et acquisitions au niveau européen mais aussi au niveau mondial. Depuis 2012 toutefois, les entrées d'IDE concernent en majorité les pays en développement. Par ailleurs, l'origine des IDE est encore largement située dans les pays développés, principaux investisseurs de la planète. Dans le temps cependant, on observe une nette tendance à la hausse de la part des investissements directs en provenance des pays en développement.

	Entrées d'IDE			Sorties d'IDE		
Année	2013	2014	2015	2013	2014	2015
Monde (milliards de dollars)	1 427	1 277	1 762	1 311	1 318	1 474
Économies en développement (%)	46,4	54,7	43,4	31,2	33,8	25,6
Économies en transition (%)	6,0	4,4	2,0	5,8	5,5	2,1
Économies développées (%)	47,7	40,9	54,6	63,0	60,8	72,3

Source : Cnuced, Rapport sur l'investissement dans le monde, 2014.

Pour autant, les flux ne sont pas de même nature entre ces deux groupes de pays. En effet, les flux d'investissement directs entre pays développés correspondent plus souvent à des opérations de croissance externe, alors que les flux en direction des pays en développement se caractérisent par des créations de nouvelles capacités de production. En outre, si les flux de capitaux privés ne représentaient que 50 % des flux en direction des pays en développement en 1990, leur part est aujourd'hui de 85 %. En outre, les flux publics de capitaux se sont réduits en volume ce qui peut s'avérer préjudiciable au financement des infrastructures (écoles, hôpitaux et routes), lesquelles intéressent traditionnellement peu les capitaux privés.

Enfin, on constate que les flux d'investissement de portefeuille sont ceux qui progressent le plus, y compris vers les pays en développement où ceux-ci représentent désormais près de 40 % des flux financiers privés. Ainsi, à une logique industrielle de l'investissement international, semble se substituer une logique financière de placement avec des conséquences sur les taux de change.

2 Les politiques de change

Les politiques de change visent à maîtriser les variations de change pour que celles-ci ne soient pas trop néfastes à l'activité des agents économiques. Pour cela, les autorités monétaires disposent d'un ensemble d'instruments dont l'efficacité est parfois limitée selon le système de change pour lequel elles ont opté.

2.1 Les systèmes de change

Le premier problème à résoudre est celui de la convertibilité de la monnaie. Si le taux de change permet d'exprimer les valeurs des monnaies entre elles, rien n'indique qu'elles s'échangeront pour autant. Pour cela, il faut que les autorités monétaires de chaque pays acceptent de garantir le remboursement de leur monnaie lorsque celle-ci est présentée en échange d'une autre. Le risque est grand, en effet, si l'émission monétaire est trop importante, de devoir s'endetter en monnaies étrangères pour rembourser les détenteurs non-résidents de monnaie nationale. La convertibilité est largement liée à la confiance des détenteurs de la monnaie nationale pour qu'ils ne réclament pas, tous ensemble, sa conversion. Cette confiance, on le conçoit aisément, est liée à la situation économique du pays. Certains pays, par exemple, limitent les possibilités de change aux seules transactions courantes, excluant les flux financiers.

On peut repérer plusieurs systèmes de change selon la déclaration que le pays en fait au Fonds monétaire international, en fonction du degré plus ou moins fort de flexibilité.

- Le premier cas est celui dans lequel le pays décide d'abandonner l'utilisation de sa propre monnaie au profit d'une autre monnaie. On retrouve ici le choix des pays de l'Union économique et monétaire (UEM) qui ont décidé d'adopter l'euro comme monnaie : le degré de flexibilité des changes entre les pays de l'UEM est donc nul puisque circule désormais une monnaie unique en lieu et place des monnaies nationales. Mais c'est aussi le cas du pays qui, unilatéralement, fait le choix d'utiliser comme monnaie nationale une devise étrangère (comme le dollar au Panama) ; il se prive alors de toute politique monétaire.
- Le deuxième cas est celui du système dit de la caisse d'émission ou « *currency-board* » selon lequel un pays arrime, unilatéralement, sa monnaie à une devise étrangère de

référence. La monnaie nationale continue de circuler à l'intérieur du pays, mais en quantité strictement proportionnelle aux réserves en devise étrangère de référence détenues par la banque centrale. Ce système de change fixe (par rapport à la devise de référence) confère une forte crédibilité au niveau de la parité entre la monnaie étrangère et la devise de référence. Ce fut par exemple le cas du peso mexicain jusqu'à la crise de change de 1994, du baht thaïlandais jusqu'à celle de 1997, ou encore du peso argentin jusqu'en 2002. Ces systèmes de change ne durent que tant que les politiques économiques suivies par les gouvernements apparaissent crédibles : une contraction des réserves en devises conduit à une contraction de la masse monétaire et donc à des effets recessionnistes qui peuvent contraindre les dirigeants politiques à modifier voire à abandonner la parité d'avec la devise de référence. Le dollar reste la référence pour l'ancrage monétaire : Bénassy-Quéré et Mignon (2006) ont ainsi estimé que, sur un échantillon de 59 monnaies entre 1999 et 2004, 92 % étaient de fait ancrées sur une autre devise. Dans 56 % des cas, la monnaie d'ancrage était le dollar, contre 14 % pour l'euro et 22 % pour les paniers de devises. Ainsi, l'ensemble des économies dont la monnaie est reliée au dollar représentait, en 2007, 36 % du PIB mondial hors États-Unis. Si l'on ajoute la part des États-Unis dans le PIB mondial (25 % en 2007), on aboutit ainsi à une « zone dollar » pesant plus de 60 % de l'économie mondiale.

- Le troisième cas est celui du système de change fixe dans lequel les devises sont définies entre elles, par rapport à une devise de référence, un panier de devises ou l'or, avec des marges de fluctuations plus ou moins larges (+ ou – 1 % par rapport au dollar dans le cadre des accords de Bretton Woods en 1944). Dans un tel système, une banque centrale a l'obligation de fournir de sa propre monnaie à quiconque en demande en contrepartie de devises étrangères, et également de racheter sa propre monnaie à partir de ses réserves de change en devises. Elle s'engage de plus à défendre la parité de sa monnaie en intervenant sur le marché des changes pour que le cours demeure dans les limites des marges de fluctuation. Bien entendu, le système de change fixe ne tient que tant que la banque centrale détient des réserves en devises ou tant qu'elle peut en emprunter (auprès du FMI par exemple) pour défendre la parité de sa monnaie. Dans le cas contraire, un réaménagement des parités entre monnaie s'avère nécessaire (dévaluation ou réévaluation). Par exemple, les attaques contre le franc français en 1993 ont conduit les pays membres du Système monétaire européen d'alors (système de changes fixes) à élargir les marges de fluctuations de ± 2,25 % à ± 15 %.

FOCUS . . . FOCUS . . . FOCUS . . . FOCUS . . . FOCUS . . . FOCUS . . .

Le Fonds monétaire international (FMI)

Il a été créé en 1944 en vue de résoudre les difficultés liées aux déséquilibres des balances des paiements que pourraient connaître certains pays. Il s'agit, pour ces derniers, de leur permettre de faire face à l'épuisement de leurs réserves de change en empruntant des devises auprès du FMI.

Chaque pays, en fonction de sa taille économique, verse au FMI une quote-part en monnaie nationale et en or, ce qui lui donne un droit de vote proportionnel pour les décisions que doit prendre le FMI pour accorder ou non un prêt. En outre, cette quote-part détermine le montant qu'un pays peut emprunter.

Les emprunts des pays membres sont appelés droits de tirage. Jusqu'à une certaine limite ces droits de tirages sont automatiques et sans conditions. Au-delà, lorsqu'un pays souhaite à nouveau emprunter des devises, il doit faire appel au mécanisme des droits de tirage spéciaux (DTS). En contrepartie de l'obtention de ces DTS, le pays concerné doit s'engager sur des échéances précises de remboursement et sur le suivi d'une politique économique permettant ce remboursement. Il est à noter que le remboursement intégral des DTS n'est pas exigé, ce qui confère au FMI un rôle (faible cependant), de création monétaire internationale.

Certains analystes considèrent que le FMI, en assurant un rôle de prêteur en dernier ressort en cas de difficulté, accroît les risques de crises. C'est le phénomène d'alea moral qui veut que les banques de second rang et les institutions financières prennent plus de risques, sachant à l'avance que le FMI est disposé à mettre en place un dispositif de sécurité destiné à couvrir une partie des pertes.

Enfin, un pays peut opter pour un système de change flexible dans lequel le taux de change s'établit en fonction des offres et des demandes de la monnaie nationale sur le marché des changes. Cependant, même en système de change flexible, les banques centrales interviennent sur le marché des changes tant le taux de change est un facteur déterminant de l'activité économique (via les exportations et les importations). Aussi, on peut être amené à distinguer un « flottement administré » et un « flottement pur » selon que ces interventions sont régulières ou non.

Selon les tenants du flottement des monnaies, ce système libère les autorités monétaires de toute intervention pour la défense de la parité de la monnaie. Ce sont les mécanismes de marché qui permettent d'ajuster les taux de change et d'éliminer les déficits extérieurs, sans obliger à une manipulation des taux d'intérêt qui peut être préjudiciable à l'activité économique de la zone.

La réalité économique nous conduit à relativiser la théorie du flottement des monnaies. En effet, on observe que les déséquilibres extérieurs n'ont pas disparus mais au contraire se sont amplifiés entre, par exemple, les États-Unis, le Japon et l'Allemagne (le déficit du commerce extérieur américain est à peu près équivalent à la somme des excédents extérieurs allemands et japonais). Le retour à l'équilibre extérieur par le mécanisme du marché des changes ne se vérifie que difficilement.

En outre, force est de constater que l'action sur les taux d'intérêt est loin d'être devenu autonome, tant les évolutions sur le marché des changes résultent des mouvements de capitaux, eux mêmes très sensibles aux variations de taux d'intérêt.

Enfin, la variabilité des taux de changes résultant du flottement représente un coût supplémentaire pour les entreprises qui doivent se couvrir contre le risque de change. D'autre part, la confiance en une monnaie internationale s'est disséminée puisqu'apparaissent, aujourd'hui, plusieurs monnaies pouvant prétendre à ce statut, ce qui est source de spéculation et donc d'instabilité des changes. On assiste donc à un polycentrisme monétaire autour du dollar américain, du yen japonais, et de l'euro, principales monnaies de réserve.

Solde extérieur de l'UEM et changes flexibles

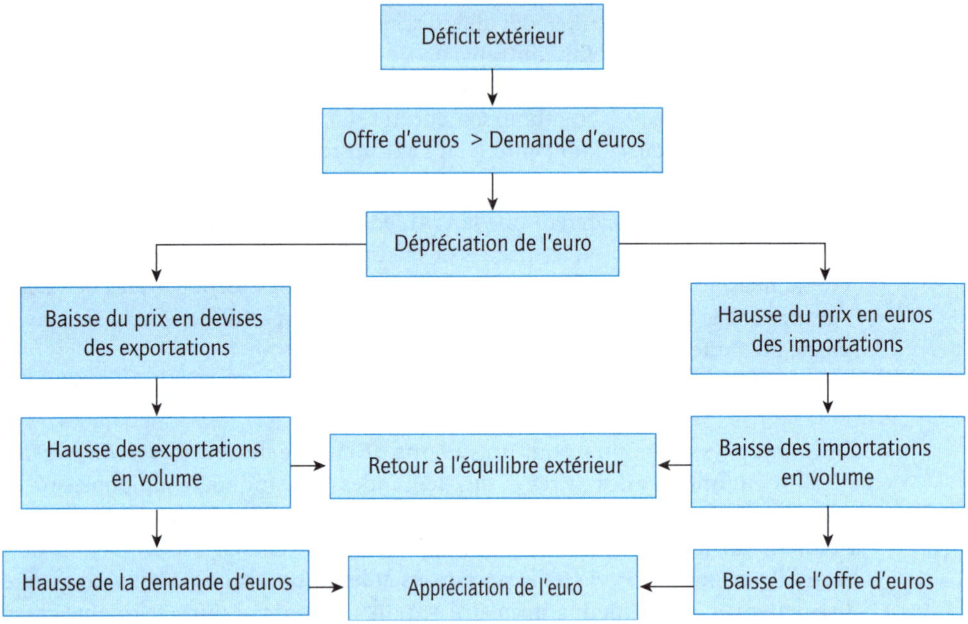

2.2 La coopération monétaire internationale

Les pays les plus riches du monde, dans le cadre du G7, ont entériné les échecs du flottement des monnaies et se sont entendus sur la nécessité d'encadrer les évolutions des taux de change. C'est tout d'abord dans le cadre des accords du Plazza en 1985, puis avec les accords du Louvre en 1987 qu'ils ont inauguré une ère nouvelle de « gestion concertée des changes ». Le principe est celui des zones cibles de change (Williamson, 1983). Par la concertation, les différents pays s'efforcent d'évaluer les taux de changes réels d'équilibre de long terme au regard des données fondamentales de l'activité économique. Ils décident ensuite de la définition de zones cibles par des marges de fluctuation de plus ou moins 10 %, voire plus ou moins 1 à 5 % pour Mac Kinnon (1984), par rapport au taux de change réel d'équilibre qu'ils ont évalué. Cette concertation s'étend aux politiques macroéconomiques menées par les différents pays, pour que celles-ci soient cohérentes avec le maintien des taux de change réel à l'intérieur de la zone cible. Sont également prévues des interventions coordonnées des banques centrales en cas d'attaques spéculatives contre une ou des devises. Enfin, la question se pose de savoir si les zones cibles doivent être ou non rendues publiques. En effet, cela peut donner des signaux clairs au marché de sorte qu'à l'approche des bandes de fluctuation, les opérateurs anticipant une intervention des banques centrales, décident d'aller dans le même sens (comme une prophétie auto-réalisatrice) sans qu'il soit alors nécessaire pour les banques centrales d'intervenir (la cible doit être crédible).

En outre, comme il existe une incompatibilité entre la liberté des mouvements de capitaux, la stabilité des changes et l'autonomie des politiques monétaires les membres du G7 ont été conduits à s'entendre, chaque année dans le cadre du FMI, sur leurs objectifs de politique économique.

FOCUS . . . FOCUS . . . FOCUS . . . FOCUS . . . FOCUS . . . FOCUS . . .

Le triangle d'incompatibilité de Mundell (1963)

On peut considérer que l'indépendance nationale des politiques monétaires, la liberté des mouvements de capitaux et la stabilité des changes constituent trois objectifs raisonnables. Cependant, Mundell a montré que seuls deux de ces trois objectifs pouvaient être atteints en même temps. Par exemple, la liberté des mouvements de capitaux et la stabilité des changes ne peuvent être obtenus ensemble qu'au détriment de l'indépendance des politiques moné-taires. En effet, pratiquer des taux d'intérêt différents selon les pays, dans le cadre de politiques monétaires autonomes, va conduire les mouvements de capitaux vers les placements les plus rémunérateurs et, donc, déstabiliser les changes. Seules des politiques monétaires concertées pourraient permettre d'éviter un tel phénomène. En raisonnant de manière identique, ou peut voir que la stabilité des changes et l'autonomie des politiques monétaires ne sont possibles que si les mouvements de capitaux sont contrôlés. Enfin, l'autonomie des politiques monétaires et la liberté des mouvements de capitaux rendent impossible toute stabilité des changes.

2.3 Les principales politiques de change

Les agents économiques sont, du fait de leurs relations avec l'extérieur, soumis au risque de change. Celui-ci se définit comme étant la possibilité de réaliser une perte de change, par la seule détention dans le temps d'un actif libellé en devises. Aussi, les autorités monétaires se fixent comme objectifs d'encadrer les variations de change pour limiter ce risque. De plus, la politique de change peut être un moyen de renforcer la compétitivité-prix d'une économie lorsque le taux de change s'éloigne de la parité des pouvoirs d'achat. Enfin, la politique de change constitue une sous-catégorie de politique économique qui permet de réaliser les objectifs de plein emploi, de croissance, de stabilité des prix et d'équilibre extérieur.

La politique de change menée par la BCE peut consister à privilégier l'appréciation de l'euro, pour lutter contre l'inflation importée, ce qui permet de diminuer le coût des approvisionnements en provenance de l'extérieur de la zone euro. En outre, une telle politique conduit à une nécessaire adaptation des secteurs de l'UEM concurrencés par les produits en provenance de l'extérieur de la zone. Les gains de productivité attendus peuvent alors servir à baisser les prix des produits exportés, à investir pour se moderniser davantage.

Une dépréciation de l'euro peut elle aussi conduire à un rééquilibrage du commerce extérieur, dans la mesure où elle renchérit le coût des importations et diminue le prix des exportations. Cependant, il convient pour cela que les entreprises répercutent sur les prix les effets de la dépréciation. En outre, la compétitivité-prix n'est pas suffisante et elle se heurte à une plus ou moins grande élasticité de la demande par rapport aux prix. Si la structure des échanges extérieurs est composée principalement de produits à demande inélastique, la dépréciation ne produira pas les effets attendus.

2.4 Les instruments des politiques de change

Les autorités monétaires peuvent intervenir sur le marché des changes en vue de réguler les variations de change en achetant (vendant) des euros pour que le cours de celui-ci s'apprécie (se déprécie).

Cependant, cette pratique se limite au volume de réserves de change disponibles. Aussi, la manipulation des taux d'intérêt s'avère nécessaire pour attirer les mouvements de capitaux qui recherchent les placements les plus rémunérateurs. Les investisseurs extérieurs à la zone monétaire changent donc leur devise en euro, ce qui accroît la demande de cette dernière et contribue à l'appréciation du change.

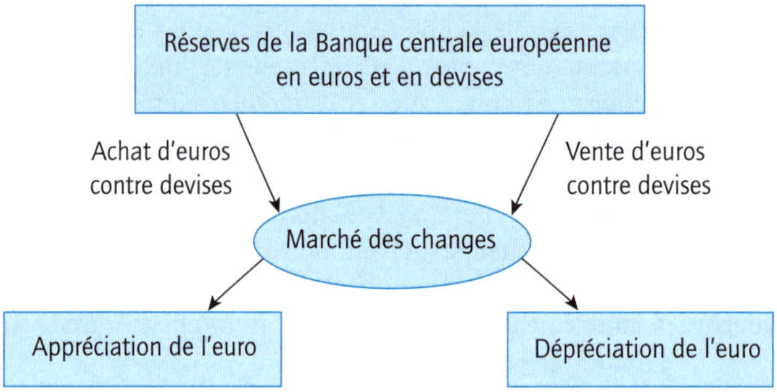

Remarquons que le contrôle des changes, aujourd'hui abandonné, permet d'éviter que les résidents spéculent contre la monnaie nationale.

La politique de change de la BCE

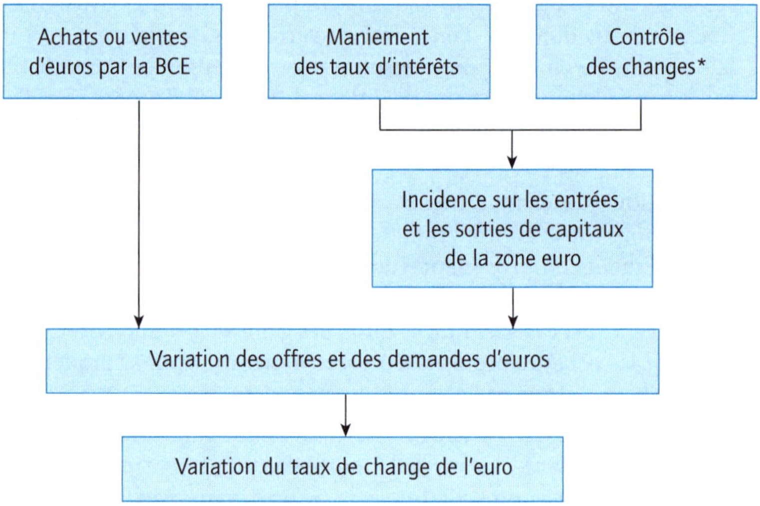

*Non utilisé dans l'Union européenne

2.5 L'efficacité de la politique de change

Une politique de dépréciation conduit à une hausse du prix des biens importés et donc à une baisse du volume des importations. De plus, la baisse du prix des exportations peut permettre d'accroître les volumes exportés. Au total, la dépréciation conduirait théoriquement à l'équilibre extérieur, mais au détriment d'un surcroît d'inflation importée.

Une politique d'appréciation occasionne une baisse des prix des importations et donc une hausse des volumes importés, au détriment des productions nationales. D'autre part, l'appréciation de l'euro renchérit les prix des exportations en devises, ce qui freine les volumes exportés. En somme, l'appréciation de l'euro permet de contenir l'inflation mais au détriment de la compétitivité-prix.

Politique d'appréciation de l'euro

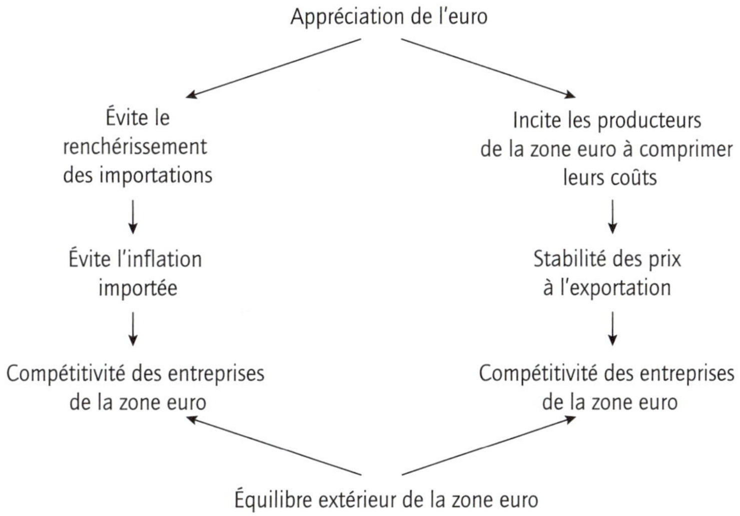

Cependant, nous avons ici raisonné dans le cas où les volumes exportés et importés étaient parfaitement sensibles à la variation du prix en devises et en monnaie nationale. Or, à la compétitivité-prix s'ajoute une compétitivité hors prix (la qualité, l'image de marque par exemple) qui est souvent déterminante dans les échanges internationaux. Pour que la dépréciation-dévaluation améliore le solde des échanges extérieurs, la condition de Marshall-Lerner doit être vérifiée.

FOCUS . . . FOCUS . . . FOCUS . . . FOCUS . . . FOCUS . . . FOCUS . . .

Le théorème des élasticités critiques (condition de Marshall-Lerner)

Une dépréciation-dévaluation a pour effet de modifier la compétitivité prix d'une économie par rapport à ses partenaires commerciaux. Si le prix de ses exportations a tendance à diminuer (dans le cas où les exportateurs baissent effectivement leurs prix en devises et n'adoptent pas un comportement de marge) rien ne dit que les quantités vendues vont s'accroître. Tout dépend, en effet, de la réaction de la demande par rapport à cette modification du prix de vente. Plus la demande est élastique, plus les volumes exportés seront importants. Inversement, la hausse du prix des importations (au cas où les exportateurs étrangers ne modifient pas leurs prix en devises) ne conduit pas automatiquement à un ralentissement des quantités importées. Moins la demande intérieure est élastique aux variations de prix (cas du pétrole), moins le volume des importations se modifiera. Selon la condition de Marshall-Lerner, ou « théorème des élasticités critiques », une dépréciation de la monnaie nationale améliore le solde des transactions courantes si la somme des élasticités-prix en valeur absolue des importations et des exportations est supérieure à 1.

Ainsi, compte tenu des différences de compétitivité-prix et hors prix entre les pays de la zone euro, une même variation du taux de change de l'euro par rapport au dollar n'entraîne pas les mêmes effets. On peut voir par exemple que l'Allemagne souffre beaucoup moins de l'appréciation de l'euro que la France (l'excédent allemand s'accroît malgré une appréciation alors que le déficit français se creuse).

Il faut souligner également que la politique de change ne dépend pas uniquement de la Banque centrale européenne. Le conseil des ministres décide des orientations générales de cette politique. Cependant, on peut considérer que les décisions sont prises conjointement puisque la valeur externe de l'euro n'est pas sans conséquence sur la stabilité des prix dans la zone euro, stabilité qui reste l'objectif de la banque centrale européenne.

De toute façon, la condition de Marsall-Lerner ne nous indique pas le temps nécessaire au retour à l'équilibre des échanges extérieurs, suite à une dépréciation-dévaluation. Les études statistiques montrent que l'élimination du déficit extérieur peut prendre du temps. Le solde des transactions courantes évolue donc dans le temps selon une « **courbe en J** ».

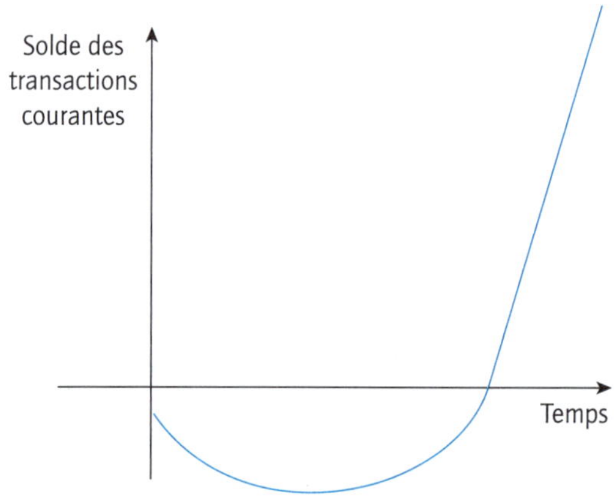

La courbe s'explique par le fait que les effets positifs ne jouent pas immédiatement. Dans un premier temps, la valeur des importations augmente car celles-ci coûtent plus cher et les agents ne réduisent pas spontanément leurs achats de produits étrangers. Symétriquement, comme les exportations ne s'accroissent pas immédiatement en volume, elles diminuent en valeur (leurs prix ont diminué suite à la dépréciation). La dépréciation-dévaluation aggrave dans un premier temps le solde extérieur. Ce n'est que dans un deuxième temps que le solde des échanges extérieurs s'améliore, lorsque les agents économiques nationaux et étrangers ont intégré les modifications de prix (et sous réserve de la condition de Marshall-Lerner).

L'essentiel

Le taux de change d'une monnaie est le prix de cette monnaie exprimé en devise étrangère. Il existe donc autant de taux de change que de devises étrangères. Ce prix est déterminé sur le marché des changes par la confrontation entre une offre et une de demande de cette monnaie.

Le niveau du taux de change d'une monnaie dépend des paramètres fondamentaux de l'activité économique du pays concerné que sont le solde des transactions courantes, le taux d'inflation et le taux d'intérêt. Toutefois, le taux de change observé sur le marché diffère bien souvent du taux auquel on pourrait s'attendre à la lecture des données fondamentales de l'économie en raison des phénomènes de spéculation qui s'observent à travers les mouvements internationaux de capitaux.

Les flux de marchandises, de services, de capitaux et de monnaie sont enregistrés dans un document comptable appelé Balance des paiements et qui est tenu en France par la Banque de France. Les balances des paiements permettent de rendre compte de l'importance des flux financiers au regard des flux de transactions courantes pour la détermination de l'évolution des taux de change.

L'importance de la parité d'une monnaie sur le niveau de l'activité économique est telle que la plupart des pays de la planète considèrent qu'il est nécessaire de mener une politique de change. Celle-ci vise à encadrer les variations de change pour ne pas nuire à une concurrence saine entre les zones monétaires. Toutefois, la libéralisation des mouvements de capitaux oblige bien souvent ces pays à s'entendre sur les niveaux souhaités des parités, et sur des modes d'intervention concertés sur les marchés de changes.

RÉFÉRENCES

Mots clés

- Appréciation de la monnaie
- Balance commerciale
- Balance des invisibles
- Balance des paiements
- Bulle spéculative
- Caisse d'émission (*currency board*)
- Compétitivité-prix
- Compétitivité hors-prix
- Comportement de mimétisme
- Compte des transactions courantes
- Compte financier
- Convertibilité
- Dépréciation de la monnaie
- Différentiel de taux d'intérêt
- Différentiel d'inflation
- Investissement de portefeuille
- Investissement direct à l'étranger (IDE)
- Marché des changes
- Parité des pouvoirs d'achat (PPA)
- Parité des taux d'intérêt (PTI)
- Politique de change
- Risque de change
- Sur-réaction des taux de change
- Taux de change (nominal, réel, effectif, fixe, flexible)
- Théorème des élasticités critiques (condition de Marshall-Lerner)
- Triangle d'incimpatibilité
- Union monétaire
- Zone cible de change

Auteurs de référence

- Cassel (1916)
- Dornbush (1976)
- Keynes (1923 et 1936)
- Mundell (1963)
- Williamson (1983)

Références bibliographiques

- A. Mayeur, *Choix collectifs et raison d'État : Traité de macroéconomie*, PUF, 2005.
- M. Burda et C. Wyplosz, *Macroéconomie : une perspective européenne*, DeBoeck, 2003.
- A. Benassy-Quéré *et al.*, *Politique économique*, De Boeck, 2005.
- D. Plihon, *Les taux de change*, La Découverte, 2001.
- C. Descamps, *L'analyse économique en question*, Vuibert, 2005.

Sites Internet

www.imf.org : site du Fonds monétaire international.

www.ecb.int : site de la Banque centrale européenne.

APPLIQUER LE COURS

Application Quiz

		Vrai	Faux
1	Dans un système de changes flottants, une diminution du taux de change conduit à une dévaluation de la devise concernée.		
2	Le taux de change réel d'une monnaie est le prix de cette monnaie exprimé dans une autre monnaie, commissions déduites.		
3	Quand l'euro s'apprécie par rapport au dollar, ceci tend à diminuer le prix de la facture pétrolière pour la France.		
4	Le triangle de Mundell démontre la compatibilité des trois objectifs suivants : la fixité des taux de change, la libre-circulation (mobilité) des capitaux et l'autonomie de la politique monétaire.		
5	Le total des soldes de chaque poste de la balance des paiements, « erreurs et omissions » incluses, est toujours nul.		

6 Comprenez-vous l'intérêt des soldes de la balance des transactions courantes ? Un solde négatif du compte des transactions courantes signifie que :
a) la France présente un besoin de financement à l'égard du reste du monde
b) la France a plus exporté qu'importé des biens et services
c) la France a une industrie compétitive

7 Quels postes font partie du compte financier de la balance des paiements ? Cochez la ou les bonnes réponses :
a) le versement de revenus financiers tirés des investissements à l'étranger
b) les investissements directs étrangers en France
c) le versement de la contribution de la France au budget européen
d) les investissements directs français à l'étranger

8 Dans la situation ci-dessous, lequel des trois choix proposés peut-il être considéré comme spéculatif ?
Un importateur français achète au mois de mai pour 2 millions de dollars de marchandises des États-Unis, payables et livrables en novembre de la même année. Il a le choix entre trois possibilités pour convertir les euros en dollars afin de régler la facture correspondante ; cochez puis validez la bonne réponse.
a) changer toute de suite (en mai) des euros contre des dollars au comptant
b) changer des euros en dollars seulement en novembre
c) acheter des dollars à terme et donc à un cours à terme

9 Comment s'appelle la célèbre courbe qui exprime l'évolution suivie par le solde de la balance commerciale après un changement de parité de la monnaie nationale ? Cochez puis validez la bonne réponse :
a) la courbe en V
b) la courbe en J
c) la courbe en U

SE PRÉPARER À L'EXAMEN

Étude de document

Dépréciation et appréciation de la monnaie

Le cercle vicieux des monnaies faibles repose sur un enchaînement du type :

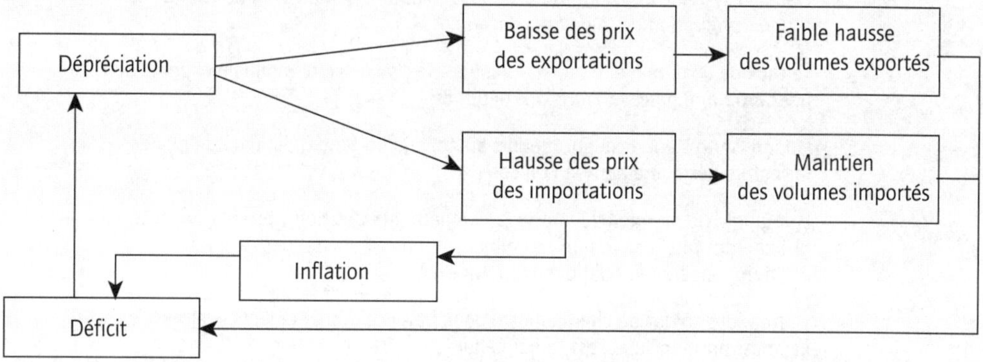

Source : Faugère J.-P. et Voisin C., *Le système monétaire et financier international*, CIRCA Nathan, 1994.

Le cercle vertueux des monnaies fortes repose sur des enchaînements inverses

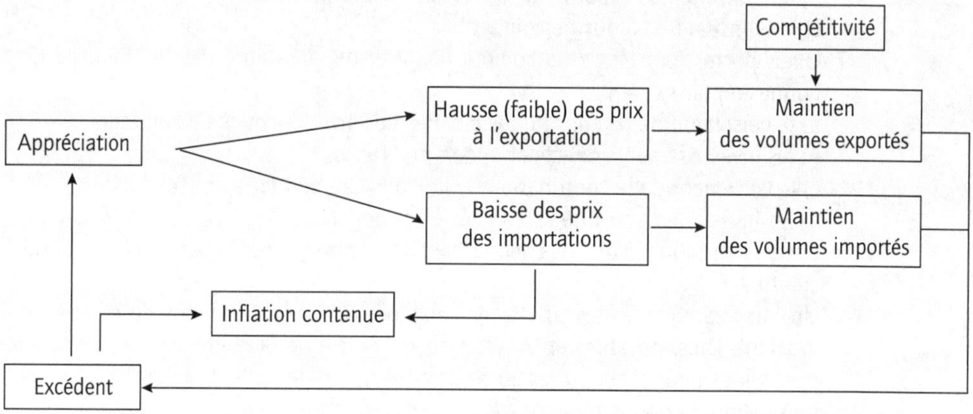

Source : Faugère J.-P. et Voisin C., *Le système monétaire et financier international*, CIRCA Nathan, 1994.

1. Quelle différence faites-vous entre dépréciation et dévaluation ?
2. Décrivez le cercle vertueux de l'appréciation et le cercle vicieux de la dépréciation.
3. Contestez les enchaînements représentés dans les cercles vertueux et vicieux.

Dissertation

Quel taux de change pour l'euro ?

CHAPITRE 14

Problèmes monétaires et financiers internationaux

Au cours des années 1990, de l'Asie à la Russie en passant par l'Amérique du sud et l'Amérique centrale, de places financières en places financières, des perturbations majeures d'ordre monétaire et financier ont déstabilisé l'ensemble des économies mondiales. Toutefois, la crise dite des « *subprimes* » qui se déclenche à l'automne 2008 semble devoir être considérée comme un phénomène d'une tout autre ampleur puisqu'elle a fait entrer l'économie mondiale dans une récession comme il n'en avait plus été observée depuis la crise de 1929.

Ces crises posent de nombreuses interrogations quant à la remise en cause du système monétaire et financier international. La référence aux accords de Bretton Woods et au dernier cadre stable qu'ils offraient à l'économie mondiale est souvent évoquée aujourd'hui. Il semble donc pertinent de bien comprendre, tout d'abord, comment les économies ont abandonné le système monétaire international, issu de ces accords, pour adopter de nouvelles règles de fonctionnement. Nous comprendrons mieux, alors, comment l'instabilité croissante qui en a découlé est à l'origine de l'apparition de crises monétaires et financières qui se diffusent à l'échelle mondiale.

Cela nous amènera, enfin, à apprécier les perspectives de reconstruction d'un nouveau système monétaire et financier international.

A L'INSTABILITÉ MONÉTAIRE ET FINANCIÈRE INTERNATIONALE

Le système monétaire international peut être défini comme l'ensemble des règles et des institutions visant à organiser les échanges monétaires internationaux. Les nombreuses définitions du terme système renvoient souvent à l'idée de coordination, de cohérence ou bien encore de structure. Le système monétaire international issu des accords de Bretton Woods répondait à tout cela. Il semble donc indispensable d'étudier, tout d'abord, le fonctionnement de ce système et les conséquences de sa disparition avec l'avénement des changes flottants. Ce tournant des années 1970 a été suivi au cours de la décennie 1990 d'un vaste mouvement de libéralisation financière dont il faut étudier les conséquences à la fois positives et négatives sur l'économie mondiale.

1 La montée de l'instabilité sur le marché des changes

Pour éviter que ne se reproduisent les dérives monétaires de l'entre-deux-guerres et la multiplication des « dévaluations compétitives », les accords de Bretton Woods vont être signés en 1944 afin de mettre en place un cadre monétaire stable à l'échelle internationale. Ces accords comprenaient, en premier lieu, la mise en place d'un système de taux de change fixe. Chaque pays voyait, alors, la parité de sa monnaie définie, soit en or, soit en dollar. La cohérence du système est assurée par le lien direct entre l'or et le dollar, la parité entre les deux étalons étant fixée à 35 dollars l'once d'or (une once égale 28,349 grammes). La pérennité du système, quant à elle, reposait sur les interventions des banques centrales des pays adhérents lorsque la parité de leurs devises s'éloignait de plus ou moins 1 % par rapport à la parité fixée vis-à-vis du dollar.

Cours du dollar entre 1966 et 1971 (exprimé en francs, en yens et en DM)

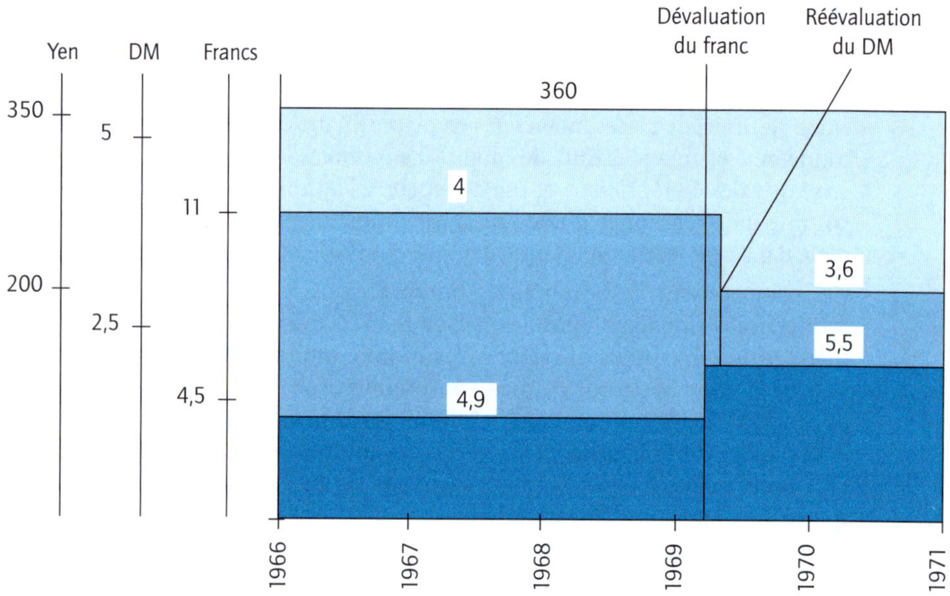

Les accords de Bretton Woods scellent également la création du Fonds monétaire international, le FMI. Celui-ci est le garant de la stabilité des changes. Ainsi, les États doivent demander l'autorisation au FMI pour des changements de parité dépassant 10 %. Enfin, cette institution peut venir en aide aux économies qui rencontreraient des difficultés pour équilibrer leur balance des paiements, le fonds disposant de ressources émanant des pays adhérents, ce que l'on appelle les quotes-parts.

En 1944, est fondée également la Banque mondiale qui a pour mission de lutter contre la pauvreté. À l'aide des ressources apportées par les pays les plus riches, elle intervient, auprès des pays en développement, en prodiguant des conseils, mais le plus souvent en accordant des aides matérielles ou financières. Elle est souvent assimilée à la Banque internationale pour la reconstruction et le développement même si cette dernière n'est qu'une des cinq institutions qui constituent le Groupe Banque mondiale.

La répartition des quotes-parts au sein du FMI

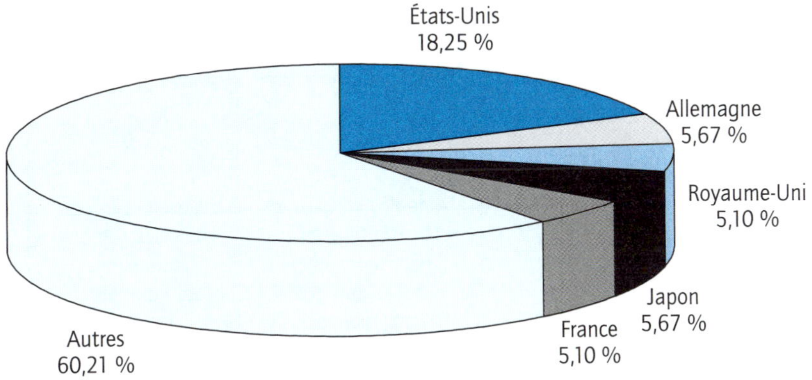

La Banque des règlements internationaux, enfin, a été créée en 1930 et sa mission de promotion de la coopération entre les banques centrales des principaux pays industrialisés s'est poursuivie après les accords de Bretton Woods. Elle fournit également un certain nombre d'informations statistiques sur les mouvements de capitaux et participe, aussi, à l'élaboration de normes bancaires.

Dès la fin des années 1950, le système de changes fixes va connaître des dysfonctionnements puisque c'est à cette période que la quantité de dollars en circulation dans l'économie mondiale va s'accroître, causant progressivement la perte du système mise en place en 1944. Ce phénomène va démarrer avec l'aide des États-Unis aux pays européens pour les soutenir dans leur reconstruction mais aussi avec le développement des investissements des firmes américaines sur le vieux continent. Ce premier flux de dollars en dehors des États-Unis va être suivi d'un second lié aux mutations des échanges commerciaux. En effet, à partir de la fin des années 1950, les excédents commerciaux américains se réduisent considérablement et l'Europe, d'une part, et le Japon, d'autre part, commencent à exporter vers les États-Unis. Enfin, dans les années 1960 vont apparaître ce que l'on a appelé les euro-dollars. Il s'agissait de dollars déposés sur des comptes bancaires en dehors des États-Unis et qui permettaient, de ce fait, d'accorder des crédits libellés en dollar, provoquant, de cette manière, une création de devise américaine en dehors du territoire des État-Unis.

Le rapport entre la quantité de dollars en circulation et le stock d'or mondial s'est ainsi considérablement modifié. Or c'est sur lui que reposait la parité entre la devise américaine et le métal précieux et au delà, la confiance des autres pays dans le système monétaire adopté.

Face à cette situation et devant le risque, notamment, de voir les autres pays demander la conversion de leur dollar en or, le président Nixon, le 15 août 1971, décide unilatéralement la suspension de la convertibilité entre les deux étalons. Même si durant une courte période des tentatives vont être menées pour sauver le système monétaire, la conférence de la Jamaïque, en 1974, entérine la fin des taux de changes fixes.

Le système de changes flottants qui succède à celui mis en place en 1944 va provoquer des fluctuations de grande envergure, notamment à très court terme. Ces variations ne vont pas sans poser problème aux entreprises qui travaillent à l'international puisqu'elles subissent un risque de change ou supportent un coût supplémentaire si elles désirent se couvrir contre ce risque.

La fin de la cohérence du système de Bretton Woods

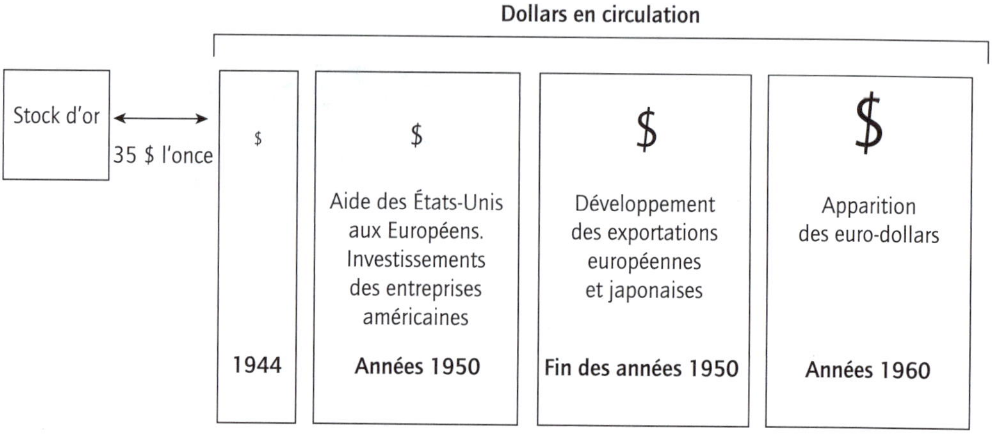

Sur le long terme, le cours du dollar va connaître des variations très importantes : très bas au cours des années 1970, il va grimper à un niveau très élevé dans la première moitié des années 1980 suite à la politique de taux d'intérêts élevés menée par les autorités monétaires américaines.

Évolution du cours du dollar depuis l'abandon de sa convertibilité en or

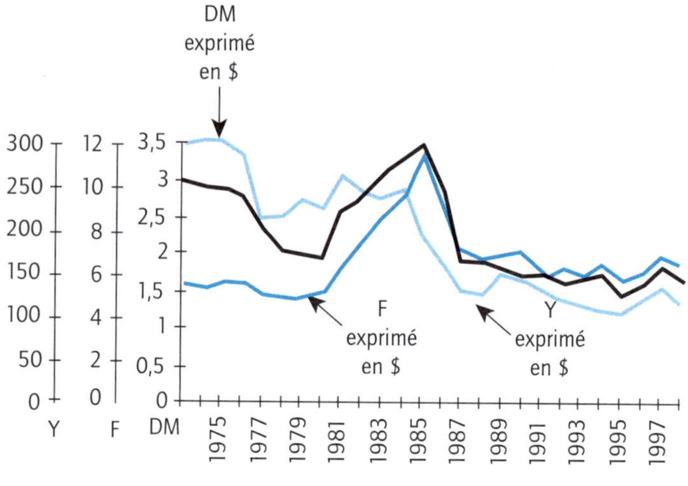

DM : deutsche mark ; F : franc français ; Y : yen.

Cette montée du dollar, en raison de la place prépondérante qu'occupe la devise américaine (monnaie de réserve, monnaie valorisant les échanges internationaux), a poussé les membres du G7 à intervenir en 1985. L'accord du Plazza, signé à cette date, affiche la volonté des grandes nations de provoquer une baisse progressive de la devise américaine. Mais, la chute du dollar, beaucoup plus brutale que prévu, aboutira en 1987 aux accords du Louvre qui visent à le stabiliser. Une nouvelle intervention aura lieu en 1995 pour faire remonter le dollar jugé à un cours trop faible. Enfin, en septembre 2000, les grandes puissances intervenaient cette fois pour enrayer la chute de l'euro.

Le **G7** est constitué des États-Unis, du Japon, de l'Allemagne, de la France, du Royaume Uni, de l'Italie et du Canada. Il devient **G8** lorsque la Russie vient s'y ajouter.

Ces interventions sur le marché des changes sont efficaces dans la mesure où elles provoquent un effet de signal qui montre la détermination des autorités monétaires. Elles se doivent d'être menées de concert. Ainsi, le Japon, en 1998, n'est pas parvenu, malgré des interventions massives sur le marché des changes, à faire remonter le cours du yen. C'est le soutien des États-Unis qui a permis à la devise japonaise de se relever. Mais ces actions sont de plus en plus coûteuses, on estime à 800 millions de dollars pour les États-Unis et à 10 milliards de dollars pour le Japon, le coût des interventions menées en 1998.

La concertation internationale se heurte aux divergences des intérêts nationaux. Le dollar est à la fois une devise nationale et internationale. En conséquence, et même si les effets de stabilisation sur la balance commerciale attendus des changes flottants ne jouent pas pleinement, les États-Unis ne souhaitent pas, au regard de leur déficit commercial, voir le dollar s'apprécier ce qui nuirait à leurs exportations. D'une façon plus générale, le système des changes flottants rend plus facile la mise en œuvre d'un « dumping monétaire » (faible taux de change pour stimuler les exportations).

2 L'amplification des flux de capitaux

Si les années 1970 ont été la décennie de la transformation des systèmes de change, les années 1980 ont vu apparaître un véritable système financier international. Mais, avant de se situer à l'échelle de la planète, il semble nécessaire de rappeler que cette mutation a d'abord été nationale. Le décloisonnement des marchés, la création de nouvelles formes de titres, l'apparition d'organismes de placements collectifs ou bien encore la déréglementation qui a instauré une concurrence entre établissements financiers et non financiers sont autant de facteurs rappelons le, qui ont contribué au développement d'une épargne longue qui s'est notamment dirigée vers les marchés financiers.

Évolution des cours boursiers sur les principales places financières mondiales (base 100 en 1985)

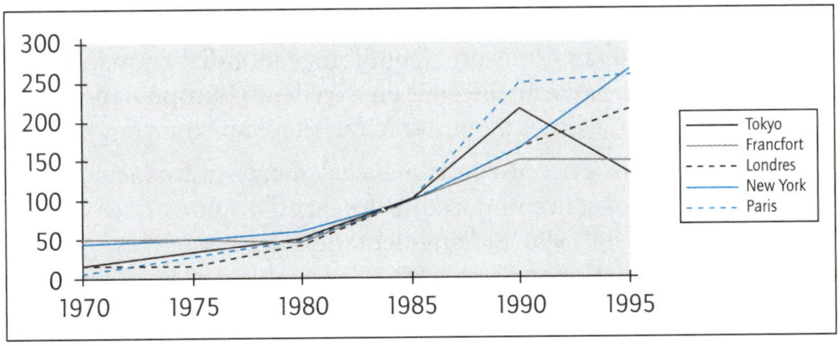

L'internationalisation a été vraiment permise lorsque tous les contrôles nationaux réglementant les changes et la sortie de capitaux ont été abrogés. Ces réglementations devenaient de toutes les manières caduques en raison des possibilités offertes par les nouvelles technologies de l'information et de la communication qui permettaient de les contourner. Ces technologies ont également un impact important en termes de temps en permettant de réagir rapidement et ce 24 heures sur 24 puisqu'en raison des décalages horaires les transactions se font en continu. Enfin, soulignons également l'avancée importante qu'a constituée l'autorisation donnée aux non-résidents de souscrire des obligations d'État.

Transactions internationales sur les actions et les obligations (en % du PIB)

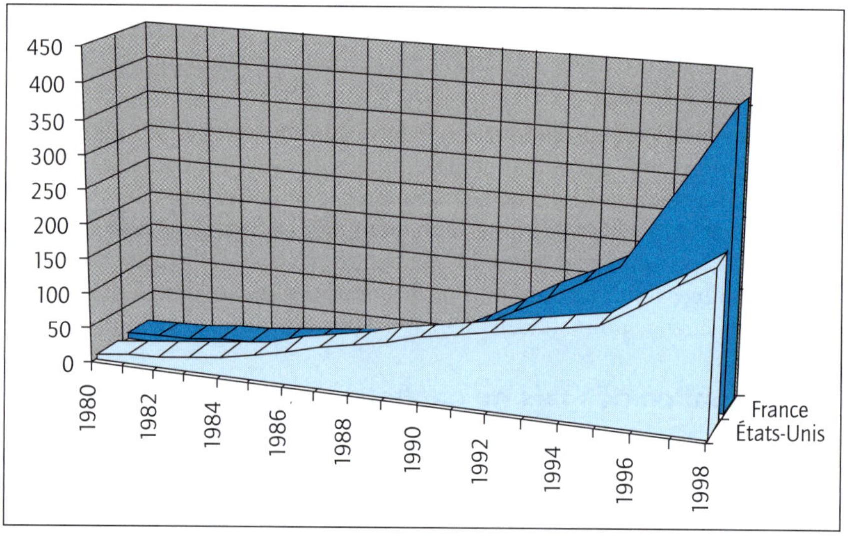

Face à une concurrence accrue et dans l'optique de se diversifier, les banques ont internationalisé leurs activités vers les marchés financiers. L'évolution la plus spectaculaire demeure la part occupée aujourd'hui par les investisseurs institutionnels qui gèrent 90 % des actifs financiers mondiaux. Parmi eux, on notera la part croissante prise par les fonds de pensions qui détiennent un quart des titres cotés à la bourse de New York.

Les marchés financiers ont pour vocation d'assurer la rencontre de l'épargne longue et des besoins de financement. En ce sens, ils ont permis aux États de financer leurs déficits sans avoir recours au crédit et donc à la création monétaire, source d'inflation. De plus, ils ont été le canal qui a permis un rééquilibrage mondial en matière d'épargne en véhiculant cette dernière des pays où elle était en excédent (Europe, Japon) vers les États-Unis où la consommation s'est située à un niveau très élevé au cours des années 1990.

Les marchés financiers ont contribué, également, au financement des pays en développement avec une croissance importante des flux d'origine privée qui ont été multipliés par six au cours des années 1990. Si l'augmentation des ressources, par le biais des mouvements de capitaux internationaux a concerné l'ensemble des pays, elle ne se répartit pas toutefois de façon équitable. Ainsi, on estime qu'à peine 2 % des capitaux privés se sont dirigés vers l'Afrique subsaharienne.

La puissance des investisseurs institutionnels internationaux et plus particulièrement des fonds de pension font qu'ils constituent une contrainte pour de nombreux États et une menace en termes de déstabilisation des marchés. Tout retrait massif de leur part, en raison du jugement défavorable qu'ils porteraient sur la politique poursuivie par les pouvoirs publics ou plus généralement sur la situation économique du pays, entraîne une chute des cours et des taux de change.

FOCUS . . . FOCUS . . . FOCUS . . . FOCUS . . . FOCUS . . . FOCUS . . .

Le SME : première victime de l'instabilité monétaire et financière

La crise du système monétaire européen, en 1992 et 1993, va ouvrir la « décennie des crises ». Elle reste la première manifestation de la supériorité des marchés sur les États. En effet, les principales banques centrales européennes ne sont pas parvenues à garder leurs devises dans les marges de fluctuations prévues dans le cadre du système européen. Les opérateurs sur le marché, considérant que les politiques adoptées, politique d'ancrage à la devise allemande, étaient intenables, ont décidé d'attaquer les devises européennes et les capitaux mis en œuvre à cet effet ont été supérieurs aux réserves de change des banques centrales. En final de nombreuses devises européennes ont été dévaluées.

Mais la principale critique à l'égard du développement des marchés financiers reste qu'ils se sont écartés de leur fonction première et aurait favorisé la montée d'une spéculation à l'échelle internationale. Ainsi, on remarque que sur le marché des changes 5 % seulement des opérations répondent à des besoins de devises inhérentes à des transactions commerciales. Les marchés dérivés qui devaient permettre aux agents de se couvrir contre un certain nombre de risques de taux se transforment en instruments spéculatifs dans la mesure où ils permettent de réaliser des opérations à terme ce qui implique un paiement différé voire l'absence totale de règlements.

De plus, sur les marchés dérivés, les opérations de gré à gré qui ne font pas intervenir d'intermédiaires, se sont accrues de façon spectaculaire Cette évolution présente un risque dans la mesure où de telles opérations nuisent à la transparence des marchés financiers.

B LES CRISES MONÉTAIRES ET FINANCIÈRES INTERNATIONALES

Les années 1990 ont été marquées par l'apparition de crises monétaires et financières violentes dont les effets se font ressentir dans l'ensemble de l'économie mondiale. En conséquence, il est intéressant d'analyser le double caractère, monétaire et financier des crises contemporaines puis de mieux comprendre les causes de leur développement à l'échelle internationale. Nous terminerons, enfin, sur le rôle des différents acteurs, privés et publics, dans le déclenchement et la diffusion des crises.

1 Apparition et diffusion des crises

Au cours des années 1990, les crises ont touché plus particulièrement les pays en développement ou en transition. La croissance de ces pays nécessite bien évidemment un financement qui ne peut être assuré uniquement par l'épargne nationale, certes importante en pourcentage du revenu disponible, mais insuffisamment abondante. En conséquence, le recours à l'endettement, en faisant appel aux capitaux internationaux, s'est avéré indispensable. On notera des évolutions marquantes dans ce domaine puisque si, dans les années 1980, à l'image du Mexique la majeure partie de l'endettement était public et assuré par des banques étrangères, il est devenu essentiellement privé et contracté sur les marchés financiers au cours des années 1990. Ainsi, l'endettement privé de la Thaïlande représentait 80 % de l'endettement total. De plus, on a pu observer une déformation de la structure de financement puisqu'un nombre croissant de projets sur le long terme était réalisé à partir d'endettement à échéance courte. Enfin, une part de plus en plus importante de dettes était libellée en dollar, les risques de change étant, a priori, limités en raison des politiques, adoptées par de nombreux pays, d'ancrage de leur devise nationale à la monnaie américaine.

L'évolution de la structure de l'endettement : l'exemple du Brésil

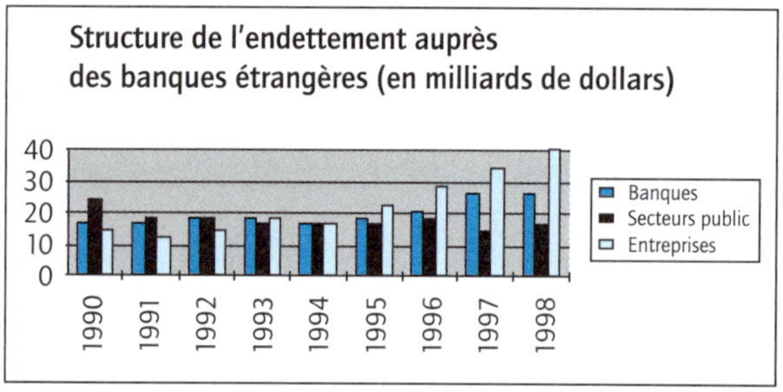

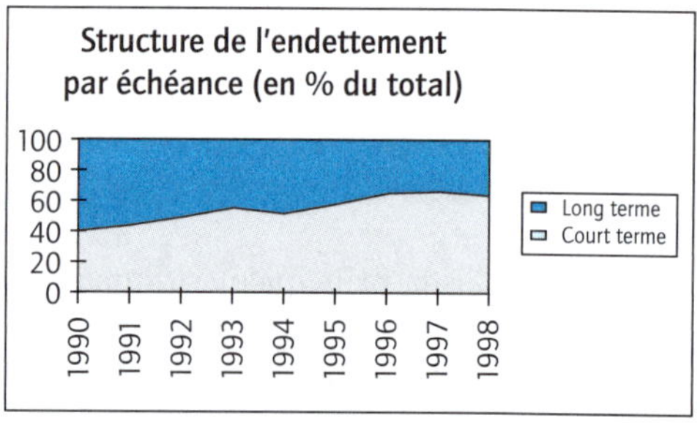

L'endettement est supportable tant que la croissance génère suffisamment de ressources pour y faire face. Or, le développement de nombreux pays émergents se construit autour du dynamisme des exportations ce qui va faire jouer un rôle central au taux de change. En effet, ce dernier a un impact sur le commerce extérieur mais également sur l'endettement qui, nous l'avons dit, est pour une grande part libellé en dollar.

Le double impact de la variation du taux de change

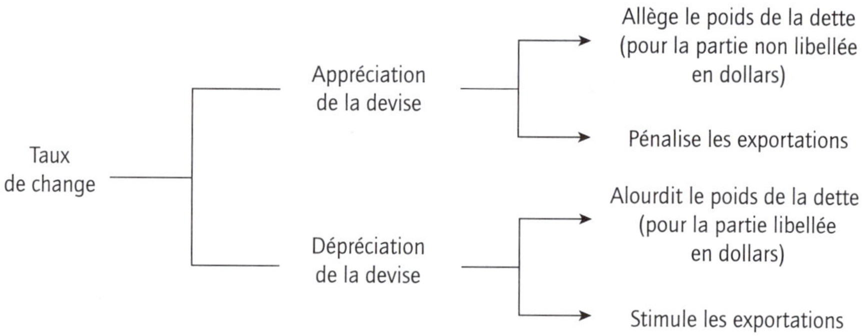

Dans un contexte où la devise s'apprécie trop fortement, les investisseurs internationaux vont alors spéculer à la baisse de cette dernière (en procédant à des ventes) en considérant que la politique d'ancrage n'est plus tenable en raison des effets trop pénalisants qu'elle provoque sur les exportations, moteur de la croissance. C'est ainsi que la hausse du dollar à la fin des années 1990 a été à l'origine de la crise asiatique de 1997, qui a débuté avec l'abandon de la politique d'ancrage par les autorités thaïlandaises. Le poids de la dette, libellée en dollar et à échéance courte, n'étant plus supportable, la Thaïlande s'est retrouvée, de cette manière, en situation de cessation de paiements. La fuite des capitaux s'est alors accélérée, limitant encore plus les possibilités de financement.

Le déclenchement d'une crise : l'exemple de la crise thaïlandaise

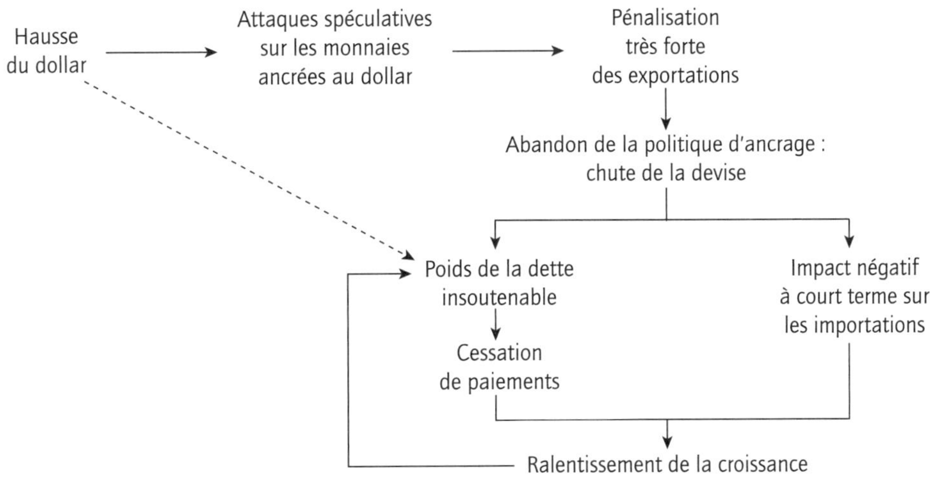

Le phénomène de diffusion des crises est double puisque ces dernières se transmettent sur le plan géographique mais se diffusent également du monétaire et du financier vers l'économie réelle.

Le processus de développement économique est relativement semblable pour les pays d'une même région du monde. Ainsi, cette croissance axée sur le dynamisme des exportations a pour conséquence d'instaurer une vive concurrence entre les économies, notamment sur des produits où la variable prix est importante. De ce fait, la chute de la devise d'un pays et l'avantage en termes de compétitivité qu'elle lui donne pénalisent l'ensemble de la zone et incitent les autres pays à en faire de même. C'est en s'appuyant sur ce scénario logique que se sont développées les attaques spéculatives contre les autres monnaies du sud-est asiatique, propageant ainsi la crise vers l'Indonésie ou bien encore la Corée. De plus, le ralentissement de la croissance favorise la montée du protectionnisme, la fermeture des économies qui en découle jouant, alors, un rôle amplificateur.

Mais s'il y a concurrence entre les économies d'une même zone, on constate également une forte intégration régionale des échanges. Tout ralentissement économique d'un pays important se répercute sur les autres en faisant chuter leurs exportations. C'est ainsi que les difficultés rencontrées par le Brésil se sont diffusées vers l'Argentine en provoquant un ralentissement des flux commerciaux.

En définitive, le ralentissement économique de ces zones, touchées initialement par la crise, et les mesures de protection qu'elles peuvent adopter réduisent les débouchés commerciaux des pays industrialisés qui subissent à leur tour, par ce biais, les conséquences de la crise. Ainsi les États-Unis, dont presque 20 % des débouchés commerciaux se dirigent vers le Brésil et plus de 30 % vers l'Asie, ont vu leurs exportations stagner au cours des huit premiers mois de l'année 1998. Les crises monétaire et financière régionales (voire nationales) deviennent mondiales par le jeu de mécanismes en grande partie liés à l'économie réelle.

Des crises régionales aux crises internationales par le jeu de mécanismes réels

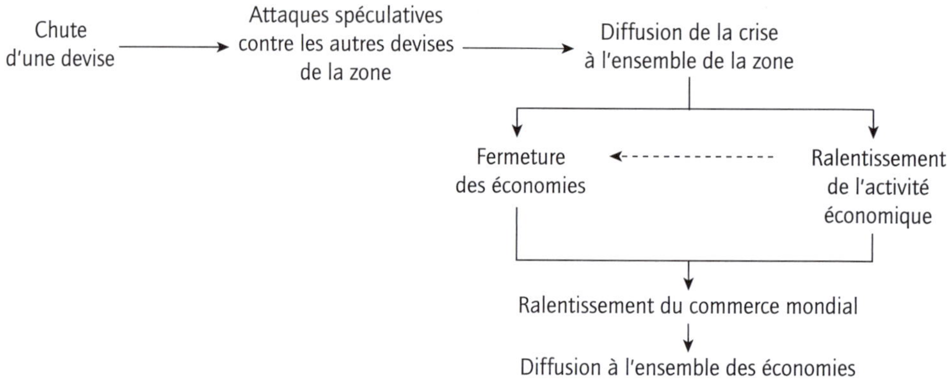

FOCUS . . . FOCUS . . . FOCUS . . . FOCUS . . . FOCUS . . . FOCUS . . .

Le double mouvement de fuites induit par la crise

Les crises se diffusent également par le canal des marchés financiers. Face au risque de diffusion de la crise, les investisseurs internationaux vont retirer leurs capitaux des autres pays émergents ou en transition dont ils jugent la politique menée par les autorités nationales (politique de devise forte) incohérente avec la situation économique du pays. On assiste, alors, à un mouvement de capitaux vers les places financières des économies développées. Ce phénomène est qualifié de « fuite vers la qualité ».

Mais ce premier mouvement est généralement suivi d'un second. Les perspectives de ralentissement économique poussent les institutions financières à abandonner les titres détenus sur le secteur privé et à réorienter leurs capitaux vers les titres publics les plus liquides. Ce second mouvement de « fuite vers la sécurité » a, notamment, été observé sur l'ensemble des grandes places financières internationales au cours de l'été 1998.

Les crises qui frappent les pays industrialisés sont généralement des crises boursières et des crises bancaires comme nous avons pu le voir au cours de la décennie 2000. Celles-ci s'expliquent, en règle générale, par le gonflement d'une bulle que l'on a coutume de qualifier de spéculative. Mais, plus les cours augmentent, plus le risque d'un retournement devient important. Dans un tel contexte, la moindre information peut déstabiliser les marchés et entraîner une chute très forte et très rapide des cours.

La crise des « *subprimes* » dont les effets se font ressentir au cours de l'automne 2008 relève à la fois des mêmes mécanismes mais donne naissance également à de nouveaux phénomènes.

En effet, après l'éclatement de la bulle internet, les autorités monétaires américaines ont, au début des années 2000, adopté une politique monétaire de faibles taux d'intérêt. Cette politique a contribué à stimuler les crédits immobiliers favorisant la formation d'une nouvelle bulle avec progressivement une surévaluation de la valeur des actifs immobiliers.

Cette bulle s'est d'autant plus développée qu'une première innovation est apparue avec les « *subprimes* », crédits hypothécaires à taux élevé mais a priori supportable pour le débiteur puisque les prix dans l'immobilier continuaient à s'apprécier. Cependant, le développement à grande ampleur de tels crédits ne pouvait se faire qu'en s'adressant à une partie de la population présentant des garanties de solvabilité de plus en plus faibles. Pour se couvrir contre les risques, les établissements bancaires ont alors multiplié les opérations de titrisation, contribuant ainsi à la fois à une dissimulation mais également à une diffusion du risque. L'éclatement de la bulle immobilière va donc entraîner la chute des prix des actifs et avec elle celle de la valeur des hypothèques. Le système bancaire doit faire face, dans un premier temps, à une crise de solvabilité qui se transforme rapidement en une crise de liquidité puisque, faute d'être capable d'identifier clairement les risques, les banques ne prêtent plus. Les premières faillites des établissements bancaires provoquent alors une grave crise boursière.

Enfin, les crises boursières qui apparaissent sur une place financière se diffusent également. Les pertes subies par les agents les contraignent, dans un premier temps, à vendre une partie de leurs actifs financiers pour être capables de faire face à leurs échéances. Ces ventes contribuent à faire chuter les cours et obligent, alors, les opérateurs à céder également les titres détenus sur les autres places financières, les entraînant ainsi dans la crise. De même, les crises bancaires, en raison de l'imbrication des systèmes bancaires à l'international se diffusent très rapidement, la perte de confiance entre les agents jouant le rôle d'accélérateur.

2 Le rôle des acteurs financiers, bancaires et institutionnels

L'afflux massif de capitaux vers certaines zones en développement est révélateur du caractère risqué des investissements réalisés par les agents privés. Ces flux de capitaux ont contribué à la montée de l'endettement et à son incohérence en termes d'échéance. Il faut toutefois mentionner, à la décharge des investisseurs internationaux, que les agences de notation internationales (chargées d'indiquer les risques liés à chaque pays) n'ont pas fourni des informations des plus fiables quant à la situation économique et financière des différents pays émergents.

Parmi les acteurs privés se trouvent les banques et au premier rang desquelles les établissements bancaires des pays émergents. Ces institutions sont apparues inexpérimentées dans leur gestion de flux de capitaux de grande envergure. Différentes analyses effectuées sur les crises montrent, d'ailleurs, qu'une des causes principales est le flux trop important de capitaux étrangers qui circule dans le système bancaire national.

Dans les pays développés, nous l'avons dit, les établissements bancaires, face à une concurrence accrue du fait de la déréglementation, ont cherché à se diversifier. Mais cette diversification les a amenés à réaliser des placements de plus en plus risqués notamment dans les pays émergents.

La place des banques dans le processus de crise

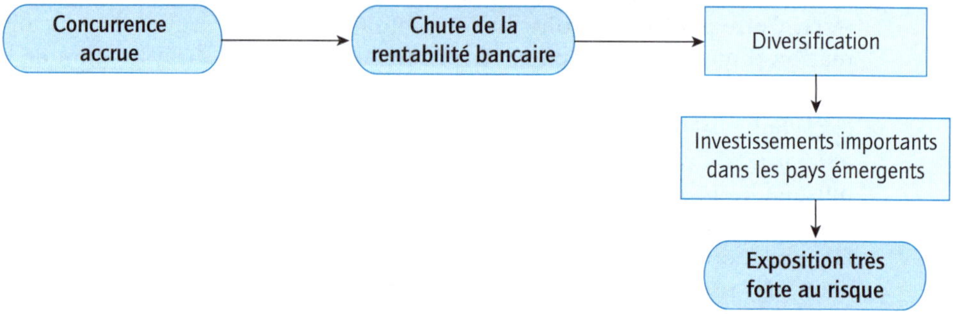

Avec la fin du système issu des accords de Bretton Woods, le FMI, qui avait pour mission de garantir la stabilité des changes, a vu son rôle se modifier. Il a été chargé progressivement de proposer des diagnostics sur la situation économique des pays membres, de prodiguer des conseils et des recommandations en matière de politique économique et, enfin, d'octroyer des prêts aux États se trouvant en difficulté.

Mais les interventions du fonds monétaire international ont un effet pervers à travers le phénomène dit « d'aléa moral ». En effet, les investisseurs internationaux savent qu'en cas de difficultés, le FMI vient soutenir les pays en cessation de paiements pour leur permettre d'honorer leurs dettes. En conséquence, certains placements jugés risqués à l'origine ne le sont plus en raison de la garantie apportée par les aides provenant de l'institution internationale qui apparaît, alors, comme le prêteur en dernier ressort.

Les aides du FMI sont conditionnées à la mise en place de politique d'assainissement (principe de conditionnalité). Mais les programmes de sauvetage imposés par le fonds monétaire international sont immuables et donc bien souvent inadaptés. La crise asiatique a été ainsi abordée comme l'avait été la crise mexicaine, alors que la nature du surendettement était différente (surendettement privé pour l'Asie, surendettement public pour le Mexique). De plus, les politiques d'assainissement ont des conséquences sociales importantes en raison de la montée du chômage à laquelle elles participent.

La remise en cause du FMI

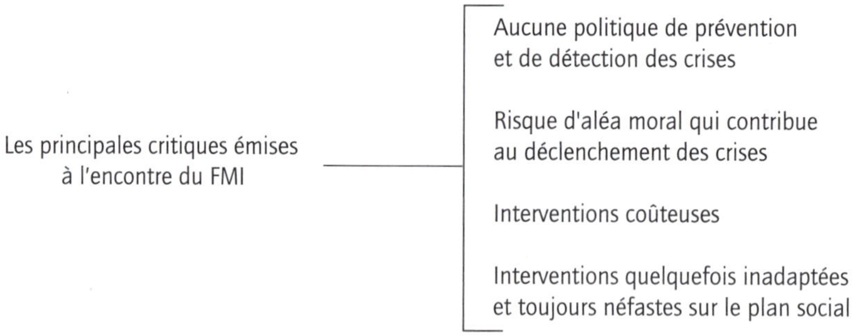

C'est cette dernière critique qui explique la fin du « consensus de Washington » entre le FMI et la Banque mondiale. Jusqu'alors, les deux institutions partageaient la même philosophie quant au processus de développement que devaient suivre les pays émergents pour assurer leur décollage économique. Ce processus d'inspiration libérale passait par une ouverture à la fois financière et économique et par un désengagement de l'État. Mais, en 1998, Joseph Stiglitz, économiste en chef à la Banque mondiale, a brisé ce consensus en affirmant que le rôle de l'État était indispensable pour assurer le développement et que la libéralisation des économies devait se réaliser progressivement.

Dans les pays développés, les agents financiers portent une lourde responsabilité dans le déclenchement des crises, crises bancaires qui peuvent aller jusqu'à mettre en péril le système économique dans son ensemble. En effet, dans une économie d'endettement, les crédits n'étant pas couverts entièrement par des dépôts, il y a risque d'illiquidité des banques. En cas de chocs exogènes susceptibles d'affecter les actifs des banques, les agents ne savent pas quels sont les établissements les plus exposés (problème lié à l'asymétrie d'informations). C'est alors le principe du « premier venu, premier servi » qui fonctionne et affecte l'ensemble des établissements financiers, provoquant un phénomène de panique. On peut assister alors à des faillites en cascade synonymes de pertes considérables.

Sans aller jusqu'à cette extrémité, il faut rappeler la place des banques dans le financement direct mais également indirect (nouvelle intermédiation) qui fait que leurs difficultés font craindre des risques de contraction du crédit (*credit crunch*). La réduction des liquidités et la hausse des taux d'intérêts qui accompagnent ce phénomène, peuvent nuire au financement de l'activité économique. L'importance du risque demeure variable selon les pays puisqu'elle est fonction de la place des banques dans le financement de l'économie (ainsi la France est plus exposée que les États-Unis).

La part des actifs bancaires dans le total des actifs (en %)

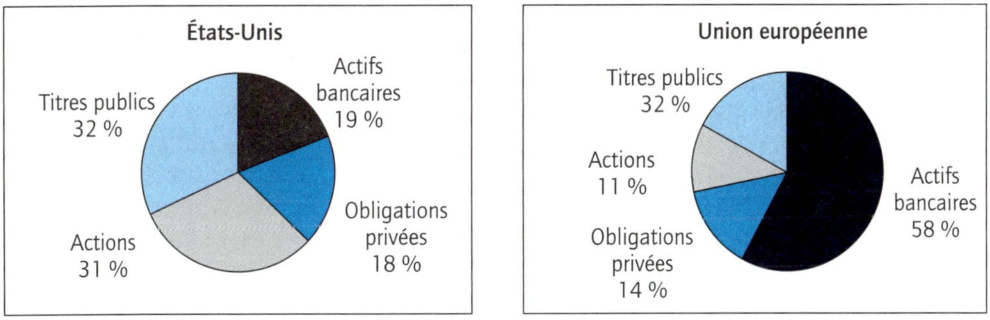

Pour les États développés, la montée en puissance des marchés financiers représente une opportunité de financement mais elle est source, également, de contraintes. La théorie du triangle des incompatibilités montre que la liberté de mouvements de capitaux nuit à l'indépendance des politiques monétaires nationales. Ainsi, pour les grandes zones monétaires (États-Unis, Zone euro), les décisions en matière de taux d'intérêt ne sont pas sans conséquence sur les cours boursiers et demandent, de la part des autorités monétaires, un effort supplémentaire afin de rendre très lisibles leurs décisions et de permettre ainsi aux agents d'ajuster progressivement leurs anticipations. N'oublions pas que toute variation des taux d'intérêt sur une place financière provoque des mouvements de capitaux à l'international.

Le rôle de prêteur en dernier ressort est également joué par les banques centrales et par les États. Les autorités sont en effet contraintes d'intervenir pour arrêter la diffusion des crises dès qu'un établissement bancaire important se trouve en difficulté. C'est de cette façon que l'on peut interpréter le début de la crise des « *subprimes* » et les premières interventions des autorités aux États-Unis. Ainsi, en mars 2008, la banque d'affaires Bear Stearns fait l'objet d'un rachat par Morgan Stanley (2 $ par action), opération orchestrée par la Réserve Fédérale. Les autorités américaines vont plus loin encore le 7 septembre avec la mise sous tutelle de Freddie Mac et Fannie Mac, deux géants du refinancement hypothécaire.

Cependant, comme pour le FMI, les autorités se trouvent face à un dilemme à savoir que des interventions systématiques en tant que prêteur en dernier ressort, si elles empêchent la réalisation du risque systémique, encouragent des comportements irresponsables de la part des agents. Les banques ou les agents financiers de taille importante sont d'autant plus enclins à ce genre de stratégie que leur faillite mettrait en danger l'existence du système. C'est ce que bon nombre d'économistes soulignent aujourd'hui à travers la formule suivante « plus la banque en difficulté est importante plus le risque systémique est important et justifie le sauvetage mais plus celui-ci est coûteux » (ce qui donne la formule anglaise « too big to fail », « trop gros pour faire faillite »). Cependant, l'absence de contrôle à l'intérieur même des banques a conduit à l'utilisation d'instruments financiers très spéculatifs générateurs parfois de pertes considérables.

En conséquence, la stratégie des autorités peut être tout autre et reposer sur la volonté d'envoyer un signal fort aux autres agents en ne venant pas au secours d'une grande banque afin de contraindre le marché à véritablement intégrer les risques et à ne pas espérer les faire supporter à la communauté. C'est le choix opéré par la Réserve Fédérale et le Trésor américain lorsqu'ils refusent d'apporter leur aide à l'une des plus grandes banques d'affaires des États-Unis, Lehman Brothers. Ce faisant, on estime aujourd'hui que les autorités américaines sont à l'origine d'une des plus grandes crises bancaires de l'histoire économique.

Une fois la crise internationale déclenchée, les États se doivent dans un premier temps de venir en aide au système bancaire afin d'éviter la réalisation d'un risque systémique. De plus, face au ralentissement de l'activité économique, les États mettent en œuvre de vastes plans de relance. Enfin, les banques centrales ont un rôle à jouer pour éviter la diffusion de la crise en assouplissant leur politique en matière de taux afin de faciliter l'alimentation des marchés en liquidités. Elles peuvent même aller en cas de crise particulièrement grave jusqu'à acheter des titres publics afin de faciliter le financement des États. On parlera alors de « monétisation de la dette publique » puisque celle-ci est financée par création monétaire.

C LA RECHERCHE D'UN NOUVEAU SYSTÈME MONÉTAIRE ET FINANCIER INTERNATIONAL

Les crises remettent en cause le système monétaire et financier lui-même, mais également le rôle des différents acteurs à l'intérieur de celui-ci. Il est donc utile de s'interroger sur les perspectives d'évolution en analysant les réformes possibles pour remédier aux dysfonctionnements des marchés, tant du point de vue des structures que du comportement des acteurs. Il s'agit également de penser de nouvelles formes de gouvernance à l'échelle nationale et internationale afin de prévenir les crises.

1 Repenser le fonctionnement des marchés

Le monde financier est à l'origine de la crise en raison d'un certain nombre de dysfonctionnements auxquels il s'agirait de remédier. Une série de mesures peut concerner, tout d'abord, les mécanismes financiers.

Il s'agirait dans un premier temps d'organiser et de contrôler les marchés de gré à gré. Sur ces marchés très opaques, les réformes envisagées consisteraient à taxer les marchés dérivés plus fortement que les marchés organisés.

Une deuxième piste quant au bon fonctionnement du marché concerne la titrisation des crédits. La titrisation entretient l'opacité des marchés puisqu'il n'est plus vraiment possible d'apprécier les risques représentés par ces prêts transformés en titres. Il semble donc nécessaire de définir des normes précisant la nature des produits financiers destinés à être titrisés.

La troisième piste concerne la réglementation sur l'attribution des crédits. Avec la flambée de l'immobilier, le nombre de courtiers a fortement augmenté, courtiers alléchés par les commissions importantes des banques. Il s'agissait de conseiller aux clients d'exagérer le montant de leurs revenus, sachant que la valorisation constante du bien acheté et hypothéqué tendait à endormir la méfiance du banquier. Pour les autorités, il s'agira à l'avenir de mieux contrôler les prêts immobiliers (contraindre les banques à vérifier la solvabilité du client, limiter la durée des prêts immobiliers).

D'autre part, il faut instaurer un contrôle sévère des agents. Le fonctionnement des systèmes financiers passe enfin peut être par une nouvelle réflexion sur les normes prudentielles et pratiques comptables. Ainsi, depuis quelques années, les entreprises cotées se doivent de publier des comptes trimestriels. Cette communication génère des mouvements de capitaux à court terme néfastes à une véritable politique de développement de l'entreprise. Les retraits des marchés financiers pourraient être la réponse à cette exigence excessive de communication comptable.

De plus, si elle a contribué à une plus grande vérité des comptes, l'évolution des règles comptables depuis 2001 s'est avérée dangereuse pour l'équilibre des marchés. Il était notamment demandé aux banques d'enregistrer dans leurs comptes la valeur du titre à la valeur de marché du jour (*fair value*). Cependant, les responsables bancaires considèrent que cette mesure contribue à renforcer les mouvements de panique et qu'il serait préférable d'enregistrer les titres à leur valeur historique quitte ensuite à provisionner.

La stabilisation du système monétaire et financier international passe, en premier lieu, par la mise en œuvre de dispositifs prudentiels concernant les établissements bancaires des économies émergentes mais également de certains pays développés (on peut penser au Japon où ces dispositifs sont encore limités).

C'est dans ce sens que les travaux de la Banque des règlements internationaux et du Comité de Bâle (chargé plus précisément du contrôle bancaire) se sont inscrits. Ainsi, dès 1988, est défini le ratio Cooke, ratio prudentiel visant à imposer aux banques un certain pourcentage de fonds propres par rapport à leurs engagements.

Le Comité de Bâle poursuit ses recherches afin de construire un nouveau ratio qui permette d'intégrer plus finement les différentes catégories de risque en attribuant à chacune d'entre elles une pondération en fonction de la gravité qu'elle représente. Ainsi, la crise des *subprimes* a provoqué la tenue d'un Bâle III au cours duquel des mesures de renforcement des capitaux propres des banques ont été décidées.

FOCUS . . . FOCUS . . . FOCUS . . . FOCUS . . . FOCUS . . . FOCUS . . .

Quelques formes de risques bancaires

Risque de marché

Il correspond à la perte entraînée par la fluctuation soudaine des cours ou des taux d'intérêt sur les marchés.

Risque opérationnel

Il est lié aux erreurs volontaires ou involontaires d'un salarié et résulte de l'absence de contrôle interne.

Risque de crédit

Il est représentatif de la perte qui serait engendrée par le non-règlement d'une créance par une contrepartie.

Risque spécifique

Il correspond à la perte que provoquerait la fluctuation soudaine d'une position indépendamment des variations globales du marché

Risque juridique

Il est fonction de la nature juridique du contrat.

Risque pays

Il est fonction de la situation politique et économique des pays dans lesquels les placements sont effectués.

Parmi les agents dont le mode de fonctionnement doit être repensé on peut citer les agences de notation accusées de ne pas avoir vu venir la crise en continuant à surévaluer des actifs toxiques. Il semble dorénavant indispensable d'empêcher la confusion des genres, à savoir le cumul des activités de conseil aux sociétés émettrices de titres et d'évaluateur de ces mêmes titres. Pour ce faire, il est impératif de repenser les modes de rémunération de ces services proposés par les agences.

Enfin, parmi les acteurs jugés responsables de la crise, il est difficile de dissocier ensuite *hedge funds* et paradis fiscaux. Les deux tiers des fonds spéculatifs résident dans des paradis fiscaux. Si une certaine purge s'est opérée au fur et à mesure que la crise se diffusait, faisant disparaître bon nombre de *hedge funds*, les sociétés vivant sur le risque sont loin d'avoir disparu. Il en va de même pour les paradis fiscaux qui contribuent à entretenir les mouvements spéculatifs, voire frauduleux, en facilitant l'opacité qui nuit bien évidemment aux contrôles. La possibilité existe de la part des gouvernements d'interdire de réaliser des opérations dans ces centres.

2 Imaginer de nouvelles formes de gouvernance

En matière de gouvernance, il importe de revoir les pratiques des sociétés financières en ce qui concerne les rémunérations qui, au-delà de la perte de sens du fait du niveau atteint par certains salaires, primes ou bonus, contribuent à inciter les acteurs à des prises de risques excessives.

Quelques pistes de réflexion sont aujourd'hui présentées et plus précisément sur les modes de rémunérations des traders. Il s'agirait :

- d'intégrer une partie fixe plus importante ;
- de prévoir une part variable qui intègre les gains réels réalisés ;
- de ne verser les primes que lorsque l'opération est clôturée ;
- d'attribuer une rémunération sous forme de titres qui sensibilise beaucoup plus le trader à l'évolution des cours boursiers ;
- d'instaurer une gouvernance plus efficace avec une présentation des principes de rémunération des salariés au cours du conseil d'administration.

FOCUS . . . FOCUS . . . FOCUS . . . FOCUS . . . FOCUS . . . FOCUS . . .

La loi Dodd-Frank

En juillet 2010, a été adoptée aux États-Unis la loi Dodd-Frank sur la régulation financière. Parmi les mesures qu'elle induit, cette loi prévoit une nouvelle séparation des activités entre banques de dépôt et banques d'affaires afin d'éviter la diffusion de la crise vers les petits épargnants. La loi Dodd-Frank va également permettre à la Réserve Fédérale de surveiller les établissements « systémiques » (« *too big to fail* ») et d'en ordonner le démantèlement si nécessaire.

Il est possible également de repenser les politiques économiques pour les orienter vers une meilleure maîtrise des dérives spéculatives. Deux axes peuvent ainsi être envisagés : la lutte contre l'inflation immobilière et financière d'une part et la stabilité du système de change d'autre part.

Ainsi, le statut des banques centrales leur assigne des objectifs monétaires très précis. En conséquence, les banques centrales se focalisent sur les seuls prix à la consommation, attachant beaucoup d'importance à ce qui pourrait les faire déraper, notamment une hausse trop rapide des salaires. Cependant, l'inflation du prix des actifs financiers et fonciers ne fait pas partie de leurs prérogatives. Pourtant, dans leurs objectifs de maîtrise de l'inflation, les banques centrales devraient également prendre en compte l'évolution du prix des actifs financiers. Mais cette nouvelle approche suppose un accord politique pour modifier les objectifs des banques centrales. Élargir la mission des banques centrales ne signifierait pas pour autant remettre en cause l'indépendance de leurs décisions. Avec ces nouveaux objectifs, les instituts d'émission pourraient agir en amont de la formation des bulles financières et utiliser des mesures ciblées pour encadrer l'octroi de liquidités à tel ou tel secteur en surchauffe.

Une plus grande stabilité du système monétaire et financier international passerait par une plus grande stabilité du marché des changes. Avec la crise, les vieilles tentations de repli sur soi sont réapparues. Les États-Unis poursuivent une politique monétaire visant à relancer l'activité économique par injection massive de liquidités (« *quantitative easing* ») sans prendre en compte l'impact de cette création de dollars sur la finance mondiale. Cette politique qualifiée de « douce bienveillance » (« *benign neglect* ») vis-à-vis du cours du dollar provoque des mouvements de capitaux indésirables notamment pour un certain nombre de pays émergents. En effet, on observe des emprunts en dollars à New York (à des taux faibles au regard de la politique des autorités américaines), dollars qui vont se placer vers les marchés financiers des pays émergents. Ces mouvements de capitaux provoquent alors une hausse de la devise locale nuisible au commerce extérieur de ces pays qui constitue un des moteurs de leur développement. D'autre part, la politique américaine se traduit par une baisse du dollar préjudiciable aux partenaires commerciaux des États-Unis. La faiblesse de la devise américaine est d'autant plus inquiétante qu'elle entraîne mécaniquement le repli de la monnaie chinoise (yuan ou renminbi).

À partir de 2005, dans un souci d'apaisement et pour répondre aux critiques des principales puissances économiques quant à la sous-évaluation du yuan, les autorités chinoises avaient décidé de laisser leur monnaie s'apprécier face au dollar. Cependant, avec la crise, la politique de change chinoise s'est à nouveau durcie puisque c'est à un nouvel arrimage de la devise chinoise à la devise américaine auquel nous assistons. En final, plus le dollar baisse, plus le yuan baisse, offrant ainsi aux entreprises chinoises un avantage compétitif source d'excédents considérables. Les ressources générées par le commerce extérieur permettent à la Chine d'accumuler de formidables réserves de change (30 % du total mondial en 2010). Ces réserves contribuent au financement des pays qui enregistrent de lourds déficits (États-Unis et certains pays européens notamment) mais constituent une menace potentielle pour les équilibres financiers si les autorités chinoises décidaient de les rapatrier.

Face à cette instabilité sur le marché des changes, un certain nombre de pistes de refonte d'un système monétaire international ont été évoquées :

- mettre fin au statut du dollar comme monnaie internationale. Cependant, aucune devise ne semble être capable de prendre la place du dollar et aucune autorité monétaire nationale ne souhaite voir sa monnaie nationale jouer ce rôle ;
- revenir à l'étalon or. C'est la proposition du président de la Banque mondiale, Robert Zoellick. Mais, outre que l'or est une valeur refuge qui connaît de fortes hausses, l'histoire a montré que les systèmes monétaires construits autour de l'or sont des systèmes particulièrement contraignants ;
- créer une nouvelle monnaie internationale. C'était déjà l'idée présentée par J. M. Keynes lors de la Conférence de Bretton Woods avec le « Bancor ». Aujourd'hui, les autorités chinoises proposent de donner aux DTS (Droits de Tirages Spéciaux) le statut de monnaie internationale. Joseph Stiglitz va plus loin encore en suggérant de créer une nouvelle institution ayant en charge le renflouement des pays en déficit, la relance de la demande mondiale, la mise en place de projets d'intérêts mondiaux… Le caractère ambitieux de telles mesures rend difficile leur mise en œuvre. Ainsi, concernant les DTS, il s'agit d'une unité de mesure sous la forme d'un panier de monnaies qui n'a aucune existence matérielle. Il est difficile alors de les envisager assurer les fonctions de monnaie internationale ;
- créer des zones monétaires internationales. Il s'agirait de créer des zones monétaires autour de devises clés (zone dollar, zone euro, zone yuan, zone yen…), zones dans lesquelles une stabilité des changes (voire la mise en place d'une monnaie unique) serait assurée. Une telle configuration permettrait ensuite de rendre plus facile la stabilisation entre les zones monétaires. La question reste posée de la délimitation des zones (statut de la livre sterling par exemple) et de la devise de référence sur une zone (yuan ou yen en Asie ?) ;
- mettre en place des zones cibles. Une première tentative, dans ce sens, a eu lieu lors des accords du Louvre en 1987. Dans ce cadre, les banques centrales s'engagent à ce que leur devise fluctue autour d'un cours pivot. Ce système serait mis en place dans le cadre du

G20 et administré par le FMI. La réussite d'un tel système dépend de la capacité des États à parvenir à un accord et présente le risque de stimuler la spéculation lorsque le cours d'une devise s'approche de son cours plancher ou de son cours plafond.

FOCUS . . . FOCUS . . . FOCUS . . . FOCUS . . . FOCUS . . . FOCUS . . .

La théorie des zones cibles

En 1980, Willamson présente la théorie des zones cibles qui consiste à définir les taux de change entre les principales devises internationales en prévoyant des marges de fluctuations de l'ordre de 10 % et des réajustements fréquents mais de faible ampleur. Mc Kinnon reprend cette théorie mais en envisageant des marges de fluctuations plus faibles (comprises entre 1 et 5 %) et la mise en place d'une harmonisation des taux d'intérêt.

La question de la gouvernance passe pour finir par la place centrale que pourrait occuper le FMI à l'avenir. Jusqu'à présent, le FMI souffrait de trois défauts :

– la répartition des pouvoirs au sein de ses organes de direction n'était plus représentative. Les modifications des droits de vote opérées récemment ont certes élevé le nombre de voix pour la Chine de 2,94 % à 3,66 % mais ne reflètent pas la réalité de l'économie mondiale (le plan de relance de la Chine supérieur à celui du Japon) ;
– une absence de marge de manœuvre en raison de sa dépendance à l'égard de Washington ;
– un manque de moyens pour faire face à une profonde crise internationale.

FOCUS . . . FOCUS . . . FOCUS . . . FOCUS . . . FOCUS . . . FOCUS . . .

Avril 2009 : sommet du G20 à Londres

Pour faire face à la crise économique mondiale, le sommet du G20 en avril 2009 a présenté un certain nombre de mesures et donné quelques pistes. Parmi celles-ci, la décision de mettre en œuvre un plan de relance de l'économie mondiale dépassant les 1 000 milliards de dollars et dont la conduite incomberait au FMI qui se verrait ainsi octroyer des moyens supplémentaires. D'autre part, à l'horizon 2011, le mode de fonctionnement des grandes institutions internationales serait repensé, les quotas du FMI seraient révisés pour faire une plus large part aux pays émergents.

Sur le plan du commerce international, les participants s'engagent à ne pas recourir à des pratiques protectionnistes.

Enfin, une liste de 42 paradis fiscaux a été mise à l'index pour condamner les excès du secret bancaire.

L'essentiel

Les trente dernières années semblent avoir été marquées par trois phases. Une première période, les années 70, durant laquelle l'instabilité monétaire s'est installée à la suite de l'abandon du système de change fixe. Une seconde phase, au cours des années 80, qui correspond à la libéralisation des marchés financiers et qui vient ajouter de l'instabilité à l'instabilité. Enfin, les années 90 apparaissent comme la synthèse des deux décennies précédentes avec l'apparition de perturbations importantes et pour point d'orgue la crise asiatique.

La crise des *subprimes* semble marquer l'ultime étape dans le dérèglement du système financier et monétaire international et appelle une réponse urgente pour repenser le fonctionnement de celui-ci.

De nombreux obstacles demeurent à commencer par la puissance des marchés relativement au pouvoir des États. Toutefois, des solutions semblent exister à la fois en matière de contrôle et de régulation des flux de capitaux mais aussi des taux de change. Leur mise en œuvre dépend de la volonté des États à surmonter leurs divergences dans la mesure où seule la coopération internationale, à l'image de ce qui s'était produit en 1944 à Bretton Woods, peut permettre au système monétaire et financier international de retrouver une certaine stabilité.

RÉFÉRENCES

Mots clés

- Accords de Bretton Woods
- Banque des règlements Internationaux
- Banque mondiale
- FMI
- G5
- G7
- SMI

Dates clés

1944	Accords de Bretton Woods
15 août 1971	Suspension de la convertibilité du dollar
1997	Crise asiatique
2008	Crise des subprimes

Références bibliographiques

Pour un panorama général des problèmes monétaires internationaux, on pourra se reporter aux deux ouvrages de synthèse suivant :

M. Lelart, *Le système monétaire international*, La Découverte, 1999.

P. Lenain, *FMI*, La Découverte, 1998.

Sites Internet

Site du FMI : *www.imf.org*

Site de la Banque mondiale : *www.banquemondiale.org*

APPLIQUER LE COURS

Application

Quiz

		Vrai	Faux
1	En théorie, le système de l'étalon-or permet un rééquilibrage automatique des balances des paiements.		
2	Dans le système de Bretton Woods, les différentes monnaies (devises) étaient convertibles directement en or.		

3 Système monétaire international : testez vos repères chronologiques ! Cochez la réponse adaptée à chaque proposition :

	1944	1971	1973	1997	1999
Création de l'euro					
Crise asiatique					
Signature des accords de Bretton Woods					
Généralisation du flottement des monnaies					
Proclamation par le président Nixon de l'inconvertibilité du dollar en or					

4 Classez ces systèmes monétaires du plus ancien au plus récent :
Le système de Bretton Woods (ou Gold Exchange Standard) • Le système de l'étalon or (ou Gold Standard) • Le système de l'étalon dollar (ou Dollar Standard)

SE PRÉPARER À L'EXAMEN

Dissertation

Le système de Bretton Woods : une référence ?

Étude de document

Quelles conclusions tirez-vous des informations qui vous sont fournies quant à l'évolution du système monétaire et financier international ?

Émissions nettes d'obligations internationales (en milliards de dollars)

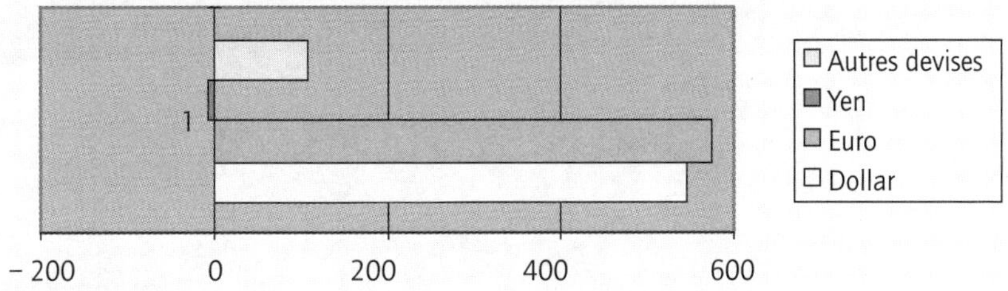

PARTIE

5

POLITIQUES PUBLIQUES ET RÉGULATION DE L'ÉCONOMIE

CHAPITRE 15

Le rôle de l'État et des collectivités locales

L'État est une forme particulière d'organisation économique. Le pouvoir de contrainte détenu par l'État est fondé sur une légitimité, suppose des règles de droit public stables et l'existence d'un appareil politique spécifique. Sous cette forme, les États modernes sont apparus entre le XVe et le XVIIIe siècle, en remplacement de formes d'organisation féodales dans lesquelles la force, la propriété et la justice étaient concentrées entre les mains des suzerains.

Au départ absent de ce domaine, l'État va prendre une part croissante dans les questions économiques et sociales. Ses différentes missions et ses moyens d'action se développent considérablement après la deuxième guerre mondiale. L'apparition et le développement du rôle de l'État donnent lieu à diverses interprétations. Pour Durkheim, c'est la complexité croissante des sociétés qui justifie la montée de l'État. Dans les analyses marxistes, l'État est un instrument de domination pour les classes dominantes.

Un des moyens essentiels de l'intervention de l'État réside dans son budget, qui représente un indicateur de l'intensité de son action, car une grande partie des décisions publiques s'y traduisent en termes de dépenses. Au début du siècle, les dépenses publiques représentent moins de 10 % des richesses créées. L'économie est alors essentiellement privée et la régulation se fait exclusivement par le marché. Les crises économiques régulières liées à la surproduction et aux krachs boursiers en sont l'illustration.

Mais encore doit-on ne pas se contenter d'une définition étroite de l'État. Au sens large, celui-ci inclut les collectivités locales (régions, départements, communes) et les organismes de sécurité sociale, lesquels par leurs actions orientent tous, peu ou prou, les décisions des agents économiques. C'est d'ailleurs la logique de l'État au sens large qui est suivie par le célèbre Pacte de stabilité et de croissance pour définir les déficits publics acceptables à l'échelle de la zone euro.

Aujourd'hui, les dépenses budgétaires de l'État central représentent à elles seules environ 20 % du PIB (plus de 40 % avec les dépenses sociales). L'influence économique de l'État est donc considérable sur l'activité économique. Il s'efforce ainsi d'orienter les intérêts individuels des agents économiques dans le sens de l'intérêt général par le biais de politiques économiques.

A L'INTERVENTION DE L'ÉTAT DANS L'ÉCONOMIE ET SON ÉVOLUTION

Les débats autour du rôle de l'État dans l'économie ont toujours été nombreux et de teneurs différentes selon les périodes. En effet, l'intervention de l'État a connu une intensité variable selon les époques. Très important lors des Trente Glorieuses, le rôle de la puissance publique semble aujourd'hui fortement remis en cause. Toutefois, l'État demeure toujours présent dans l'économie et son action peut globalement être analysée sous deux formes. La première d'entre elles se traduit par une intervention visant à agir sur les structures et le fonctionnement des marchés. Mais l'action de l'État prend, également, une deuxième forme avec pour objectif de faire face, cette fois, aux conséquences des dysfonctionnements générés par ces mécanismes de marché.

1 Le retrait progressif de l'État producteur

1.1 L'État producteur face aux dysfonctionnements des marchés

a) L'existence de services collectifs

Pendant longtemps, sous l'influence de la pensée classique, le rôle de l'État devait se limiter à ce qu'on appelle les fonctions régaliennes, en d'autres termes organiser et assurer les fonctions de justice, de police et d'armée. Cependant, l'idée que l'État puisse intervenir dans l'économie en se substituant aux mécanismes de marché s'est progressivement développée pour s'imposer dans la deuxième moitié du XXe siècle.

La première cause de l'action des pouvoirs publics réside dans l'existence de services collectifs. Il s'agit de services consommés en même temps et dans leur totalité par un ensemble d'utilisateurs. On distingue, les services collectifs privés pour lesquels il est facile de contraindre les utilisateurs à payer (exemple place de cinéma) des services collectifs publics pour lesquels il est impossible ou trop coûteux de faire payer le prix au consommateur (exemple : défense nationale). Ces services seront pris en charge par l'État qui, par les prélèvements obligatoires, a la possibilité d'assurer leur financement. L'existence de « biens collectifs purs » a été mise en évidence par Samuelson qui montre que ces biens ne peuvent faire l'objet d'une appropriation individuelle (éclairage public par exemple).

b) L'existence d'externalités

L'intervention de l'État s'explique également, par l'existence d'effets externes ou d'externalités. Les externalités apparaissent à chaque fois que les décisions et actions d'un agent économique ont des effets non prévus ou non désirés sur d'autres agents. On donne souvent comme illustration les dépenses de formation qui profitent aux individus auxquels elles sont consacrées mais qui ont des effets plus généraux sur la collectivité de par les conséquences en termes de productivité qu'elles induisent. Ces externalités faussent les mécanismes d'allocation des ressources puisque chaque agent dans son calcul économique n'intègre que son intérêt personnel et ne prend pas en compte le bien être collectif. Ainsi, les effets externes négatifs comme la pollution sont souvent très importants car l'entreprise ne tient pas compte des nuisances sur l'environnement que génère son processus de production. Si Marshall avait déjà parlé des effets externes, les premiers travaux les plus élaborés, dans ce domaine, sont l'œuvre de Pigou.

c) L'existence de monopoles

Le poids économique de certains agents privés nécessite également l'intervention de l'État. Le développement de certaines activités conduit spontanément à des situations de monopole ou de quasi-monopole. C'est le cas dans les secteurs où le financement des infrastructures est lourd (c'est le cas très souvent des activités en réseaux : électricité, transport, télécommunication...). Dans ce cas, sur des périodes très longues les rendements sont croissants ; doubler la production ne revient pas à doubler les coûts en raison de charges fixes importantes. Pour faire face à ces coûts fixes, la taille est un critère essentiel, en conséquence les entreprises fusionnent ou disparaissent. Ce processus aboutit progressivement à ce que l'on appelle un « monopole naturel » qui opère, de plus, sur des marchés où les biens et services sont jugés très souvent comme indispensable au bien être individuel et collectif. Ces monopoles ont, alors, un pouvoir énorme dont ils peuvent abuser au détriment de la collectivité (ressources utilisées de façon non optimale, disparition des contraintes de marché quant à la fixation des prix, abandon de certaines exploitations jugées non rentables).

1.2 L'État dirigiste

a) Les nationalisations

L'État producteur intervient à travers les entreprises publiques. Ces entreprises sont contrôlées directement ou indirectement par les administrations publiques (État, collectivités publiques). Le secteur public se développera par des opérations de nationalisation, opérations juridiques consistant à transférer à la collectivité la propriété d'une entreprise ou d'un groupe d'entreprises.

> Le **secteur public** regroupe le secteur public productif (établissements publics à caractère industriel et commercial), la fonction publique (administrations centrales, territoriales et hospitalières) et les organismes à financement public (lorsqu'il représente plus de la moitié de leurs ressources)
> La notion de secteur public est à distinguer du **service public**, service assurant des missions d'intérêt général et dont l'autorité publique assure la mise en œuvre (services marchands ou non marchands). Le secteur public peut donc prendre à sa charge une partie du service public).

La France va connaître deux vagues importantes de nationalisations. Une première vague a été enregistrée en 1945-1946 avec deux objectifs poursuivis : sanctionner le comportement de certains industriels pendant la guerre et contrôler les secteurs clés de l'économie (banques, transport...) dans l'optique de la reconstruction. L'année 1982 marque une nouvelle étape d'envergure puisque neuf des plus grands groupes français passent sous le contrôle de l'État (20 % du chiffre d'affaires et 16 % des effectifs de l'industrie) et que toutes les banques d'une certaine taille sont nationalisées. Ce programme ne s'inscrit pas dans la logique de service public et ne se justifie pas par l'existence de monopole « naturel ». Il traduit essentiellement la volonté de l'État de se substituer aux marchés jugés défaillants, les entreprises publiques ayant alors en charge de soutenir l'investissement et l'emploi.

b) La planification

La volonté de l'État d'orienter, voire de diriger, largement l'activité économique ne se limite pas à l'existence d'entreprises publiques mais s'exprime également à travers la planification. La planification repose sur un document, le Plan, qui présente les grandes orientations économiques et sociales pour l'avenir. Le plan est élaboré par l'État en concertation avec les partenaires sociaux. Le plan ne comporte aucune mesure obligatoire pour les entreprises et s'appuie généralement sur des incitations financières (planification indicative). La planification en France est née de la volonté du général de Gaulle et de Jean Monnet en 1947. À partir de cette date et jusqu'en 1961, les trois premiers plans ont été consacrés à la reconstruction et à la préparation à l'entrée dans le marché commun.

De 1962 à 1970, c'est un objectif de croissance planifiée qui a été poursuivie avec de forts investissements collectifs (éducation, urbanisation) et la constitution de groupes industriels de taille mondiale.

1.3 Le déclin de l'État producteur et dirigiste au cours des années 1980

a) Les privatisations

En 1986, le ministre des Finances, Édouard Balladur, lance le premier programme de privatisations (vente par l'État au secteur privé de tout ou partie du capital d'une entreprise publique). Ce programme sera stoppé en raison du krach boursier de 1987 et du changement de majorité politique en 1988 (politique du « ni-ni » du président François Mitterand, ni privatisations, ni nationalisations). Toutefois, dès 1993, les privatisations reprennent et se poursuivront notamment en 1997, alors même qu'au cours de la période on assiste à des alternances politiques.

Cette remise en cause du secteur public s'explique, en premier lieu, par les contradictions que pose la notion d'entreprise publique. En effet, l'entreprise nationalisée doit être considérée comme une entreprise comme les autres puisqu'elle est dans l'obligation d'équilibrer ses comptes, mais c'est également une entreprise différente qui a ses propres logiques (intégrer l'intérêt général dans ses décisions) et qui n'a donc pas la possibilité d'agir comme une entreprise privée.

Le retrait de l'État s'explique, également, par l'intérêt en elles-mêmes des privatisations. Dans un contexte où les disponibilités de l'État sont limitées, il est difficile de soutenir les entreprises publiques alors que les privatisations constituent, au contraire, une opportunité de ressources. D'autre part, les privatisations doivent favoriser le développement international des entreprises alors que le statut particulier des entreprises publiques gêne les accords éventuels avec des partenaires étrangers. Enfin, privatiser, c'est redonner leur place aux mécanismes de marché jugés plus efficaces, l'entreprise publique, non stimulée par la concurrence et protégée par le soutien de l'État, ne cherchant pas à accroître ses performances.

b) Le déclin de la planification

La planification, autre instrument au service de la volonté de l'État à diriger l'économie, va également connaître un net recul. C'est dans les années 1970 que se manifeste le déclin progressif de la planification, notamment, avec le premier choc pétrolier et la crise qui s'ensuit. Au cours de cette période, les objectifs en termes de croissance, d'inflation et d'emplois deviennent complètement irréalistes ou difficilement chiffrables. Aujourd'hui, le contenu de la planification repose surtout sur des projets très généraux (chômage, exclusion…) plutôt que sur la fixation d'objectifs et de moyens à mettre en place.

Le retrait de l'État producteur connaît aujourd'hui un nouveau développement. Du fait de la construction européenne et de la libéralisation des marchés qu'elle entraîne, les monopoles « naturels » tendent à perdre leur statut public.

c) Marchés imparfaits, régulation et réglementation

Le retrait de l'État, en tant que producteur, entraîne bien évidemment des mutations importantes. Ainsi, l'ouverture à la concurrence des monopoles publics, si elle doit permettre d'obtenir une plus grande efficacité économique, pose toutefois à l'État un certain nombre de problèmes. On peut mentionner tout d'abord que certains anciens monopoles publics assuraient, par leur activité, une partie du service public. La question reste donc posée de savoir comment le respect de ce service public pourra être assuré alors même que l'État n'en maîtrise plus la production. C'est en raison de cette préoccupation qu'est apparu, au cours de ces dernières années dans le cadre de la construction européenne, le terme de « service universel » pour lequel le producteur se doit « d'offrir » un accès équitable à l'ensemble des consommateurs.

D'autre part, il s'agit pour l'État de gérer la montée en puissance de la concurrence, sachant que certains monopoles publics ont les moyens d'éliminer la concurrence ou au contraire sont trop fragiles pour y faire face.

Le désengagement des pouvoirs publics va se traduire également par un allégement des règles qui encadrent les marchés. Les modes de fonctionnement de l'économie sont modifiés, la régulation par les marchés succédant à la régulation étatique.

La régulation : ensemble des mécanismes qui permettent au système économique de se maintenir en équilibre. **La régulation par les marchés :** le système économique est maintenu en équilibre grâce aux mécanismes de marché.

La régulation étatique : elle correspond aux actions que l'État entreprend pour contrôler les décisions de prix, de vente ou de production, lorsque ces décisions prises dans le cadre d'une économie de marché ne tiennent pas compte suffisamment de l'intérêt général.

La réglementation : c'est l'ensemble des obligations juridiques qui s'imposent aux acteurs économiques (lois, règlements administratifs). Elle peut se définir également comme l'ensemble des codes régissant le fonctionnement d'un marché.

La puissance publique doit également veiller à limiter les effets de position dominante détenue par une ou plusieurs entreprises dans un secteur d'activité. Progressivement, s'est donc créée, à cet effet, en France une réglementation portant sur le jeu concurrentiel. Ainsi en 1986 a été créé le Conseil de la concurrence qui peut sanctionner les pratiques anticoncurrentielles (ententes et abus de position dominante). De même, un règlement de 1989 instaure un contrôle communautaire des concentrations. Enfin, en juin 1996, la loi Galland introduit la notion de « prix prédateurs » (prix « anormalement » bas).

2 Les différentes formes de l'intervention de l'État face aux dysfonctionnements des mécanismes de marché

2.1 Les marchés engendrent inégalités et déséquilibres

a) Les équilibres économiques ne sont pas automatiquement assurés

Tout au long de l'histoire économique, les pays ont connu des déséquilibres d'ampleur plus ou moins grande. Ces déséquilibres macroéconomiques sont le chômage, l'inflation ou bien encore des déficits, voire des excédents, importants du commerce extérieur. La crise des années 1930 a montré que la régulation par les marchés était insuffisante et que par voie de conséquence l'intervention de l'État était indispensable. C'est Keynes qui, sur un plan théorique, va justifier cette intervention.

Pour Keynes, l'équilibre économique se réalise toujours ex-post, c'est à dire une fois que toutes les opérations effectuées par les agents sont achevées (consommation, investissement).

Il peut y avoir, bien évidemment, des différences entre ce que les agents ont anticipé et ce qui se produit véritablement (plus de production mise en œuvre que de demande réelle). Dans ce cas, il y aura toujours un revenu d'équilibre, les agents étant contraints en final de réajuster leur revenu (soit en épargnant plus ou moins, soit en ajustant leurs stocks). Mais ce revenu d'équilibre n'a pratiquement aucune chance de correspondre au revenu de plein emploi.

En conséquence, si le revenu d'équilibre est inférieur au revenu de plein emploi, on constatera du chômage et une pression à la baisse des prix puisque le niveau de la demande sera inférieur à celui qui avait été anticipé par les entrepreneurs. Inversement, si le revenu d'équilibre est supérieur au revenu de plein emploi, il n'y aura pas de chômage mais les ajustements se feront par une hausse des prix, en d'autres termes de l'inflation.

b) Les conséquences des déséquilibres

Les déséquilibres économiques contribuent à réduire le revenu des agents. Le chômage et la perte d'emploi qu'il entraîne privent de ressources les individus qui en sont victimes. L'inflation par la hausse des prix qu'elle représente détériore le pouvoir d'achat de nombreux agents.

D'autre part, une trop grande flexibilité dans la fixation des salaires, afin de résorber le chômage, peut être à l'origine d'inégalités, voire de pauvreté, en n'assurant pas à certains agents un revenu suffisant pour satisfaire leurs besoins les plus élémentaires.

De plus, les marchés ne prennent pas en compte un certain nombre de risques sociaux. Les individus doivent, en effet, disposer d'un revenu suffisant pour faire face à leurs dépenses maladies ou bien encore assurer leur subsistance lors de la retraite. Or, la croissance n'est pas toujours à l'origine d'une création et/ou d'une répartition des richesses qui permettent la constitution de ces revenus.

Enfin, les mécanismes économiques découlant de décisions strictement individuelles n'intègrent pas des besoins qui s'expriment à l'échelle de la nation. Ainsi, le renouvellement démographique indispensable pour le développement et la pérennité d'un pays ne peut être obtenu par le simple jeu concurrentiel. De même, la formation et l'éducation sont sources d'externalités positives. En conséquence, elles ne sont pas prises en compte par les marchés ou de façon inéquitable à des degrés divers.

2.2 Les moyens d'action à finalité sociale

a) La protection sociale

Le système français de protection sociale, mis en œuvre par l'État, constitue une réponse collective aux risques de l'existence. Ceci s'explique par des raisons économiques mais s'inscrit aussi dans une logique de justice sociale. En effet, la croissance économique peut être insuffisante pour procurer aux agents les revenus nécessaires pour faire face aux risques sociaux. D'autre part, la répartition des revenus étant obligatoirement inégalitaire (avec plus ou moins d'ampleur bien sûr), certains individus éprouveront plus de difficultés que d'autres à faire face à des dépenses, notamment en matière de santé, qui sont pourtant *a priori* identiques (la maladie ne tient pas compte des différences de revenu). La protection sociale s'inscrit donc dans une logique de redistribution horizontale (des actifs vers les retraités par exemple) afin de mettre en œuvre la solidarité nationale.

On pourra toutefois considérer que le système de protection sociale revêt également une dimension morale. En effet, le système social français est construit, en grande partie, sur des mécanismes d'assurance contraignant les individus à cotiser pour percevoir des prestations. Toutefois, la gestion collective des cotisations et leur caractère obligatoire se traduisent, en quelque sorte, par une déresponsabilisation de l'individu puisque la puissance publique se substitue à lui dans la prise en compte des risques de son existence. Dans le même esprit et par le biais de la politique familiale, l'État cherche à orienter, par des systèmes d'aides, les comportements des ménages lors de choix qui dépassent largement le cadre économique.

b) Législation et fixation des revenus

Au-delà de la protection sociale, l'État intervient aussi à travers la législation et plus précisément le droit du travail. Il se substitue donc pour partie à la relation strictement contractuelle entre le salarié et l'employeur. En imposant des règles en matière de conditions de travail et en légiférant, notamment, sur la durée du travail, l'État modifie les mécanismes de production et de répartition.

L'État intervient également sur les revenus. Il agit directement sur les revenus primaires avec la fixation d'un salaire minimum ce qui produit un impact sur l'ensemble de l'échelle des rémunérations. À travers, la redistribution (redistribution verticale), les pouvoirs publics cherchent à réduire les inégalités. Les décisions en matière fiscale privilégieront certains revenus par rapport à d'autres (revenus du travail, revenus du capital) et orienteront les comportements des agents économiques (épargne, consommation, investissement).

2.3 Un moyen d'action économique essentiel : le budget de l'État

Le **budget de l'État** est un document dans lequel est regroupée la prévision de l'ensemble des recettes et des dépenses de l'État pour l'année suivante.

a) La structure du budget

Les recettes du budget de l'État proviennent essentiellement de la fiscalité, c'est-à-dire des impôts payés par les contribuables (environ 90 % des recettes). Mais des recettes non fiscales viennent s'y ajouter (recettes des privatisations, bénéfices des entreprises publiques par exemple). Les recettes fiscales relèvent avant tout de l'imposition indirecte (la TVA représente à elle seule plus de 40 % des recettes de l'État, l'impôt sur les sociétés 9,6 %, l'impôt sur le revenu 16,3 %).

La répartition des dépenses de l'État fait apparaître une part prépondérante des dépenses d'intervention (46,1 %) et des dépenses de personnel (28,7 %).

Le solde budgétaire est la différence entre toutes les recettes et toutes les dépenses.

La répartition des recettes et dépenses du budget (loi de finances 2014) (en pourcentage du total)

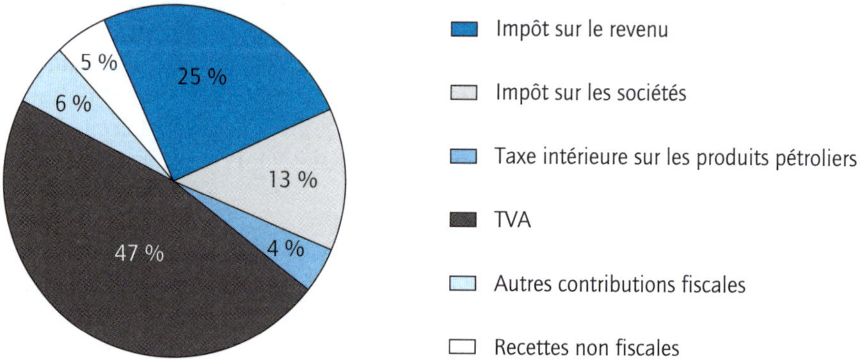

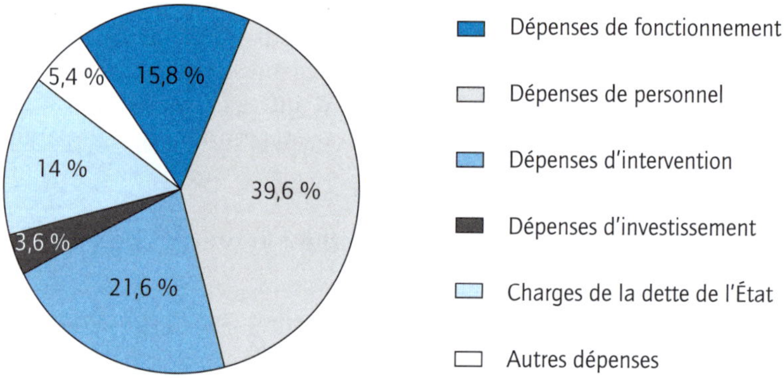

FOCUS . . . FOCUS . . . FOCUS . . . FOCUS . . . FOCUS . . . FOCUS . . .

Définition des dépenses de l'État

Dépenses de fonctionnement de l'État

C'est le « train de vie » de l'État. En 2014, les dépenses de fonctionnement de l'État couvrent l'ensemble des moyens permettant d'assurer le fonctionnement des services publics (charges générales, parc automobile, loyers, fournitures, etc.).

Dépenses de personnel de l'État

Ces dépenses de personnel (rémunérations et pensions des fonctionnaires) représentent la plus grande part des dépenses de l'État.

Dépenses d'intervention

Elles reflètent la volonté des pouvoirs publics d'accompagner l'évolution économique du pays. Il s'agit essentiellement d'aides économiques (aide à la construction de logements, etc.), d'aides à l'emploi (contrats aidés, allégement de charges sociales, etc.) et d'aides sociales (aide au logement, allocation adulte handicapé, etc.).

Dépenses d'investissement

Comprennent les investissements civils (exemple : construction de tribunaux, de commissariats, etc.) et les dépenses d'équipement militaire.

Charges de la dette de l'État

Elles correspondent aux intérêts annuels de la dette de l'État.

b) Le budget : instrument de politique économique

Pour les classiques et les néoclassiques, le budget ne peut pas être un instrument de politique économique dans le sens où il ne doit pas influencer l'activité économique. En revanche, il reste l'instrument privilégié de relance de l'économie dans l'analyse keynésienne. Pour mieux comprendre cette analyse, supposons que l'économie entre dans une phase de récession. Diagnostiquant ce ralentissement de la croissance comme le résultat d'une insuffisance de la demande, l'analyse keynésienne préconise de compenser la faiblesse des dépenses privées par un accroissement des dépenses publiques. Le mécanisme de relance enclenché par cette mesure (le mécanisme du multiplicateur) fonctionne sur le principe économique élémentaire selon lequel toute dépense est un revenu. Passer commande pour un milliard d'euros de travaux publics, c'est accroître la production intérieure de un milliard d'euros, mais c'est aussi distribuer des revenus pour un milliard d'euros. Ces revenus supplémentaires vont nourrir une demande de consommation qui sera satisfaite par une augmentation de la production pour laquelle de nouveaux revenus seront distribués, et ainsi de suite.

Il ne faut pas oublier également que le budget joue un rôle de stabilisateur. En effet, quand l'activité fléchit, les recettes fiscales s'amenuisent en même temps que gonflent certaines dépenses de transfert. En se détériorant automatiquement avec la conjoncture, le budget limite la contraction du revenu disponible et soutient la demande des ménages et des entreprises. Inversement, en phase d'expansion rapide, le budget tend naturellement vers l'excédent (recettes fiscales en hausse, dépenses de transfert en baisse) ce qui limite la croissance du revenu disponible et permet de contenir les pressions de la demande et d'atténuer les risques inflationnistes.

2.4 Des interventions à l'efficacité discutée et difficiles à mettre en œuvre

a) Un poids croissant de l'État dans l'économie

Au cours de l'histoire économique, les dépenses publiques se sont accrues régulièrement. Wagner, à la fin du XIXe siècle, constate à travers la loi qui porte son nom que les dépenses publiques augmentent plus rapidement que la production privée. Ceci s'expliquerait, selon lui, par le développement de l'industrialisation et de l'urbanisation qui nécessitent des investissements publics croissants. Peacok et Wiseman ont montré, pour leur part, que les dépenses publiques évoluaient par bonds successifs. En période de stabilité, l'évolution des dépenses dépend des rentrées fiscales qui sont fonction de la « charge fiscale tolérable » pour la population. En période de crise, les contribuables acceptent une charge fiscale plus forte. Toutefois, lorsque la crise est passée, les dépenses publiques ne reviendraient pas à leur niveau de départ mais à un niveau plus élevé. On parle, alors, « d'effet de déplacement ».

Le niveau des dépenses publiques révèle bien évidemment le degré d'intervention de l'État dans l'économie. La volonté d'intervenir se justifie, en règle générale, par le besoin de stimuler la croissance jugée trop faible. Or, une croissance ralentie est synonyme de rentrées fiscales moindres. En final et en cas d'échec de la relance, les déficits budgétaires augmentent.

b) Les interventions de l'État s'avèrent inefficaces

Pour que l'intervention de l'État, visant par des dépenses budgétaires à relancer l'activité, porte ses fruits, un certain nombre de conditions doivent être remplies. En premier lieu, un diagnostic correct des raisons du ralentissement de la croissance doit être mené. En effet, pour que le multiplicateur fonctionne, il faut que la production puisse augmenter de manière à satisfaire l'accroissement de la demande. Il doit donc exister des capacités de production rentables jusque-là non utilisées. Dans le cas contraire, la stimulation de la demande aura des conséquences inflationnistes. Le déficit budgétaire pèse alors sur la croissance en nourrissant l'inflation.

En second lieu, la propension marginale à épargner doit être faible. L'épargne constitue une fuite du circuit économique. En conséquence, l'efficacité du multiplicateur sera faible si la propension marginale à épargner est forte. À ce propos, on a pu constater un changement brutal dans le comportement de consommation et d'épargne des ménages en France au cours des années 1990. Jusqu'alors, l'épargne des ménages jouait un rôle contracyclique (lorsque l'activité se ralentissait et que les revenus avaient tendance à se contracter, les ménages puisaient dans leur épargne pour maintenir leur niveau de consommation). À partir des années 1990, l'épargne joue un rôle procyclique (en période de récession, une épargne de précaution se constitue pour se couvrir contre des risques divers à commencer par le risque de perte d'emploi) et rend par conséquent difficile toute tentative de relance de la consommation.

Enfin, si l'augmentation de la demande se traduit par une hausse des importations, la politique de relance se traduit par des déficits commerciaux. Ainsi, un faible degré d'ouverture de l'économie nationale est une des conditions de réussite de ce type de politique. Or, on constate une ouverture croissante des économies ce qui explique, pour partie, les échecs des politiques de relance menées en France au cours des années 1970 et au début des années 1980.

c) Des contraintes et des conséquences de plus en plus lourdes

La politique budgétaire de relance engendre des effets pervers si les conditions de sa réussite ne sont pas remplies.

Du fait de l'augmentation de l'activité produite par une utilisation expansionniste du budget, les agents ont besoin de davantage de moyens de paiement pour effectuer leurs transactions devenues plus fréquentes ou plus importantes. Si l'offre de monnaie n'est pas accrue, cette pression de la demande de monnaie pousse le taux d'intérêt à la hausse. Si de plus, les dépenses budgétaires sont financées par emprunt, l'État, pour assurer ce financement, va contribuer également à la hausse des taux d'intérêt. On parlera alors d'effet d'éviction puisque l'intervention publique contribue à « évincer » l'investissement privé.

Lorsque l'État accroît ses dépenses sans augmenter ses recettes, un déficit apparaît qu'il faut financer. Deux moyens existent : la création monétaire et l'emprunt.

Le financement monétaire du déficit (par création monétaire) peut s'effectuer soit par une avance de la Banque centrale au Trésor, soit par l'émission de bons du Trésor souscrit par la Banque centrale. Ce mode de financement est aujourd'hui révolu en raison notamment des conséquences inflationnistes qu'il induit.

Le financement par emprunt n'est pas en revanche inflationniste puisqu'il puise dans l'épargne disponible. Il entraîne cependant un double effet d'éviction : effet quantitatif (les ressources prélevées par l'État sont des ressources en moins pour les investisseurs privés) et un effet prix (la raréfaction des fonds prêtables entraînant une hausse des taux d'intérêts).

Reste que le problème essentiel lié au financement par emprunt des déficits budgétaires réside dans son effet cumulatif sur la dette publique qui tend à s'auto-alimenter en raison du service de la dette (charges d'intérêts et principal) ; l'État doit, en effet, se procurer des recettes supplémentaires pour faire face à ses engagements et bien souvent il est contraint d'emprunter à nouveau. C'est ce que l'on appelle « l'effet boule de neige).

Ainsi, la dette publique en France a été pratiquement multipliée par 10 du début des années 1980 au début des années 2000.

Face à cette croissance de la dette publique, l'intervention de l'État semble voir, aujourd'hui, ses marges de manœuvre réduite, sachant qu'à cela viennent s'ajouter les contraintes liées à la discipline européenne (Pacte de Stabilité et de Croissance).

B LA DÉCENTRALISATION DE L'ÉTAT ET LE RÔLE DES COLLECTIVITÉS LOCALES

La décentralisation pose la question centrale de la conception même de l'État : unitaire ou fédéral et par suite de l'évolution de cette conception dans le cadre français. Cette décentralisation peut être appréciée sur deux plans : d'une part sous l'angle des ressources mobilisées, d'autre part du point de vue des compétences décisionnelles concernées. La décentralisation reste fondamentalement un processus en cours, ce qui justifie non seulement d'en saisir les enjeux mais aussi les difficultés d'application.

1 Les différentes formes de l'État et le mouvement de décentralisation

1.1 Deux conceptions organisationnelles de l'État

a) L'État unitaire et ses variantes

La première conception à prendre en compte est celle d'un État unitaire où une seule organisation concentre l'ensemble des pouvoirs étatiques. De ce fait, l'État unitaire se caractérise par une centralisation très forte des activités. La capitale du pays joue alors un rôle déterminant à la fois au plan politique et économique.

C'est le modèle retenu par la France même si cette centralisation est allée en diminuant avec le temps, du fait d'actions successives de déconcentration et surtout de décentralisations.

> La **déconcentration** est un premier aménagement de la forme de l'État unitaire puisqu'il admet une prise de décision par des représentants de l'État à l'échelon local.

Ainsi dans le cas français, le premier représentant de l'État à l'échelle départementale, le préfet, est habilité à prendre un certain nombre de décisions en lieu et place des administrations centrales. Ce pouvoir de représentation et de décision local reste cependant strictement défini et fonctionne avec un contrôle hiérarchique assuré par les administrations centrales.

La **décentralisation** représente un assouplissement bien plus significatif du fonctionnement de l'État unitaire puisque suivant ce processus l'État (central) octroie des pouvoirs de décision aux collectivités territoriales qui disposent alors d'une véritable autonomie de décision contrairement à la formule de la déconcentration.

Dans le cas français les collectivités territoriales (régions, départements, communes) sont dotées de la personnalité morale et sont donc autonomes juridiquement pour tout un ensemble d'activités et de décisions. Le pouvoir de décision correspondant incombe dans ces conditions à des organes et des personnes élues par les administrés. Le rôle de l'État pour ces activités décentralisées se borne à assurer le contrôle de la légalité des décisions prises.

b) L'État fédéral

L'autre grande formule d'organisation et de répartition du pouvoir est celle de l'État fédéral qui réunit sous une même entité un ensemble d'États membres ou fédérés.

Suivant ce système, l'État fédéral partage ses compétences avec les autres États membres de la fédération. Le système de l'État fédéral regroupe une grande variété de cas de figures et peut résulter de plusieurs types de situations : association d'États unitaires comme cela a été le cas pour les États-Unis ou au contraire dissociation d'un État préalablement unitaire (cas de la Belgique).

La plupart des pays développés fonctionnent aujourd'hui avec un système fédéral ou approchant (système régionalisé).

1.2 Le processus de décentralisation

a) L'État français : une tradition de centralisation

La conception de l'État unitaire est fortement ancrée en France du fait des apports successifs et convergents de l'unification monarchique, du jacobinisme révolutionnaire et de l'œuvre napoléonienne.

b) Trois grandes vagues de décentralisation

L'idée régionale et sa mise en œuvre au travers de la décentralisation ont été défendues depuis fort longtemps : par les Girondins sous la Révolution ou encore par certains libéraux en réaction au centralisme napoléonien tels Benjamin Constant (1767-1830) ou encore Alexis de Tocqueville (1805-1859). L'aménagement de l'État unitaire s'opère cependant tardivement : au-delà de la création des régions de programmes en 1955 (qui servent de cadre aux plans régionaux de développement économique et social) ou encore de la libéralisation du statut des communes entre 1966 et 1975, le mouvement vers la décentralisation se fait véritablement en trois grandes vagues avec respectivement les lois de décentralisation de 1982-1983, la réforme de la décentralisation lancée en 2003 par le gouvernement Raffarin et la réforme de l'architecture territoriale engagée en 2013 sous la présidence de François Hollande.

FOCUS . . . FOCUS . . . FOCUS . . . FOCUS . . . FOCUS . . . FOCUS . . .

Les deux premières vagues de décentralisation

Les lois de 1982-1983 ont conduit à des transferts de compétences vers différents types de collectivités territoriales en élargissant leurs possibilités d'intervention en matière économique, en prévoyant la suppression de tutelles administratives et financières et de tout contrôle *a priori* sur les actes des autorités communales, départementales et régionales. Les régions acquièrent à cette occasion le statut de collectivité territoriale à part entière alors qu'elles n'étaient jusque-là que des établissements publics.

Le succès des premières lois mais aussi leurs limites (transferts de compétences encore limités, système encore très centralisé par rapport à ceux de la plupart des pays européens voisins, enchevêtrement complexe de compétences et manque de lisibilité du système) ont conduit à une seconde vague de décentralisation marquée – symboliquement – par la reconnaissance de l'organisation décentralisée de l'État et de la République pour la première fois dans la Constitution française.

Sur le fond, la réforme de 2003 a conduit, d'une part à de nouveaux transferts de compétences jusqu'alors exercées par l'État en matière de transport, de formation, de développement économique ou encore d'action sociale et, d'autre part, à une nouvelle organisation de cette répartition des pouvoirs avec la création de collectivités « chefs de file » de façon à constituer des blocs cohérents de compétences : ainsi de la Région pour le développement économique et la formation professionnelle ou encore du Département pour l'action sociale.

c) L'acte III de la décentralisation (2013-2015)

La réforme de l'organisation territoriale engagée en 2013 part du diagnostic suivant : l'architecture territoriale est toujours marquée par un empilement des échelons d'administration, des compétences (souvent) partagées et des financements croisés. Cette situation résumée par l'expression courante de « millefeuille territorial » rend le système globalement peu lisible et est source de duplication et dilution des ressources.

FOCUS . . . FOCUS . . . FOCUS . . . FOCUS . . . FOCUS . . . FOCUS . . .

Les axes de l'acte III de la décentralisation

La réforme engagée poursuit notamment les objectifs suivants :

- renforcer les régions (en spécifiant mieux leurs compétences, en les regroupant et en réduisant leur nombre, en créant des conseillers territoriaux siégeant à la fois au conseil général et au conseil régional) ;
- favoriser la création de grandes métropoles en développant le rôle des intercommunalités ;
- clarifier d'une façon générale la répartition des compétences entre les différentes collectivités territoriales ;
- modifier l'organisation de l'État au plan local (par regroupement de services déconcentrés et mutualisation fonctions supports).

Cette réforme a abouti à la promulgation d'une série de lois : loi de modernisation de l'action publique territoriale, loi relative à la délimitation des régions, loi enfin portant sur la nouvelle organisation territoriale de la république (2015).

Au final, l'acte III de la décentralisation maintient les différents échelons territoriaux, mais accentue le mouvement de décentralisation en renforçant sélectivement certains échelons : les régions et les intercommunalités. Les promoteurs de la réforme en attendent également des retombées financières (rationalisation de la gestion, économies d'échelle, suppression de la duplication de certains services, plus grande efficience des services déconcentrés de l'État, etc.).

2 Les contours de la décentralisation française : ressources & répartition des compétences

2.1 La répartition des compétences

Les compétences autrefois détenues par les administrations françaises se trouvent aujourd'hui distribuées entre l'Europe (*cf.* Chapitre 16), l'État, les grandes collectivités territoriales (communes, départements et régions) et d'autres entités (telles les communautés d'agglomération). Le tableau qui suit brosse à grands traits, l'état de la répartition de ces compétences.

FOCUS . . . FOCUS . . . FOCUS . . . FOCUS . . . FOCUS . . . FOCUS . . .

L'organisation de la répartition des compétences entre l'État et les collectivités

• **L'État** assure l'essentiel des compétences régaliennes (police, justice et défense) parfois partiellement partagées avec d'autres institutions (existence de polices municipales) et conserve certaines compétences assurant le maintien de l'unicité nationale du service public (tel le contrôle de la gestion du personnel enseignant et des programmes scolaires). L'État exerce également la responsabilité de la définition des normes et assure un pouvoir de contrôle et d'évaluation.

• **La région** dispose depuis les premières lois de décentralisation d'un rôle de programmation, de réflexion et d'impulsion en matière de planification, d'aménagement du territoire et de développement économique. La réforme de la décentralisation consacre la région comme chef de file en matière de développement économique et de formation professionnelle.

• **Le département** prend en charge des fonctions de solidarité notamment dans le domaine de l'action sanitaire et sociale et dans celui de l'équipement rural ; la réforme de la décentralisation ouverte en 2003, le consacre comme chef de file en matière d'action sociale et lui confère dans cette perspective la responsabilité du versement du RSA et de l'aide au logement.

• **La commune** enfin concentre les missions de proximité avec différentes responsabilités en matière par exemple de transport urbain, de politiques foncières et d'urbanisme. À ce niveau, on peut relever le rôle croissant tenu par les intercommunalités (communautés de communes, agglomérations urbaines, métropoles). Ces intercommunalités permettent de rassembler des moyens dispersés dans différentes communes et de mutualiser un certain nombre de services.

2.2 Les moyens financiers des collectivités territoriales

a) Des montants très significatifs

Ces responsabilités croissantes des collectivités territoriales expliquent l'augmentation significative tant de leurs dépenses que de leurs recettes qui se montent à 251,5 milliards d'euros en 2014, soit environ 11,8 % du PIB de la France.

Les collectivités territoriales trouvent leurs ressources suivant trois canaux : la fiscalité locale, les concours financiers de l'État et enfin le recours à l'emprunt.

b) La part prépondérante de la fiscalité locale

La fiscalité locale joue un rôle clé en assurant plus de 60 % des ressources des collectivités territoriales, dont les deux tiers proviennent des ménages.

Par ailleurs, le poids des impôts locaux est aujourd'hui sensiblement supérieur à la moyenne de l'Union européenne.

La fiscalité locale en chiffres : structure de la fiscalité locale en 2015

Type d'impôt	Montant en milliards d'€	En %
Taxes ménagères	**53,15**	**42,5**
dont		
• taxe d'habitation	21,68	
• taxe foncière	31,47	
Impôts économiques	**26,07**	**20,8**
dont		
• CFE	7,23	
• CVAE	16,63	
Autres impôts & taxes	**46,00**	**36,7**
Total fiscalité locale	**125,2**	**100,0**

Source : Les finances des collectivités locales en 2016, Rapport de l'Observatoire des finances locales.

Poids des impôts locaux dans les pays de l'Union européenne en 2010 (en % du PIB)

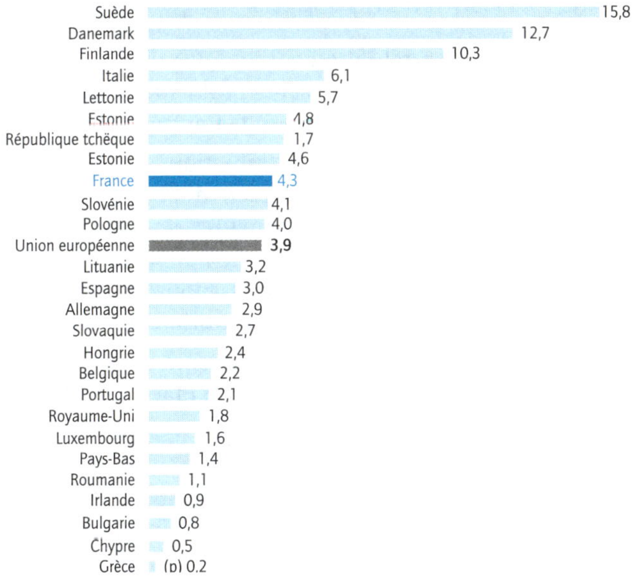

c) Le rôle clé des communes : une caractéristique de la décentralisation française

Des trois grands types de collectivités locales, ce sont les communes qui occupent la place la plus importante tant en termes de dépenses que de recettes fiscales. Ainsi, plus de 55 % des dépenses sont le fait des communes contre un peu plus de 30 % pour les départements et un plus de 10 % pour les régions.

Même si l'analyse comparée de la décentralisation des différents pays de l'UE reste complexe à opérer, il faut bien constater le poids relativement faible des régions dans le dispositif français de décentralisation contrairement à la plupart de nos voisins d'autant que la politique des départements et des communes reste largement autonome par rapport à celle des régions qui les englobent.

3 Les enjeux et les problèmes posés par la décentralisation

3.1 Pourquoi la décentralisation s'est-elle imposée ?

La formule de l'État fédéral ou celle de l'État unitaire décentralisé se sont imposées un peu partout en Europe et dans le monde (États-Unis, Canada, etc.), la France n'échappant pas à la tendance même si l'orientation en ce sens est postérieure à celle de la plupart des grands pays industrialisés. Plusieurs facteurs contribuent à une telle évolution : l'existence de grandes inégalités régionales et communales et le déséquilibre bien connu entre Paris et la province, les effets de la construction européenne et l'affirmation d'une concurrence entre grandes régions européennes (qui appelle à plus d'autonomie et à plus de ressources propres de la part de ces collectivités), les problèmes de financement même de l'État qui le pousse à abandonner peu à peu différentes missions et à transférer la charge du financement vers d'autres échelons institutionnels enfin les vertus mêmes prêtées aux solutions décentralisées (libération des énergies locales, solutions mieux adaptées au contexte et à l'environnement local, etc.).

3.2 Les problèmes et risques en suspens

Malgré ses atouts la décentralisation fait toujours débat quant à son rythme et à ses modalités pratiques de mise en œuvre. Plusieurs problèmes ou difficultés sont ainsi régulièrement avancés faisant intervenir des questions à la fois politiques, économiques et financières.

Tout d'abord rappelons que la décentralisation a un coût en raison des déséconomies d'échelle qu'elle ne manque pas d'entraîner (duplication de certaines structures ou prestations, embauche de personnels supplémentaires etc.). Ces coûts engendrent une pression fiscale accrue et freinent de ce fait toute recherche de baisse des prélèvements obligatoires par les Pouvoirs publics. La réforme de la décentralisation engagée en 2014 entend justement réduire significativement les surcoûts liés à la superposition des différentes collectivités territoriales.

Sur un plan plus politique, elle est à terme potentiellement porteuse d'un risque de fragilisation, sinon de dislocation même, de l'État ; un État qui doit faire face à la fois aux abandons de souveraineté constitutifs du processus de construction communautaire et à la redistribution de compétences au niveau local.

Enfin, et c'est là sans doute le principal enjeu actuel : la décentralisation pose des problèmes d'ordre financier, avec d'une part l'alourdissement des charges des collectivités territoriales malgré les transferts de ressources de l'État et d'autre part les risques croissants d'inégalités entre les collectivités notamment régionales. Ces risques sont d'autant plus importants que le système centralisé n'avait pu venir lui-même à bout de graves déséquilibres territoriaux provenant des inégalités très marquées suivant la zone géographique tant en matière de besoins que de ressources (et en particulier de potentiel fiscal). Dans cette perspective, les actions de redistribution et de correction conduites par l'État mais aussi par les collectivités entre elles jouent un rôle déterminant grâce à différents mécanismes de péréquation profitant aux collectivités défavorisées.

C L'INTERVENTION DE L'ÉTAT PAR LE JEU DES POLITIQUES ÉCONOMIQUES

Toute politique économique consiste à poursuivre un certain nombre d'objectifs, à l'aide d'instruments.

1 Le concept de politique économique

1.1 Définition

Selon la définition d'Éliane Mossé (1980), une politique économique est « un ensemble de décisions cohérentes prises par les pouvoirs publics, et visant, à l'aide de divers instruments, à atteindre des objectifs relatifs à la situation économique d'un pays, la poursuite des objectifs pouvant être recherchée à plus ou moins long terme ».

Cette définition montre que la politique économique se place dans un cadre interventionniste contraire au « laisser faire les hommes, laisser passer les marchandises » de Vincent De Gournay (1712-1759).

La politique économique vise, à long terme, à rechercher un certain nombre de finalités. On recense traditionnellement, parmi les finalités essentielles de toute politique, la solidarité nationale, la justice sociale, la réduction des inégalités, l'amélioration de la qualité et du niveau de vie. Les finalités se distinguent des objectifs en ce sens que les objectifs ne constituent que des étapes conduisant vers les finalités. Les instruments, pour leur part représentent les moyens qui permettent d'atteindre les objectifs.

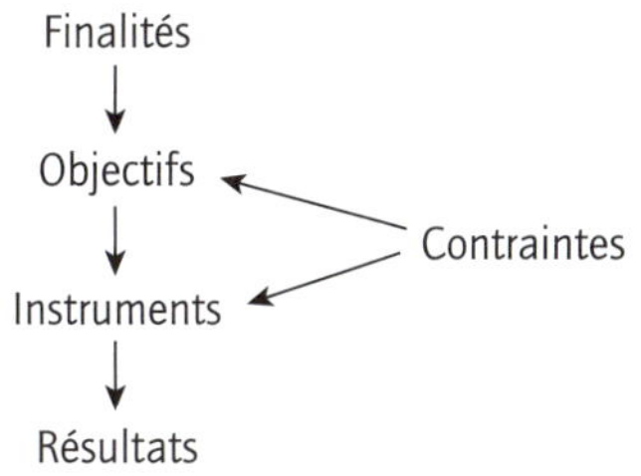

1.2 Politique conjoncturelle et politique structurelle

La **politique conjoncturelle** vise à maintenir ou rétablir les grands équilibres économiques et financiers à court terme (équilibre sur le marché du travail, sur le marché des biens et services, équilibre extérieur).

La **politique structurelle** a pour but de modifier les structures de l'économie à long terme, d'adapter, de préparer, d'orienter, d'impulser les modifications structurelles pour suivre l'évolution du changement économique.

La distinction entre politique conjoncturelle et politique structurelle n'est pas toujours nette. En effet, certaines politiques de court terme sont poursuivies pendant longtemps et provoquent des modifications de structure. Par exemple, une politique de monnaie forte contraint les entreprises à se moderniser pour être compétitives au niveau international, et oblige celles qui n'y parviennent pas à disparaître. La structure productive nationale en est alors profondément transformée. Il faut donc garder à l'esprit le fait que ces deux types de politiques ne sont pas indépendantes. En effet, en reprenant Michel Albert, ancien Commissaire général au Plan, « l'emploi est lié à la croissance, la croissance à l'équilibre extérieur, et l'équilibre extérieur à l'adaptation de notre industrie ».

Comparaison des politiques conjoncturelle et structurelle

	Politique conjoncturelle	Politique structurelle
Durée	Court terme	Long terme
Objectif	Maintien des équilibres	Adaptation des structures
Effets	Quantitatifs	Qualitatifs

1.3 Les ordonnateurs de la politique économique

L'impulsion n'est en général pas unique. Aux côtés des pouvoirs publics, on trouve aussi les banques centrales (qui sont de plus en plus indépendantes du pouvoir politique à l'image de la BCE), les collectivités locales (qui cherchent à améliorer l'attractivité de leurs territoires), les organismes supranationaux (l'Union européenne pour la politique agricole, la politique commerciale et la politique de la concurrence par exemple), ainsi que les professions organisées qui peuvent jouer un rôle de contre pouvoir ou de partenaires dans le cadre de négociations collectives (syndicats ouvriers et patronaux).

Au total, la conduite de la politique économique apparaît comme une polyphonie face à laquelle l'intervention de l'État semble nécessaire pour éviter la cacophonie. Il s'agit la plupart du temps de concilier les différents intérêts politiques, économiques et sociaux. Selon l'expression de Denis Clerc, l'État se présente comme un chef d'orchestre pour éviter que chacun ne joue sa partition séparément.

2 Les grands objectifs de la politique économique

2.1 Les objectifs de Jan Tinbergen (1963)

On peut considérer que tout le monde est d'accord sur les finalités de la politique économique, même si cela est contestable. Par exemple, certains économistes, sociologues et philosophes considèrent que l'existence d'inégalités est stimulante dès l'instant où la « méritocratie » laisse l'espoir de les combler, et met donc en mouvement les agents économiques (*cf.* les thèses de John Rawls (1971)).

Jan Tinbergen (1963) distingue alors quatre grands objectifs de toute politique économique :

1 – la croissance de la production

2 – le plein emploi des facteurs de production

3 – la stabilité des prix

4 – l'équilibre extérieur

L'objectif 1 suppose que la croissance de la production est une étape vers les finalités de toute politique économique. Rien n'est moins sûr si l'on associe à la croissance économique les effets pervers qui l'accompagnent bien souvent (pollution, gaspillage, désertification des campagnes etc.). D'ailleurs, les débats récents sur le développement durable et la décroissance montrent que nombreux sont les citoyens qui s'interrogent sur le bien fondé d'un objectif de croissance de la production.

L'objectif 2 ne concerne pas uniquement le facteur travail et donc l'absence de chômage. Il précise que les entreprises ne sauraient produire de manière durable avec un faible taux d'utilisation de leurs capacités de production.

L'objectif 3 indique que l'inflation est considérée comme un mal en ce sens où elle décourage les prêteurs.

L'objectif 4 est cohérent en économie ouverte. En effet, la recherche d'un excédent extérieur ne peut être un objectif avoué puisqu'il implique la réalisation d'un déficit chez un partenaire à l'échange.

À ces quatre objectifs, Xavier Greffe (1988) ajoute la stabilité du taux de change qui permet de réduire les incertitudes en matière de change et, de ce fait, de favoriser les échanges extérieurs.

2.2 La présentation graphique des objectifs

L'économiste britannique Nicholas Kaldor a proposé de présenter la situation économique d'un pays à l'aide de ce qu'il a appelé le « carré magique », désormais célèbre.

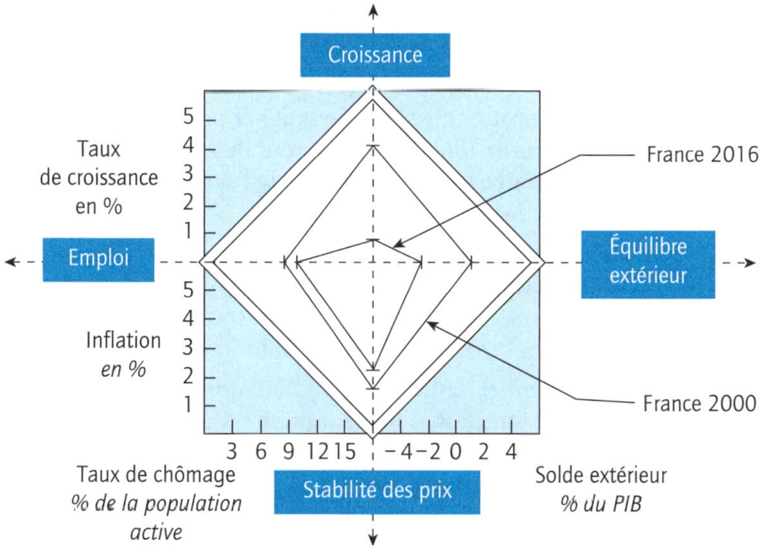

Selon cette représentation graphique, la situation économique d'un pays est jugée d'autant plus satisfaisante que la surface du quadrilatère est grande et proche du carré magique dessiné en pointillé. En effet, ce dernier correspond, pour chacun des quatre grands objectifs de politique économique, à la configuration la plus enviable (pas de chômage, pas d'inflation, une forte croissance et un excédent extérieur important). Cette représentation permet en outre d'opérer des comparaisons dans le temps et dans l'espace (entre pays).

3 Les instruments traditionnels de la politique économique

Il s'agit ici de présenter les instruments qui permettent d'atteindre les objectifs de politique économique. Chacun de ces instruments correspond lui-même à une sous-catégorie de politique économique.

3.1 La politique monétaire

La **politique monétaire** consiste à ajuster la quantité de monnaie en circulation avec les besoins de l'activité économique.

Elle vise la stabilité interne de la monnaie par la régulation de la masse monétaire. En la matière, la politique monétaire oscille entre le « ni trop » et le « ni trop peu ». En effet, la quantité de monnaie en circulation dans l'économie ne doit être ni trop importante pour éviter les phénomènes inflationnistes (théorie quantitative de la monnaie), et en quantité suffisante pour que les transactions entre les agents économiques puissent s'opérer.

La régulation de la masse monétaire consiste essentiellement à contrôler la création de monnaie. Or, la source principale de création monétaire étant le crédit, il convient d'agir sur les taux d'intérêts et les réserves obligatoires pour influencer le volume des crédits distribués par les banques. Ainsi, une politique de taux d'intérêts élevés (faibles) freine (accélère) la croissance de la masse monétaire.

Le niveau des taux d'intérêts à court terme est déterminé par les interventions de la Banque centrale européenne sur le marché monétaire.

Mais la définition des objectifs de politique monétaire s'avère délicate.

La Banque centrale européenne s'est vue assigner pour mission de maintenir la stabilité des prix. L'objectif d'une inflation maîtrisée autour de 2 % doit être atteint grâce à une politique de taux d'intérêt en fonction de l'évolution de l'agrégat M3 et d'une batterie d'indicateurs concernant la hausse des prix.

Jeune institution, la banque centrale européenne doit construire sa crédibilité. Or, la recherche de cette crédibilité semble aboutir à une certaine rigidité à la baisse des taux d'intérêt : les autorités monétaires européennes ont souvent procédé à des hausses de taux d'intérêt pour prévenir tout risque de tensions inflationnistes.

Mais cet objectif essentiel de lutte contre l'inflation ne doit pas pénaliser la croissance et l'emploi. Il est prévu, en effet, dans le traité de Maastricht (1993) que la banque centrale européenne apporte son soutien aux politiques économiques des États membres et contribue aux objectifs généraux de l'Union européenne.

FOCUS . . . FOCUS . . . FOCUS . . . FOCUS . . . FOCUS . . . FOCUS . . .

Le dilemme inflation/chômage

C'est à la suite des travaux de l'économiste britannique Phillips (1958), d'origine néo-zélandaise, qu'a été mise en évidence, de manière statistique, une relation inverse entre chômage et niveau des salaires en Grande-Bretagne entre 1861 et 1957. Par extension, on a considéré que le niveau des salaires était représentatif du niveau des prix et que leur évolution correspondait au taux d'inflation. Ainsi, une relation inverse apparaît entre inflation et chômage.

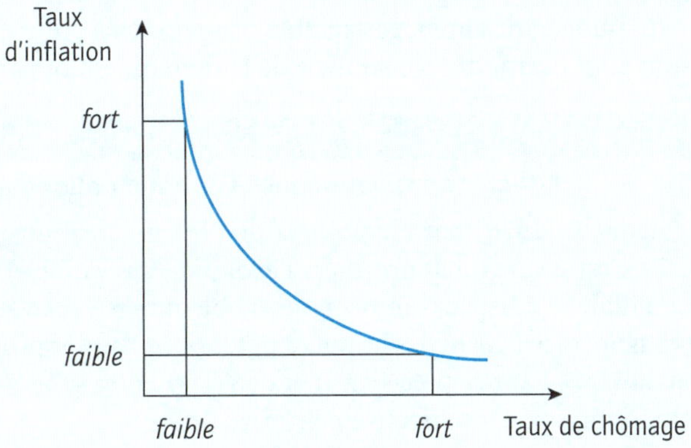

La construction de cette courbe indique une liaison statistique entre les deux variables : lorsque le taux d'inflation est élevé le taux de chômage est faible, et inversement. Cependant, puisqu'elle ne repose sur aucune démonstration théorique, il est possible d'envisager deux types de causalités. La première indiquerait, par exemple, qu'une baisse du chômage conduirait à une hausse des salaires sur le marché du travail, et donc à une hausse des prix, pour que se rétablissent les profits des entreprises. L'inflation aurait donc une origine salariale. La seconde consisterait à dire que, lorsque l'inflation s'accroît le chômage diminue. En somme, toute politique économique devrait choisir entre le chômage, au détriment de l'inflation, et l'inflation, aux dépens du chômage.

La zone euro est très hétérogène. En effet, on constate des décalages conjoncturels, des écarts de développement entre pays membres qui appellent des réponses différentes. Toutefois, les décisions concernant les taux d'intérêt vont affecter globalement la zone euro. La question reste donc posée de savoir quelles décisions il faut prendre (hausse ou baisse des taux d'intérêt) puisque dans le même espace, certains pays ont une croissance forte avec des risques inflationnistes (qui nécessiterait une hausse des taux), alors que d'autres économies connaissent des taux de croissance beaucoup plus modérés (ce qui justifierait une baisse des taux).

3.2 La politique budgétaire

La **politique budgétaire** s'appuie sur l'élaboration du budget de l'État, qui n'est autre que la prévision de l'ensemble des recettes et dépenses de l'État pour l'année.

a) La politique budgétaire nationale

Le solde budgétaire constitue un instrument de politique économique en ce sens qu'il agit sur l'activité économique. En effet, dans une perspective keynésienne (rôle du multiplicateur d'investissement), un déficit budgétaire peut permettre de relancer l'activité économique grâce au supplément de revenu distribué aux agents économiques. La croissance des revenus qui en résulte va permettre, en retour, d'augmenter les recettes fiscales et de diminuer le déficit budgétaire.

Même un budget équilibré a des effets sur l'activité économique si l'on observe les structures des recettes et des dépenses. Par exemple, une redistribution des revenus, par l'intermédiaire du budget, des ménages à faible propension à consommer vers les ménages à forte propension peut permettre un soutien de la demande (consommation).

FOCUS . . . FOCUS . . . FOCUS . . . FOCUS . . . FOCUS . . . FOCUS . . .

Anticipations rationnelles et anticipations adaptatives

Milton Friedman (1974) fait l'hypothèse que les anticipations des agents économiques sont adaptatives, c'est-à-dire qu'ils prévoient l'évolution des variables économiques (inflation, revenus par exemple) à partir des informations obtenues sur ces variables dans le passé. Ainsi, un ménage anticipera le niveau des impôts à payer pour l'année prochaine en fonction des impôts qu'il avait anticipé l'année précédente, et de l'écart entre sa prévision pour l'année en cours et le montant d'impôt qu'il a effectivement payé.

Toutefois, pour John Muth (1961) cette hypothèse n'est pas compatible avec la rationalité des individus. Les agents ne tiennent pas seulement compte des informations sur le passé pour faire des prévisions, mais aussi de toutes les informations qu'ils détiennent et qui pour pourraient avoir une influence sur les variables économiques dans l'avenir. Ainsi, une anticipation rationnelle est une anticipation basée sur le fait que les agents sont parfaitement informés, c'est-à-dire qu'ils ont accès à toute l'information disponible. On suppose, en conséquence, que les agents économiques connaissent par exemple le fonctionnement de l'économie.

Toutefois, si l'on se réfère à la théorie des anticipations rationnelles, les effets attendus de la politique budgétaire ne se réalisent que dans de faibles proportions. Les agents économiques anticipent les effets d'un déficit budgétaire. Que celui-ci soit financé par emprunt (anticipation d'une hausse future des impôts pour rembourser plus tard) ou par création monétaire (anticipation d'une inflation future), les ménages vont, selon le théorème d'équivalence ricardienne (Robert Barro, 1972), épargner pour faire face aux échéances futures (hausse des impôts, hausse des prix des biens et services). Toujours selon la théorie des anticipations rationnelles, un budget en équilibre peut être interprété comme une volonté durable de réduire les impôts. Une anticipation de la baisse des impôts conduirait alors les ménages à consommer davantage : cette croissance de la demande permettrait alors de soutenir l'activité économique.

b) Les limites imposées par le pacte de stabilité et de croissance à la politique budgétaire

Une fois le lancement de l'euro effectué, le traité de Maastricht a imposé un Pacte de stabilité et de croissance, prolongement, en quelque sorte, du respect des critères de convergence.

FOCUS . . . FOCUS . . . FOCUS . . . FOCUS . . . FOCUS . . . FOCUS . . .

Du pacte de stabilité et de croissance (PSC) au traité sur la stabilité, la coordination et la gouvernance (TSCG)

Selon le PSC, les États doivent maintenir leur déficit budgétaire en dessous de 3 % du PIB. Si cet objectif n'est pas atteint, la Commission engage, dans un premier temps, une procédure qui aboutit à des recommandations du Conseil des ministres. Dans le cas où aucune correction ne serait apportée par l'État en question, une série de sanctions est prévue. En premier lieu, il s'agit d'imposer un dépôt sans intérêt durant deux années. À l'issue de cette période et si les déficits ne sont pas revenus en dessous du seuil de 3 %, des amendes dont le taux est proportionnel à l'évolution du déficit sont à verser par l'État fautif. Toutefois, si le pays connaît une régression de son PIB supérieure à 2 %, il ne sera pas poursuivi. Si cette régression est comprise entre 0,75 % et 2 %, c'est le Conseil des ministres qui décidera des suites à donner.

Depuis, l'application d'une « règle d'or » budgétaire européenne a été signée par 25 États membres de l'Union européenne (pas le Royaume-Uni et la République tchèque) : le Traité sur la Stabilité, la Coordination et la Gouvernance (TSCG). En vertu de ce traité, les pays de la zone euro doivent viser l'équilibre des budgets des administrations publiques. Seul un « déficit structurel » de 0,5 % du PIB est permis, celui-ci se définissant comme le déficit constaté, corrigé des variations conjoncturelles. En effet, lorsque le PIB effectif croît plus vite que le PIB tendanciel (le PIB à long terme, compte tenu des structures productives du pays), un supplément de recettes vient réduire le déficit public, en même temps que les dépenses publiques baissent (liées à l'indemnisation du chômage par exemple). À l'inverse, lorsque le PIB effectif progresse moins vite que le PIB tendanciel, le déficit public se creuse. Au solde structurel du budget s'ajoute donc un solde conjoncturel qui s'annule sur la durée d'un cycle économique :

$$\text{Solde du budget} = \text{Solde structurel} + \text{Solde conjoncturel}$$

Ainsi, sont pris en compte les effets de la conjoncture sur le solde budgétaire : le déficit effectif peut aller au-delà de -0,5 % du PIB (jusqu'à 3 %, le PSC s'applique toujours ici !) tant que le solde structurel lui ne dépasse pas cette limite. Des sanctions financières sont possibles, jusqu'à 0,1 % du PIB, pour les États qui ne respecteraient pas cette règle, après avis de la Cour de Justice de l'Union européenne.

Pourquoi cette rigueur budgétaire ? Parce que toute politique budgétaire active a pour conséquence de gonfler les déficits. L'augmentation de la dette publique et de la demande de capitaux qui en résulte risque de provoquer une hausse des taux d'intérêt à long terme sur les marchés financiers, ou bien encore une élévation des taux d'intérêt à court terme décidée par la banque centrale européenne (afin de prévenir tout redémarrage de l'inflation). Finalement, tous les pays de la zone euro sont pénalisés par la hausse des taux d'intérêt qui freine l'activité économique, du fait du « laxisme » budgétaire d'un seul.

De plus, la rigueur budgétaire vise à pousser les États membres à constituer des marges de manœuvre nationales en cas de ralentissement de l'activité économique. Parvenu à l'équilibre budgétaire, chaque pays se réserve la possibilité de dépenses publiques allant jusqu'à 3 % du PIB pour relancer l'activité économique si nécessaire, ce qui représente un soutien important de la demande par le jeu du multiplicateur keynésien des dépenses publiques.

c) D'autres voies pour les politiques budgétaires nationales

Puisque les budgets nationaux sont contraints, on peut se demander si le budget européen ne constitue pas l'instrument possible d'une politique économique conjoncturelle. Les recettes de ce budget sont assurées par la contribution des États, les droits de douane sur les importations de pays tiers et une partie des recettes de TVA perçues par les pays membres.

Toutefois, ces recettes sont modestes puisqu'elles ne représentent que 1 % du PIB européen, alors que, par exemple, les recettes du budget français s'élèvent à près de 20 % du PIB français. En outre, pour le budget 2014-2020, les partenaires européens se sont entendus pour une réduction des recettes de 3,4 % par rapport au budget de la période 2007-2013, à hauteur de 960 milliards d'euros. Enfin, ces ressources sont destinées à financer deux grands axes sur le long terme, la politique agricole et des actions structurelles (voir tableau ci-après).

Au total, les sommes mobilisées par le budget européen, ainsi que leur affectation actuelle, ne permettent pas de faire du budget européen un instrument d'action sur la conjoncture économique.

Pour rendre plus efficace l'instrument budgétaire pour les pays européens, deux solutions sont alors possibles : l'élaboration d'un véritable budget européen (fédéralisme budgétaire) ou la coordination des politiques budgétaires nationales.

Tout d'abord, le fédéralisme budgétaire repose sur l'idée de constituer un budget communautaire suffisant pour faire face aux chocs asymétriques que subissent les pays européens.

Les dépenses du budget européen

Agriculture	42 %
Actions structurelles	40 %
Politiques internes	6 %
Actions extérieures	6 %
Administration	5 %
Réserves	1 %
Total	100 %

Un **choc** d'offre ou de demande est qualifié d'**asymétrique** lorsqu'il affecte de manière inverse les situations économiques des États membres.

Par exemple, une même baisse du dollar par rapport à l'euro peut ne pas avoir les mêmes effets sur les exportations des États membres en fonction de leurs plus ou moins grandes compétitivités prix et hors-prix : certains États voient leurs exportations à destination des États-Unis diminuer (faible compétitivité hors-prix), alors que d'autres ne sont pas affectés (forte compétitivité hors-prix).

Ainsi serait mise en place une « assurance conjoncturelle » : les pays en récession pourraient profiter d'une relance de l'activité économique, par le budget européen, grâce aux impôts prélevés sur l'ensemble des pays membres. Cette logique de solidarité communautaire se heurte toutefois au problème de l'institution d'un impôt européen, ainsi qu'aux comportements opportunistes possibles des pays membres. Les difficultés économiques rencontrées par un pays pourraient très bien provenir de mauvaises décisions de politiques économiques nationales… encouragées par la certitude de bénéficier de l'assurance conjoncturelle (phénomène d'aléa moral). De toute façon, les États européens se sont entendus pour geler la croissance du budget européen en pourcentage du PIB européen. Il est donc difficile d'en attendre un effet d'entraînement de l'activité économique.

Ensuite, la coordination des politiques budgétaires nationales a pour finalité d'assurer la cohérence de celles-ci au niveau européen. Il s'agit d'une coordination informelle. Puisque tout déficit budgétaire national, susceptible d'être financé par l'emprunt, est source de tensions inflationnistes et de hausse des taux d'intérêt pour l'ensemble des pays de la zone euro, il s'agit de se concerter pour définir les meilleurs moyens de résoudre les difficultés conjoncturelles des uns, sans dommages pour les autres. Par exemple, une relance concertée au niveau international peut permettre de contourner les difficultés. Les pays qui entretiennent des relations commerciales étroites entre eux, comme c'est le cas entre les États de l'Union européenne, peuvent y trouver un intérêt. En effet, si tous pratiquent en même temps des politiques de relance de l'activité économique, les « fuites » vers l'extérieur, repérées dans le cas d'une relance isolée, seront profitables à tous. Par exemple, la France verra ses importations s'accroître en provenance de l'Allemagne… mais également ses exportations vers l'Allemagne. Les pays bénéficient tous d'un effet favorable sur l'emploi.

3.3 Les autres instruments traditionnels

Outre les politiques monétaire et budgétaire, l'État dispose d'autres instruments tels que la politique des revenus et la politique de change.

La politique des revenus se définit comme l'action des pouvoirs publics sur la formation des revenus des agents économiques.

Elle s'appuie, entre autres, sur les transferts de revenus (ou transferts sociaux), les allocations spécifiques du budget de l'État (RMI puis RSA), les modifications du SMIC, les modifications de l'impôt sur le revenu. La politique des revenus est, on le voit, en grande partie liée à la politique budgétaire.

La politique de change consiste à agir sur la formation du taux de change de la monnaie domestique.

Les actions sur le taux de change peuvent permettre, selon les cas, de renchérir le coût des importations pour les décourager, ou au contraire d'en diminuer le prix pour diminuer les coûts de production des entreprises domestiques (cas du pétrole par exemple). Cette politique vise généralement à assurer la stabilité de la valeur externe de la monnaie domestique.

Désormais, la politique monétaire est du ressort de la Banque centrale européenne, et la politique budgétaire des États de l'Union économique et monétaire (UEM) est fortement encadrée. En outre, la politique de change est largement liée à la politique monétaire. Aussi, les États membres de l'UEM disposent aujourd'hui d'un moins grand nombre d'instruments de politiques économiques et de marges de manœuvres limitées.

La fiscalité apparaît comme le dernier instrument d'ajustement conjoncturel qui reste aux gouvernements : avec l'introduction de l'euro et les libertés de circulation des biens, des personnes et des capitaux, les marges de manœuvre de la politique économique sont restreintes. Si autrefois une économie pouvait jouer sur la variable taux de change pour accroître sa compétitivité prix, ce n'est plus le cas aujourd'hui. Seule la fiscalité permet encore de la modifier.

On distingue deux domaines dans lequel s'exerce la concurrence fiscale : la fiscalité de l'épargne, pour laquelle on observe un moins disant fiscal dans l'Union européenne, et la fiscalité directe des sociétés qui conduit à une convergence des taux d'imposition de sociétés.

Le problème est que la concurrence fiscale constitue une menace pour la souveraineté budgétaire et fiscale des États membres. En effet, les agents économiques européens peuvent déterminer leur lieu d'installation en tenant compte, outre des différentiels de pression fiscale, des services collectifs proposés. Tant que l'estimation par l'agent du service public rendu correspond au prélèvement qu'il subit, il n'a pas intérêt à changer de lieu de résidence. On voit donc que cela réduit considérablement le rôle redistributif de l'impôt : chacun s'attend à recevoir une contrepartie exacte des impôts qu'il verse en service collectif. Toutefois, les hommes sont moins mobiles que les capitaux dans l'Union européenne. En conséquence, la concurrence fiscale a conduit les États à opter pour une hausse de l'imposition sur le travail et une baisse de la fiscalité sur l'épargne : cela permet d'attirer les investisseurs et de compenser la perte de recettes fiscales sur le capital par une hausse des recettes sur le travail.

4 Les grands choix de politique économique conjoncturelle

La politique économique conjoncturelle vise à rétablir les grands équilibres économiques à court terme : équilibres sur le marché du travail (problème du chômage), équilibre sur le marché des biens et services (croissance non inflationniste de la demande et croissance de la production), équilibre extérieur (biens, services et capitaux). Le choix s'opère entre politique de stabilisation et politique de relance.

4.1 La politique de relance

Une **politique de relance** est une politique économique qui a pour but de relancer l'activité économique, c'est-à-dire la croissance de la production, et donc de l'emploi, par un soutien de la demande de ménages et des entreprises. Elle repose sur des politiques monétaire et budgétaire expansionnistes.

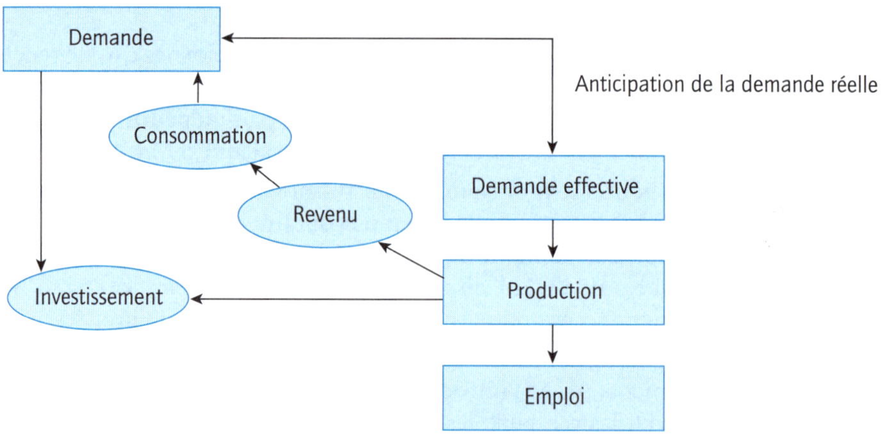

Selon Keynes, l'économie nationale peut connaître de manière durable un équilibre de sous-emploi. En effet, les entrepreneurs déterminent leur niveau de production, et donc d'investissement et d'emploi, à partir de la « demande effective », c'est-à-dire de l'anticipation de la demande à venir. Ainsi, une mauvaise anticipation de la demande réelle peut conduire à un équilibre de sous-emploi des facteurs de production.

Grâce à un soutien de la demande, l'État peut intervenir pour modifier la perception que les agents économiques ont de la demande réelle. Cette intervention peut s'effectuer par des aides à la consommation, un relèvement des bas revenus et des aides à l'investissement, dans le cadre du déficit budgétaire. Ces mesures permettent la relance de l'activité et la création d'emplois. Il en résulte des rentrées fiscales supplémentaires, une baisse des coûts unitaires de production (économies d'échelle) qui réduisent les tensions inflationnistes et permettent de maintenir l'équilibre extérieur.

Cependant, les marges de manœuvre sont étroites pour mettre en place une politique de relance. Celle-ci se heurte au problème de la contrainte extérieure, comme ce fut le cas lors de la relance de 1981/82 quand les partenaires économiques de la France pratiquaient des politiques de stabilisation. En effet, le soutien de la demande profite aussi aux entreprises étrangères par le biais des importations, ce qui ne manque pas de détériorer l'équilibre extérieur (la balance commerciale de la France est déjà en déficit croissant depuis 2004).

4.2 La politique de stabilisation

Politique de rigueur et politique d'austérité sont deux appellations d'une même politique, la politique de stabilisation.

> Une **politique de stabilisation** est une politique économique qui vise à freiner l'activité économique, et donc le niveau des prix et des salaires, par des politiques monétaire et budgétaire restrictives.

La politique de stabilisation cherche autant à lutter contre l'inflation, liée à une croissance trop rapide, qu'à créer les conditions d'une croissance non inflationniste. Il s'agit ainsi de réduire le différentiel d'inflation avec les principaux partenaires commerciaux. En résumé, la désinflation rétablit la compétitivité-prix des entreprises, laquelle agit sur les exportations qui tirent la croissance et l'emploi.

La désinflation compétitive

Lutte contre l'inflation → Compétitivité des entreprises → **Équilibre extérieur** → Croissance → **Emploi**

Par exemple, la politique de relance mise en place en 1981 a rapidement conduit à une aggravation du déficit budgétaire (– 70 milliards en 1981, – 140 milliards en 1983) et à une détérioration de la balance commerciale (– 80 milliards en 1981, – 130 milliards en 1982). Face à cette situation, à partir de fin 1982, le gouvernement opte pour une politique de rigueur (politique de stabilisation). L'objectif principal est de lutter contre l'inflation par les coûts (casser la spirale inflationniste prix – salaires) et l'inflation par le budget de l'État (financement du budget par émission de titres et non par création monétaire). Le déficit extérieur est réduit à – 60 milliards de francs en 1984, alors que l'inflation passe de 11,8 % en 1982 à 7,4 % en 1984. Cependant, le différentiel d'inflation reste négatif avec l'Allemagne, principal partenaire commercial de la France. En conséquence, le franc se déprécie par rapport au Deutsche Mark, passant de 2,40 francs en 1981 à 3 francs en 1983.

5 Les politiques structurelles nationales

Desserrer les contraintes internes et externes de la politique économique, c'est l'objectif des politiques structurelles qui visent à adapter l'économie nationale aux changements de l'environnement international.

5.1 L'encadrement des mécanismes de marché

Par l'intermédiaire de la libéralisation et de la déréglementation, les politiques structurelles consistent désormais à encadrer, et non pas orienter, les mécanismes de marché. Il s'agit de dénationaliser, privatiser, de rétablir le jeu de la concurrence en condamnant les abus de position dominante, de flexibiliser l'emploi. L'action de l'État se porte essentiellement en amont des marchés pour soumettre l'économie à l'évolution de ceux-ci : aide à la recherche et développement, aide à la formation, aide à l'innovation, amélioration de l'attractivité du territoire pour les investisseurs étrangers.

5.2 L'aide à l'innovation

L'innovation apparaît comme un déterminant essentiel de la compétitivité des nations. Cependant, les mécanismes de marché ne permettent pas, de manière efficace, son émergence : elle possède, en effet, les caractéristiques d'un bien public. Elle améliore les connaissances de tous les agents économiques et ne peut donc être financée par un seul. Dans cette logique, aucune entreprise ne prendrait le risque du financement et préférerait adopter un comportement de passager clandestin, c'est-à-dire profiter des investissements en recherche développement opérés par d'autres. Aussi, les politiques structurelles doivent-elles soutenir financièrement la recherche industrielle et favoriser sa diffusion dans l'ensemble de l'économie.

En outre, les politiques structurelles actuelles réhabilitent le concept protectionniste « d'industrie naissante », à travers la notion d'industrie stratégique. Une industrie est qualifiée de stratégique si elle est source d'externalités positives, notamment dans le domaine technologique, comme cela est souvent le cas dans les industries de l'armement, de la construction aéronautique et de l'espace. En ce sens, il convient de la protéger de la concurrence internationale par des politiques de soutien à l'innovation. Toutefois, dans un contexte de mondialisation des entreprises, l'aide à l'innovation ne bénéficie pas toujours aux entreprises implantées sur le territoire national. Ainsi, la divergence que l'on observe entre la compétitivité nationale et celle des entreprises rend aléatoire les effets d'un financement public sur la première.

L'essentiel

L'action de l'État est aujourd'hui un phénomène économique incontournable. Par son action de production de services publics, son intervention réglementaire et budgétaire, l'État est un acteur prépondérant de l'activité économique nationale. La pensée économique, après avoir remis en cause son action et son efficacité à la fin du siècle dernier, semble lui donner une nouvelle légitimité. Mais les efforts des gouvernements vont tous dans le sens d'une diminution du poids de l'État : c'est désormais le *mieux d'État* qui est recherché.

Le processus de décentralisation constitue l'une des mutations majeures du rôle et de la place de l'État dans l'économie. Si la France a conservé jusqu'ici la conception d'un état unitaire (et non fédéral), elle s'est néanmoins engagée dans un processus conduisant à transférer de nombreuses compétences en matière économique et sociale aux collectivités locales.

La politique économique, tout comme la gestion, consiste à prendre des décisions, c'est-à-dire faire des choix. Le décideur se trouve souvent face à un dilemme, c'est-à-dire un choix alternatif… qui pose problème. Le problème, d'ailleurs, n'est pas toujours celui du choix des objectifs mais aussi celui du choix des instruments de politique économique. Si les objectifs ne sont pas toujours compatibles entre eux c'est parce qu'il existe des contraintes internes et externes à l'économie nationale qui pèsent sur leur réalisation.

Dans le cadre de la zone euro, les décisions de politique monétaire sont prises dorénavant par la Banque centrale européenne. Concernant la politique budgétaire, les décisions demeurent de la responsabilité des autorités nationales. Quelles sont les marges de manœuvre de ces autorités ?

RÉFÉRENCES

Mots clés

- Biens collectifs purs
- Budget de l'État
- Collectivités territoriales
- Décentralisation
- Externalités
- Fiscalité locale
- Nationalisation
- Planification
- Politique budgétaire
- Politique conjoncturelle
- Politique de relance
- Politique de stabilisation
- Politique économique
- Politique monétaire
- Politique structurelle
- Privatisation
- Protection sociale
- Réglementation
- Régulation
- Secteur public
- Service public

Auteurs de référence

- Tinbergen (1963)
- Friedman (1974)

Dates clés

1945-1946, 1982	Programmes de nationalisations en France
1986	Programmes de privatisations en France
1947	Premier Plan français
Budget de l'État 2004	280 milliards d'euros

Références bibliographiques

- *Les collectivités locales en chiffres 2002-2003*, Direction générale des collectivités locales, ministère de l'Intérieur.
- « Le pari de la décentralisation », *Alternatives économiques*, n° 223, mars 2004, p. 48 à 58.
- « Décentralisation, État et territoires », *Cahiers français*, n° 318, La Documentation française, janvier-février 2004.
- « Les finances des collectivités locales en 2008 », Rapport de l'Observatoire des finances locales, 2008.

APPLIQUER LE COURS

Application — Quiz

		Vrai	Faux
1	L'État, au sens large, comprend les administrations centrales (ministères et grands organismes publics), les administrations publiques locales (régions, départements et communes) et les organismes de Sécurité sociale.		
2	Le maintien de l'ordre et la justice font partie des activités régaliennes.		
3	Keynes et les économistes keynésiens recommandent l'étatisation de l'économie.		
4	L'intervention de l'État n'a débuté en France qu'après la Seconde Guerre mondiale.		
5	La planification française (pendant les Trente Glorieuses) était de même type que celle en vigueur dans l'ex-URSS.		
6	L'école du Public Choice est un courant économique qui a mis en avant la supériorité systématique de l'intervention étatique.		
7	Selon la loi de Wagner, les économies connaissent une extension croissante des activités de l'État au fur et à mesure de leur développement économique.		
8	Aujourd'hui, la politique monétaire de la France est une politique élaborée et mise en œuvre au niveau européen.		

9 À combien se montent, en % du PIB, les dépenses publiques en France ?

10 Quelles sont les trois grandes fonctions de l'État identifiées par l'économiste américain Robert Musgrave ? Cochez les bonnes réponses :
a) une fonction de planification
b) une fonction d'affectation des ressources
c) une fonction de régulation
d) une fonction de redistribution

11 Quels sont les trois principaux postes les plus importants dans le budget de l'État français ? Cochez les bonnes réponses :
a) la défense
b) la justice
c) la dette de l'État
d) la culture
e) l'éducation nationale

12 Retrouvez le nom donné en économie à l'effet selon lequel l'accroissement du déficit budgétaire réduit les possibilités d'investissement privé ; cochez la bonne réponse :
a) effet de substitution
b) effet d'entraînement
c) effet d'éviction

SE PRÉPARER À L'EXAMEN

Étude de document — L'impossible identification des préférences collectives

En admettant que les décideurs politiques recherchent l'intérêt général, encore faut-il connaître les préférences des individus et que ces préférences indiquent des choix collectifs cohérents. Dans les démocraties, on tente de régler ce problème en consultant les individus qui expriment régulièrement leur opinion par un vote. Implicitement, on suppose ensuite que l'intérêt général se confond ensuite avec celui de la majorité, ce qui est déjà contesté. Si l'on accepte la règle majoritaire, on n'est même pas assuré de pouvoir déterminer des préférences collectives cohérentes. Cette difficulté est simplement exposée dans le paradoxe de Condorcet (1785) qui expose le dilemme suivant : trois individus sont consultés sur leur préférence entre trois situations possibles (A, B, ou C) ; chaque individu exprime un classement cohérent (indiqué ci-dessous), mais la règle majoritaire débouche sur des choix collectifs incohérents.

Choix par ordre de préférence :

1er individu A > B > C • 2e individu B > C > A • 3e individu C > A > B

On constate en effet que la majorité préfère A à B et B à C (par deux voix contre une). Si les décideurs politiques ne tiennent compte ou n'ont connaissance que de ces deux résultats, ils seront conduits à estimer que du point de vue de l'intérêt général A est supérieur à C. Or, il n'en est rien et on constate qu'une majorité préfère C à A. Le prix Nobel J.K. Arrow a généralisé ce résultat aux situations plus réalistes caractérisées par un grand nombre de questions à poser et un grand nombre de citoyens, en démontrant qu'il n'existe aucune procédure non dictatoriale de révélation des préférences individuelles susceptible de garantir la cohérence des choix collectifs (démonstration connue sous le nom de « théorème d'impossibilité d' Arrow », 1951).

J. Généreux, *Introduction à la politique économique*, Le Seuil, 1999.

Quels problèmes soulève le paradoxe de Condorcet ?

Question de cours

L'efficacité de la politique économique.

CHAPITRE

16 L'Union européenne

La construction d'une Union européenne est déjà pour une grande part « une histoire ancienne », même si bien sûr elle n'est pas un processus achevé. Aussi convient-il dans un premier temps de rappeler la genèse de sa construction et de fournir les points de repère clés que sont les grandes dates, les principales politiques communes ou encore les institutions de l'Union. Au-delà des multiples politiques souvent encore partielles, fragmentaires sinon embryonnaires, l'Union a déjà à son actif un certain nombre de grandes réalisations qui constituent toujours son « noyau dur ».

Enfin, l'Union est un processus en cours avec ses succès, ses échecs et ses projets, aussi proposerons-nous un point détaillé sur les politiques européennes face aux grands enjeux économiques et sociaux contemporains.

A LA GENÈSE DE LA CONSTRUCTION EUROPÉENNE

La construction européenne comporte des étapes clés aux termes desquelles ont été forgées de grandes institutions et mis en place un ensemble de politiques communautaires.

En parallèle, l'approfondissement comme l'élargissement de cette union en font aujourd'hui un ensemble économique de premier plan au regard des grands indicateurs économiques de référence.

1 Les grandes étapes de la construction

La construction européenne est un processus vieux d'une cinquantaine d'années au cours desquelles un nombre croissant de pays européens a accepté de renoncer à un certain nombre de prérogatives nationales pour mettre en place des institutions et politiques communes ; le point d'aboutissement actuel est l'Union européenne à 28.

> L'**Union européenne** (UE) est un ensemble de 28 pays européens qui disposent d'un certain nombre d'institutions communes, qui ont mis en place différentes politiques communautaires et qui sont impliqués dans un processus long de rapprochement économique, politique et social.

Ce processus de construction est passé par différentes étapes dont les principales dates clés sont rappelées ci-après.

Chronologie de la construction européenne

	Grandes dates	Liste des États membres
1951	Création de la Communauté européenne du charbon et de l'acier (CECA)	
1957	**Traité de Rome**, Création de la Communcauté économique européenne (CEE)	**Création de la CEE**. Les 6 pays fondateurs sont la France, la RFA, l'Italie, la Belgique, le Luxembourg et les Pays-Bas
1962	Entrrée en vigueur de la politique agricole commune (PAC)	
1968	Réalisation effective de l'Union douanière	
1973		**Naissance de l'Europe à neuf** (avec l'entrée du Danemark, de l'Irlande et du Royaume-Uni)
1979	Création du Système monétaire européen (SME)	
1981		Entrée de la Grèce
1986	Signature de l'**acte unique** prévoyant la création du marché unique	Entrée de l'Espagne et du Portugal
1992	**Traité de Maastricht** (institution de l'Union européenne et préparation de l'Union économique et monétaire)	
1995		Constitution de l'**Europe des quinze** (avec l'entrée de l'Autriche, de la Suède et de la Finlande)
1997	Traité d'Amsterdam – adoption du pacte de stabilité et de croissance (PSC)	
1999	Création de **la monnaie unique européenne** (l'euro) disponible d'abord sous forme scripturale puis fiduciaire (en 2002)	
2001	Traité de Nice. Entrée en vigueur en 2003 prévoyant une réforme des institutions	
2004		**Europe à ving-cinq** (intégration de 10 pays d'Europe de l'Est : Chypre, Estonie, Hongrie, Lettonie, Lituanie, Malte, Pologne, République tchèque, Slovaquie et Slovénie)
2007	**Traité de Lisbonne** (réforme institutionnelle de l'Union mise en œuvre en 2009).	**Europe à vingt-sept** (avec l'entrée de la Bulgarie et de la Roumanie)
2012	Entrée en vigueur de Mécanisme européen de stabilité (MES)	
2013	Entrée en vigueur du Traité sur la stabilité, la coordination et la gouvernance (TSCG) incluant une règle d'or budgétaire	**Europe à vingt-huit** (avec l'arrivée de la Croatie)
2016	Les Britanniques votent par référendum en faveur du Brexit	

1.1 Deux grandes problématiques européennes

Deux mouvements prédominent dans la construction européenne, l'un renvoyant à une optique de marché, l'autre relevant de considérations monétaires.

a) Une logique de marchés

Il est d'usage de dater l'émergence de l'idée européenne à la création de la CECA (Communauté européenne du charbon et de l'acier) en 1951. Cette communauté initiée par Jean Monnet et Robert Schuman constitue la première réalisation en matière de marché commun avec suppression des droits de douane et mise en place d'un tarif extérieur commun dans les secteurs de l'énergie.

Ce premier pas matérialise un premier objectif fondamental de la construction européenne qui est d'élaborer un marché commun, puis un marché unique. Cette idée va devenir réalité avec d'abord la création de la CEE en 1957 dans le cadre du traité de Rome qui instaure un marché commun avec la suppression progressive des barrières tarifaires puis, plus tard, avec la signature de l'acte unique en 1986 et pour objectif la mise en place elle aussi progressive d'un marché unique organisé autour de la libre circulation des biens, des services, des hommes et des capitaux.

b) Une optique de stabilité et de coopération monétaire

Une autre constante de la construction européenne, même si elle est plus tardive est de construire un espace de stabilité monétaire. À l'heure de la désagrégation du système monétaire international au tout début des années 1970 (*cf.* chapitre 13), l'Europe va à deux reprises chercher à organiser un espace de stabilité monétaire en Europe avec la création du serpent monétaire européen en 1972, puis du système monétaire européen en 1979. Le processus se prolonge avec le traité de Maastricht en 1992 qui précise le processus de passage à une monnaie unique européenne.

1.2 Des élargissements successifs

L'Europe a connu plusieurs vagues d'adhésions successives avec le passage notamment de l'Europe à 6, puis à 9, puis à 15, 25 et enfin 28 depuis 2013.

La construction de l'Europe s'est ainsi élargie au cours du temps au sud (pays méditerranéens), au nord (pays scandinaves) puis à l'est (pays d'Europe centrale), signe bien sûr de l'attractivité et de la réussite de l'idée européenne, mais source en même temps de difficultés nouvelles et croissantes pour organiser de façon cohérente cet espace européen et les politiques communautaires qui vont avec.

Un symbole parmi d'autres de la montée en puissance de l'Europe, du rapprochement de plus en plus étroit entre les pays membres et de la variété croissante des objectifs communautaires en est donné par les noms successifs de cette Europe : initialement Communauté économique européenne (en 1957), puis Communauté européenne, enfin Union européenne en 1992.

1.3 Le choix du Brexit par les Britanniques

Le vote par les Britanniques le 23 juin 2016 du Brexit, abréviation de *British Exit*, soit la sortie du Royaume-Uni de l'Union européenne, marque une rupture après plusieurs vagues d'élargissements successifs, d'autant que le Royaume-Uni est l'un des trois plus grands États membres de l'Union.

Le processus de sortie effective a été déclenché fin mars 2017 par la notification au Conseil européen par le Royaume-Uni de son intention en invoquant l'article 50 du traité de Lisbonne ; cette notification ouvre la voie à la négociation de la séparation du reste de l'UE.

2 Les institutions communautaires

Dès son origine, la construction européenne a visé à mettre en œuvre des politiques communes dont quelques-unes sont même déjà explicitement évoquées dans le traité de Rome.

Pour les rendre possibles, les traités successifs ont créé des institutions européennes dotées de pouvoirs leur permettant d'imposer des décisions.

2.1 L'organisation des pouvoirs au sein de l'Union européenne

Connaître ces institutions et leurs missions est aujourd'hui essentiel si l'on veut comprendre les enjeux et les rouages de tout changement en matière de politique communautaire.

Les étapes de la construction européenne (1957-2007)

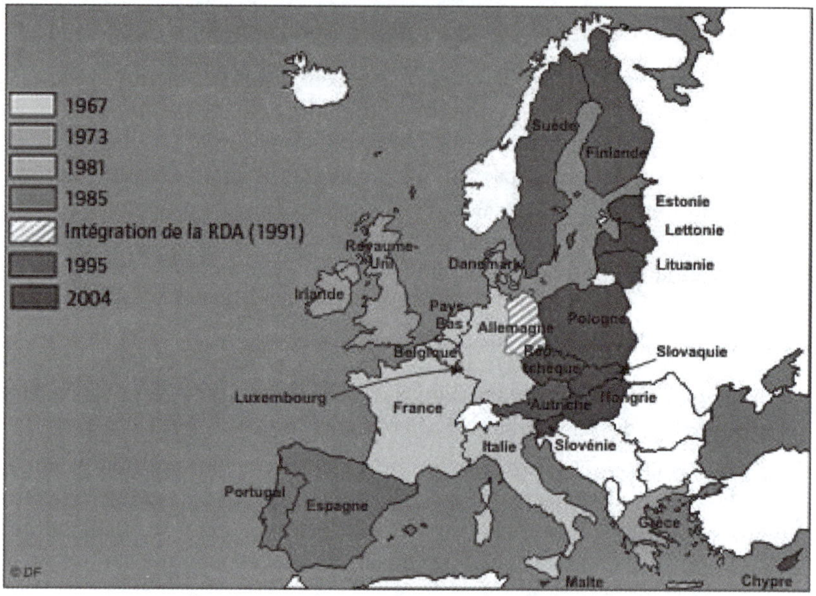

Schéma simplifié de l'organisation des pouvoirs

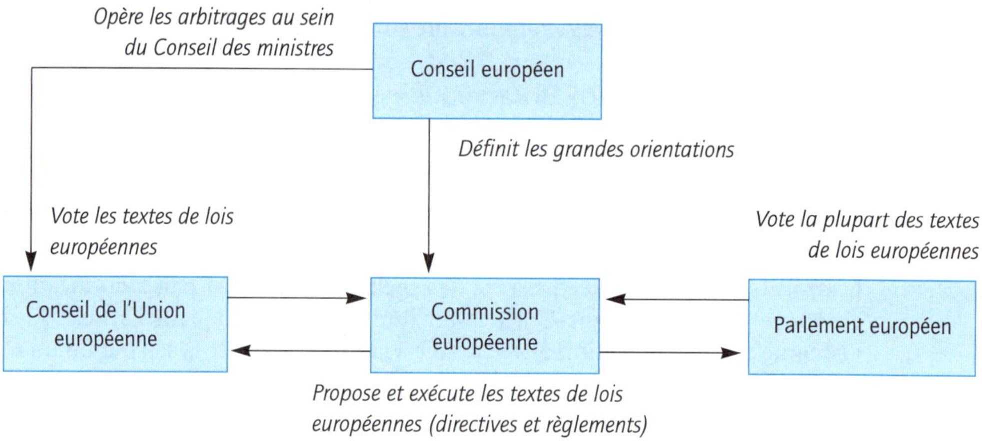

L'Union est pour ainsi dire gouvernée par un « triangle institutionnel » formé par la commission qui tient lieu d'exécutif, d'une part, et le Conseil des ministres et le Parlement européen qui assurent le pouvoir législatif, d'autre part.

Schématiquement, le Conseil européen fixe les grandes orientations politiques générales, la Commission propose les textes de lois européennes (directives et règlements) qui sont ensuite votés par le Conseil de l'Union européenne ainsi que, dans la plupart des cas, par le Parlement européen (pouvoir de codécision). À ces trois institutions qui sont au cœur du processus décisionnel, il convient d'ajouter un certain nombre d'autres : le Conseil européen, la Cour de justice de l'Union européenne, la Cour des comptes et la Banque centrale européenne (BCE).

Le rôle de ces institutions par rapport aux enjeux économiques et sociaux ne peut s'apprécier sans faire référence aux champs sur lesquels elles ont autorité. En pratique, les institutions européennes ont une compétence, soit totale (« **exclusive** ») sur différents domaines économiques (politique commerciale extérieure et politique monétaire), soit **partagée** ou **d'appui** dans d'autres domaines (social, fiscal, culture et éducation, etc.).

FOCUS . . . FOCUS . . . FOCUS . . . FOCUS . . . FOCUS . . . FOCUS . . .

Le rôle des institutions européennes

Le Conseil européen

Il réunit 4 fois par an les chefs d'État et de gouvernement ainsi que son président et le président de la commission pour fixer les grandes orientations.

Le Conseil de l'Union européenne

Cette institution appelée précédemment « Conseil des ministres » réunit des représentants des 28 gouvernements par grands thèmes (agriculture, problèmes économiques et financiers, etc.). Son rôle est de statuer sur les propositions de la Commission et de prendre les décisions après avis du Parlement européen ou de plus en plus fréquemment en codécision avec lui.

La Commission européenne

Composée de 28 commissaires nommés pour 5 ans sur proposition des États membres, elle a pour rôle de proposer et d'exécuter les lois européennes. Elle gère également les politiques communautaires, exécute le budget et dirige l'administration.

Le Parlement européen

Elu au suffrage universel pour 5 ans par l'ensemble des citoyens des pays de l'Union, le Parlement participe au processus législatif aux côtés du Conseil de l'Union européenne.

La Cour de justice de l'Union européenne

Constituée de 28 juges et de 9 avocats généraux, elle contrôle la légalité des actes et veille au respect du droit communautaire.

La Banque centrale européenne (BCE)

Elle a en charge la politique monétaire de la zone euro.

Enfin la Cour des comptes contrôle les comptes de l'UE

Le fonctionnement de ces institutions a été souvent jugé insuffisant (manque d'autorité, difficultés et retards entrainés par des décisions prises à l'unanimité, manque de démocratie…).

Ces différentes raisons ont motivé un certain nombre de changements institutionnels proposés dans le cadre d'un projet de constitution européenne, puis du traité de Lisbonne entré en vigueur en 2009.

2.2 Les changements institutionnels mis en œuvre dans le cadre du traité de Lisbonne

Parmi les principales dispositions du traité de Lisbonne, figure l'élection de deux personnalités renforçant l'exécutif de l'UE : un président du Conseil européen et un « haut représentant de l'Union pour les affaires étrangères ». Ces mesures sont censées renforcer la visibilité et la représentativité de l'UE à l'extérieur.

Plusieurs dispositions ont également été prises pour améliorer l'efficacité et la démocratisation de la prise de décision : extension du vote à la majorité qualifiée par le Conseil des ministres, extension de la procédure de la codécision (avec un rôle accru du Parlement européen) et, enfin, clarification des compétences de l'Union.

3 Un tour d'horizon des politiques communautaires

La construction communautaire a consisté jusqu'ici pour l'essentiel à constituer « un **marché unique** » et à mettre en place une politique communautaire commune ; on peut y ajouter un troisième volet conséquent, la politique agricole commune qui absorbe toujours une fraction très importante du **budget européen**. Compte tenu de leur importance, ces trois points feront l'objet d'une section à part entière.

Toutefois, la politique communautaire ne se limite pas à ces seuls axes car il y a aussi une politique communautaire de la concurrence, une politique des transports, une politique de la recherche, etc. En bref, la politique communautaire a investi un à un la plupart des domaines, notamment économiques.

Nous en donnerons brièvement les grandes orientations concernant la politique agricole commune, la politique de la concurrence et la politique commerciale commune.

Quelques politiques communes

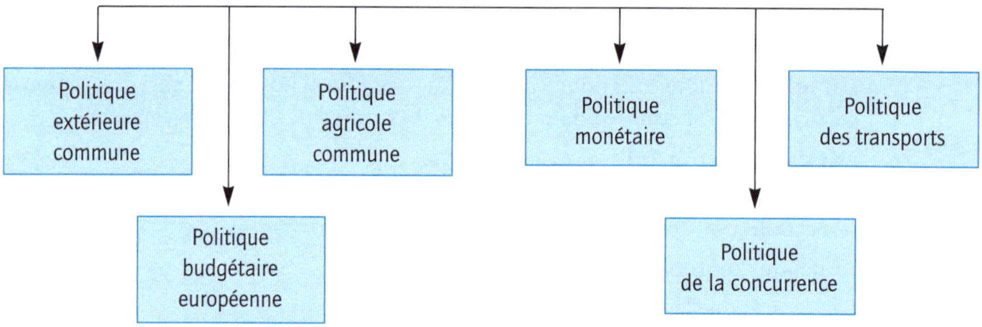

3.1 La politique agricole commune

Nous commencerons par la politique agricole commune qui constitue l'un des pivots de la construction européenne.

> La **politique agricole commune** (PAC) a, depuis le traité de Rome, pour mission de moderniser l'agriculture et de protéger le niveau de vie des agriculteurs.

La PAC est encore très importante dans le budget européen (environ 40 % des dépenses totales contre 66 % à son lancement), mais connaît toutefois de profondes mutations puisqu'on est passé progressivement d'une politique de garantie des cours des produits agricoles à une politique d'orientation plus structurelle et d'aide aux agriculteurs. Les enjeux actuels sont aujourd'hui d'en contenir l'importance financière, de mieux répartir les aides et d'encourager « le verdissement » de l'agriculture.

La nouvelle PAC (PAC 2015-2020) marque une nette inflexion en ce sens avec notamment la réduction sensible de son budget et son verdissement (mise en place du paiement vert, etc.).

3.2 La politique européenne de la concurrence

> La **politique européenne de la concurrence** fixe les conditions dans lesquelles s'exerce la concurrence entre les entreprises au sein du marché unique.

La conception libérale de ce marché implique une réglementation stricte des diverses pratiques qui pourraient en fausser le jeu. Ainsi, la commission européenne possède des pouvoirs pour contrôler et limiter les ententes, les abus de position dominante, les concentrations, les aides des États aux entreprises, les réglementations nationales. C'est au nom de cette même politique européenne de la concurrence que sont ouverts un à un les secteurs fonctionnant encore totalement ou partiellement avec des monopoles publics (cas des secteurs de l'électricité et du gaz par exemple).

3.3 La politique commerciale commune

> La **politique commerciale commune** concerne les relations commerciales de l'Union européenne avec les pays tiers.

Les pays membres donnent à l'Union européenne compétence pour conduire en leur nom, les négociations internationales, dans le cadre de l'OMC par exemple. Cette politique a conduit à différents litiges et, dans quelques cas, à des mesures de protection entre l'Union européenne, d'une part, et entre autres les États-Unis (produits agricoles, investissements culturels) ou la Chine (textile), d'autre part.

3.4 Autres politiques communes

De même, on pourrait citer la **politique des transports** qui a débouché par exemple sur un certain nombre d'accords entraînant l'harmonisation de la formation des marins, la sécurité des navires, le poids maximal des camions, etc.

On pourrait encore mentionner la **politique de la recherche** qui compte également à son actif un certain nombre de réalisations consistant à faciliter la coordination des efforts des entreprises ou encore à financer des opérations conjointes tels les programmes Esprit (financement de l'harmonisation des études informatiques de grandes entreprises) ou encore Eurêka (relatif à un ensemble de technologies de pointe).

D'autres types de politiques européennes pourraient encore être cités mais elles sont dans l'ensemble partielles dans leur champ d'application et souvent peu contraignantes.

4 L'importance économique de l'Europe

L'Union européenne s'est imposée peu à peu comme une zone économique de premier plan sur la plupart des grands indicateurs économiques.

L'Europe face au monde (données 2015)

Pays ou zones	Population (en millions)	PIB (en milliards de dollars)	PIB en PPA (en milliards de dollars)	PIB par habitant en PPA (en dollars)	Exportations (en % du PIB)
UE à 28	513,9	16 270	19 180	37 800	42,9
États-Unis	324,0	18 040	18 040	56 100	12,6
Japon	126,7	4 124	4 843	38 100	17,9
Chine	1 373,5	11 180	19 700	14 300	22,4

Source : Alternatives économiques.

La lecture du tableau qui précède permet de préciser le poids économique de l'Union face aux autres grands pays industrialisés.

• Au plan démographique, l'UE à 28 s'avère la zone économique la plus peuplée (avec plus de 500 millions d'habitants) à l'exception bien sûr des géants asiatiques (Chine et Inde) qui dépassent l'un comme l'autre le milliard d'habitants.

• Pour faire des comparaisons en matière de production et de création de richesses, il est d'usage de faire des comparaisons en termes de PIB ; mais une mesure plus juste consiste à calculer des PIB en parités de pouvoir d'achat (PPA), en particulier si l'on veut procéder à des comparaisons de PIB par habitant. L'intérêt d'un calcul en PPA est tel qu'aujourd'hui un organisme comme le FMI établit les prévisions de croissance mondiale sur cette base !

> Selon l'Insee, la **parité de pouvoir d'achat** (**PPA**) est un taux de conversion monétaire qui permet d'exprimer dans une unité commune les pouvoirs d'achat des différentes monnaies. Ce taux exprime le rapport entre la quantité d'unités monétaires nécessaire dans des pays différents pour se procurer le même « panier » de biens et de services.

En termes de **PIB,** l'Union européenne à 28 fait presque jeu égal avec les États-Unis, mais dès lors que l'on raisonne en parités de pouvoir d'achat, elle est cette fois-ci devant les États-Unis, mais derrière la Chine.

Ce classement très honorable ne doit pas cependant masquer la faible croissance économique de l'UE comparée à celle des États-Unis, aussi bien pendant la décennie 1990 qu'au début des années 2000 ou encore depuis le début de la crise de la dette souveraine.

• En outre, l'économie européenne reste encore loin derrière celle des États-Unis en termes de **PIB par habitant** ; elle se situe également derrière le Japon sur ce plan.

• Enfin en termes d'échanges, l'UE est cette fois loin devant les États-Unis, la Chine et même le Japon, mais cela traduit avant tout le caractère très ouvert de l'économie européenne sur le monde.

B LES GRANDES RÉALISATIONS DE L'EUROPE

La constitution de l'Europe s'est déployée dans de multiples directions notamment en matière économique. Parmi l'ensemble des mesures prises, il en est sans doute deux qui, par leur importance et leur horizon, se détachent : la constitution du marché unique, d'une part, la réalisation de l'Union économique et monétaire et l'adoption d'une politique monétaire commune, d'autre part.

1 La constitution d'un marché unique et ses incidences

Le marché unique est l'une des réalisations les plus tangibles de la construction européenne. Le marché unique est le produit d'une série d'étapes qui débouchent aujourd'hui sur une situation de circulation quasi généralisée des hommes, des biens et services et des capitaux. L'observation des statistiques confirme la progression remarquable des échanges intra-communautaires.

1.1 Les étapes de réalisation du marché unique

La constitution de ce marché unique est un processus long comportant deux étapes fondamentales : la réalisation de l'union douanière (achevée en 1968), puis la marche vers le marché unique entamée en 1987 à la suite de la signature de l'acte unique.

FOCUS . . . FOCUS . . . FOCUS . . . FOCUS . . . FOCUS . . . FOCUS . . .

Les cinq degrés de l'intégration (selon l'économiste Bela Belassa)

L'intégration croissante de pays proches peut être plus ou moins importante, ce qui suppose de distinguer différentes phases aux caractéristiques bien différentes :

1. la **zone de libre échange**, lorsque les pays suppriment les barrières douanières internes à la zone ;
2. l'**Union douanière**, quand le désarmement douanier est complété par une politique commerciale commune, notamment avec un tarif extérieur commun ;
3. le **marché commun**, une union douanière au sein de laquelle est reconnue la libre circulation des biens, des services, des capitaux et des hommes ;
4. l'**Union économique**, lorsque le marché commun est complété par une coordination des politiques économiques supposant en particulier une monnaie commune ;
5. enfin, il y a l'**intégration totale** à la fois aux plans respectivement politique et économique ; on passe alors de l'harmonisation des politiques à leur unification.

En suivant la chronique précédente, on peut observer que l'UE a franchi les quatre premières étapes. Jusqu'à l'étape 3, on est encore (seulement) dans une logique de marché ; avec la quatrième (l'union économique) entamée avec la création de l'UEM et de l'euro, on aborde une étape nouvelle, celle de la constitution d'une « Europe monétaire » ; enfin, d'une certaine façon, le vote du projet de traité constitutionnel en 2005 était l'expression d'une volonté d'aborder la cinquième étape.

1.2 Le marché unique et les effets attendus

Ce sont les limites mêmes du marché commun (maintien de barrières non tarifaires, limites à la circulation des hommes et des capitaux) et l'appréciation des « coûts de la non-Europe » qui ont conduit à l'acte unique et à la mise en place effective d'un marché unique.

Le marché unique désigne un état de l'Europe, promu par l'Acte unique européen (1987) et caractérisé par une libre circulation des biens, des services, des capitaux et des hommes.

a) Objectifs et effets attendus du marché unique

Le marché unique qui, dès le départ, comportait certains risques (concurrence accrue et suppressions d'emplois, risques de polarisation sociale et géographique en Europe, etc.) est supposé non seulement constituer une nouvelle étape de la construction européenne mais de plus apporter un ensemble d'avantages que l'on peut résumer comme suit.

FOCUS . . . FOCUS . . . FOCUS . . . FOCUS . . . FOCUS . . . FOCUS . . .

Les avantages attendus du marché unique

Au niveau macroéconomique

Le marché unique est supposé accroître la croissance des économies euro-péennes, favoriser les créations d'emplois et la décélération des prix.

Au niveau microéconomique

Il faut distinguer :

– le cas des entreprises qui doivent bénéficier de l'élargissement des débouchés et donc d'économies d'échelle, disposer d'un accès plus facile aux capitaux et, enfin, profiter d'une baisse des coûts favorisée par des changements de localisation internes à la zone ;
– et le cas des ménages qui sont censés tirer parti des baisses de prix correspondantes.

b) L'état de réalisation du marché unique

En ce qui concerne **les biens**, la libre circulation est pratiquement une réalité. Il n'y a plus d'obstacles tarifaires ; des normes communes (européennes) sont définies ou validées (système de reconnaissance mutuelle des certifications nationales). Il subsiste toutefois la question non réglée des différences de fiscalité (et entre autres de la TVA).

• **Les services** (question plus complexe et abordée postérieurement) sont eux aussi sur la voie de la libéralisation totale notamment dans le cas des services aux entreprises et également dans le cas des services dits de « réseaux » (électricité, train, téléphone…) dont l'organisation a été progressivement harmonisée à l'échelle européenne. Restent toutefois de grandes questions en suspens, notamment celles touchant à l'avenir des services publics, également à la liberté de prestation de services et à l'harmonisation des normes en matière de services à la personne.

• Le cas des **capitaux** est lui exemplaire, puisque la libre circulation est effective depuis la disparition du contrôle des changes au cours des années 1980.

• La circulation des **hommes** est, elle aussi, en cours avec quelques étapes notables telles la suppression des contrôles dans l'**espace de Schengen** (26 pays membres), ou encore la reconnaissance mutuelle des diplômes universitaires (réforme LMD). Néanmoins, il existe là aussi des entraves à cette libre circulation sans parler d'un maintien de contrôles aux frontières dans différents pays de l'UE.

1.3 Les effets de l'intégration

La réalisation du marché commun puis du marché unique a fait de l'Europe une zone de plus en plus intégrée économiquement même si les effets constatés ne sont pas toujours conformes aux préceptes économiques et si les conclusions à en tirer doivent être tempérées par la prise en compte du système économique dans son ensemble.

a) La progression des échanges et des investissements intra-communautaires

Le premier élément frappant est la forte progression du commerce intra-communautaire, ce qui assure de fait une autonomie partielle à la dynamique économique de la zone.

Structures des exportations des pays membres de l'UE (en %)

Exportations de l'UE à destination de	1963	1982	2002	2015
UE (à 15 puis 28)	56,3	59,1	61,7	63,0
Hors UE	43,7	40,9	38,3	37,0

Source : OMC et Eurostat.

En 2015, les exportations de marchandises de l'UE à destination de l'UE représentent ainsi plus de 60 % de ses exportations totales (données OMC).

On remarquera toutefois que le mouvement vers l'intégration de la zone débute bien avant la mise en place du marché unique. L'acte unique n'a fait en réalité qu'accentuer la tendance. En facilitant la circulation des marchandises, le marché unique a sans nul doute contribué à augmenter le volume du commerce intra-européen. Des observations et constats similaires peuvent être également faits en matière d'investissements directs à l'étranger (IDE) intra-européens.

b) Le dynamisme du commerce intra-branche

Le **commerce intra-branche** désigne l'échange croisé entre deux pays, de produits relevant de la même branche industrielle : la France achète par exemple des voitures à l'Allemagne et réciproquement.

Le **commerce inter-branche** fait lui référence à des échanges entre pays de produits relevant de branches différentes : la France vend par exemple des produits agroalimentaires et achète des automobiles.

Les statistiques montrent également une très forte progression du commerce intra-branche atteignant plus de 80 % pour l'Allemagne et même 90 % pour la France en sorte que la constitution du marché commun puis du marché unique a avant tout contribué à renforcer le commerce intra-branche communautaire.

Ce résultat peut à première vue s'apprécier négativement au regard de la théorie classique des échanges internationaux puisque l'intégration est censée conduire à une spécialisation accrue des économies nationales et donc pour l'essentiel à un commerce inter-branche plus élevé, ce qui vient en contradiction avec les observations précédentes. Les nouvelles théories du commerce international (Linder, Lassudrie-Duchène) donnent toutefois des éléments d'explication à ce décalage entre théorie et faits (*cf.* chapitre 12).

c) Le marché unique et l'élargissement de l'UE

L'entrée de 13 nouveaux pays dans l'UE a augmenté significativement l'espace du marché unique. L'intérêt du marché unique se mue dans ce contexte en incertitude : les inconvénients et risques du marché unique (concurrence non soutenable, risque de délocalisations, dégradation des conditions sociales, etc.) ne semblent plus compenser nécessairement les avantages (élargissement des débouchés, etc.).

L'entrée des 13 nouveaux États membres ne s'est pas accompagnée toutefois de déséquilibres majeurs même si l'UE est devenue bien plus hétérogène.

En tout état de cause, la progression du commerce intra-zone ne doit pas laisser penser pour autant à un développement économique qui s'affranchirait de la mondialisation. En effet, les économies européennes sont soumises plus que jamais aux inflexions majeures de l'économie internationale (globalisation financière, changement technologique, etc.) ce qu'attestent quotidiennement la sensibilité des économies européennes à la conjoncture internationale et l'importance des opérations de fusion des entreprises à l'international.

2 La politique monétaire

L'Europe a inscrit une étape supplémentaire vers l'intégration économique en décidant d'adopter une monnaie commune.

Après un rappel des tentatives antérieures pour rapprocher les politiques monétaires, nous préciserons les contours de la politique communautaire commune avant d'examiner les différents problèmes posés par cette même politique commune.

2.1 Les premiers rapprochements monétaires

La création de la monnaie unique est le fruit d'une histoire déjà ancienne ; de façon symbolique, on peut rappeler une déclaration datant de 1949 de Jacques Rueff, économiste et financier français : « l'Europe sera monétaire ou ne sera pas ».

• Ainsi déjà en 1958, les pays membres de la CEE s'étaient mis d'accord sur le principe de marges de fluctuations plus étroites que celles stipulées par l'accord de Bretton Woods : 0,75 % contre 1 % (*cf.* chapitre 13).

• L'effondrement du système monétaire international à partir de 1971 conduit à une recherche de coopération monétaire plus étroite avec la création du **serpent monétaire européen** en 1972 qui vise à limiter de moitié les fluctuations entre monnaies européennes par rapport aux marges de tolérance internationales. Les nombreuses difficultés rencontrées par ces mêmes monnaies européennes (changements de parité, flottements provisoires…) vont conduire ensuite à une intégration plus étroite.

• Les pays membres de la CEE s'entendent sur la mise en place d'un **système monétaire européen** (SME), sorte de système de changes fixes mais ajustables.

FOCUS . . . FOCUS . . . FOCUS . . . FOCUS . . . FOCUS . . . FOCUS . . .

Le système monétaire européen

Le SME repose sur trois principes clés :

1. l'existence d'une unité monétaire commune (l'ECU) ;

2. ensuite la définition d'un système de fluctuations limitées (chaque monnaie ne peut fluctuer au-delà de + ou – 2,25 % par rapport à un cours pivot défini par rapport à l'ECU) ;

3. un mécanisme de coopération entre les banques centrales leur permet d'intervenir pour maintenir les monnaies entre le cours plancher et le cours plafond.

Schéma du SME

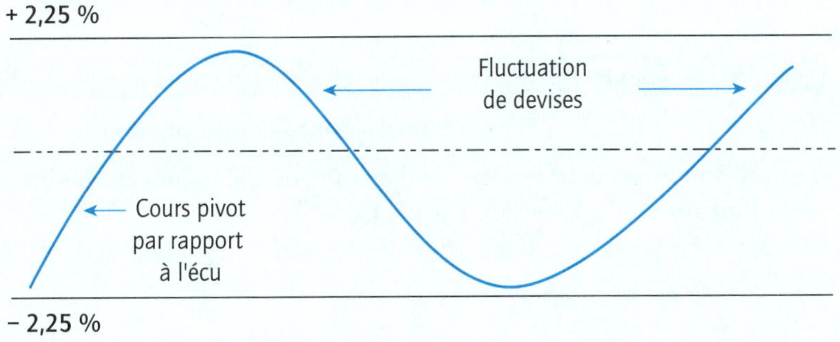

Le SME a ainsi permis d'assurer une relative stabilité des changes entre les monnaies européennes dans une période monétaire troublée et a favorisé la convergence des taux d'inflation des économies européenne. Les tensions monétaires du début des années 1990 ont eu cependant raison de lui.

La voie était ainsi ouverte à une intégration plus étroite encore qui va être celle de la mise en place d'une monnaie unique.

2.2 Une monnaie unique pour un marché unique

Le traité de Maastricht (1992) crée une nouvelle entité européenne, l'Union économique et monétaire (UEM) réunissant les pays de l'Union qui acceptent de s'engager dans une politique monétaire commune avec à terme l'adoption d'une monnaie commune, l'euro. L'UEM est au fond à la fois une conséquence logique de l'achèvement du marché unique et en même temps un prolongement de l'expérience de rapprochement monétaire induite par le SME.

L'**Union économique et monétaire** (UEM) est un accord entre différents pays européens pour abandonner leur souveraineté monétaire au profit d'une souveraineté commune comportant monnaie et politique monétaire commune.

En pratique, l'UEM se met en place en trois phases avec un certain nombre de conditions d'admission appelée « **critères de convergence** », notamment les trois suivantes : en premier lieu, un taux d'inflation ne pouvant pas dépasser de 1,5 % la moyenne des trois pays les moins inflationnistes de l'Union ; en second lieu, un déficit public inférieur à 3 % du PIB ; enfin, une dette publique ne devant pas excéder 60 % du PIB. La marche vers l'euro exigeait en effet d'harmoniser au préalable l'économie des pays concernés.

L'apparition de l'euro comme monnaie unique a fait apparaître une nouvelle organisation de l'Union européenne. En effet les 19 pays qui font partie de la **zone euro** ont transféré leur souveraineté à la **Banque centrale européenne**. Parallèlement à la constitution de la Banque centrale européenne, a été mis en place le **conseil Écofin**, organe politique regroupant les ministres des Finances des différents pays de l'UE et qui dispose d'un pouvoir de décision (coordination de la politique économique, contrôle de la politique budgétaire et des finances publiques, etc.). Enfin, l'**Eurogroupe** est un organe informel réunissant mensuellement les ministres des Finances des pays membres de la zone euro.

FOCUS . . . FOCUS . . . FOCUS . . . FOCUS . . . FOCUS . . . FOCUS . . .

La Banque centrale européenne

Le président et les cinq membres du directoire de la Banque centrale européenne sont nommés pour huit ans non renouvelables par le Conseil européen.

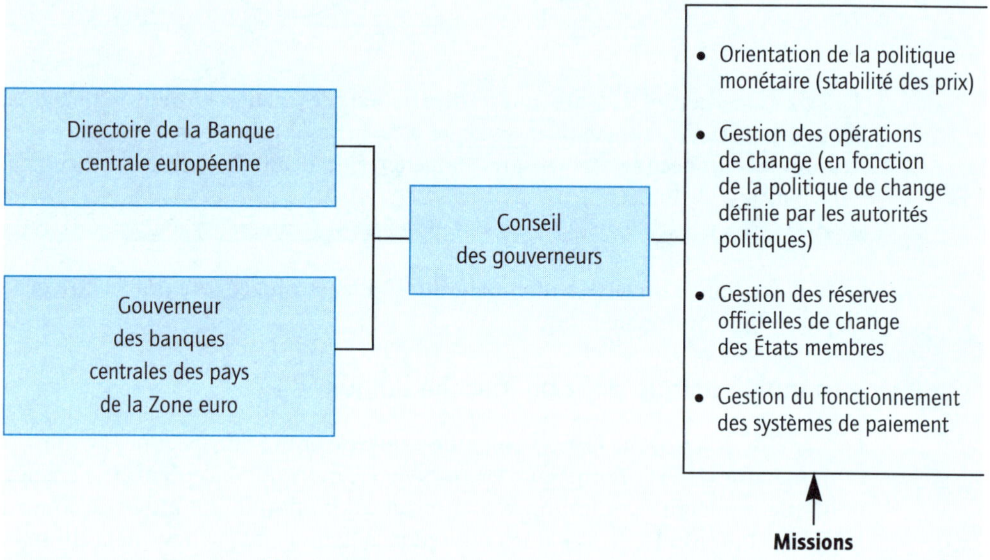

2.3 Les enjeux et les problèmes posés par la monnaie unique

La monnaie unique est d'abord un complément logique de la création du marché unique puisqu'elle favorise la concurrence libre et non faussée en interdisant désormais la possibilité de dévaluations compétitives par l'un ou l'autre des pays membres.

En allant plus loin, la mise en place de la monnaie unique a comporté d'emblée un certain nombre d'avantages et d'inconvénients, dont on trouvera ci-dessous une liste indicative.

Avantages et inconvénients de la monnaie unique

Avantages	Inconvénients
• Suppression des coûts de transaction liés à la disparition des problèmes de conversion des monnaies • Élimination de l'incertitude sur les taux de change • Élimination du risque d'inflation importée venant des pays partenaires • Affirmation de l'euro comme monnaie internationale (concurrence le dollar)	• Perte d'autonomie des politiques économiques • Disparition de l'instrument de régulation constitué par le taux de change • Problème posé par la gestion de chocs asymétriques • Risque de concurrence accrue entre pays européens (rationalisations, délocalisations, etc.)

Ces enjeux et incertitudes de l'euro ont été dans une large mesure anticipés dès le départ (*cf.* par exemple l'analyse coûts/avantages établie par le rapport Emerson en 1990). Au-delà des bénéfices attendus et acquis grâce à l'euro (suppression du risque de change intracommunautaire, élimination des coûts liés aux opérations de change, etc.), de nombreuses interrogations prévues ou non initialement se posent quelques années après sa mise en place : certaines sont liées à la perte de souveraineté (difficulté à tenir compte de la situation spécifique de chaque état membre, etc.), d'autres concernent les choix faits en matière de politique monétaire et d'organisation institutionnelle de cette politique monétaire (critiques relatives à la politique de la BCE), d'autres tiennent enfin à la modestie des résultats constatés (croissance faible de la zone euro, monopole du dollar insuffisamment entamé, etc.)... Toutes ces questions renvoient de près ou de loin à la pertinence et à l'efficacité des politiques européennes mais également aux choix politiques et institutionnels sous-jacents.

Enfin la crise économique et financière mondiale de 2009 a conduit à une grave crise de la dette dans la zone euro et par suite, à des changements importants dans la gouvernance de l'Union (voir section 3).

C LES POLITIQUES EUROPÉENNES FACE AUX GRANDS ENJEUX ÉCONOMIQUES ET SOCIAUX

1 Enjeux économiques et politiques communes

Après un rapide bilan économique de la zone euro, on présente les insuffisances de la gouvernance européenne issue de la création de l'euro, puis l'évolution de la gouvernance face à la crise de la zone euro.

1.1 Un bilan économique décevant

a) Une zone globalement peu dynamique

Les données macroéconomiques de la zone euro rendent compte d'une croissance molle couplée avec un taux de chômage élevé, et plus généralement des performances sensiblement inférieures dans l'ensemble à celles des États-Unis et même du Royaume-Uni.

Taux de croissance annuel moyen du PIB en volume (en %)

	1994-1998 (moyenne annuelle)	1999-2003 (moyenne annuelle)	2005	2010	2011	2012	2013	2014	2015
États-Unis	4,3	2,7	3,3	2,5	1,6	2,2	1,5	2,4	2,6
Royaume-Uni	3,7	2,5	2,8	1,9	1,6	0,7	1,7	3,0	2,5
Japon	1,4	1,2	1,3	4,7	- 0,5	1,7	1,6	- 0,1	0,6
Chine	n. d.	8,7	11,3	10,4	9,3	7,7	7,7	7,3	6,8
Zone euro	2,1	1,9	1,7	2,0	1,6	- 0,8	- 0,3	0,9	1,5

Source : Eurostat et Alternatives économiques, 2016.

La croissance de la zone euro devient même négative avec l'approfondissement de la crise de la dette souveraine en 2012 et 2013.

b) Une zone hétérogène et en crise profonde depuis 2009

La création de la zone euro n'a pas non plus tenu ses promesses d'une convergence durable de la situation des pays membres. La confrontation des données pays à pays révèle l'existence d'importantes disparités, explicables suivant les cas par des facteurs conjoncturels mais aussi, et surtout, structurels.

De plus l'Europe est touchée par la crise économique et financière de 2009 et bascule en 2010 dans une crise profonde et spécifique à la zone euro. Cette situation approfondit encore les disparités au sein de la zone et creuse à nouveau l'écart entre les performances de la zone euro et celle d'autres grands pays industrialisés comme les États-Unis.

1.2 Les insuffisances de la gouvernance européenne issues de la création de l'euro

Les performances décevantes et la gravité de la crise affectant les pays de la zone euro ne peuvent se comprendre sans faire référence aux insuffisances de la politique monétaire, mais également des politiques budgétaires dans la zone euro débouchant sur une gouvernance clairement inadaptée.

a) La politique monétaire menée et ses conséquences

■ *Une politique monétaire focalisée sur la stabilité des prix*

La banque centrale européenne (BCE) s'est vue assigner pour mission de maintenir la stabilité des prix. L'objectif d'une inflation maîtrisée en dessous de 2 % (cible d'inflation) doit être atteint grâce à une politique de taux d'intérêt fonction de l'évolution de l'agrégat M3 (cible monétaire) et d'une batterie d'indicateurs concernant la hausse des prix.

Instruments et objectifs de la politique monétaire européenne

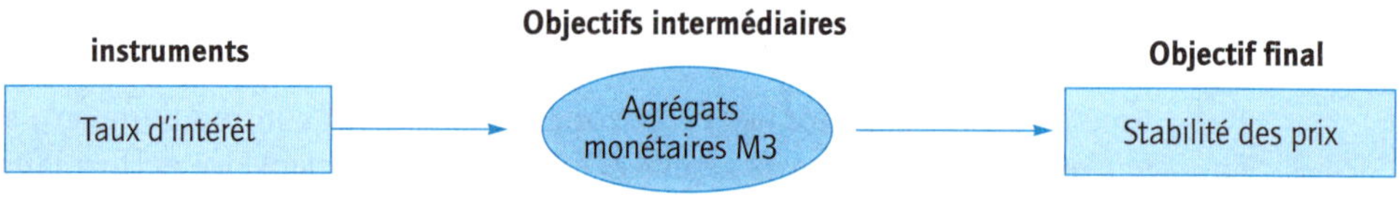

Ceci a conduit la BCE à relever et à maintenir longtemps les taux d'intérêt directeurs à des niveaux très élevés ce qui a assuré la crédibilité la BCE et protégé la zone de tout dérapage inflationniste. Mais cette politique privilégiant la stabilité monétaire s'est faite aussi aux dépens de la croissance.

■ *Une politique unique pour une zone économique hétérogène*

Dans le même ordre d'idées, force est de constater que la manipulation des instruments de politique monétaire par la BCE est particulièrement complexe car elle s'opère dans une zone euro largement hétérogène ; tant et si bien qu'une décision – par définition unique – telle que la hausse (ou la baisse) des taux s'applique dans le même temps à des pays à croissance plutôt forte (ce qui légitime une hausse des taux) et à d'autres à croissance faible (et qui sont eux en attente d'une baisse des taux). On comprend mieux dans ces conditions la persistance, voire l'aggravation, des disparités économiques entre les pays membres.

■ *L'absence de politique de change*

La BCE s'est également refusée à pratiquer une politique de change offensive et a laissé l'euro s'apprécier depuis le début de 2002 et jusqu'à l'été 2014 au prix d'une dégradation de la compétitivité prix de la zone comme le montre le tableau ci-dessous, traitant des effets prix des variations de la parité dollar/euro.

Les conséquences du niveau de la parité de l'euro face au dollar

Hypothèse de départ 1 euro = 1 dollar	**Situation n° 1** Évolution de la parité : 1 euro = 1,30 dollar (Euro « fort ») • Baisse du prix des importations • Hausse du prix des exportations	 ⇒ maîtrise de l'inflation ⇒ perte de compétitivité
	Situation n° 2 Évolution de la parité : 1 euro = 0,90 dollar (Euro « faible ») • Hausse du prix des importations • Baisse du prix des exportations	 ⇒ risque inflationniste ⇒ gain de compétitivité

Cet attentisme de la BCE tient à des choix économiques, juridiques (conditions restrictives prévues par les textes) mais aussi techniques.

b) Les limites en matière de politique budgétaire

Les choix en matière de politique budgétaire sont également responsables des insuffisances économiques de la zone euro.

■ *Des politiques budgétaires nationales nécessaires*

La construction de l'UEM a vu en effet s'opérer une mise en commun totale de la politique monétaire sans équivalent budgétaire ; les politiques budgétaires restant institutionnellement du ressort des nations. Ce choix s'explique à la fois par des raisons politiques (difficulté d'admettre une perte de souveraineté intégrale sur le plan économique) mais également pour des raisons d'efficacité économique.

Concernant ce dernier point, le maintien de politiques budgétaires autonomes est fondé sur la nécessité de disposer de moyens d'action en cas de **chocs asymétriques** c'est-à-dire affectant spécifiquement un pays de la zone. A contrario, la politique monétaire commune ne peut, par définition, fonctionner de façon différenciée suivant le pays ; son champ d'action privilégiée est donc celui de la gestion des **chocs symétriques** (c'est-à-dire subis de la même façon dans l'ensemble de la zone).

Hétérogénéité de la zone euro et gestion des chocs

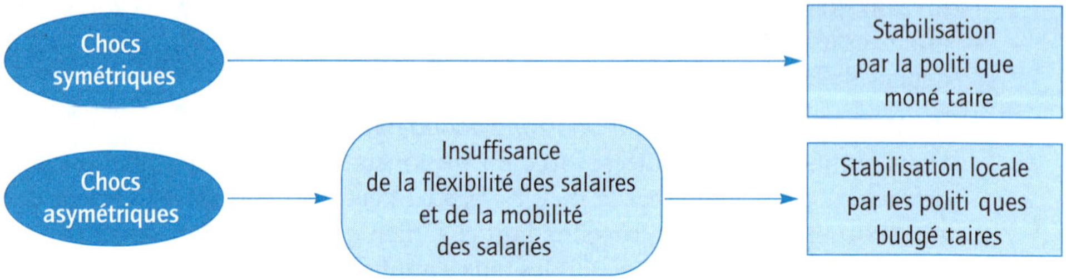

■ *Des politiques budgétaires contraintes*

Les politiques budgétaires sont cependant fortement contraintes compte tenu de la mise en place du Pacte de stabilité et de croissance (PSC) signé en 1997 et qui a prolongé la politique de respect des critères de convergence du traité de Maastricht.

> Le **pacte de stabilité et de croissance** de 1997 fait obligation aux pays de la zone euro de maintenir leur déficit budgétaire en dessous de 3 % du PIB et prévoit des possibilités de sanction et de pénalités en cas de non respect durable de cette discipline budgétaire. Il maintient également la règle d'un plafond de la dette publique à 60 % du PIB.

La finalité du pacte de stabilité était de préserver la stabilité monétaire de la zone euro que la seule politique monétaire commune ne pouvait assurer en cas, par exemple, d'envolée des déficits ; mais il a placé ce faisant, les politiques budgétaires sous la tutelle de la politique monétaire. De ce point de vue, ce choix a eu de lourdes conséquences car cela a fixé des limites importantes à la possibilité de relancer l'économie d'un pays membre en récession.

■ *La faiblesse du budget communautaire*

Il existe aussi un budget communautaire qui aurait pu compenser les effets éventuellement récessifs de la politique monétaire, mais ce budget a une importance bien faible (son montant ne dépasse pas 1 % du budget européen) et il est corseté par des règles très strictes (plafonnement de ressources, équilibre obligatoire, etc.). L'UE n'a ainsi pas retenu la solution du fédéralisme budgétaire.

c) Une gouvernance inadaptée

Au total ce système a clairement montré ses insuffisances et ce pour différentes raisons : insuffisances du *policy mix*, non respect des règles fixées par le PSC et enfin absence de dispositifs prévus en cas de difficultés d'un État à honorer sa dette.

> On entend par ***policy mix***, la combinaison ou l'articulation des politiques économiques, principalement la politique monétaire et la politique budgétaire.

Le *policy mix* de l'UEM est ainsi apparu clairement insuffisant face aux défis économiques que constituent une croissance souvent insuffisante et un chômage élevé. On a ainsi souvent opposé les politiques respectivement américaines et européennes depuis la fin des années 1990 : les premières combinant judicieusement les instruments monétaires et budgétaires au service de la croissance tout en se protégeant de l'inflation alors que les secondes ont pénalisé la croissance par la combinaison d'une politique monétaire stricte et de politiques budgétaires inadaptées (menées à contre temps et trop restrictives).

De plus, le pacte de stabilité a été progressivement non respecté (malgré des assouplissements du pacte en 2005) sans que les procédures pour déficit excessif soient engagées pour autant.

Plus grave, peut-être, les pays de la zone euro n'avaient pas prévu de dispositif en cas de difficultés ou d'impossibilité d'un État à honorer sa dette ; ce dernier point explique à lui tout seul, les changements importants en matière de gouvernance économique auxquels l'UE a dû se résoudre dans la période de crise ouverte de la zone euro (2010).

1.3 L'évolution de la gouvernance européenne face à la crise de la zone euro

Après un point sur la crise de la zone euro, on rend compte des évolutions en matière de *policy mix* de la zone euro en matière monétaire, puis budgétaire.

a) La crise de la zone euro

Les pays européens ont été touchés comme les autres grands pays industrialisés par la crise économique et financière de 2009 ; mais cette crise s'est prolongée par une crise spécifique de la zone euro dans un contexte économique international toujours difficile.

L'Europe a connu les suites de la crise américaine des *Subprimes* avec l'effondrement brutal de l'activité économique fin 2008 et en 2009, une baisse des taux d'intérêt directeurs et des interventions massives de la BCE ou encore la mise en place de plans de relance dans les différents pays européens en 2009.

Cette crise a touché en profondeur la zone euro et a muté à partir de 2010 en une crise de la dette publique (appelée « dette souveraine ») de plusieurs États, au premier rang desquels la Grèce.

FOCUS . . . FOCUS . . . FOCUS . . . FOCUS . . . FOCUS . . . FOCUS . . .

La crise grecque

Un jour d'octobre 2009, le Premier ministre grec révèle que le déficit public du pays est bien plus important qu'annoncé auparavant. C'est le début de la crise de la zone euro.

La Grèce paye bien sûr les conséquences de la crise internationale mais à laquelle s'ajoute un trucage des comptes publics lors de son entrée dans la zone euro suivi d'un manque de transparence récurrent dans ce domaine et de problèmes endémiques (difficulté à prélever les impôts, etc.).

Au printemps 2010, il devient patent que la Grèce ne peut plus se financer convenablement sur les marchés financiers. La situation est d'autant plus préoccupante que les banques européennes possèdent massivement des titres de dette publique grecque avec en perspective des faillites en chaîne.

Le monde (à travers le FMI) et l'Europe vont ensuite aller au secours de la Grèce sous la forme de plans d'aide successifs avec restructuration progressivement d'une grande partie de la dette grecque mais, en contrepartie, obligation pour la Grèce de mettre en place des plans d'austérité et de redresser ses comptes publics…

C'est le point de départ de crises affectant d'autres États de la zone euro… et de la mise en place d'outils d'aide financière par l'UE (FESF, MES).

Cinq ans plus tard en 2015, le problème de la dette grecque n'est toujours pas résolu. L'application de politiques d'austérité draconiennes à la Grèce n'a pas permis de rétablir ses finances publiques. La question du rééchelonnement, voire de « l'effacement », d'une partie de la dette grecque reste posée.

Plusieurs pays réunis quelquefois sous l'appellation de **PI(I) GS** (Portugal, Irlande, Italie, Grèce et Espagne) connaissant suivant les cas un fort déficit et/ou un endettement public sont touchés un à un suivant un même scénario : besoins importants de financement de l'État (rendus nécessaires généralement pour soulager l'économie et venir en aide à l'endettement massif du secteur privé), abaissement de la note du pays par les agences de notation, dégradation des conditions d'emprunt (augmentation des taux d'intérêt exigés) puis appel à l'aide auprès de l'UE et du FMI et mise en place de plans d'aide (cas de la Grèce, de l'Irlande et du Portugal) avec comme contrepartie, la mise en place de politiques d'austérité draconiennes dans ces pays.

b) Les changements en matière de politique monétaire et financière

La politique de la BCE a considérablement changé dans ses objectifs et ses modes d'intervention avec la crise économique de 2009, puis celle de la dette souveraine de 2010 et, enfin, la menace de déflation à partir de 2014.

FOCUS . . . FOCUS . . . FOCUS . . . FOCUS . . . FOCUS . . . FOCUS . . .

Les nouvelles pratiques de la BCE

La BCE centre désormais son action sur le soutien aux économies défaillantes en favorisant la création monétaire et en acceptant un certain risque inflationniste. Dans cette perspective :

- elle a abaissé par paliers successifs ses **taux d'intérêt directeurs** jusqu'à un plus bas historique de 0 % en octobre 2016 (ce taux d'intérêt nul concerne le principal taux directeur) ;
- en 2011 et 2012, elle a décidé également d'accorder des prêts illimités aux banques européennes sur 3 ans au tarif exceptionnel de 1 % ;
- depuis 2014, la BCE prélève des intérêts sur les dépôts des banques chez elle (au-delà de leurs réserves obligatoires) afin de les dissuader d'utiliser cette facilité ;
- elle rachète également de la dette publique, c'est-à-dire des obligations d'État (possédées notamment par les banques) et elle a pris en charge une partie du risque de non-remboursement éventuel (voir le cas grec par exemple).

On peut noter cependant que les instruments qu'elle utilise diffèrent encore sensiblement de ceux de la FED américaine et de la Banque d'Angleterre qui, elles, ont le droit d'acheter directement des titres de dette publique sur le marché des émissions primaires. Les banques centrales américaines et anglaises peuvent donc financer directement une partie du déficit public.

En complément de l'action de la BCE, la zone euro s'est également dotée d'instruments financiers (FESF, MESF puis MES) de gestion des crises afin d'aider les pays en difficulté et menacés d'insolvabilité.

Le **mécanisme européen de stabilité (MES)**, sorte de FMI européen, est un dispositif largement doté (plusieurs centaines de milliards d'euros en 2014) d'aides financières aux pays de la zone euro, qui peut intervenir dès que le taux d'intérêt d'un pays grimpe au point de l'empêcher d'emprunter sur les marchés. Il peut intervenir de multiples façons (octroi de prêts, rachat de dette souveraine, souscription de dette primaire, de banques, etc.).

Le déclenchement de l'intervention du MES comporte toutefois des contreparties contraignantes puisque l'État bénéficiaire a l'obligation de s'engager à corriger ses déséquilibres et à adopter un plan d'ajustement macroéconomique.

La BCE a également lancé depuis 2012 un nouveau chantier, celui de **l'Union bancaire**, destiné à permettre une recapitalisation directe des banques en difficulté par des fonds européens et à prévenir les paniques bancaires.

Cette union bancaire comporte trois piliers : la supervision bancaire (surveillance prudentielle du système bancaire), la résolution des crises bancaires avec le mécanisme de résolution unique (MRU) et la garantie de dépôt pour les déposants.

L'Union bancaire a largement avancé, notamment concernant les deux premiers piliers, mais la garantie commune des dépôts reste une perspective lointaine.

c) Une nouvelle gouvernance en matière budgétaire

La restriction de la liberté des États en matière de politique budgétaire du fait des contraintes du PSC a été progressivement prolongée par la recherche d'une coordination des politiques budgétaires nationales avec « **les grandes orientations de politique économique** » (GOPE).

La crise financière et le constat du « chacun pour soi » lors du lancement des plans de relance dans les différents États européens en 2009 ont conduit à un renforcement très strict à la fois des contraintes et de la coordination en matière budgétaire suivant différents dispositifs et mesures : mise en place d'un système d'alerte reposant sur des indicateurs économiques, renforcement des sanctions pour les pays ne respectant pas leurs engagements, procédure de coordination en amont de la procédure budgétaire (avec le système du **semestre européen**) et enfin mise en œuvre à partir de 2013 du **Traité sur la stabilité, la coordination et la gouvernance** (**TSCG**).

Le **semestre européen** est une procédure qui donne la possibilité à la Commission européenne de se prononcer sur la crédibilité des projets de budgets nationaux avant qu'ils ne soient adoptés par les Parlements respectifs.

Le **TSCG** est un ensemble de règles destinées à favoriser la discipline budgétaire au moyen d'un pacte budgétaire et à renforcer la coordination des politiques économique. La disposition la plus importante est la quasi-interdiction des États signataires de se trouver dans une situation de déficit public. La règle d'or budgétaire prévoit en effet pour chaque État, un premier objectif, de déficit structurel maximal de 0,5 % du PIB.

L'ensemble de ces mesures tant monétaires que budgétaires renforce l'unité de l'Europe, particulièrement celle de la zone euro, et inaugure une nouvelle gouvernance européenne. Destinée à limiter la dérive des comptes publics, elle a réduit de façon très significative les marges de manœuvre budgétaire des États et entraîné « un véritable tour de vis » budgétaire.

À partir de 2014, l'Europe assouplit sa politique avec le développement d'une politique de rachat massif de dettes privées et publiques par la BCE, l'acceptation de politiques budgétaires nationales moins restrictives ou encore le lancement d'un plan européen de financement d'investissement, le plan Juncker.

FOCUS . . . FOCUS . . . FOCUS . . . FOCUS . . . FOCUS . . . FOCUS . . .

Le plan Junker

Compte tenu d'un niveau d'investissement largement insuffisant, l'Europe a décidé en 2014 le lancement d'un plan européen dit « plan Junker » de plus de 300 milliards d'euros sur 3 ans (période 2015-2018).

Il s'agit d'un plan de 21 milliards d'euros d'investissements publics, financé par le budget européen et la Banque européenne d'investissement (BEI) et censé encourager 315 milliards d'investissements privés.

1.4 L'Union européenne et les suites du Brexit

Le vote des Britanniques en 2016, qui a vu le référendum tourner à l'avantage des partisans de la sortie de l'UE, a constitué un problème de plus à gérer autant qu'un signal des difficultés de l'Europe. Le Royaume-Uni ayant fait la démarche de demande de sortie de l'Union fin mars 2017, une négociation est ouverte depuis sur les conditions de sortie d'une part, et sur l'édification des relations futures d'autre part.

2 Enjeux sociaux et modèle social européen

Le rapprochement économique des pays européens pose avec acuité la question de l'Europe sociale : l'ouverture complète des marchés et l'élargissement de l'UE a ouvert la voie à la concurrence sociale (et fiscale). Après un état des lieux, nous ferons le point sur les réflexions en cours en matière d'harmonisation fiscale et sociale.

2.1 L'hétérogénéité sociale de l'UE

La construction du marché unique puis l'entrée de douze nouveaux pays dans l'UE ont remis au premier plan la question des différences économiques et sociales au sein de l'Union avec en filigrane la menace d'une concurrence sociale difficilement soutenable de la part des pays d'Europe orientale (en un mot le **dumping social**) et par suite des risques de remise en cause du modèle social protecteur des anciens pays adhérents de l'Union.

Le **dumping social** désigne les pratiques d'entreprise qui, pour accroître leur compétitivité, contournent délibérément la législation sociale ou tirent tout simplement avantage de différences de pratiques ou de législation sociale (avec donc le concours actif ou passif de l'État correspondant).

L'UE se caractérise par d'importantes disparités économiques et sociales, que l'on raisonne en termes de rémunérations, de conditions de travail, de formation ou encore de protection sociale.

Salaires minimum et moyen dans quelques pays de l'UE

Pays	Salaire moyen en € (en 2014)	Salaire minimum en € (en 2017)
Allemagne	2 620	1 498
France	2 603	1 480

☞

Pays	Salaire moyen en € (en 2014)	Salaire minimum en € (en 2017)
Royaume-Uni	2 795	1 529
Pologne	948	453
Hongrie	774	353
République tchèque	909	366

Source : Eurostat.

Ces différences ne peuvent manquer d'avoir un impact sur le jeu concurrentiel, d'autant que la mobilité des capitaux, en principe totale dans un marché unique, conduit à favoriser les délocalisations d'entreprises et d'emplois et peut entraîner les pouvoirs politiques à adopter des stratégies de « moins disant social ». Ainsi a-t-on enregistré une vague importante de délocalisations vers l'Europe de l'Est, avant même l'élargissement de l'UE. Certains rapprochements s'esquissent ; ainsi, sur les 28 pays membres de l'UE, 22 (dont l'Allemagne depuis 2015) ont instauré le principe d'un salaire minimum, mais les écarts restent très importants en la matière.

2.2 L'hétérogénéité fiscale de l'Europe

Ces différences sont encore aggravées par l'existence d'importantes différences au niveau de la fiscalité, ouvrant cette fois également la voie aux risques de dumping fiscal intéressant tant les entreprises que les ménages et, incidemment, à une course au moins-disant fiscal.

La construction européenne n'a pas conduit jusqu'ici à un véritable mouvement de convergence dans ce domaine et les différences sont particulièrement importantes en matière de TVA, de fiscalité des entreprises ou bien encore de fiscalité de l'épargne. Les différences fiscales ne se limitent pas à des divergences sur les taux mais concernent également le calcul des assiettes fiscales, les régimes dérogatoires, voire les procédures de recouvrement. Des constats identiques peuvent être faits également à propos des barèmes d'imposition sur le revenu et sur les choix très contrastés d'un pays à l'autre en matière d'imposition (ou non) sur la fortune.

2.3 L'Europe sociale en débat

a) L'existence d'un modèle social européen

On peut commencer par souligner l'existence d'ores et déjà d'un modèle social européen constitué par un ensemble de règles et de pratiques observables notamment dans l'UE et qui se donne d'autant mieux à voir qu'on le compare avec les situations américaine ou japonaise.

Les composantes du modèle social européen

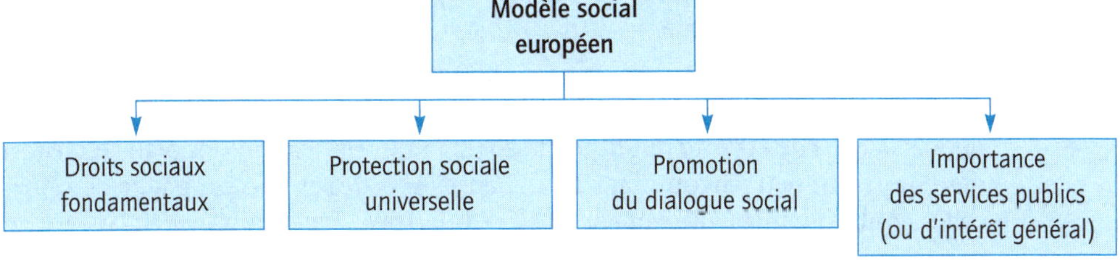

Ce modèle social peut être détaillé ; ainsi, par droits sociaux fondamentaux, on entend de multiples dispositions en matière de droit du travail, de recherche d'égalité des chances, de mesures pour améliorer les conditions de travail et de sécurité.

b) Plusieurs modèles envisageables

• Ce modèle social européen diversement présent au sein des différents pays de l'UE, et qui jusqu'ici n'a pas donné lieu à une définition précise, fait l'objet de larges discussions et même d'une opposition forte entre ceux qui le dénoncent au nom d'une vision néolibérale de l'Europe sociale et ceux au contraire qui sont partisans d'une définition unifiée et « vers le haut » des règles et pratiques sociales au sein de l'Europe.

• Dans ce contexte, plusieurs scénarios peuvent être envisagés comme le montrent les travaux du groupe « Europe sociale » du Commissariat général au plan dans un rapport publié en 2000.

Les différentes orientations possibles de l'Europe sociale

		Modèle de relations professionnelles	
		Maintien de modèles différents	Convergence vers un modèle homogène
Escpace de solidarité sociale	Interne à chaque nation	*Scénario A* • Europe sociale fractionnée. • Les modèles nationaux prédominent ; l'Europe sociale est réduite au strict minimum	*Scénario B* • Europe sociale concurrentielle. • Convergence vers un modèle libéral. • Démantèlement des systèmes nationaux
	Avec une dimension additionnelle communautaire	*Scénario D* • Europe solidaire dans la différence. • Préservation des modèles nationaux, mais mécanismes de solidarité financière entre pays	*Scénario C* • Europe sociale intégrée. • Mise en œuvre d'un modèle social « continental » fondé sur le volontarisme et la définition d'un vaste projet social européen

Source : A. Figliuzzi, *L'économie européenne*, Bréal, 2004, p. 111.

c) L'Europe sociale en suspens

Le besoin d'une Europe sociale est d'autant plus ressenti qu'ayant abandonné leur souveraineté monétaire et étant soumis à une contrainte forte sur le solde des finances publiques par le PSC et plus encore depuis 2013 par l'entrée en vigueur du TSCG, les États membres constatent que leur marge de manœuvre se réduit encore davantage avec les manifestations d'une concurrence sociale.

Si la fin des années 1980 et les années 1990 ont vu quelques avancées en la matière, le bilan global reste dans l'ensemble très modeste et les perspectives d'évolution incertaines : en effet depuis la crise de la dette publique de 2010, la multiplication des plans d'austérité conduit à des coupes un peu partout dans les dépenses sociales et s'accompagne de réformes structurelles contraignantes au plan social : flexibilisation accrue du marché du travail, baisse des prestations chômage, report de l'âge de départ à la retraite, etc.

L'essentiel

- L'Union européenne est un vaste ensemble de pays (28 en 2015) qui ont progressivement mis en commun plusieurs politiques d'ordre notamment économique et ont créé plusieurs institutions dites « communautaires ».
- Au titre des grandes réalisations économiques de l'Europe, on peut retenir, en premier lieu, la création du marché unique aujourd'hui en passe d'être atteint, la libre circulation des biens, des services, des capitaux et des hommes, et, en second lieu, la politique monétaire avec le choix d'une monnaie et d'une politique monétaire communes (pour les seuls pays de l'UEM). Plus généralement, l'UE a mis en place des politiques communes dans les champs caractéristiques de l'activité économique (transports, agriculture, recherche, etc.).
- L'UE et plus particulièrement la zone euro rencontrent cependant de nombreuses difficultés, renforcées par l'élargissement de l'Europe aux pays d'Europe centrale et orientale en 2004 et surtout par la crise de la dette souveraine dans la zone euro en 2010. La zone euro enregistre ainsi des performances économiques médiocres et une différenciation croissante de la situation des États membres auxquelles s'ajoute une crise financière grave de nombreux États (la Grèce, le Portugal, l'Espagne, etc.) à partir de 2010.
- Pendant la décennie 2000-2010, les pays européens, notamment ceux de la zone euro, ont recherché une harmonisation de leur politique économique mais sans résultat probant en raison des oppositions entre États (pays libéraux *versus* pays interventionnistes ; pays du Sud *versus* pays du Nord, etc.) et de la tentation du chacun pour soi dans les situations d'urgence (voir les plans de relance en Europe en 2009).
- Depuis la crise de la zone euro de 2010 grave au point que la question de la survie de l'euro a été posée, de très nombreux changements sont intervenus dans la gouvernance économique de la zone tant en matière monétaire que budgétaire et même bancaire. L'intégration économique a considérablement progressé avec l'affirmation d'une solidarité nouvelle devant la gravité de la situation financière de certains États ; mais la construction reste fragilisée car l'Europe n'a toujours pas dégagé de solution commune et macroéconomique pour promouvoir une croissance forte et durable.
- Enfin, de nombreux domaines restent en jachère tels ceux de l'harmonisation fiscale et sociale.

RÉFÉRENCES

Mots clés

- Banque centrale européenne (BCE)
- Budget européen
- Conseil ecofin
- Critères de convergence
- Dumping social
- Élargissement
- Europe sociale
- Euro
- Eurogroupe
- Institutions européennes
- Marché unique
- Pacte de stabilité et de croissance (PSC)
- Policy mix
- Politique agricole commune (PAC)
- Politique de la concurrence
- Politique monétaire
- Traité sur la stabilité, la coordination et la gouvernance (TSCG)
- Union bancaire
- Union économique et monétaire (UEM)
- Union européenne (UE)
- Zone euro

Dates clés

1957 Traité de Rome

1986 Signature de l'acte unique

1992 Traité de Maastricht

1999 Création de la monnaie unique européenne

Références bibliographiques

- M. Aglietta, *Zone euro : éclatement ou fédération*, Édition Michalon, 2012.
- M.A. Barthe, *Économie de l'Union européenne*, Économica, 5e éd. 2014.
- A. Figliuzzi, *L'économie européenne*, collection « Thèmes & débats », Bréal, 2e éd. 2008.
- « Euro et gouvernance économique », *Cahiers français* n° 319, La Documentation française, avril 2004.
- D. Vaughan-Whitehead, « L'Europe à 25 – un défi social », La Documentation française, avril 2005.
- J.-M. Février et F. Terpan, *Les mots de l'Union européenne*, PUM, 2004.
- « L'Europe a-t-elle un avenir ? », *Alternatives économiques*, hors série n° 95, 1er trimestre 2013.
- A. Chéron, « Les réformes du marché du travail en Europe », *Problèmes économiques*, hors-série n° 8, septembre 2015.

Sites Internet

Site d'Eurostat : *ec. europa. eu/eurostat*

Site officiel de l'Union européenne : *europa. eu/index_fr.htm*

Site de la fondation Robert Schuman : *www.robert-schuman.eu*

Site d'information sur l'Europe et les institutions européennes : *www.archives.europe.gouv.fr*

APPLIQUER LE COURS

Application Quiz

		Vrai	Faux
1	L'Union européenne à 28 compte environ 500 millions d'habitants.		
2	Il n'existe plus de droits de douane à l'intérieur de l'Union européenne.		
3	Il y a aujourd'hui une unité fiscale totale au sein de l'Union européenne.		
4	L'Union européenne ne dispose pas encore de son propre budget.		
5	La zone euro comporte 28 pays.		
6	La politique agricole commune représente un poids très important dans le budget communautaire (plus de 40 % de ce budget).		
7	La Banque centrale européenne a une autonomie institutionnelle très limitée.		

8 Que représente le budget européen en pourcentage du PIB européen ?

9 Saurez-vous reconnaître certains des critères du Pacte de stabilité et de croissance (PSC) adopté en 1997 ? Cochez la ou les bonnes réponses :

a) le déficit public de chaque État membre ne doit pas dépasser 3 % de son PIB.
b) le taux de croissance de chaque État membre doit être d'au moins 1,5 %.
c) L'endettement public de chaque État membre ne doit pas excéder 60 % de son PIB.

10 Quel est le pays ayant voté par référendum en 2016 majoritairement en faveur d'une sortie de l'Union européenne ? Cochez la ou les bonnes réponses :

a) l'Irlande
b) le Royaume-Uni
c) la Grèce
d) l'Italie

11 De quelles compétences relèvent les politiques ci-dessous ? Placez dans la bonne colonne du tableau chacune des propositions suivantes :

Politique commerciale commune • Politique monétaire pour les États membres dont la monnaie est l'euro • Environnement • Transport • Culture • Éducation • Santé

Compétences exclusives de l'Union européenne	Compétences partagées entre les États membres et l'Union	Compétences soumises à la souveraineté des États

SE PRÉPARER À L'EXAMEN

Question de cours

La question du partage des compétences entre l'Union européenne et les États :

1. Indiquez les différents types de compétences de l'Union européenne.
2. Ventilez les différentes politiques suivant les grands types de compétences possibles.

Étude de document

À partir des documents proposés tirés de l'ouvrage de D. Flouzat et C. de Boissieu et d'un article de la revue *Alternatives économiques* ainsi que de vos connaissances, on vous demande de préciser si la zone euro est bien une zone monétaire optimale.

ANNEXE 1
À la recherche d'une zone monétaire optimale

Dans une zone monétaire, par définition, « one size must fit all », pour reprendre l'expression d'Otmar Issing, membre du directoire de la Banque centrale européenne (BCE). Autrement dit, la même politique monétaire doit aller à tout le monde. L'unification monétaire prive en effet les économies de l'ajustement par les variations de change et d'une politique monétaire différenciée. Cela pose d'autant moins de problème que la zone qui partage la même monnaie est mieux intégrée. Elle correspond alors à ce que les économistes appellent « une zone monétaire optimale ».

Source : S. Moati, *Alternatives économiques*,
n° 239, septembre 2005.

ANNEXE 2
La zone euro est-elle une ZMO ?

Avant l'arrivée de l'euro, un certain nombre d'économistes, par exemple le Nobel américain Milton Friedman, avaient critiqué Maastricht et le passage à l'UEM en observant que les critères d'une ZMO n'étaient pas respectés : mobilité du travail insuffisante entre pays membres, manque de leviers pour traiter les chocs asymétriques à l'intérieur de la zone (*cf.* le débat sur le fédéralisme budgétaire et fiscal).

On peut remarquer qu'en règle générale, au moment de la création d'une union monétaire, les critères exigés par la théorie sont rarement totalement remplis (exemple : au moment du passage au dollar, les États-Unis étaient-ils une ZMO ?). Ce qui paraît donc plus décisif relève de la dynamique, car la mobilité du travail, la spécialisation de chaque pays membre, le degré de coordination des politiques budgétaires, etc., ne sont pas figés une fois pour toutes. Tous ces paramètres, et quelques autres, doivent être envisagés dans le temps, car ils dépendent aussi de l'évolution concrète de l'union monétaire (ils ne peuvent donc plus être considérés comme exogènes, mais doivent être endogénéisés d'une façon qui s'adapte le mieux à la réalité observée).

Depuis plus de dix ans, les travaux sur les ZMO portent justement sur l'approche dynamique des critères de l'intégration monétaire, débouchant sur une controverse nette et aujourd'hui non tranchée. D'un côté, P. Krugman prétend à la lumière de l'expérience (en particulier américaine) que, plus des espaces sont économiquement et monétairement intégrés, plus ils tendent à se différencier en se spécialisant. Selon cette vision, les critères de la ZMO seraient donc de moins en moins satisfaits au fur et à mesure de l'approfondissement de l'union économique et monétaire. Les chocs asymétriques seraient alors dominants. De l'autre côté, certains économistes (voir en particulier L. Fontagné et M. Freudenberg) défendent l'idée que l'intégration encourage la convergence et le poids des chocs symétriques (par rapport aux chocs asymétriques).

Dans le cas de la zone euro, c'est l'expérience qui tranchera. On peut quand même observer que le bon fonctionnement dans la durée de l'UEM soulève en particulier deux défis bien identifiés par la théorie : 1) il faut prendre des mesures pour encourager la mobilité des personnes à l'intérieur de la zone euro (transférabilité d'un pays à l'autre des droits à la sécurité sociale, à la retraite etc.), alors même que cette mobilité est encore faible à l'intérieur de certains pays membres (exemple de la France) ;

2) la question du fédéralisme budgétaire et fiscal comme levier pour traiter certains chocs asymétriques à l'intérieur de l'union (par des transferts publics ciblés, comme le sont les fonds structurels, etc.) pose celle, qui risque d'être ouverte périodiquement, du budget de l'union européenne et de son poids par rapport au PIB de l'UE.

Source : D. Flouzat et C. de Boissieu, *Économie contemporaine*, Tome 2 : *Les phénomènes monétaires*, PUF, 2004.

CHAPITRE 17

Marché du travail, emploi, chômage

Le marché du travail est le lieu théorique de rencontre entre l'offre de travail et la demande de travail. L'offre de travail émane des travailleurs qui proposent leur force de travail, alors que la demande de travail provient des entreprises qui ont besoin de la force de travail pour produire. La demande de travail constitue l'offre d'emplois, alors que l'offre de travail représente la demande d'emplois. On peut ainsi considérer l'offre de travail comme l'ensemble des capacités physiques et intellectuelles que les hommes mettent en œuvre pour produire des biens et services nécessaires à leurs besoins. De l'autre côté, la demande de travail, ou offre d'emplois, représente l'ensemble des activités rémunérées proposées par les agents économiques producteurs de biens et services.

Deux types de déséquilibres se rencontrent sur le marché du travail : la pénurie d'emplois ou la pénurie de main d'œuvre. Bien entendu, ces deux situations peuvent coexister pour des secteurs d'activité différents. Toutefois, le déséquilibre majeur de ces dernières décennies, sur le marché du travail, est le chômage. Lorsqu'il se prolonge, il débouche sur l'exclusion d'une partie des travailleurs : ils n'ont plus accès à l'emploi tant la suspicion d'improductivité qui pèse sur eux est forte. En outre, le chômage conduit les agents économiques à faire des prévisions pessimistes, en matière de consommation et d'investissement, prévisions qui rejaillissent sur l'activité économique et le niveau de l'emploi. Lutter contre le chômage devient une nécessité sociale et économique. Au préalable, il faut en connaître les causes.

A LES CARACTÉRISTIQUES DU MARCHÉ DU TRAVAIL ET DU CHÔMAGE

Dans une économie, le travail représente l'ensemble des capacités physiques et intellectuelles que les hommes mettent en œuvre pour produire les biens et services nécessaires à la satisfaction de leurs besoins. Il s'agit de l'ensemble des forces disponibles pour produire. Ainsi, la contribution du facteur travail peut s'expliquer par une plus grande utilisation de celui-ci (aspects quantitatifs) ou par une efficacité accrue (aspects qualitatifs).

1 Les aspects quantitatifs de l'offre de travail

Le volume de travail dans une économie dépend à la fois du nombre d'actifs disponibles et du nombre d'heures de travail qu'effectue en moyenne chaque actif.

1.1 La population active

On entend par population active, l'ensemble des personnes qui exercent un emploi ainsi que celles n'ayant pas d'emploi, désireuses d'en occuper un et menant une recherche active pour cela. Au total, la population active comprend les actifs occupés et les chômeurs.

Population active = Actifs occupés + Chômeurs

En France, la population active stagne, du début du siècle au lendemain de la deuxième guerre mondiale, autour de 20 millions de personnes environ. Puis, après la deuxième guerre mondiale, le rythme de croissance s'accélère quelque peu, le volume passant de 19,4 millions d'actifs en 1946 à 27,8 millions aujourd'hui, en attendant une inversion de la tendance vers l'an 2010 selon les prévisions de l'Insee.

Population totale, population active et population active occupée (en milliers de personnes)

Années	Population totale résidente au 1er janvier (en millions)				Population active résidente
	Population	Moins de 20 ans	De 20 à 64 ans	64 ans et plus	
1980	53 731 387	16 418 623	29 771 726	7 541 038	24 504
1985	55 157 303	16 091 820	32 013 554	7 051 929	24 962
1990	56 577 000	15 719 647	32 985 839	7 871 514	25 382
1995	57 752 535	15 084 361	33 981 678	8 686 496	25 876
2000	58 849 545	15 043 912	34 383 431	9 422 202	26 701
2010	64 612 822	16 010 536	37 870 703	10 731 700	28 300
2015	66 917 994	16 372 546	37 760 355	12 185 093	28 600

Source : Insee.

Au total, on remarque que l'augmentation de la population active, dont on pense qu'elle est une condition permissive de la croissance de la production, a été modeste au cours des dernières décennies.

1.2 La durée du travail

Celle-ci revêt différentes formes : durée journalière, hebdomadaire, annuelle ainsi que la durée de vie active.

La **durée du travail** est le temps de travail qu'accomplit un salarié dans le cadre de la production de biens et services.

On distingue la durée légale du travail définie par les textes de loi, et la durée effective du travail qui tient compte de l'absentéisme, du chômage technique et des heures supplémentaires.

Des différences de durée hebdomadaire s'observent selon les activités : dans le commerce et les transports, les ouvriers travaillent plus longtemps.

La durée annuelle n'a cessé de diminuer du fait, bien entendu, de la réduction de la durée légale hebdomadaire, mais aussi en raison de l'accroissement de la durée des congés payés (2 semaines en 1936, 5 semaines en 1982).

Enfin, la durée de la vie active ne cesse de diminuer en raison, d'une part de l'entrée plus tardive des jeunes sur le marché du travail pour causes d'études plus longues, et d'autre part d'une sortie plus précoce du marché du travail due à la diminution de l'âge du départ à la retraite et au développement des dispositifs de préretraite. Il est à noter, toutefois, que l'obligation d'avoir cotisé quarante années pleines pour pouvoir bénéficier d'une retraite à taux plein conduira à des départs de plus en plus nombreux après soixante ans (si, en effet, l'âge moyen de fin d'études se prolonge au-delà de vingt ans…).

Les grandes étapes de la réduction du temps de travail

Dates	Durée annuelle	Observations
1841	3075	La loi limite à 8 heures par jour l'emploi des enfants de moins de 12 ans.
1848	3025 Semaine de 84 heures	La loi fixe un maximum de 12 heures par jour pour les ouvriers des usines et des ateliers mécanisés.
1900	2850 Semaine de 70 heures	La loi fixe à 10 heures la journée de travail dans l'industrie.
1906	2800 Semaine de 60 heures	Sous la pression de la CGT et de l'Église, la loi institue pour la première fois un jour de repos hebdomadaire.
1919	2375 Semaine de 48 heures	La loi instaure la journée de 8 heures et la semaine de 48 heures.
1936	2200 Semaine de 40 heures	La loi instaure la semaine de 40 heures sans perte de salaire et deux semaines de congés payés.
1956	2075	Le Parlement généralise l'accord signé un an auparavant chez Renault qui instaure la troisième semaine de congés payés.
1963	2025	Renault récidive en accordant à ses salariés la quatrième semaine de congés payés. Le Parlement entérine cet accord.
1968	1975	Il faut attendre mai 1968 et les accords de Grenelle pour que la loi de 1936 sur la semaine de 40 heures devienne effective.
1982	1755 Semaine de 39 heures	Une ordonnance fait passer la durée légale hebdomadaire de 40 à 39 heures sans perte de salaire et instaure la cinquième semaine de congés payés.

Dates	Durée annuelle	Observations
2000	1523 Semaine de 35 heures	La durée légale du travail est dans un premier temps réduite à 35 heures pour les entreprises de plus de 20 salariés. Cette durée légale s'applique aux entreprises de moins de 20 salariés le 1er janvier 2002.
2002/03		Assouplissement du recours aux heures supplémentaires, remise en cause de la réduction de la durée du travail.
2010	1570	L'âge légal du départ en retraite est reporté à 62 ans en 2018

Quel que soit le critère retenu, la tendance est à la baisse de la durée du travail : diminution du travail hebdomadaire, allongements des congés payés, prolongement des études, baisse de l'âge de la retraite (si l'on excepte les mesures de juin 2010).

1.3 1.3 Les causes de l'évolution de l'offre de travail

L'évolution de la population active est, tout d'abord, largement tributaire de l'évolution démographique. Ainsi, la forte arrivée de jeunes, issus du « baby boom » d'après guerre, sur le marché du travail, explique en partie la croissance de la population active, alors même que les départs en retraite étaient peu nombreux. Toutefois, cet effet démographique s'estompe peu à peu pour s'inverser au début de l'an 2000.

En outre, les entrées de la population peuvent être constituées d'arrivées de travailleurs étrangers. À cet égard, la France a eu traditionnellement recours à la main d'œuvre étrangère et notamment en période de forte croissance économique, comme cela fut le cas entre 1945 et 1974, date de l'arrêt de l'immigration pour les ressortissants de pays hors de l'Union européenne (alors CEE). Depuis, le solde migratoire n'a cessé de s'amenuiser.

Toutefois, le fait majeur de l'augmentation de la population active depuis la guerre est constitué par la montée des taux d'activité féminins alors que les taux masculins diminuent sur la période.

> Le **taux d'activité** est le rapport entre le nombre d'actifs d'une population concernée et la totalité de cette population.

Par exemple :

$$\text{Taux d'acitvité féminin} = \frac{\text{Nombre de femmes actives}}{\text{Nombre de femmes en âge de travailler}}$$

Ainsi, le taux d'activité des femmes de 25 à 49 ans est passé de 40 % en 1954 à 80 % en 2005. Dans le même temps, le taux d'activité des hommes de 25 à 49 ans a baissé de 98 % en 1954 à 65 % en 2005.

Enfin, la durée du travail diminue au fur et à mesure de l'évolution de la législation sociale (loi sur les 35 heures hebdomadaires).

Taux d'activité par tranche d'âge entre 1975 et 2012 en France métropolitaine

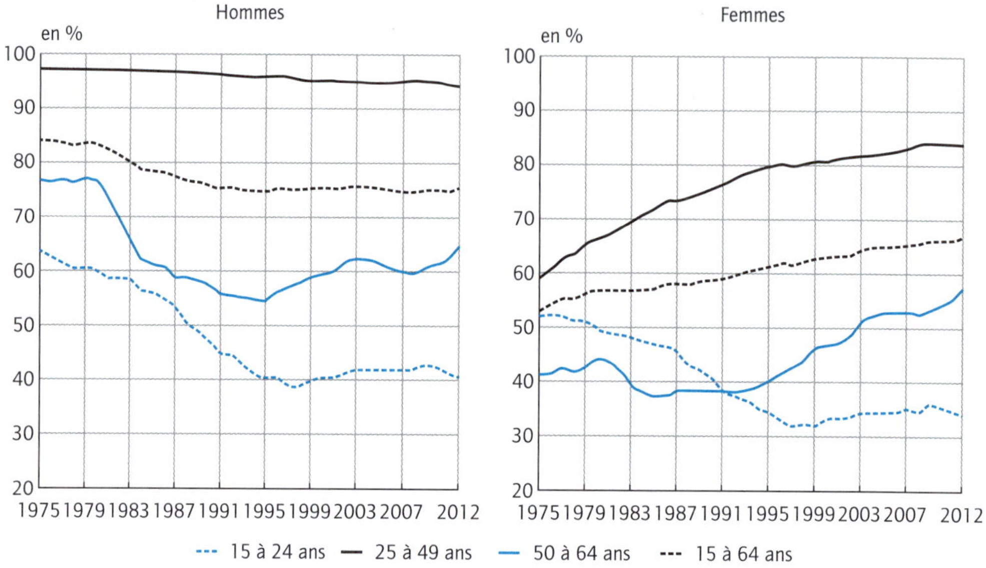

Champ : France métropolitaine, population des ménages, personnes de 15 à 64 ans
Note : données corrigées pour les ruptures de série.
Source : Insee, enquêtes Emploi.

Au total, on peut dire que la croissance de la population active est relativement modeste depuis la seconde guerre mondiale, alors même que la durée du travail n'a cessé de diminuer dans le même temps. Ainsi, la croissance économique d'après-guerre ne s'expliquerait que faiblement par une croissance du volume de travail.

2 Les aspects qualitatifs de l'offre de travail

2.1 La qualité du facteur travail

Si du point de vue du consommateur les travailleurs réalisent un travail de qualité, aux yeux des économistes celui-ci n'est considéré comme tel que dans la mesure où il est efficace, c'est-à-dire point trop coûteux, qui ne demande pas un temps de travail trop long. Ainsi, la qualité du facteur travail renvoie à la notion de productivité.

La **productivité du travail** est le rapport entre un volume de production réalisé et le volume de travail nécessaire à cette production.

On peut mesurer une productivité physique du travail en comparant par exemple le nombre d'heures de travail nécessaires pour la fabrication d'une automobile en France et au Japon. Cependant, ces voitures ne sont point identiques. L'idée est donc de mesurer une productivité en valeur pour tenir compte des différences de modèles (une Clio Renault se distingue d'une 607 Peugeot). En outre, une entreprise qui se contente d'assembler des pièces fabriquées par des sous-traitants bénéficie d'un avantage de durée de fabrication, ce qui fausse les comparaisons. Aussi, la production est-elle souvent mesurée par la valeur ajoutée.

FOCUS . . . FOCUS . . . FOCUS . . . FOCUS . . . FOCUS . . . FOCUS . . .

La mesure de la productivité apparente du travail

$$\text{Productivité du travail} = \frac{\text{Production en volume}}{\text{Quantité de travail utilisée}}$$

$$= \frac{\text{Valeur ajoutée}}{\text{Effectifs employés}}$$

$$\text{Productivité horaire du travail} = \frac{\text{Valeur ajoutée}}{\text{Nombre d'heures travaillées}}$$

$$= \frac{\text{Valeur ajoutée}}{\text{Effectifs} \times \text{Durée moyenne}}$$

En France, on observe des progrès de productivité relativement lents jusqu'au lendemain de la seconde guerre mondiale, laquelle marque une rupture avec une croissance annuelle de 5,5 % de la productivité jusqu'au début des années soixante-dix, contre 2 % depuis le début du siècle. Puis, la croissance de la productivité se ralentit progressivement pour revenir à un rythme proche de 2 % à partir du début des années 90.

Taux de croissance annuel moyen de la productivité horaire du travail (VA par heure de travail en %)

1970-79	1980-89	1990-1999	2000-2009	2010-2016
3,8	2,5	1,7	1,0	0,97

Source : Base de données de l'OCDE sur la productivité.

Les écarts de productivité entre pays se sont considérablement réduits, comme l'a montré une étude d'Angus Maddison pour l'OCDE. Il y a 120 ans, la productivité en France et en Allemagne était de 50 % inférieure à la productivité des États-Unis. Aujourd'hui, si l'on prend pour base 100 la productivité américaine, la productivité du travail est à l'indice 102 en France, 95 en Allemagne, 82 au Royaume-Uni et 69 au Japon.

2.2 Les explications de l'évolution de la qualité du facteur travail

Si la productivité mesure la qualité de la main d'œuvre, cette dernière évolue dans le temps en fonction de trois caractéristiques individuelles des personnes actives : le niveau de qualification, l'âge, le sexe.

Tout d'abord, l'éducation est en effet une source de qualité de la main d'œuvre. Ainsi, l'âge moyen de fin d'études et le niveau de diplôme peuvent représenter une source d'évaluation de ce niveau d'éducation.

Ensuite, on indique traditionnellement que la productivité féminine est inférieure à celle de la main d'œuvre masculine. L'explication ne tient pas dans d'hypothétiques inégalités naturelles, mais dans le fait que les femmes subissent un certain nombre de handicaps au cours de leur vie active (maternité par exemple) qui freinent l'accès à de plus grandes qualifications professionnelles.

Enfin, on observe une relation entre l'âge et la productivité. L'expérience, et donc la productivité, augmente dans un premier temps avec l'âge, avant de décliner au fur et à mesure que les capacités physiques et intellectuelles s'épuisent avec le vieillissement.

Mais l'évolution de la productivité est aussi le résultat d'un effet de structure. Il existe des différences de productivité entre branches. Aussi, les migrations de main d'œuvre des branches à faible productivité vers les branches à forte productivité entraînent, de manière mécanique, une augmentation de la productivité moyenne, sans qu'il y ait de gains de productivité au sein même des branches. On explique ainsi que le déplacement de main d'œuvre de l'agriculture (faible productivité) vers l'industrie (forte productivité) conduit à une hausse de la productivité globale. De la même manière, la tertiarisation de l'économie explique le ralentissement de la productivité globale depuis 1970.

Il convient toutefois de relativiser l'idée d'une faible productivité dans les services. Cette idée repose sur une explication célèbre de Jean Fourastié : la coupe de cheveux que propose un coiffeur dure à peu près le même temps depuis 2000 ans… Bien entendu, le secteur tertiaire ne compte pas que des coiffeurs, il se rationalise et des gains de productivité sont réalisés : logistique dans les supermarchés, guichets automatiques bancaires etc.

Enfin, la qualité du facteur travail peut également s'appréhender sous l'angle de la qualification des actifs. On observe alors que le degré de qualification augmente dans le temps ; on compte en effet de plus en plus de diplômés dans la population active de génération en génération.

2.3 Les sources d'amélioration de la qualité du facteur travail

Une explication fondamentale de la productivité du travail provient de la plus grande qualification de la main d'œuvre obtenue grâce à la formation initiale et continue. Dès lors, on parle de capital humain pour caractériser le facteur travail. L'économiste Gary Becker, prix Nobel d'économie en 1992, avance l'idée selon laquelle les dépenses de formation contribuent à constituer du capital humain, au même titre que les dépenses d'investissement d'une entreprise amènent à introduire du progrès technique dans le capital technique. En conséquence, la formation représente un facteur essentiel de la productivité du travail que les entreprises et l'État prennent de plus en plus en compte.

Le **capital humain** est un patrimoine constitué des capacités physiques et intellectuelles qu'un individu peut mobiliser pour produire. Ce capital s'accroît grâce à la formation.

FOCUS . . . FOCUS . . . FOCUS . . . FOCUS . . . FOCUS . . . FOCUS . . .

La théorie du capital humain

« La théorie du capital humain souligne que la productivité des travailleurs dépend pour une part importante de leur expérience dans l'entreprise et à leur poste de travail dans cette entreprise, tandis que leur salaire dépend surtout du salaire payé dans les autres entreprises. En effet, en début de carrière, un employeur doit offrir au travailleur un salaire équivalent au prix de marché, c'est-à-dire au salaire moyen habituellement payé par les autres entreprises pour un certain emploi. Mais une part importante des connaissances nécessaires dans cet emploi est souvent spécifique à l'entreprise, qui utilise des équipements particuliers et des méthodes de production qui lui sont propres.

Le nouvel employé doit acquérir par l'expérience des connaissances impossibles à acquérir à l'école ni dans les autres entreprises. Il doit en outre s'adapter aux autres membres de son équipe de travail. D'autres travailleurs doivent souvent lui consacrer du temps pour lui faire partager leur expérience ou contrôler son travail. Tout cela implique que, dans une première phase, la productivité effective du travailleur est très faible, et largement en deçà du salaire réel que l'employeur est obligé de payer pour l'attirer. L'entreprise subit donc un coût en acceptant de rémunérer des débutants plus qu'ils ne lui rapportent. Mais il s'agit là d'un *investissement en capital humain* que l'entreprise récupère ensuite, quand le travailleur est expérimenté. En effet, pour retenir un employé expérimenté, l'entreprise doit payer le salaire qu'il pourrait obtenir ailleurs et qui correspond à la productivité moyenne qu'il aurait dans une autre entreprise. Mais, précisément parce qu'il connaît parfaitement les caractéristiques spécifiques à son entreprise, il a une productivité nettement supérieure à celle qu'il aurait ailleurs. En conséquence, la productivité des travailleurs expérimentés dépasse leur salaire : l'entreprise récupère ainsi *le rendement de son investissement* passé. On en déduit qu'aux différents stades de la vie professionnelle, le salaire n'est pas, le plus souvent, équivalent à la productivité : supérieur en début de carrière, il lui est inférieur ensuite. »

Jacques Généreux, *Introduction à l'économie*, Seuil, 1998.

Toutefois, le calcul d'une productivité apparente du travail ne doit pas occulter le fait que celle-ci est largement liée à la productivité du capital et l'innovation.

3 La demande de travail

3.1 L'évolution des emplois

Les emplois proposés par les entreprises sont de plus en plus des emplois de types particuliers. On parle de formes particulières d'emploi, ou encore de formes précaires d'emplois (FPE).

Les FPE concernent l'ensemble des emplois qui ne sont pas des Contrats à durée indéterminée (CDI). Les CDI se caractérisent par un lien de subordination direct entre le travailleur et l'entreprise qui bénéficie du travail réalisé, une durée indéterminée du contrat, un travail à temps plein. Dès lors, un emploi précaire est un emploi marqué par l'absence de relation stable et durable entre employeur et salarié.

Chaque fois qu'une des trois conditions ci-dessus n'est pas remplie nous avons affaire à une FPE : CDD, travail à temps partiel, apprentissage, stage, intérim.

Formes particulières d'emploi (en milliers)

En moyenne dans l'année	2002	2005	2012	2013	2014	2015
Intérimaires	514	548	503	508	530	565
CDD[1]	897	1 713	2 179	2 170	2 219	2 370
Apprentis	274	335	390	406	363	365
CDI	18 942	19 172	19 727	19 784	19 721	19 560

1. Contrats à durée déterminée (hors État et collectivités locales).

Source : Enquêtes emplois, Insee.

Au total, les mutations de l'emploi induisent une modification des circonstances d'entrée en chômage.

Le développement des FPE conduit à de fréquents passages au chômage. Ainsi, les fins d'emploi à durée limitée expliquent à eux seuls plus de 40 % des circonstances d'entrée en chômage.

3.2 Les effets du progrès technique sur l'emploi

Le progrès technique est facteur de bouleversements et sa diffusion se heurte à ceux qui ont intérêt à la conservation des situations acquises (résistance au changement). La machine qui remplace l'homme est un thème récurrent. On se souvient par exemple des luddistes dont l'action se propageait au début de la révolution industrielle en Angleterre. En 1812, la peine de mort est d'ailleurs décrétée en Angleterre contre les briseurs de machines.

Ce thème est de nouveau d'actualité en raison de la montée du chômage. Le progrès technique crée et détruit des emplois (processus de « destruction créatrice » de Schumpeter, 1912), provoquant un changement de la structure des emplois. Il ne conduit pas nécessairement à une augmentation des qualifications, même s'il s'agit d'une tendance générale. La machine élimine aussi du travail qualifié, à l'image du taylorisme, progrès technique majeur en son temps, qui a débouché sur l'appropriation du savoir-faire ouvrier, en vu d'en faire reproduire les gestes décomposés par des ouvriers sans qualification. Cependant, en contrepartie, le taylorisme a permis de fournir des emplois à une masse importante de travailleurs non qualifiés.

4 Les déséquilibres sur le marché du travail

Nous entendons ici par déséquilibres les décalages entre l'offre et la demande qui déterminent le chômage.

Ceci n'exclut pas qu'il peut y avoir des déséquilibres partiels en sens inverse, c'est-à-dire des offres d'emplois non satisfaites, en raison, par exemple, d'un manque de mobilité géographique et professionnelle de la main d'œuvre. Il convient donc de définir la notion de chômage, d'en présenter les principales mesures pour ensuite repérer les inégalités face au phénomène.

4.1 Définition du chômage

a) La définition du BIT

La définition du chômage en France repose sur celle du Bureau international du Travail (BIT), dont la dernière modification remonte à la XIIIe Conférence internationale des statisticiens du travail en 1982.

Pour être considéré comme chômeur, trois conditions sont nécessaires :

– être sans travail, c'est-à-dire ni pourvu d'un emploi salarié, ni d'un emploi non salarié.

– être disponible pour travailler dans un emploi salarié ou non salarié.

– être à la recherche d'un travail.

> Le **chômage** est la situation des personnes qui sont sans emploi, à la recherche d'un emploi, et disponibles pour occuper un emploi.

La définition du BIT ne fait référence à aucun critère juridique ou institutionnel tels que la perception d'une allocation ou l'inscription sur une liste administrative.

Le chômage représente plus une situation de fait que de droit. Cependant, si la définition repose sur un critère de situation (être sans travail), elle repose aussi sur un critère de comportement qui est plus subjectif (être à la recherche d'un travail).

Composition de la population totale

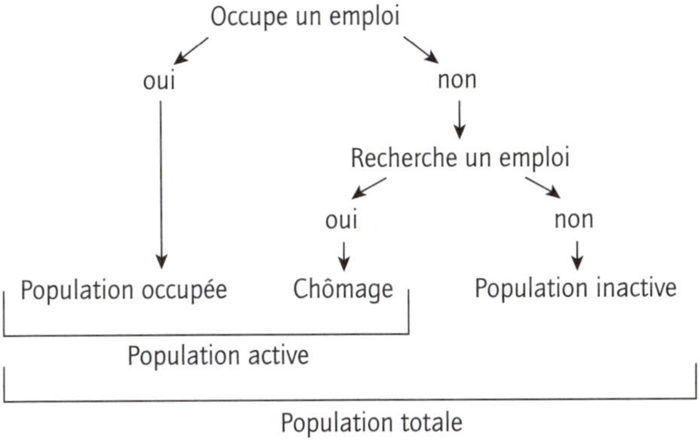

Source : J. Freyssinet, *Le Chômage*, Éd. La découverte.

Il convient de préciser que la définition indique que seul le travail rémunéré est pris en compte (dans le cadre d'une activité salariée ou non salariée, c'est-à-dire indépendante).

Le chômage se caractérise non pas par une absence de travail, mais par une absence d'emploi rémunéré.

b) Le flou du chômage

Les frontières entre inactivité, chômage et emploi sont de plus en plus floues, beaucoup de personnes sont dans des situations intermédiaires :

Les chevauchements entre emploi, inactivité et chômage

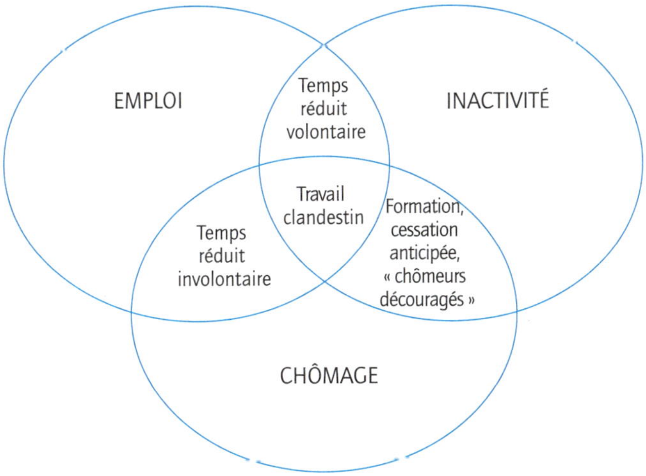

Source : J. Freyssinet, *Le Chômage*, Éd. La découverte.

On voit ainsi apparaître des **situations de sous-emploi**, c'est-à-dire des situations de personnes occupant un emploi mais cherchant à travailler plus.

De plus, toute création d'emplois ne s'accompagne pas nécessairement d'une baisse du chômage, dans la mesure où les emplois proposés peuvent attirer des personnes qui n'étaient pourtant pas jusque-là comptées comme chômeurs (les inactifs). C'est ce que l'on appelle le **phénomène de flexion des taux d'activité**. Lorsque des emplois sont créés, certains sont occupés par des chômeurs, d'autres par des inactifs (femmes au foyer par exemple), ce qui contribue à faire augmenter les taux d'activité (rapport entre le nombre d'actifs et la population en âge de travailler).

4.2 Les mesures du chômage

Outre les données relatives au recensement de la population, généralement tous les sept ans, et aux Assedic, qui renseignent sur les chômeurs indemnisés, on trouve deux sources essentielles de mesure du chômage en France : l'Insee et Pôle emploi.

a) L'enquête emploi de l'Insee

Il s'agit d'une enquête annuelle en continu, révisée tous les trimestres, qui porte sur environ 35 000 ménages représentatifs de la population française, soit environ 75 000 personnes de 15 ans et plus, et qui s'appuie sur la définition du BIT pour mesurer le chômage.

Pour être sans emploi, il faut ne pas avoir travaillé, ne serait-ce qu'une heure pendant la semaine qui précède l'enquête. Dans le cas contraire, et même si c'est purement occasionnel, les personnes sont considérées comme pourvues d'un emploi. En outre, les personnes n'ayant pas travaillé du tout au cours de la semaine de référence, mais ayant gardé un lien formel avec leur emploi ne sont pas comptabilisées comme chômeurs. Cela concerne le chômage partiel, le non travail pour mauvais temps, l'arrêt pour maladie.

Être disponible, au sens de l'enquête, consiste à pouvoir travailler avant 15 jours (un mois en cas de maladie bénigne).

Être à la recherche d'un emploi suppose que le chômeur a pris des « dispositions spécifiques au cours d'une période récente » selon le BIT. L'enquête entend par là l'inscription à le Pôle emploi, la réponse à des petites annonces, l'inscription dans une agence d'intérim, la recherche par relations personnelles.

Les trois conditions qui précèdent donnent la mesure du chômage selon l'Insee, c'est-à-dire la **population sans emploi à la recherche d'un emploi (PSERE)**.

Si l'on y ajoute les personnes sans emploi au cours de la semaine de référence (celle précédant l'enquête), mais qui déclarent travailler (semaine de l'enquête) ou avoir trouvé un emploi commençant plus tard, on obtient le chômage au sens du BIT.

b) La comptabilisation des chômeurs par Pôle emploi

Pôle emploi comptabilise les **demandes d'emploi en fin de mois** qui ne sont pas satisfaites (DEFM). Il ne s'agit donc pas d'une enquête, et les données sont plus fréquentes car mensuelles. Cependant, les DEFM comptabilisent comme chômeurs des personnes qui ont trouvé un emploi mais qui sont restées momentanément inscrites. En outre, elles ne comptabilisent pas les personnes qui recherchent un emploi sans passer par Pôle emploi.

Les DEFM représentent la mesure du chômage selon Pôle emploi

Source	Pôle emploi	Institut National de la Statistiques et des Études Économiques
Appellation	Demandes d'Emplois en Fin de Mois (DEFM)	Population Sans Emploi à la Recherche d'un Emploi (PSERE)
Critères	Être sans emploi ou avoir une activité réduite Être disponible pour travailler Être inscrit sur les listes	Ne pas avoir d'emploi et n'avoir pas même travaillé une heure au cours de la semaine précédent l'enquête Être disponible dans les 15 jours Avoir effectué des démarches réelles dans le mois précédent l'enquête
Méthode	Comptabilisation des inscriptions en fin de mois	Enquête annuelle en continu par un sondage sur un échantillon de ménages représentatifs
Chiffres juin 2016	3 506 600	2 882 000

c) Le chômage en termes de stock et de flux

Le nombre de chômeurs constitue le stock de chômage à un instant donné ou, en d'autres mots, une photographie du chômage. Ainsi, le « stock » de chômeurs était en France, en 2013, en moyenne de 2 813 000 personnes (Insee), soit environ 9,8 % de la population active. Ce dernier chiffre correspond au taux de chômage.

En moyenne dans l'année	2003	2005	2007	2009	2011	2013	2015
Chômeurs (en milliers)							
Ensemble	2 656	2 717	2 215	2 577	2 612	2 813	2 882
Hommes	1 283	1 328	1 094	1 318	1 300	1 486	1 487
Femmes	1 373	1 389	1 121	1 259	1 312	1 327	1 280
Taux de chômage (en %)							
Ensemble	9,7	9,9	8	9,1	9,2	9,8	10,0
Hommes	8,7	9,0	7,4	8,9	8,8	10,0	10,5
Femmes	10,9	10,8	8,5	9,4	9,7	9,7	9,5

Source : Enquêtes emplois, Insee.

Le **taux de chômage** correspond au rapport entre le nombre de chômeurs et la population active.

Les données chiffrées en terme de stock ne sont pas suffisantes pour comprendre l'ampleur du chômage. En effet, le stock peut, d'une période à l'autre, avoir peu varié, alors que les flux d'entrées et de sorties peuvent avoir modifié la structure du stock. Sur une nouvelle photographie du chômage, à un instant différent, on ne retrouve pas les mêmes « têtes ». Si le nombre de chômeurs est identiques ce ne sont pourtant pas les mêmes chômeurs : certains ont disparu du chômage, d'autres sont apparus. Il convient donc de s'intéresser à l'ancienneté moyenne de chômage et au chômage de longue durée.

L'**ancienneté de chômage** correspond à la durée moyenne de chômage que subissent les chômeurs.

Ancienneté moyenne de chômage (mois)

	2005	2006	2007	2008	2009	2010	2011	2015
France	13,8	14,3	13,8	13,1	12,4	12,4	14,0	15,8
États-Unis	4,3	3,9	3,9	4,1	5,6	7,6	9,1	6,7
Europe	18,4	19,5	18,9	15,8	13,3	14,2	15,1	18,8

Source : Enquêtes emplois, Insee.

Ainsi, l'ancienneté moyenne de chômage est particulièrement élevée en Europe comparativement aux États-Unis, ce qui illustre des marchés du travail européens moins flexibles.

4.3 Les inégalités face au chômage

a) Hommes et femmes devant le chômage

Quel que soit l'âge, le taux de chômage des femmes apparaît toujours supérieur à celui des hommes, sauf depuis 2013, pour la première fois. Ainsi, le taux de chômage masculin était de 10,5 % en 2015 contre 9,5 % pour les femmes.

b) Le chômage est fonction du diplôme

Selon l'enquête emploi, plus on grimpe dans la hiérarchie des diplômes ou des niveaux d'études, plus le taux de chômage diminue. Ainsi, les études longues semblent constituer un bon rempart contre le chômage. En effet, les titulaires d'un diplôme supérieur à « bac + 2 » connaissent un taux de chômage de 6,2 % en 2015, alors que les sans diplômes souffrent d'un taux de chômage qui s'établit à 16,8 %.

Taux de chômage selon le diplôme (%)

	2005	2008	2009	2011	2013	2014	2015
Sans diplôme ou CEP	15,0	12,7	11,8	16,1	16,8	17,0	16,8
BEPC, CAP, BEP	9,3	7,7	7,0	9,9	10,9	11,0	10,8
Baccalauréat	9,2	6,8	6,8	8,7	10,1	10,2	10,1
Bac + 2	6,6	4,3	4,3	5,1	5,7	6,0	6,3
Diplôme supérieur	7,0	4,7	4,7	5,6	6,1	6,5	6,2

Source : Enquêtes emplois, Insee.

Il convient de préciser que, au fur et à mesure de l'aggravation du chômage, les taux de chômage par diplômes évoluent tous à la hausse dans le temps. En outre, si le niveau d'étude constitue une bonne protection contre le chômage à la fois pour les hommes et les femmes, on observe que le taux de chômage pour les titulaires d'un diplôme supérieur à « bac +2 » est parfois plus élevé (6,5 % en 2014) que pour les titulaires d'un « bac +2 » (6 % la même année). Ceci peut s'expliquer par une plus grande difficulté d'accès aux postes à responsabilité, pour les femmes peut-être, ou par des diplômes supérieurs difficilement reconnus sur le marché du travail.

c) Le chômage est fonction de l'âge des actifs

Le taux de chômage apparaît plus élevé pour les jeunes travailleurs. Il se fixe en effet à 24 % en 2015 pour les 15-24 ans, contre 6,8 % pour les plus de 50 ans.

Taux de chômage selon l'âge

	2005	2007	2008	2009	2010	2011	2013	2014	2015
Ensemble	9,8	8,0	7,4	9,1	9,2	9,2	9,8	9,9	10,0
15-24 ans	17,3	19,3	19,1	23,7	22,9	22,0	23,7	23,4	24,0
25-49 ans	8,3	7,3	6,6	8,2	8,4	8,4	9,2	9,3	9,4
50 ans et +	6,7	5,4	4,9	6,1	6,4	6,5	6,7	6,7	6,8

Source : Enquêtes emplois, Insee.

Cependant, les différences entre travailleurs jeunes et âgés s'observent surtout en matière d'employabilité et de vulnérabilité.

La **vulnérabilité** est le risque de tomber au chômage. Elle est mesurée par le rapport du nombre de personnes au chômage depuis moins d'un mois à la population active occupée.
L'**employabilité** correspond à la probabilité de sortir du chômage, elle concerne la plus ou moins grande difficulté de reclassement de chômeurs. Elle se mesure par le rapport du nombre de chômeurs ayant au moins un an d'ancienneté au nombre total de chômeurs.

Proportion de personnes au chômage depuis 1 an ou plus (%)

	2009	2011	2013	2014	2015
Ensemble	35,4	41,5	40,2	42,4	42,6
15-24 ans	26,5	28,4	26,8	28,4	26,8
25-49 ans	34,4	41,9	40,6	42,5	42,9
50 ans et +	51,6	57,8	56,4	58,4	60,1

Source : Enquêtes emplois, Insee.

Les jeunes se caractérisent ainsi par une forte vulnérabilité, mais aussi par une forte employabilité (de moindres difficultés de reclassement). Les travailleurs âgés s'illustrent eux par une faible vulnérabilité et une faible employabilité (plus grande difficulté de reclassement). Si la part des chômeurs au chômage depuis un an ou plus était de 26,8 % chez les 15-24 ans en 2015, elle s'établissait à 60,1 % pour les plus de 50 ans la même année.

B LES ANALYSES THÉORIQUES DU MARCHÉ DU TRAVAIL ET DU CHÔMAGE

Le chômage se caractérise par un décalage entre l'évolution de la population active et le volume des emplois. L'explication de cet écart partage les économistes entre ceux qui pensent que le chômage est « volontaire », voire naturel, et ceux qui considèrent qu'il est involontaire.

Le point de départ des analyses théoriques est le modèle de la concurrence pure et parfaite dont on relâche peu à peu les hypothèses, pour mieux rendre compte de la réalité, des faits observés ou « faits stylisés ».

1 Des évolutions divergentes de l'offre et de la demande de travail

1.1 Évolutions comparées de l'emploi et de la population active

Emploi, chômage et population active

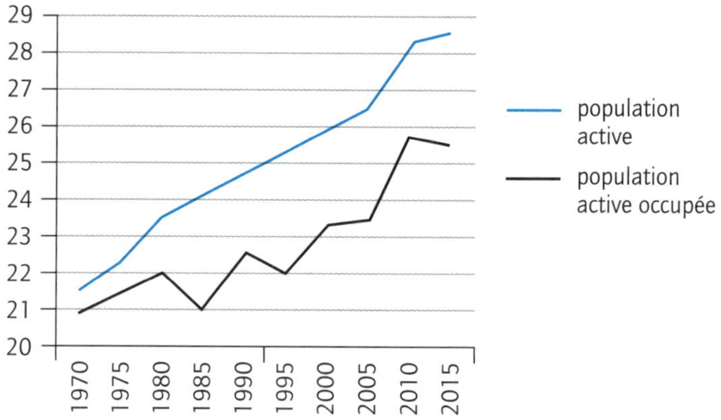

Source : Enquêtes emplois, Insee.

Du côté de l'offre de travail, on constate que la population active s'accroît du fait de l'évolution démographique, de la montée des taux d'activité féminins et de l'immigration. Toutefois, ces évolutions existaient au préalable de la crise. Il semblerait que ce soit l'évolution de l'emploi qui s'est modifié et non l'évolution de la population active : la croissance de la population active est régulière alors que la croissance des emplois s'est ralentie.

1.2 Les effets du progrès technique sur le chômage

Il est également possible de dire que le chômage provient pour partie d'une inadéquation entre l'offre et la demande de travail, surtout en raison du progrès technique. En effet, le progrès technique est à la fois créateur et destructeur d'emplois. En ce sens, ses effets sur l'emploi sont indéterminés. Il détruit des emplois dans les secteurs où il se diffuse au détriment des personnes insuffisamment qualifiées. Bien entendu, il est créateur d'emplois dans les secteurs dits « de pointe » ou émergents. En somme, le progrès technique, s'il ne s'accompagne pas, lors de sa diffusion, d'actions de formation, peut condamner au chômage une partie de la main d'œuvre. Tout dépend de la capacité de réponse du système d'éducation et de formation, en temps et en qualité.

Le progrès technique est à l'origine d'un « déversement de main d'œuvre » selon Alfred Sauvy. Ce déversement se produit depuis les secteurs dans lesquels s'implante le progrès technique vers d'autres secteurs. Certes, on avance souvent l'idée que les emplois qui servent à construire des machines compensent les emplois perdus. C'est en grande partie contestable car, au niveau macroéconomique, cela signifierait que la production globale est obtenue avec un même volume de population active : le progrès technique ne serait dans ce cas pas rentable. En outre, la production de ces machines peut se faire à l'extérieur du pays. Et, pour finir, la qualification de la main d'œuvre qui a perdu son emploi n'est pas forcément adaptée aux nouveaux emplois créés (Alfred Sauvy aimait à dire que lorsque les voitures à chevaux ont été remplacées par des automobiles, les chevaux n'ont pas trouvé à être employés dans la fabrication automobile !).

Cependant, le mécanisme du « déversement de main d'œuvre » trouve sa source ailleurs. On peut en effet penser que le progrès technique conduit à faire baisser les prix des biens dans les secteurs dans lesquels il est mis en œuvre. Cette baisse des prix a deux effets bien connus des microéconomistes. Tout d'abord, elle provoque un effet de substitution en vertu duquel les ménages consomment une plus grande quantité du bien concerné (les ménages peuvent posséder plusieurs téléviseurs à leur domicile quand le prix diminue). Mais elle est aussi à l'origine d'un effet de revenu : la baisse du prix de ces biens accroît le pouvoir d'achat du revenu des ménages et les amène à consommer d'autres biens, plus généralement des services comme le montre la montée de l'emploi dans le tertiaire (quand le prix des téléviseurs diminue, le revenu restant après achat d'un téléviseur est plus élevé, ce qui permet de consommer autre chose, aller plus souvent au restaurant, par exemple).

2 Le chômage « volontaire »

2.1 Le modèle classique

Pour les économistes classiques et néoclassiques, le travail est considéré comme un bien qui s'échange sur un marché. La demande de travail augmente au fur et à mesure que le prix du travail (le salaire réel) diminue, alors que l'offre de travail diminue dans le même temps.

Les individus arbitrent en effet entre leurs loisirs et le travail (qui est une renonciation aux loisirs). Leur budget temps est réparti entre travail et loisirs : plus le salaire réel est élevé sur le marché du travail, plus il permet de compenser la renonciation aux loisirs, plus l'offre de travail augmente. Il faut ici comprendre que le travail est source de désutilité, puisque l'on renonce au temps libre, mais également d'utilité grâce à la quantité de biens que le salaire réel, obtenu en contrepartie du travail, permet d'obtenir.

Toutefois, la hausse du salaire réel engendre deux effets sur l'offre de travail. Un effet de substitution, tout d'abord, dans la mesure où l'individu remplace du temps libre par du temps de travail, comme nous venons de le voir. Mais aussi un effet dit de revenu qui joue en sens inverse : lorsque le salaire réel horaire augmente par exemple, l'individu peut être incité à travailler moins longtemps tout en conservant un même salaire mensuel. En somme, pour les néoclassiques, le lien croissant entre l'offre de travail et le salaire repose sur l'hypothèse que, pour les individus, l'effet de substitution l'emporte sur l'effet de revenu.

La demande de travail est fonction du prix du travail : pour les auteurs néoclassiques, l'entreprise ne demande du travail que lorsque le salaire réel (prix du travail) est inférieur à la productivité marginale. En d'autres termes, le niveau d'embauche s'arrête à partir du moment où le dernier embauché coûte plus qu'il ne rapporte. En outre, le modèle néoclassique induit une substituabilité des facteurs de production : lorsque le prix du travail est trop élevé, les entreprises adoptent une combinaison de production plus intense en capital technique.

Le marché du travail

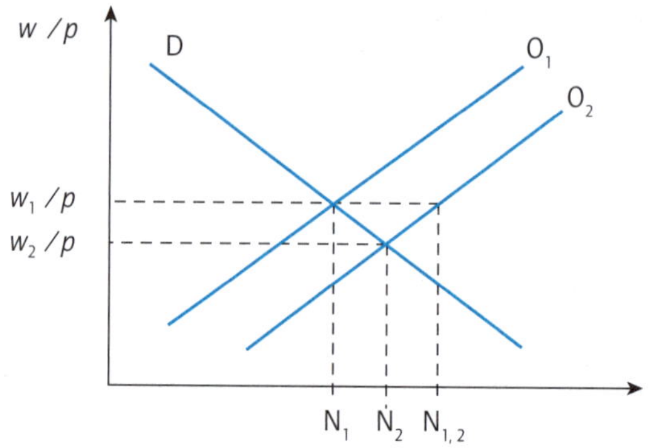

D : demande, O : offre, N quantité de travail, *w/p* : salaire réel

Ainsi, toute augmentation de l'offre de travail (O_1 vers O_2) conduit à une situation de chômage ($N_{1,2} - N_1$) puisque pour le même niveau de salaire réel $(w/p)_1$ les individus disposés à travailler sont plus nombreux. Un nouvel équilibre est obtenu par la baisse du salaire réel : au niveau $(w/p)_2$, la demande des entreprises augmente et l'offre de travail diminue.

Au total, le chômage sur le marché du travail n'existe pas puisque l'offre et la demande s'ajustent et déterminent un prix, le salaire réel pour lequel les individus arbitrent leur temps en faveur des loisirs. Il ne peut y avoir que du chômage volontaire au sens où, pour un salaire donné, les individus préfèrent l'oisiveté au travail. Selon Arthur-Cécil Pigou (1933), le chômage est volontaire car il résulte de travailleurs qui n'acceptent pas de salaires réels plus faibles.

2.2 Le chômage est fonction du coût du travail

Pour rester compétitives, les entreprises doivent maîtriser leurs coûts, en grande partie constitués des charges de personnel. Aussi, un niveau trop élevé du coût du travail représente un obstacle à l'embauche.

> Le **coût du travail** est la somme des salaires, des cotisations sociales et taxes assises sur la masse salariale.

On parle dans ce cas de chômage classique par référence au déséquilibre sur le marché du travail théorique. Ce déséquilibre peut être durable si les mécanismes du retour à l'équilibre ne fonctionnent pas. C'est le cas lorsque l'on observe une rigidité à la baisse des salaires du fait de la réglementation (Smic) ou de la puissance de négociation des syndicats. Le chômage serait donc le résultat d'un dysfonctionnement du marché du travail qui empêche la baisse des salaires.

Jacques Rueff dénonce, dès 1931, la puissance des syndicats britanniques et l'existence d'un système d'indemnisation du chômage dans un article célèbre, *L'assurance chômage, cause du chômage permanent.* Ces deux éléments sont cause selon lui de la rigidité à la baisse des salaires nominaux qui empêchent tout retour à l'équilibre sur le marché du travail.

Toutefois, David Card et Alan Krueger, in « Minimum wages and employment » (1994), ont pu mener une expérience pour tester la relation entre la hausse du salaire minimum et le niveau de l'emploi. Profitant de l'annonce d'un relèvement de ce salaire minimum dans l'État du New Jersey, ils ont comparé la situation avec celle de l'État de Pennsylvanie, État dans lequel aucune modification du salaire minimum n'était prévue. Ainsi, comme le soulignent Pierre Cahuc et André Zylberberg (*Les ennemis de l'emploi*, 2015), la hausse du salaire minimum n'a pas eu d'impact négatif sur l'emploi dans les fast-foods du New-Jersey, elle aurait même eu un effet faiblement positif, en comparaison de la zone « test » de Pennsylvanie. L'explication réside dans la position de monopsone dont bénéficient les employeurs : ils peuvent verser des salaires inférieurs à la productivité marginale du travail, ce qui les incite à embaucher. Ainsi, la hausse du salaire réel (salaire minimum revalorisé) conduit un plus grand nombre de personnes à vouloir travailler sans que pour autant cette hausse ne conduise à dépasser la productivité marginale du travail. Il demeure intéressant d'embaucher ces personnes pour les employeurs.

Le chômage classique

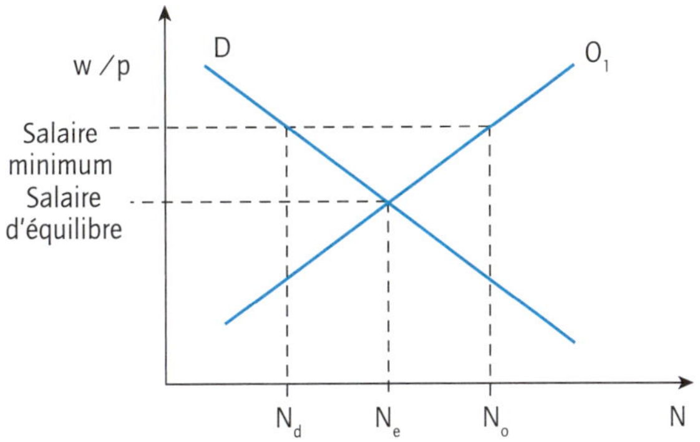

Le chômage classique est celui qui résulte d'un niveau trop élevé des salaires, ou plus généralement des entraves à la flexibilité du marché du travail.

2.3 Le chômage résulte du comportement des individus

Le modèle néoclassique repose sur une circulation parfaite de l'information sur le marché du travail. Cette hypothèse lorsqu'elle n'est pas vérifiée conduit à une forme de chômage frictionnel.

Ainsi, la théorie de la recherche d'emploi (ou *job search*, mise en évidence par Alchian, 1972, d'après une intuition de Stigler) explique que certains individus quittent leur emploi dans l'idée d'en trouver un autre mieux rémunéré. S'ils sont obligés de quitter leur emploi, c'est justement parce que l'information est imparfaite sur le marché du travail : ils doivent se consacrer à plein temps à la recherche d'informations sur les emplois disponibles. Bien entendu, le comportement rationnel des individus repose sur une analyse coût/avantage : le coût de la recherche d'emploi (y compris l'abandon d'un salaire) doit être compensé par l'avantage obtenu en matière de salaire avec le nouvel emploi trouvé en prenant le risque de ne pas trouver mieux.

On comprend aisément que ce comportement est source de passages au chômage, d'autant plus réguliers et plus longs que l'information est imparfaite… et que le système d'indemnisation améliore la rentabilité de l'opération. Il s'agit à nouveau d'une forme de chômage volontaire, qui apparaît d'autant plus incompressible que l'information disponible sur le marché du travail est imparfaite.

De plus, le passage d'un emploi à un autre peut être rendu obligatoire pour l'individu par l'évolution des structures de l'économie. Le temps de formation nécessaire pour passer des emplois détruits (sidérurgie) aux nouveaux emplois (informatique) conduit à un chômage qualifié de structurel.

Au total, Milton Friedman (1974) considère comme un « chômage naturel » le chômage volontaire qui représente la somme des chômages frictionnel et structurel.

3 Le chômage involontaire

On peut dire qu'il existe du chômage involontaire, en référence à la théorie classique, s'il existe des individus prêts à travailler pour un salaire inférieur à celui du marché du travail, pour une qualification équivalente, et qui ne trouvent pas d'emploi.

3.1 Le schéma keynésien

Dans le cadre d'une approche positive, Keynes part du constat que les salaires nominaux sont rigides à la baisse. Il n'y a donc pas d'espoir que le chômage disparaisse par une diminution du prix du travail : celui-ci ne peut descendre en dessous d'un minimum du fait de la présence des syndicats.

Le chômage keynésien

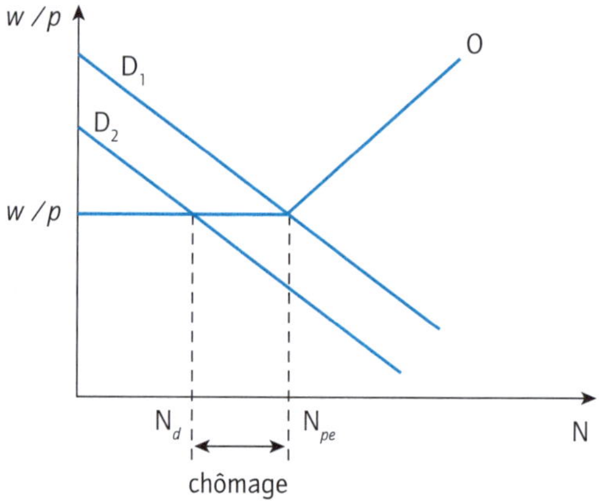

Le graphique du chômage keynésien nous indique que si la demande de travail des entreprises baisse (en raison d'anticipations pessimistes de l'évolution de la consommation, de l'investissement et des exportations), la courbe de demande de travail passe de la position 1 qui pouvait correspondre au niveau de plein emploi N_{pe}, à la position 2. Toutefois, compte tenu de l'allure coudée de l'offre de travail, le salaire réel en reste au niveau *w*/*p*, ce qui occasionne un chômage $N_{pe} - N_d$.

Si la baisse des salaires apparaît impossible, elle est en outre peu souhaitable. En effet, un niveau trop faible des salaires nuit à la consommation des ménages, et donc à la demande qui s'adresse aux entreprises, conduisant à une aggravation du chômage. En quelque sorte, une baisse des salaires pourrait conduire à des anticipations pessimistes de l'évolution de la demande globale (déplacement vers la gauche de la courbe de demande de travail).

Le chômage, dans la conception keynésienne, n'est pas volontaire mais peut être le signe d'un équilibre de sous-emploi. Keynes considère que les entrepreneurs anticipent l'évolution de la demande qui s'adresse à eux et en déduisent alors le niveau de la production à réaliser. Ce niveau de production indique alors un niveau d'emploi. Il se peut fort bien que le niveau de la demande effective (anticipation de la demande future) soit inférieur à la réalisation de la demande, ce qui débouche alors sur un équilibre de sous-emploi des facteurs de production (capacités de production inutilisées, chômage).

Il est à noter que si les entreprises ne peuvent obtenir une baisse des salaires réels par la diminution des salaires nominaux, celle-ci devient possible grâce à une hausse des prix.

3.2 Le chômage est dû au ralentissement de l'activité économique

En vertu de la loi d'Okun (1962), on sait que l'on peut établir une relation inverse entre le taux de croissance du PIB et le taux de chômage. Une forte croissance s'accompagne d'une baisse du taux de chômage, une faible croissance d'une augmentation du taux de chômage.

Dans cette situation, la demande qui s'adresse aux entreprises stagne ou diminue et celles-ci réajustent à la baisse leur volume de main d'œuvre pour l'adapter au volume de la production. Ce faisant, les licenciements économiques se multiplient et augmentent le niveau du chômage. En tout cas, même en l'absence de licenciements, le volume d'emplois créés peut s'avérer insuffisant face au solde des entrées (fin d'études) et sorties du marché du travail (retraites). Dans ce cas d'insuffisance de la demande globale, on parle de chômage keynésien.

Le chômage keynésien est celui qui résulte d'une insuffisance de la demande effective, c'est-à-dire de la demande globale anticipée. Si les entreprises font des anticipations pessimistes, elles investissent moins et embauchent moins, contribuant de fait à une faible progression de la demande, et donc à un accroissement du chômage. Les débouchés pour une entreprise dépendent des revenus versés par les autres entreprises, c'est-à-dire des anticipations faites par ces autres entreprises sur l'évolution de la demande. En somme, la demande effective chez Keynes (ou demande globale anticipée) est le résultat des décisions de production de toutes les entreprises sachant que chacune décide en anticipant la décision des autres…

Bien entendu, si elles font toutes des anticipations optimistes, les effets sur l'emploi sont positifs. On comprend pourquoi il est intéressant de suivre des indicateurs tels que l'« Enquête mensuelle sur le moral des ménages » (Insee) ou encore « l'Opinion des chefs d'entreprises sur les perspectives générales de production » (Insee). Ces éléments permettent de fonder des anticipations plus ou moins optimistes. On comprend également pourquoi les effets d'annonce des gouvernements sont essentiels pour influencer les anticipations des ménages, et donc des entreprises : répéter inlassablement que la situation économique s'améliore favorise les anticipations optimistes, lesquelles conduisent à une amélioration de la situation économique. En caricaturant, si tout le monde était convaincu que le chômage allait disparaître, celui-ci disparaîtrait effectivement.

3.3 La théorie du salaire d'efficience

Selon le schéma classique, l'existence du chômage devrait conduire à une baisse des salaires. Cependant, les employeurs rationnels peuvent ne pas avoir intérêt à diminuer les salaires.

À l'origine, le salaire d'efficience vient des stratégies mises en place par les entreprises pour dissuader les travailleurs de rechercher un emploi dans une autre entreprise, donc pour éviter les coûts de rotation de la main d'œuvre (coût de licenciement, coût d'embauche, de recrutement et de formation). Les firmes arbitrent en effet entre des salaires faibles accompagnés de coûts de rotation importants, et des salaires élevés liés à de faibles coûts de rotation.

Les employeurs peuvent, en outre, juger qu'un salaire élevé est source de motivation et de fidélisation des salariés selon Janet Yellen (1984). Cette dernière s'est appuyée sur les études de Leibenstein (1957) dans le domaine de l'économie du développement. Selon Leibenstein, la productivité individuelle dans les pays en développement est une fonction du salaire réel mesuré par la ration alimentaire que reçoit chaque travailleur. Ce ne serait donc plus la productivité marginale qui déterminerait le salaire, comme dans le modèle néoclassique, mais le salaire versé qui agirait sur le niveau de productivité des travailleurs.

Le **salaire d'efficience** est le niveau optimal de salaire qui permet d'atteindre la productivité maximale du travail de celui qui le perçoit.

Comme la baisse des salaires serait source de démotivation (si l'on considère que, en cas de chômage sur le marché du travail, les entreprises seraient tentées de renégocier les salaires), il convient de maintenir leur niveau. Ce faisant, les salaires versés dans les entreprises sont supérieurs au salaire d'équilibre, sur le marché du travail néoclassique, qui garantirait la résorption du chômage. Dans tous les cas, il existe donc des individus qui souhaiteraient travailler pour un salaire inférieur à ceux pratiqués par les entreprises et qui ne trouvent pas d'emploi, il s'agit de chômeurs involontaires.

Mais le salaire d'efficience prend aussi sa source dans la théorie des incitations (théorie qui étudie la manière d'inciter les agents à se comporter d'une manière attendue). La théorie des incitations repose sur le modèle Principal/Agent (ou Mandant/Mandataire) de la théorie de l'agence, avec asymétrie d'information : le principal est moins informé que l'agent qui dispose d'informations privées sur ses propres actions. Malheureusement, la satisfaction du principal dépend de l'information cachée de l'agent. Il s'agit donc de lui proposer des contrats de travail destinés à révéler cette information cachée, car la recherche d'indications sur l'agent s'avère coûteuse (un peu comme pour les contrats d'assurance auto). Selon Weiss (1980), le salaire de réservation est un signal révélateur de la qualité du candidat à un poste dans l'entreprise. Le salaire de réservation peut en effet refléter ce que le candidat aurait pu obtenir dans une autre entreprise (et donc justifier qu'il ne souhaite pas travailler à un salaire inférieur). On suppose que le salaire de réservation est une fonction croissante des aptitudes du candidat. Ainsi, lorsque l'entreprise propose un salaire élevé elle va sélectionner les meilleurs : un travailleur qui se déclare prêt à travailler pour un salaire plus faible signale qu'il a de moindres aptitudes à l'emploi (phénomène d'anti-sélection ou sélection adverse). En raisonnant à l'inverse, si l'entreprise propose des salaires peu élevés elle attire les individus qui disposent de plus faibles aptitudes à l'emploi : il en résulte un phénomène d'anti sélection ou sélection adverse. De nouveau, le salaire est déconnecté du salaire sur le marché du travail concurrentiel, ce qui provoque du chômage involontaire.

Enfin, Shapiro et Stiglitz (1984), dans le modèle dit du « tire-au-flanc », ont lié la théorie du salaire d'efficience au risque moral, ou encore aléa moral. Au moment de l'embauche, l'entreprise ne peut pas toujours détecter avec précision les individus « paresseux », en raison de l'asymétrie d'information qui existe entre le recruteur et le recruté : seul ce dernier sait s'il est un « tire au flanc » ou non… En lui proposant un salaire supérieur à celui qu'il pourrait trouver sur le marché du travail, l'entreprise va encourager les salariés à maintenir à un niveau élevé leur effort productif. En effet, adopter un comportement de « tire au flanc » ne serait pas rationnel car les risques d'être détecté et licencié existent… avec la certitude de ne pas trouver un emploi aussi bien rémunéré ailleurs.

Cependant, si toutes les firmes raisonnent ainsi, elles vont toutes choisir des salaires voisins et aucune ne se distinguera des autres (le différentiel de salaire incitatif disparaît). De toutes façons, les salaires fixés dans les entreprises demeurent supérieurs à celui du marché du travail concurrentiel, ce qui engendre un chômage involontaire durable.

FOCUS . . . FOCUS . . . FOCUS . . . FOCUS . . . FOCUS . . . FOCUS . . .

Les concepts clés de la nouvelle microéconomie

• **Asymétrie d'information** : se dit d'une situation dans laquelle chacune des parties contractantes n'a pas accès à l'ensemble de l'information disponible sur l'autre partie. Dans un contrat d'assurance automobile, *a priori*, seul l'assuré sait s'il est un conducteur à risque ou non.

• **Aversion pour le risque** : attitude d'un individu qui préfère choisir une solution assortie d'un gain connu et certain, plutôt qu'une solution donnant la possibilité d'un gain plus élevé mais incertain, même si l'espérance mathématique de gain est égale au gain connu de la première solution. Un individu manifeste une aversion pour le risque lorsqu'il accepte, par exemple, de payer une prime d'assurance contre le vol de son véhicule. En effet, il préfère payer le prix de la certitude d'avoir un véhicule remboursé, plutôt que d'avoir à payer un nouveau véhicule, en cas de vol, malgré une faible probabilité de vol.

• **Aléa moral (ou risque moral)** : attitude d'un individu, dans les relations économiques, qui le conduit à se comporter de manière contraire à ce que l'on pourrait attendre de lui. Dans un contrat d'assurance auto par exemple, une fois assuré contre le vol de son véhicule, un individu peut très bien éviter de prendre des précautions élémentaires contre le vol (fermer à clé), simplement parce qu'il a la certitude d'être bien remboursé en cas de dommage. C'est pour cette raison que les entreprises d'assurance prévoient des « franchises » en cas de dommages.

• **Anti-sélection (ou sélection adverse)** : lorsqu'un agent dispose d'informations qu'il peut dissimuler, ou qu'il peut manipuler, les choix qu'opèrent les autres agents sont faussés, au point même qu'ils peuvent être contraires à ce qu'ils souhaitent. Par exemple, si une compagnie d'assurance automobile propose un contrat unique, sans franchise, seuls les « mauvais risques » souscriront au contrat : le recours aux indemnisations sera pour eux toujours supérieur à la prime d'assurance qu'ils payent. Par contre, les « bons risques » jugent cette prime trop élevée au regard d'indemnisations qu'ils ne percevront jamais… puisqu'ils n'ont jamais de dommages à faire rembourser. Les « bons risques » payent donc pour les « mauvais risques », c'est là le principe même de la mutualisation des risques. Mais, dans le cas présent, la compagnie d'assurance n'aura sélectionné que de « mauvais risques »…

3.4 La théorie des contrats implicites

La théorie des contrats implicites de Bailey (1974) et Azariadis (1975) montre que les salaires dans les entreprises sont déconnectés du marché du travail parce que les salariés ont une aversion pour le risque de fluctuations excessives de leurs revenus. En conséquence, ils acceptent, dans des contrats plus ou moins implicites, une rémunération indépendante de la conjoncture. Leur entreprise joue alors le rôle d'une compagnie d'assurance contre le risque de chômage. En période de forte activité ils « payent » une prime d'assurance, c'est-à-dire qu'ils renoncent à une hausse de salaire qu'ils auraient pu obtenir ailleurs (sur le marché du travail les salaires sont plus élevés). Au contraire, en période de faible activité économique, ils touchent une « indemnité » qui correspond à la différence entre le niveau de leur salaire et le niveau plus faible du salaire sur le marché du travail.

Par conséquent, on observe de nouveau, en période de chômage, des individus qui sont prêts à travailler à un salaire inférieur à celui que versent les entreprises à leurs employés, et qui ne trouvent pas d'emploi. Il s'agit là encore d'une forme de chômage involontaire.

En complément, le modèle des contrats implicites peut s'envisager en raisonnant sur la productivité des travailleurs. Au début de l'embauche, leur productivité est faible en raison d'une période nécessaire à l'apprentissage, à la familiarisation avec l'organisation et les procédures de l'entreprise. Ils perçoivent un salaire qui serait donc supérieur à leur productivité réelle (ils reçoivent une « indemnité »). Cette productivité s'accroît dans le temps grâce à l'expérience, sans que leur salaire soit pour autant modifié (ils versent une « prime »).

FOCUS . . . FOCUS . . . FOCUS . . . FOCUS . . . FOCUS . . . FOCUS . . .

Les différents types de chômage

• **Le chômage conjoncturel** : il est lié au ralentissement de l'activité éco-nomique.

• **Le chômage structurel** : il est lié aux modifications des structures de l'économie, telles que le déclin d'activités traditionnelles (sidérurgie, textile), l'internationalisation des économies, la tertiarisation des activités etc.

• **Le chômage frictionnel** : c'est un chômage de courte durée qui correspond au temps nécessaire pour passer d'un emploi à un autre. Il résulte d'une mobilité trop importante, ou trop insuffisante de la main d'œuvre. On le considère comme un chômage incompressible.

• **Le chômage « naturel »** : c'est la somme du chômage frictionnel et du chômage structurel.

• **Le chômage partiel** : il correspond à une réduction forcée du temps de travail décidée par l'entreprise pour un temps limité, en cas de réduction passagère de l'activité. Il est en partie indemnisé.

• **Le chômage technique** : il concerne un arrêt partiel ou total du travail qui résulte de causes externes à l'entreprise (défaillance d'un fournisseur pour cause de grève par exemple).

3.5 Il n'existe pas un seul marché du travail (théories de la segmentation du marché du travail)

a) Marché primaire et marché secondaire de Doeringer et Piore (1971)

Le marché du travail est en réalité segmenté en :

- un secteur primaire ou marché primaire, qui est caractérisé par des salaires élevés, la stabilité de l'emploi et des perspectives de carrières pour ceux qui s'y trouvent. C'est souvent le cas dans les grandes entreprises dans lesquelles on observe des marchés internes du travail ;
- un secteur secondaire ou marché secondaire, représenté par des salaires faibles, une rotation importante de la main d'œuvre, pas de perspective de carrière dans l'entreprise. Ce marché secondaire regroupe surtout des entreprises de petite taille pour lesquelles les recrutements se font surtout en externe (marché externe du travail).

On remarque que la mobilité entre les deux secteurs est réduite, et que le dualisme s'observe à l'intérieur même des firmes : elle garantit une forme de cohésion sociale de l'organisation. Il est à noter que Doeringer et Piore expliquent ce dualisme par l'incertitude de l'environnement : une partie de la firme demeure stable face aux changements de l'environnement, l'autre partie servant de zone tampon face à ces changements (flexibilité organisationnelle).

A priori, on pourrait penser que le marché secondaire fonctionne selon un mode concurrentiel, alors que le marché primaire serait imparfait. Toutefois, les chômeurs ne sont pas « volontaires » car ils accepteraient de toute évidence un emploi du secteur primaire, même à un taux de salaire inférieur à celui que proposent les firmes, y compris sur le marché secondaire.

b) Modèle *insiders* et *outsiders* de Lindbeck et Snower (1986)

Selon Lindbeck et Snower, un conflit oppose non pas les employeurs et les employés, mais les *insiders* (qui disposent d'un emploi dans la firme) et les *outsiders* (les chômeurs), les deux catégories étant définies par rapport à une entreprise donnée. Moins les *insiders* sont nombreux plus ils peuvent obtenir, par l'intermédiaire des syndicats, des salaires élevés pénalisant ainsi la création d'emplois et donc l'embauche des chômeurs.

On peut alors expliquer l'hysthérèse du chômage, ou effet d'hystérésis (persistance d'un phénomène après que les causes qui en étaient à l'origine ont disparu), selon Blanchard et Summers (1986). En effet, plus le nombre de chômeurs (*outsiders*) est important, plus le nombre d'*insiders* est faible, plus les salaires négociés sont élevés, moins le nombre d'emplois créés est grand.

L'effet d'hystérésis peut aussi s'expliquer, notamment pour les chômeurs de longue durée, par la théorie du capital humain. Une longue période d'inactivité conduit à une perte de capital humain pour les chômeurs (perte d'expérience, inadaptation aux nouvelles techniques et technologies) qui les rend encore moins employables. Des actions de formations sont rendues nécessaires pour reconstituer le capital humain des chômeurs de longue durée.

3.6 Action syndicale et chômage (théories de la négociation)

Les théories de la négociation partent de la réalité de la fixation des salaires : les contrats de travail résultent à 85 % de conventions collectives au niveau de la branche en France. Les contrats sont donc négociés entre les institutions représentatives (syndicat/patronat). Les salariés trouvent un intérêt à l'action syndicale dès que celle-ci élève le salaire au-delà de leur salaire de réserve (ou salaire de réservation). Si tous les individus sont identiques, le salaire de réserve est le salaire d'équilibre en situation de concurrence.

La défense d'un niveau de salaire au-delà du salaire d'équilibre sur le marché du travail, par les syndicats, conduit à réduire la nombre d'emplois proposés par les entreprises, donc à la pérennisation du chômage. C'est ce que met en évidence le modèle des droits à gérer de Nickell (1982) : les négociations entre firmes et syndicats ne portent que sur le niveau des salaires (l'emploi est déterminé unilatéralement par la firme). Dans ce cas, le salaire est d'abord négocié entre firme et syndicat, puis la firme détermine le niveau de l'emploi en égalisant salaire et productivité marginale. Ainsi, toute hausse du pouvoir de marchandage du syndicat entraîne une hausse du salaire négocié et donc une baisse de l'emploi. L'action syndicale serait donc défavorable à l'emploi…

On peut toutefois objecter que la mission d'un syndicat ne se réduit pas à l'obtention de salaires élevés. Ce serait oublier, en effet, la défense des intérêts des travailleurs, les conditions de sécurité et d'hygiène de travail, la durée du travail, les conditions de travail en général etc.

D'autres analyses indiquent que si les individus constituent un groupe hétérogène, le choix de l'objectif du syndicat est difficile. Le problème de la définition d'une fonction objectif collective s'apparente au processus de choix d'une décision collective déjà étudié par Kenneth J. Arrow dans *Choix collectif et préférences individuelles* en 1951 (théorème d'impossibilité d'Arrow), en prolongement du paradoxe de Condorcet. D'ailleurs, les syndicats peuvent connaître en leur sein un conflit d'intérêts entre dirigeants et membres. Les dirigeants poursuivent un objectif de maximisation de la taille du syndicat en cherchant à accroître le nombre de membres... sachant que le nombre maxi est atteint pour un salaire négocié égal au salaire d'équilibre concurrentiel... Dans ce cas, les dirigeants n'utilisent pas tout le pouvoir de marché que leur confère la réunion de travailleurs... puisqu'ils n'obtiennent pas un salaire supérieur à celui qui existe en leur absence... En effet, pour être syndiqué, il faut être embauché, occuper un emploi. Donc, le nombre de personnes membres d'un syndicat augmente avec le nombre d'emploi, lequel est logiquement maximal pour un salaire réel égal au salaire réel d'équilibre sur le marché du travail concurrentiel.

On constate que ce type d'analyse remet violemment en cause l'existence même des syndicats : ils seraient non seulement inutiles, mais aussi néfastes pour les chômeurs. Ce serait peut-être oublier qu'un syndicat n'a pas seulement pour vocation de défendre le taux de salaire des travailleurs.

C LES POLITIQUES D'EMPLOI

Étant donné que les causes du chômage apparaissent multiples sinon indéterminées, les mesures de lutte seront elles aussi variées. Il ne s'agit pas ici de présenter les politiques économiques globales mais les politiques spécifiques de l'emploi. De manière traditionnelle, on peut opposer les politiques dites passives de l'emploi qui visent plus à agir sur l'offre de travail, et les politiques actives de l'emploi qui cherchent à influencer la demande de travail.

1 Les politiques qui agissent sur l'offre de travail

1.1 L'indemnisation du chômage

La demande de travail est considérée comme une donnée. Il s'agit d'accompagner la situation de chômage par un traitement social.

L'indemnisation du chômage a pour but d'éviter les effets récessifs des pertes d'emplois. Sans indemnisation, le chômage conduit à une réduction massive de la demande qui est préjudiciable aux débouchés des entreprises, et donc à l'emploi dans ces entreprises.

L'indemnisation repose essentiellement sur une logique d'assurance. Les allocations sont payées grâce aux allocations versées par les actifs occupés. Pour bénéficier d'une indemnisation, il faut avoir cotisé au préalable. Le niveau d'indemnisation doit tenir compte du phénomène « d'aléa moral » qui, en cas d'indemnisation trop importante, pourrait conduire certains chômeurs à ne pas rechercher véritablement un emploi. Selon les théoriciens néoclassiques, plus l'écart entre l'indemnisation et le salaire minimum est faible, plus l'incitation à demeurer au chômage est forte.

1.2 Réduire l'offre de travail

Il s'agit de réduire la population active par diverses mesures : l'abaissement de l'âge de la retraite, le développement des retraites anticipées, la limitation de l'immigration, l'incitation à quitter le marché du travail (aides familiales etc.), retarder l'arrivée des jeunes sur le marché du travail.

Ces mesures présentent des coûts qui ne sont pas toujours couverts par les avantages qu'elles apportent. Dans le cadre d'un départ en retraite (préretraite), le coût du remplaçant n'est pas toujours inférieur à celui du sortant. Ainsi se trouvent limités les effets bénéfiques d'une diminution de l'âge de la retraite pour l'entreprise :

- le départ crée un appel d'air qui provoque des promotions en chaîne. Le coût financier de ces progressions hiérarchiques et salariales peut dépasser l'économie apparente ;
- si le partant avait bénéficié de formations et de promotions internes, s'il avait un salaire inférieur à celui qu'il faut proposer pour attirer une personne confirmée (théorie des contrats implicites), à compétence comparable mais formation initiale plus élevée… à ce moment certaines entreprises se rendent compte que leur positionnement salarial se situe en dessous des moyennes externes.

1.3 Le partage du travail

L'idée part d'un calcul simple. Si 20 millions de salariés qui travaillent 40 heures acceptent de ne travailler que 35 heures par semaines, 100 millions d'heures sont libérées, ce qui correspond à peu près à 2 860 000 créations d'emplois.

Cependant, la réduction de la durée du travail ne conduit pas automatiquement à l'embauche de nouveaux salariés si elle est compensée par des gains de productivité, autrement dit si les salariés en place parviennent à effectuer le même travail qu'avant en un temps réduit. C'est pour cette raison que le passage de 40 heures hebdomadaire à 39 heures en 1982 n'a eu que des effets limités.

FOCUS . . . FOCUS . . . FOCUS . . . FOCUS . . . FOCUS . . . FOCUS . . .

Réduction de la durée du travail et productivité horaire du travail

« Lorsque la durée du travail est réduite, l'intensité de l'effort des travailleurs peut être renforcée et les défaillances ou les incidents dans le processus de production sont moindres. Suivant ce premier mécanisme, que l'on peut qualifier "d'effet fatigue", la productivité horaire du travail varie en raison inverse de la durée du travail. Le deuxième mécanisme est lié à l'existence de temps morts dans le processus de production tels la mise en train du matin, les temps de formation, les pauses incompressibles, bref l'ensemble du temps perdu non directement productif qui constitue un coût fixe grevant le temps de travail, indépendamment de sa durée quotidienne ou hebdomadaire ; avec cet effet "mise en train", la productivité horaire augmente avec la durée du travail. (…)

Dans le cas de la France, l'étude de Marchand, Rault et Turpin (1983) suggère plutôt que l'effet de fatigue est dominant et que la baisse de la durée du travail telle qu'elle a été menée en 1982 conduit à un accroissement de la productivité horaire. (…) Une réduction de 1 % de la durée du travail se traduirait par une diminution de 0,5 % de la production par personne employée et donc par une augmentation de 0,5 % de la productivité horaire. En deçà de 40 heures, il est toutefois probable que l'effet "fatigue" joue moins, c'est pourquoi les modélisateurs retiennent parfois le chiffre de 0,33 %. »

Durées du travail et emplois, CSERC, *La documentation française*, 1998.

De plus, la réduction de la durée du travail suppose que le travail est parfaitement divisible. En réalité, certains goulets d'étranglement apparaissent : en suivant l'exemple précédent, 7 personnes seraient nécessaires dans un service pour créer un huitième emploi si la durée du travail diminue de 5 heures. Le problème se pose pour les services de l'entreprise qui sont peu étoffés (et s'il n'existe qu'une seule secrétaire ?).

Mais le problème essentiel est celui de la compensation salariale. La réduction de la durée du travail doit-elle s'accompagner d'une réduction proportionnelle des salaires ? Si les salaires sont maintenus, le risque est grand pour l'entreprise de perdre une part de ses marges ou de sa compétitivité si elle reporte la hausse du coût horaire sur ses prix. Ainsi, la décision prise par le gouvernement Jospin d'abaisser l'heure légale hebdomadaire à 35 heures (à partir de l'an 2000 pour les entreprises de plus de 20 salariés, et à partir de 2002 pour celles de moins de 20 salariés) a obligé les partenaires sociaux à discuter de la répartition des gains de productivité entre salaires et profits et embauches. Dans l'ensemble des négociations entre les entreprises et leurs salariés, on observe que les premières ont saisi là l'occasion de réclamer l'annualisation de la durée du travail, c'est-à-dire davantage de flexibilité du travail.

On rappelle que la durée hebdomadaire légale du travail est de 35 heures dans les entreprises de plus de 20 salariés depuis le 1er janvier 2000, et depuis le 1er janvier 2002 pour les entreprises de moins de 20 salariés.

FOCUS . . . FOCUS . . . FOCUS . . . FOCUS . . . FOCUS . . . FOCUS . . .

Réduction de la durée du travail et durée d'utilisation des équipements

« Si l'organisation du travail est inchangée, une baisse de la durée du travail réduit systématiquement la durée d'utilisation des équipements ce qui diminue la productivité du capital et détériore les conditions de l'offre. C'est la raison pour laquelle les tenants de la réduction de la durée du travail insistent sur la nécessité d'un réaménagement de l'organisation du travail visant à accroître le nombre de travailleurs par poste de travail, en développant par exemple le travail en équipes alternantes. Il s'agit là d'une condition nécessaire pour que les effets négatifs de la réduction de la durée du travail sur l'efficacité des équipements soient atténués, voire intégralement compensés. »

Durées du travail et emplois, CSERC, *La documentation française*, 1998.

2 Les politiques en direction de la demande de travail

2.1 Réduire le coût du travail

Dans une optique néoclassique, la réduction du chômage passe par la baisse du prix du travail, voire l'abandon du SMIC qui constitue un obstacle au bon fonctionnement du marché du travail. Cela permet de procéder à des embauches puisque le coût du travail devient inférieur à la productivité marginale du travail. Il est alors possible d'embaucher jusqu'à ce que la productivité marginale (supposée décroissante) atteigne le nouveau coût du travail.

La baisse des salaires conduit à améliorer la compétitivité des entreprises : elles peuvent gagner des parts de marché à l'étranger, augmenter leur production et créer des emplois. Toutefois, pour que la baisse du coût du travail ne nuise pas à la consommation des ménages, il est possible d'envisager une baisse des cotisations sociales patronales. Mais on doit dans ce cas trouver un autre moyen de financer la Sécurité sociale, dans l'hypothèse où la perte de cotisations sociales patronales ne serait pas compensée par le gain de cotisations salariales du fait des nouvelles embauches.

FOCUS . . . FOCUS . . . FOCUS . . . FOCUS . . . FOCUS . . . FOCUS . . .

La TVA sociale

L'idée de base de la TVA sociale est de reporter les prélèvements de cotisations sociales, qui pour l'heure s'effectuent sur les salaires, sur la consommation, tout comme la TVA. Ainsi, cela permet de réduire le coût du travail, tout en faisant supporter le financement de la protection sociale par les consommateurs. Toutefois, si les entreprises répercutent la baisse des cotisations sociales sur les prix de vente, les consommateurs de produits fabriqués sur le territoire national ne sont pas pénalisés. Il est à noter que la TVA sociale a vocation à être, bien entendu, appliquée à tous les produits, y compris ceux en provenance de l'étranger. Ceux-ci participeraient ainsi au financement de la protection sociale française. Dans ce cas, les prix des biens importés augmenteraient. En somme, il s'agit d'un impôt permettant d'améliorer la compétitivité relative des entreprises nationales, tout en augmentant les taxes à la consommation dont on sait, à l'exemple de la TVA, qu'elle affecte surtout les ménages les plus modestes, lesquels consomment en général une plus grande partie de leur revenu.

Depuis 2013, le dispositif du Crédit d'impôt compétitivité emploi (CICE) est venu alléger le coût du travail des entreprises françaises. Le CICE est un crédit d'impôt qui porte sur la masse salariale des salariés dont la rémunération n'excède pas 2,5 fois le Smic. De 4 % en 2013, son taux est passé à 6 % en France métropolitaine depuis 2014, 9 % en outremer.

Cependant, le niveau des salaires ne constitue pas le seul déterminant de la compétitivité d'une économie nationale. Il faut aussi tenir compte des différences de productivité, de la variation des taux de change, de la compétitivité structurelle (qualité des produits, image de marque, élasticité de la demande extérieure par rapport aux variations de prix, capacité d'adaptation à l'évolution de la demande mondiale).

FOCUS . . . FOCUS . . . FOCUS . . . FOCUS . . . FOCUS . . . FOCUS . . .

Le crédit d'impôt compétitivité emploi (CICE)

Il s'agit d'une réduction d'impôt accordée aux entreprises, mesurée à partir de la masse salariale correspondant à tous les salaires versés entre 1 et 2,5 fois le SMIC. Les salaires supérieurs à 2,5 fois le SMIC ne sont donc pas pris en compte pour le calcul. Le CICE se chiffre à hauteur de 6 % de cette masse salariale. Cela revient donc à réduire, *in fine*, le coût du travail des emplois les moins bien rémunérés.

En contrepartie, l'État demande aux entreprises de remplir un « contrat de confiance » en affectant les sommes gagnées à l'investissement, la formation, l'embauche, la recherche/innovation. Aucune obligation n'est cependant imposée.

On dénote déjà des effets pervers de la mesure. Les grands groupes qui utilisent les services des PME en profitent pour négocier des prix à la baisse, pour s'accaparer une partie du crédit d'impôt dont elles bénéficient. De même, les syndicats de travailleurs cherchent, lors des négociations salariales annuelles, à profiter de ce qui s'apparente à une réduction de charge en réclamant des hausses de salaires.

Enfin, la structure des échanges extérieurs de la France montre que celle-ci enregistre des déficits avec les pays qui ont un coût de main d'œuvre plus élevé (États-Unis, Japon, Allemagne), et des excédents avec des pays dont le coût de main d'œuvre est moins élevé (Grande-Bretagne).

2.2 Améliorer le fonctionnement du marché du travail

Un certain nombre d'actions des pouvoirs publics visent à restreindre l'inadéquation entre l'offre et la demande de travail. On pense notamment aux diverses actions de formation professionnelle, aux contrats de qualifications, d'apprentissage, d'adaptation, d'orientation, de retour à l'emploi, d'initiatives emplois, ainsi qu'aux stages de formation pour adultes et pour les jeunes. Mobilité professionnelle

L'idée est aussi d'améliorer la flexibilité du travail qu'il s'agisse d'une flexibilité quantitative, qualitative ou salariale.

Mobilité géoraphique

Les composantes de la flexibilité du travail

Flexibilité quantitative	Flexibilité qualitative	Flexibilité salariale
• Adaptation du nombre de salariés aux variations de la demande (intérim, CDD) • Adaptation du nombre d'heures de travail aux variations de la demande (recours aux heures supplémentaires, annualisation du temps de travail)	• Mobilité géographique des salariés • Mobilité professionnelle, polyvalence du personnel	• Variations des salaires en fonction de la performance des salariés • Variations des salaires en fonction des performances de l'entreprise

La flexibilité du travail concerne la capacité de l'offre de travail à s'adapter, en qualité et en quantité, aux changements de l'environnement de l'entreprise. Dans ce cadre, le gouvernement français avait créé le contrat nouvelles embauches à partir du constat suivant : les entreprises déclarent ne pas vouloir embaucher si elles n'ont pas la possibilité de se séparer, sans coût, du personnel dont elles n'ont plus besoin. C'est le coût du licenciement (coût financier et procédures administratives) qui est considéré par les plus petites entreprises comme un obstacle à l'embauche. Ce contrat CNE a été abrogé en juin 2008.

2.3 Créer des emplois particuliers

L'État prend en charge, partiellement ou totalement le salaire et les charges sociales dans le cas d'embauches qui concernent des cibles particulières : les jeunes, les chômeurs de longue durée, les chômeurs âgés.

Il peut s'agir de la création d'emplois publics, de dispositifs visant à permettre l'insertion des jeunes ou des travailleurs âgés. Cependant, ces aides à l'emploi présentent des effets pervers : favoriser l'emploi d'une catégorie d'actifs peut conduire à un effet de substitution au détriment d'autres catégories.

C'est pourquoi le « Contrat de génération » lancé par le gouvernement Ayrault en 2013, se propose de lier l'embauche d'un travailleur jeune au maintien dans l'emploi d'un travailleur âgé.

L'ESSENTIEL

Comprendre et cerner le phénomène du chômage a fait dire à Bernard Gazier, spécialiste de l'économie du travail, qu'il s'agissait d'aller « de la mesure du flou au flou de la mesure ». La définition et la mesure sont arbitraires et ne règlent pas totalement le problème du chômage et de son halo : les frontières entre l'emploi, l'inactivité et le chômage ne sont pas clairement identifiées.

Les causes du chômage sont multiples. On peut cependant recenser des causes conjoncturelles, comme l'insuffisance de la demande globale et/ou un coût du travail trop élevé, et des causes structurelles comme les problèmes d'inadéquation de l'offre de travail à la demande.

Le chômage apparaît à la fois comme un problème social et un problème économique, et les politiques de l'emploi sont souvent impuissantes à le réduire. Certains économistes considèrent d'ailleurs que le taux de chômage de plein emploi, ou taux de chômage naturel est d'ailleurs voisin de 8 % en France. Il n'y a alors que peu de chance que ce volant de chômage soit réduit par des actions simplement conjoncturelles. L'action à long terme, et notamment le soutien à l'innovation accompagné de politiques de formation de la main d'œuvre, semble plus que jamais nécessaire.

RÉFÉRENCES

Mots clés

- Alea moral
- Asymétrie d'information
- Aversion pour le risque
- BIT
- CDD
- CDI
- Chômage
- Chômage classique
- Chômage conjoncturel
- Chômage frictionnel
- Chômage involontaire
- Chômage keynésien
- Chômage naturel
- Chômage structurel
- Chômage « volontaire »
- Coût de rotation de la main d'œuvre
- Coût du travail
- DEFM
- Demande de travail
- Destruction créatrice
- Déversement de main d'œuvre
- Durée du travail
- Emploi
- Enquête emploi
- Flexibilité du travail
- Formes particulières d'emploi
- Inactivité
- Marché du travail
- Marché primaire
- Marché secondaire du travail
- Modèle du « tire au flanc »
- Modèle *insiders/outsiders*
- Offre de travail
- Population active
- Productivité apparente du travail
- PSERE
- Productivité marginale du travail
- Salaire réel
- Sous-emploi
- Taux d'activité
- Théorie de la recherche d'emploi
- Théories de la négociation
- Théorie des contrats implicites
- Théorie des incitations
- Théorie du capital humain
- Théorie du salaire d'efficience
- Théorie du signal

Dates clés

- **1936** semaine de travail à 40 heures en France, 2 semaines de congés payés
- **1981** semaine de travail à 39 heures, 5 semaines de congés payés
- **2000-02** semaine de travail à 35 heures (en 2000 pour les entreprises de plus de 20 salariés, en 2002 pour les autres)
- **2013** Mise en place du CICE
- **2016** Loi travail dite « loi El Khomri »

RÉFÉRENCES

Auteurs de référence

Azariadis (1975), Bailey (1974), Becker (1979), Blanchard et Summers (1986), Doeringer et Piore (1971), Friedman (1974), Keynes (1936), Leibenstein (1957), Lindbeck et Snower (1986), Nickell (1982), Pigou (1933), Rueff (1931), Sauvy, Shapiro et Stiglitz (1984), Stigler et Alchian (1972), Weiss (1980), Yellen (1984).

Références bibliographiques

- A. Mayeur, *Choix collectifs et raison d'État : Traité de macroéconomie*, PUF, 2005.
- C. Decamps, *L'analyse économique en questions*, Vuibert, 2005.
- M. Burda et C. Wyplosz, *Macroéconomie : une perspective européenne*, DeBoeck, 2003.
- J. Freyssinet, *Le chômage*, La Découverte, 2003.
- A. Perrot, *Les nouvelles théories du marché du travail*, La Découverte, 1998.

Sites Internet

www.insee.fr : le site de référence pour tout ce qui concerne les statistiques de l'emploi et du chômage en France.

www.travail.gouv.fr : le site du ministère du Travail qui comprend les études.

APPLIQUER LE COURS

Application

Quiz

		Vrai	Faux
1	Les chômeurs ne font pas partie de la population active.		
2	L'indicateur officiel du chômage en France est-il bien l'indicateur BIT-INSEE ?		
3	L'offre de travail des salariés correspond à la demande d'emploi.		
4	Selon les économistes keynésiens, le chômage ne peut être que volontaire.		
5	Selon les théories de la segmentation du marché du travail, il y a plusieurs marchés du travail.		
6	Les politiques de l'emploi dites « passives » visent surtout à agir sur la demande de travail.		
7	Le salaire d'efficience est le niveau optimal de salaire qui permet d'atteindre la productivité minimale de celui qui le perçoit.		

8 Quelles sont les catégories de population les plus touchées par le chômage en France ?

9 Comment se caractérise la situation des jeunes sur le marché du travail ? Cochez la bonne réponse :
a) par une faible vulnérabilité et faible employabilité
b) par une forte vulnérabilité et une forte employabilité
c) par une forte vulnérabilité et une faible employabilité
d) par une faible vulnérabilité et une forte employabilité

10 Quelles sont les analyses et théories relevant de « la nouvelle microéconomie du travail » ? Cochez la ou les bonnes réponses :
a) le modèle *insiders/outsiders*
b) le modèle néoclassique de base
c) les théories du salaire d'efficience
d) la théorie des contrats implicites

11 Quel est le modèle économique de référence en matière de flexicurité ? Cochez la ou les bonnes réponses :
a) les États-Unis
b) l'Espagne
c) le Danemark
d) le Japon

12 Quelles sont les considérations requises pour être considéré comme chômeur en France selon la définition du Bureau international du travail (BIT) ? Cochez la ou les bonnes réponses :
a) avoir cherché activement un emploi dans le mois précédent (ou en avoir trouvé qui commence dans moins de 3 mois)
b) être une personne en âge de travailler (15 ans ou plus)
c) être disponible pour prendre un emploi dans les 15 jours
d) être inscrit à Pôle emploi
e) être sans emploi

SE PRÉPARER À L'EXAMEN

Étude de document — La taxation des licenciements

L'idée d'une taxation des licenciements peut sembler *a priori* surprenante. Les économies modernes sont en effet soumises à des mouvements permanents de restructurations de l'appareil productif sur lesquels repose la croissance de la production. De ce point de vue, la modification de l'appareil productif, qui passe par la destruction d'emplois, remplacés par des postes de travail plus efficaces, a des effets bénéfiques. Mais il y a des raisons qui militent pour conserver certains emplois que les entreprises voudraient détruire. Elles tiennent à la différence entre la valeur privée et la valeur sociale d'un emploi. Un travailleur est engagé par une entreprise pour produire des biens ou des services. Cette production représente la valeur privée de l'emploi. Elle se répartit en salaire pour le travailleur et en profit pour l'entreprise. Mais l'entreprise et ses salariés ne sont pas isolés du reste du monde et les décisions qu'ils prennent affectent le bien-être d'autres personnes totalement étrangères à l'entreprise. Or, la décision de détruire un emploi peut avoir des répercussions qui vont bien au-delà des seuls intérêts de l'entreprise et du salarié concernés. Dans ce cas, la valeur d'un emploi pour la collectivité - sa valeur sociale - est différente de sa valeur privée. Une cause importante de l'écart entre la valeur sociale et la valeur privée d'un emploi réside dans la conception d'ensemble du système fiscal. La très grande majorité des recettes fiscales provient des personnes ayant un emploi. Les chômeurs et les inactifs contribuent très peu au financement de l'ensemble des biens collectifs et des transferts. Il en résulte un écart entre la valeur sociale et la valeur privée d'un emploi mesuré par la perte des prélèvements obligatoires et le surcoût sous forme de transferts sociaux induits par le passage du statut de salarié à celui de chômeur ou d'inactif. Dans la plupart des pays de l'OCDE, cette différence est considérable et peut justifier une forme de protection de l'emploi. Le mode de financement de l'assurance chômage et des minima sociaux est une autre cause, peut être encore plus importante que la précédente, de divergence entre la valeur sociale et la valeur privée d'un emploi. Dans de nombreux pays, dont la France, l'assurance chômage est financée par une taxe sur les salaires. Dans ce contexte, un employeur qui licencie un de ses salariés compte sur les autres salariés et employeurs pour financer les allocations du travailleur licencié. Cet employeur ne tient pas non plus compte du fait que l'emploi qu'il a détruit ne contribuera plus à financer l'assurance chômage. Ainsi, chaque entreprise compte sur les autres entreprises et les autres salariés pour payer l'allocation chômage des travailleurs qu'elle licencie. La valeur sociale d'un emploi dépasse sa valeur privée d'un montant égal au coût pour la collectivité de la personne licenciée pendant sa période de chômage. En négligeant les conséquences fiscales provoquées par leur comportement lors d'un licenciement, les entreprises ne tiennent compte que du coût personnel qu'elles subissent et non du coût réel de ce licenciement pour la collectivité. Dans les situations où ce coût réel dépasse le coût personnel, les entreprises auront tendance à détruire trop d'emplois. L'État doit alors intervenir de manière à ce que l'intérêt de l'entreprise rejoigne celui de la collectivité.

Une manière de remédier à la sous-estimation par les entreprises de la valeur sociale d'un emploi consiste à « fiscaliser » la protection de l'emploi en introduisant des taxes sur les licenciements qui participent au financement de l'assurance chômage et des minima sociaux. La fiscalisation de la protection de l'emploi présente plusieurs avantages par rapport au contrôle « économique » des licenciements. La fiscalisation se fonde sur des règles transparentes et incitatives qui échappent à l'hétérogénéité et à l'arbitraire des critères des juges et au talent des avocats. Elle est immédiatement opérationnelle alors qu'une procédure de contrôle du motif économique d'un licenciement demande des délais très importants, surtout en cas de litige. En outre, le contrôle des pouvoirs publics sur les licenciements entraîne un accroissement des coûts de licenciement sans réduire, en contrepartie, le coût du travail. Ainsi, la législation de la protection de l'emploi réduit la rentabilité des entreprises. Fiscaliser la protection de l'emploi élimine cet inconvénient dans la mesure où les taxes payées lors des licenciements sont reversées aux entreprises, sous formes de sub-vention à l'embauche ou de réductions de charges sur les salaires. La logique de la fiscalisation de la protection de l'emploi consiste donc à taxer les destructions d'emplois tout en subventionnant les créations d'emplois grâce à une réduction du coût du travail. C'est pour cette raison que la fiscalisation de la protection de l'emploi peut être favorable à l'emploi alors que la législation actuelle sur les licenciements joue contre l'emploi (voir la synthèse de Addison et Teixeira, 2003). Une telle fiscalisation de la protection de l'emploi existe aux États-Unis depuis les années 1930 dans le cadre du financement de l'assurance chômage, où les cotisations patronales sont déterminées selon une logique de bonus malus (*experience rating*) dans laquelle les entreprises qui infligent des dépenses plus élevées à l'assurance chômage cotisent plus. Néanmoins, la mise en œuvre pratique de la fiscalisation de la protection de l'emploi pose des problèmes complexes, qui méritent d'être examinés par des travaux théoriques et empiriques. Tout d'abord, les destructions d'emploi entraînent de nombreuses externalités qui doivent être quantifiées plus précisément. Ensuite, le paiement d'une taxe de licenciement modifie le rapport de force entre l'entreprise et ses employés, ce qui peut susciter des phénomènes de hold-up lorsque les contrats de travail sont incomplets et renégociables. Enfin, la logique d'un système de bonus malus peut conduire les employeurs à éviter d'embaucher les salariés les plus fragiles, susceptibles de rester longtemps au chômage dans l'éventualité où ils sont licenciés. Ces problèmes doivent être analysés plus en profondeur afin de pouvoir mettre en œuvre une protection de l'emploi plus efficace.

Pierre Cahuc, revue du CREST, n° 57, décembre 2004, www.crest.fr.

1. Quelle différence faites-vous entre valeur privée et valeur sociale d'un emploi ? entre le coût privé et le coût social d'un licenciement ?
2. Quelles sont les externalités négatives qu'engendre un licenciement ? Les externalités positives qu'engendre un emploi ?
3. Comment justifier la taxation des licenciements ? Quels sont les avantages d'une telle taxation ? Quelles peuvent en être les limites ?

Dissertation

À l'aide de vos connaissances vous traiterez le sujet suivant :
Dans quelle mesure la productivité et l'emploi sont-ils liés ?

CHAPITRE

18

Risques sociaux, inégalités et redistribution

L'activité économique conduit à la création de richesses (valeur ajoutée). Par suite, la répartition des revenus a pour objet le partage de ces mêmes richesses entre les agents économiques. Ainsi la répartition constitue une grande fonction économique qui s'insère entre les deux autres grandes fonctions que sont la production d'une part et la consommation d'autre part.

Toutefois les revenus des agents économiques en général et des ménages en particulier se construisent en deux phases successives : une répartition primaire qui correspond au partage de la richesse créée par les agents ayant participé à la production suivie d'une répartition secondaire qui résulte, elle, de l'intervention de l'État par le jeu de prélèvements et de versements entre ces mêmes agents économiques.

À ce titre, la redistribution constitue l'une des fonctions essentielles de l'État moderne et fait référence à un enjeu économique et social de premier plan, celui de la protection sociale.

A LA RÉPARTITION PRIMAIRE DES REVENUS

Avant de répartir les revenus, il convient tout d'abord de déterminer le montant à répartir et d'en identifier les bénéficiaires. L'analyse de la répartition primaire peut être ensuite éclairée selon différentes interprétations théoriques. La répartition primaire débouche enfin sur un phénomène essentiel : celui des inégalités ; phénomène complexe dont il convient de donner des mesures.

1 L'origine et l'évolution des revenus primaires

1.1 La formation des revenus primaires

Grâce à la comptabilité nationale (*cf.* chapitre 4), on dispose non seulement de la valeur des grands agrégats parmi lesquels le PIB et la valeur ajoutée (VA) mais également de la répartition de cette VA entre les différents agents en contrepartie de leur contribution à la production (la répartition primaire).

La **répartition primaire** correspond aux revenus des différents agents économiques tirés de leur contribution à l'activité productive.

Schématiquement la valeur ajoutée comporte trois grandes destinations : la rémunération des salariés (rémunération du facteur « travail »), l'excédent brut d'exploitation (EBE) des entreprises (rémunération du facteur « capital ») et le versement d'impôts liés à la production aux administrations, contrepartie des services (non marchands) mis à la disposition de la collectivité.

Schéma de la répartition primaire

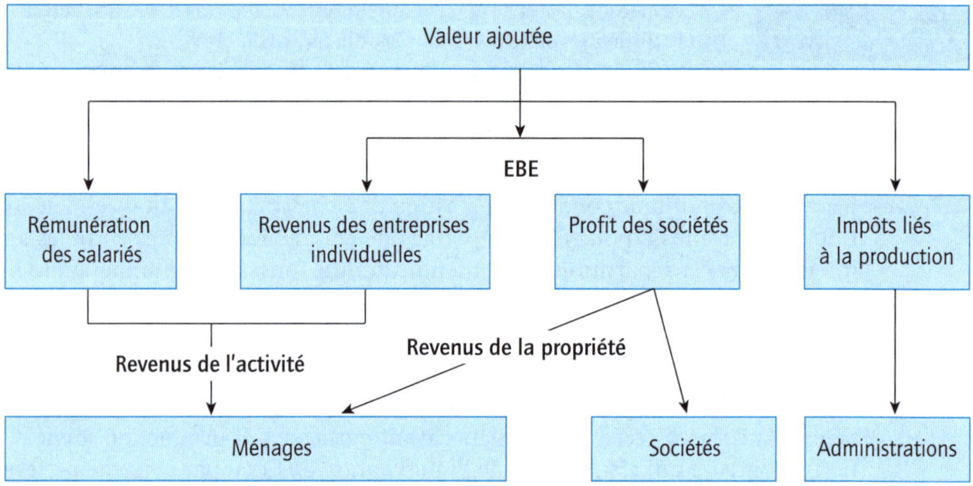

1.2 Le partage de la valeur ajoutée entre le travail et le capital

De la formation des revenus primaires découle une question économique majeure, celle de la répartition de la valeur ajoutée entre les deux grands facteurs de production que sont le travail et le capital.

Part des salaires dans la valeur ajoutée (en %)

Années	1970	1980	1985	1990	1995	2000	2005	2010	2011	2012	2013
% dans la VA	67,8	73,9	71,4	65,4	64,6	64,3	64,2	64,5	64,3	64,6	64,6

Source : D'après données de l'Insee.

Cette question du partage de la valeur ajoutée a fait l'objet d'importants débats pour des raisons de choix d'indicateurs statistiques. Globalement, il semble que ce partage soit très stable dans le temps en dehors de la période 1975-1985 où la part des revenus salariaux a été particulièrement importante. Durant cette période particulière marquée par le choc pétrolier, la progression de la valeur ajoutée avait sensiblement ralenti sans que les rémunérations fassent de même. À partir du milieu des années 1980, les politiques de désindexation des salaires sur les prix comme les hausses de cotisations sociales frappant les salariés conduisent à une réallocation de la valeur ajoutée au profit du capital.

1.3 Le recul relatif des salaires dans les revenus des ménages

Comme on peut le voir sur le schéma précédent, le revenu primaire des ménages est constitué des revenus d'activité d'une part et des revenus de la propriété, d'autre part.

> Les **revenus d'activité** rémunèrent une participation directe à la production : ils englobent les **revenus du travail salarié** (salaires et cotisations sociales) et les **revenus mixtes** (revenus des entrepreneurs individuels et des professions libérales).

À titre indicatif, on parle de revenus mixtes quand ils rémunèrent à la fois, un apport en capital et en travail ; ce qui est le cas des entrepreneurs individuels.

> Les **revenus de la propriété** correspondent eux, aux revenus tirés des différents éléments constitutifs du patrimoine détenu par les ménages. Il s'agit notamment de dividendes, d'intérêts et de loyers.

Structure du revenu primaire brut des ménages en % (en 2015)

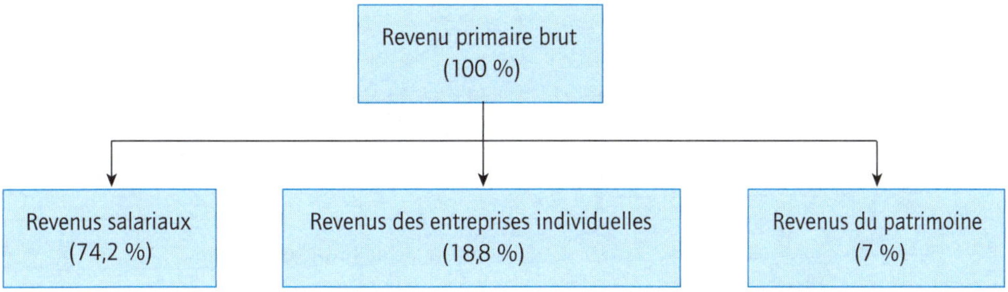

Source : D'après données de l'INSEE.

Les revenus des ménages sont constitués pour l'essentiel de leurs salaires (à 70 %) ; toutefois la composante « revenus du patrimoine » a pris une importance croissante notamment depuis les années 1990 en liaison d'une part avec les politiques de modération salariale initiées dans les années 1980 et d'autre part avec la rémunération élevée des placements financiers et immobiliers (le poids relatif de cette composante passe de 3 % dans le milieu des années 1970 à une valeur de l'ordre de 9 % après 2000).

2 La formation des revenus

Les revenus primaires découlent certes de la production, mais comment expliquer les parts respectives des facteurs travail et capital ? Les théories économiques apportent un éclairage nécessaire à la compréhension de la répartition des revenus, même si l'observation de la réalité montre qu'il faut aussi tenir compte des pratiques des entreprises et de l'intervention des pouvoirs publics.

2.1 Les approches théoriques de la répartition

a) Le point de vue des économistes néoclassiques

Les néoclassiques appréhendent la question de la fixation du prix (de la rémunération) des facteurs de production comme de tous les autres prix, sur la base de la rencontre d'une offre et d'une demande ; rencontre aboutissant à un équilibre (en l'occurrence ici, un équilibre de « plein emploi » sans chômage volontaire).

Concernant le facteur « travail », le prix de ce facteur, en d'autres termes le salaire, est déterminé par l'intersection d'une courbe d'offre croissante (les salariés envisageront d'autant plus de travailler que les salaires sont élevés) et d'une courbe de demande décroissante (les employeurs sont supposés présenter un comportement exactement symétrique).

Le marché du travail « néoclassique »

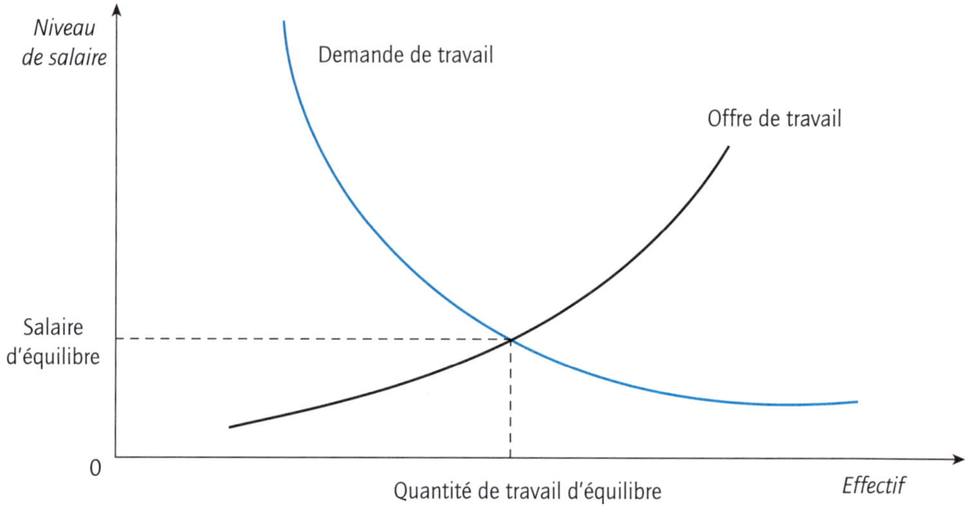

De plus, pour les économistes néoclassiques, les différents facteurs (dont le travail) sont rémunérés selon leur productivité marginale. En effet, un entrepreneur embauchera un salarié supplémentaire à la condition qu'il puisse en tirer un gain de productivité au moins égal au salaire accordé. En d'autres termes, le salaire d'équilibre est égal à la productivité marginale du travail.

Cette vision du marché du travail va de pair avec l'hypothèse d'une parfaite flexibilité des salaires, leur variation étant toujours en mesure d'assurer l'ajustement entre l'offre et la demande de travail.

b) L'approche keynésienne

Suivant cette seconde analyse, les salaires ne sont plus nécessairement flexibles car l'économie réelle se caractérise par l'existence de syndicats et de groupes de pression qui font souvent obstacle à la baisse des salaires y compris en situation de chômage.

De plus la flexibilité des salaires n'est même pas souhaitable en soi dans la perspective keynésienne car la baisse des salaires en diminuant la demande effective tire finalement la production et l'emploi vers le bas, soit une évolution opposée au mécanisme de rééquilibrage néoclassique.

c) De nouvelles théories

De nouvelles approches théoriques du marché du travail cherchent à rendre compte de la situation contemporaine caractérisée par des liens distendus entre salaires et marché du travail et en particulier entre salaire et productivité marginale (constat keynésien) tout en maintenant l'hypothèse de rationalité des acteurs (postulat néoclassique fondamental). On fait référence ici aux travaux reposant sur les notions de salaires d'efficience, de contrats implicites ou encore de segmentation du travail.

La **théorie du salaire d'efficience** pose le principe d'une relation croissante entre le salaire versé et la productivité du travailleur.

Le calcul de maximisation peut alors amener les employeurs à payer les salariés au-dessus du salaire concurrentiel.

Selon la **théorie des contrats implicites**, les salariés « s'assurent » contre les risques économiques en acceptant dans des contrats non formulés, une rémunération indépendante de la conjoncture.

Ainsi par exemple en période de forte activité, les salariés payent « une prime d'assurance » en acceptant un salaire inférieur à la productivité marginale et réciproquement ils touchent « une indemnité » en période de faible activité.

2.2 La formation des revenus en pratique

L'observation du fonctionnement de l'économie en général et du marché de l'emploi en particulier fait apparaître deux déterminants majeurs de la formation des revenus : les négociations salariales dans un cadre collectif (et non plus individuel comme dans la perspective néoclassique) et l'intervention de l'État dans le processus ; sans parler de tous les paramètres individuels à l'origine des inégalités de revenu (*cf.* point 3).

En effet, dans la pratique, le partage de la valeur ajoutée entre salaires et profits dépend des négociations salariales entre syndicats et patronat et débouche sur l'élaboration de conventions collectives. On peut noter toutefois que depuis les années 1990, se développe de façon de plus en plus nette une tendance à l'individualisation des salaires qui donne aux caractéristiques personnelles du salarié, un rôle croissant dans la fixation et surtout l'évolution du salaire.

L'État intervient également de façon significative dans la fixation des revenus primaires en agissant directement sur la composante « revenus d'activité » :

- en fixant les traitements des fonctionnaires ;
- en définissant le niveau du **salaire minimum interprofessionnel de croissance (SMIC)**, ce qui induit de plus des effets en cascade dans la hiérarchie des revenus dans les entreprises.

L'action des pouvoirs publics et des institutions européennes se fait également sentir sur les « revenus de la propriété » par les effets de la politique monétaire (définition des taux d'intérêt directeur par la BCE) ou encore de la **fiscalité** (modifications du taux d'impôt sur les sociétés).

Ainsi la formation des revenus obéit à des processus rendus parfois complexes par la multiplicité des déterminants ; ce qui explique le pouvoir explicatif seulement partiel des théories économiques dans ce domaine.

3 Les inégalités de la répartition

C'est une question importante, mais complexe d'un point de vue méthodologique et statistique. De plus, les inégalités se situent sur différents plans, au niveau du salaire tout d'abord, mais surtout à celui du patrimoine.

3.1 La mesure statistique des inégalités

FOCUS . . . FOCUS . . . FOCUS . . . FOCUS . . . FOCUS . . . FOCUS . . .

Quelques remarques de méthode

Analyser les inégalités suppose de découper la population globale en différents groupes, par exemple les différentes « professions et catégories socioprofessionnelles » (PCS), puis d'établir le revenu moyen de chaque groupe (chaque PCS).

À partir de là, deux types d'analyses sont possibles : une comparaison groupe à groupe (on parle d'analyse en termes de **disparités**) en premier lieu ; une comparaison à l'intérieur de chaque groupe (on parle de mesure de la **dispersion**) en second lieu.

L'étude des inégalités suppose la prise en compte de toutes sortes de critères

de segmentation de la population (PCS, âge, sexe, etc.)

Enfin les statisticiens recourent à différents types de représentations (courbe de Lorenz, indice de Gini, etc.) avec fréquemment une analyse par décile (constitution d'effectifs correspondant à 10 % de la population après un classement des ménages par ordre croissant de revenus).

3.2 Les différents facteurs d'inégalités

Les inégalités peuvent être saisies suivant les deux grandes familles de revenus : les revenus d'activité d'une part et les revenus de la propriété d'autre part.

a) Les disparités des revenus d'activité

La mesure des inégalités porte d'abord sur les salaires car ils constituent l'essentiel des revenus d'activité des ménages français et sont mieux connus que les revenus des indépendants.

Quelques déterminants des inégalités

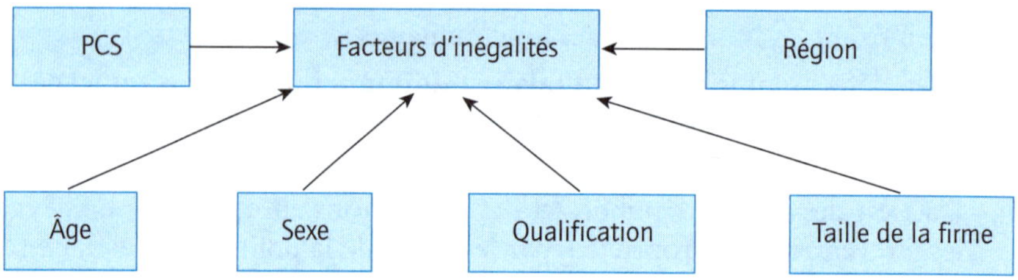

Pour chacun de des critères, on observe des inégalités : ainsi, un cadre touche un salaire en moyenne plus de 2,5 fois supérieur à celui d'un ouvrier ou d'un employé (critère PCS)… ou encore un salarié de sexe masculin à temps complet perçoit en moyenne une rémunération nette supérieure de près de 25 % à celle d'une femme.

L'interprétation de ces inégalités salariales pose certains problèmes, car les facteurs interagissent les uns avec les autres et les interprétations peuvent être multiples : ainsi pour prendre un exemple classique, les inégalités entre salaires masculins et féminins tiennent à un phénomène de discrimination à emploi équivalent, mais aussi à l'occupation par les femmes de postes en moyenne moins qualifiés, ou encore à une fréquence plus grande du chômage et du temps partiel chez les femmes, etc.

b) Les inégalités des revenus de la propriété

Ces inégalités sont très importantes, car elles proviennent elles-mêmes de patrimoines très inégalement distribués : ainsi en France, les 10 % de ménages les plus riches possèdent environ la moitié du patrimoine français. Le phénomène est d'autant plus important qu'il comporte une dimension cumulative dans le temps, qu'il va le plus souvent de pair avec des revenus salariaux élevés et qu'il combine tous les ressorts permettant l'accumulation (patrimoine diversifié, fiscalité favorable en matière de patrimoine, élargissements successifs via les héritages, etc.).

Le cercle vicieux des inégalités de revenu

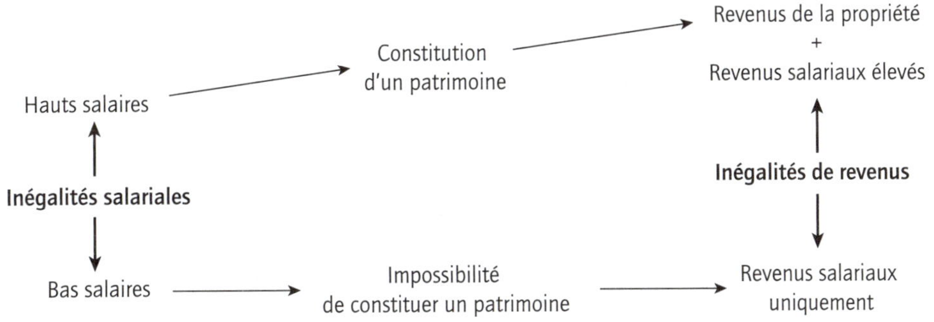

Au total, la question des inégalités pose deux autres types de questions :

- La première est relative à l'évolution de ces mêmes inégalités. D'une façon générale, on peut considérer qu'après une période de réduction sensible des inégalités qui va jusqu'au milieu des années 1980, on assiste à une stabilisation et même à un certain accroissement des écarts, en raison pour l'essentiel des revenus tirés de la propriété et du patrimoine qui bénéficient mécaniquement aux ménages les plus aisés.
- La deuxième est celle de leur justification. Certains économistes avec Gary Becker et sa **théorie du capital humain** (1964) expliquent ainsi les différences de rémunération par des différences d'investissement en formation. À l'inverse, d'autres insistent sur les dangers d'inégalités excessives pour l'équilibre social (et donc économique) de la nation, d'autant que réapparaissent des phénomènes de pauvreté et d'exclusion.

Ainsi l'ampleur des inégalités conduit-elle à poser la question de l'équité de la redistribution des revenus, c'est-à-dire à s'interroger sur ce qui est dû à chacun en dehors des lois de l'économie. Ainsi, les administrations publiques sont amenées à intervenir pour redistribuer les revenus dans l'idée de corriger les inégalités les plus contestables, ou pour accroître l'efficacité du fonctionnement de l'économie.

B LES MÉCANISMES ET L'ORGANISATION DU SYSTÈME FRANÇAIS DE REDISTRIBUTION

Le système français de redistribution est une organisation complexe qu'il importe de cerner à travers ses objectifs, ses mécanismes et ses institutions. Une fois présentés les grands principes et l'organisation générale du système, il convient d'en analyser les deux piliers que sont le système fiscal d'une part et la protection sociale d'autre part.

1 Les principes et l'organisation générale de la redistribution

On ne peut comprendre ce système sans faire référence aux grands principes et objectifs qui le régissent. Après une représentation simple de la mécanique de la redistribution, on en présente les deux grands objectifs fondamentaux et l'organisation générale.

1.1 Le passage du revenu primaire au revenu disponible

> La **redistribution** est un mécanisme conduisant à la modification des revenus primaires des ménages par le jeu de prélèvements (**impôts** et **cotisations sociales**) et de versements de prestations et ce, dans le but de réduire les inégalités et d'assurer une couverture de certains risques.

Ce mécanisme s'apparente en quelque sorte à une pompe aspirante et refoulante.

Le schéma général de la redistribution

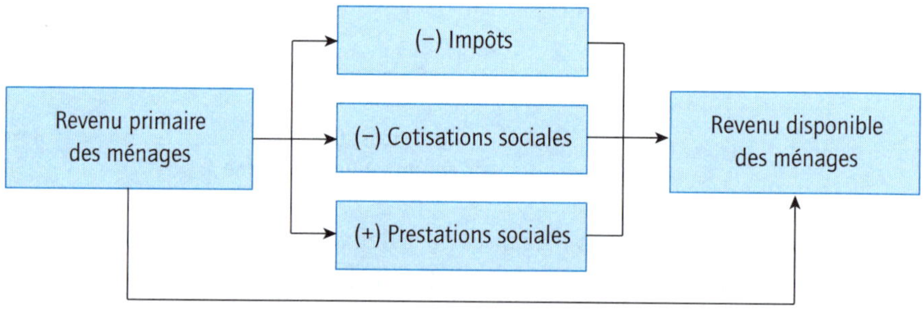

Le revenu corrigé des prélèvements et des transferts est appelé revenu disponible.

> Le **revenu disponible** des ménages est donné par le revenu primaire augmenté des transferts reçus et diminué des impôts et cotisations sociales versées. Il désigne le revenu à la disposition des ménages pour leur consommation et leur éventuelle épargne.

Pour donner une idée de l'importance de la redistribution dans le cas français, on peut indiquer qu'environ 40 % du revenu primaire des ménages est prélevé au titre des impôts et cotisations sociales et que près d'un tiers du revenu disponible provient des prestations sociales appelées aussi « revenus de transfert ».

1.2 Les deux grands objectifs de la redistribution

D'une façon générale, le système redistributif poursuit plusieurs objectifs :

- la fourniture de services collectifs (éducation, justice, etc.) ;
- la correction des inégalités de revenus ;
- enfin une assurance sociale contre différents risques (maladie, chômage, vieillesse etc.).

Dans cette perspective, on fait la différence entre deux grands types de redistribution :

> La **redistribution horizontale** vise à maintenir les ressources des individus frappés de risques sociaux sans considération des revenus.

La **redistribution verticale** cherche à réduire les inégalités sur l'échelle des revenus.

FOCUS . . . FOCUS . . . FOCUS . . . FOCUS . . . FOCUS . . . FOCUS . . .

Le point de vue des théoriciens sur la redistribution et ses effets

Comme souvent, néoclassiques et keynésiens s'opposent sur la question de la redistribution :

Les néoclassiques et la redistribution

Pour les économistes néoclassiques, les mécanismes de marché aboutissent à une répartition des revenus correspondant à la participation relative des différents agents à la création de richesse (d'où le concept « d'inégalités naturelles »).

De plus, l'intervention de l'État dans ce domaine est jugée globalement de façon négative : le marché est supposé produire des services sociaux plus efficacement que la tutelle étatique. En outre, les prestations et les prélèvements ont des effets pervers sur l'activité économique, car ils modifient le résultat des préférences individuelles (préférence pour les indemnités et l'oisiveté).

Le point de vue des keynésiens

À l'inverse, les keynésiens (sans parler des marxistes et d'une partie des libéraux) soutiennent le principe de la redistribution et, ce, tant pour corriger les excès des inégalités que pour assurer collectivement un certain niveau de protection. Les uns et les autres divergent cependant sur la nature et l'importance des dispositifs à mettre en œuvre.

De plus, les keynésiens insistent sur les effets potentiellement favorables de la redistribution pour l'état plus général de l'économie : en effet, la redistribution permet d'accroître les ressources notamment des ménages les plus modestes, c'est-à-dire de ceux-là mêmes qui ont la propension marginale à consommer la plus élevée.

1.3 L'organisation générale de la redistribution

La redistribution s'opère selon deux canaux bien distincts : celui de la fiscalité tout d'abord qui consiste en des prélèvements d'impôts par l'État (et les collectivités territoriales) permettant ensuite de financer un certain nombre de services publics ; celui ensuite des organismes publics de protection sociale avec, d'une part, l'Union de recouvrement des cotisations de sécurité sociale et d'allocations familiales (**Urssaf**) qui s'occupe de la collecte de toutes les cotisations sociales et du versement des différentes prestations sociales et, d'autre part, Pôle emploi qui a en charge le versement des allocations chômage.

2 Le système fiscal

Une fois connue l'architecture du système fiscal, il est important de mettre l'accent sur quelques grandes caractéristiques françaises en la matière.

2.1 L'architecture du système fiscal

Le **système fiscal français** est un système complexe alimentant le budget de l'État mais aussi celui des collectivités territoriales, comportant des **modes de prélèvement** distincts (impôts directs et indirects), des **modes de calcul spécifiques** (impôts forfaitaires, proportionnels ou progressifs) et s'appliquant à différents **types d'assiette** (le revenu ou le patrimoine).[1]

Les impôts à la charge des ménages

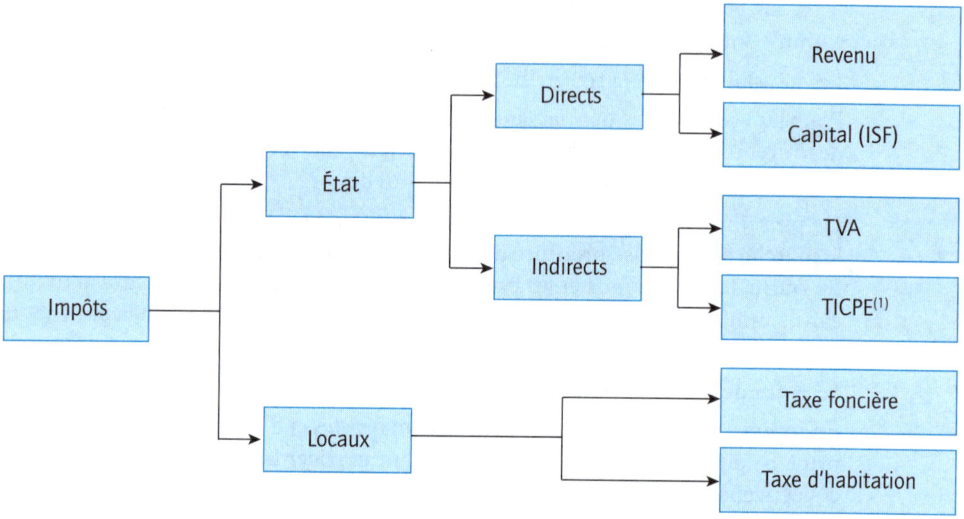

Les impôts ont plusieurs destinations et satisfont aux objectifs de redistribution de trois façons différentes :

– en finançant les services non marchands ;
– en assurant une contribution redistributive notamment dans le cas des impôts progressifs ;
– enfin en contribuant à financer la protection sociale (rôle de la CSG et de la CRDS).

2.2 Les spécificités du système fiscal français

Le système fiscal français se caractérise notamment par les traits suivants : importance des impôts indirects (comparée aux impôts directs), prépondérance des impôts proportionnels (face aux impôts progressifs), enfin taxation privilégiant le revenu sur le patrimoine). L'ensemble de ces caractéristiques atténue nécessairement l'effet redistributif du système.

3 La protection sociale

La protection sociale fait appel à deux grandes logiques bien différentes. Derrière la protection sociale, on retrouve un ensemble d'organisations et d'institutions dont il importe de connaître les fonctions et missions. Enfin ces différentes structures doivent faire face à la difficile question du financement de la couverture des risques.

(1) *La taxe intérieure de consommation sur les produits énergétiques (TICPE) était appelée précédemment « taxe intérieure de consommation sur les produits pétroliers » (TIPP).*

3.1 Les principes généraux de la protection sociale

Après la deuxième guerre mondiale, de nombreux pays industrialisés ont mis en place des systèmes de couverture contre différents risques sociaux (maladie, vieillesse, chômage etc.) dont l'ensemble constitue la protection sociale.

La **protection sociale** désigne l'ensemble des institutions et des mécanismes de prévoyance collective qui garantissent des ressources aux personnes ayant à faire face à des risques sociaux.

En premier lieu, Il s'agit là bien d'une approche collective qui doit être distinguée des démarches individuelles que pourraient adopter les agents en utilisant une partie de leur propre épargne à se couvrir personnellement contre les différentes formes de risques.

En second lieu, le système de protection social français obéit à **deux logiques** distinctes :

- une logique dominante qui est celle de l'**assurance** où l'ouverture des droits sociaux est liée aux cotisations sociales versées. C'est un système d'assurance obligatoire et fonctionnant sur un **principe de solidarité** (redistribution des actifs vers les inactifs, des bien portants vers les malades, etc.) ;
- une logique d'**assistance** qui autorise le versement d'un minimum de ressources indépendamment des versements effectués. Cette orientation a été développée plus tard avec des dispositifs tels que le revenu minimal d'insertion (RMI) remplacé depuis 2009 par le revenu de solidarité active (RSA) ; elle fait l'objet en France d'un financement par l'impôt.

Dans ces conditions, on parle souvent de dualisation du système de santé en distinguant les populations qui relèvent de l'assurance ou au contraire de l'assistance.

3.2 Les institutions et les risques couverts

Le système de protection sociale s'est établi progressivement en France avec quelques initiatives avant la seconde guerre mondiale (loi des assurances sociales de 1930) et un flux ininterrompu de décisions et de créations d'institutions et de dispositifs après 1945.

FOCUS . . . FOCUS . . . FOCUS . . . FOCUS . . . FOCUS . . . FOCUS . . .

Quelques dates clés en matière de protection sociale

1930 Loi sur les assurances sociales (seuls sont couverts les salariés de l'industrie et du commerce).

1945 Création de la Sécurité sociale

1958 Création de l'assurance chômage

1988 Loi instituant le revenu minimum d'insertion (RMI)

1993 Réforme des retraites (dans le secteur privé)

1999 Institution de la couverture maladie universelle (CMU)

2003 Seconde réforme des retraites (privé – public)

2004 Réforme de l'assurance maladie

2008 Nouvelles mesures concernant l'assurance maladie et le système de retraite

2010 Réforme Woerth des retraites

2014 Réforme Ayrault des retraites

La protection sociale contre les différents risques est de la responsabilité de la Sécurité sociale et de son organisme collecteur, l'Urssaf à l'exception du risque « chômage » qui relève lui, de l'assurance chômage et du tandem Unedic/Pôle emploi. L'Urssaf collecte l'ensemble des cotisations sociales y compris celles concernant le chômage.

Une caractéristique importante du système français réside dans la gestion paritaire des organismes sociaux (Urssaf et Unedic) associant syndicats et organisations patronales ; il vaut mieux cependant parler de **tripartisme** car l'État garde le pouvoir de décision en matière de niveau des cotisations et des prestations sociales.

La **Sécurité sociale** désigne l'ensemble des organismes chargés en France de collecter les cotisations sociales et de verser les prestations sociales concernant les risques maladie, invalidité, famille et vieillesse.

L'organisation de la Sécurité sociale est une architecture complexe comportant quatre branches de risques, plusieurs régimes différents (ensemble de personnes définies par leur activité professionnelle et soumise à la même réglementation) et un millier d'organismes locaux et nationaux.

Les branches de la sécurité sociale

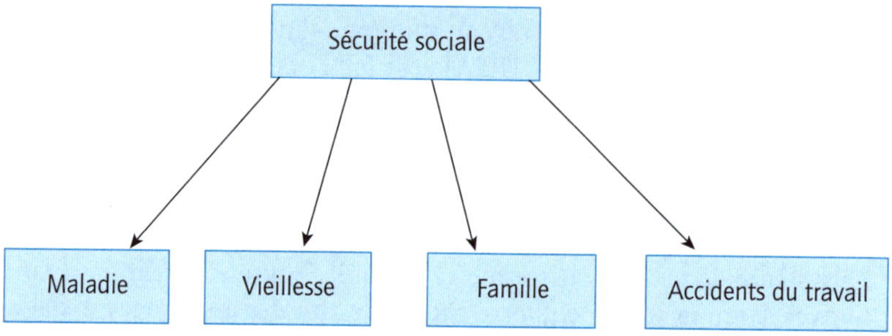

On peut noter à cet égard que les différents risques sont couverts fréquemment par des dispositifs mixtes : certains relevant de l'assurance, d'autres de l'assistance.

FOCUS . . . FOCUS . . . FOCUS . . . FOCUS . . . FOCUS . . . FOCUS . . .

Les différents risques sociaux et leur couverture

• Le **risque vieillesse** est couvert par les retraites relevant de la logique d'assurance d'une part, et l'allocation de solidarité aux personnes âgées (ASPA) relevant de l'assistance d'autre part.

• Les **prestations familiales** ont pour objectif d'apporter aux familles une aide compensant partiellement les dépenses engagées pour la subsistance et l'éducation des enfants. Elles visent traditionnellement à favoriser la natalité (mais dans des limites croissantes imposées par les contraintes financières).

• Les **prestations chômage** relèvent de l'assurance avec l'allocation d'aide au retour à l'emploi (ARE) et de l'assistance avec l'allocation de solidarité spécifique (ASS) qui constitue un relais pour les chômeurs en fin de droits.

• Le **risque santé** est couvert par les prestations maladie, invalidité et accidents du travail.

Parmi ces risques, deux pèsent aujourd'hui d'un poids essentiel : le risque vieillesse en liaison avec le vieillissement de la population et le risque santé dont le poids relatif reste stable depuis 40 ans.

Dépenses de protection sociale en 2015 (régime général)

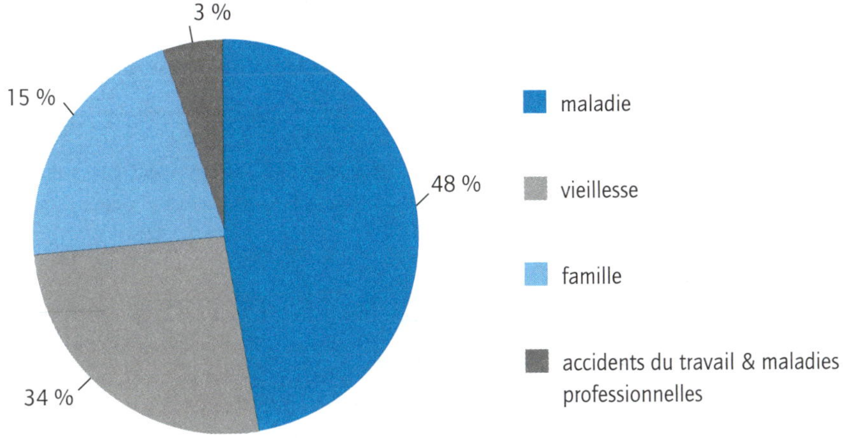

Source : Commission des comptes de la Sécurité sociale, juin 2016.

3.3 Le financement de la protection sociale

La couverture de ces risques est assurée par un ensemble de ressources de diverses origines : cotisations sociales respectivement salariales et patronales, mais également CSG, prise en charge de cotisations par l'État, recettes fiscales, etc.

Le financement repose encore très largement (à plus de 50 %) sur les cotisations sociales notamment celles acquittées par les employeurs ; mais les ressources tendent à se diversifier avec notamment la montée en puissance de la CSG et des contributions publiques (impôts et taxes, exonérations compensées par l'État, etc.).

Ressources de la protection sociale en 2015 (régime général)

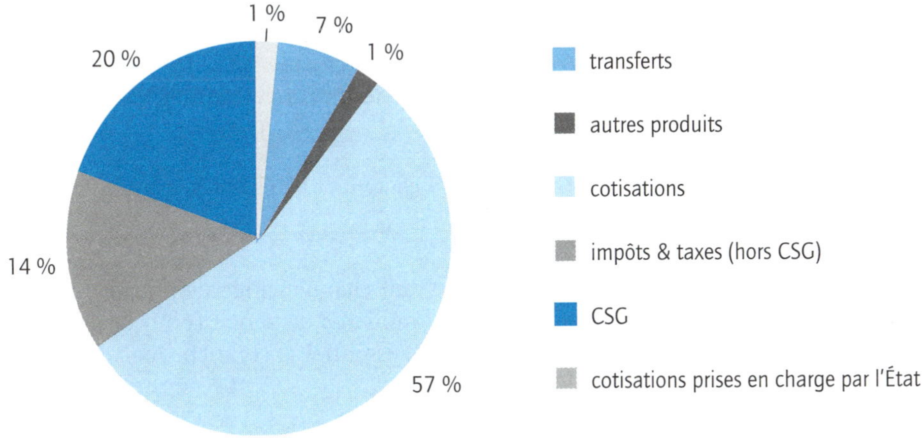

Source : Commission des comptes de la Sécurité sociale, juin 2016.

La **contribution sociale généralisée (CSG)** créée en 1991 est un **système hybride** d'impôt et de cotisation. Comme l'impôt, elle a un caractère universel et elle est partiellement non déductible du revenu soumis à impôt ; comme les cotisations sociales, elle est proportionnelle, pour partie déductible du revenu imposable… et elle ne rentre pas dans le budget de l'État.

La **contribution au remboursement de la dette sociale (CRDS)** est une taxe créée en 1996 pour assurer l'apurement de la dette sociale.

Une particularité essentielle du financement de la protection sociale reste le fait que l'essentiel des ressources (à plus de 75 %) est constitué de prélèvements sur les revenus d'activité.

C LES DIFFICULTÉS ET LES PERSPECTIVES DE LA REDISTRIBUTION

La redistribution connaît des difficultés récurrentes et croissantes auxquelles ont tenté de répondre plusieurs réformes et évolutions successives du système de protection sociale. Le système de redistribution fait en parallèle l'objet de vigoureuses critiques doctrinales d'autant que les prélèvements obligatoires ont atteint un niveau très élevé. Dans de telles conditions, différentes transformations du système peuvent être encore envisagées.

1 Les difficultés financières de la protection sociale

Le déficit récurrent de la protection sociale résulte de différents facteurs. Il a conduit à différentes réformes successives aux effets longtemps insuffisants.

1.1 Un déficit chronique, mais en réduction sensible

La protection sociale connaît des difficultés chroniques (avec le fameux « trou de la Sécu ») ; ainsi le régime général de la Sécurité sociale a toujours été déficitaire depuis 1990 à trois années près et pendant plusieurs années, toutes les branches ont contribué à ce déficit.

Le « **trou de la Sécu** » est le qualificatif courant et familier désignant le déficit global des organismes de sécurité sociale.

Cela étant depuis 2011, le déficit se réduit chaque année significativement passant à partir de 2014 en dessous de la barre des 10 milliards de déficit (pour ce qui concerne le régime général). En 2015, le déficit est dû pour l'essentiel à la branche maladie, alors que la branche vieillesse s'approche de l'équilibre.

Solde annuel du régime général de la Sécurité sociale de 1990 à 2015 (en milliards d'euros)

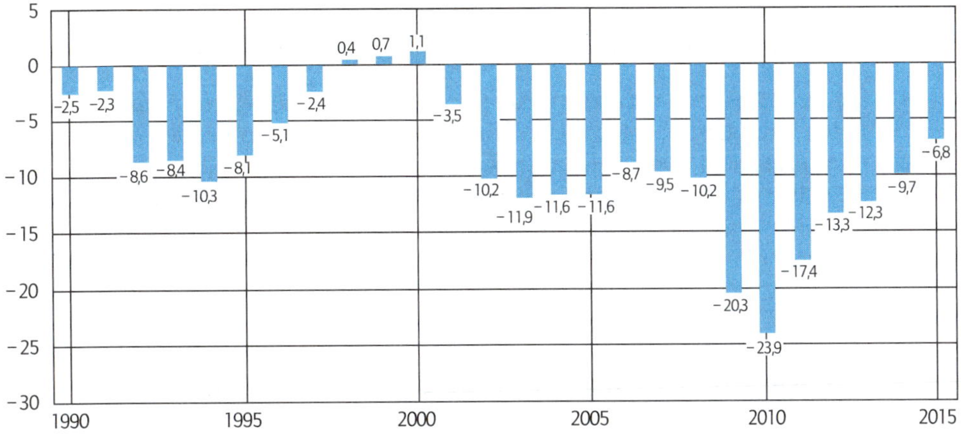

Source : Rapport de la Commission des comptes de la Sécurité sociale, 2016.

1.2 Les facteurs à l'origine d'un effet de ciseaux

Ce déficit récurrent s'explique à la fois par la faiblesse des recettes et par la forte montée générale des dépenses :

- L'insuffisance des recettes résulte fondamentalement de la **faiblesse de la croissance économique** qui se traduit d'une part par un ralentissement de la croissance de la masse salariale sur laquelle repose le calcul des cotisations sociales et d'autre part par un chômage élevé qui réduit le nombre même de cotisants.

- Les dépenses sont orientées systématiquement vers le haut sous l'influence de **multiples déterminants :** des facteurs démographiques avec notamment le vieillissement de la population qui non seulement augmente le poids des retraites mais accroît également les dépenses de maladie, en second lieu, les effets du progrès technique qui en permettant l'amélioration de la qualité des soins et des techniques chirurgicales, conduit simultanément à l'accroissement du prix de la santé, sans oublier certaines caractéristiques du système français de protection sociale (le remboursement jusqu'à 100 % par certaines mutuelles n'incite pas à l'économie) ou encore les conséquences de certaines mesures (renchérissement des honoraires médicaux). Enfin, il convient d'ajouter que les dernières décennies ont été globalement caractérisées par l'amélioration et la généralisation de la couverture des risques.

En d'autres termes, la conjonction de facteurs économiques (la faiblesse de la croissance) et de phénomènes démographiques (le vieillissement de la population) et d'un système social protecteur (qualité des soins, qualité des remboursements, généralisation de la couverture des risques) conduit à « un effet de ciseaux » : les recettes ne parvenant pas structurellement à couvrir la croissance soutenue des dépenses.

1.3 Des réformes successives orientées vers le rétablissement des comptes sociaux

Face à cette détérioration persistante des comptes sociaux sous l'effet conjugué d'une croissance faible (ou insuffisante), d'un chômage élevé et du vieillissement de la population, les pouvoirs publics ont été amenés à prendre régulièrement des mesures correctives, au-delà des simples mesures d'ajustement des comptes a posteriori (emprunts et contributions budgétaires).

a) Le durcissement des conditions d'indemnisation du chômage

La recherche d'une maîtrise des dépenses d'indemnisation du chômage a conduit à prendre différentes mesures durcissant d'abord les conditions d'obtention des indemnités, conduisant également à une réduction des durées d'indemnisation ou encore à une diminution des niveaux de prestations (réforme de 2002). L'évolution n'est toutefois pas allée toujours dans le même sens avec en particulier une parenthèse plus favorable aux chômeurs avec la réforme dite du PARE (Plan d'aide au retour à l'emploi) entre 2000 et 2002.

b) La difficile maîtrise des dépenses de santé

Dans le domaine de la santé, les différentes politiques successivement menées, dans un premier temps, par Alain Juppé et Martine Aubry ont visé à imposer une maîtrise des dépenses qualifiée quelquefois de « **maîtrise comptable** » en accentuant le déremboursement de certains médicaments, en surveillant ou en réduisant les conditions d'accès à certains services (soins ambulatoires, droit aux cures, etc.), etc., et en cherchant de nouvelles ressources qu'il s'agisse de « nouveaux impôts » (avec la CSG et la CRDS) ou de l'accroissement de la participation des ménages et des mutuelles aux soins (augmentation du forfait hospitalier, etc.).

De nouvelles orientations ont été également mises en place avec la réforme de l'assurance maladie en 2004 comportant entre, autre innovation, une modification des conditions d'accès aux soins (le recours éventuel au spécialiste devant être désormais précédé par une visite chez le médecin généraliste référent, sous peine de coûts supplémentaires à la charge du patient) et la mise en place « d'un dossier médical personnel ».

Année après année, des efforts sont également faits pour promouvoir l'usage des (médicaments) génériques, pour améliorer le fonctionnement et la gestion des hôpitaux, pour développer la médecine ambulatoire, etc.

L'ensemble de ces mesures fait évoluer peu à peu le système vers un transfert de la prise en charge d'une partie du financement de la sécurité sociale vers les mutuelles (et les patients) avec en parallèle, la recherche d'une rationalisation des parcours de soins. Ces mesures apparaissent cependant en l'état toujours très insuffisantes pour assurer le bon équilibre des comptes.

c) La réforme des systèmes de retraite

Concernant le problème des retraites, plusieurs réformes (la réforme Balladur en 1993 concernant seulement le secteur privé, puis les lois Fillon en 2003, Woerth en 2010 et Ayrault en 2014) ont conduit à un ensemble de dispositions visant à équilibrer les comptes de la branche vieillesse à court terme.

D'une façon générale, les mesures prises conduisent d'abord à accroître le nombre d'années de cotisations nécessaire pour percevoir une retraite à taux plein, ensuite à réduire le montant des prestations (modification de la base de calcul des pensions), enfin à compléter le dispositif de financement des retraites fondé traditionnellement sur un mécanisme de répartition par le développement de formules d'épargne retraite (orientation vers la capitalisation).

Les dispositions prises vont également dans le sens d'un rapprochement des différents régimes de retraite y compris les régimes spéciaux.

Concernant les dernières réformes, la loi Woerth de 2010 a différé les dates de départ à la retraite : l'âge d'ouverture des droits est repoussé progressivement de 60 à 62 ans, tandis que l'âge de départ à taux plein passe de 65 à 67 ans ; la loi Ayrault (2014) augmente encore la durée de cotisation pour une retraite à taux plein (43 ans en 2035) et relève le taux des cotisations retraites. Cela étant, la loi Ayrault marque une inflexion du dispositif de retraite en ouvrant la porte à des départs précoces en raison de conditions de travail particulièrement difficiles (compte « pénibilité »).

Le **système de répartition** repose sur le principe de la solidarité intergénérationnelle dans la mesure où les cotisations des actifs servent à financer les pensions des actuels retraités.

Le **système de la capitalisation** suppose lui, que chaque individu prépare et finance lui-même sa propre retraite en mettant de côté une partie de ses revenus et en les faisant placer sur les marchés financiers.

La réduction très sensible du déficit de la branche vieillesse peut être mise au compte, dans une large mesure, des réformes structurelles conduites depuis 1993 (puis en 2003, 2010 et 2014).

Cela étant dans ce domaine, des incertitudes demeurent malgré les mesures prises compte tenu du rôle déterminant de la croissance sur le niveau des recettes et donc l'obtention (ou non) d'un équilibre satisfaisant, sans parler de la volonté (ou non) des entreprises d'embaucher ou de maintenir dans l'emploi les travailleurs âgés.

Au final, le système français de protection sociale a favorisé l'amélioration significative de l'état sanitaire de la population. Ceci étant, l'ensemble des réformes en matière de protection sociale souffre de ne pouvoir assurer correctement et durablement les équilibres financiers nécessaires au bon fonctionnement de la protection sociale ; d'où une situation de crise financière récurrente de la protection sociale et d'empilement de mesures et de dispositifs nouveaux. Cette crise débouche elle-même sur la remise en cause plus générale de la redistribution.

2 La remise en cause de la redistribution

Cette remise en cause de la redistribution se concentre en particulier sur la dimension verticale de la redistribution. Elle repose à la fois sur des critiques d'ordre social mais aussi et surtout d'ordre économique, en particulier en relation avec le très haut niveau atteint par les prélèvements obligatoires.

2.1 Les effets limités de la redistribution verticale

La redistribution est en effet souvent critiquée pour ces effets somme toute limités en matière de réduction des inégalités par rapport aux masses financières concernées. L'encadré suivant présente différentes explications techniques de la faiblesse de cet impact global en prenant en compte successivement la fiscalité, les cotisations sociales et les prestations sociales elles-mêmes.

FOCUS . . . FOCUS . . . FOCUS . . . FOCUS . . . FOCUS . . . FOCUS . . .

Les limites des effets de la redistribution verticale

La faiblesse du caractère réducteur d'inégalités de la redistribution peut être expliquée par les caractéristiques mêmes des trois éléments correcteurs : les impôts, cotisations et prestations sociales.

Les caractéristiques de la fiscalité

La fiscalité réduit peu les inégalités en raison de plusieurs de ses caractéristiques :

- la faible importance des impôts directs ;
- les nombreuses possibilités de déduction du revenu imposable ;
- l'essentiel des impôts à l'exception de l'impôt sur le revenu sont proportionnels au revenu (et donc neutres fiscalement) ou régressifs ;
- la faiblesse des prélèvements sur les revenus de la propriété. La loi de finance de 2013 a toutefois aligné en grande partie la fiscalité des revenus du capital sur celle du travail.

Le mode de calcul des cotisations sociales (CS)

Plusieurs particularités touchant au mode de calcul des CS atténuent encore le caractère redistributif du système :

- forfait pour la cotisation sociale des artisans ;
- plafonnement de certaines cotisations sociales pour les salariés.

Le caractère inégalitaire des prestations versées

Certaines prestations sociales reproduisent les inégalités (ainsi les allocations chômage sont calées sur le salaire antérieur).

De plus, ce sont en général les salariés les mieux payés qui cotisent à des retraites complémentaires et qui en tout état de cause bénéficient le plus longtemps de la perception des prestations sociales (compte tenu d'une durée de vie en moyenne plus élevée).

Globalement ces caractéristiques ne jouent pas cependant de la même façon ; le constat général est que la fiscalité réduit peu les inégalités quand les prestations sociales, elles diminuent significativement inégalités et pauvreté.

2.2 Les critiques doctrinales de la redistribution

a) Un tour d'horizon du débat sur la redistribution

La redistribution fait également l'objet d'importantes critiques doctrinales notamment de la part d'économistes d'inspiration néoclassique. Les critiques les plus fondamentales portent sur le caractère économiquement défavorable de prélèvements obligatoires élevés et sur les effets pervers des cotisations et prestations.

Les **prélèvements obligatoires (PO)** sont constitués par l'addition des impôts et des cotisations sociales reçus par les administrations (publiques) et les institutions européennes.

Le **taux de prélèvements obligatoires** est donné par le rapport de ces prélèvements au PIB.

Le taux des PO est un indicateur suivi par les pouvoirs publics ; en France il se situe à un niveau très élevé (44,7 % du PIB en 2015), un chiffre sensiblement supérieur à la moyenne de l'UE (et très au-dessus des États-Unis et du Japon).

Panorama des arguments relatifs à la redistribution

Arguments critiques	Contre-arguments
(1) Discussion de l'effet redistributif des prélèvements	
Distorsion des prix relatifs (du fait des impôts indirects). Désincitation au travail et entrave à la flexibilisation du marché du travail.	L'augmentation de la pression fiscale peut entraîner les individus à augmenter leur activité.
Freinage de la demande. Effet d'éviction (lorsque les prélèvements ne suffisent pas à financer les dépenses) ; ce qui réduit les possibilités d'investissement des entreprises.	
Moindre compétitivité-prix. Fuite des capitaux. Émigration des travailleurs les plus compétents.	– Possibilité de gains de productivité compensateurs (favorisée par une meilleure cohésion sociale). – Importance de la compétitivité hors prix.
(2) Discussion de l'effet redistributif des prestations	
Réduction du coût d'opportunité de l'inactivité (en raison de l'existence d'allocations).	Les allocations dynamisent la demande d'autant qu'elles bénéficient d'abord aux faibles revenus ; ceux-là mêmes qui ont une forte propension à consommer.

b) Taux des prélèvements obligatoires et croissance

Parmi les critiques économiques les plus connues contre la redistribution, figure l'analyse de l'économiste américain Arthur Laffer et sa **courbe en cloche** (popularisée dans les années 1970) qui établit un lien négatif entre le taux des prélèvements obligatoires d'une part et le montant des recettes fiscales et par extension le niveau de la croissance d'autre part.

La courbe de Laffer

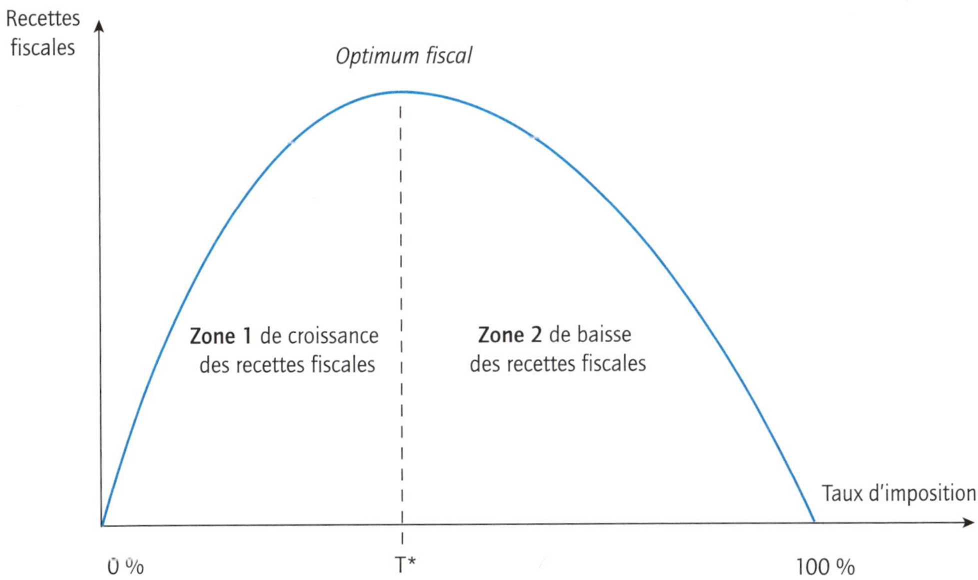

Pour Laffer, l'augmentation du taux d'imposition conduit au début effectivement mécaniquement à une hausse des recettes fiscales (zone 1). Toutefois, au-delà d'un certain seuil d'imposition (T*), niveau de maximisation des recettes fiscales, le taux de prélèvement obligatoire tend à décourager les individus de travailler et les conduit peu à peu à privilégier le temps de loisir sur le revenu ; si bien qu'au final l'excès de pression fiscale conduit au ralentissement de la production et à la réduction des recettes fiscales (zone 2).

Cette analyse a eu un fort impact puisqu'elle a inspiré les politiques libérales mises en œuvre dans de nombreux pays notamment les États-Unis et le Royaume-Uni dans les années 1980.

Cette analyse est cependant relativisée par d'autres économistes qui mettent l'accent sur la difficulté de chiffrer le seuil à partir duquel s'opère le retournement. L'économiste français Thomas Piketty rappelle également que les États-Unis ont connu une croissance forte dans les décennies d'après guerre alors que les taux d'imposition marginaux atteignaient les 90 %.

c) L'analyse critique des cotisations et des prestations sociales

Le mode de financement de la protection sociale assis sur les cotisations salariales et patronales entraîne également des effets pervers en matière d'emploi. L'impact sur le coût du travail qu'il génère, peut favoriser en effet, des phénomènes de substitution capital/travail. Ce phénomène pénalisera d'autant plus les salariés peu qualifiés dont la production est la plus faible.

Les travaux de l'**école de la « recherche d'emploi »** (*job research*) initiés par l'économiste George Stigler, puis repris par Edmund Phelps (prix Nobel en 2006), vont encore plus loin puisqu'ils mettent en évidence les effets pervers des systèmes mêmes d'indemnisation chômage. En effet, pour ces auteurs, les indemnités perçues permettent au chômeur d'allonger la période de recherche d'emploi ce qui contribue à accroître le chômage. De plus, par ce mécanisme, les bénéficiaires d'allocation sont maintenus dans une situation d'exclusion. Les économistes parlent de « **trappe du chômage** ».

3 Vers de nouvelles solutions ?

Les réformes et les mesures en matière de redistribution demeurent délicates à mettre en œuvre ; toutefois l'ampleur des problèmes économiques, financiers et sociaux attachés à la protection sociale conduit régulièrement les pouvoirs publics à envisager différents scénarios et à s'interroger sur la transférabilité en France de certains modèles alternatifs de protection sociale en vigueur à l'étranger. On indique ici quelques éléments de débat en la matière.

3.1 La baisse des prélèvements obligatoires et l'extension des mécanismes de marché

Une orientation régulièrement questionnée est celle de la réduction programmée des prélèvements obligatoires en s'inspirant par exemple du modèle anglo-saxon en vigueur aux États-Unis et au Royaume-Uni. À titre indicatif, le taux des prélèvements obligatoires est légèrement inférieur à 30 % aux États-Unis et légèrement supérieur à 35 % au Royaume-Uni ce qui contribue à abaisser le coût du travail et à induire un avantage en termes de compétitivité pour ces pays

De telles orientations passent par un désengagement accéléré de l'État et par un appel accru aux mécanismes de marché en matière de protection sociale, aussi bien en matière de financement des retraites (avec le choix de la capitalisation) qu'en matière d'assurance maladie avec le recours aux assurances privées et à la mise en concurrence des prestataires de services de santé (hôpitaux et médecins).

La France s'est engagée partiellement dans cette direction comme en témoignent par exemple l'orientation partielle vers la retraite par capitalisation (promotion de systèmes d'épargne – retraite) ou encore l'ouverture de parcours de santé différenciés (avec le recours ou non au médecin-conseil pour visiter un spécialiste) tout en maintenant jusqu'ici les grandes caractéristiques de « l'État-Providence » (*cf.* chapitre 15) d'autant que le modèle anglo-saxon est source d'inégalités profondes (une partie significative de la population n'a pas de couverture sociale). Ces orientations restent globalement de peu d'effet au plan macroéconomique : la France affiche toujours un taux de PO très élevé et en hausse très sensible depuis 2010.

3.2 La recherche d'une régulation administrée

Une autre orientation possible et qui semble inspirer en partie les dernières réformes concernant la santé est celle de la recherche d'une régulation administrée voire d'une planification de la santé ; signe paradoxalement donc d'une certaine « étatisation de la santé ». En effet depuis les années 1990, le ministère de la Santé négocie ou impose des enveloppes de dépenses avec les différentes professions de santé. À partir de 1996, un nouveau pas est franchi avec le vote annuel d'une loi de financement de la sécurité sociale comportant fixation d'un objectif national d'évolution de la dépense d'assurance maladie (depuis 1996-1997) ; ainsi, l'État se substitue aux caisses dans la régulation du système. Il y a ainsi à la fois une étatisation croissante de la gouvernance et une fiscalisation du financement (avec la contribution de plus en plus importante de la CSG).

3.3 L'hypothèse d'un autre mode de calcul des cotisations sociales

D'autres orientations sensiblement différentes sont également régulièrement avancées qui tiennent compte d'une partie des critiques faites à l'endroit des cotisations sociales (l'encouragement à la substitution capital/travail) tout en ne remettant pas nécessairement en question le niveau même des prélèvements obligatoires.

Ainsi, parmi les pistes régulièrement évoquées en matière de refonte du mode de financement de la protection sociale, on peut citer les idées suivantes :

- des **cotisations patronales progressives** favorisant le travail à temps partiel et permettant de réduire le chômage des travailleurs non qualifiés. Cette solution est d'ailleurs largement exploitée avec l'allégement très sensible des charges sociales sur « les bas salaires » à la suite de réformes successives conduites à partir des années 1990 ;
- une **taxe sur la valeur ajoutée** qui affecterait équitablement le facteur travail et le facteur capital ;
- la mise en place d'un système de **cotisation comportant bonus ou malus** en fonction du comportement « responsable » (ou non) des entreprises (du fait par exemple d'un recours abusif ou non aux contrats temporaires). Il s'agit en d'autres termes d'appliquer le principe du « pollueur-payeur » aux questions d'emploi.

La lourdeur de telles réformes en rend cependant à l'heure actuelle l'application difficile.

L'essentiel

Les revenus des agents économiques se forment en deux phases, appelées respectivement répartition primaire et répartition secondaire. La répartition primaire conjugue différents types de revenus (salariaux, patrimoniaux, etc.) et fait apparaître plusieurs mouvements de fond : avec la croissance des revenus patrimoniaux, l'existence d'importantes inégalités et l'intervention significative des pouvoirs publics dans ce domaine.

La deuxième phase de constitution des revenus des agents, celle de la répartition secondaire (ou redistribution) révèle un système très complexe en raison des nombreuses formes différentes que revêt cette redistribution, de l'accumulation des dispositifs (fiscaux par exemple) ou encore des nombreuses institutions concernées.

Le système de redistribution français fait cependant l'objet de multiples critiques.

Il est d'abord considéré comme peu ou insuffisamment efficace en matière de réduction des inégalités. Différentes mesures (création et montée en puissance de la CSG, alourdissement de la fiscalité des hauts revenus et alignement de la fiscalité des revenus du capital sur celle du travail en 2012-2013, etc.) marquent cependant une inflexion certaine dans le sens d'une plus grande redistribution.

On reproche aussi à ce système notamment dans sa dimension horizontale (la protection sociale) ses incidences économiques et financières défavorables : des déficits répétés de la sécurité sociale, une charge de remboursement très lourde qu'il laisse aux générations futures, ou encore une compétitivité dégradée des entreprises en raison de la lourdeur des contributions fiscales et sociales.

Dans ces conditions, les pouvoirs publics tentent depuis plusieurs années non seulement de faire face aux déficits successifs, mais aussi de créer les conditions d'un rééquilibrage progressif des comptes. Les expériences conjointes de la réforme des retraites et de l'assurance maladie montrent l'importance des changements opérés mais aussi la fragilité et l'insuffisance des résultats obtenus.

On note cependant une amélioration progressive de la situation financière des comptes sociaux et une concentration du déficit sur la branche maladie.

L'interprétation même des réformes est quelquefois complexe avec d'une part des orientations vers une « privatisation de la santé »... et d'autre part certaines formes « d'étatisation » sans parler d'une harmonisation possible à terme des politiques sociales à l'échelle européenne.

RÉFÉRENCES

Mots clés

- Assurance
- Assistance
- Contribution au remboursement de la dette sociale (CRDS)
- Contribution sociale généralisée (CSG)
- Cotisations sociales
- Courbe (en cloche) de Laffer
- Décile
- État-Providence
- Fiscalité
- Impôts
- Inégalités
- Pôle Emploi
- Prélèvements obligatoires
- Prestations sociales
- Protection sociale
- Redistribution
- Redistribution horizontale
- Redistribution verticale
- Répartition primaire
- Retraite par capitalisation
- Retraite par répartition
- Revenu disponible
- Revenus d'activité
- Revenus de la propriété
- Salaire d'efficience
- Salaire minimum interprofessionnel
- de croissance (SMIC)
- Sécurité sociale
- Système fiscal (français)
- Taux de prélèvements obligatoires
- Théorie des contrats implicites
- Théorie du salaire d'efficience
- Théorie du capital humain
- Trappe du chômage
- Trou de la Sécu
- Unedic
- Urssaf

Dates clés

1930	Loi sur les assurances sociales
1945	Création de la Sécurité sociale
2003	Réforme des retraites
2004	Réforme de l'assurance maladie
2010	Réforme Woerth des retraites

Auteurs de référence

- G. S. Becker (1964)
- A. Laffer (1941)
- E. S. Phelps (1970)
- G. J. Stigler (1962).

RÉFÉRENCES

Références bibliographiques

- J.-C. Barbier et B. Théret, *Le système français de protection sociale*, La Découverte, 2009.
- M. de Montalembert (sous la direction de), *La protection sociale en France*, Notices de la documentation française, La Documentation française, 6e édition, 2013.
- G. Nezosi, *La protection sociale*, La Documentation française, 2016.
- « La santé », *Cahiers français* n° 234, La Documentation française, Janvier-février 2005.
- « Comment sauver la protection sociale ? », *Alternatives économiques*, n° 296, novembre 2010.

Sites Internet

Site du Ministère de la Santé : www.sante.gouv.fr

Portail de la Sécurité sociale : www.securite-sociale.fr

Site du Conseil d'orientation des retraites : www.cor-retraites.fr

Site de l'observatoire des retraites : www.observatoire-retraites.org

APPLIQUER LE COURS

		Vrai	Faux
1	La redistribution des revenus permet de venir à bout des inégalités sociales en France.		
2	L'impôt sur le revenu est l'impôt qui rapporte le plus de recettes fiscales à l'État français.		
3	La Sécurité sociale comporte une branche « chômage ».		
4	Le système français de financement des retraites est pour l'essentiel un système de capitalisation.		
5	L'État providence correspond à une vision minimaliste de l'État.		

6 Quel est le nom de la célèbre courbe représentant un lien négatif entre taux de prélèvements obligatoires et recettes fiscales ?

a) la courbe de Beveridge
b) la courbe de Laffer
c) la courbe de Philips
d) la courbe de Kuznets

7 Connaissez-vous l'importance du taux de prélèvements obligatoires en France exprimé en pourcentage ?

8 Quelle est la branche de la Sécurité sociale présentant le déficit le plus important ces dernières années ? Cochez la ou les bonnes réponses :

a) la branche « vieillesse »
b) la branche « chômage »
c) la branche « accidents du travail »
d) la branche « maladie »
e) la branche « famille »

9 Qu'appelle-t-on « taux de remplacement » en matière de protection sociale ? Cochez la ou les bonnes réponses :

a) le ratio Montant de la CSG/Montant des cotisations sociales
b) le ratio Première pension de retraite/Dernier salaire d'activité
c) le ratio Nombre d'inactifs/Nombre d'actifs

SE PRÉPARER À L'EXAMEN

Étude de document

Vous disposez des deux graphiques suivants pour commenter l'importance et l'évolution des inégalités de revenus en France.

Évolution de l'indice de Gini (appliqué à la distribution des revenus français)

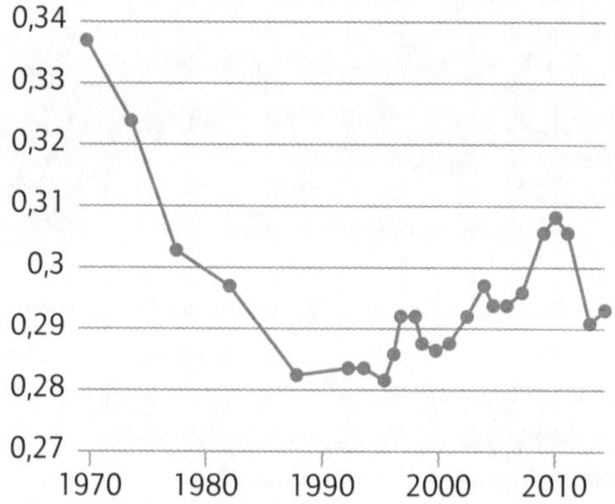

Source : Insee et Observatoire des inégalités.

Indice de Gini pour différents pays de l'UE

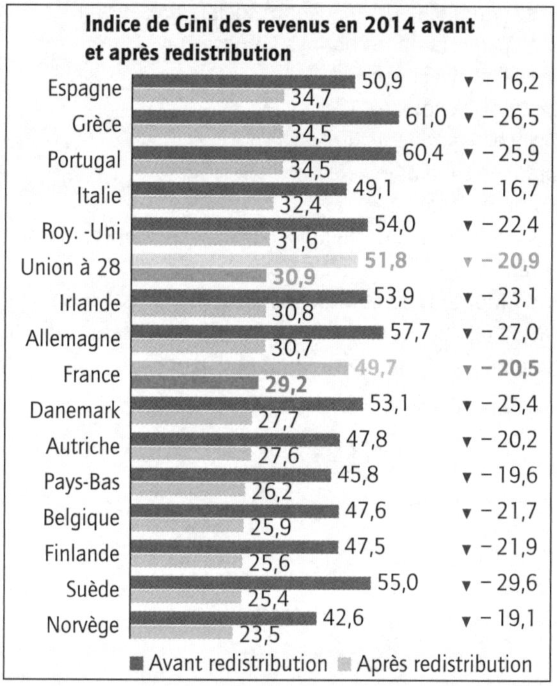

Source : Eurostat & Alternatives économiques n° 109, octobre 2016.

1. Rappelez en quoi consiste l'indice de Gini.
2. Que déduisez-vous du premier graphique en matière d'évolution des inégalités dans le cas français ?
3. Que déduisez-vous de l'état et de l'évolution des inégalités en France par rapport à la situation prévalant dans les autres pays européens ?
4. Quel(s) autre(s) outil(s) de mesure des inégalités connaissez-vous ?
5. Les inégalités sont-elles plus fortes en termes de revenus ou de patrimoine ?
6. Quel est le grand économiste français contemporain qui a fait d'importants travaux sur cette question des inégalités ?

Question de cours

Après un rappel des objectifs de la redistribution, vous analyserez les problèmes posés par son fonctionnement d'un point de vue à la fois économique et social.

CHAPITRE 19 La politique structurelle

S'il y a un domaine pour lequel l'intervention de l'État a été historiquement rarement remise en cause il s'agit de l'action de la puissance publique sur les structures économiques. Par historiquement, il faut penser tout d'abord à l'histoire des idées puisque les auteurs classiques considéraient que seule la puissance publique pouvait assumer le financement d'infrastructures trop coûteuses pour un investisseur privé au regard de l'intérêt particulier qu'elles pouvaient présenter pour lui. En conséquence, il n'est pas étonnant de constater dans de nombreux pays une intervention significative de l'État sur le long terme. En France, notamment, la tradition colbertiste va perdurer et semble se poursuivre encore parfois aujourd'hui.

Au fil du temps et en raison des défaillances et des crises rencontrées par les économies capitalistes, la tendance à une plus forte intervention de l'État s'est confirmée. Les pouvoirs publics sont apparus comme les garants de l'intérêt général sur le long terme car seuls capables de disposer d'une vision claire sur les évolutions majeures en matières industrielle et technologique que devait suivre la nation. Au cours des Trente Glorieuses, c'est dans cet esprit que furent mises en œuvre les politiques de planification. De plus, si la planification contribue à une définition claire des objectifs à atteindre, de nombreux États ont également décidé, à travers de vastes programmes de nationalisations, de prendre la direction des grands groupes industriels et des établissements bancaires.

Au cours de ces quelques décennies de croissance forte et régulière, la politique industrielle pouvait s'appuyer sur des hypothèses solides et des prévisions fiables. Avec la crise des années 1970, la régularité des cycles disparaît et les pouvoirs publics semblent désarmés pour orienter efficacement les destinées économiques de la nation. La tendance dans les faits et sur le plan théorique est à un désengagement de l'État ; les nationalisations laissent la place aux privatisations et sous l'impulsion du phénomène de mondialisation et de la construction européenne, les monopoles publics sont remis en cause. De nouvelles problématiques apparaissent et la puissance publique doit veiller au bon fonctionnement des marchés et à la libéralisation d'un certain nombre de services assurés par ses soins jusque-là. Mais ce désengagement de l'État appelle de nouvelles formes d'intervention qui empêchent de conclure à la fin des politiques structurelles.

A LA POLITIQUE STRUCTURELLE : DE LA THÉORIE À LA MISE EN ŒUVRE

Pour Adam Smith, le père de l'économie classique, l'intervention de l'État ne pouvait s'envisager que dans une perspective structurelle, seul l'État avait la capacité à mettre en œuvre les investissements d'infrastructure indispensables au développement économique. Ainsi, seule la puissance publique intégrait exceptionnellement, dans ce cas, l'intérêt général mieux que le marché. D'autres analyses théoriques à commencer par l'existence d'externalités ont légitimé l'intervention de l'État sur le long terme, intervention qui prendra dans la réalité différentes formes (aide au financement, subvention, nationalisation, planification…). De plus, l'évolution des marchés remettait en cause leur efficacité théorique et crédibilisait encore un peu plus la place des pouvoirs publics. On aboutissait alors logiquement à la période des Trente Glorieuses, période au cours de laquelle l'État dirigiste venait côtoyer l'État Providence.

1 Les différentes justifications théoriques de l'intervention de l'État

Aucune école de pensée en économie ne considère que l'État n'a strictement aucun rôle à jouer. Adam Smith, le père de l'école classique, considérait que la puissance publique avait trois fonctions à remplir : une fonction de défense de la société contre toute attaque venant de l'extérieur, une fonction de protection de chaque membre de la communauté contre l'injustice et l'oppression, enfin et plus spécifiquement dans le domaine de l'économie, Adam Smith considérait, de plus, que l'État avait le devoir de construire des ouvrages publics, tâche que l'intérêt privé ne prendrait jamais à son compte faute de profits suffisants. On voit donc apparaître des exceptions à la non intervention de l'État dans l'économie. Celui-ci se voit, ainsi, attribuer un rôle dans des cas bien précis. C'est dans cet esprit que Samuelson s'attarde sur l'existence de biens collectifs purs qui interdisent toute appropriation individuelle et ne peuvent s'envisager que dans une dimension sociétale. En conséquence, seule la puissance publique peut les prendre à sa charge.

Une autre forme d'intervention se justifie de par l'existence d'externalités, externalités analysées par Marshall et plus encore par Pigou. En présence d'effets externes, Pigou considère que le mode d'intervention le plus efficace est d'internaliser les externalités. En d'autres termes, il s'agit de les intégrer dans le calcul économique des agents. Ainsi, l'État imposera une taxe aux entreprises responsables de déséconomies externes (« pollueur payeur ») et subventionnera les agents à l'origine d'externalités positives. Cette approche pose toutefois le problème de l'identification et de la mesure des externalités, indispensables pour déterminer le niveau de taxation et de subvention. D'autres approches sont également possibles : intervention directe sur les processus par la fixation de normes, prise en charge par l'État des biens et services donnant naissance à des effets externes positifs.

Dans les faits, les politiques structurelles qui s'inscrivent sur le long terme se construisent autour de différents objectifs. La politique industrielle va chercher à orienter l'économie nationale en stimulant les secteurs les plus modernes et en retardant ou en accompagnant les secteurs en déclin. Pour définir ces grands objectifs et les moyens à mettre en œuvre pour les atteindre, la planification est longtemps apparue comme un instrument d'une grande efficacité. Avec la crise des années 1970 et les incertitudes qu'elle a entraînées, les hypothèses et prévisions sont devenues excessivement difficiles à établir rendant par là même, la planification inopérante.

Cette politique d'orientation des marchés peut revêtir différentes formes. L'État agit directement par des programmes de nationalisations, les entreprises dorénavant publiques devenant l'instrument de la politique industrielle. La puissance publique peut s'exprimer dans une approche moins lourde en facilitant le financement de certains projets à l'aide de subventions ou d'incitations fiscales.

La politique structurelle consiste également à laisser fonctionner les marchés, il s'agit pourtant d'une véritable politique, la politique de concurrence, puisque l'État doit garantir le bon déroulement du jeu concurrentiel. Il s'agira alors de sanctionner les pratiques concurrentielles déloyales ou d'interdire les positions dominantes que certaines entreprises peuvent obtenir à la suite de mouvements de concentrations notamment. La politique de concurrence se justifie de par l'imperfection des marchés.

2 Les marchés sont imparfaits

On entend par marchés imparfaits ceux d'entre eux qui s'éloignent trop nettement du modèle de concurrence pure et parfaite. Schumpeter a notamment étudié le phénomène des monopoles « naturels ». L'apparition de ce type de marché s'explique par ce que l'on appelle le paradoxe de la concurrence qui peut se résumer par la formule suivante : « que le meilleur gagne ». En effet, le jeu concurrentiel est assimilable à une compétition dans laquelle un certain nombre d'entreprises, par leur plus grande efficacité, vont en éliminer d'autres moins performantes. En final, ce processus aboutirait à l'apparition d'un monopole, la concurrence débouchant ainsi paradoxalement sur son contraire.

Avec le monopole naturel disparaît une des hypothèses du modèle de concurrence pure et parfaite qui est l'hypothèse d'atomicité. Il en va de même avec les marchés oligopolistiques sur lesquels règnent quelques entreprises seulement. Les oligopoles ont fait l'objet de nombreuses classifications. On retiendra celle de W. Fellner qui distingue les oligopoles pour lesquels il y a recherche de maximisation conjointe entre les entreprises présentes sur le marché de ceux où règne un antagonisme fondamental entre les concurrents. Machlup propose, de son côté, une classification en fonction du degré de coordination en distinguant trois niveaux : les oligopoles complètement, partiellement ou pas du tout coordonnés.

Avec la théorie du duopole, Cournot (1838) a montré que la recherche de maximisation des entreprises sur un marché où deux concurrents sont présents doit tenir compte, bien évidemment, de la demande mais intégrer également les décisions de l'autre firme (pronostic arbitraire sur la réaction de son concurrent).

Plus récemment, la théorie des jeux et notamment les travaux de Tucker sur le dilemme du prisonnier, ont été utilisés pour analyser les décisions des firmes comme la conséquence d'un comportement de joueurs. Ainsi, en l'absence d'information sur la décision de l'autre et dans un cadre non coopératif, les actions des différents acteurs aboutissent à des situations sous-optimales, remettant en cause le principe de la main invisible d'Adam Smith (la maximisation des intérêts individuels aboutissant dans ce cadre au bien-être collectif). Le dilemme du prisonnier trouve de cette manière beaucoup d'illustrations concernant le comportement des firmes

Ainsi, en situation de duopole ou d'oligopole, les entreprises ont collectivement intérêt à ce que l'offre soit limitée pour que le prix soit le plus élevé possible, mais chaque entreprise va plutôt chercher à produire le maximum et à vendre au prix le plus élevé ce qui aboutit, en final et globalement, à un déséquilibre entre l'offre et la demande. Ce cas de figure explique la recherche de coordination (entente) des entreprises sur un marché oligopolistique.

De même, les guerres de prix et de communication que se livrent les concurrents finissent par se neutraliser, n'apportant aucun avantage aux firmes présentes sur le marché.

Enfin, les biens collectifs que personne ne veut financer mais dont tout le monde veut profiter débouchent sur des comportements de « passager clandestin ».

Dans les faits, la Commission européenne joue également un rôle important à travers sa politique de la concurrence. Ainsi, la Direction générale de la concurrence surveille les pratiques commerciales déloyales. Qu'il s'agisse d'entente entre les concurrents ou d'accords verticaux (entre producteurs et distributeurs), la Commission a la possibilité d'intervenir si les règles du jeu concurrentiel ne sont pas respectées. De même, les pratiques discriminatoires (refus de vente, tarif différencié selon la catégorie d'acheteurs) sont également la cible des autorités européennes. La Direction générale de la concurrence dispose de moyens d'investigation puissants et d'un pouvoir de sanction sous forme d'amendes.

Depuis la fin des années 1980, la Commission européenne surveille également les mouvements de concentration. Les accords entre les entreprises, leur permettant d'occuper une position dominante, sont ainsi condamnés. Ce pouvoir d'intervention s'exerce, de plus, envers des groupes étrangers dont le poids serait jugé excessif sur l'un des marchés européens. Alors que les demandes de réaménagements (cession d'actifs par exemple) ont été pendant longtemps limitées, avec l'augmentation très importante des opérations de fusions, la Commission a été amenée à intervenir plus fréquemment et de manière plus stricte.

3 La montée en puissance de l'État

Les politiques structurelles ont fortement façonné la vie économique et sociale de la France des Trente Glorieuses. Pour le Ier plan, le plan Monnet, les enjeux sont clairs : objectifs impératifs d'investissement dans les secteurs de base (charbon, électricité, acier, ciment, transports, équipement et machinisme agricole). La tâche du Commissariat général au plan est facile parce qu'un large consensus national existe sur la nécessité de la reconstruction et que le dirigisme étatique s'impose en raison d'une initiative patronale défaillante.

Puis, progressivement, la situation économique se transforme, l'accumulation privée du capital est relancée et les investissements privés reprennent leur croissance après 1954.

Les IIe (1954-1957) et IIIe (1958-1961) plans affichent la volonté étatique de tout faire pour que cette reprise soit durable et en fournissent les moyens. Les commissions du plan produisent des prévisions sectorielles de production et de débouchés, « véritables études de marché généralisées », ce que chaque entreprise, même les plus puissantes, n'élabore pas encore pour son propre compte. L'État assure que, à moyen terme, il va favoriser la transformation de l'agriculture (libérant ainsi la main d'œuvre et accroissant les débouchés du machinisme agricole), accélérer les programmes de construction scolaire et de formation de la main d'oeuvre, encourager la décentralisation industrielle pour que les firmes se rapprochent des nouveaux bassins d'emploi. Là encore, la tâche du Commissariat au Plan est facile tant le manque de satisfaction des besoins essentiels (logement et transport) justifie le besoin de croissance maximale de la production.

Le IVe plan (1962-1965) cherche à insérer l'industrie dans un milieu plus propice pour elle. Mais cette position devient de plus en plus proche des seules positions patronales, ce qui éveille des controverses sur le rôle de l'État. La concertation devient alors plus nécessaire entre les divers partenaires sociaux. Le Commissaire au plan, grâce à sa relative autonomie par rapport aux organismes d'État, l'organise : patronat, syndicats, administration sont réunis en commissions de toutes sortes. Pour le Commissariat au plan, il devient encore plus utile de « fabriquer un plan que d'en avoir un ». Il faut en effet obtenir un langage commun sur l'avenir, « un concert de toutes les forces économiques de la nation » pour que tous soient persuadés du bien fondé de la croissance poursuivie. Cette tentative réussit parce que l'État programme dans le même temps une croissance plus sociale avec plus d'équipements collectifs (logements, équipements urbains et scolaires). Le Plan sert à dégager un consensus relatif sur la croissance.

Avec la perspective du Marché commun et l'accroissement des investissements américains en Europe, le début des années 1960 est la période où l'économie française s'insère dans l'économie mondiale. Il y a renforcement de la concurrence internationale et donc nécessité de coordination des politiques économiques.

Le secteur privé va être totalement confronté aux normes de production et de productivité de l'étranger et doit entreprendre impérativement une modernisation. L'État change alors les modalités de sa régulation. Le secteur privé devient la priorité et l'État favorise l'accumulation privée. Il reste à faire accepter une telle orientation et les choix nouveaux que l'État doit opérer en conséquence. Ces nouveaux choix s'expriment clairement dans le Ve Plan

Dans celui-ci (1965-1970), l'aide de l'État à l'accumulation privée ne doit pas être générale, mais sélective : de grands programmes pluriannuels engageant les finances publiques sont mis en place pour quelques secteurs (sidérurgie, construction navale, informatique...), surtout pour favoriser les quelques groupes présents dans ces secteurs et susceptibles de devenir ceux qu'on appellera les « fers de lance » de l'industrie. La concertation entre les différents partenaires sociaux est alors des plus difficiles. Pourtant, l'objectif principal du Plan va être de maintenir le profit des secteurs exposés à la concurrence internationale, la croissance des salaires et de la demande ne sont plus que des objectifs de second rang. Quant au développement des équipements collectifs, le Plan le programme strictement et l'encadre car il ne doit pas gêner la croissance du secteur privé.

La France a connu deux grandes vagues de nationalisations, une première dans l'immédiat après-guerre, une seconde avec l'arrivée au pouvoir de l'Union de la gauche en 1981. Ces deux phénomènes s'expliquent par des raisons économiques sur un arrière plan idéologique.

Ainsi, après la guerre puisque le capitalisme n'avait su ni prévenir la crise ni préparer le pays à la guerre et que la bourgeoisie avait été défaillante, il convenait de mettre fin à l'appropriation privée des principales sources d'énergie et des grands moyens de production.

D'une manière générale, plusieurs approches des nationalisations sont perceptibles.

En premier lieu, l'intervention de l'État semble indispensable pour faire face aux dévastations de la guerre. Le relèvement ne peut être assuré par un capitalisme privé appauvri par la crise et par la guerre. En second lieu, les défenseurs de l'intérêt général voient dans la nationalisation des grands secteurs d'activité le moyen de prévenir la formation de puissances financières ou industrielles capables de faire échec à l'État ou d'exercer sur lui une tutelle inquiétante.

Les nationalisations s'inscrivent également dans le processus d'épuration qui vise les grands patrons français ayant collaboré avec les Allemands et dont les plus emblématiques sont Louis Renault et Marius Berliet.

Avec ce programme de nationalisations, l'économie française est profondément transformée : toutes les sources d'énergie connues (charbon, gaz, électricité), l'essentiel du crédit, les transports constituent un important secteur public qui donne les moyens à l'État d'orienter l'économie.

Les nationalisations du début des années 1980 devaient être, sur le plan économique, un instrument de sortie de crise ; elles devaient soutenir l'investissement, l'emploi et favoriser le rétablissement de la balance commerciale. En se substituant à l'initiative privée jugée défaillante, l'État espère revigorer le tissu industriel en fournissant aux grands groupes français des capitaux qui leur faisaient défaut. L'idée de sanction est également présente, dans l'esprit de nombreux dirigeants socialistes, il faut sanctionner les entreprises privées qui n'ont pas suffisamment investi. La nationalisation des banques, en plus de celles qui l'étaient déjà depuis 1945, devait permettre l'obtention d'une « rationalité supérieure » et une « moralisation » des relations entre banques et PME. En d'autres termes, les banques contrôlées par l'État sont invitées à prendre plus de risques en matière de prêts. En outre, grâce aux nationalisations les pouvoirs publics espèrent mettre en place une nouvelle démocratie dans l'entreprise.

La loi du 11 février 1982 fait passer sous le contrôle de l'État neuf des plus grands groupes français. Ils représentent 20 % du chiffre d'affaires et 16 % des effectifs de l'industrie. La liste des « nationalisées » a été établie à partir de quatre critères qui ouvraient en fait la possibilité de nationaliser n'importe quelle entreprise : l'exercice d'un service public, l'utilisation de fonds publics, les positions de monopole et le contrôle des branches essentielles à l'économie.

B LES LOGIQUES DU DÉSENGAGEMENT

Progressivement, les théories économiques se sont renouvelées quant à la justification de l'intervention de l'État sur les évolutions structurelles des économies nationales. Qu'il s'agisse des objectifs poursuivis, peut-être éloignés de l'intérêt général, ou de l'organisation et des moyens mis en œuvre pour les atteindre, peu efficaces et peu efficients, l'action des pouvoirs publics étaient fortement remise en cause dans la pensée économique. Dans le même temps, les débats sur l'imperfection des marchés reprenaient de la vigueur, de nombreux auteurs cherchant à montrer que ces imperfections n'étaient pas obligatoirement synonymes d'inefficacité. En final, les années 1980 vont être marquées par la montée en puissance des marchés et des multinationales qui annoncent le déclin de l'État dirigiste.

1 Les faiblesses de l'État

Pour les tenants de la théorie du *Public Choice*, dont le représentant le plus connu demeure J. Buchanan, l'État et surtout les hommes politiques qui en ont la charge n'ont pas pour priorité l'intérêt général. La démocratie entraîne la formation de coalitions d'électeurs exigeant des services supplémentaires de l'État pour en retirer un avantage particulier. Afin d'être réélus, les hommes politiques doivent céder à suffisamment de demandes pour convaincre les 51 % d'électeurs qui leur assureront leur élection. En conséquence, il suffit que 51 % des électeurs soutiennent une nouvelle dépense pour que les 49 % qui ne sont pas concernés soient contraints de la financer. Pour exprimer ce phénomène la théorie du Public Choice met en évidence un cycle électoral des dépenses publiques.

Dans le même ordre d'idée, le théorème de l'électeur médian de Meltzer montre que les dépenses publiques vont évoluer vers le niveau correspondant au degré d'intervention souhaitée par l'électeur médian qui permet aux hommes politiques d'être élus. Sachant que, d'une part, cette demande d'intervention est d'autant plus forte de la part des agents aux revenus les plus modestes (profitent des transferts) et que, d'autre part, l'arrivée de nouveaux électeurs (les jeunes) aux ressources plus faibles va déplacer l'électeur médian vers le bas de l'échelle des revenus, le niveau des dépenses publiques ne peut qu'augmenter.

Pour Sorman, ce n'est pas la supériorité de l'entreprise privée par rapport à l'entreprise publique qui doit être mise en avant mais plutôt la supériorité de la concurrence sur le monopole et par voie de conséquence sur le monopole public.

Niskanen, quant à lui, procède à une analyse libérale de la bureaucratie. Il en conclut que les fonctionnaires maximisent leur budget (et donc leur utilité à travers les marges de liberté et le pouvoir que celui ci leur fournit), sans prise en compte véritable de toute efficacité économique.

La théorie des droits de propriété décrit l'impact des droits de propriété sur le comportement des individus et par la suite sur l'efficacité économique. Le droit de propriété qui porte sur un actif, permet d'utiliser ce dernier et surtout d'en tirer un revenu et de le vendre à un tiers. L'efficacité économique reposerait donc sur le pouvoir et sur la volonté qui animent les propriétaires privés de contrôler et de profiter de ce qu'ils possèdent. À l'inverse, l'entreprise publique est analysée comme une entreprise inefficace du fait du relâchement des droits de propriété et ceci pour plusieurs raisons : la non transférabilité des droits (pas véritablement de chef d'entreprises qui puisse céder librement ses actifs), l'absence de système incitatif en ce qui concerne la rémunération du gestionnaire (pas d'intéressement sur la performance de l'entreprise).

D'autre part, Baumol insiste sur la faible productivité des activités de services publics qui serait à l'origine d'une augmentation des dépenses budgétaires (les nouveaux besoins ne peuvent être satisfaits par des gains de productivité).

2 L'imperfection des marchés, un phénomène à relativiser

Si l'on s'appuie à nouveau sur la théorie des droits de propriété, cette dernière remet en cause l'intervention de l'État pour neutraliser des externalités négatives. Le théorème de Coase spécifie, en effet, que si les droits de propriété sont correctement définis, les agents peuvent corriger spontanément les externalités en passant par le marché. Ainsi, les effets externes provoqués par la pollution, par exemple, doivent être combattus en créant un marché sur lequel des droits relatifs à la ressource utilisée seront échangés. La mise sur le marché de droits à polluer va pousser les entreprises à réduire les nuisances qu'elles provoquent sur l'environnement si elles peuvent le faire à un moindre coût profitant ainsi des ressources qu'elles retirent de la vente de leurs droits aux autres entreprises. À l'inverse, pour ces dernières, la hausse du coût entraîné par la nécessité d'acquérir des droits à polluer doit les pousser à terme à réduire les externalités négatives qu'elles génèrent.

De même, l'apparition d'un monopole naturel ou d'un marché très concentré ne provoque pas systématiquement des effets négatifs. C'est ce qu'affirme l'école de Chicago représentée par Demsetz qui considère que si sur un marché donné, il ne reste plus qu'une seule firme c'est que cette dernière s'est montrée la plus efficace et que toute sanction à son égard reviendrait à sanctionner les meilleurs. De plus, les profits élevés que réalise l'entreprise en situation de monopole ne découlent pas d'un abus de position dominante de sa part mais de sa plus grande efficacité. Il n'en demeure pas moins vrai que l'existence d'une concurrence, même potentielle, stimulera toujours l'entreprise leader sur un marché.

Cette idée de concurrence potentielle est reprise dans la théorie des marchés contestables de Baumol. Pour cet auteur, le degré de concurrence ne dépend pas uniquement du nombre de firmes présentes, ni de leur faible dimension par rapport à la taille du marché. Sur un oligopole, les entreprises sont contraintes de se comporter comme en situation de concurrence du seul fait qu'il existe une menace potentielle d'entrée de nouveaux concurrents. Le caractère « contestable » d'un marché sera assuré si certaines conditions sont remplies : absence de barrières à l'entrée, absence de coûts fixes irréversibles (pas de barrières à la sortie), possibilité d'entrée et de sortie du marché avant que les firmes en place puissent réagir notamment par une baisse des prix.

La théorie des coûts de transaction développée par l'école néo-institutionnelle (comme la théorie des droits de propriété) et représentée par Coase et Williamson met en évidence l'efficacité plus grande des entreprises par rapport aux marchés. En effet, le passage par le marché (appel à un sous-traitant ou à un fournisseur) entraîne des coûts de transaction (coût de recherche, coût de négociation des contrats, coût des contrôles liés à l'exécution des contrats). Devant l'importance de ces coûts, les entreprises ont intérêt à intégrer une partie des activités qu'elles confiaient jusque-là au marché. Il ne faut donc pas intervenir pour freiner cette croissance synonyme d'une plus grande efficacité dans l'utilisation des ressources. De plus, il existe une limite naturelle à la croissance des firmes puisque ces dernières, au fur et à mesure de l'accroissement de leur taille, vont devoir faire face à des coûts de coordination de plus en plus importants. Lorsque ces coûts seront supérieurs aux coûts de transaction, la firme aura tout intérêt à repasser par le marché.

Les limites des politiques de concurrence sont posées par la pertinence de la définition du marché sur lequel s'exercerait la position dominante. C'est ainsi que la politique européenne de la concurrence, visant à limiter les phénomènes de concentration, ne va pas sans contradiction dans un contexte de mondialisation. En effet, si les fusions des entreprises débouchent sur des positions dominantes sur certains marchés européens, elles apparaissent parfois indispensables pour préserver la compétitivité des sociétés européennes sur le marché mondial.

Du fait des évolutions technologiques notamment dans les télécommunications ou bien encore dans l'audiovisuel, la notion de marché local n'a plus beaucoup de sens et remet en cause certaines décisions de la Commission dans ce domaine. Dans ces secteurs d'activité, la course à la taille critique (du fait des coûts importants liés aux infrastructures) reste primordiale pour se positionner favorablement à l'échelle mondiale et passe, obligatoirement, par des opérations de concentration.

3 La puissance des marchés

Depuis les années 1990 et du fait du développement des marchés financiers, les phénomènes de fusion ont pris une ampleur considérable contribuant à un accroissement de la taille des entreprises mondiales. Ce phénomène se constate des deux côtés de l'Atlantique puisqu'après avoir démarré aux États Unis, il a pris une très grande ampleur en Europe actuellement. La multiplication des opérations de fusion touche tous les secteurs d'activité même si la chimie-pharmacie, la banque et la finance, le pétrole et le gaz, l'assurance, l'industrie automobile sont plus particulièrement concernés. Ces fusions se réalisent entre entreprises de nationalités différentes après avoir été pendant un temps effectuées entre firmes de même nationalité. Enfin, on s'aperçoit que ces regroupements se réalisent de plus en plus souvent par l'intermédiaire d'OPA hostiles, y compris dans des pays ou cela n'était pas la tradition.

De nombreuses raisons sont généralement mises en avant ce qui rend leurs classifications difficiles. Mentionnons tout d'abord les raisons liées au développement de nouveaux marchés sur lesquels la technologie joue un rôle majeur (technologie de l'information et de la communication).

Pour certains groupes, il s'agit de profiter ou de faire face à la mondialisation, : attaquer de nouveaux marchés ou bien encore contrer l'arrivée de nouveaux concurrents.

La recherche de la taille critique et la réalisation d'économies d'échelle ont toujours été une des raisons essentielles des regroupements d'entreprise. Aujourd'hui, dans des secteurs de plus en plus nombreux, c'est l'importance des frais de recherche et développement qui justifie ces stratégies.

Il faut également envisager le phénomène dans une perspective de rapport de forces. Ainsi, les fusions appellent les fusions : c'est la nécessité de suivre les stratégies adoptées par les concurrents qui poussent les entreprises à trouver de nouveaux partenaires ou à se porter acquéreur d'une autre firme. De même, il peut être utile de faire face à la puissance de ses clients, des sous-traitants fusionnent afin de lutter contre la puissance de leur donneur d'ordre.

Nous l'avons dit, les phénomènes de concentration ont été permis par le développement des marchés financiers. Ces derniers offrent en effet des opportunités. Les fusions se multiplient, notamment, dans les périodes de croissance et de bonne conjoncture boursière, ainsi par un simple échange d'actions (OPE), une entreprise peut prendre le contrôle d'une autre d'une taille nettement supérieure si cette dernière est faiblement cotée en Bourse. De même, la baisse des taux d'intérêt facilite l'endettement souvent nécessaire pour financer des OPA.

L'ampleur des mouvements de concentration fait naître de nouveaux dysfonctionnements générés par la puissance des marchés. D'une façon générale et sur le court terme, les fusions ont un impact négatif sur l'emploi.

Toutefois, on peut également mettre en avant l'impact positif consécutif à un regroupement d'entreprises. La plus grande efficacité de la nouvelle entité doit permettre des baisses de prix, des rentrées fiscales plus fortes et assurer une meilleure solvabilité de l'ensemble par rapport aux deux firmes prises isolément. De façon plus indirecte, les autres entreprises présentes sur le marché doivent être stimulées et rechercher des gains de productivité.

Pourtant, de nombreuses études tendent à montrer que les opérations de fusion ne sont globalement pas génératrices de valeur, les problèmes essentiels restant liés aux différences culturelles (au sens large, c'est-à-dire incluant les cultures d'entreprises) et à la non prise en compte du facteur humain. Enfin, les fusions contribuent à une plus forte concentration sur les marchés, l'émergence de ces oligopoles remettant en cause, comme nous l'avons dit, le jeu concurrentiel.

C UN NOUVEAU POSITIONNEMENT POUR L'ÉTAT

L'inefficacité de l'action publique face à la crise des années 1970 aboutit à la remise en cause de la pertinence des nationalisations. Cette contestation des politiques structurelles à laquelle il faut ajouter les avantages immédiats en matière de financement des privatisations expliquent le reflux du secteur public au cours des années 1980 dans les grands pays industrialisés. Cependant ce recul de l'État va jusqu'à remettre en cause un certain nombre de services publics que l'on n'envisageait pas jusqu'alors de confier au secteur privé. En conséquence, la vaste libéralisation des marchés entraîne l'État dans un nouveau rôle de régulateur à travers des politiques de réglementation. Cependant, cette victoire des marchés ne semble pourtant ne pas avoir éteint toutes les velléités de la puissance publique à intervenir sur les structures des économies nationales.

1 Des privatisations à la fin des monopoles publics

À la fin des années 1970, l'arrivée au pouvoir de Ronald Reagan aux États-Unis et de Margaret Thatcher en Angleterre reste le symbole d'une réorientation très forte des politiques économiques avec pour caractéristique importante un très fort désengagement de l'État.

Les conservateurs en Angleterre vont ouvrir la voie en matière de privatisation. Dans un premier temps, il s'agit de restituer au secteur privé un certain nombre d'entreprises publiques puis d'étendre la privatisation aux services publics.

La première entreprise privatisée est British Aerospace en 1981 qui sera suivie de 65 autres : les privatisations s'accompagnent d'une déréglementation. Ainsi, la privatisation en 1984 de British Telecom marque également la fin de son monopole. En 1989, l'Electricity Act introduit la concurrence dans la production et la commercialisation de l'énergie électrique. En 1992, c'est au tour des entreprises spécialisées dans l'assainissement et la distribution de l'eau d'être la cible de la privatisation. En 1992, la privatisation du transport ferroviaire s'effectue par appartement : British Rail est démantelée en plusieurs sociétés alors qu'une autre entreprise a en charge la gestion des voies (Railtrack).

FOCUS . . . FOCUS . . . FOCUS . . . FOCUS . . . FOCUS . . . FOCUS . . .

Justification des monopoles publics et de leur démantèlement

Les monopoles de services publics avaient été constitués pour deux raisons essentielles :

– l'existence de rendements croissants : doubler la production ne double pas les coûts en raison des dépenses fixes importantes (réseau ferroviaire par exemple) ;
– la notion de services publics : élément essentiel de la vie économique et sociale.

Cependant, cette approche a été fortement remise en cause dès les années 1970 en raison des arguments théoriques suivants :

– les rendements croissants sont moins nombreux que ce que l'on pensait ;
– l'apparition de nouvelles technologies qui concurrencent les monopoles « naturels ». Exemple dans les télécommunications, apparition de nouveaux réseaux : satellite, cable optique.

En France, le désengagement de l'État passe également par un programme de privatisations. En 1986, lors de la période de cohabitation, Édouard Balladur, ministre des Finances du Premier ministre Jacques Chirac, établit une liste de 65 entreprises privatisables. On retrouve ici les principales motivations des opérations de privatisations : plus de liberté pour les entreprises présentes sur un marché concurrentiel, obtenir de nouvelles ressources pour l'État et volonté de constituer un actionnariat populaire.

Le programme sera toutefois interrompu en raison du krach boursier de 1987 puis par le changement de majorité en 1988. En final, seulement une douzaine d'entreprises seront privatisées : toutefois, en raison de l'existence de nombreuses participations, 1 100 entreprises employant 300 000 salariés passent dans le privé, de plus, 3 000 000 nouveaux actionnaires arrivent sur le marché boursier.

En 1988, François Mitterrand annonce la politique du « ni-ni » (ni privatisation, ni nationalisation). Mais la concurrence internationale et la construction européenne poussent à poursuivre le mouvement de privatisations. Ainsi, par le biais des augmentations de capital souscrites par les ménages et les entreprises, la part relative de l'État dans le capital de ces sociétés diminue. De même, une partie du capital d'Elf-Aquitaine et de Total est cédée. D'une manière générale, les ventes de filiales d'entreprises publiques ou à l'inverse des prises de contrôle de sociétés par des groupes nationalisés modifient constamment les frontières entre secteur public et secteur privé. L'État français semble ainsi fonctionner comme une société holding, se délestant de quelques participations, jugées non stratégiques, lorsque le besoin de ressources se fait sentir.

FOCUS . . . FOCUS . . . FOCUS . . . FOCUS . . . FOCUS . . . FOCUS . . .

Le « consensus » autour des privatisations

Trois raisons principales expliquent le consensus autour des privatisations :

- les disponibilités de l'État sont limitées, il est donc difficile de soutenir les entreprises publiques alors que les privatisations constituent, au contraire, une opportunité de ressource ;
- les privatisations doivent favoriser le développement international des entreprises alors que le statut particulier des entreprises publiques gêne les accords éventuels avec des partenaires étrangers ;
- privatiser, c'est redonner leur place aux mécanismes de marché jugés plus efficaces ; l'entreprise publique, non stimulée par la concurrence et protégée par le soutien de l'État, ne cherche pas à accroître ses performances.

La construction européenne s'inscrit également dans une logique de réduction des secteurs publics nationaux. Les monopoles publics ne correspondent à l'esprit ni du traité de Rome, ni du traité de l'Union européenne. En conséquence, différentes directives de la commission européenne vont aboutir à leur démantèlement dans les domaines des télécommunications, de l'électricité, des transports ferroviaires et de la poste. Les avancées ont été plus ou moins rapides selon les particularités des secteurs. Dans le secteur de l'électricité, une directive européenne de 1999 a abrogé les monopoles publics. Mais, dans un domaine où les infrastructures sont lourdes et les marchés peu dynamiques, l'ouverture à la concurrence reste modérée. Il en va de même des services postaux pour lesquels la concurrence a été introduite en 1997 sur certains segments de marché. Enfin, dans les télécommunications, les évolutions technologiques (Internet, téléphonie mobile) ont devancé les directives européennes pour aboutir « naturellement » au démantèlement des monopoles publics. Selon les pays, le rythme de la libéralisation des marchés est différent. Les pays du nord ont été plus rapides et sont allés plus loin dans leur démarche de déréglementation. En revanche, d'autres pays dont la tradition de services publics et de présence massive de l'État dans l'économie était plus forte, se sont montrés plus lents dans le processus de libéralisation. Ainsi, malgré les directives européennes, la France a repoussé de plusieurs mois l'ouverture du marché de l'électricité à la concurrence. Le désengagement de l'État semble sonner le glas de la notion de service public. La Commission européenne a cependant intégré cet aspect pour les services postaux et les télécommunications en contraignant les entreprises à assurer un service universel qui protège les consommateurs par une obligation minimale de service public.

FOCUS . . . FOCUS . . . FOCUS . . . FOCUS . . . FOCUS . . . FOCUS . . .

Comment garantir le service universel ?

Sur des marchés où règne le jeu concurrentiel, on peut s'interroger sur les moyens dont disposent les pouvoirs publics pour contraindre les entreprises à assurer un service universel à un prix supportable pour le consommateur. Trois exemples peuvent être cités :

- tarification des activités non rentables : les pouvoirs publics ont la possibilité d'imposer des prix plafonds ;
- mise aux enchères : certains services sont assurés par l'entreprise qui a accepté le niveau de subvention le plus bas ;
- définition des prestations à fournir : la directive européenne de 1997 définit le service universel de la poste comme celui qui garantit « tous les jours ouvrables et pas moins de 5 jours par semaine, au minimum une levée et une distribution au domicile de toute personne physique ou morale ».

L'ouverture à la concurrence appelle des réponses différentes selon la nature du monopole public. Pour certaines activités, comme le transport ferroviaire, des services de substitution existent (transport aérien, transport routier) et la concurrence est déjà présente. De plus, une décomposition entre monopole des infrastructures et ouverture à la concurrence sur les services est tout à fait envisageable. Dans le secteur des télécommunications, cette séparation entre services et réseaux peut être également mise en place. En revanche, le poids des ex-monopoles publics risque de fausser le jeu concurrentiel et justifie la mise en place de mesures pour réguler les marchés.

2 La régulation des marchés

Sur le plan théorique, quatre grands courants de pensée se sont intéressés à la forme que peut prendre la régulation étatique. Pour Pigou et l'économie publique normative, les mécanismes de marché connaissent des dysfonctionnements qui justifient l'intervention de l'État. Cette dernière doit permettre de retrouver un optimum de Pareto (« la norme »). La réglementation doit alors viser à intégrer les coûts et les bénéfices des externalités dont sont à l'origine les différents agents dans leur calcul économique. Nous avons déjà vu l'idée de taxer les entreprises à l'origine d'externalités négatives. On peut, à titre d'exemple, évoquer également les réglementations de type Ramsay-Boiteux qui autorisent les entreprises dont les activités génèrent des externalités positives mais qui sont structurellement déficitaires à pratiquer des tarifications supérieures au coût marginal.

Les tenants de l'économie institutionnelle tels que Coase et Williamson expliquent les défaillances du marché par l'existence de coûts de transaction. La réglementation se justifie si ces avantages sont supérieurs aux coûts de transactions qu'elle entraîne (coût de recherche d'une norme, coûts administratifs). Ainsi, la mise en place de droits à polluer que nous avons déjà évoquée constitue une solution pertinente car les coûts engendrés sont faibles puisque l'État n'intervient qu'une fois pour mettre en place le système.

L'économie positive de la réglementation de Stigler considère que l'État, en tant que réglementeur est soumis à l'action de certains groupes de pression. Le réglementeur aura tendance à céder à cette pression dans un souci de réélection ou dans l'espoir de pouvoir trouver un poste dans les industries dont il a la charge. Ainsi, la réglementation ne reflète plus l'intérêt général.

Les industries nationales cherchent, notamment, à imposer des règles et des normes dans le but de se protéger de la concurrence étrangère. Cette dépendance du réglementeur vis-à-vis de certains intérêts privés est au cœur de la théorie de la capture de la réglementation. Pour ce courant de pensée, il faut donc retirer à l'État le droit de réglementer et confier ce rôle à des organismes indépendants.

La nouvelle économie publique propose, enfin, une approche visant à corriger les défaillances de la réglementation et les défaillances du marché. La recherche d'une solution optimale doit tenir compte de certaines contraintes : l'asymétrie d'information entre le réglementeur et le réglementé, l'intérêt particulier du réglementé et l'insuffisante crédibilité du réglementeur.

L'asymétrie d'information fait notamment apparaître un risque moral. On peut prendre l'exemple du manque d'informations dont dispose le réglementeur sur la structure des coûts du réglementé qui fausse, au détriment de la collectivité, les processus de tarification.

Une solution au problème d'asymétrie d'information est présentée dans la théorie des contrats (d'inspiration néoclassique) qui préconise l'établissement de contrats efficients, c'est-à-dire les plus complets et les plus incitatifs possibles. Un exemple de contrat incitatif fort est donné avec les réglementations basées sur un prix plafond imposé au réglementé et payé par le consommateur mais qui n'est pas indexé sur le coût effectif de production. En conséquence, si le réglementé désire accroître ses marges, il doit axer ses efforts sur la maîtrise de ses coûts.

Dans les faits, la réglementation a pour objectif de faire respecter la concurrence.

Le caractère oligopolistique de nombreux marchés pousse aux ententes qui faussent le jeu concurrentiel, de même les stratégies d'alliance de plus en plus fréquentes, y compris entre firmes concurrentes, rendent difficiles les comparaisons entre les différentes offres sur le marché. En conséquence, les États, par le biais de la réglementation sont contraints d'intervenir.

L'évolution de certains marchés va au-delà de l'apparition d'oligopoles, certaines entreprises dominant à elles seules le marché sur lequel elles évoluent et ayant tendance à abuser de leur position dominante. Là aussi, la puissance publique doit donc veiller à éviter cette évolution.

Progressivement, s'est donc créée en France une réglementation, portant sur le jeu concurrentiel (pratique anti-concurrentielle, prix prédateurs…).

FOCUS . . . FOCUS . . . FOCUS . . . FOCUS . . . FOCUS . . . FOCUS . . .

La réglementation anti-trust aux États-Unis

Aux États-Unis, la législation pour combattre les positions dominantes est déjà très ancienne puisque dès 1890 apparaît le Sherman Act, législation sur les positions dominantes qui aboutira d'ailleurs au démantèlement de la Standard Oil de Rockfeller à la fin du siècle dernier. Dans un passé beaucoup plus proche, Microsoft qui équipe 90 % des micro-ordinateurs dans le monde a été accusé d'abus de position dominante car ce taux d'équipement pouvait lui permettre d'imposer son logiciel de navigation sur Internet.

Mais il existe de nombreux obstacles à la mise en place d'une telle réglementation. En premier lieu, il est difficile de prouver que les prix sont excessivement bas ou que l'entreprise vend à perte tant il est délicat de connaître la structure des coûts.

Il est également délicat d'apporter des preuves quant aux ententes qui auraient pu être conclues, bien évidemment, dans la confidentialité. Dans ce domaine, les procédures sont d'ailleurs d'une extrême lenteur.

Enfin, il est bien souvent très complexe de définir, dans le droit de la concurrence, ce que l'on appelle « marché pertinent », en d'autres termes les contours de la concurrence potentielle. Cette définition est pourtant indispensable si l'on veut prouver un abus de position dominante.

Nous avons assisté, comme nous l'avons déjà mentionné, à des vagues de privatisations, mais cette tendance à la réduction du périmètre du secteur public a été plus loin encore avec la déréglementation des services publics. Ceci pose de nouveaux problèmes en matière de régulation. En effet, l'ouverture à la concurrence, si elle doit permettre d'obtenir une plus grande efficacité économique, pose toutefois à l'État un certain nombre de problèmes à savoir qu'il faut préserver certains services publics et que d'autre part il est nécessaire de gérer la montée en puissance de la concurrence, sachant que certains monopoles publics sont suffisamment puissants pour éliminer rapidement cette concurrence ou au contraire sont trop fragiles pour y faire face.

Il faut donc s'interroger sur les moyens à mettre en place pour réguler et réglementer les marchés. Toutefois deux cas de figure apparaissent. Dans un premier temps, les monopoles pour lesquels il existe déjà une concurrence assez vive. Dans ce cas, la concurrence doit permettre d'obtenir des tarifs correspondant à la notion de service public. Dans un tel contexte, le rôle du régulateur est joué par le marché. En revanche, il faut veiller à ce que cette concurrence puisse jouer équitablement. Il faut donc un « régulateur de marché ». C'est le rôle attribué en France à l'ART (Autorité de régulation des télécommunications).

Le second cas de figure correspond aux monopoles où la concurrence est encore faible. Le processus de libéralisation doit s'accompagner alors d'une réglementation afin de veiller à ce qu'il n'y ait pas d'abus en termes de tarification de la part de l'ex-monopole. La puissance publique doit se positionner alors comme un « régulateur tarifaire ».

3 Vers de nouvelles formes d'Interventions de l'État

Il est important, avant d'aller plus loin, de nuancer la libéralisation des marchés. De plus, et notamment dans le domaine des transports, les États, par le biais des subventions, sont encore largement présents. Dans les transports maritimes, on enregistre des aides au financement ou bien encore des hausses des commandes militaires lorsque l'activité se ralentit. Concernant les transports aériens, tous les États apportent leur soutien aux constructeurs nationaux, voire aux transporteurs. De plus, si la libéralisation est à nuancer, son efficacité doit l'être également. Ainsi, la libéralisation des transports aériens ou des transports routiers a provoqué des hausses de tarifs et l'abandon de services peu rentables.

En France, depuis 2004, une nouvelle forme de politique industrielle a été engagée autour du concept de pôle de compétitivité. Cette action s'inscrit également dans une perspective d'aménagement du territoire. En effet, le pôle de compétitivité est une association régionale de firmes, de centres d'études et de recherche et d'institutions de formation qui se forme autour d'un projet au caractère innovant et à finalité industrielle et commerciale.

Les projets doivent donc s'intégrer dans la politique régionale et les projets sélectionnés le sont autour de technologies à forte valeur ajoutée et à destination de marchés internationaux à haut potentiel de croissance.

Les différents projets doivent répondre à un cahier des charges dans lequel sont mentionnées explicitement les stratégies de développement et les perspectives internationales sur le double plan industriel et technologique. Le processus de sélection se déroule à trois niveaux, une analyse à l'échelle régionale, une expertise du groupe de travail interministériel et une étude menée par un groupe de personnalités qualifiées (monde des affaires et de la recherche). Le cœur du projet demeure la recherche et développement, ce qui explique cette volonté de partenariat entre le monde de l'entreprise et celui des laboratoires. Toutefois, le volet hors recherche (formation, investissements, infrastructures…) est essentiel puisqu'il doit garantir le développement économique de la région.

Les différents pôles sélectionnés sont classés selon l'ambition du projet (pôles mondiaux, pôles à vocation mondiale, pôles à vocation régionale ou nationale…). Ils perçoivent par la suite des aides de l'État sous la forme de subventions mais également par des exonérations à 100 % d'impôt sur les sociétés au cours des trois premières années et de 50 % sur les deux exercices suivants avec cependant un plafond de 100 000 euros par période de trois ans. D'autre part, les allégements de charge sont de 50 % pour les PME et de 25 % pour les autres.

En final, chaque pôle constitue une entité juridique propre sous la forme, en général, d'une association. Bien que le financement soit en grande partie assuré par des fonds publics, les règles de gouvernance des pôles sont laissées à l'initiative des acteurs à l'échelle locale.

FOCUS . . . FOCUS . . . FOCUS . . . FOCUS . . . FOCUS . . . FOCUS . . .

Les États généraux de l'industrie

Entre octobre et mars 2010, se sont tenus les États généraux de l'industrie avec pour objectifs de pérenniser les emplois directs industriels à leur niveau actuel et le retour à une balance commerciale industrielle (hors énergie) positive d'ici 2015. Parmi les 23 mesures annoncées, on peut retenir les grands axes suivants :

- mise en œuvre de politiques en faveur des filières industrielles avec définition de stratégies sur le long terme ;
- mise en place de prêts verts visant à stimuler les investissements qui s'inscrivent dans une perspective de développement durable ;
- instauration d'un dispositif d'accompagnement à la réindustrialisation du territoire afin de stimuler les investissements sur le territoire national ;
- la pérennisation du remboursement immédiat du crédit impôt recherche pour les PME ;
- une réforme de la fiscalité de l'épargne au profit de l'industrie.

Cette nouvelle politique industrielle qui laisse l'initiative au privé tout en lui permettant de profiter des ressources publiques montre la volonté de l'État d'être un acteur essentiel dans l'évolution de l'économie nationale.

Dans une logique quelque peu différente l'État et les politiques semblent désireux de reprendre une place importante dans le système économique à travers les notions de nationalisme voire de patriotisme économique. Dans un contexte de mondialisation, les représentants de l'État se positionnent comme les défenseurs de l'intérêt économique national.

Il s'agit de réagir contre des OPA inamicales en provenance de l'étranger et dont seraient victimes les entreprises nationales ou de faire face à des décisions de licenciements économiques de la part d'un groupe étranger ayant investi dans le pays ou bien encore de s'insurger contre les pratiques de tarification de grands groupes internationaux dans le secteur de l'énergie.

Pour jouer ce rôle de défenseur de la « patrie économique », les politiques disposent de marges de manœuvre relativement réduites. Dans le cas des OPA inamicales, quelques solutions peuvent être mises en œuvre : l'existence d'action au droit de vote particulier (plafonnement ou à l'inverse droit de vote double) ou bien encore la mise en œuvre de pacte d'actionnaires pour lequel la vente d'action se fait en priorité auprès des anciens actionnaires. Pour les plans sociaux mis en œuvre par les multinationales, il s'agirait d'exiger le remboursement des aides perçues lors de l'implantation dans le pays. Enfin, une taxation plus forte serait envisagée contre les entreprises soupçonnées de pratiquer des prix trop élevés par des ententes entre concurrents.

Cependant la pertinence des objectifs et l'efficacité de ces politiques restent à démontrer. Elles doivent être comprises dans le cadre de la mondialisation, les investissements directs des entreprises ne sont possibles que parce que les différents États concernés les autorisent. Des obstacles érigés dans un pays auraient pour conséquence immanquablement de provoquer des mesures de rétorsion pour les entreprises nationales lorsque ces dernières mettent en œuvre leur stratégie internationale. De même, le montant des aides perçues par les multinationales n'est pas suffisamment significatif pour que la menace de remboursement soit crédible. Enfin, la taxation pour contrecarrer des politiques de prix excessivement hauts risquerait de provoquer une nouvelle hausse des tarifs.

FOCUS . . . FOCUS . . . FOCUS . . . FOCUS . . . FOCUS . . . FOCUS . . .

La Nouvelle France industrielle

La Nouvelle France industrielle regroupe un ensemble de dispositifs financiers, fiscaux, organisationnels et institutionnels, encadrés par le ministère de l'Économie et des Finances, visant à promouvoir et à accompagner la transition de l'industrie française vers, entre autres domaines technologiques, le numérique.

« La **Nouvelle France industrielle** (NFI) entend réussir la réindustrialisation française. Objectif : amener chaque entreprise à franchir un pas sur la voie de la modernisation de son outil industriel et de la transformation de son modèle économique **par le numérique**. Lancée le 18 avril 2015, l'**industrie du futur** répond à un impératif : moderniser notre appareil productif et accompagner nos entreprises industrielles dans la transformation de leurs modèles d'affaires, de leur organisation, de leurs modes de conception et de commercialisation par le numérique. »

La participation à des projets labellisés « industrie du futur » permet notamment d'obtenir des subventions et avances remboursables ou encore des prêts sans garantie et bonifiés pour les PME et entreprises de taille intermédiaire (ETI).

Source : economie.gouv.fr.

Il semble que les objectifs en eux mêmes soient discutables car c'est oublier que dans une économie mondialisée, les États se font concurrence pour attirer les investisseurs étrangers et qu'il apparaît quelque peu illusoire de penser que les gouvernements sont en position de force pour imposer leurs lois aux multinationales. Le patriotisme économique renverrait d'ailleurs à une approche quelque peu belliqueuse des relations économiques internationales, approche dans laquelle les actionnaires et les dirigeants nationaux auraient comme priorité l'intérêt de leur pays plutôt que celui de l'entreprise.

L'essentiel

Depuis que les politiques structurelles ont été mises en place, celles ci sont apparues comme la preuve de la puissance de l'État face à la montée en force des marchés. Représentant l'intérêt général et disposant de moyens bien supérieurs à n'importe quel agent privé, l'État par sa politique industrielle semble être le seul capable d'orienter dans la bonne direction l'économie nationale. Son action semble dans tous les cas apporter beaucoup plus de garanties que l'évolution économique découlant du fonctionnement des marchés. Cette reconnaissance va être d'autant plus forte, après la Seconde Guerre mondiale, que la puissance étatique doit diriger la reconstruction.

Les Trente Glorieuses consacrent l'État dirigiste à la fois par son action de planification et par ses programmes de nationalisation. Progressivement, sur le plan théorique et dans les faits, l'action de l'État va être remise en cause à la fois dans son efficacité et dans sa légitimité. L'impuissance des pouvoirs publics face à la crise des années 1970 se traduit par un retour en grâce des thèses libérales à la fin de cette décennie. Le recul de l'État va bien au-delà de la remise en cause des nationalisations et de la planification puisque des services considérés comme relevant toujours de la puissance publique vont être confiés à des intérêts privés. Des monopoles publics disparaissent et sont soumis à la concurrence.

L'État qui doit veiller au bon fonctionnement du jeu concurrentiel se voit investi d'un rôle de régulateur de marché. Il semble pourtant bien imprudent de limiter le rôle de l'État à cette fonction d'arbitre. Les pouvoirs publics ont encore l'ambition, à travers de nouvelles politiques industrielles ou à travers l'expression d'un patriotisme économique, d'influer sur le cours des événements économiques.

RÉFÉRENCES

Mots clés

- Externalités
- Marchés imparfaits
- Monopoles publics
- Nationalisations
- Patriotisme économique
- Planification
- Pôles de compétitivité
- Privatisations
- Réglementations
- Régulation

Dates clés

1945-1946, 1982	Programmes de nationalisations en France
1986	Programmes de privatisations en France
1947	Premier Plan français
1954-1957	Deuxième plan
1958-1961	Troisième plan
1962-1965	Quatrième plan
2004	Lancement du programme de pôles de compétitivité

Références bibliographiques

De nombreux auteurs ont écrit sur le thème : Pigou, Marshall, Baumol, Coase, Demsetz, Stigler.

Pour des informations sur les pôles de compétitivité et d'une manière générale sur la politique industrielle française : *www.competitive.gouv.fr*

SE PRÉPARER À L'EXAMEN

Dissertation 1

L'intervention publique contribue-t-elle au bien être collectif ?

Dissertation 2

Faut-il envisager la mise en place par l'État de nouvelles réglementation visant à régulier l'économie ?

ENTRAÎNEMENT

Éléments de méthodologie
Sujet d'annales 2014
Sujet d'annales 2016

Éléments de méthodologie

A COMPOSITION D'UN SUJET DE DCG

Les sujets d'économie de DCG comportent depuis leur origine trois parties :

- une ou deux questions de cours ;
- une étude de document (lors des sessions 2011 et 2012) ;
- un sujet de dissertation.

La durée de l'épreuve est de 4 heures.

L'épreuve est notée sur 20 points (généralement 4 points par question de cours, 4 à 6 points pour l'étude de document, enfin 10 à 12 points pour la dissertation).

> En principe le temps à consacrer à chaque partie est proportionnel à son poids relatif dans le barème (ainsi si l'épreuve comporte deux questions de cours cotées au total 8 points sur 20, le candidat pourrait consacrer environ 1 h 30 aux questions de cours ; ce qui laisse 2 h 30 pour la dissertation ; bien entendu tout ceci est purement indicatif)

B DISSERTATION

Les règles de méthodologie doivent être respectées dans la construction d'une dissertation et ce pour deux raisons. D'une part, elle montre que vous avez préparé avec sérieux l'épreuve et le correcteur pourra alors faire preuve d'indulgence à votre égard si, sur le fond, vous avez été en mal d'inspiration.

Toutefois, on ne peut pas se limiter à respecter ces règles de façon mécanique car elles permettent de présenter un travail, non seulement de façon claire mais aussi de manière cohérente. Pour mieux les utiliser, il est donc primordial de bien en comprendre le sens.

Une dissertation est composée de trois blocs d'inégale importance quant à leur longueur, il s'agit :

- de l'introduction ;
- du développement ;
- de la conclusion.

Chacun de ces blocs est lui-même décomposé en plusieurs paragraphes.

1 L'introduction

Ainsi, l'introduction débute par une phrase d'accroche et l'annonce du sujet, se poursuit sur un paragraphe que l'on peut qualifier de « définition-réflexion » qui débouche à son tour sur la problématique suivie elle-même par l'annonce du plan.

La phrase d'accroche et l'annonce du sujet

La phrase d'accroche peut prendre la forme d'une citation, d'un rappel d'événement, d'un chiffre…, autant d'éléments qui doivent permettre d'apprécier tout l'intérêt du sujet.

En conséquence, il faut qu'ils soient en rapport le plus étroit avec celui-ci. Cela facilitera alors la transition qui amène le lecteur à l'annonce du sujet.

Lors de la rédaction de cette première étape, il est fortement conseillé de considérer que le correcteur ne connaît pas le sujet et que vous lui en faites prendre connaissance de la manière la plus élégante et efficace possible.

« Définition – réflexion »

Il s'agit ensuite de délimiter le sujet en définissant les termes qui le composent. Les termes relevant du vocabulaire économique doivent faire l'objet d'une définition la plus précise possible.

Toutefois, une réflexion plus globale sur l'ensemble des termes est attendue, réflexion sur les différents sens que peuvent prendre chaque mot (un mot au singulier dans le sujet peut être mis au pluriel pour faire cette recherche), mais également les différents liens entre les termes que l'on vous demande d'étudier (opposition, complémentarité, etc.).

L'objectif est, ici, de mettre en évidence les grands enjeux que soulève le sujet. Pour atteindre cet objectif, on peut présenter tout d'abord les définitions puis procéder à l'analyse ; cependant, il est plus élégant d'imbriquer la réflexion dans la partie définition en montrant, par exemple, que tel ou tel passage de celle-ci nous amène à envisager un angle d'analyse particulièrement intéressant.

La partie « définition-réflexion » doit permettre de choisir l'angle d'attaque qui semble le plus riche d'enseignement sur le sujet proposé et amener ainsi tout naturellement vers la problématique.

La problématique

La problématique se présente sous la forme d'une question.

Toutefois, derrière le terme problématique, on doit entendre problème. Cela signifie qu'il ne s'agit pas de poser simplement une question mais de s'interroger sur ce que le sujet amène à aborder comme débat ou comme polémique.

La question choisie comme problématique ne doit pas amener de réponse descriptive, on évitera ainsi un questionnement construit autour d'un « comment ».

Il ne faut pas confondre la problématique avec l'annonce du plan ; on doit alors s'interdire des questions en deux parties articulées autour d'un « et » ou d'un « ou ». On n'arriverait en effet très souvent à une problématique de type « faut-il A (partie I) ou B (partie B) ? ». Pour éviter cette erreur, on peut tout simplement retirer le deuxième membre de la question, ce qui donnerait alors « faut-il A ? ». Il ne s'agit pas obligatoirement des meilleures problématiques mais cela permet de garder du sens à la présentation du plan.

La présentation du plan

La présentation du plan ne doit pas se limiter à un simple rappel des différentes parties proposées mais montrer quel est le sens de votre démonstration et comment elle s'organise autour des différentes composantes de votre plan. Pour présenter le lien entre les différentes parties, évitez d'utiliser des « ensuite » ou autre « puis » qui n'indiquent qu'une succession et préférez des « en conséquence », « pourtant », etc., qui renvoient à une dimension beaucoup plus analytique.

Arrivé à ce stade, il est essentiel de rappeler l'importance de l'introduction. Elle représente les premiers mots que va lire le correcteur mais elle résulte également de votre travail de réflexion sur le sujet. En conséquence, tant sur la forme que sur le fond, nous ne pouvons que vous encourager à rédiger l'introduction avec le plus grand soin car une grande partie de votre note dépend de vos efforts de présentation.

2 Le développement

Il est recommandé de construire votre plan autour de deux parties (vous ne devez pas excéder trois parties) comprenant deux sous-parties. Chacune de ces parties doit correspondre à une des composantes de votre démonstration puisque le plan doit être compris comme la réponse à la problématique proposée.

Vous devez proposer des titres pour chacune des parties et éventuellement pour les sous-parties. Ces titres ont pour fonction de présenter de façon synthétique l'idée, l'argument que vous voulez présenter dans les lignes qui suivent.

Nous vous conseillons de construire vos titres en utilisant un verbe ; cette contrainte que vous vous imposerez va vous amener plus facilement à exprimer un véritable argument, sans cela vous risquez de rester dans le descriptif. À ce propos, évitez les « du point de vue… », « dans la dimension… », etc., qui n'indiquent rien en termes de réflexion.

Chaque titre doit être ensuite suivi de quelques mots de présentation afin d'indiquer au correcteur la manière dont s'articulent les sous-parties que vous allez aborder. Il pourra en être fait de même pour les sous-parties elles-mêmes.

Dans vos développements, n'oubliez pas que vous devez présenter des arguments ; expliquez dans quel sens va votre propos et ne vous limitez pas à présenter des connaissances sans que l'on sache exactement à quelle fin vous les utilisez. En conséquence, chaque sous-partie sera composée de trois blocs constitués chacun d'une idée suivie d'arguments qui viennent l'expliciter et enfin d'une illustration. À la fin des parties et des sous-parties, il faut veiller à présenter une transition qui montre le plus clairement possible l'articulation logique de votre copie.

3 La conclusion

La conclusion se compose d'une synthèse et de ce que l'on appelle habituellement un élargissement.

a) La synthèse

La synthèse permet de rappeler qu'elle a été votre réponse à la problématique que vous aviez posée en introduction. Un rapide résumé des idées présentées dans chaque partie doit suffire.

b) L'élargissement

L'élargissement vous donne la possibilité d'ouvrir le sujet sur un autre thème montrant par là même l'intérêt de la question posée.

Sur le plan de la présentation, des sauts de ligne sont fortement conseillés afin de rendre la lecture plus facile mais également et peut-être surtout de faire apparaître la structure de votre propos.

C ÉTUDE DE DOCUMENT

Les sujets d'examen proposent de répondre à des questions à l'aide d'un document fourni en annexe, et des connaissances des candidats. Le document qui figure dans l'annexe peut être un texte, un graphique ou un tableau. Une méthode d'exploitation de ces types de documents apparaît alors nécessaire.

1 Exploiter un texte

À travers la multitude des textes économiques, issus de la presse ou de l'édition, que vous serez amenés à lire et à analyser, il est important de savoir repérer rapidement les seules informations essentielles. Pour ce faire, trois étapes sont à respecter :

1) Réfléchir sur l'environnement du texte

Il s'agit de situer le document dans l'espace et dans le temps :

- Quand le texte a-t-il été écrit ? le contexte dans lequel le document a été écrit est un élément souvent indispensable à sa compréhension.
- Quels sont le titre et la source ? le titre du document et la nature de la source fournissent les repères suffisants pour mieux cerner le genre du texte (journalistique, théorique, etc.).
- Qui est l'auteur du texte ? un journaliste témoin, un théoricien, etc. À quelle famille de pensée appartient-il ?

2) Lire le texte

Le principe est ici de procéder à une première lecture active du texte :

- Commenter le titre : il renferme des informations et résume souvent l'idée essentielle du texte ; il permet de deviner à l'avance les points abordés dans le texte.
- Repérer les mots clés, en donner une définition si nécessaire.
- Repérer l'idée générale du texte, l'aboutissement du raisonnement tenu par l'auteur.
- Déterminer le type de texte : l'observation et la description objective d'un fait, une analyse critique, une thèse ou encore une opinion.

3) Analyser le texte

L'idée essentielle est de faire ressortir la logique du texte, la pensée de l'auteur, en dissociant l'essentiel de l'accessoire. Lorsqu'il s'agit de répondre à des questions, on peut dresser un tableau comportant autant de colonnes que de questions, et compléter les colonnes à partir des informations que le texte fournit :

- Repérer le plan du texte.
- Retrouver les enchaînements logiques du raisonnement de l'auteur.
- Repérer les arguments essentiels du texte pour éliminer tout ce qui est anecdotique.
- Regrouper les idées avec des critères simples : avantages/inconvénients, causes/conséquences.

2 Exploiter un tableau, un graphique

Tableaux et graphiques permettent une meilleure compréhension des résultats de recherches statistiques en regroupant des informations de même nature, en retraçant une évolution ou en établissant des comparaisons. Une méthode rigoureuse est cependant nécessaire pour exploiter efficacement ce type de document, pour en extraire les informations essentielles et pouvoir les commenter.

1) Réfléchir sur l'environnement du document

Il s'agit de délimiter soigneusement la zone d'information du document en précisant le vocabulaire utilisé :

- Commenter le titre, la source, l'auteur, la date.
- Donner une définition des intitulés des lignes et colonnes (tableaux), abscisses et ordonnées (graphiques).
- Repérer les unités utilisées.
- Délimiter le champ de l'analyse du document (par exemple, les hommes, ou les femmes, ou l'ensemble).

2) Lire le document

Le principe est ici de décrire simplement le document en allant du général au particulier :

- Donner un exemple de lecture pour les tableaux de chiffres. S'agit-il d'un tableau à double ou à simple entrée ? d'un graphique à une ou plusieurs échelles ?
- Quelle est la tendance, l'idée générale que dégage le document ? pour cela il faut d'abord s'intéresser aux « Total », « Somme », « Moyenne », « Ensemble », etc.
- Quels sont les chiffres, les situations atypiques qui marquent une rupture par rapport à l'ensemble ?

3) Interpréter le document

L'idée est de faire un commentaire des situations et tendances observées dans le document :

- On peut retraiter les informations du document pour mieux faire ressortir certains phénomènes, en calculant par exemple des pourcentages, des taux de croissance, des proportions etc.
- Il convient, si possible, d'analyser les causes et d'envisager des conséquences aux phénomènes observés.
- On peut également mettre en évidence les limites du document : ce qu'il ne dit pas, ce qu'il ne faut pas lui faire dire.

D QUESTION DE COURS

1 Généralités sur le profil des questions de cours

Les questions de cours sont toujours formulées de façon précise (exemple : « Quels sont les fondements théoriques de l'épargne des ménages ? », « la révolution industrielle : définition et facteurs explicatifs », etc.).

Elles touchent tous les grands thèmes du référentiel (l'histoire économique, la croissance, le change, le rôle de l'État, etc.) sans lien nécessairement avec l'actualité du moment.

Elles sont cotées jusqu'ici 4 points chacune (sur un barème total de 20 points) ; ce qui correspond théoriquement à un temps de rédaction de la question d'environ 50 minutes. En pratique si le candidat a bien assimilé son programme, il pourra traiter la question en un temps nettement plus court.

2 Construction de la question de cours

1) La structure de la réponse

Il est très conseillé de bien structurer la question de cours ; ce qui signifie concevoir une très brève introduction (3-4 lignes), un développement en quelques points (2 ou 3 par exemple) présentant les éléments de réponse à la question de cours et une brève conclusion (3-4 lignes).

L'introduction comporte l'intitulé du sujet ou de la question et l'annonce des différents points examinés ensuite.

Le développement présente les éléments de réponse abordés dans la mesure du possible en quelques points successifs (par exemple pour traiter la question de cours de 2009 portant sur « les théories du commerce international », on pouvait consacrer un premier point aux « théories traditionnelles » puis un second point aux « nouvelles théories du commerce international » enfin un troisième point « aux théories protectionnistes »).

la conclusion peut prendre différentes formes (rappel de 1 ou 2 idées importantes ou encore une remarque sur l'actualité de la question).

2) Le format et le contenu de la réponse

Il n'y a aucun format imposé. Tout dépendra évidemment de la question ! 2 ou 3 pages souvent suffisent. D'une façon générale, on attend une réponse exhaustive. Le candidat peut utilement se préparer en bachotant ces questions de cours (en s'appuyant sur les manuels et/ou sur des ouvrages en fiches). Idéalement pour chaque grand chapitre, le candidat peut anticiper 2, 3 ou 4 questions de cours probables…

3) Les questions de forme

La question de cours doit être intégralement rédigée et convenablement écrite. Elle peut sans problème comporter un schéma (par exemple pour des questions touchant à la microéconomie).

Sujets et questions de cours tombés à l'examen en DCG 5

Rappel : durée de 4 heures ; coefficient de 1,5.

QUESTIONS DE COURS

2008 *Les différents systèmes (ou régimes) de change : définition, caractéristiques et grands exemples historiques. (4 points)*

2008 *La révolution industrielle : définition et facteurs explicatifs. (4 points)*

2009 *La crise de 1929 : processus et conséquences. (4 points)*

2009 *Les théories du commerce international. (4 points)*

2010 *Expliquez les notions d'élasticité de la demande par rapport au revenu et d'élasticité de la demande par rapport au prix. Donnez des exemples. (4 points)*

2010 *Le PIB : définition, modalités de calcul et limites. (4 points)*

2011 *Définissez et montrez l'évolution du rôle économique de l'État au* XXe siècle. *(4 points)*

2012 *Quels sont les fondements théoriques de l'épargne des ménages ? (4 points)*

2013 *Quels sont les points de désaccord entre Keynes et les néoclassiques ? (4 points)*

2014 *Pourquoi et comment corriger les externalités négatives ? (4 points)*

2015 *La décentralisation en France : objectifs, mise en œuvre et difficultés. (3 points)*

2016 *La redistribution des revenus : définition, objectifs et outils. (3 points)*

ÉTUDES DE DOCUMENT(S)

2011 *À l'aide de vos connaissances tant théoriques que factuelles, vous analyserez le document joint en annexe. Il s'agissait de deux graphiques de taux d'inflation. (4 points)*

2012 *À l'aide du document fourni en annexe et de vos connaissances vous traiterez les questions suivantes :*
Q1 : Repérez et expliquez les mesures protectionnistes évoquées dans le texte.
Q2 : Présentez, en l'analysant, une autre forme de protectionnisme que la Chine pratique.
Q3 : Quelles sont les caractéristiques du modèle capitaliste chinois ?
Le document était un texte d'une page extrait du Journal Le Monde.

2013 *À l'aide du tableau fourni en annexe et de vos connaissances, vous traiterez les questions suivantes : (4 points)*
Q1 : Expliquez à quoi correspond le premier décile en prenant pour exemple l'année 2010.
Q2 : Que représente ici la « médiane » ?
Q3 : Mettez en évidence les informations essentielles qui peuvent être retirées du tableau et analysez-les.
Q4 : Citez un autre instrument permettant la mesure des inégalités de revenus et expliquez-le.

2014 *À l'aide du graphique fourni en annexe et de vos connaissances, vous traiterez les questions suivantes : (4 points)*
Q1 : Définissez la balance des paiements et la balance des transactions courantes en précisant les différences entre ces deux indicateurs.
Q2 : Quel est l'intérêt d'étudier le solde de la balance des transactions courantes ? Quelle est la signification d'un solde positif ou négatif ?
Q3 : Mettez en évidence les informations essentielles pouvant être retirées du graphique et analysez-les.

2015 *À l'aide de l'annexe fournie et de vos connaissances, vous traiterez les questions suivantes : (5 points)*
Q1 : Après avoir rappelé les principaux déterminants théoriques du taux de change, expliquez les raisons de la dépréciation de l'euro sur le marché des changes sur la seconde moitié de l'année 2014.
Q2 : Analysez les conséquences potentielles de cette dépréciation sur la situation des entreprises et des ménages de la zone euro, sans vous limiter aux éléments fournis par l'annexe.

2016 *À l'aide du graphique en annexe et de vos connaissances, vous traiterez les questions suivantes : (5 points)*
Q1 : Définissez ce qu'est un taux d'intérêt directeur.
Q2 : Rappelez les objectifs de la BCE dans le cadre de sa politique monétaire.
Q3 : Présentez et expliquez l'évolution de la politique monétaire de la BCE depuis 2008.
Q4 : Quels sont les risques potentiels de la politique monétaire actuelle ?

DISSERTATIONS

2008 *Les raisons et les modalités de l'intervention publique dans l'économie. (12 points)*

2009 *Le marché est-il toujours garant de l'efficacité économique ? (12 points)*

2010 *Les économies capitalistes développées doivent-elles craindre les déficits publics ? (12 points)*

2011 *Faut-il réduire les inégalités de revenus ? (12 points)*

2012 *Les liens entre la productivité et l'emploi. (10 points)*

2013 *Doit-on s'attendre à un retour du protectionnisme ? (12 points)*

2014 *La place de l'innovation dans la croissance économique. (12 points)*

2015 *L'Économie française peut-elle compter sur l'investissement pour retrouver la croissance ? (12 points)*

2016 *L'efficacité du marché du travail passe-t-elle par plus de flexibilité ? (12 points)*

Sujet d'annales 2014

SESSION 2014

UE 5 – ÉCONOMIE

Durée de l'épreuve : 4 heures – Coefficient : 1,5

Aucun document ni aucun matériel ne sont autorisés.
En conséquence, tout usage d'une calculatrice est ***INTERDIT*** *et constituerait une* ***fraude.***

Document remis au candidat :
Le sujet comporte 2 pages numérotées de 1 à 2.
Il vous est demandé de vérifier que le sujet est complet dès sa mise à votre disposition.

Nota bene *: il vous est demandé d'apporter un soin particulier à la présentation de votre copie et à la qualité rédactionnelle. Ces éléments seront pris en compte dans l'évaluation.*

I – DISSERTATION

La place de l'innovation dans la croissance économique.

II – ÉTUDE DE DOCUMENT

À l'aide du graphique fourni en annexe et de vos connaissances, vous traiterez les questions suivantes :

1. **Définissez la balance des paiements et la balance des transactions courantes en précisant les différences entre ces deux indicateurs.**
2. **Quel est l'intérêt d'étudier le solde de la balance des transactions courantes ? Quelle est la signification d'un solde positif ou négatif ?**
3. **Mettez en évidence les informations essentielles pouvant être retirées du graphique et analysez-les.**

III – QUESTION

Pourquoi et comment corriger les externalités négatives ?

Barème indicatif

Dissertation……………………………………...12 points
Etude de document…….…………….………….4 points
Question……….……………….……………...4 points

(Annexe page suivante)

ANNEXE

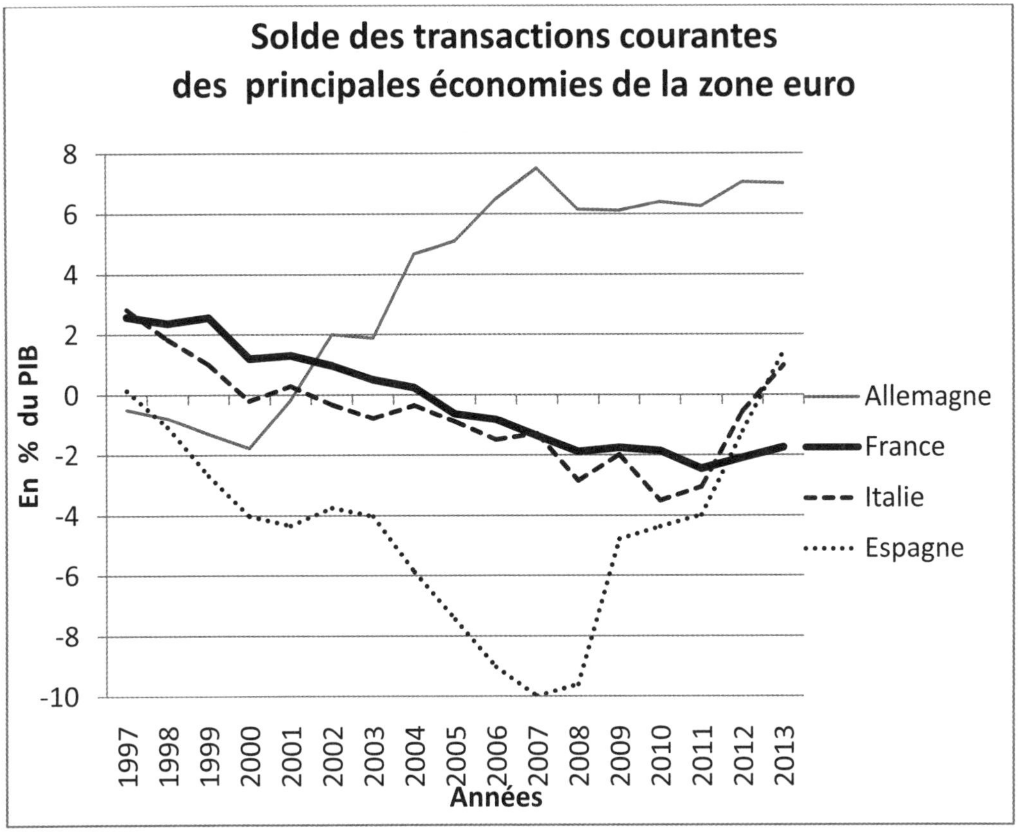

Source : d'après données de la Banque de France – janvier 2014

Sujet d'annales 2016

SESSION 2016

UE5 - ÉCONOMIE

Durée de l'épreuve : 4 heures - coefficient : 1,5

Aucun document ni aucun matériel ne sont autorisés.
En conséquence, tout usage d'une calculatrice est ***INTERDIT*** *et constituerait une* ***fraude.***

Document remis au candidat :
Le sujet comporte 3 pages numérotées de 1 à 3.
Il vous est demandé de vérifier que le sujet est complet dès sa mise à votre disposition.

> ***Nota bene*** *: il vous est demandé d'apporter un soin particulier à la présentation de votre copie et à la qualité rédactionnelle. Ces éléments seront pris en compte dans l'évaluation.*

I – DISSERTATION

L'efficacité du marché du travail passe-t-elle par plus de flexibilité ?

II – ÉTUDE DE DOCUMENT

À l'aide du graphique fourni en annexe et de vos connaissances, vous traiterez les questions suivantes :

1. **Définissez ce qu'est un taux d'intérêt directeur.**
2. **Rappelez les objectifs de la Banque Centrale Européenne dans le cadre de sa politique monétaire.**
3. **Présentez et expliquez l'évolution de la politique monétaire de la BCE depuis 2008.**
4. **Quels sont les risques potentiels de la politique monétaire actuelle ?**

III – QUESTION

La redistribution des revenus : définition, objectifs et outils.

Barème indicatif

Dissertation.. 12 points
Étude de document...5 points
Question ....3 points

> **AVERTISSEMENT**
> **Si le texte du sujet, de ses questions ou de ses annexes vous conduit à formuler une ou plusieurs hypothèses, il vous est demandé de la (ou les) mentionner explicitement dans votre copie.**

Annexe

Niveau du principal taux d'intérêt directeur de la Banque Centrale Européenne sur la période1999-2015

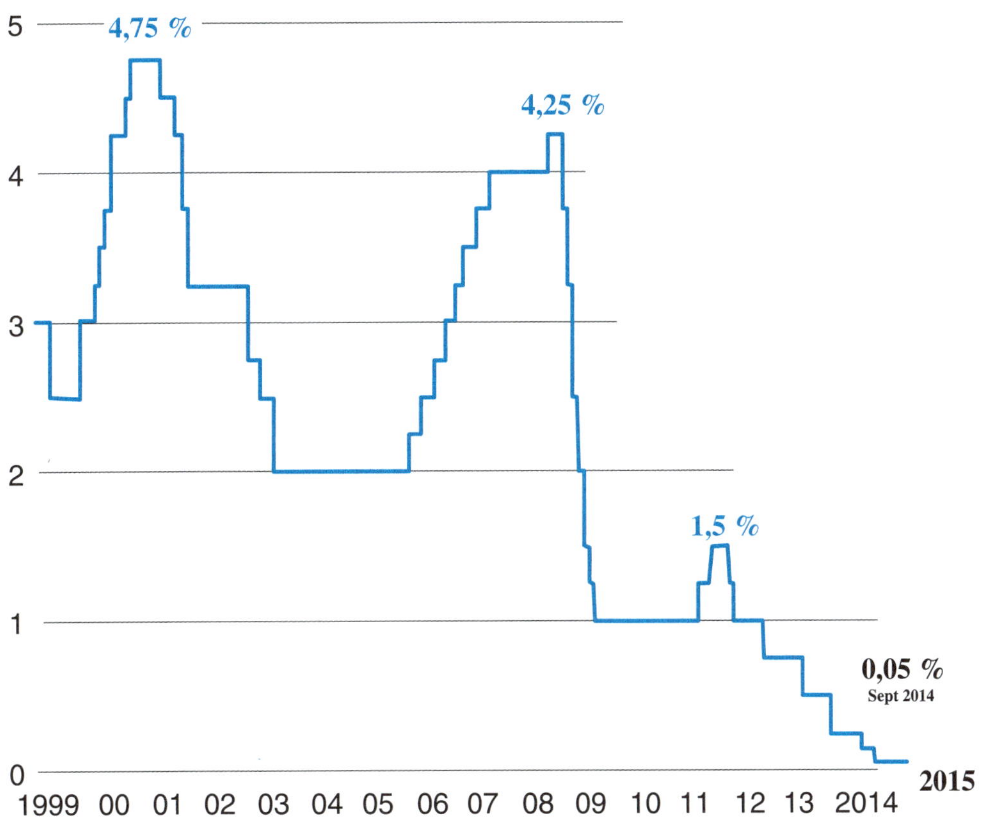

Source : BCE

CORRIGÉS

CORRIGÉS DES QUIZ D'APPLICATION
CORRIGÉ DU SUJET D'ANNALES 2014
CORRIGÉ DU SUJET D'ANNALES 2016

Corrigés des quiz d'application

Chapitre 1 • La pensée économique

1. Vrai. Adam Smith a accordé une grande importance à la division du travail. Il lui attribue un rôle clé dans la croissance. Il a illustré cette idée par un exemple devenu célèbre, celui de la manufacture d'épingles.
2. Faux. Le rôle clé de la demande est une idée keynésienne.
3. Vrai. Adam Smith a fondé l'origine de l'échange international sur les différences de productivité entre nations. L'analyse de l'économiste David Ricardo prolongera et rectifiera celle d'Adam Smith. En effet, A. Smith fonde la spécialisation sur la notion (peu réaliste) d'avantage absolu, tandis que D. Ricardo raisonne, lui, en termes d'avantage relatif.
4. Faux. Selon Keynes, l'économie peut connaître un déséquilibre durable de sous-emploi (par exemple). Il s'oppose ainsi frontalement aux visions classiques et néoclassiques.
5. Faux. Un optimum de Pareto désigne une situation dans laquelle on ne peut améliorer la satisfaction d'un individu sans être obligé de détériorer celle d'au moins un autre.
6. On reconnaît quelques grands économistes classiques (Malthus, Smith, Ricardo et Say) et leurs successeurs néoclassiques (Pareto et Walras). Apparaissent également dans la liste d'économistes proposée les figures de référence des courants keynésiens et marxistes avec respectivement Keynes et Marx.
7. La demande effective n'est pas la demande réelle, mais la demande potentielle anticipée par les entrepreneurs. Cette demande potentielle est constituée de la demande de biens de consommation et de celle de biens de production. C'est à partir de ces prévisions que les entrepreneurs vont déterminer le volume à produire et par conséquent le niveau de l'investissement et de l'emploi nécessaire à cette production.
8. L'agriculture nous ramène à Quesnay. La demande effective est un concept keynésien de première importance. La baisse du taux de profit est une des idées majeures de l'analyse marxiste. Le concept de « destruction créatrice » est définitivement associé au grand économiste Schumpeter. Enfin, on doit à Walras un modèle d'équilibre général qui jouera un grand rôle dans l'analyse néoclassique.
9. La monnaie voile et la croyance dans la parfaite autorégulation des marchés sont des idées néoclassiques et non pas keynésiennes. Par contre, l'idée d'un chômage involontaire et durable est bel et bien keynésienne.
10. L'auteur de cette phrase est J.M. Keynes. Cette citation est tirée de la *Théorie générale de l'emploi, de l'intérêt et de la monnaie* (1936).

Chapitre 2 • Histoire économique : de la révolution industrielle à la deuxième guerre mondiale

1. Vrai. Ces trois révolutions sont souvent rapprochées les unes des autres. La nature et le sens des liens unissant ces trois révolutions prêtent cependant à discussion : ainsi, les mutations agricoles apparaissent-elles souvent comme des conséquences plutôt que comme des causes majeures de l'industrialisation.
2. Faux. Le mouvement des enclosures concerne l'Angleterre. À titre indicatif, les enclosures marquent la fin des droits d'usage, en particulier des communs, dont bon nombre de paysans dépendaient.

3. Vrai. La révolution industrielle apparaît pour la première fois au Royaume-Uni (entre 1760 et 1830) et plus tard en France (entre 1830-1850 et 1870). Attention, les historiens ne sont pas toujours d'accord sur la datation de la révolution industrielle...
4. Faux. La crise de 1929 a au contraire encouragé le protectionnisme.
5. Vrai. Le New Deal comporte en effet plusieurs mesures de type keynésien ; on pense notamment au programme de grands travaux ou encore aux distributions d'aides et de prestations sociales.
6. Vrai. Malgré les incertitudes qui entourent sa mesure, le chiffre de 25 % de taux de chômage fin 1932 est souvent retenu. Cela donne une idée de la gravité de la crise, d'autant plus qu'à l'époque, le chômage n'était pas indemnisé !
7. Vrai. Sous le Front populaire, la durée légale du travail hebdomadaire passe de 48 à 40 heures. L'ordre des priorités entre le financier, l'économique et le social, s'inverse. Pour le Front populaire, en effet, les mesures sociales doivent être l'instrument de la relance économique.
8. L'histoire des XVIIIe, XIXe et XXe siècles est riche de très nombreuses inventions : machine à tisser de John Kay, machine à vapeur de James Watt, métier à tisser d'Edmund Cartwright, téléphone de Graham Bell, projecteur de cinéma des frères Lumière, etc. On pourrait encore citer la locomotive de George Stephenson (1814), la lampe à incandescence de Thomas Edison (1881) ou encore l'appareil volant précurseur de l'avion de Clément Ader (1890).
9. La crise de 1929 a vu la succession et la propagation de différentes crises : crise boursière, crise bancaire et financière et, pour finir, crise économique. De tels enchaînements ont eu lieu à l'occasion de chaque grande crise, mais pas nécessairement dans le même ordre.
10. La hausse du chômage, la baisse du cours des actions, la baisse de la production industrielle et la baisse du commerce mondial constituent différentes manifestations de la crise de 1929. La crise de 1929 a également donné lieu à un effondrement des prix (et non à une hausse des prix).
11. On admet généralement quatre courants de pensée pour expliquer la crise de 1929 : les approches libérales, dont les approches monétaires sont une déclinaison particulière (M. Friedman), les approches marxistes (avec E. Varga, par exemple), les approches keynésiennes et, enfin les approches de l'école française de la régulation, école de pensée associant approche keynésienne et approche marxiste.

Chapitre 3 • Histoire économique : depuis la Deuxième Guerre mondiale

1. Faux. Une croissance est dite « extensive » lorsqu'elle résulte uniquement de l'augmentation des quantités de facteurs de production (travail et capital) utilisés. Cela n'est pas le cas pendant les Trente Glorieuses où la croissance est qualifiée d'« intensive » puisqu'elle provient d'abord d'une meilleure utilisation de ces deux facteurs.
2. Vrai. La croissance des Trente Glorieuses présente les trois caractéristiques proposées dans l'affirmation :
   - la croissance est indicative dans la mesure où elle fixe des objectifs dont rien ne garantit qu'ils ne seront atteints, étant donné la liberté de gestion des entreprises privées ;
   - elle est incitative car elle tente néanmoins de modifier le comportement des entreprises dans le sens de la réalisation de ces objectifs par différentes aides financières, fiscales, etc. ;
   - elle est concertée car la planification donne lieu à une large concertation entre une multitude d'acteurs, à commencer par les partenaires sociaux.
3. Vrai. Pendant les 30 Glorieuses, les États développés vont prendre l'habitude de conduire des politiques de régulation de type keynésien, utilisant le budget et la monnaie. Ces politiques connaissent

un vif succès durant cette période, mais à partir des années 1970 et surtout 1980, les grands pays renoncent un à un à ce type de politique.

4. Faux. Margaret Thatcher et Ronald Reagan arrivent bien au pouvoir à cette époque, mais pour marquer un « tournant libéral ».

5. Vrai. Les politiques de l'offre sont des politiques d'inspiration libérale prônées par des économistes comme Arthur Laffer. Elles visent à stimuler l'offre (ou encore la production de biens et de services par les entreprises) par différents types de mesures : baisse des impôts, baisse des charges sociales, politique de déréglementation... Ce qualificatif est à opposer aux politiques keynésiennes qui sont des « politiques de la demande ».

6. Vrai. Les NPI sont des pays qui ont connu un développement économique accéléré à partir des années 1960. C'est le cas notamment des « 4 dragons » : Corée du Sud, Taïwan, Singapour et Hongkong. On y ajoute aujourd'hui d'autres États au décollage plus récent (dans le courant des années 1980) tels les « bébés tigres » : Malaisie, Indonésie, Thaïlande, etc.

7. Vrai. Depuis les années 1990, on note une montée en puissance de grands pays asiatiques ; on pense notamment à la Chine et à l'Inde au point que certains analystes parlent d'« asiatisation » pour qualifier l'actuelle mondialisation. Plus précisément, « ce retour » des deux grands pays commence dans les années 1980 avec les réformes de Deng Xiaoping en Chine et une décennie plus tard en Inde, avec les réformes de Manmohan Singh.

8. AAA sont les initiales de Agricultural Adjustment Act qui relève donc de la politique agricole. NIRA sont les initiales du National Recovery Act qui concerne la politique industrielle. Le Banking Act relève de la politique monétaire. La Tennessee Valley Authority fait référence à un immense programme de grands travaux (l'aménagement du Tennessee).

9. La plupart des facteurs proposés sont pertinents. En effet, dans les deux cas :
   - la demande de pétrole est restée longtemps inélastique (au prix) ;
   - la structure de l'offre est de type « cartel » ;
   - les questions géopolitiques ont toujours été présentes (guerre du Kippour en 1973, révolution iranienne en 1979) ;
   - enfin, on peut parler d'un mouvement de rattrapage des prix dans les deux cas.

   La contribution de la montée en puissance des géants asiatiques joue en revanche encore un rôle tout à fait mineur lors des deux premiers chocs pétroliers, à la différence de la situation des années 2007-2008 où les croissances de l'Inde et surtout de la Chine pèsent lourdement sur la demande de pétrole.

10. Réponses b & e. La crise des *subprimes* a pour origine la remontée rapide des taux d'intérêt aux États-Unis qui a mis, en 2007-2008, beaucoup de ménages américains à faibles revenus dans l'incapacité de payer la charge d'intérêt des emprunts qu'ils avaient contractés. En effet, de nombreux ménages américains avaient contracté des emprunts à taux variable négociés à l'occasion d'achat de leur logement contre la mise en gage de leur bien. Très rapidement, le prix des logements s'est effondré, plongeant les ménages et leurs créanciers dans de très grosses difficultés financières. Cette crise immobilière s'est rapidement transformée en grave crise économique et financière au niveau mondial.

11. Brésil, Russie, Inde et Chine. Cet acronyme, que l'on doit à Jim O'Neill, l'ancien chef économiste de Goldman Sachs, désigne la montée en puissance de « grands pays émergents ». Aujourd'hui, on utilise aussi l'acronyme de BRICS dès lors que l'on intègre l'Afrique du Sud dans ce groupe de pays.

    Le concept fait cependant l'objet de différentes critiques en raison des divergences de trajectoire économique de ces différents pays, de la montée en puissance d'autres pays émergents, etc.

Chapitre 4 • La représentation de l'activité économique : comptabilité nationale et circuit

1. Vrai. Les notions d'unité et de secteur institutionnel sont à la base de la comptabilité nationale, puisqu'il s'agit tout simplement de l'appellation et du « classement » des agents économiques dans des compartiments homogènes.
2. Faux. Cette définition est celle d'un secteur. Une branche rassemble l'ensemble des fractions d'entreprise (ou d'établissement) qui fabriquent le même produit.
3. Vrai. La comptabilité nationale intègre deux équilibres fondamentaux : l'équilibre emplois-ressources et l'équilibre épargne-investissement.
4. Faux. Il existe depuis de nombreuses années déjà une harmonisation européenne avec le système européen de comptabilité nationale : le SEC ; c'est grâce à lui que l'on peut faire sans problème des comparaisons de données entre pays de l'UE.
5. Vrai. L'appellation « consommations intermédiaires » désigne les achats des entreprises qui entrent dans la fabrication de produits, qu'ils disparaissent complètement dans le processus de production (cas de l'énergie) ou qu'ils soient incorporés dans des produits finis.
6. Faux. La nationalité est le critère retenu pour le calcul du revenu national brut (RNB). Dans le cas du PIB, on prend en compte le critère de territorialité ou encore de résidence (en l'occurrence, le territoire français).
7. C'est un agrégat de revenu puisqu'il s'agit d'ajouter au PIB des revenus perçus en provenance de l'étranger et de retirer les revenus qui sont versés à l'étranger.

   Le nom de cet agrégat est le revenu national brut ou RNB.

   Le RNB est l'agrégat qui a remplacé le produit national brut (PNB).
8. Un coefficient technique est le rapport entre la consommation intermédiaire d'un produit donné par une branche et la production de cette branche.

   La connaissance de ces coefficients techniques (surtout s'ils sont stables) joue un grand rôle lorsque l'on veut réaliser des prévisions économiques.
9. La consommation des ménages représente environ 55 % du PIB. C'est donc la première composante du PIB. Elle tient à ce titre un rôle clé en matière de contribution à la croissance.
10. Le PIB de la France est supérieur à 2 100 milliards d'euros depuis 2013. On peut noter que le volume du PIB évolue de façon très volatile depuis la crise des *subprimes* de 2008.
11. Parmi les facteurs qui ont joué un rôle majeur dans l'essor de la comptabilité nationale, on peut compter la constitution de la macroéconomie keynésienne, ainsi que l'extension du rôle de l'État.

    On peut ajouter un troisième facteur : la crise économique de 1929 et la Grande Dépression.
12. Les administrations publiques ainsi que les Institutions sans but lucratif au service des ménages (ISBLSM) ont, tout comme les ménages, une activité de consommation finale.

    Il est à noter que les dépenses de consommation finale des administrations publiques sont constituées à la fois de « dépenses collectives », correspondant à différentes fonctions d'administration générale (justice, défense, police...), et de « dépenses individuelles » (dépenses de santé, d'éducation...) qui bénéficient à des ménages clairement identifiés.

    Les dépenses de consommation finale des ISBLSM sont constituées aussi de « dépenses individuelles » puisqu'elles s'adressent à leurs adhérents.

13. Il s'agit du secteur des services. En effet les services marchands et administrés représentent actuellement plus de 60 % de la production totale de l'économie. L'économie moderne est bien une économie tertiaire !

On retrouve des chiffres également très élevés en ce qui concerne le nombre d'entreprises et d'emplois dans les services.

Chapitre 5 • Le comportement des acteurs

1. Faux. La microéconomie a commencé par analyser le cas des marchés parfaits mais s'est enrichie ensuite de l'étude des marchés imparfaits.
2. Faux. Bien au contraire, l'hypothèse de base est celle du libre fonctionnement des marchés. Une autre hypothèse essentielle est celle de la parfaite rationalité des agents économiques.
3. Vraie. L'hypothèse de rationalité du consommateur est une hypothèse centrale, fondatrice de la microéconomie.
4. Faux. Les économistes keynésiens sont au contraire très attachés à une analyse de type macroéconomique, alors que la perspective microéconomique a toujours eu la préférence des économistes dits néoclassiques.
5. Vrai. La seule exception notable concerne les biens dont la demande réagit positivement à la hausse des prix. Il s'agit, soit de biens inférieurs totalement indispensables (biens dits « de Giffen »), soit de biens de luxe qui sont acquis par certains en raison de l'image qu'ils confèrent (biens dits « de Veblen »).
6. La microéconomie étudie le comportement des agents économiques pris individuellement et, par suite, la façon dont les marchés s'équilibrent. Les relations entre les agrégats et le comportement des agents pris collectivement font référence à l'autre branche de l'économie que constitue la macroéconomie.
7. Les deux méthodes qui ont été proposées pour évaluer l'utilité d'un bien sont les méthodes de l'utilité cardinale et ordinale. Rappelons à ce propos que les économistes préfèrent systématiquement raisonner en termes d'utilité ordinale compte tenu de la difficulté, voire de l'impossibilité, de chiffrer différents niveaux d'utilité.
8. L'élasticité croisée d'un bien est « la variation relative de la demande d'un bien suite à la variation de prix d'un autre bien ». On parle quelquefois à son propos d'élasticité de substitution. La connaissance de cette élasticité permet de mesurer la relation d'indépendance ou d'interdépendance entre deux biens.
9. Une fonction de production relie les quantités utilisées de facteurs de production aux quantités produites. Remarquons qu'il existe toutes sortes de fonctions de production, notamment selon le degré de complémentarité ou de substituabilité des facteurs.
10. Un entrepreneur a intérêt à engager des facteurs de production supplémentaires tant que « la productivité marginale est supérieure à la productivité moyenne ».
    - l'hypothèse d'un seuil qui serait une productivité marginale inférieure à la productivité moyenne est une mauvaise solution car on recherche au contraire à faire croître la productivité moyenne (et non l'inverse !).
    - l'hypothèse d'un seuil qui serait une productivité marginale supérieure à la productivité totale est une solution aberrante puisque la productivité marginale est toujours inférieure à la productivité totale.
    - l'hypothèse d'un seuil qui serait une productivité marginale supérieure au coût marginal n'est pas à retenir non plus car cette hypothèse mêle à tort les questions de productivité et les questions de coûts.

Chapitre 6 • Marché et formation des prix

11. Faux. La « concurrence pure et parfaite » est pour l'essentiel une construction théorique. Les marchés contemporains sont dans l'ensemble imparfaits.
12. Vrai. Le duopole est une configuration de marché comportant deux offreurs et plusieurs demandeurs. Le duopole rentre donc bien dans le cadre de la concurrence imparfaite (l'hypothèse d'atomicité de la concurrence pure et parfaite n'étant pas ici respectée).
13. Vrai. On parle de « monopole légal » lorsque le marché est conféré à un opérateur par décision des pouvoirs publics et ce pour différentes raisons (stratégiques, techniques, etc.).
14. Vrai. Les monopoles dits « naturels » apparaissent par exemple en cas de coûts fixes importants et de coûts marginaux faibles.
15. Vrai. Il y a en effet toujours un équilibre en situation de monopole. Mais attention, cet équilibre n'est pas le même qu'en situation de concurrence pure et parfaite car le monopoleur est « faiseur de prix » (*price-maker*).
16. Faux. Un oligopole peut conduire à une situation opposée qualifiée par les économistes « d'équilibre non coopératif ». On peut constater par exemple un phénomène de guerre des prix sur certains marchés oligopolistiques.
17. Vrai. Un marché contestable n'est pas nécessairement atomistique, c'est d'ailleurs la grande innovation par rapport à la conception de la concurrence pure et parfaite.
18. Vrai. Dans un marché contestable, il n'y a pas de collusion possible entre firmes. C'est d'ailleurs l'une des deux hypothèses à la base de la notion de contestabilité d'un marché avec l'exigence de libre-entrée et de libre-sortie.
19. Réponse b. Un monopsone est un marché comportant un seul acheteur et plusieurs offreurs. Cela a été longtemps le cas du sel ou du tabac. Un monopole comporte, quant à lui, un seul offreur et plusieurs acheteurs, alors que la concurrence monopolistique caractérise une situation comportant plusieurs offreurs mais chacun en situation de quasi-monopole grâce à la différenciation du produit.
20. Réponse a. Cette notion de surplus est très utile pour caractériser « les bienfaits » éventuels d'une situation de marché, par exemple dans le cas d'un système de concurrence pure et parfaite. La concurrence pure et parfaite présente en effet l'avantage de fournir un gain aux différents opérateurs notamment aux consommateurs puisqu'ils peuvent acquérir une partie des biens à un prix inférieur à celui qu'ils étaient prêts à payer.

Chapitre 7 • La consommation et l'épargne

1. Vrai. On différencie de cette façon la consommation marchande de la consommation non marchande ou « hors marché » acquise gratuitement ou à un prix inférieur au coût de production.
2. Cette proposition est bien entendu fausse car un coefficient budgétaire est nécessairement inférieur à 1. Il désigne la part d'un certain type de consommation (on dit « un poste budgétaire ») dans les dépenses de consommation totale.
3. Faux. Cette théorie rend compte non pas de la vision keynésienne de la consommation, mais de la vision de Milton Friedman (économiste monétariste), vision connue sous le nom de « théorie du revenu permanent ».
4. Faux. Keynes défend une idée exactement inverse. En effet, selon la loi psychologique fondamentale mentionnée par Keynes, le pourcentage du revenu consacré à la consommation tend à diminuer

lorsque le revenu s'élève ; ce qui signifie que la propension moyenne à consommer devrait baisser dans le long terme.

5. Vrai. Ces coefficients budgétaires sont calculés par l'INSEE. La définition proposée est d'ailleurs celle de l'INSEE.
6. Faux. Attention « aux fausses évidences » ; l'épargne comporte en effet deux formes : la forme financière d'une part, la forme « non financière » d'autre part. La forme non financière correspond aux investissements des ménages en matière d'acquisition de logement.
7. Vrai. Cette théorie revient à considérer que l'épargne dépend moins du taux d'intérêt (analyse des économistes classiques) ou du revenu (analyse des keynésiens) mais, plus, de l'âge des individus. Dans ces conditions, la structure démographique influence significativement le taux d'épargne d'une économie.
8. Galbraigth. Rappelons que la thèse de J. K. Galbraigth s'oppose à la vision néoclassique traditionnelle selon laquelle ce sont les besoins des consommateurs qui déterminent la production.
9. Le taux d'épargne se situe en moyenne autour de 15 %, mais il a pu aller jusqu'à dépasser les 20 % au milieu des années 1970.
10. Pour les économistes néoclassiques, l'épargne est une offre de fonds prêtables sur les marchés financiers qui est fonction de son prix (le taux d'intérêt). Le taux d'intérêt (d'équilibre) va permettre *in fine* l'égalité de l'épargne et de l'investissement.
11. Les 3 propositions sont possibles mais correspondent à des visions et interprétations économiques très différentes.
    - La proposition établissant une corrélation positive entre taux d'intérêt et épargne est la plus évidente ; elle a été mise en avant par les économistes classiques et néoclassiques (les ménages ont tendance à diminuer leur consommation pour accroître leur épargne selon un effet dit de « substitution », compte tenu de l'accroissement de la rémunération de l'épargne).
    - La proposition moins évidente établissant une corrélation négative entre taux d'intérêt et épargne est soutenable en vertu d'un effet de « revenu » ; en effet, une hausse des taux d'intérêt signifie un surcroît de revenus futurs, ce qui peut inciter à réduire l'épargne nécessaire pour constituer un patrimoine donné.
    - Enfin la troisième proposition n'établissant pas de corrélation entre les 2 paramètres est un point de vue keynésien : le taux d'intérêt n'agit que sur la forme prise par l'épargne (arbitrage entre liquidité et placement) et non sur le partage consommation/épargne.
12. Les dépenses de loyer, d'assurance et de téléphonie sont généralement rangées dans les dépenses dites « contraintes ». Cette notion très utilisée aujourd'hui par les spécialistes de la consommation concerne notamment « les dépenses pré-engagées », c'est-à-dire un ensemble de dépenses incontournables faites généralement en début de mois.

Chapitre 8 • L'investissement

1. Vrai. L'effet de levier désigne effectivement le fait qu'en finançant une partie des investissements par recours à l'endettement, on peut accroître la rentabilité des capitaux propres, appelée aussi rentabilité financière. Cet effet intervient à la condition que la « rentabilité économique » soit supérieure au taux d'intérêt frappant les dettes.
2. Faux. C'est une condition généralement nécessaire car on voit mal les raisons d'investir si aucune demande (supplémentaire) n'est en vue. En revanche, la décision d'investir suppose la réunion d'autres conditions : une capacité de production déjà pleinement utilisée, la perspective de profits (en d'autres

termes, la possibilité de rentabiliser un tel investissement). C'est toute la question des multiples déterminants de l'investissement.

3. Faux. L'entrepreneur a intérêt à investir dès lors que l'efficacité marginale du capital (*emc*) est supérieure au taux d'intérêt (*i*). En effet, si *emc* est inférieure à *i*, alors un entrepreneur a plutôt intérêt à faire un placement financier.
4. Vrai. Le prix relatif du travail et du capital influence significativement les décisions d'investissement. Ainsi, dans le cas où le prix relatif du travail s'accroît fortement, les entreprises auront tendance à investir pour remplacer du facteur travail par du facteur capital.
5. Faux. La formation brute de capital fixe (FBCF) comprend une partie des investissements immatériels (acquisition de brevets, dépenses de prospection pétrolière et minière...). De nombreux investissements immatériels ne font cependant (toujours) pas partie de la FBCF.
6. Faux. Il existe d'autres solutions, par exemple le recours à une augmentation de capital.
7. Faux. La FBCF comporte également les investissements des administrations et des ménages (lors de l'acquisition d'un logement).
8. Le multiplicateur et l'effet d'accélération sont deux phénomènes rattachés directement à l'investissement. La FBCF est, quant à elle, une mesure comptable de l'investissement. La CPP, ou concurrence pure et parfaite, concerne la question de la structure des marchés ; c'est donc l'intrus.
9. Les investissements en logement, machines et équipements et moyens de transport sont des investissements matériels.

   Les dépenses de brevets, logiciels, publicité et recherche & développement sont des investissements immatériels.

   Cette distinction est classique ; attention cependant, elle ne recoupe pas tout à fait les critères d'établissement de la FBCF qui prend en compte tous les investissements matériels, mais seulement une partie des investissements immatériels.

Chapitre 9 • Croissance et analyse conjoncturelle

1. Vrai. Ce phénomène arrive souvent, notamment dans les pays en développement. On constate en effet que, dans certains de ces pays (heureusement pas tous !), la production par tête ou encore le PIB par habitant diminue. C'est évidemment un problème économique et social de première importance, d'où aussi l'importance de faire des comparaisons internationales en termes de PIB par habitant et pas seulement en termes de PIB.
2. Faux. L'évolution du PIB permet de calculer la croissance économique et il est très utilisé pour faire des comparaisons internationales. Cependant, ses nombreuses limites (absence ou mauvaise prise en compte d'effets sociaux ou environnementaux négatifs associés à la croissance de la production...) n'en font pas un indicateur de bien-être, encore moins de bonheur. D'où l'émergence de nouveaux indicateurs : IDH, BIP 40, PIB vert...
3. Vrai. La théorie de la croissance endogène date de la fin des années 1980 et donne une place capitale au progrès technique, qui est désormais considéré comme un facteur endogène au mécanisme de croissance. Cette théorie a été notamment développée par les économistes Paul Romer, Robert Lucas et Robert Barro.
4. Vrai. La conjoncture caractérise une situation temporaire et proche. Elle donne lieu à ce que l'on appelle l'analyse conjoncturelle (démarche et outils d'analyse de la conjoncture).
5. Faux. Des variations présentant une certaine régularité sont qualifiées de cycles et non de fluctuations. En d'autres termes, des cycles sont des fluctuations régulières.

6. Faux. Le PIB double au bout de seulement 23 ans ! À titre indicatif, il faut 70 ans avec un taux de croissance de 1 % par an, mais seulement 7 ans avec un taux de croissance de 10 % par an.
7. Réponse b. Tous les indicateurs cités sont utilisés pour évaluer, suivant les cas, la situation des pays en matière de croissance stricto sensu, de développement humain ou encore de développement durable. À l'heure actuelle l'indicateur de référence reste cependant le PIB ou plus exactement l'évolution du PIB et ce, malgré ses imperfections.
8. Réponse a. Le PIB réel par habitant permet d'éliminer les effets d'échelle (un grand pays très peuplé a nécessairement un PIB important, or un PIB important n'est pas nécessairement un signe en soi de développement ou de bonheur) et de tenir compte également des niveaux de taux de change.
9. Réponses a et b. Deux économistes classiques, David Ricardo et Thomas Robert Malthus ont défendu une vision pessimiste de la croissance à long terme, à la différence d'Adam Smith.
   - La loi des rendements décroissants (de la terre) de D. Ricardo aboutit à l'idée de convergence à terme de l'économie vers un état stationnaire.
   - Le principe de population de T. R. Malthus conduit à une vision analogue (il met en vis-à-vis la loi de progression arithmétique des subsistances et la loi de progression géométrique de la population).
   - Quant à A. Smith, il développe une analyse plus optimiste et ouvre la voie à l'idée d'une croissance indéfinie notamment grâce aux effets favorables de la division du travail (cf. l'exemple célèbre de la petite manufacture d'épingles présenté dans Recherches sur la nature et les causes de la richesse des nations, 1776).
10. Schumpeter. L'économiste autrichien Joseph Schumpeter (1886-1950) a accordé une place déterminante au phénomène de l'innovation dans l'explication des cycles économiques (notion d'innovation en grappe, concept de destruction créatrice, etc.).

Chapitre 10 • La monnaie

1. Faux. Contrairement à une idée reçue, les banques n'accordent pas des prêts à partir des dépôts préalablement collectés. Au contraire, elles créent de la monnaie quand elles accordent un crédit et ce sont les crédits qui entraînent les dépôts et non l'inverse.
2. Vrai. La monnaie scripturale constitue aujourd'hui l'essentiel de la masse monétaire (à 85 %).
3. Faux. Certains crédits ne donnent pas lieu à création monétaire ; c'est le cas notamment du crédit interentreprises et de la part des crédits ouverts par les banques commerciales, financée sur épargne (préalable).
4. Vrai. La masse monétaire inclut, outre la monnaie « au sens strict » (M1), une partie des actifs financiers : ceux qui sont facilement et rapidement convertibles en moyens de paiement... et sans risque important de perte en capital.
5. Vrai. Ces économistes défendent la thèse de la neutralité monétaire, ce qui signifie que la monnaie n'a que des effets nominaux (c'est-à-dire sur le seul niveau général des prix) et donc pas d'effet sur l'économie réelle (le niveau de l'emploi, par exemple).
6. Vrai. La déflation a de nombreuses conséquences négatives pour l'économie : les ménages sont d'abord souvent conduits à différer leurs achats (les achats demain seront moins chers qu'aujourd'hui !) ; les ménages et l'État voient leurs problèmes d'endettement s'aggraver (quand les prix et les salaires baissent, les traites mensuelles à rembourser augmentent relativement au revenu) ; enfin, l'atonie de la demande a des effets défavorables sur les ventes et les perspectives d'investissement et le chômage tend à croître dans ces conditions.

7. Le nom de la banque centrale américaine est « la Réserve fédérale » ou Federal Reserve System, plus communément nommé FED. Il est essentiel de connaître cette banque centrale en raison de l'importance du dollar. On a également l'habitude de comparer la politique de la FED à celle de la BCE.
8. D'une façon générale, les économistes attribuent trois grandes fonctions à la monnaie : unité de compte, instrument de transaction et instrument de réserve de valeur.
9. Les différentes formes actuelles de la monnaie sont les formes divisionnaire, fiduciaire et scripturale ; les chèques et les cartes de paiement constituent eux des supports de la forme « monnaie scripturale ».
10. Seules trois catégories d'agents ont le pouvoir de création monétaire ; ce sont les établissements de crédit, la banque centrale et le Trésor public. Toutefois, la décision de création ne dépend pas uniquement d'eux.
11. Il existe plusieurs agrégats monétaires, mais l'agrégat de référence pour la politique monétaire de la BCE est M3.
12. La BCE dispose de trois taux d'intérêt directeurs : le taux de refinancement ou refi, utilisé notamment dans les opérations de refinancement hebdomadaire par appel d'offres, et les deux taux qui rentrent dans le cadre des facilités permanentes, le taux de facilité de prêt marginal et le taux de facilité de dépôt. Le taux refi évolue entre les deux autres taux qui constituent respectivement les taux plancher et plafond

    Le taux des réserves obligatoires est un tout autre instrument de la politique monétaire.

Chapitre 11 • Le financement de l'économie

1. La phrase proposée en énoncé est fausse : un tel agent dégage une capacité de financement.
2. Faux. Lorsque le taux d'inflation est supérieur au taux d'intérêt (nominal), cela signifie que les taux d'intérêt réels sont négatifs. Les agents économiques ont bien entendu intérêt à s'endetter dans une telle situation.
3. Vrai. Euronext est la première bourse de valeurs paneuropéenne. Elle a vu le jour à la suite de la fusion en 2000 de différentes bourses européennes (Paris – Amsterdam – Bruxelles puis Lisbonne). Auparavant la bourse de Paris comprenait différents compartiments (premier, second et nouveau marchés) tous regroupés aujourd'hui dans l'Eurolist. Notons enfin qu'en 2007, Euronext a fusionné avec le grand marché américain du New York Stock Exchange (NYSE) pour devenir une très grande place de marché opérant des deux côtés de l'atlantique. Le nom de la nouvelle entité est NYSE-Euronext.
4. Faux. Une baisse des taux d'intérêt fait remonter le cours des obligations. Cette relation connue, facilement explicable, a d'ailleurs des conséquences importantes sur les marchés financiers car l'augmentation du cours des obligations va rendre comparativement les actions meilleur marché et donc *a priori* plus attractives.
5. Vrai. Le marché primaire (ou marché du « neuf ») est le marché de l'émission de nouveaux titres. Les transactions sur des titres déjà émis (et donc acquis) concernent le marché dit « secondaire » (ou marché de « l'occasion »). Bien entendu la liquidité des actions et l'activité du marché secondaire facilitent grandement les placements de nouveaux titres.
6. Réponses a et b. Les ménages présentent, en règle générale, une capacité de financement qui permet de couvrir en tout ou partie le besoin de financement fréquent des entreprises non financières et de l'État. Si cela ne suffit pas, l'économie nationale fait alors appel à l'épargne du reste du monde.
7. Parmi l'ensemble des produits proposés, les produits dérivés sont les contrats à terme, les contrats d'échange et les options. À titre indicatif, on parle de marchés et de produits dérivés car le cours de ces produits dépend d'autres valeurs, (produits, devises, taux d'intérêt, etc.). Il existe deux marchés dérivés officiels en France : le MATIF et le MONEP.

8. Réponses a, b & d. On distingue trois grands types de crises financières qui, bien entendu, peuvent se cumuler ou s'enchaîner. Il y a d'abord les crises boursières qui se manifestent par un effondrement brutal et de grande ampleur des cours des titres en bourse ; les crises bancaires donnent lieu à la multiplication des faillites d'établissements financiers ; enfin, les crises de change sont révélées par l'effondrement du cours de différentes monnaies.

   Notons que les crises financières ont quasiment disparu entre 1929 et le début des années 1980, alors qu'elles se sont multipliées ensuite (krach de 1987, crise mexicaine de 1994, crise asiatique de 1997, krach boursier des valeurs technologiques en 2000, crise des *subprimes* de 2008 ou encore crise de la dette souveraine en 2010).

Chapitre 12 • Les échanges internationaux

1. Faux. Ce n'est pas l'OMC, mais le GATT (General Agreement on Tariffs and Trade), ancêtre de l'OMC, qui a été créé en 1947.
2. Faux. Le GATT (General Agreement on Tariffs and Trade) était un cycle de négociation et non une institution (contrairement à l'OMC). En 1995, l'organisation mondiale du commerce (OMC) a pris le relais du GATT.
3. Faux. La période de l'entre-deux-guerres est marquée par une faible croissance des échanges internationaux du fait du renouveau des politiques protectionnistes après 1929.
4. Faux. Cette proposition correspond à la vision de l'économiste Adam Smith ; David Ricardo a proposé une analyse différente fondée sur la notion d'avantages comparatifs.
5. Vrai. Cette interprétation est exacte ; malheureusement elle ne peut être vérifiée dans les faits : l'essentiel des échanges se fait entre pays ayant des caractéristiques économiques voisines et des dotations factorielles similaires. C'est là précisément l'une des grandes limites des théories traditionnelles des échanges. Ceci explique le développement d'autres théories et analyses rangées sous le terme de « nouvelles théories du commerce international ».
6. Vrai. La régionalisation traduit un mouvement d'intensification des échanges entre pays géographiquement proches. Ceci résulte en règle générale d'un processus volontaire d'intégration. On peut noter d'ailleurs que de nombreuses zones se sont formées depuis la fin des années 1990, montrant une accélération du phénomène.
7. Il s'agit de Friedrich List. Sa célèbre thèse du « protectionnisme éducateur » illustre un point de vue économique favorable à un protectionnisme limité et surtout à caractère temporaire.
8. Les échanges de services pèsent environ 20 % des échanges de biens et services.
9. Réponse a. L'Accord économique et commercial global (AEGC) ou Comprehensive Economic and Trade Agreement (CETA) est un traité international de libre-échange entre l'Union européenne et le Canada, signé le 30 octobre 2016. Après le vote des parlements, respectivement européen et canadien, cet accord deviendra pleinement valide et réduira de façon massive les barrières tarifaires et non tarifaires. Cet accord concerne également différents aspects liés à l'exportation de biens et de services et contribue à la mise en place d'un cadre d'investissement stable et favorable aux entreprises européennes et canadiennes.
10. Le pays au taux d'ouverture le plus élevé est le Luxembourg, vient ensuite la Chine, puis la France et enfin les États-Unis. Les chiffres vont de 85 % pour le Luxembourg, à un peu plus de 15 % (seulement) pour les États-Unis. Plusieurs facteurs interviennent pour expliquer cette hiérarchie : la taille et la diversité économique du pays (le Luxembourg pays de petite taille est par nécessité plus ouvert que les États-Unis) et également la stratégie économique du pays (le taux d'ouverture de la Chine a considérablement progressé en raison d'une politique de développement rapide par l'exportation).

11. Les droits de douane sont en moyenne aujourd'hui inférieurs à 5 %. Ceci montre bien l'importance de l'action menée dans le cadre du GATT, puis par l'OMC, en matière de baisse des droits de douane (notion de désarmement douanier).

Chapitre 13 • Le change

1. Faux. Dans un système de taux de change flottant, on parle de dépréciation/appréciation et non de dévaluation/réévaluation.
2. Faux. Le taux de change réel est le taux de change calculé en tenant compte de l'évolution des prix dans les deux zones monétaires. Prenons l'exemple du taux de change euro/dollar :

   Taux de change réel = Taux de change nominal × (Prix zone euro/Prix zone dollar)
3. Vrai. Le prix du baril étant en dollar, quand l'euro s'apprécie par rapport au dollar, le montant de la facture pétrolière exprimée en euros diminue. La bonne tenue de l'euro par rapport au dollar a permis ainsi à la France d'atténuer à différentes reprises les conséquences de la hausse du prix du baril.
4. Faux. Dans son « triangle d'incompatibilité », l'économiste Mundell a justement montré l'impossibilité de combiner ces trois objectifs. Au mieux, deux de ces objectifs peuvent être réalisés, ou alors il faut sacrifier un peu, voire beaucoup de chacun d'entre eux.
5. Vrai. Le total des soldes de chaque poste de la balance des paiements, « erreurs et omissions » incluses, est toujours nul en raison de l'équilibre comptable de la balance des paiements et de l'enregistrement selon la technique de la partie double.
6. Réponse a. Un solde négatif du compte des transactions courantes signifie que la France a plus importé qu'exporté des biens et services... et qu'elle a vraisemblablement des problèmes de compétitivité. L'existence d'un solde négatif et donc d'un déficit des transactions courantes fait que la France a un besoin de financement à l'égard du reste du monde.
7. Réponses b & d. Seuls les investissements directs font partie du compte financier, à côté d'autres types de flux (investissements de portefeuille, instruments financiers dérivés, etc.). Les deux autres opérations mentionnées (versement de la contribution de la France au budget européen et versement de revenus financiers tirés des investissements à l'étranger) relèvent des postes de revenus du compte des transactions courantes.
8. Réponse b. La solution d'attente peut être considérée comme spéculative ; en effet ce choix d'attendre revient à s'exposer volontairement au risque de change, en pariant sur l'appréciation ou la dépréciation de la monnaie.
9. La courbe qui correspond au problème posé est la courbe en J. La forme de la courbe traduit le fait que les effets prix jouent de façon immédiate, alors que les effets quantité supposent certains délais.

Chapitre 14 • Problèmes monétaires et financiers internationaux

1. Vrai. Le système monétaire international de l'étalon-or (1870-1914) présentait aussi de nombreux inconvénients : prix social élevé du rééquilibrage, assujettissement du développement économique aux découvertes d'or.
2. Faux. Dans le système de Bretton Woods, seuls les dollars pouvaient être convertis en or ; les autres devises étaient seulement convertibles en dollars.
3. Le système monétaire international de l'après-guerre s'organise lors de la conférence de Bretton Woods (1944) ; ce système est abandonné suite à la proclamation d'inconvertibilité du dollar en

or (1971) et à la généralisation du flottement des monnaies en 1973. 1997 est l'année de la crise asiatique et 1999 marque le passage à la monnaie unique (l'euro).

4. Le système monétaire international le plus ancien est celui de l'étalon-or, en vigueur de 1870 à 1914. Le système de Bretton Woods date de l'après-guerre (depuis 1944), il s'est effondré en 1971, laissant la place pendant deux ans à un système de l'étalon dollar, jusqu'à ce que le monde bascule finalement vers un système de changes flottants.

CHAPITRE 15 • LE RÔLE DE L'ÉTAT ET DES COLLECTIVITÉS LOCALES

1. Vrai. Il y a deux approches courantes de l'État quant à son périmètre : une approche au sens strict qui borne l'État aux administrations centrales et une approche au sens large qui comprend, outre les administrations centrales, les administrations publiques locales et les organismes de sécurité sociale. Cette approche est retenue lorsqu'on parle des critères du Pacte de stabilité et de croissance (PSC) en termes de déficit public ou d'endettement public.

2. Vrai. Les activités régaliennes correspondent à des missions que l'État a prises en charge de tout temps, quelles que soient les orientations politiques et économiques des gouvernements. Il s'agit de la défense nationale, de la sécurité intérieure ou encore de la justice. Un État cantonné aux activités régaliennes correspond à la vision des économistes classiques. Aujourd'hui, les économistes admettent, sinon recommandent, l'intervention de l'État en matière économique ; cependant, l'importance de cette intervention fait débat. En règle générale, les économistes néoclassiques sont favorables à une intervention restreinte et destinée seulement à améliorer les conditions de fonctionnement du marché.

3. Faux. Les keynésiens restent favorables à l'économie de marché ; ils ne sont pas favorables à l'étatisation de l'économie. En revanche, ils reconnaissent les limites de la seule régulation par le marché et considèrent que l'économie peut parfaitement connaître un équilibre durable de sous-emploi. Ils sont donc favorables à une intervention économique de l'État lorsqu'elle est nécessaire, notamment sous la forme de politique de régulation (politique de relance conjoncturelle).

4. Faux. S'il est vrai que l'État providence se met en place en France après la Seconde Guerre mondiale, l'intervention de l'État s'est déjà manifestée bien plus tôt, y compris en matière économique. L'interventionnisme de l'État est une « vieille histoire » en France (*cf.* le colbertisme) ; il est déjà bien visible au XIXe siècle dans différents domaines (infrastructures, enseignement, colonisation, etc.). L'interventionnisme devient beaucoup plus massif au XXe siècle, après la crise de 1929, et surtout durant les Trente Glorieuses, recouvrant tous les domaines économiques et sociaux.

5. Faux. La planification française a été une planification (seulement) indicative et non pas impérative comme dans l'ex-URSS. Le plan français fixait des objectifs souhaitables sans remettre en cause pour autant la liberté des entreprises.

6. Faux. L'école du Public Choice, qui compte parmi ses représentants les plus connus James Buchanan (prix Nobel 1986) et GordonTullock, s'est consacrée à l'étude des défaillances de l'action correctrice de l'État. Pour ce courant, les limites du marché ne suffisent pas à justifier l'intervention de l'État car les hommes publics visent non pas l'intérêt général, mais leur réélection, et agissent en fonction des lobbies et groupes de pression. En d'autres termes, les théoriciens du Public Choice défendent une conception critique de l'intervention étatique.

7. Vrai. Il s'agit d'une loi empirique, mise en évidence par l'économiste allemand Adolf Wagner en 1880. Statistiquement, on peut appréhender cette extension des activités par l'augmentation du ratio Dépenses publiques/PIB au cours du temps.

8. Vrai. Depuis l'adoption de l'euro, la politique monétaire des pays de la zone euro relève du Système européen de Banques centrales (SEBC), dont fait partie notamment la Banque centrale européenne (BCE). Notons au passage qu'il s'agit d'une compétence dite « exclusive » de l'UE.
9. Les dépenses publiques s'élèvent à plus de 50 % du PIB depuis de nombreuses années. Depuis plusieurs années, elles dépassent même la barre des 55 % plaçant la France quasiment en tête de tous les pays de l'Union européenne sur ce plan.
10. Les trois fonctions distinguées par Robert Musgrave (1910-2007) sont les fonctions d'affectation, de redistribution et de régulation. Cette célèbre présentation des fonctions de l'État a fait toutefois l'objet de débats, étant donné que la séparation des fonctions n'est pas toujours opératoire. Notons au passage que les fonctions de redistribution et de régulation sont particulièrement caractéristiques de l'État providence des Trente Glorieuses.
11. Les trois principaux postes sont l'Éducation nationale (« enseignement scolaire »), puis la charge de la dette de l'État (« engagements financiers de l'État ») et, enfin, la Défense. Ils représentent à eux trois, la moitié des dépenses publiques. La culture et la justice sont, quant à eux, des postes peu importants en termes de dépenses.
12. Il s'agit de l'effet d'éviction. Selon les économistes néoclassiques et monétaristes, cet effet provient du fait que l'accroissement des dépenses publiques réduit mécaniquement les possibilités d'investissement privé en raison de l'augmentation des besoins financiers de l'État. Ces nouveaux besoins seront satisfaits soit par l'augmentation des impôts, soit par emprunt. Dans les deux cas, la possibilité de financer des investissements privés est réduite (par perte de ressources internes ou par renchérissement de l'accès à des ressources externes).

Chapitre 16 • L'Union européenne

1. Vrai. Avec plus de 500 millions d'habitants, l'Union européenne à 28 est une zone économique très peuplée, largement devant les États-Unis ou le Japon. Elle est bien sûr dépassée par les grands pays émergents (la Chine et l'Inde). À titre indicatif, le PIB européen dépasse aujourd'hui celui de tous les autres grands pays et zones économiques, y compris les États-Unis.
2. Vrai. Il n'y a plus de droits de douane à l'intérieur de l'Union européenne. C'est un des grands acquis de la construction européenne. Pour mémoire, l'Union douanière a été réalisée en 1968.
3. Faux. L'hétérogénéité fiscale est au contraire une des grandes limites actuelles de l'Union européenne. Les divergences sont importantes en matière de TVA, de fiscalité des entreprises, ou encore de fiscalité de l'épargne. Les différences concernent les taux, le calcul des assiettes fiscales, les régimes dérogatoires, les barèmes d'imposition sur le revenu etc.
4. Faux. L'UE a en effet son propre budget. Il est cependant d'un poids très modeste comparé aux budgets nationaux (en raisonnant bien entendu en pourcentage du PIB).
5. Faux. Cette proposition concerne l'UE et non la zone euro ! Seuls 19 pays font partie de la zone euro (l'Estonie, la Lettonie et la Lituanie ayant adhéré respectivement en 2011, 2014 et 2015). Il y a quelques grands absents, dont la Suède et le Danemark.
6. Vrai. La PAC est très importante dans le budget européen. Cela représente d'ailleurs un problème pour l'Union européenne, d'autant que le budget européen est lui-même déjà très limité (autour de 1 % du PIB européen).
7. Faux. La BCE a une autonomie institutionnelle très importante. Plusieurs éléments garantissent cette autonomie : les gouverneurs nationaux sont nommés pour une durée assez longue et ne sont pas révocables ; les membres du SEBC (système européen des banques centrales) n'ont pas à recevoir d'instructions de la part des institutions et organes communautaires, ou encore des gouvernements

des États membres. Ajoutons également que la BCE dispose d'une compétence exclusive dans la définition et la conduite de la politique monétaire.

8. Le budget européen pèse très faiblement sur le PIB européen (1 %). À titre de comparaison, le budget français représente environ 15 % du PIB français ! Ceci limite considérablement le champ d'action de l'Union européenne, d'autant que ce budget doit être nécessairement en équilibre, que ses ressources sont plafonnées, etc.

9. Réponses a & c. Entériné en 1997 lors du traité d'Amsterdam, le Pacte de stabilité et de croissance (PSC) comporte un certain nombre de règles de surveillance et de sanctions destinées à éviter des déficits publics excessifs des pays de la zone euro. Contrairement à la politique monétaire, la politique budgétaire demeure en effet une compétence nationale. Trois normes ont été fixées dans le PSC concernant notamment les limites à ne pas dépasser en matière de déficit public et d'endettement public. Le PSC a été assoupli légèrement en 2005 et mis « hors jeu » en 2009 avec la récession affectant le monde et la zone euro. Après 2010, on note un renforcement très strict à la fois des contraintes et de la coordination en matière budgétaire suivant différents dispositifs et mesures dont la procédure du « semestre européen » et le « Traité sur la stabilité, la coordination et la gouvernance » (TSCG) en 2013.

10. Réponse b. Les Britanniques ont voté le 13 juin 2016 majoritairement en faveur d'une sortie de l'UE dans le cadre d'un référendum organisé sur l'appartenance du Royaume-Uni à l'UE. Le Brexit (initiales de « *British Exit* ») l'a donc emporté. Le déclenchement du processus de séparation suppose que le Royaume-Uni notifie son intention au Conseil européen.

11. La politique commerciale et la politique monétaire relèvent des compétences exclusives de l'Union européenne.

    L'environnement et le transport font partie des compétences partagées entre les États membres.

    La culture, l'éducation et la santé sont des compétences soumises à la souveraineté des États.

    On peut donc constater la grande diversité des répartitions de compétences. En outre, les domaines où les compétences de l'Union sont exclusives sont encore peu nombreux.

Chapitre 17 • Marché du travail, emploi, chômage

1. Faux. Les actifs sont non seulement les personnes employées (qu'elles soient ou non salariées) mais également les chômeurs. En revanche, les personnes qui, découragées, ne recherchent plus d'emploi, ne sont pas comptabilisées parmi les chômeurs et font donc partie des inactifs.

2. Vrai. L'indicateur de chômage est calculé chaque trimestre par l'INSEE à partir de l'enquête Emploi et suivant la définition internationale du Bureau International du Travail (BIT).

3. Vrai. L'offre de travail des salariés représente la demande d'emploi, de même que la demande de travail (des entreprises) correspond aux offres d'emplois. Les termes d'offre et de demande de travail sont des notions qui ressortent fondamentalement du langage économique, alors que ceux d'offre et de demande d'emploi font partie, eux, du langage courant.

4. Faux. Pour les keynésiens, à la différence des néoclassiques, le chômage est pour l'essentiel involontaire. Selon eux, le chômage est dû fondamentalement à l'insuffisance de la demande effective.

5. Vrai. Les économistes américains Michaël J. Piore et Peter B. Doeringer ont développé l'idée selon laquelle il n'y a pas un marché unique du travail sur lequel se confronte l'ensemble des offres et des demandes de travail, mais un marché segmenté en deux compartiments (conception de la dualité du marché du travail).

6. Faux. Les politiques passives visent surtout à agir sur l'offre de travail. Elles consistent à encourager, entre autres, les retraits d'activité et à limiter les conséquences sociales du chômage. Ce sont les politiques actives de l'emploi qui cherchent à influencer la demande de travail.

7. Faux. Le salaire d'efficience doit permettre d'atteindre la productivité maximale de celui qui le perçoit. La théorie du salaire d'efficience repose fondamentalement sur l'idée qu'il existe une relation croissante entre l'effort des travailleurs (et donc leur productivité), d'une part, et le salaire reçu, d'autre part. Par extension, ce ne serait donc plus la productivité marginale qui déterminerait le salaire, comme dans le modèle néoclassique, mais le salaire versé qui agirait sur le niveau de productivité des travailleurs.
8. Les populations les plus exposées au risque « chômage » sont les ouvriers, les femmes et les jeunes. On pourrait ajouter encore d'autres paramètres : la localisation (région), le niveau de diplôme, etc.
9. Réponse b. Les jeunes présentent à la fois une forte vulnérabilité et une forte employabilité à la différence, par exemple, des travailleurs âgés moins vulnérables mais également moins employables.
10. Réponses a, c & d. Le modèle *insiders/outsiders*, la théorie des contrats implicites et enfin les théories du salaire d'efficience font partie de « la nouvelle microéconomie du travail ». On peut noter que le modèle *insiders/outsiders* est plutôt d'inspiration néoclassique alors que les autres théories sont plutôt d'inspiration keynésienne. Comme on peut le voir, « la nouvelle microéconomie du travail » conjugue des influences à la fois keynésienne et néoclassique.
11. Réponse c. La flexicurité (ou flexisécurité) désigne un mode de fonctionnement du marché du travail combinant une flexibilité importante appréciée des entreprises et des « sécurités » pour les travailleurs du type indemnités de chômage importantes et aide significative à la recherche d'emploi.

    Le Danemark est la référence habituelle en la matière ; ce pays combine une grande flexibilité (avec notamment un régime de licenciement relativement libéral), un système d'indemnisation généreux, des formations qualifiantes et professionnalisantes reconnues.

    On peut noter que ce modèle n'est cependant pas forcément transposable tel quel à d'autres pays en raison de ses particularités sociales, culturelles et historiques.
12. Réponses a, b, c & e. Pour être considéré comme chômeur en France selon la définition du BIT, il faut :
    - être en âge de travailler (15 ans ou plus) ;
    - être sans emploi ;
    - être disponible pour prendre un emploi dans les 15 jours ;
    - avoir cherché activement un emploi dans le mois précédent (ou en avoir trouvé un qui commence dans moins de 3 mois).

    La condition « être inscrit au Pôle Emploi » n'est pas à retenir car elle concerne l'autre indicateur de chômage, celui des « demandes d'emploi en fin de mois » (DEFM) qui relève justement de Pôle Emploi. À titre indicatif, certains demandeurs d'emploi ne sont pas chômeurs au sens du BIT et inversement certains chômeurs ne sont pas inscrits à Pôle Emploi.

Chapitre 18 • Risques sociaux, inégalités et redistribution

1. Faux. La redistribution permet seulement de réduire en partie les inégalités. En outre, les inégalités en France portent davantage sur les patrimoines que sur les revenus.
2. Faux. En 2015, l'impôt sur le revenu a représenté 19,9 % des recettes fiscales de l'État français contre 51,1 % pour la TVA !
3. Faux. L'organisation générale du système français de protection sociale comporte deux grands opérateurs :
    - la Sécurité sociale et son organisme collecteur, l'URSSAF qui couvre la plupart des grands risques (vieillesse, maladie, etc.) ;
    - l'assurance chômage collectée (depuis 2011) par l'URSSAF également mais pour le compte de Pôle emploi.

4. Faux. Le système français de financement des retraites est un système par répartition, soit un système où les cotisations des actifs servent à financer les actuels retraités. La réforme de 2003 a toutefois ouvert une porte au développement de formules de capitalisation.
5. Faux. Les tenants de l'État minimal défendent la thèse d'un État borné à la prise en charge des seules activités régaliennes. La protection sociale ne fait pas partie de ces activités régaliennes.
6. La courbe de Laffer a été popularisée dans les années 1970. Cette courbe en cloche est censée rendre compte d'une liaison négative, à partir d'un certain seuil de pression fiscale, entre le taux d'imposition (et, par extension, le taux de prélèvements obligatoires) et le montant des recettes fiscales (en d'autres termes le niveau de l'activité). Cette analyse a eu un gros impact même si l'optimum fiscal reste bien difficile à établir !
7. Le taux de prélèvements obligatoires français (rapport des prélèvements – impôts et cotisations sociales au PIB) dépasse les 40 % depuis le début des années 1980 et a atteint pratiquement 45 % en 2014. Ce chiffre est supérieur à la moyenne de l'Union européenne et très supérieur aux chiffres des États-Unis et du Japon.
8. C'est la branche maladie qui présente le déficit de très loin le plus important ; on peut noter qu'en 2015, la branche vieillesse s'approche de l'équilibre, après avoir été longtemps très déficitaire elles aussi. Pour mémoire, le risque « chômage » ne relève pas de la Sécurité sociale.
9. Le taux de remplacement correspond au ratio « Première pension de retraite/Dernier salaire d'activité ». C'est un paramètre important du système de retraite par répartition. La diminution de ce taux peut diminuer en effet le déficit de la protection sociale... mais aux dépens bien entendu du niveau de vie des retraités.

Corrigés du sujet d'annales 2014

I — DISSERTATION

Éléments de correction

« La place de l'innovation dans la croissance économique »

INTRODUCTION

En mars 2010, la Commission Européenne met au point la stratégie « Europe 2020 » tendant vers une « croissance intelligente, durable et inclusive » organisée autour de trois dimensions : l'innovation, le taux d'emploi et la durabilité de la croissance. En matière d'innovation, ce projet propose alors que les pays de l'Union Européenne consacrent 3 % de leur produit intérieur brut à la recherche et développement. *(Phrases d'accroche)*

L'innovation, ou le progrès technique, est une dimension fondamentale de la dynamique économique du capitalisme. Dès le début du XIXe siècle, Jean-Baptiste Say voyait déjà dans la figure de *l'entrepreneur* celui qui impulsait la « richesse des nations » selon l'expression d'Adam Smith. En effet, pour l'économiste classique français, l'entrepreneur est celui qui saisit les opportunités d'investissement et de profit en innovant. *(Présentation du sujet)*

Ce comportement consiste à créer de nouveaux produits ou à adopter de nouveaux procédés de production grâce à l'application industrielle et commerciale d'une invention *(définition de l'innovation)*. Ces innovations de produits et de procédés seraient autant de facteurs bénéfiques à la hausse réelle et durable de la production de biens et services sur un territoire, à savoir la croissance économique *(définition de la croissance économique)*.

Si l'innovation semble être déterminante pour la progression du niveau de vite des habitants, il n'en demeure pas moins que ses effets bénéfiques supposent des conditions particulières dont l'absence peut *in fine* nuire à l'activité économique. Ainsi, une entreprise investira des capitaux dans un produit innovant si elle est assurée d'en tirer des bénéfices ; or, les innovations reposent sur l'apparition de nouvelles connaissances facilement utilisables par des concurrents. Ces derniers pourront alors obtenir des revenus substantiels sans en avoir subi les coûts. Cela représente alors un défaut d'incitation à l'innovation nuisible à la croissance économique auquel un droit de propriété intellectuelle peut éventuellement remédier.

Plus largement, les institutions, c'est-à-dire les règles et les conventions qui orientent les comportements économiques des agents (entreprises, consommateurs, salariés, pouvoirs publics etc.), semblent capitales pour tirer le rendement le plus élevé de l'innovation en termes de croissance économique et contenir ses effets déstabilisants (comme la déqualification des salariés). *(Discussion du sujet)*

Ainsi, dans quelles conditions et pour quelles institutions, l'effort d'innovation peut-il favoriser au mieux la croissance économique ? *(Problématique)*

Après avoir expliqué les raisons pour lesquelles les innovations impulsent et soutiennent la croissance économique, les principales conditions et institutions favorables à un meilleur rendement du progrès technique en termes d'augmentation de l'activité productive seront analysées. *(Présentation du plan)*

DÉVELOPPEMENT

Partie 1 : les effets vertueux de l'innovation sur la croissance économique

Sur le long terme, la dynamique économique semble fondée sur l'alternance des phases de croissance de la production et de tassement, voire de réduction, de celle-ci. Cette dynamique caractéristique des révolutions industrielles fut analysée par l'économiste Joseph Schumpeter au cours du XXe siècle comme la conséquence de l'innovation des entreprises.

Si Schumpeter fut un des premiers économistes à mettre l'innovation au centre de son explication de la croissance économique, d'autres ont essayé de comprendre les mécanismes à l'œuvre dans les relations favorables, mais aussi déstabilisatrices, du progrès technique sur le niveau de vie. ***(Présentation de la partie)***

Sous-partie 1.1. Les révolutions industrielles et le processus de destruction créatrice

Schumpeter fut le premier théoricien à considérer l'innovation comme le moteur central de l'activité économique dans un système capitaliste. L'économiste autrichien distingue ainsi cinq formes d'innovation qui peuvent être regroupées autour de deux axes.

• D'abord, innover consiste pour les entreprises à concevoir et fabriquer de nouveaux produits mais aussi à répondre à de nouveaux besoins, de nouveaux marchés. L'innovation est dite « externe » car orientée directement vers les consommateurs. Par exemple, une entreprise de l'agroalimentaire innove en créant de nouvelles céréales à consommer au petit-déjeuner mais aussi en les adaptant à de nouveaux modes de consommation (hors petit-déjeuner, à l'extérieur, etc.).

Ces innovations permettent ainsi de répondre à une nouvelle demande des consommateurs ; les entreprises vont alors augmenter leurs niveaux de production. Cette hausse de l'activité productive nécessite bien souvent des investissements de capacité (extension ou construction de nouveaux sites de production) et le recrutement d'une main-d'œuvre supplémentaire par les entreprises. Les innovations externes déterminent alors un mode de croissance économique, qualifié d'« extensif », puisqu'il repose sur une hausse des quantités de facteurs de production (accumulation du capital, recrutement net de salariés ou hausse du temps de travail) pour augmenter la quantité produite.

• Ensuite, innover consiste à « produire mieux », c'est-à-dire à améliorer les processus de production. Dans l'industrie, les machines à commande numérique ont considérablement accru les temps de réglage des anciennes machines-outils accroissant ainsi le rendement. Ces investissements de productivité sont représentatifs d'innovations « internes ». Elles sont à l'origine d'importants gains de productivité qui correspondent un accroissement des quantités produites pour un niveau de facteurs de production donné. Les gains de productivité sont donc représentatifs d'un mode de croissance dit « intensif » dont les innovations internes seraient en grande partie à l'origine.

Ces mécanismes semblent alors à l'œuvre dans les révolutions industrielles définies comme des mutations technologiques transformant profondément et durablement la production industrielle, son organisation mais aussi les modes de consommation. Les révolutions industrielles combinent à la fois des innovations externes et internes décuplant ses effets sur la croissance économique.

Les transformations technologiques améliorent considérablement l'efficacité productive des entreprises favorisant la diminution des coûts moyens de production et la hausse de la productivité. Ainsi, le développement de la machine à vapeur à la fin du XVIIIe siècle permit de procurer l'énergie nécessaire aux biens d'équipement dans l'industrie textile et la métallurgie, accroissant considérablement les niveaux de production.

Enfin, les mutations technologiques permettent la conception et la fabrication de nouveaux produits venant satisfaire la demande des consommateurs. Celle-ci représente donc une « incitation à la production » favorable à la croissance économique. L'électricité est une mutation technologique à l'origine d'innombrables biens de consommation.

Ces cycles économiques caractéristiques des révolutions industrielles ont d'abord été identifiés, statistiquement, par l'économiste russe Nicolaï Kondratieff au XXe siècle. Un cycle économique de long terme dure 50 ans, débutant par une phase d'expansion économique de 25 ans et une phase de dépression, c'est-à-dire de diminution de l'activité économique, de 25 ans. Cependant, il reviendra à Schumpeter d'en expliquer les raisons.

Selon lui, le processus de « destruction créatrice » est à l'origine de ce cycle. Les innovations, notamment technologiques, génèrent des occasions de profit par la hausse de la productivité (et la baisse des coûts) ou par la fabrication de nouveaux produits. Ces innovations concurrencent et déclassent les anciens produits et modes de production. La phase de croissance de la production du cycle correspond à la mise en place d'un nouveau système technologique qui dynamise la demande (innovations externes) et l'offre (innovations internes). La phase de dépression du cycle économique apparaît lorsque les occasions de profit et d'investissement ont été saturées, les technologies s'étant pleinement diffusées dans la société. Une nouvelle « grappe d'innovations » viendra alors remplacer celle du cycle finissant pour en impulser un nouveau.

Si Schumpeter a permis d'axer l'analyse du système capitaliste et de la dynamique de croissance qui lui est liée sur l'innovation, d'autres économistes se sont attachés à mesurer et à expliquer précisément les effets du progrès technique sur la croissance économique. ***(Transition)***

Sous-partie 1.2. La place centrale du progrès technique dans les théories de la croissance

Historiquement, le progrès technique a longtemps été considéré comme important dans la création de richesses mais exogène à la dynamique économique. Autrement dit, aucun facteur économique, aucune décision de nature économique ne semblait pouvoir expliquer l'origine du progrès technique bien qu'il fût considéré comme un élément favorable à l'enrichissement des agents. Les innovations étaient alors perçues comme la conséquence des avancées de la science, du « génie humain », de l'éducation, autant de raisons étrangères aux comportements économiques.

Ainsi, le modèle de Solow (1956), fondamental dans l'analyse des processus à l'œuvre dans la croissance économique, attribue une responsabilité majeure au progrès technique... sans en expliquer toutefois l'origine « économique » ! En effet, sur le long terme, en dépit d'efforts d'investissements similaires et d'un niveau d'épargne identique, des pays peuvent atteindre des rythmes de croissance économique différents. Cet écart s'expliquerait alors par le progrès technique selon Solow. Ainsi, les innovations sont bien un facteur de production majeur et soutenant durablement la croissance économique. Cependant, aucun raisonnement économique sur le comportement des agents ne fut alors avancé pour expliquer les causes de ce progrès technique.

L'étude de Carré, Dubois et Malinvaud (1972) sur la croissance économique en France entre 1951 et 1969 semble alors valider les prédictions du modèle de Solow. L'analyse économétrique montre que la moitié du taux de croissance économique moyen annuel ne s'expliquait pas par la seule combinaison du capital et du travail mais par un facteur non expliqué, le « résidu ». Ce résidu de croissance correspond à la productivité globale des facteurs c'est-à-dire au supplément de production généré indépendamment de la hausse du facteur capital et du facteur travail. Ce supplément d'efficacité productive est alors attribué au progrès technique perçu comme exogène car extérieur à la dynamique et aux comportements économiques.

Il reviendra aux théoriciens de la croissance endogène de dépasser le modèle de Solow. Les innovations sont toujours perçues comme un déterminant fondamental de la croissance économique en augmentant le rendement du capital par tête. Cependant, le progrès technique est lui-même déterminé par des comportements et par des dynamiques économiques. Ainsi, l'investissement dans le capital humain (les compétences des individus), les dépenses en recherche et développement, l'investissement public dans les infrastructures sont autant de décisions économiques (c'est-à-dire faisant appel à une analyse de type coût/avantage de *l'homo oeconomicus* et générant un coût d'opportunité) qui favorisent les innovations, la productivité globale des facteurs de production et *in fine* la croissance économique.

Les études économétriques semblent valider les modèles de croissance endogène. Par exemple, une étude de l'OCDE (2007) démontra que les dépenses d'éducation et de recherche et développement permettent d'augmenter durablement le PIB par habitant.

Si le progrès technique semble être un facteur de production fondamental permettant d'assurer une croissance de long terme, ses effets ne peuvent s'épanouir que dans le cadre d'institutions adaptées. Dans le cas contraire, les innovations pourraient ne pas produire les effets escomptés sur la croissance économique, voire lui nuire. *(Transition)*

Partie 2 : les conditions institutionnelles du rendement des innovations.

Sous-partie 2.1. Produire, protéger et diffuser les connaissances : l'importance des brevets et le rôle de l'État dans l'innovation

Les innovations sont le résultat de nouvelles connaissances utilisées à des fins économiques par les entreprises. Or, la connaissance a toutes les caractéristiques d'un bien collectif, à savoir non rival et non exclusif.

• D'une part, la connaissance est un bien non rival. Une connaissance peut être utilisée simultanément par plusieurs agents économiques et réutilisée à l'infini sans coût supplémentaire.

• D'autre part, la connaissance est un bien non exclusif. Une fois la connaissance établie, il est extrêmement difficile de la réserver aux seuls agents qui paient pour y accéder. Sans institution de protection particulière, un individu pourra utiliser la connaissance sans en payer le prix ; ce phénomène de « passager clandestin » décourage alors toute entreprise à innover. En effet, un tel investissement ne serait pas profitable puisque le produit des ventes serait quasiment nul.

Une institution « hors marché » doit alors intervenir pour produire ou inciter à la production d'un bien collectif comme la connaissance. Le brevet est une de ces institutions fondamentales. Il représente un droit de propriété intellectuelle (DPI) qui accorde un monopole d'utilisation d'une connaissance, à des fins économiques, à l'agent qui en est à l'origine. Les revenus obtenus grâce à l'exploitation de la connaissance protégée seront perçus par le détenteur du brevet, soit directement, soit en cédant à un tiers une licence d'exploitation.

Ainsi, les brevets garantissent que les bénéfices, légaux, tirés de l'utilisation économique d'une invention peuvent revenir aux agents qui en sont à l'origine. Ainsi, en favorisant l'innovation, les brevets semblent alors pouvoir soutenir la croissance économique.

Cependant, l'absence de diffusion de la connaissance dans l'économie, consécutive à sa protection par les brevets, semble nuire à l'activité économique. En effet, la connaissance est à l'origine d'importantes externalités positives. Elles représentent les conséquences favorables et gratuites du comportement économique d'un agent sur un tiers. Par exemple, une personne qui achète un vaccin pour se soigner contre la grippe en tire un avantage personnel (ne pas être malade) mais ce comportement bénéficie gratuitement à son entourage (celui-ci ne sera pas contaminé). Les connaissances relèvent du même procédé. Leur utilisation par un nombre élevé d'agents leur permet d'être plus productifs, ce qui est favorable à la croissance. De plus la connaissance est un facteur de production de nouvelles connaissances. Autrement dit, plus le stock initial de connaissances est élevé, plus le flux de nouvelles connaissances est lui-même élevé. Enfin, contrairement au capital physique et au travail, les connaissances suivent la loi des rendements factoriels croissants : autrement dit, la production augmente à un rythme croissant et fur et à mesure que le stock de connaissance s'accroît.

Ainsi, la diffusion de nouvelles connaissances produit bien plus de connaissances que leur limitation auprès de quelques agents. Cette large diffusion semble donc favorable à la croissance économique.

La connaissance comme bien collectif, source d'importantes externalités et dont les rendements factoriels sont croissants est au cœur d'un dilemme : faut-il réduire sa diffusion afin de permettre aux entreprises qui en sont à l'origine de récupérer tous les bénéfices qui leur reviennent ? *A contrario*, faut-il accroître sa diffusion pour permettre au maximum d'agents d'en bénéficier et de créer de nouvelles connaissances ?

Actuellement, les droits sur les brevets prennent en compte ce dilemme : la protection est souvent temporaire (20 ans). Au bout de ce délai, la connaissance devient libre et gratuite. Par ailleurs, pour obtenir un brevet, un agent économique doit expliquer précisément son invention. Cette explication est mise à disposition de n'importe quel tiers. Autrement dit, une invention peut être protégée par un brevet, mais en contrepartie elle doit être diffusée auprès d'autres agents économiques. Ainsi, le brevet est une protection incitant à l'innovation mais participe aussi à la diffusion des connaissances, deux dimensions favorables à la croissance économique.

Dans le soutien à l'innovation, le brevet n'est pas le seul outil. L'État a aussi un rôle à jouer. Il peut financer directement la recherche fondamentale dont les externalités sont extrêmement fortes et pour lesquelles la logique marchande est peu incitative (coûts élevés, rendements très incertains) au sein de laboratoires publics. Il peut aussi alléger la charge fiscale des entreprises qui investissement dans la recherche et développement ou la subventionner (crédit d'impôt recherche).

Sous-partie 2.2. Des marchés et des institutions adaptés pour absorber le « choc » des innovations

Si l'innovation est un facteur de croissance, elle déstabilise par ailleurs les conditions effectives de production. Ce « choc » du progrès technique peut alors conduire à dégrader les situations économiques existantes des entreprises, des salariés et nuire, par divers canaux, à la croissance économique.

D'une part, sur le plan du marché du travail, les innovations de procédé peuvent être à l'origine d'une forte diminution de l'emploi dans un secteur d'activité donné, en substituant du capital au travail. L'utilisation intensive d'équipements innovants dans un secteur d'activité a souvent pour but de générer d'importants gains de productivité et de revenus, détruisant massivement des emplois dans ledit secteur. Peut apparaître ainsi un chômage technologique dont un des premiers hérauts fut l'économiste David Ricardo au XIXe siècle. Ce chômage, s'il s'avère massif et durable, pourrait nuire à la croissance économique : faible consommation des personnes sans emploi et sur-épargne de précaution des ménages dégradant la demande intérieure et les anticipations de ventes des entreprises dans une perspective keynésienne.

Cependant, la théorie du déversement popularisée en France par le démographe et économiste Alfred Sauvy au XXe siècle vient nuancer la thèse du chômage technologique. Selon le processus de déversement, la destruction d'emplois dans un secteur où les innovations génèrent d'importants gains de productivité est compensée par la création d'emploi dans d'autres domaines d'activité en expansion. En effet, les gains de productivité générés dans un secteur représentent des gains de revenus qui sont épargnés et investis dans les domaines d'activité en plein essor dynamisant ainsi la création d'emploi. Cependant, l'efficacité du déversement suppose des conditions de base dont on peut douter qu'elles soient toujours « automatiques » et spontanées, comme par exemple la forte mobilité géographique des salariés et l'adéquation des qualifications requises.

Ainsi, pour faciliter ce déversement des emplois et éviter que ne s'installe et ne se pérennise un chômage technologique néfaste à la croissance économique, la qualité des institutions du marché du travail, principalement du système de formation professionnelle, est primordiale.

Aussi, la théorie économique a mis en lumière l'existence d'un biais technologique dans la demande de travail des entreprises. Le rythme des innovations dans les entreprises les conduit à privilégier le recrutement de salariés bien formés à la maîtrise de nouvelles technologies. Au contraire, les entreprises se séparent ou n'embauchent pas les agents non dotés de telles compétences. Il s'ensuit alors une demande de travail importante pour les salariés qualifiés et faible pour les non-qualifiés. La croissance des inégalités salariales semble ainsi s'expliquer par ce « biais technologique » entre les salariés les mieux formés et les autres. Dans une perspective keynésienne, la hausse de telles inégalités peut être un frein à l'activité économique : le taux d'épargne des ménages les plus aisés est plus élevé que celui des autres agents. Or, un taux d'épargne élevé nuit à la croissance économique dans la logique du multiplicateur keynésien.

Les inégalités de richesse territoriales peuvent aussi être une conséquence d'une caractéristique de la connaissance mise en exergue par les modèles de croissance endogène, à savoir la croissance du rendement factoriel marginal. La connaissance est d'autant plus profitable que le stock de connaissances est élevé. Autrement dit, plus le stock de connaissances disponible dans une économie est élevé, plus la richesse augmentera à un rythme croissant. Par ce mécanisme, couplé au fait que les connaissances sont aussi un *input* qui crée d'autres connaissances, accroissant ainsi leur niveau, les écarts de richesses et de revenus se renforceront entre les pays les mieux dotés en connaissances et les autres.

Ainsi, une approche d'inspiration keynésienne selon laquelle de trop fortes inégalités de revenus seraient néfastes à la croissance économique peut conduire à distinguer les deux effets contradictoires de l'innovation sur la croissance. Les connaissances génèrent des rendements factoriels marginaux croissants permettant ainsi d'accroître le taux de croissance économique des pays les mieux dotés avec un « effet boule de neige » : un pays s'enrichirait d'autant plus qu'il serait déjà riche en connaissances. Ce creusement des inégalités de croissance entre les territoires concentrerait la richesse sur certains d'entre eux au détriment des autres et, par ce canal-là, pourrait nuire à la croissance globale sur l'ensemble des territoires. Des institutions et mécanismes de redistribution pourraient alors être mis en place pour résorber ces inégalités territoriales. Dans cette perspective, au niveau mondial, il semblerait donc impératif de développer ou de renforcer des institutions assurant des transferts de richesse entre les territoires.

Enfin, dans le cadre de l'analyse post-keynésienne du circuit monétaire, le progrès technique est un facteur de crise économique dont les conséquences peuvent être l'explosion du chômage et une longue dépression économique. En effet, dans une économie capitaliste, l'intensité de la concurrence entre les entreprises les oblige à innover pour se dépasser. Or, la vivacité de cette compétition peut accélérer l'apparition de la « condition keynésienne de crise », une situation où les entreprises, n'ayant pas le temps de rentabiliser leurs investissements, ne disposent pas de ressources suffisantes pour rembourser leurs dettes contractées auprès des banques. Ainsi, dans cette perspective, des institutions économiques sembleraient alors nécessaires pour encadrer le progrès technique qui nourrirait une « trop forte » concurrence entre les entreprises à l'origine de la crise économique.

CONCLUSION

Les innovations de nature technologique, à savoir le progrès technique, mais aussi organisationnelles et commerciales semblent soutenir l'activité économique des agents sur le long terme. Les analyses théoriques comme les études empiriques semblent respectivement expliquer et valider l'existence d'une causalité significative entre ces deux éléments.

Cependant, innover revient à remettre en cause les technologies, les organisations, les qualifications existantes. Ce « déclassement de l'existant » soulève de redoutables enjeux en termes de reconversion des salariés, mais aussi des sites industriels ou des territoires.

Par ailleurs, l'innovation, notamment de procédés, vise souvent à économiser des ressources notamment du temps de travail. Elle peut donc occasionner dans un premier temps une hausse du chômage même si, dans un second temps, les gains monétaires obtenus grâce à ces innovations peuvent être réinvestis et créer de nouveaux emplois.

Il apparaît donc essentiel d'assurer la reconversion et la transition de carrière des salariés impactés par ces chocs d'offre. Cependant, cela suppose des institutions de formation et de soutien à la recherche d'emploi efficaces. Par ailleurs, l'histoire économique, notamment en France pendant la période dite des « trente glorieuses », a montré que de nouveaux secteurs, de nouvelles activités doivent se développer pour absorber ces personnes sans emploi.

Ainsi, les gains mais aussi la déstabilisation générée par le progrès technique supposent l'implication d'institutions, notamment publiques, dans l'accompagnement des différentes reconversions. C'est d'autant plus vrai aujourd'hui que l'amplification des changements technologiques semble être une réalité qui nécessite alors des « filets de sécurité » plus efficaces.

II – ÉTUDE DE DOCUMENT

Application de la méthode d'exploitation d'un graphique, et réponses aux questions

Réfléchir sur l'environnement du graphique

Le titre

Ce graphique présente le solde des transactions courantes des principales économies de la zone euro. 4 pays sont examinés : l'Allemagne, la France, l'Italie et l'Espagne.

La date

Il s'agit d'un document récent au moment de la session d'examen (juin 2014), il date de janvier 2014, et couvre une période longue (1997-2013).

La source

Le graphique est construit à partir de données publiées par la Banque de France, structure officielle aujourd'hui sous la tutelle de la Banque centrale européenne.

Lire le graphique

Un exemple de lecture

Le graphique comporte quatre courbes, une pour chaque pays considéré. Chaque courbe est représentative de la valeur du rapport « solde des transactions courantes sur PIB ». Ainsi, pour la France, ce ratio avait une valeur de l'ordre de + 2,5 % en 1997 et se situe aux alentours de – 2 % en 2013.

La tendance

On note des évolutions tendancielles différentes suivant le pays considéré. Dans le cas de la France, on note une dégradation du solde quasiment ininterrompue.

Situations atypiques

Sur l'essentiel de la période, les trois pays d'Europe du sud voient leur situation se dégrader et l'Allemagne fait exception avec une amélioration presque continue du ratio alors que celui-ci était initialement négatif.

Interpréter le graphique

• Il est important de relever et d'expliquer les évolutions divergentes entre l'Allemagne d'une part et les pays d'Europe du sud d'autre part. Ce qui suppose de faire référence aux différences de structures industrielles et aux deux grandes formes de compétitivité (prix et hors prix).

• Il faut à ce propos fournir des explications aux performances particulièrement défavorables de la France.

• Enfin, il est bon de replacer l'évolution des performances des différents pays de la zone euro dans leur contexte en faisant intervenir les effets de la mise en place d'une monnaie commune, l'euro, et, en fin de période, les effets de la crise (des *subprimes* et surtout de la dette souveraine).

Répondre aux questions

1. Définissez la balance des paiements et la balance des transactions courantes en précisant les différences entre ces deux indicateurs

La définition de la balance des paiements, d'une part, et de la balance des transactions courantes, d'autre part, permet de faire ressortir clairement leur différence.

• La **balance des paiements** est un document statistique, présenté en partie double, qui donne l'ensemble des transactions économiques et financières d'un pays avec le reste du monde au cours d'une période donnée. Elle est composée de trois comptes : le compte des transactions courantes, le compte de capital et le compte financier.

• La **balance des transactions courantes** constitue le premier compte (on parle du « haut » de la balance). C'est donc un sous-ensemble de la balance des paiements. Il rassemble notamment les échanges de biens et services (également des flux de revenus primaires et secondaires).

La grande différence entre ces deux comptes c'est que le premier intègre, outre les échanges de biens et services, les échanges de capitaux qui prennent une importance croissante dans les échanges entre pays dans un contexte de globalisation financière.

2. Quel est l'intérêt d'étudier le solde de la balance des transactions courantes ? Quelle est la signification d'un solde positif ou négatif ?

• L'étude du solde de la balance des transactions courantes est d'une importance clé pour apprécier les performances économiques d'un pays au plan de ses échanges et juger de la compétitivité d'un pays. Le signe du solde est de ce point de vue une indication précieuse.

• Le solde des transactions courantes est obtenu en faisant schématiquement la différence entre les exportations et les importations de biens et services. Si le solde est positif, cela signifie que les exportations sont supérieures aux importations (et vice versa).

Un solde positif est donc a priori un signe favorable ; cependant, il est important surtout de voir l'évolution dans le temps de ce solde... et d'en comprendre les ressorts (un solde positif et croissant peut tenir à une augmentation des exportations, à un recul des importations, à un recul plus rapide des importations que des exportations).

En d'autres termes, le signe du solde fournit une première indication sur la situation des transactions courantes, qu'il faut compléter par d'autres informations (évolution, analyse des causes...).

3. Mettez en évidence les informations essentielles pouvant être retirées du graphique et analysez-les.

(Après une présentation rapide du graphique, on en dégage les faits plus remarquables que l'on s'efforce d'expliquer.)

• Ce graphique établi à partir de données de la Banque de France présente l'évolution du rapport du solde des transactions courantes au PIB pour les quatre principaux pays de la zone euro (dont la France) et pour une période allant de 1997 à 2013.

• Le premier fait saillant est l'opposition Allemagne/pays de l'Europe du Sud : la première connaît un ratio très positif (+ de 6 % en 2013) et une progression sur pratiquement toute la période à partir d'un ratio initialement légèrement négatif.

Les trois pays d'Europe du Sud présentent eux des ratios (« faiblement ») positifs pour l'Espagne et l'Italie (entre 1 et 2 % en 2013) ou négatif pour la France (– 2 % en 2013). Et, surtout, ces trois pays ont connu une très forte dégradation du ratio sur l'essentiel de la période.

Un autre fait remarquable est le constat d'une divergence croissante entre ces deux groupes de pays au moins jusqu'en 2008... avant de connaître un mouvement de rapprochement (amélioration du solde à partir de 2008 pour l'Espagne, de 2010 pour l'Italie et 2012 pour la France).

• La bonne situation de l'**Allemagne** s'explique par l'application en début de période d'une politique de rigueur (modération salariale), la bonne maîtrise générale de ses prix malgré un euro fort et un coût du travail élevé et une compétitivité hors prix remarquable (qualité des produits, réputation de ses produits et de ses marques, etc.).

À l'inverse, la **France** cumule une mauvaise compétitivité prix (court salarial élevé en raison notamment de fortes charges sociales, euro fort ce qui est pénalisant pour les échanges avec les pays hors zone euro) et une compétitivité hors prix insuffisante (problèmes de positionnement des produits, faiblesses commerciales, etc.). On notera au passage que la mise en place d'une monnaie commune (l'euro), réputée forte par rapport au dollar, aura eu des effets significativement différents sur les pays membres de la zone euro !

Enfin, l'amélioration en fin de période des ratios des **pays d'Europe du sud** tient dans une large mesure à la crise (croissance négative, reflux important des importations, etc.).

Finalement, ce graphique rend compte d'importantes différences des pays de la zone euro en matière de performances dans les échanges extérieurs malgré une monnaie commune. On note l'opposition flagrante entre l'Allemagne et les pays d'Europe du Sud, même si, en fin de période, un certain mouvement de convergence est repérable malgré le maintien d'importants écarts.

III – QUESTION DE COURS

Éléments de corrigés

Pourquoi et comment corriger les externalités négatives ?

On peut définir une externalité comme l'effet qui résulte de l'activité d'un agent économique sur le bien-être d'un autre agent, sans que cet effet ne soit pris en compte par le marché. Elle est qualifiée de négative lorsqu'elle affecte négativement le bien-être des autres agents. En fait, une externalité négative se rencontre lorsque l'activité d'un agent nuit à l'activité d'autres agents sans que cette nuisance ne donne lieu à un quelconque dédommagement. Le bien-être concerne à la fois les producteurs (mesuré dans ce cas par le profit) que les consommateurs (mesuré alors par leur degré de satisfaction, ou utilité). On observe donc des externalités négatives entre consommateurs (la consommation des uns peut être gênante pour d'autres, à l'exemple du tabac), entre producteurs (un blanchisseur dont le linge est noirci par le rejet de fumées noires d'une centrale au charbon), et également entre producteurs et consommateurs (les odeurs issues d'une entreprise de pâte à papier empestent la vie des riverains).

Il est utile de montrer, tout d'abord, qu'il est nécessaire de corriger ces externalités négatives (1) pour, ensuite, voir de quelle manière il est possible de le faire (2).

1. Pourquoi il est nécessaire de corriger les externalités négatives

Les externalités constituent une limite à l'efficacité du marché.

Pour ce qui concerne les externalités entre consommateurs, on sait qu'en présence d'externalités l'équilibre général obtenu n'est pas optimal au sens de Pareto (1907) : il est possible d'améliorer la satisfaction d'un consommateur, sans détériorer celle d'aucun autre. Par exemple, il est préférable pour un propriétaire de ne pas ravaler la façade de son immeuble puisque, en fin de compte, il est le seul dans la rue à ne pas subir la laideur de celle-ci lorsqu'il se trouve chez lui, à l'intérieur. En revanche, le mauvais entretien de son bien est source d'externalités négatives pour les passants qui empruntent la rue régulièrement : le bien-être d'un grand nombre de personnes est diminué du seul fait de l'action (ou plutôt inaction) rationnelle d'un seul. Si l'on devait, dans une logique utilitariste (Jeremy Bentham, *Traité des peines et des récompenses*, 1811), évaluer le bien-être social (fonction d'utilité collective) comme la somme des bien-être (utilités) particuliers, on obtiendrait une perte de bien-être social : le bien-être dont jouit le propriétaire ne compense pas la somme des pertes d'utilités subies par les passants et les riverains.

Pour ce qui concerne les externalités négatives qui ont pour origine les producteurs, elles conduisent, là aussi, à un équilibre général qui n'est pas optimal au sens de Pareto : le coût privé de production d'un bien, par une entreprise à l'origine d'une externalité négative, est inférieur au coût social de cette même production. En effet, le coût que supporte la société, pour la production de ce bien, est constitué du coût que rencontre l'entreprise productrice (coût privé) et du coût que subissent les autres producteurs, et/

ou les consommateurs du fait de cette production. Il en résulte une surproduction de ce bien, puisque l'entreprise n'intègre pas dans son calcul la totalité des coûts. Par exemple, l'atterrissage et le décollage d'avions, constituent une nuisance sonore pour les riverains d'un aéroport. Le coût social d'un décollage/atterrissage comporte bien un coût privé (facturé par l'aéroport aux compagnies aériennes) et un coût d'externalité pour les habitants proches (il leur faut par exemple installer des fenêtres double vitrage ; le prix des biens immobiliers décroît avec l'augmentation du trafic aérien). On peut bien entendu reprendre le même raisonnement pour une entreprise qui rejette des déchets polluants dans une rivière au bord de laquelle, en aval, est installée une exploitation de pisciculture qui utilise l'eau de cette même rivière : cette dernière doit dépolluer l'eau si elle veut poursuivre son activité.

2. Comment corriger les externalités négatives

Il existe plusieurs possibilités qui visent à faire converger le coût privé de production et le coût social en présence d'externalités négatives. Elles correspondent toutes, à des degrés divers, à une intervention de l'État dans l'économie.

On pense, tout d'abord, à l'interdiction pure et simple de production, signifiée à l'entreprise à l'origine de l'externalité. On peut aussi envisager une limitation (quota) de cette production. Cependant, dans les deux cas cités, la théorie économique montre que l'équilibre obtenu n'est pas un optimum social.

Ensuite, la correction peut être apportée par une taxe « pigouvienne » (Arthur-Cecil Pigou, *The economics of welfare*, 1920) selon le principe dit du « pollueur-payeur ». La taxe doit être fixée au niveau du coût de l'externalité que subissent les agents. Ainsi, coût social et coût privé de production deviennent identiques. Toute la difficulté réside, pour l'État, dans l'évaluation du coût de l'externalité, aucune des parties n'ayant rationnellement intérêt à déclarer l'ampleur de celle-ci. L'entreprise qui en est à l'origine aurait tendance à la sous-estimer (pour minimiser la taxe à payer), alors que les agents qui la subissent chercheraient à la surestimer (pour que la taxe soit plus élevée, ce qui diminue plus encore la production du « pollueur »).

Aussi, pour contourner le problème précédent, la création du « marché manquant » apparaît intéressante, à l'exemple du marché des droits à polluer. Sur ce marché, une offre de droits à polluer rencontre une demande, pour aboutir à la fixation du prix d'un droit à polluer. Pour produire une unité de bien, et donc une externalité qui l'accompagne, l'entreprise doit posséder un « droit à polluer ». Elle fera le choix d'acheter un droit à polluer si le prix de ce droit est inférieur au coût de la dépollution qui s'impose à elle en l'absence de détention de ce droit. La théorie économique montre que ce marché conduit à l'optimum social en matière de production des biens. Il suffit que l'État décide du montant de droits à polluer qui correspond à son objectif de pollution. Quelle que soit la répartition de ces droits entre les agents, en l'absence de coûts de transaction, l'optimum social est atteint (« théorème de Coase », Ronald Coase, 1960). Le problème, ici, est que l'absence de coûts de transaction est plutôt l'exception : il faut « installer » ce marché qui n'existe pas, contrôler le respect des droits à polluer par exemple.

Enfin, la dernière solution repose sur la fusion des agents producteurs concernés par l'externalité : celui qui en est à l'origine et celui qui la subit. Forcément, dans ce cas, le coût privé et le coût social coïncident parfaitement : la nouvelle entité créée serait à l'origine d'une externalité qu'elle-même subit, l'externalité est « internalisée » et l'optimum social est atteint. Bien entendu, ce type de solution se heurte au type d'externalités : si celle-ci affecte toutes les entreprises, il devrait n'y en avoir plus qu'une seule. Ce cas extrême nous montre la limite de l'internalisation de l'externalité : la réduction de l'intensité de la concurrence, peut-être préjudiciable au bien-être des consommateurs.

En définitive, les externalités constituent une défaillance de marché au sens où l'équilibre atteint ne correspond pas à un optimum social. Dès lors, une intervention de l'État peut s'avérer judicieuse. Mais, comme le suggère James Buchanan (*The limits of liberty : beetween anarchy and Leviathan*, 1974), ce n'est pas parce que le marché est défaillant que l'État sera plus performant. Il faut comparer les mérites respectifs de l'un et de l'autre avant de trancher : écotaxe ou marché des droits à polluer ?

Corrigés du sujet d'annales 2016

I — DISSERTATION

Éléments de correction

« L'efficacité du marché du travail passe-t-elle par plus de flexibilité ?

INTRODUCTION

La plupart des pays de l'OCDE, en particulier les pays de la zone euro, dont la France, connaissent un chômage massif depuis plusieurs décennies. Dans ce contexte, les rapports sur le marché du travail se sont multipliés ces dernières années ; citons par exemple le rapport Combrexelle sur la négociation collective en 2015, le rapport du Conseil d'orientation pour l'emploi (COE) sur les réformes du marché du travail en Europe en 2015, ou encore le rapport Badinter sur la réforme du Code du travail en 2016. *(Phrases d'accroche)*

L'importance du chômage pose la question de l'efficacité du marché du travail, de son caractère flexible et par extension de la pertinence qu'il y a (ou non) de le réformer. *(Présentation du sujet)*

Ceci nous amène à définir les termes clés du sujet et pour commencer le premier d'entre eux, celui du marché du travail.

Le *marché du travail* est le lieu de rencontre de l'offre et de la demande du travail ; c'est donc le lieu où se fixent le prix du travail (plus communément le salaire) ainsi que le niveau d'emploi. *(Définition du marché du travail)*

La question de l'efficacité du marché du travail est souvent posée ; elle désigne très simplement la capacité du marché du travail à converger rapidement vers le plein-emploi (de la population active). *(Définition de l'efficacité)*

La flexibilité, troisième mot-clé du sujet, est un terme couramment utilisé à propos de l'entreprise pour caractériser son aptitude à s'adapter aux évolutions de la demande et de son environnement. Appliquée au marché du travail, elle rend compte de la capacité des agents économiques (entreprises et salariés) à satisfaire aux évolutions d'effectifs et de rémunérations requises par l'évolution du contexte économique et de la concurrence. *(Définition de la flexibilité)*

Le marché du travail, on l'a compris, manque d'efficacité ; c'est semble-t-il particulièrement vrai si l'on en croit le classement de Davos qui situe la France en la matière à la 71e position en 2013 ! Un manque d'efficacité que l'on rattache fréquemment à un manque de flexibilité. On peut alors se demander dans ces conditions si l'injection de davantage de flexibilité sur le marché du travail pourrait en améliorer significativement l'efficacité et le rapprocher ainsi d'une situation de plein-emploi. *(Problématique)*

Dans cette perspective, on commencera par voir comment l'accroissement de la flexibilité (ou flexibilisation) du marché du travail peut améliorer la situation de l'emploi (partie 1) avant de voir les limites et les dangers de cette recherche de plus de flexibilité du marché du travail (partie 2). *(Annonce du plan)*

I. Les difficultés du marché du travail poussent à rechercher plus de flexibilité

Selon la vision néoclassique, le marché du travail est supposé parfaitement flexible (point 1). Les marchés réels comportent cependant de nombreuses rigidités ; c'est la raison pour laquelle de nombreux gouvernements ont mis en œuvre des réformes du marché du travail dans les deux dernières décennies (point 2). *(Présentation de la partie)*

1. *Un marché du travail nécessairement flexible pour les économistes néoclassiques*

• Pour les économistes néoclassiques, le travail est considéré comme un bien qui s'échange sur un marché avec une demande de travail (par les entreprises) qui augmente au fur et à mesure que le prix du travail (le salaire) diminue et symétriquement une offre de travail (des individus) qui, elle, augmente avec le salaire.

• Comme sur tout marché répondant aux hypothèses d'un marché parfait, on doit converger rapidement vers un équilibre. Ainsi, moyennant le respect d'un certain nombre d'hypothèses fortes caractéristiques de « la concurrence pure et parfaite » – notamment une parfaite flexibilité du prix du travail, une bonne mobilité (sectorielle et géographique) des travailleurs ou encore une parfaite information sur les offres et les demandes d'emploi – le marché de l'emploi doit s'équilibrer de façon à ce que chacun trouve un emploi. En cas de déséquilibre, une baisse des salaires doit inciter les employeurs à augmenter leur demande et les salariés à baisser leur offre (refus de travailler avec des salaires trop bas) et donc aboutir à l'équilibre du marché. Selon cette vision, l'économie fonctionne donc théoriquement sans chômage.

• Les néoclassiques admettent cependant la possibilité de chômage dans deux cas : lorsque le chômage est volontaire ou éventuellement s'il est transitoire. Le premier cas fait référence à des rigidités et obstacles liés à l'action des syndicats ou à différentes protections mises en place par l'État qui empêchent une bonne flexibilité du marché du travail. Le second cas fait intervenir un relâchement de certaines hypothèses d'un marché parfait (il n'y a pas de transparence totale sur les offres et demandes d'emploi et les individus mettent un certain temps pour disposer des informations adéquates sur les postes vacants). C'est l'analyse développée par l'Américain Stigler (théorie du *Job Search*) : le chômage est alors assimilé à un temps de prospection dû aux imperfections du marché.

• Le constat d'un chômage massif et structurel dans un très grand nombre de pays notamment européens et entre autres en France (où rappelons-le, le taux de chômage est systématiquement supérieur à 7 % depuis 1983 et actuellement depuis plusieurs années aux alentours de 10 % de la population active) est alors attribué selon cette perspective à différents obstacles au bon fonctionnement des mécanismes de rééquilibrage des marchés. Il s'agit des multiples rigidités touchant aux contrats de travail (avec les protections importantes dont bénéficie le salarié), aux procédures de recrutement et de licenciement (souvent longues, complexes ou coûteuses), aux salaires (rigides à la baisse, alourdis par l'importance des charges sociales, etc.) ou encore à la durée du travail fixée par la loi.

Le constat de ces nombreuses entraves au bon fonctionnement du marché du travail explique les nombreuses tentatives menées un peu partout dans les pays développés pour renouer avec un marché du travail moins réglementé. (*Transition*)

2. *Des réformes successives pour renforcer la flexibilité du marché du travail*

• L'existence d'un chômage massif, l'échec répété à partir des années 1970 et le constat de ces multiples imperfections vont se traduire un peu partout par la mise en place de réformes successives pour rapprocher les marchés réels de marchés « parfaits ». De telles réformes ont été conduites en Allemagne (réformes Hartz au début des années 2000), en Espagne (en 2010 et 2012), en Italie (le *Job Act* de Matteo Renzi en 2015) ou encore en France avec respectivement la loi de modernisation du travail en 2008, la loi sur la sécurisation de l'emploi en 2013 et la loi El Khomri en 2016).

• Partout les États sont amenés à prendre des mesures similaires d'assouplissement de la réglementation du travail : cela par l'assouplissement des règles de licenciement, par la réforme des contrats de travail, par la facilitation de l'embauche de salariés à temps partiel, par le développement d'emplois atypiques à bas coût (comme les mini *jobs*), par le recours massif à des prestataires extérieurs privés (pour aider les chômeurs à retrouver un emploi) ou encore par l'incitation, voire l'obligation, qui est faite aux chômeurs de reprendre un travail et d'exercer des activités faiblement rémunérées.

• En France, plusieurs de ces mesures ont été prises au fur et à mesure des réformes qui se sont succédées. Citons à titre indicatif : la suppression de l'autorisation administrative de licenciement et une plus grande souplesse accordée à l'employeur dans la mise en œuvre des licenciements, la multiplication des contrats précaires (CDD seniors, CDD à objet défini, etc.), l'élargissement des possibilités de faire des heures supplémentaires, l'allégement considérable des charges sociales sur les bas salaires, l'allongement significatif de la période d'essai, la primauté des accords d'entreprise sur les accords de branche sur différents thèmes, etc.

• Ces mesures semblent entraîner des résultats positifs ; les pays qui sont allés le plus loin présentent souvent des taux de chômage réduits : on pense aux pays les plus « libéraux » que sont les États-Unis ou encore le Royaume-Uni (avec ses contrats zéro heure, ses licenciements très faciles, etc.) ou, dans un genre différent, aux pays scandinaves à la fois très flexibles, mais aussi très protecteurs des chômeurs (système danois dit de « flexisécurité). Dans une étude approfondie consacrée aux réformes du marché du travail dans les différents pays européens en 2015, le Conseil d'orientation pour l'emploi (COE) note les effets positifs des nombreuses réformes du marché du travail. Ainsi, les pays qui avaient commencé « dès avant la crise à corriger des déséquilibres structurels sur le marché du travail et activer leur politique d'emploi ont été moins touchés et se rétablissent plus facilement » (cas de l'Allemagne, du Royaume-Uni, de l'Autriche, du Danemark ou encore de la Suède). Sont notamment mis en exergue les cas de l'Allemagne et les effets positifs des réformes Hartz sur la réduction progressive du taux de chômage structurel, le cas du Royaume-Uni et sa grande résilience liée entre autres à ses réformes structurelles du début des années 2000 et à la simplification du droit de licenciement, et à la réforme des contrats de travail à partir de 2011, ou encore le cas suédois avec les effets bénéfiques sur l'emploi de mesures prises partir de 2006 (renforcement des incitations à l'emploi, réduction des cotisations sociales pour les jeunes, etc.).

La littérature théorique néoclassique comme les multiples réformes du marché du travail semblent donc favoriser un certain recul du chômage et *a minima* des créations d'emplois plus nombreuses. Pourtant, ces mesures ne font pas l'unanimité chez les économistes et produisent des effets à la fois insuffisants quand ils ne sont pas indésirables. ***(Transition)***

II. La flexibilité accrue du marché du travail reste une solution contestable et partielle

La flexibilisation du marché du travail pose différents types de problèmes et de dangers à la fois à la fois au plan théorique et empirique (point 1) ; d'autant que le marché (français) du travail est plus flexible qu'on ne le croit quelquefois, ce qui conduit à rechercher d'autres solutions aux problèmes du marché du travail (point 2). ***(Présentation de la partie)***

1. *Les dangers et les limites de la flexibilisation du marché du travail*

• La flexibilisation du marché du travail n'est pas sans poser de multiples problèmes, d'abord au plan théorique. Keynes qui avait vu les effets récessifs catastrophiques de la baisse des salaires et des suppressions d'emplois, lors de la crise de 1929, a développé une vision de l'économie très différente, où les dérèglements du marché de l'emploi sont à rechercher ailleurs que dans le prix du travail, et où la solution au chômage appelle d'autres solutions que la baisse des salaires et la flexibilisation du marché du travail.

Selon la vision keynésienne traditionnelle, il peut très bien y avoir un équilibre économique de sous-emploi et un chômage involontaire, qui sont alors expliqués par une demande insuffisante (et éventuellement des revenus trop faibles).

Dans ces conditions, des pressions à la baisse des salaires et plus généralement une flexibilisation du marché du travail ne sauraient constituer une bonne solution, puisqu'ils conduiraient à déprimer encore un peu plus la demande (sur les marchés de biens et services) et donc à réduire les débouchés des entreprises. Au final, cela pourrait aggraver encore les problèmes d'emploi. Cet argument théorique a retrouvé une certaine actualité avec la crise économique ouverte par la crise des *subprimes*, où l'existence de certaines protections a permis d'éviter le pire. Le salaire n'est pas seulement un coût, c'est aussi un revenu qui soutient la demande et donc l'emploi.

• D'autres inconvénients et dangers de la flexibilité sur le marché du travail sont également mis en avant par les économistes : elle amplifie les cycles économiques en pouvant brutalement entraîner une explosion des licenciements, elle participe aussi du fractionnement du marché du travail avec le renforcement d'un marché secondaire (ou périphérique) constitué de travailleurs précaires à côté d'un marché primaire (ou principal) formé, lui, par les emplois stables (on fait référence à la théorie du dualisme de M. J. Piore et P. B. Doeringer). Elle conduit ainsi à précariser nombre de salariés qui basculent dans des situations de chômage récurrent (et qui sont de plus en plus difficiles à réinsérer dans l'emploi) ; on peut observer (et c'est lié) l'explosion du nombre de travailleurs pauvres, notamment dans les pays anglo-saxons qui disposent d'un marché du travail particulièrement flexible.

Ces effets directs et bien observables de la flexibilité finissent par induire des coûts économiques et sociaux élevés, même s'ils ne sont pas toujours chiffrables : dégradation du climat social, montée de l'épargne de précaution (pour compenser la suppression des mécanismes collectifs de protection), tensions induites par la montée des inégalités, accroissement des dépenses sociales ou d'assistance pour venir en aide aux travailleurs précarisés, etc.

• Enfin, les bilans tirés des réformes passées du marché du travail en France ou à l'étranger restent souvent prudents sur la question de la mesure de l'efficacité des mesures de flexibilité, notamment sur la situation de l'emploi ; d'autant qu'il est très difficile d'isoler l'action positive de ce facteur alors que tant d'autres interviennent. Le magazine *Alternatives économiques* rappelle dans son numéro d'avril 2016 une conclusion de l'OCDE, pourtant en pointe sur la flexibilité, selon laquelle « les nombreuses évaluations auxquelles a donné lieu l'effet net de la législation protectrice de l'emploi, conduisent à des résultats mitigés, parfois contradictoires » !

La flexibilité comporte donc nombre d'effets pervers et ne permet pas nécessairement de résoudre le problème du chômage. Ceci conduit à envisager d'autres orientations en matière d'emploi et de marché du travail, d'autant que le diagnostic d'un manque de flexibilité du marché du travail fait débat. ***(Transition)***

2. De multiples orientations possibles pour rendre le marché du travail plus efficace

Les solutions peuvent consister à privilégier certaines formes spécifiques de flexibilité, à introduire la flexibilité suivant des processus particuliers, ou à chercher les solutions ailleurs en se tournant vers d'autres politiques d'emploi.

• Une première observation à faire est que la flexibilité n'est pas uniquement l'affaire des pouvoirs publics ; les entreprises jouent un rôle majeur en la matière dans le cadre de la réglementation existante. Et de ce point de vue, on peut souligner le fait que certaines formes de flexibilité jouent un rôle généralement positif sans supprimer ni précariser les emplois existants ; on pense en particulier à « la flexibilité quantitative interne » et la « flexibilité fonctionnelle ». La flexibilité quantitative interne consiste à faire varier le temps de travail annuel des salariés (donc en évitant de réduire le nombre d'emploi). Elle permet en particulier d'allonger la durée d'utilisation du capital pour maintenir une rentabilité satisfaisante. La flexibilité fonctionnelle consiste, elle, à permettre la rotation des salariés sur différents postes de travail sans coûts supplémentaires, en favorisant leur polyvalence.

• Une seconde observation, en restant dans l'optique selon laquelle plus de flexibilité peut jouer en faveur de l'économie, des entreprises et des salariés, consiste à reconnaître l'importance capitale de privilégier la négociation lorsque l'on entend élargir les degrés de liberté en matière de flexibilité ; ce qui signifie, d'une part, associer les différentes parties prenantes que sont les pouvoirs publics, les syndicats et la direction des entreprises et, d'autre part, intégrer dans la négociation des apports positifs à chacune d'entre elles. De ce point de vue, il est possible de se référer à certains modèles étrangers ; on pense par exemple aux cas allemand et danois. À titre indicatif, le système danois fonctionne avec des règles très souples en matière d'embauche et de licenciement (ce qui est une réponse aux attentes des employeurs) en contrepartie de nombreuses sécurités apportées aux travailleurs en matière d'allocations chômage (élevées), d'accès à des formations qualifiantes et professionnalisantes, ou encore d'aide à la recherche d'emplois. Il faut reconnaître toutefois que les caractéristiques historiques et culturelles de chaque pays ne rendent pas ces modèles toujours « exportables » !

• Cela étant dit, tous les économistes ne s'accordent pas sur l'idée que le système français est peu flexible. Ainsi, nombreux sont ceux (souvent néokeynésiens) qui soulignent que le marché du travail « rigide à l'origine » est devenu beaucoup plus souple : ainsi le recours aux contrats temporaires est-il très massif en France (en mars 2016, 87 % des embauches étaient des CDD et 70 % des contrats signés durent moins d'un mois). Il est aussi beaucoup plus facile aujourd'hui de se séparer d'un travailleur en recourant, par exemple, au système des ruptures conventionnelles. Le CDI français est réputé plus flexible que celui des Allemands. Ce qui fait même dire à certains que le problème sur le marché du travail pourrait être alors plutôt une sécurité insuffisante des travailleurs ; le magazine *Alternatives économiques* titrait ainsi dans son numéro de mars 2014 : « Flexibiliser le marché du travail – On est allé trop loin ». Selon cette perspective, la recherche de plus de flexibilité serait une erreur de politique économique liée à un mauvais diagnostic.

• Enfin, au-delà des dysfonctionnements du marché du travail, il convient de s'interroger sur les origines du chômage : certaines causes sont structurelles sans renvoyer à un problème de flexibilité (la croissance démographique française explique pour une bonne part le taux de chômage élevé quand l'Allemagne, avec son très faible taux de natalité, tire le chômage à la baisse). À côté des causes structurelles du chômage existe aussi les raisons purement conjoncturelles qui, elles aussi, ont peu à voir avec la question de la flexibilité du marché du travail. On comprend alors pourquoi la réforme du marché du travail ne peut être une réponse unique et doit être, en tout état de cause, couplée avec d'autres mesures du type politique de l'innovation, politique de renforcement de l'éducation et d'amélioration des filières de formation, aide aux PME et TPE qui concourent elles aussi à la création d'emplois, etc.

Conclusion

Ce parcours des enjeux de la flexibilité montre à quel point la question est complexe et la réponse à la question posée incertaine et toujours discutable. L'importance structurelle du chômage, c'est-à-dire son niveau exceptionnellement élevé dans la durée en France, ne peut dissimuler des dysfonctionnements récurrents du marché du travail : faibles entrées et faibles sorties, tendance à licencier en cas de crise (à la différence de l'Allemagne), poids exorbitant des CDD en France, coût du travail (cotisations sociales incluses) élevé, etc. Il existe des rigidités manifestes qui contribuent à une désindustrialisation massive de l'appareil de production ou, dans un genre différent, à un chômage massif des jeunes. En ce sens, une flexibilité plus grande dans différents domaines devrait permettre de gagner en efficacité ; on a d'ailleurs indiqué à ce propos certaines formes de flexibilité à privilégier et rappelé l'importance de s'appuyer sur une négociation approfondie et élargie aux différentes parties prenantes. L'expérience française montre cependant les limites de l'exercice, compte tenu des oppositions idéologiques très marquées, de la rudesse des rapports sociaux, mais aussi de la faiblesse des syndicats. Les progrès ne peuvent se faire qu'à petits pas...

La diversité des causes de chômage appelle en tout état de cause le recours à de multiples politiques d'emploi ; aucune d'entre elles n'étant suffisante à elle seule. *(Synthèse des idées développées dans la dissertation)*.

Ajoutons pour terminer qu'un pays comme la France, intégré dans l'Union européenne et dans la zone euro, a tout intérêt à pratiquer une politique concertée avec les autres États européens. C'est d'ailleurs le cas en ce qui concerne la réforme du marché du travail ! On regrettera cependant que les réformes du travail de l'UE fassent la part belle à la flexibilité relativement à la sécurité (la précarisation progresse partout) ou encore que l'Europe ne se donne pas tous les moyens en matière de relance ; on se méfiera aussi de trop vouloir imiter des modèles. Ainsi, un article de mars 2016 dans le Journal *Les Échos* alertait les lecteurs sur les dangers de vouloir copier le modèle allemand ! *(Élargissement)*

II – ÉTUDE DE DOCUMENTS

1. Définition d'un taux d'intérêt directeur

Un taux directeur est un taux d'intérêt, fixé par la Banque centrale, et qui constitue un instrument pour atteindre les objectifs de sa politique monétaire. On les considère comme « directeurs » dans la mesure où ils encadrent le taux du marché monétaire, marché sur lequel les banques de second rang cherchent à obtenir des liquidités (monnaie centrale).

Il existe trois taux directeurs contrôlés par la BCE :

• **Le taux de facilité de dépôt marginal**, auquel les banques de second rang peuvent déposer leurs liquidités auprès de la BCE. Sur le marché monétaire, où se croisent les banques et la Banque centrale, aucune banque détenant un excédent de monnaie centrale ne la prêtera à une autre banque à un taux inférieur à celui auquel elle peut au moins prétendre auprès de la Banque centrale. Le taux de facilité de dépôt est donc un taux plancher.

• **Le taux de facilité de prêt marginal**, auquel sont accordées des facilités permanentes aux établissements de crédit. Dans le cas où le refinancement sur le marché monétaire n'a pas permis aux banques d'obtenir toute la monnaie centrale désirée, celles-ci peuvent obtenir de la monnaie centrale à ce taux. Sur le marché monétaire, aucune banque connaissant un besoin de monnaie centrale n'acceptera d'emprunter à un taux supérieur à celui qu'elle peut déjà obtenir auprès de la Banque centrale. Il s'agit donc d'un taux plafond.

• **Le taux de refinancement**, auquel la Banque centrale propose aux banques de second rang une quantité de monnaie centrale en fonction de ses objectifs de politique monétaire (politique d'*open market* proprement dite). C'est le taux des Opérations principales de refinancement (OPR) ou encore taux « refi », voire taux « repo » aux États-Unis (en anglais : *Repurchase Operation* ou repo). Lorsqu'une banque a besoin de liquidité, elle peut emprunter directement à la BCE. Chaque semaine, la Banque centrale propose aux banques de second rang une quantité de monnaie centrale et un taux (le taux des OPR) auquel elles peuvent accéder à cette monnaie centrale. L'emprunt des B2R s'effectue sous la forme d'une « opération de cession temporaire » : la banque apporte des actifs à une date *t* en garantie à la BCE et reçoit en échange une quantité de monnaie centrale. Une semaine plus tard, la banque restitue la monnaie centrale empruntée à la BCE (majoré des intérêts) et récupère alors ses actifs apportés en garantie. Les actifs apportés en garantie permettent à la Banque centrale d'éviter des pertes si la banque se trouve dans l'impossibilité de rembourser son prêt à la fin de la période.

2. Objectifs de la BCE dans le cadre de sa politique monétaire

La Banque centrale cherche à atteindre un ou des objectifs finaux en visant un ou des objectifs intermédiaires qui, pour être atteints, nécessitent la fixation d'objectifs opérationnels.

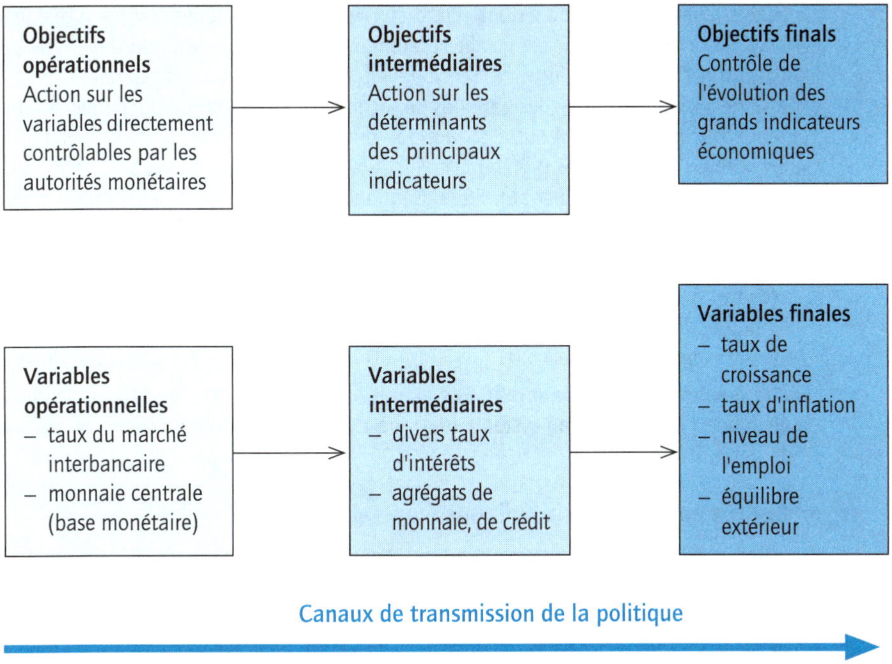

Les autorités monétaires recherchent l'atteinte des objectifs finaux à partir de variables, qu'elles maîtrisent, susceptibles d'influencer les déterminants (objectifs intermédiaires) des variables finales.

Pour ce qui concerne l'objectif final, selon l'article 127 du Traité sur le fonctionnement de l'Union européenne (TFUE, ou Traité de Lisbonne), il est très clair :

« L'objectif principal est de maintenir la stabilité des prix. Sans préjudice de l'objectif de stabilité des prix, le Système européen de la Banque centrale (SEBC) apporte son soutien aux politiques générales de la communauté. »

La BCE a traduit cet objectif par une cible d'inflation inférieure à 2 %, mais proche de 2 % (calculée à partir de l'Indice des prix harmonisé à la consommation, ICPH, de la zone euro).

3. Évolution de la politique monétaire de la BCE depuis 2008

Depuis 2008, c'est-à-dire depuis la survenance de la crise dite des *subprimes*, la politique monétaire menée par la BCE s'est considérablement assouplie : au risque d'inflation s'est substituée une menace de déflation qui a poussé la BCE à modifier la conduite de sa politique monétaire. On peut mettre en avant deux lignes de conduite : une politique monétaire conventionnelle dans un premier temps, puis une politique non conventionnelle.

La politique monétaire conventionnelle a consisté à baisser progressivement le principal taux directeur de la Banque centrale, le taux des OPR, celui-ci passant, en quelques années de 4,75 % (2008) à 0 % (mars 2016), comme le montre le document en annexe. Il s'agit de faciliter l'accès au crédit pour les agents économiques et permettre aux États de financer à moindres frais les déficits budgétaires creusés pour soutenir l'activité économique ralentie.

La politique monétaire non conventionnelle prend le relais à partir du moment où les résultats de la politique monétaire conventionnelle apparaissent clairement insuffisants. Malgré des taux d'intérêt bas, les banques rechignent à prêter aux agents économiques, mais également à se prêter entre elles les excédents en monnaie centrale dont elles disposent (liquidités). Elles craignent que les titres obtenus, en échange de la monnaie centrale qu'elles prêtent, ne puissent être revendus en cas de besoin de liquidité : les banques affichent une forte méfiance envers la solidité des autres banques. Pour éviter tout besoin excessif de monnaie centrale, les banques de second rang se montrent donc frileuses dans l'octroi de prêts aux agents économiques. En outre, à quoi bon prendre un risque en prêtant de la monnaie centrale à un taux si faible ? Les banques préfèrent même déposer leurs liquidités auprès de la Banque centrale à un taux (de facilité de dépôt) négatif. En conséquence, la BCE s'est lancée dans un programme d'injection massive de liquidités à partir :

- d'un assouplissement quantitatif (ou *quantitave eaising*). En vertu de celui-ci, elle annonce qu'elle accepte un plus grand volume de titres qui lui sont présentés en échange de monnaie centrale, d'abord à hauteur de 60 milliards d'euros par mois (de mars 2015 à septembre 2016), puis 80 milliards d'euros par mois jusqu'en mars 2017, et enfin 60 milliards d'euros mensuels à l'horizon décembre 2017 ;
- d'un assouplissement quantitatif. Elle élargit en effet la gamme de titres qu'elle accepte en échange de l'apport de liquidité au système bancaire : des titres de dettes privées, certes, mais aussi des titres de dette souveraine.

4. Risques potentiels de la politique monétaire actuelle

La politique monétaire actuelle a conduit la zone euro dans une zone de « trappe à liquidité », zone où les taux d'intérêt sont proches de zéro, voire nuls, réduisant ainsi les marges de manœuvre de la politique monétaire : on ne peut plus les baisser.

De plus, l'injection massive de liquidité, si l'on en croit la théorie quantitative de la monnaie, fait craindre un retour de l'inflation. Cela semble peu probable à court terme (elle est, en 2016, proche de 0,5 %) certes, mais possible à plus long terme. Cette inflation tardive pourrait s'observer sur le marché des biens et services, mais aussi, plus probablement, sur le marché des titres (développement de bulles spéculatives).

Se pose également un problème de soutenabilité de la dette publique : au moment de la remontée des taux d'intérêt, les États verront mécaniquement le service de leurs dettes s'accroître, creusant un peu plus les déficits publics et gonflant alors la dette publique.

En outre, la remontée des taux d'intérêt fera baisser le cours des anciennes obligations (émises à un taux réduit) et risque de provoquer un effet de richesse négatif : pour l'atteinte de leurs objectifs de patrimoine, les agents devront épargner plus que par le passé, donc consommer moins, provoquant un ralentissement de l'activité économique.

Enfin, on peut s'inquiéter des divergences entre les politiques monétaires menées en zone euro et aux États-Unis. Le durcissement de la politique menée par la Fed (relèvement progressif des taux d'intérêt) s'observe dans la parité euro-dollar. La dépréciation de l'euro peut être considérée comme positive en matière de compétitivité-prix (à la condition de Marshall-Lerner près). Mais elle peut aussi s'avérer négative en considérant les fuites de capitaux qui vont financer les projets les plus rentables (taux d'intérêts plus élevés).

III — QUESTION

« La redistribution des revenus : définition, objectifs et outils. »

Dans les économies contemporaines, toutes les personnes ne participent pas directement aux activités de production leur permettant d'obtenir des revenus. Parfois, ceux-ci ne sont pas suffisants pour permettre à certains ménages de vivre convenablement et dignement. Les pouvoirs publics (l'État, les collectivités territoriales et les administrations de sécurité sociale) interviennent alors par différents moyens pour assurer une redistribution des revenus afin d'atteindre des objectifs sociaux et économiques donnés.

Définition

La redistribution des revenus est un mécanisme conduisant à la modification des revenus primaires des ménages, à savoir ceux qu'ils obtiennent de leur contribution à l'activité productive. Cette redistribution des revenus primaires est assurée par les pouvoirs publics (État et collectivités territoriales) et les organismes de sécurité sociale.

• D'une part, ils effectuent des prélèvements obligatoires effectués par les pouvoirs publics, sous forme d'impôts et de taxes (prélèvements fiscaux), et par les organismes de sécurité sociale, sous forme de cotisations sociales (prélèvements sociaux) sur certains agents économiques.

• D'autre part, ils versent à d'autres agents économiques, ou aux mêmes, des revenus de transferts des prestations sociales, en nature ou en espèces. La répartition secondaire des revenus correspond donc à celle obtenue après ces opérations de prélèvements et de versement assurés par les administrations publiques, dont celles de la Sécurité sociale.

Objectifs

Les pouvoirs publics – État, collectivités territoriales et administrations de la Sécurité sociale – opèrent une redistribution des revenus pour différentes raisons.

• D'abord, l'objectif peut être la réduction de la dispersion (inégalités au sein d'un groupe social donné) et de la disparité (inégalités entre deux groupes sociaux distincts) des revenus. Par exemple, les aides au logement ont contribué à hauteur de 19 % de la réduction des inégalités selon l'Insee en 2015[1].

Cet objectif réside dans l'idée selon laquelle l'accès à certains biens ou services – en matière de logement ou de santé notamment –, jugés comme essentiels, ne devrait pas dépendre du revenu des agents. L'offre de prestations en nature sous forme de biens collectifs fournis ou financés par l'État (éducation, services régaliens, par exemple) répond aussi à ce souhait de déconnecter l'obtention des revenus de l'accès à certains biens économiques jugés comme fondamentaux aux personnes.

• Ensuite, cette redistribution des revenus permet d'assurer les agents bénéficiaires contre les risques sociaux. Ils correspondent aux situations susceptibles de compromettre la sécurité économique de l'individu, ou de sa famille, en provoquant une baisse de ses ressources ou une hausse de ses dépenses. Ces risques sont liés aux problèmes de santé, aux difficultés d'accès au logement, à la perte de revenus causée par le vieillissement, l'absence d'emplois, l'exclusion, les évolutions familiales (maternité), et sont couverts par les mécanismes de protection sociale notamment.

• Enfin, une telle redistribution permet aussi de soutenir la demande des agents dans un contexte de récession économique selon la logique des stabilisateurs automatiques. En cas de ralentissement de l'activité économique, le maintien de revenus de transferts assurés par les mécanismes de redistribution permet de soutenir la demande et atténue la récession.

Deux types de redistribution peuvent être distingués : la redistribution verticale et la redistribution horizontale.

• D'abord, la redistribution verticale vise à réduire l'écart de revenus entre les ménages les moins aisés et les autres. Dans ce cadre-là, les impôts seront payés par les ménages disposant de revenus élevés pour verser ou financer des prestations aux ménages dont les ressources sont moindres. Une telle redistribution conduit à ce que l'écart de revenus primaires soit plus élevé que celui des revenus secondaires obtenu après cette redistribution.

• Ensuite, la redistribution horizontale vise à maintenir les ressources de ménages frappés par des risques sociaux sans considération de revenus. Par exemple, le transfert de revenus d'actifs occupés permettant de verser les retraites est représentatif de ce type de redistribution.

(1) Insee Références, édition 2016 – Fiches « Niveau de vie et redistribution », p. 180.

Outils

Les outils au service de la redistribution des revenus sont, d'une part, les prélèvements obligatoires et, d'autre part, les prestations en nature ou monétaires versées.

Les prélèvements obligatoires correspondent à une partie du revenu prélevé sur les agents économiques par l'État, les collectivités territoriales (sous forme d'impôts et de taxes) et les administrations de la Sécurité sociale (sous forme de cotisations sociales) pour financer les services publics non marchands et les différentes prestations sociales en nature ou monétaires (revenus de transferts) couvrant les risques sociaux.

Index

Table des matières

Imprimé en Espagne par Macrolibros
76228 - (I) - OSB 80° - NOC - JOE
Dépôt légal : mai 2017